HANNES MÖHLE

FORMALITAS
UND
MODUS INTRINSECUS

DIE ENTWICKLUNG DER SCOTISCHEN METAPHYSIK
BEI FRANCISCUS DE MAYRONIS

ASCHENDORFF MÜNSTER

BEITRÄGE ZUR GESCHICHTE DER PHILOSOPHIE UND THEOLOGIE DES MITTELALTERS

Texte und Untersuchungen

Begründet von Clemens Baeumker
Fortgeführt von Martin Grabmann, Michael Schmaus,
Ludwig Hödl und Wolfgang Kluxen

Im Auftrag der Görres-Gesellschaft
herausgegeben von Manfred Gerwing und Theo Kobusch

Neue Folge
Band 70

Gedruckt mit Unterstützung
der Görres-Gesellschaft zur Pflege der Wissenschaft

© 2007 Aschendorff Verlag GmbH & Co. KG, Münster

Druck: Aschendorff Medien GmbH & Co. KG. Druckhaus Aschendorff, Münster, 2007
Gedruckt auf säurefreiem, alterungsbeständigem Papier ∞

ISBN 978-3-402-10280-0

Inhaltsverzeichnis

Zweites Kapitel
Das erste zusammengesetzte Prinzip

Drittes Kapitel
Distinctio formalis

Viertes Kapitel
Einheit und Differenz

Fünftes Kapitel
Die Univokationsthese in Bezug auf das unendliche Seiende

Sechstes Kapitel
Der noetisch-neomatische Parallelismus

Siebtes Kapitel
Die Univokationsthese in Bezug auf das endliche Seiende

Zehntes Kapitel
Das metaphysische Grundkonzept

Literaturverzeichnis

Register

Vorwort

Für seine vielfältige und langjährige Unterstützung vor und während der Abfassung der vorliegenden Studie bin ich Herrn Prof. Dr. Dr. h. c. Ludger Honnefelder zu besonderem Dank verpflichtet.

Ein besonderes Anliegen ist es für mich, meinen Kolleginnen und Kollegen im Albertus-Magnus-Institut, den gegenwärtigen wie den zwischenzeitlich ausgeschiedenen, für ihre beständige Hilfe, mit der sie mir die Fertigstellung des vorliegenden Buches erst ermöglicht haben, zu danken. Mein Dank gilt ebenso Frau Elke Konertz und Herrn Michael Eckloff für die Hilfe bei den Korrekturen des Typoskripts. Frau Dr. Isabelle Mandrella hat mir nicht nur bei den Korrekturen geholfen, sondern hat darüber hinaus viele wertvolle sachliche Hinweise beigesteuert, wofür ich ihr herzlich danke.

Für seine kritische Lektüre und die vielen anregenden und weiterführenden Hinweise, die der vorliegenden Arbeit zugute gekommen sind, danke ich Herrn Claus Asbjoern Andersen in besondere Weise.

Schließlich gilt mein Dank Herrn Prof. Dr. Theo Kobusch und Herrn Prof. Dr. Manfred Gerwing, die die vorliegende Arbeit in die von Ihnen herausgegebene Reihe der „Beiträge zur Geschichte der Philosophie und Theologie des Mittelalters" aufgenommen haben.

Bonn, im Juni 2007   Hannes Möhle

Einleitung

1 Der historisch-systematische Ort der Metaphysik des Franciscus de Mayronis

Die Erforschung der mittelalterlichen Philosophie ist so weit aus ihrem Schattendasein herausgetreten, dass sie ihren eigenen Ort außerhalb der neuscholastischen Vereinnahmung gefunden hat. Das historische Bewusstsein des vergangenen Jahrhunderts hat den Blick für die Eigenständigkeit und die Bedeutung dieser Epoche der Philosophie geöffnet und die Engführung des für die Neuscholastik bestimmenden Forschungsinteresses beseitigt. Darüber hinaus ist in einer nächsten Phase der Entwicklung an die Stelle der historistisch geprägten Gleichstellung der Vielzahl philosophischer Ansätze die Einsicht in die sachlich bestimmte Entwicklung von Problemkontexten getreten. Eine solche problemorientierte Zugangsweise der philosophischen Mediävistik rückt die wenigen großen, jeweils ein neues Paradigma begründenden, Neuansätze, wie sie im 13. Jahrhundert vor allem durch Namen wie Albertus Magnus, Thomas von Aquin und Johannes Duns Scotus, im 14. vor allem durch Wilhelm von Ockham repräsentiert werden, in den Vordergrund eines historisch-kritischen Forschungsinteresses.

Es zeigt sich aber in der gegenwärtigen Forschung immer deutlicher, wie sehr ein angemessenes Verständnis der grundlegenden philosophischen Positionen des Mittelalters und eine adäquate Beurteilung ihrer jeweiligen Bedeutung von einer weitreichenden Kenntnis der jeweiligen Vor- und vor allem auch Wirkungsgeschichte abhängt. Was für die Philosophiegeschichte der Neuzeit längst außer Frage steht, nämlich dass Denker wie z.B. René Descartes und Immanuel Kant in einem hohen Maße in ihrer herausragenden Bedeutung gerade dadurch erkannt werden, dass sie im Kontext der durch sie ausgelösten Wirkungsgeschichte, die nicht notwendig apologetischen Charakter haben muss, gesehen werden, trifft auch auf die Epoche des Mittelalters und ihre bedeutendsten Vertreter zu.

Eine von dieser Einsicht geleitete Betrachtung der mittelalterlichen Philosophie ist aber nur dann fruchtbar, wenn der jeweils zu diskutierende Kontext und die je zu vergegenwärtigende Wirkungsgeschichte auf einen Zusammenhang systematisch nachzuzeichnender Problemfaltungen bezogen werden. Was für eine die historistische Beliebigkeit hinter sich lassende Betrachtung der mittelalterlichen Philosophie von Interesse ist, sind die einmal eröffneten Problemhorizonte, hinter die nicht mehr zurückgegangen werden kann, sowie die Folgeprobleme, die die sich anschließende Diskussion

bestimmen. Diese zeigen sich gerade in dem, was als Anspruch an eine philo-
sophische Theorie nicht mehr aufgegeben werden kann, aber auch darin, was
als neue Herausforderung erst noch zu bewältigen ist.

Bezogen auf den Ausgangspunkt der vorliegenden Untersuchung, nämlich die Metaphysik des Johannes Duns Scotus, bedeutet das, im Einzelnen
nachzuzeichnen, worin die systematische Einheit dieses Entwurfes besteht, in
welche Richtung die Konsequenzen weisen, die sich daraus ergeben, und wo
die Anknüpfungspunkte liegen, an die dann schließlich auch die neuzeitliche
Wirkungsgeschichte der scotischen Metaphysik anschließt. Wie sich im Folgenden zeigt, ist es in einem besonderen Maße der unmittelbare Schüler des
Johannes Duns Scotus, Franciscus de Mayronis, der der scotischen Lehre
sowohl in systematischer Hinsicht grundlegende Akzente als auch in wir-
kungsgeschichtlicher Perspektive entscheidende Impulse gibt. Gerade die in
der Lehre des Duns Scotus selbst eröffneten Probleme – nicht zuletzt wie sie
insbesondere von nominalistischer Seite namhaft gemacht werden – sind es,
die Mayronis dazu führen, die Doktrin seines Lehrers in einem erheblichen
Maße zu modifizieren und fortzuentwickeln. Entscheidend ist hierbei vor
allem, dass die Eigenständigkeit, mit der Franciscus vorgeht, nicht bloßes
Stückwerk bleibt, sondern unter einem Anspruch einer inneren Systematik
steht, die deutlich über die des Duns Scotus hinaus geht. Zudem macht das
von Franciscus vertretene erkenntniskritische Bewusstsein seinen Metaphysik-
entwurf in einem bislang kaum gewürdigten Maße anschlussfähig für neuzeitliche Konzeptionen der Metaphysik, insofern diese in der besonderen Gestalt
der radikalen Erkenntniskritik ausgeprägt ist. Die für modern gehaltene Verabschiedung einer Metaphysik vom Gottesgesichtspunkt ist dem Mittelalter
keineswegs fremd, sondern hat ihren festen systematischen Ort gerade in dem
für diese Epoche maßgeblichen Konstitutions- und Abgrenzungsprozess, den
die Wissenschaften der Theologie und der Philosophie durchlaufen.

Mit dem Ansatz der Metaphysik, wie ihn Franciscus de Mayronis vorlegt, tritt dasjenige Metaphysikkonzept in den Blick, das in grundsätzlicher
Abkehr und bewusster Überwindung von den bis dahin bestimmenden Versuchen einer Synthese entsteht, die die platonische Partizipationsmetaphysik
und die aristotelische Substanzontologie zu verbinden sucht. Das ausgeprägte
Bewusstsein des Traditionsbruches und damit zusammenhängend der Anspruch eines kohärenten Systementwurfs ist in einem weit höheren Maße
Franciscus de Mayronis zu eigen, als es bei Duns Scotus selbst der Fall ist.
Gerade diese über Scotus selbst hinausgehende scotistische Metaphysik in
ihrer spezifischen Prägung durch Franciscus de Mayronis ist es, die wirkungsgeschichtlich in einem auch heute noch kaum überschaubaren Maße erfolg-
reich wird.

„In der Ontologie des 17. Jahrhunderts vollzieht sich eine bisher in der
Forschung wenig beachtete Revolution: die Überlagerung der aristotelischen

Substanz-Akzidens-Ontologie durch eine neue res-modus-Ontologie."[1] Zweifellos hat U.G. Leinsle Recht, wenn er den Übergang von einer aristotelisch
geprägten Substanzontologie zu einer Ontologie, die mit den Grundbegriffen
„res" und „modus", oder – wie es in der Überschrift bei Leinsle heißt – mit
„Schwester formalitas" und „Bruder modus", also mit den Denkmustern von
Sachgehalt und modaler Bestimmung operiert, als eine signifikante Zäsur
beschreibt.

   Wieviel revolutionären Geist man allerdings einer entsprechenden Verschiebung der Grundausrichtung der Metaphysik im 17. Jahrhundert tatsächlich zubilligen wird, hängt wesentlich davon ab, wie man die Vorgeschichte
dieser Revolution beurteilt. Denn diese Vorgeschichte reicht, wenn man die
Ansätze bei Johannes Duns Scotus selbst nicht bereits als Ursprung der Revolution ansehen möchte, immer noch bis in die ersten Jahrzehnte des 14. Jahrhunderts zurück. Im Ergebnis der vorliegenden Untersuchung zur Metaphysik des Franciscus de Mayronis wird sich zeigen, wie sich die Ansätze dieser
Veränderung, die von der aristotelischen Substanzontologie wegführen, in
der Generation der ersten Schüler des Duns Scotus herausbilden. Dabei wird
deutlich, dass bereits dieser frühe Entwurf bei Mayronis entscheidende Wei-
chenstellungen vornimmt, die dann dazu führen können, im 17. Jahrhundert
z.B. im Entwurf des Mastrius de Meldula, worauf Leinsle besonders hin-
weist,[2] eine Frontstellungen vermeidende Lehre auszubilden, in der „modus"
und „formalitas" die grundlegenden Bausteine eines ausgewogenen Theorie-
gebäudes darstellen.[3]

1.1 CHRISTLICHE THEOLOGIE UND ARISTOTELISMUS

Die Metaphysik des Franciscus de Mayronis ist selbstverständlich nur im
Ausgang von der Lehre des Johannes Duns Scotus zu verstehen; da dessen
Doktrin aber selbst wiederum ihre systematische Verankerung in einer bestimmten Problemkonstellation hat, die für das 13. Jahrhundert signifikant ist,
ist zunächst diese in den Grundzügen zu vergegenwärtigen.

   Im ausgehenden 13. und beginnenden 14. Jahrhundert ist ein Prozess
abgeschlossen, an dessen Ende, neben anderen Ergebnissen, eine als selb-

---

[1]   LEINSLE, U.G., Schwester „formalitas" oder Bruder „modus"? Mastri im Streit um modale
      Entitäten, in: Rem in seipsa cernere. Saggi sul pensiero filosofico di Bartolomeo Mastri
      (1602-1673), Forlivesi M. (Hg.) (Subsidia Mediaevalia Patavina 8), Padua 2006, 363-397,
      363.

[2]   Vgl. LEINSLE, U.G., Schwester „formalitas" oder Bruder „modus", 395-397.

[3]   Seit seinem ersten Erscheinen im Jahr 1646 ist der Metaphysikkommentar des Mastrius bis
      1757 insgesamt in fünf weiteren Auflagen erschienen, was als Beleg seiner besonderen Be-
      deutung gelten darf. Auf den Metaphysikansatz des Mastrius und seine besondere Stellung
      in der scotistischen Philosophie des 17. Jahrhunderts wird die in Vorbereitung befindliche
      Untersuchung von C.A. Andersen zur Metaphysik im Barockscotismus ausführlich einge-
      hen. Hierbei wird vor allem auch die veränderte, weil scotistische und jesuitische Elemente
      verbindende, Theorie der Modalitätenlehre bei Mastrius deutlich werden.

ständige Disziplin etablierte Metaphysik in klarer Abgrenzung einer in ihrem Wissenschaftscharakter kritisch reflektierten Theologie gegenüber steht.

Dieses Urteil ist normativ, insofern es die Unterstellung einer bestimmten Teleologie enthält, die, da sie selbst nicht ohne weiteres ersichtlich ist, der Erläuterung bedarf. Wie im Weiteren zu zeigen sein wird, ergibt sich die genannte Akzentuierung im Prozess der Herausbildung einer eigenständigen Metaphysik aufgrund einer sachlich zu begründenden Entfaltung von Problemhorizonten. Mögen die Lösungen einer gemeinsamen Problemstellung selbst in einer Vielheit auftreten und insofern eine gewisse Offenheit behalten, die Übernahme einer einmal erreichten Problemstellung hingegen ist jeder Beliebigkeit enthoben. Eine Metaphysikkonzeption, die durch eine fortschreitende Problementfaltung überholt ist, kann deshalb nicht als Abschluss, sondern allenfalls als Zwischenstation gelten. Der Vorgang, der zu einer im Status der Wissenschaftlichkeit zu rechtfertigenden Metaphysik führt, lässt sich als eine Fortentwicklung von zunehmend vertiefenden Fragestellungen und einer zunehmend kritisch reflektierten Begrifflichkeit verstehen.

Der genannte Prozess, der für die mittelalterliche Entwicklung der Metaphysik im Verhältnis zur Theologie bestimmend ist, hat historisch betrachtet mindestens zwei Grundantriebe: zum einen ein Rationalitätsstreben der Theologie selbst, das die Unzulänglichkeit des Bildungssystems der artes liberales offenkundig werden lässt; zum anderen die Aneignung eines doktrinellen und methodischen Instrumentariums, die mit der sukzessiv vollzogenen Bekanntschaft mit den aristotelischen Schriften einhergeht und die eigentümliche Herausforderung für das mittelalterliche Denken darstellt.[4] Die Begegnung von christlicher Theologie und antiker Philosophie hat für beide Seiten erhebliche Konsequenzen.

Von Seiten der Theologie wird deutlich, dass der Anspruch einer Welterklärung im Ganzen, wie er für die christliche Lehre kennzeichnend ist, nicht der Herausforderung aus dem Weg gehen kann, die die Begegnung mit einer philosophischen Weltdeutung bedeutet, die als wissenschaftliche Erklärung einer Welt im Ganzen ebenfalls einen nicht teilbaren Geltungsanspruch erhebt. Die Theologie selbst muss im strengen Sinne Wissenschaft werden, um gegenüber einer am Leitfaden der zweiten Analytiken geschulten Philosophie bestehen zu können. Als Folge dieses Anspruches beginnt ein Prozess kritischer Selbstreflexion, der allgemeine methodologische, wissenschaftstheoretische und erkenntnistheoretische Fragen umfasst und zu einer klaren Trennung des auf natürliche Weise Erkennbaren von dem bloß auf dem Wege der Offenbarung Zugänglichen führt.

---

[4]   Das genuin theologische Rationalitätsstreben, das der Aneignung des aristotelischen Wissenschaftssystems bereits vorausgehen muss, betont besonders SCHRIMPF, G., Bausteine für einen historischen Begriff der scholastischen Philosophie, in: Philosophie im Mittelalter. Entwicklungslinien und Paradigmen, Beckmann J.P., Honnefelder L., Schrimpf G., Wieland G. (Hg.), Hamburg 1987, 1-25, insbesondere, 1-5.

1.2 GOTT IM VERHÄLTNIS ZUM GEGENSTAND DER METAPHYSIK

Im Gegenzug stellt allerdings auch die Theologie für die philosophischen Disziplinen eine bislang nicht gekannte Herausforderung dar. Was die Metaphysik betrifft, drückt sich das zentrale Problem, das sich durch die Konfrontation einer sich zunehmend als Wissenschaft verstehenden Theologie ergibt, in der Frage nach dem eigentlich metaphysischen Gegenstand aus. Denn wie verhält sich die Metaphysik gegenüber den Gegenständen, die unzweifelhaft der Wissenschaft der Theologie zugeordnet sind, nämlich Gott und die immateriellen Substanzen? Wenn Metaphysik Wissenschaft von Seienden im Allgemeinen ist, wie Avicenna lehrt, und nicht Wissenschaft von einem herausragenden Ersten, nämlich vom göttlichen Seienden, wie Averroes behauptet, dann ist es eben dieses Verhältnis vom ausgezeichneten Ersten zum Seienden im Allgemeinen, was das zentrale Problem der Metaphysik ausmacht. Hätte Averroes mit seiner Deutung Recht, wäre es gerade die Theologie, die in ihrer genuinen Zugangsweise in Frage gestellt wäre, denn eine Metaphysik, die mit Mitteln der natürlichen Vernunft die Erkenntnis eines Ersten leisten kann, würde die Theologie und ihre auf Offenbarung gestützte Erkenntnisweise überflüssig machen. Das Nebeneinander von Theologie und Metaphysik lässt sich nur dadurch rechtfertigen, dass die Metaphysik einer Kritik unterzogen wird, um sie von den Ansprüchen zu befreien, die einzulösen einer auf grundsätzlich andere Erkenntnismethoden verwiesenen Theologie vorbehalten bleibt.[5]

Wie die eingehende Darstellung der verschiedenen Interpretationen des Gegenstandes der Metaphysik, die A. Zimmermann in seiner Untersuchung zentraler Kommentare der aristotelischen Metaphysik des 13. und 14. Jahrhunderts bietet, deutlich macht, lassen sich zwei Grundmodelle feststellen, mit denen man dem in Frage stehenden Problem begegnet. Zum einen besteht die Lösung darin, Gott in den Betrachtungsbereich der Metaphysik zu integrieren, insofern er als das höchste Seiende im Bereich des Seienden im Allgemeinen enthalten ist und auf diese Weise zum Gegenstandsbereich der Metaphysik hinzugehört. Die zweite Möglichkeit einer Antwort besteht darin, Gott zwar nicht unmittelbar in den Gegenstandsbereich der Metaphysik aufzunehmen, ihn aber als Ursache alles Seienden und damit als Ursache ihres Gegenstandes der Metaphysik indirekt zuzuordnen.[6]

Ohne die Einzelheiten der je verschiedenen Deutungen des Gegenstandes der Metaphysik im Detail zu diskutieren, wird doch ein Prozess erkennbar, der in Form eines je unterschiedlich ausgeprägten kritischen Bewusst-

---

[5]   Vgl. HONNEFELDER, L., Der zweite Anfang der Metaphysik. Voraussetzungen, Ansätze und Folgen der Wiederbegründung der Metaphysik im 13./14. Jahrhundert, in: Philosophie im Mittelalter. Entwicklungslinien und Paradigmen, Beckmann J.P., Honnefelder L., Schrimpf G., Wieland G. (Hg.), Hamburg 1987, 165-186, 165-171.

[6]   Vgl. ZIMMERMANN, A., Ontologie oder Metaphysik. Diskusion über den Gegenstand der Metaphysik im 13. und 14. Jahrhundert. Texte und Untersuchungen, (Recherches de Théologie et Philosophie médiévales. Biblioteca 1), Leuven ²1998, 418.

seins die Zuordnung der beiden Wissenschaften der Metaphysik und der Theologie bestimmt. Dieses kritische Bewusstsein bezieht sich auf die in den verschiedenen Interpretationen zugrunde gelegten epistemologischen und wissenschaftstheoretischen Grundannahmen. In letzter Konsequenz geht es darum, ein Verständnis der Möglichkeit und der Reichweite des natürlichen Erkenntnisvermögens des Menschen zu gewinnen, von dem aus eine Metaphysik als auf natürliche Weise realisierbare Wissenschaft bestimmt werden muss. Der damit verbundene Vorgang kritischer Selbstvergewisserung bezieht sich aber nicht allein auf die Abgrenzung einer natürlichen von einer übernatürlichen Erkenntnis. Soll nämlich Metaphysik gegenüber der Theologie als eigenständige Wissenschaft möglich sein, so muss die Frage beantwortet werden, wie die genannte Erkenntniskritik mit dem Anspruch vereinbar ist, dass die Metaphysik als Wissenschaft vom Seienden im Allgemeinen nur bestehen kann, wenn sie Gott, das unendlich Seiende, dem Gegenstandsbereich, der ihr eigen ist, zuordnen kann.

1.3 ANALOGIE ODER UNIVOKATION

Als Konsequenz dieses Zusammenhangs tritt die Frage in den Vordergrund, ob und in welcher Weise es möglich ist, unter den Bedingungen einer ausschließlich natürlichen Erkenntnis einen Begriff zu gewinnen, der so allgemein ist, dass es möglich ist, ihn von allem Seienden, also sowohl vom geschaffenen wie vom ungeschaffenen, auszusagen. In Anschluss an Aristoteles ist man sich einig, dass ein solcher Begriff, der als subiectum der Metaphysik fungieren kann, der des Seienden ist. Offen ist allerdings, welche Prädikationsform einem solchen Begriff zukommen kann. Wird ein solches allgemeines Prädikat analog oder univok ausgesagt? In dieser Frage wird man solange für die Annahme einer analogen und gegen die einer univoken Prädikation votieren, solange man die in der univoken Prädikation vorausgesetzte Einheit als eine solche des kategorialen Sprechens versteht. Zählt man, wie Aristoteles, Gattungs-, Art- und Differenzbegriffe; oder auch, wie Porphyrius, die eigentümlichen Eigenschaften, die propria; oder, wie Boethius, zudem noch die Akzidenzien zu den univok aussagbaren Prädikaten,[7] so ist von vornherein eine univoke Aussage des conceptus entis in Bezug auf Gott und Schöpfung ausgeschlossen. Mit dieser Beschränkung der univoken Prädikation auf Begriffe, die durch die Prädikabilien hinreichend beschrieben sind, und der die mittelalterliche Tradition zunächst folgt,[8] ist die univoke Aussage eines allgemeinen Begriffs hinsichtlich des Geschaffenen und Ungeschaffenen zugunsten der analogen Prädikation festgeschrieben. Anderenfalls müsste man Gott

---

[7]   Zu den Einzelheiten vgl. BARTH, T., Zum Problem der Eindeutigkeit. Ein Beitrag zum Verständnis ihrer Entwicklung von Aristoteles über Porphyrius, Boethius, Thomas von Aquin nach Duns Skotus, in: Philosophisches Jahrbuch 55 (1942), 300-321, 301-308.

[8]   Vgl. BARTH, T., Zum Problem der Eindeutigkeit, 308-310.

als einen kategorial erfassbaren und damit durch Begrenzung gekennzeichneten Gegenstand verstehen, was ausgeschlossen ist. Doch die analoge Prädikation, der in ontologischer Perspektive ein Verhältnis von Vor- und Nachordnung entspricht, kann dann als Grundlage einer Wissenschaft der Metaphysik gelten, wenn man die Wirklichkeit im Ganzen als einen Gründungszusammenhang versteht, der als Teilhabeverhältnis interpretierbar ist, das in analog ausgesagten Prädikaten ausgedrückt wird. Mit dieser Deutung wird eine Weiterentwicklung vorgenommen, die als „eine originale Entfaltung der Aristotelesdeutung im Milieu der ‚magistri‘ der beginnenden Hochscholastik" gelten kann.[9] Die Voraussetzung dieser Konzeption der Metaphysik besteht darin, dass der Sinngehalt des allgemeinen Prädikates, das analog ausgesagt wird, von demjenigen her interpretiert wird, das den Sinngehalt im Modus der Vollkommenheit darstellt. Die Gegenstände, die diesen Sinngehalt nur in einer defizitären Weise verwirklichen, bleiben letztlich auf jenes Vorgeordnete verwiesen, an welchem sie selbst nur teilhaben. Der allgemeine Begriff des Seienden, der analog vom Endlichen und vom Unendlichen ausgesagt wird, bleibt, solange er im Ausgang vom Unendlichen gedacht wird, immer in einem gewissen Maße in seiner Anwendung auf das Endliche im Modus der Uneigentlichkeit. Das Verhältnis der Teilhabe, das sich in der Anwendung analoger Prädikation ausdrückt, ist unumkehrbar, so dass jeder von einem Teilhabenden ausgehende Begriff letztlich auf die Erfüllung seines Sinngehaltes im participatum verwiesen bleibt. Hieraus resultieren entsprechende epistemologische Schwierigkeiten.

1.4 DIE ANALOGIELEHRE DES HEINRICH VON GENT

Diese von der Sache her notwendig implizierte Spannung tritt dann offen zu Tage, wenn deutlich wird, dass eine analoge Aussage, die die einzig mögliche Aussage hinsichtlich Gottes und der Kreatur darstellt,[10] im Grunde genommen nicht die Prädikation eines, sondern zweier Begriffe voraussetzt. Heinrich von Gent zieht exakt diese Konsequenz,[11] wenn er feststellt, dass dem

---

[9] Vgl. KLUXEN, W., Analogie I, in: Historisches Wörterbuch der Philosophie 1, Darmstadt 1971, 214-227, 220.

[10] Et ideo absolute dicendum quod esse non est aliquid commune reale in quo Deus communicet cum creaturis, et ita si ens aut esse praedicatur de Deo et creaturis, hoc est sola nominis communitate, nulla rei, et ita non univoce per definitionem univocorum, nec tamen pure aequivoce, secundum definitionem aequivocorum casu, sed medio modo ut analogice. HEINRICH VON GENT, Summa quaestionum ordinariarum a. 21 q. 2 (Ed. Badius I), Paris 1520, fol. 124r F

[11] Zur Interpretation von Heinrichs Verständnis der Analogie vgl. PAULUS, J., Henri de Gand. Essai sur les tendances de sa métaphysique, Paris 1938, 52-66; kritisch hierzu DECORTE, J., Henry of Ghent on analogy. Critical Reflections on Jean Paulus' Interpretation, in: Henry of Ghent. Proceedings of the International Colloquium on the Occasion of the 700th Anniversary of His Death (1293), (Ancient and Medieval Philosophy, De Wulf-Mansion Centre, Series 1, XV), Vanhamel W. (Hg.), Leuven 1996, 71-105. Eine

analog von Gott und Schöpfung ausgesagten Begriff des Seienden, der aufgrund seiner Unbestimmtheit scheinbar auf beide in derselben Bedeutung anwendbar ist, in Wirklichkeit zwei Begriffe entsprechen, nämlich der eines privativ unbestimmten und der eines negativ unbestimmten Seienden. Während der Begriff eines negativ Unbestimmten auf Gott angewendet wird, ist der eines privativ Unbestimmten auf alles Geschaffene applizierbar.[12] Aufgrund dieser Voraussetzung ergibt sich für Heinrich, dass auf der Grundlage einer analogen Prädikation kein Begriff, der im Ausgang vom geschaffenen Seienden gewonnen wird, gebildet werden kann, der entsprechend einem einzigen Sinngehalt auch von Gott ausgesagt werden könnte. Die Einheit des analogen Begriffs ist für Heinrich zerfallen in die Mehrheit zweier Begriffe.[13] Diese Interpretation der Analogie führt dazu, dass der auf das unendlich Seiende anwendbare Begriff nicht mehr im Ausgang vom endlichen Seienden, etwa im Rahmen einer entsprechenden Abstraktionstheorie, gewonnen werden kann. Der natürliche Weg zur Gewinnung eines allgemeinsten Begriffs, der als Subjekt der Metaphysik in Frage kommt, ist auf diese Weise ausgeschlossen.

Hiermit hat sich ein zentrales Problem zugespitzt, durch das die Rahmenbedingungen abgesteckt sind, außerhalb derer eine tragfähige Konzeption der Metaphysik nicht mehr möglich ist. Dieser gemeinsame Rahmen der Problemstellung verbindet – bei allen Unterschieden in der Problemlösung – so unterschiedliche Denker wie Heinrich von Gent und Duns Scotus enger miteinander als einen der beiden z.B. mit Thomas von Aquin. Wenn in der durch Heinrich aufgezeigten Weise die Einheit des analog prädizierten Begriffs zum Problem wird, wie soll es unter solchen Bedingungen möglich sein,

---

umfangreiche Literaturliste bietet LAARMANN, M., Deus, primum cognitum. Die Lehre von Gott als dem Ersterkannten des menschlichen Intellekts bei Heinrich von Gent (†1293) (Beiträge zur Geschichte der Philosophie und Theologie des Mittelalters N.F. 52), Münster 1999, 104-116.

[12] Quod autem nomine entis videatur concipi aliquid commune, est quia sive concipiatur aliquid quod est res divina, sive quod est creatura; tamen cum concipitur esse absque eo quod determinate et distincte concipitur esse dei vel creaturae, illud non concipitur nisi indeterminate, scilicet non determinando intellectum ad esse dei vel esse creaturae. [...] Intelligendum tamen quod illa indeterminatio alia est respectu esse dei et alia respectu esse creaturae, quia duplex est indeterminatio: una negative, altera vero privative dicta. Est enim negativa indeterminatio quando indeterminatum non est natum determinari ad modum quo deus dicitur esse infinitus, quia non est natus finiri. Est autem privativa indeterminatio quando indeterminatum natum est determinari. [...] Secundum istam autem duplicem indeterminationem oportet intelligere quod concipiendo esse simpliciter et indeterminate quod est dei, tunc est indeterminatio negativa quia esse dei nullo est natum determinari, ut si postquam intellexeris in creaturis hoc esse et illud esse, si intellexeris esse simpliciter per abnegationem quod sit neque huius determinati neque illius vel alicuius alterius determinati. HEINRICH VON GENT, Summa Quaestionum Ordinariarum a. 21 q. 2 (Ed. Badius I), Paris 1520, f. 124v P – 125r Q.

[13] Omnis ergo conceptus realis quo aliquid rei concipitur concipiendo esse simpliciter aut est conceptus rei quae deus est, aut quae creatura est, non alicuius communis ad utrumque. HEINRICH VON GENT, Summa Quaestionum Ordinariarum a. 21 q. 2 (Ed. Badius I), Paris 1520, f. 124v O.

die Metaphysik als eine gegenüber der Theologie eigenständige Wissenschaft zu etablieren, da doch ein allgemeiner Begriff, der das Subjekt dieser Wissenschaft sein kann, nicht zu gewinnen ist? Der natürliche Weg zur Erlangung eines allgemeinsten Begriffs, der seinen Ausgang von der Erkenntnis des Endlichen nimmt, ist durch den Zerfall der begrifflichen Einheit dieses allgmeinsten Prädikates ungangbar geworden.

Heinrich von Gent selbst glaubt, diese Schwierigkeit durch die Aneignung der augustinischen Illuminationstheorie lösen zu können.[14] Die Wahrheit unserer Erkenntnisse und die Angemessenheit unserer Begriffe richten sich in der Sicht Heinrichs letztlich nach der Übereinstimmung mit dem göttlichen Urbild. Auf diese Weise ist die in den menschlichen Verstand eingepflanzte (impressa) Wahrheit die Voraussetzung jeglicher Erkenntnis.[15] Allein auf natürliche Weise ist es dem Menschen allerdings nicht möglich, eine solche Wahrheitserkenntnis zu erlangen.[16] Nur durch die göttliche Illumination (illustratio), so die These Heinrichs, verfügt der Mensch tatsächlich über die Fähigkeit, diese zu erlangen.[17] Nur vor dem Hintergrund der göttlichen Illumination wird der angemessen von Gott zu prädizierende Begriff nicht dadurch zu einem unlösbaren Problem, dass sich der Übergang vom Endlichen zum Unendlichen in einem analog ausgesagten Prädikat als unmöglich erweist.

Die von Heinrich favorisierte Anwendung der Illuminationslehre schließt zwar in einer gewissen Weise den Graben, der durch den Zerfall des analogen Begriffs des Seienden entsteht, doch macht die Theorie von der göttlichen Illumination als primärer Erkenntnisquelle des menschlichen Verstandes von Voraussetzungen Gebrauch, die den natürlichen Charakter der Metaphysik in Frage stellen. Aus diesem Grunde wird eine Metaphysikkonzeption, die in kritischer Absicht an die ausschließlich natürlichen Erkenntnismöglichkeiten des Menschen anknüpft, die Bezugnahme auf eine Illumina-

---

[14]   Vgl. KANN, CH., Skepsis, Wahrheit, Illumination. Bemerkungen zur Erkenntnistheorie Heinrichs von Gent, in: Nach der Verurteilung von 1277. Aertsen J.A., Emery K., Speer A. (Hg.), (Miscellanea Mediaevalia 28), Berlin/New York, 2001, 38-58, insbes. 51-55.

[15]   Necesse ist igitur quod illa veritas increata in conceptu nostro se imprimat et ad characterem suum conceptum nostrum transformet et sic mentem nostram expressa veritate de re informet similitudine illa quam res ipsa habet apud primam veritatem. [...] Perfecta igitur ut dictum est informatio veritatis non habetur nisi ex similitudine veritatis menti impressa de re cognoscibili ab ipsa prima et exemplari veritate. Omnis enim alia impressa a quocumque exemplari abstracto a re ipsa, imperfecta obscura et nebulosa est, ut per ipsam certum iudicium de veritate rei haberi non possit. HEINRICH VON GENT, Summa Quaestionum Ordinariarum a. 1 q. 2 (Ed. Badius I), Paris 1520, f. 7r L.

[16]   Ex puris igitur natualibus exclusa omni divina illustratione nullo modo contingit hominem scire liquidam veritatem. HEINRICH VON GENT, Summa Quaestionum Ordinariarum a. 1 q. 2 (Ed. Badius I), Paris 1520, f. 7v L-M.

[17]   Absolute ergo dicendum quod homo synceram veritatem de nulla re habere potest ex puris naturalibus eius notitiam aquirendo, sed solum illustratione luminis divini, ita quod licet in puris naturalibus constitutus illud attingat, tamen illud ex puris naturalibus naturaliter attingere non potest, sed libera voluntate quibus vult seipsum offert. HEINRICH VON GENT, Summa Quaestionum Ordinariarum a. 1 q. 2 (Ed. Badius I), Paris 1520, f. 8r M.

tionstheorie vermeiden. Dieselbe Zurückhaltung besteht selbstverständlich auch gegenüber anderen in vergleichbarer Weise die natürlichen Fähigkeiten des Menschen übersteigenden Erkenntnisquellen, wie sie etwa in der platonischen Anamnesislehre oder der avicenneischen Lehre von den nicht durch Abstraktion, sondern durch Impression dem Menschen gegebenen ersten Begriffen zum Ausdruck kommt.

1.5 DIE KRITIK DES DUNS SCOTUS

Im Blick auf die den natürlichen Charakter der Metaphysik in Frage stellende Konzeption des Heinrich von Gent hat Johannes Duns Scotus eine grundlegende Kritik vorgelegt. Scotus folgt in einer pointierten Weise der von Heinrich in seiner Deutung initiierten Problematisierung der analogen Verwendung des Begriffs des Seienden. Während Heinrich einen analog verwendeten Begriff des Seienden letztlich als einen Schein, ja sogar als einen Irrtum (error) entlarvt,[18] der aufgrund eines mangelhaften Unterscheidungsvermögens zustande kommt, so zieht Scotus aus dem im Grunde genommen entsprechenden Befund eine ganz andere Konsequenz. Scotus ist nämlich der Auffassung, dass es sich bei den nur scheinbar in einem Begriff geeinten Sinngehalten nicht um eine Analogie, sondern offensichtlich um eine reine Äquivokation handelt. Anders als Heinrich lässt Duns Scotus kein Mittleres zwischen Univokation auf der einen und Äquivokation auf der anderen Seite zu.[19] Entweder wird der Begriff des Seienden univok verwendet oder er wird äquivok gebraucht, wobei jede analoge Prädikation der äquivoken Aussage zugeordnet wird. Diese für Scotus selbst, aber auch seine frühen Schüler verbindliche Auffassung scheint im scotistischen Milieu erst um 1330 ernsthaft in Frage gestellt worden zu sein. Wilhelm von Rubione versteht die analoge ebenso wie die denominative Prädikation nicht mehr als der Univokation

---

[18]   Per hunc ergo modum esse indeterminatum per abnegationem convenit deo et per privationem creaturae. Et quia indeterminatio per abnegationem et per privationem propinquae sunt, quia ambae tollunt determinationem, una tantum secundum actum, alia secundum actum simul et potentiam, ideo non potentes distinguere inter huiusmodi diversa pro eodem concipiunt esse simpliciter et esse indeterminatum, sive uno modo sive altero, sive sit dei sive creaturae. Natura enim est intellectus non potentis distinguere ea quae propinqua sunt, concipere ipsa ut unum, quae tamen in rei veritate non faciunt unum conceptum. Et ideo est error in illius conceptu. HEINRICH VON GENT, Summa Quaestionum Ordinariarum a. 21 q. 2 (Ed. Badius I), Paris 1520, f. 125r S.

[19]   Inter idem et diversum non cadit medium; ergo omne quod concipitur, concipitur sub eadem ratione vel diversa. Sed illa quae concipiuntur sub eadem ratione, in illa ratione univocantur. Quae autem sub ratione diversa concipiuntur, sub illis rationibus diversis aequivocantur. Cum igitur inter idem et diversum non cadit medium, omne nomen vel erit simpliciter aequivocum vel univocum. JOHANNES DUNS SCOTUS, Quaestiones super librum Elenchorum Aristotelis, q. 15 n. 6 (OPh II), 333.

strikt entgegengesetzte Aussagemodi, sondern beschränkt den wirklichen
Gegensatz auf Univokation und Aequivokation im engeren Sinne.[20]
     Über diese Verschärfung des Problems, die durch die von Heinrich ver-
tretene Interpretation der analogen Prädikation des Begriffs des Seienden
entsteht, hinaus kritisiert Scotus auch die von Heinrich vertretene Lehre der
Illumination, worin ihm Franciscus de Mayronis folgen wird.[21] Wie Scotus in
einer ausführlichen Diskussion zeigt, ist die Inanspruchnahme einer übernatürlichen Erkenntnisquelle für die Erfassung eines als Subjekt der Metaphysik
tauglichen Begriffs des Seienden abzulehnen. Statt dessen betont Scotus die
Möglichkeit eines allein mit natürlichen Mitteln erfassbaren allgemeinen
Begriffs des Seienden.[22] Dieser Begriff wird auf dem Wege der Abstraktion
gewonnen und geht demnach von der ursprünglichen Erkenntnis des endlich
Seienden aus, so dass eine Überforderung der menschlichen Erkenntnisfähigkeit nicht vorliegt.
     Aber wie ist es möglich, dass der am Ende des Abstraktionsprozesses
stehende Begriff des Seienden auch auf Gott, das unendlich Seiende, anwendbar ist? Anders als Heinrich von Gent zieht Duns Scotus aus der in der
Annahme eines analogen Begriffs implizierten Schwierigkeit eine gänzlich
andere Konsequenz. Die zentrale Schlussfolgerung, die Duns Scotus aus
seiner die von Heinrich aufgezeigte Schwierigkeit verschärfenden Interpretation der analogen Aussage des Begriffs des Seienden zieht, lautet nämlich
nicht wie bei Heinrich, dass dieser nur scheinbar als ein einziger Begriffsgehalt prädiziert wird, sondern dass er im Sinne eines univoken Begriffs von
Gott und Kreatur ausgesagt wird.[23] Im Ergebnis führt die radikalisierte Auslegung der Analogie sowie die Ablehnung der Illuminationslehre Duns Scotus

---

[20]   Ex praedictis apparet illud primo assumptum, videlicet quodlibet univocum distinguatur
       contra aequivocum modo praeexposito, non tamen proprie contra denominativum nec
       contra analogum ut aequivocum, quoniam superius non distinguitur seu dividitur proprie
       contra inferius. WILHELM VON RUBIONE, Disputationes in quatuor libros Magistri Senten-
       tiarum, I d. 3 q. 3, Paris 1517-18, t. 1 f. 83va.

[21]   Vgl. ROTH, B., Franz von Mayronis und der Augustinismus seiner Zeit, in: Franziskanische
       Studien 22 (1935), 44-75, 57-68.

[22]   Vgl. JOHANNES DUNS SCOTUS, Ord. I d. 3 p. 1 q. 4 n. 202-280 (Ed. Vat. III), 123-172;
       Lect. I d. 3 p. 1 q. 3 n. 144-207 (Ed. Vat. XVI), 281-309. Hierzu HONNEFELDER, L., Ens
       inquantum ens. Der Begriff des Seienden als solchen als Gegenstand der Metaphysik nach
       der Lehre des Johannes Duns Scotus (Beiträge zur Geschichte der Philosophie und
       Theologie des Mittelalters N.F. 16), Münster ²1989, 193-205. Zu einer differenzierten
       Analyse des Verhältnisses von Heinrich von Gent und Duns Scotus vgl. MARRONE, ST.P.,
       Henry of Ghent and Duns Scotus on the Knowledge of Being, in: Speculum 63,1 (1988),
       22-57.

[23]   Et univocationem sic intellectam probo quintupliciter. Primo sic: omnis intellectus, certus
       de uno conceptu et dubius de diversis, habet conceptum de quo est certus alium a
       conceptibus de quibus est dubius; subiectum includit praedicatum. Sed intellectus viatoris
       potest esse certus de Deo quod sit ens, dubitando de ente finito vel infinito, creato vel
       increato; ergo conceptus entis de Deo est alius a conceptu isto et illo, et ita neuter ex se et in
       utroque illorum includitur; igitur univocus. JOHANNES DUNS SCOTUS, Ord. I d. 3 p. 1 q.
       1-2 n. 27 (Ed. Vat. III), 18.

dazu, als Gegenstand der Metaphysik einen univok von Gott und Kreatur
prädizierbaren Begriff des Seienden anzunehmen, der im Prozess der Abstraktion, und d.h. auf natürliche Weise, gewonnen wird.

1.6 DIE SCOTISCHE LEHRE VON DER UNIVOCATIO ENTIS

Die Voraussetzung, einen solchen univok aussagbaren Begriff des Seienden
bilden zu können, besteht darin, den conceptus entis von den Bestimmungen
loszulösen, die ihn entweder nur auf den Bereich des Endlichen oder den des
Unendlichen anwendbar machen. Die natürliche Vernunft nimmt vom Begriff des endlich Seienden ihren Ausgang, um in einem nächsten Schritt
durch einen Prozess der Abstraktion einen allgemeinen Begriff des Seienden
als solchen zu bilden, der von allen Bestimmungen absieht, die ihm nur insofern zukommen, als er auf den Bereich des Endlichen im Besonderen angewendet wird. Bei diesen besonderen Kennzeichnungen handelt es sich um
Bestimmungen, die die Art und Weise betreffen, in der er auf das Endliche
angewendet wird. Scotus interpretiert diese Kennzeichnungen als Begriffe,
die zur Bezeichnung der inneren Modi dienen, die einem jeden Seienden
zukommen, insofern man es als ein Konkretes denkt. Der unbestimmte Begriff des Seienden als solchen entsteht gerade dadurch, dass man von allen
modalen Kennzeichnungen absieht, die jedes Seiende als ein Konkretes notwendig entweder nur dem Endlichen oder dem Unendlichen zuordnen.

Nur in dieser abstraktiv gewonnenen Indifferenz ist der Begriff des ens
inquantum ens als ein gemeinsames Prädikat von Gott und Kreatur univok
aussagbar. Die Unterscheidung der inneren Modi von den washeitlichen
Bestimmungen, die durch sie näher gekennzeichnet werden, ist somit die
zentrale Voraussetzung, die nach der Lehre des Duns Scotus die univoke
Aussagbarkeit von allgemeinen Begriffen erlaubt.[24] Die Differenz, die den
analogen Begriff des Seienden nach der Lehre Heinrichs von Gent kennzeichnet, ist im Kontext der scotischen Metaphysik in der Differenz der ab-
strahierbaren modalen Bestimmungen aufgehoben und damit für den allgemeinen Begriff des Seienden als solchen nicht mehr konstitutiv, sondern be-
griffslogisch nachgeordnet.

Was die Frage nach der Möglichkeit und der Eigenständigkeit der Metaphysik betrifft, steht damit fest, dass sie über einen Gegenstand verfügt, der
sowohl auf natürliche Weise erfassbar ist als auch das unendlich Seiende mit
umfasst. Damit sind erstmals die beiden zentralen Probleme, wie sie sich im
Lichte der durch Heinrich von Gent verschärften Bedingungen darstellen, zu
einem tragfähigen Ausgleich gebracht worden. Zwar ist der entsprechende
Begriff des ens inquantum ens nach der Lehre des Duns Scotus deshalb nur

---

[24]   Vgl. JOHANNES DUNS SCOTUS, Ord. I d. 8 p. 1 q. 3 n. 136-150 (Ed. Vat. IV), 221-227;.
       Lect. I d. 8 p. 1 q. 3 n. 123-125 (Ed. Vat.XVII), 43-45. Hierzu HONNEFELDER, L., Ens
       inquantum ens, 365-382.

als ein unvollkommener Begriff zu verstehen, weil er in seiner modalen Unbestimmtheit niemals das konkret Seiende erfasst, doch ist es eben diese Indifferenz, die seine Allgemeinheit und seine natürliche Erfassbarkeit garantiert. Diese Konzeption der Metaphysik macht die Zugangsweise der Theologie keineswegs überflüssig, sondern zeigt vielmehr deren Notwendigkeit aufgrund der kritischen Beschränkungen, die aus den epistemologischen Restriktionen resultieren, die für den Wissenschaftscharakter der Metaphysik konstitutiv sind.

Die der scotischen Lösung zugrundeliegende Lehre von der Modaldistinktion,[25] also der Unterscheidung washeitlicher Begriffe auf der einen und modaler Bestimmungen auf der anderen Seite, wirft ihrerseits weitere Fragen auf. Allerdings wird durch diese Fragen nicht der ursprüngliche Problemhorizont gesprengt, so dass man gute Gründe dafür anführen kann, dass die scotische Konzeption der Metaphysik mit einem gewissen Recht als Abschluss eines klar strukturierten Prozesses angesehen werden kann. Ohne dass es zu einem wirklichen Paradigmenwechsel kommt, eröffnet der durch die Position des Duns Scotus gekennzeichnete status quaestionis für die sich anschließenden Generationen von Gelehrten Anknüpfungspunkte zu einer Reihe von Vertiefungen und Weiterentwicklungen, gelegentlich auch zu Korrekturen, die die Bedeutung der scotischen Lehre in einem besonderen Maße deutlich werden lassen.

Die Diskussion der inneren Modi geht einher mit weiteren Fragen, die die zentrale scotische Lehre der Univokation betreffen. Die ursprünglichen, letztlich vor allem von Aristoteles formulierten[26] Bedenken gegen eine univoke Aussage des conceptus entis beziehen sich darauf, in welcher Weise die Einheit zu denken ist, die durch eine univoke Prädikation vorausgesetzt wird. Das aristotelische Argument, dass eine solche Einheit keinesfalls die eines Gattungsbegriffs sein könne, führt in der sich hieran anschließenden Diskussion dieses Problems im Mittelalter letztlich dazu, die Univokationsthese ganz zu verwerfen. Die von Duns Scotus vertretene Lehre der Univokation beruht aus diesem Grund wesentlich darauf, dass die Einheit des univoken Begriffs des Seienden und der anderen von Gott und Kreatur gleichermaßen prädizierbaren Begriffe nicht am Leitfaden der kategorialen, sondern der transzendentalen Aussage verstanden wird. Die grundlegende These des Duns Scotus, dass die Metaphysik scientia transcendens sei,[27] weil ihr eigentümlicher Gegenstand sich dadurch auszeichne, die kategorialen Begriffe zu übersteigen, beruht sachlich vor allem auf einer Neuinterpretation dessen, was den Charakter des Transzendentalen ausmacht. Transzendental sind für

---

[25] Zur Verwendung des Begriffs „Modaldistinktion" vgl. Kap. 9 § 1.

[26] Vgl. ARISTOTELES, Metaphysik III c. 3, (Ed. Bekker) 998 b 22-27.

[27] [...] igitur necesse est esse aliquam scientiam universalem, quae per se consideret illa transcendentia. Et hanc scientiam vocamus metaphysicam, quae dicitur a ‚meta‘, quod est ‚trans‘, et ‚ycos‘ ‚scientia‘, quasi transcendens scientia, quia est de transcendentibus. JOHANNES DUNS SCOTUS, In Met. Prol. n. 18 (OPh III), 9.

Duns Scotus nicht nur die allgemeinsten Begriffe, d.h. diejenigen, die eine maximale Extension besitzen, wie die nach der klassischen Lehre sogenannten konvertiblen Transzendentalien.[28] Das eigentliche Definiens des Transzendentalen ist vielmehr nach der Auffassung des Duns Scotus die Feststellung, dass transzendentale Begriffe keine übergeordnete Gattung mehr besitzen. Die Tatsache, dass sie von anderem aussagbar sind, also ihre extensionale Bestimmung, ist für die Transzendentalien hingegen akzidentiell.[29] Im Ergebnis ist mit dieser Lehre die klassische Auffassung, wonach transzendentale Prädikate im Sinne einer maximalen Extension allgemeinste sind, überwunden.

1.7 DIE FOLGEPROBLEME DER SCOTISCHEN METAPHYSIKKONZEPTION

Aus dieser veränderten Interpretation des Charakters transzendentaler Begriffe ergeben sich weitgehende Konsequenzen: Zum Teil zieht Duns Scotus diese selbst; zum Teil ergeben sich daraus Folgeprobleme, die die ursprüngliche Konzeption übersteigen. Offensichtlich erlaubt die von Scotus vertretene Bestimmung des Transzendentalen eine signifikante Erweiterung der Klasse transzendentaler Prädikate. Neben den konvertiblen rechnet Scotus auch die disjunktiven Transzendentalien sowie die reinen Vollkommenheiten zu dieser Klasse von Ausdrücken.[30] Auf diese Weise kann Scotus z.B. die Prädikation der inneren Modi, die die disjunktiven transzendentalen Prädikate umfassen

---

[28]   Vgl. MÖHLE, H., Der Tractatus de Transcendentibus des Franciscus de Mayronis (Recherches de Théologie et Philosophie médiévales. Biblioteca 7), Leuven 2004, 28-39. Einen Überblick über die Forschungsliteratur gibt AERTSEN, J.A., The Medieval Doctrine of the Transcendentals. New Literature, in: Bulletin de Philosophie Médiévale 41, 1999, 107-121. Zur historische Entwicklung der vorscotischen Lehre vgl. AERTSEN, J.A., Transzendental II, in: Historisches Wörterbuch der Philosophie 10, Darmstadt 1998, col. 1360-1365. Zur scotischen Lehre zusammenfassend vgl. HONNEFELDER, L., MÖHLE, H., Transzendental III, in: Historisches Wörterbuch der Philosophie 10, Darmstadt 1998, col. 1365-1371; einen kurzen aber differenzierten Gesamtüberblick gibt AERTSEN, J.A., Die Umformung der Metaphysik. Das mittelalterliche Projekt der Transzendentalien, in: Brachtendorf, J. (Hg.), Prudentia und Contemplatio. Ethik und Metaphysik im Mittelalter, Paderborn 2002, 89-106. Auf eine interessante Fortführung in der Deutung des Transzendentalen im 14. Jahrhundert bei Armandus de Bellovisu macht ebenfalls J.A. Aertsen aufmerksam: vgl. AERTSEN, J.A., "Transcendens" im Mittelalter: Das Jenseitige und das Gemeinsame, in: Recherches de Théologie et Philosophie médiévales 73,2 (2006), 291-310.

[29]   Sicut non ratione „generalissimi" non est habere sub se plures species sed non habere aliud superveniens genus (sicut hoc praedicamentum „quando" – quia non habet superveniens genus – est generalissimum, licet paucas habeat species, vel nullas), ita transcendens quodcumque nullum habet genus sub quo contineatur. Unde de ratione transcendentis est non habere praedicatum superveniens nisi ens, sed quod ipsum sit commune ad multa inferiora, hoc accidit. JOHANNES DUNS SCOTUS, Ord. I d. 8 p. 1 q. 3 n. 114 (Ed. Vat. IV), 206.

[30]   Zur Transzendentalienlehre des Duns Scotus im Allgemeinen vgl. WOLTER, A.B, The Transcendentals and their Function in the Metaphysics of Duns Scotus, 4-13; HONNE-FELDER, L., Ens inquantum ens, 343-365.

– auch wenn Scotus selbst diesen Zusammenhang nicht eingehend erörtert –, rechtfertigen.

Darüber hinaus bedeutet die Verabschiedung der extensionalen Interpretation des Transzendentalen aber auch eine mögliche Erweiterung dieser Prädikate um eine Klasse von Begriffen, die Scotus nicht so ohne weiteres in sein Konzept der Metaphysik integrieren kann. Was Scotus selbst nur andeutet, was aber implizit aus seinen Annahmen folgt, ist die Möglichkeit, Begriffe von Begriffen, also Prädikate zweiter Stufe, als transzendentale Ausdrücke zu interpretieren.[31] Da solche Ausdrücke aber nicht als reale Prädikate, sondern als Bezeichnung von Gedankendingen zu verstehen sind, hätte dies zur Folge, dass die Metaphysik als Transzendentalwissenschaft nicht nur entia realia, sondern auch entia rationis zum Gegenstand hätte. Dies scheint aber für Scotus selbst ausgeschlossen, insofern die Metaphysik als Realwissenschaft und nicht wie die Logik als Wissenschaft von den entia rationis verstanden wird.[32] Diese Erweiterung der scotischen Konzeption ergibt sich einerseits aus der signifikanten Neuakzentuierung der Transzendentalienlehre, die der scotischen Univokationsthese zugrunde liegt, scheitert aber andererseits an der restriktiven Interpretation der Metaphysik als Realwissenschaft.

Der scotische Ansatz, einen Begriff des Seienden als solchen zu denken, der durch eine umfassende Indifferenz gekennzeichnet ist, und der nur aufgrund dieser Unbestimmtheit und der hieraus resultierenden Allgemeinheit in einem umfassenden Sinne als univok aussagbares Prädikat fungieren kann, führt innerhalb der Metaphysikkonzeption des Duns Scotus auch in anderer Hinsicht zu gewissen Spannungen. Ist einerseits der Begriff des ens inquantum ens das Subjekt der Metaphysik, gerade weil dieser vollkommen unbestimmte Begriff der in einem höchsten Grad wissbare und allgemeinste ist,[33] und ist andererseits das Seiende als solches der erste ausgezeichnete Gegenstand des Verstandes,[34] so scheint sich dennoch – abgesehen von den unterschiedlichen Konnotationen der Begriffe „obiectum" und „subiectum" – eine signifikante Differenz zwischen dem ersten adäquaten Objekt des Verstandes und dem ausgezeichneten Gegenstand der Metaphysik zu ergeben. Diese Differenz kommt dadurch zustande, dass für Scotus nach der Lehre von *Quodl.* q. 3 der Umfang des ausgezeichneten Gegenstandes des Verstandes

---

[31] Vgl. MÖHLE, H., Der Tractatus de Transcendentibus, 16-26; DERS., Zur Metaphysik des Johannes Duns Scotus. Ein Beitrag zur Vor- und Wirkungsgeschichte seiner Transzendentalienlehre, in: Zwischen Weisheit und Wissenschaft. Johannes Duns Scotus im Gespräch, Lackner F. (Hg.), Franziskanische Forschungen 45 (2003), 114-129.

[32] [...] dici potest quod metaphysicus omne ens reale considerat, non ens rationis cuiusmodi est universale ut hic loquimur. – Vel concedatur quod considerat intentionem in quantum ens; non tamen sequitur „intentionem in quantum intentio", quia non sunt idem. JOHANNES DUNS SCOTUS, In Porph. q. 7-8 n. 28 (OPh I), 42; vgl. JOHANNES DUNS SCOTUS, In Met. VI q. 1 n. 43 (OPh IV), 18.

[33] Vgl. JOHANNES DUNS SCOTUS, In Met. Prol. n. 17 (OPh III), 8.

[34] Vgl. JOHANNES DUNS SCOTUS, Ord. I. d. 3 p. 1 q. 3 n. 137 (Ed. Vat. III), 85; vgl. DERS., Ord. Prol. p. 1 q. un. n. 91 (Ed. Vat. I), 55-56.

offensichtlich größer ist als derjenige, der durch den entsprechenden Begriff
bezeichnet wird, der als Subjekt einer einzigen Wissenschaft fungieren kann.
Der Begriff des Seienden in seiner allgemeinsten Bedeutung, der sowohl das
real Seiende als auch das gedacht Seiende umfasst, ist nämlich einerseits der
ausgezeichnete Gegenstand des Verstandes, ist aber nicht allein der Gegenstand einer einzigen Wissenschaft, sei es einer scientia realis, sei es einer scientia rationis.[35] Zwischen dem primum obiectum intellectus und dem Gegenstand der ersten Wissenschaft besteht eine offensichtliche Diskrepanz.

Abgesehen von der systematischen Brisanz, die mit diesem Problem verbunden ist, schließt sich auch in historischer Perspektive an die hiermit verbundenen Fragen eine breite Diskussion an. Wenn sich nämlich in der Konsequenz des scotischen Ansatzes die Notwendigkeit zeigt, den univoken Aussagemodus von metaphysischen Grundbegriffen auf Prädikate auszudehnen,
deren ontologischer Status Scotus zunächst davon abgehalten hat, eine solche
Erweiterung des Gegenstandsbereiches der Metaphysik zuzulassen, muss die
gesamte Diskussion der metaphysischen Grundannahmen sowie deren Verhältnis zur Theologie neu aufgerollt werden.

1.8 FRANCISCUS DE MAYRONIS

Der wirkmächtigste Versuch, diese Diskussion in weitgehender Anlehnung an
die scotischen Grundoptionen durchzuführen, stellt die Metaphysik des Franciscus de Mayronis dar.[36] Wenige Jahre nach dem Tod des Duns Scotus
findet in den intellektuellen Zentren dieser Zeit, in Paris und Oxford, eine
eingehende Auseinandersetzung mit der scotischen Metaphysik statt, in der

---

[35] Et istorum duorum membrorum (quorum utrumque pertinet ad primum membrum
distinctionis) primum videtur valde extendere nomen rei et tamen ex communi modo
loquendi satis probatur. Communiter enim dicimus intentiones logicas esse res rationis et
generaliter relationes rationis esse res rationis, et tamen ista non possunt esse extra intellectum. Non ergo nomen rei secundum usum loquendi determinat se ad rem extra animam. Et isto intellectu communissimo, prout ens vel ens, dicitur quodlibet conceptibile, quod
non includit contradictionem – sive illa communitas sit analogiae, sive univocationis, de quo
non curo modo – posset poni ens [om. Clm 8717; Clm 26309] primum obiectum intellectus,
quia nihil potest esse intelligibile, quod non includit rationem entis isto modo, quia, ut
dictum est prius, includens contradictionem non est intelligibile. Et isto modo quaecumque
scientia non solum quae [quae non solum Clm 8717; Wadding] vocatur realis, sed etiam quae
vocatur rationis, est de re vel de ente.
Der Text ist korrigiert mit den Handschriften der Bayerischen Staatsbibliothek München
Clm 8717 und Clm 26309. Überall da, wo beide Handschriften gemeinsam einen anderen
Text als die Wadding-Ausgabe bieten, ist der Text entsprechend geändert worden, soweit
nichts anderes angegeben ist. Singuläre Abweichungen der Handschriften sind nicht aufgenommen, außer dies ist ausdrücklich vermerkt. JOHANNES DUNS SCOTUS, Quodl. q. 3 n. 2
(Ed. Wad. XII), 67.

[36] D. Bolliger nennt Franciscus de Mayronis den „ersten Scotisten", was eher ein normatives
Urteil, denn eine historische Feststellung sein sollte. BOLLIGER, D., Infiniti contemplatio.
Grundzüge der Scotus- und Scotismusrezeption im Werk Huldrych Zwinglis (Studies in the
History of Christian Thought 107), Leiden/Boston 2003, 219.

sich sehr früh bereits Kritiker und Apologeten gegenüberstehen. Für einen Denker wie Franciscus de Mayronis ist von Anfang an klar, dass die scotische Konzeption nicht als solche zu verteidigen ist, sondern grundlegender Systematisierungen, Modifikationen und auch Neuerungen bedarf, um den kritischen Einwendungen, die zwischenzeitlich erhoben wurden, begegnen zu können. Diese Ausgangsbedingung ergibt sich aus dem herausragenden Problembewusstsein, über das Franciscus nicht zuletzt aufgrund seiner unmittelbaren Auseinandersetzung mit den nominalistisch oder konzeptualistisch zu nennenden Diskussionspartnern, aber auch aufgrund seiner unmittelbaren Konfrontation mit den thomistisch ausgerichteten Kritikern des Duns Scotus verfügt.

Wie sich im Einzelnen zeigen wird, geht Franciscus zunächst von verschärften wissenschaftstheoretischen Voraussetzungen aus, indem er alles Erkennen und damit jedes Wissen mit dem Anspruch der Wissenschaftlichkeit auf die Anerkennung eines ersten, allen Erkenntnisformen gemeinsamen Prinzips zurückführt. Anders als zu Beginn der mittelalterlichen Aristotelesrezeption, wie sie sich etwa bei Albertus Magnus zeigt, verfügen Metaphysik und Theologie nicht jeweils über genuin eigene Prinzipien,[37] sondern über ein gemeinsames Fundamentalprinzip. Wie Mayronis im Einzelnen ausführt, findet dieses erste Prinzip insbesondere auch eine konsequente Anwendung auf die Theologie, die sich als Wissenschaft dem gemeinsamen Anspruch stellen muss. Aus dieser Annahme eines gemeinsamen ersten Prinzips folgt aber auch die Notwendigkeit gemeinsamer und das heißt grundsätzlich univok aussagbarer Grundbegriffe, auf denen das erste Prinzip beruht.

In einer detaillierten Diskussion des ersten Prinzips und seiner Geltungsbedingungen führt Franciscus dessen Annahme auf eine immer schon anzuerkennende begriffslogische Grundstruktur zurück, die sich in entsprechenden Abstraktions- und Distinktionsverfahren zeigen lässt. Als fundamental erweist sich die Unterscheidung washeitlicher Begriffsgehalte und modaler Bestimmungen. Diese bei Duns Scotus im Rahmen der Modaldistinktion angedeutete Lehre wird in Auseinandersetzung mit einer ganzen Reihe zwischenzeitlich erhobener Einwände ausgearbeitet und zu einer metaphysischen Grundstruktur ausgeweitet. Auch wenn der direkte Anknüpfungspunkt, von dem aus Mayronis diese Lehre entwickelt, die spezielle Problematik der Interpretation der innertrinitarischen Verhältnisse ist, ergibt sich in dieser Diskussion ein Interpretament, von dem aus die theologischen und metaphysischen Grundprobleme neu gedeutet werden.

Dies gilt insbesondere für das Verständnis der auch bei Mayronis zentralen Univokationsthese. Die Annahme der univoken Aussage des conceptus entis wird von Franciscus auf den gesamten Bereich des Seienden, also auch auf die entia rationis, insofern diese einer neuen Deutung unterzogen werden, ausgeweitet. Die Lehre des Duns Scotus, wonach es hinsichtlich des real Sei-

---

Vgl. ALBERTUS MAGNUS, Summa theologiae l. I t. 1 q. 4 (Ed. Colon. 34.1), Münster 1978, 15; DERS., Metaphysica l. XI t. 3 c. 7 (Ed. Colon. 16.2), Münster 1964, 542.

enden und des gedacht Seienden keinen univok prädizierbaren Begriff gibt,[38] wird damit von Mayronis grundlegend revidiert. Dies setzt eine Neubestimmung des ontologischen Status dieser Entitäten voraus, die Franciscus – offensichtlich in direkter Auseinandersetzung mit Wilhelm von Ockham –[39] in einer deutlich über Duns Scotus hinausgehenden Interpretation entwickelt. Die in der scotischen Transzendentalienlehre implizierten Schwierigkeiten, die mit der Behandlung der Begriffe zweiter Stufe verbunden sind, lassen sich auf diese Weise beheben.[40] Aufgrund dieser Erweiterung der Klasse transzendentaler Prädikate gehören nicht nur unmittelbar reale Begriffe zum Gegenstandsbereich der Metaphysik. Vielmehr behandelt die Metaphysik nach diesem Verständnis auch solche Begriffe, die als intentiones secundae nicht unmittelbar einen dinghaften Bezug haben, sondern als Ordnungsbegriffe des Verstandes die Struktur eines möglichen Weltbezugs vor dessen tatsächlicher Realisierung offenlegen.

Die konsequente Anwendung der Formaldistinktion, vor allem aber die durchgängige Deutung des gesamten Gegenstandsbereich der Metaphysik auf der Grundlage der Modaldistinktion, also der Unterscheidung formaler Begriffsgehalte von ihren modalen Bestimmungen, erlaubt es Franciscus de Mayronis, eine kohärente Interpretation des für alle Erkenntnisgegenstände grundlegenden Strukturzusammenhangs von Einheit und Differenz zu geben. Auf der Grundlage eines als Grundannahme unterstellten noetisch-noematischen Parallelismus zeigt Mayronis im Einzelnen, wie die Verwiesenheit von begrifflicher Einheit und Differenziertheit für unser Erkennen nur dadurch konstitutiv sein kann, dass es sich hierbei um eine Struktur handelt, die ein sachhaltiges extramentales Fundament widerspiegelt. Allerdings erlaubt es der unterstellte Parallelismus andererseits auch, von der begrifflichen Konstitution des von uns Erfassten auf die Struktur der erkannten Sachen selbst zu schließen.

2 FORSCHUNGSSTAND

Eine Untersuchung der Wirkungsgeschichte der scotischen Metaphysik hat ihre besonderen Schwierigkeiten. Zwar sind die großen Linien, in denen die

---

[38] Quia relationi reali et rationis non est unus conceptus eiusdem rationis, quia licet posset abstrahi unus conceptus univocus a Deo et creatura, non tamen a re rationis et a re reali, quia conceptus abstractus a deo et creatura esset esset ex utraque parte realis et ita eiusdem rationis, non sic autem ab ente rationis et ente reali quia ex una parte esset realis, et ex alia non, sed tantum rationis. Maior enim et prior est divisio entis in ens reale et rationis quam in ens creatum et increatum, quia ens reale, ut unum membrum alterius divisionis, est commune utrique membro secundae divisionis, ut enti creato et increato, quia utrumque est ens reale, et sic magis conveniunt sub ratione unius conceptus. JOHANNES DUNS SCOTUS, Rep. I A d. 29 q. un. Oxford, Merton College, MS 61, f. 139r.

[39] Vgl. unten Kap. 7 § 2.1.

[40] Zur Interpretation der intentiones secundae als transzendentalen Prädikate bei Franciscus de Mayronis vgl. MÖHLE, H., Der Tractatus de Transcendentibus, 39-57.

Metaphysik des Duns Scotus bis hin zu F. Suárez und dann weiter bis zu I. Kant und Ch. S. Peirce gewirkt hat,[41] aufgedeckt und nachgezeichnet worden. Die Anknüpfung moderner Metaphysik an die von Scotus konzipierte scientia transcendens ist in ihrer modifizierten Form als „Tino-logie", d.h. als Wissenschaft, die nicht nur im Sinne der Ontologie als allgemeine Wissenschaft vom Seienden, sondern als Wissenschaft vom Erfassbaren (cogitabile) verstanden wird, Gegenstand gewichtiger Studien.[42] Unterschiedlich bewertet wird aber durchaus die Form, in der Duns Scotus für die moderne Metaphysikkonzeption wirksam geworden ist. Handelt es sich bei den unmittelbar an Scotus anschließenden Metaphysikansätzen tatsächlich um Vermittlungsgestalten eines genuin scotischen Ansatzes oder bedarf es weitgehender Akzentverschiebungen, ja vielleicht sogar grundsätzlicher Veränderungen, um im Ausgang von Scotus eine Brücke zur modernen Metaphysikkonzeption zu schlagen? Bei der Einschätzung dieses Prozesses hat sich neben der Frage nach der thomistisch-scotischen Synthese, insbesondere die Frage als signifikant erwiesen, inwieweit die scotische Ontologie einer Transformation bedarf, die schließlich bei Suárez zu einer Metaphysik als Tino-logie, d.h. als Wissenschaft des Denkbaren führt. In der Perspektive dieser Frage sind zum einen Duns Scotus selbst, aber vor allem auch Francisco Suárez ins Zentrum der Forschung gerückt. Gegenüber diesem Forschungsinteresse ist die unmittelbare Wirkungsgeschichte der Lehre des Duns Scotus und damit die Frage nach der bereits in der Tradition des Scotismus stattfindenden signifikant modifizierten Ausprägung der scotischen Lehre weitgehend in den Hintergrund getreten.

Auf die Bedeutung der scotistischen Tradition im Vermittlungsprozess der Lehre des Duns Scotus ist zwar in verschiedenen Kontexten hingewiesen worden,[43] doch detaillierte Auseinandersetzungen mit größeren systemati-

---

[41] Vgl. HONNEFELDER, L., Scientia transcendens. Die formale Bestimmung der Seiendheit und Realität in der Metaphysik des Mittelalters und der Neuzeit (Duns Scotus – Suárez – Wolff – Kant – Peirce), Hamburg 1990; auf die Anknüpfungspunkte zwischen der scotischen Metaphysik und Kants Transzendentalphilosophie macht bereits aufmerksam: BARTH, T., Die Grundlage der Metaphysik bei Duns Scotus: Das Sein der Synthese von Gemeinsamkeit und Verschiedenheit, in: Wissenschaft und Weisheit 27 (1964), 211-228, 227.

[42] Vgl. COURTINE, J.-F., Suarez et le système de la métaphysique, Paris 1990, 537; BOULNOIS, O., Être et représentation, Paris 1999, 512-515. Hierzu auch der aktuelle Forschungsbericht bei DARGE, R., Suárez' transzendentale Seinsauslegung und die Metaphysiktradition (Studien und Texte zur Geistesgeschichte des Mittelalters 80), Leiden/Boston 2004, 4-27, sowie die Rezension von ANDERSEN, C.A., "DARGE, R., Suárez' transzendentale Seinsauslegung und die Metaphysiktradition", in: Philosophisches Jahrbuch 112,2 (2005), 441-443.

[43] Vgl. MEIER, L., Die Barfüsserschule zu Erfurt (Beiträge zur Geschichte der Philosophie und Theologie des Mittelalters 38, 2), Münster 1958; BÉRUBÉ, C., La première École Scotiste, in: Preuve et raisons à l'université de Paris. Logique, Ontologie et Théologie au XIVe siècle, Kaluza Z., Vignaux P. (Hg.), Paris 1981, 9-24; HOENEN M.J.F.M., Scotus and the Scotist School. The Tradition of Scotist Thought in the Medieval and Early Modern Period, in: John Duns Scotus (1265/6-1308). Renewal of Philosophy, Bos E.P. (Hg.),

schen Zusammenhängen liegen nur vereinzelt vor. Im Rahmen der scotistischen Wirkungsgeschichte, insbesondere der Metaphysik, sind vor allem die
Formalitätenlehre,[44] die Theorie der entia rationis,[45] die Transzendentalienlehre,[46] erkenntnistheoretische Fragen,[47] die Freiheits- und Kontingenz-
lehre,[48] insbesondere die Theorie der futura contingentia[49] und die scotistische Possibilien-[50] und Ideenlehre[51] auf das Interesse der Forschung gesto-
ßen.

   Die in zeitlicher Perspektive und von ihrer Vorgehensweise her unmittelbar an die Metaphysik des Duns Scotus anknüpfende Auseinandersetzung
hat allerdings unter dem Blickwinkel der systematisch entwickelten Problementfaltung sowohl in ihrer kritischen als auch in ihrer apologetischen Spielart
bislang kaum Beachtung gefunden. Weder sind die Details der Gemeinsam-
keiten, Verschiebungen und Gegensätze z.b. zur Lehre des Wilhelm von
Ockham und Petrus Aureoli, noch die direkte Auseinandersetzung, die innerhalb der ersten Schülergeneration des Duns Scotus stattgefunden hat, zum
Gegenstand einer eingehenden und den Gesamtzusammenhang der Metaphysik reflektierenden Untersuchung gemacht worden. Um so weniger ist

---

(Elementa. Schriften zur Philosophie und ihrer Problemgeschichte 72), Amsterdam 1998,
197-210.

[44]   Hier ist vor allem die ausführliche Studie von Poppi zu nennen. POPPI, A., Il contributo dei
formalisti Padovani al problema delle distinzioni, in: Problemi e figure della Scuola scotista
del santo (Pubblicazioni della provincia Patavani dei fratri Minori conventuali 5), Padova
1966, 601-790. Wichtig sind aber auch die entsprechenden Kapitel von: BOLLIGER, D., Infiniti contemplatio. Grundzüge der Scotus- und Scotismusrezeption im Werk Huldrych
Zwinglis (Studies in the History of Christian Thought 107), Leiden/Boston 2003, 218-362.
Speziellere Forschungsarbeiten werden im Verlauf der weiteren Untersuchung genannt.

[45]   Im Rahmen der umfassenden Untersuchung zur ontologischen Fundierung der Sprache
finden bei Th. Kobusch die scotistische und die nominalistische Tradition in verschiedenen
Hinsichten Beachtung Vgl. KOBUSCH, TH., Sein und Sprache. Historische Grundlegung
einer Ontologie der Sprache (Studien zur Problemgeschichte der antiken und mittelalterlichen Philosophie XI), Leiden/New York/Kopenhagen/Köln 1987.

[46]   Vgl. MÖHLE, H., Franciscus de Mayronis und Cajetan im Streit um die Zerstörung der
Metaphysik, in: Metafisica como „scientia transcendens". Metaphysik als „scientia transcendens". Il Coloquio Internacional de Filosofia da Pontificia Universidade Do Rio Grande
do Sul (Porto Alegre, 15-18 de agosto de 2006), Hofmeister-Pich, R. (Hg.) (Textes et Études
du Moyen Âge 43), Turnhout 2007, erscheint demnächst. Weitere Literatur hierzu findet
sich in AERTSEN, J.A., The Medieval Doctrine of the Transcendentals, 107-121.

[47]   Vgl. die bei K. Tachau genannte Literatur: TACHAU, K.H., Vision and Certitude in the
Age of Ockham. Optics, Epistemology and the Foundations of Semantics 1250-1345
(Studien und Texte zur Geistesgeschichte des Mittelalters 22), Leiden/New York/Kopen-
hagen/Köln 1988; BOLLIGER, D., Infiniti contemplatio, 243-252.

[48]   Vgl. FIORENTINO, F., Francesco di Meyronnes. Libertà e contingenza nel pensiero tardo-
medievale (Medioevo 12), Rom 2006

[49]   Vgl. SCHABEL, CH., Theology at Paris, 1316-1345. Peter Auriol and the Problem of Divine
Foreknowledge and Future Contingents, Aldershot/Burlington/Singapore/Sydney 2000.

[50]   Vgl. HONNEFELDER, L., Scotus und der Scotismus. Ein Beitrag zur Bedeutung der
Schulbildung in der mittelalterlichen Philosophie, in: Philosophy and Learning. Universities
in the Middle Ages, Hoenen M.J.F.M. (Hg.), Leiden/New York/Köln 1995, 249-262.

[51]   Die einschlägige Literatur wird genannt in Kap. 9 § 1.2.2.

deshalb auch bislang die Wechselwirkung von Kritik und Apologie in ihren historisch konkreten Konturen ins Blickfeld der Forschung gerückt.[52] Die vorliegende Untersuchung setzt sich deshalb zum Ziel, nicht nur die systematische Leistung des metaphysischen Ansatzes des Franciscus de Mayronis als eines der bedeutendsten Vertreter der ersten Generation des Scotismus zu untersuchen, sondern auch, soweit das möglich ist, den konkreten Kontext zu rekonstruieren, in dem das Denken des Franciscus steht. Im Ergebnis soll ein Bild eines der zentralen Metaphysikansätze des Mittelalters entstehen, das die historischen und sachlichen Anknüpfungspunkte deutlich werden lässt, wie sie sich für die weitere Entwicklung der Metaphysik – mag man sie modern, neuzeitlich oder bloß negativ als nach-mittelalterlich bezeichnen – ergeben.

---

[52] Ansätze bei HÜBENER, W., Die Nominalismuslegende. Über das Missverhältnis zwischen Dichtung und Wahrheit in der Deutung der Wirkungsgeschichte des Ockhamismus, in: Spiegel und Gleichnis, Bolz N.W., Hübener W. (Hg.), Würzburg 1983, 87-111.

Erstes Kapitel

Leben und Werk

1 FRANCISCUS DE MAYRONIS

Die meisten Details, die das Leben und das Werk des Franciscus de Mayronis betreffen, sind bislang unbekannt. Dies betrifft wichtige Fragen wie die Entstehungsgeschichte und die Datierung seiner Schriften, erstreckt sich aber vor allem auch auf den Inhalt der zum größten Teil bis heute nicht gedruckten Texte. Die Biographie des Franciscus ist nur rudimentär bekannt, so dass insbesondere die Fragen, die den geistesgeschichtlichen Kontext seiner Lehre betreffen, weitgehend unbeantwortet sind, ja bisher kaum formuliert wurden.

Den Versuch einer Gesamtdarstellung unter Einbeziehung einer größeren Anzahl von theologischen und philosophischen Fragestellungen hat bislang nur B. Roth unternommen.[53] Von ihm stammen die meisten Erkenntnisse, die die Biographie und die Werkgeschichte des Franciscus betreffen. Zudem ist die Arbeit Roths vor allem der Formalitätenlehre des Mayronis gewidmet. Ergänzt werden die werkgeschichtlichen Ausführungen Roths durch die Untersuchungen zum politischen Werk von De Lapparant[54] und seit den siebziger Jahren vor allem durch die Ergebnisse der Arbeiten von H. Roßmann.[55] Neben den werkgeschichtlichen Untersuchungen hat Roßmann zudem eine ausführliche Studie vorgelegt, die vor allem dem theologischen System des Franciscus gewidmet ist.[56] Einzelne theologische und philosophi-

---

[53] Vgl. ROTH, B., Franz von Mayronis O.F.M. Sein Leben, seine Werke, seine Lehre vom Formalunterschied in Gott (Franziskanische Forschungen III), Werl 1936; einen aktuellen Überblick bietet FIORENTINO, F., Francesco di Meyronnes. Libertà e contingenza nel pensiero tardo-medievale (Medioevo 12), Rom 2006, 9-30.

[54] Vgl. DE LAPPARANT, P., L'oeuvre politique de François de Meyronnes, ses rapports avec celle de Dante, in: Archives d'Histoire Doctrinale et Littéraire du Moyen Âge 15-17 (1940-1942), 5-151, 5-55.

[55] Vgl. ROßMANN, H., Die Sentenzenkommentare des Franz von Meyronnes OFM, in: Franziskanische Studien 53, 2-3 (1971), 129-227; DERS., Die Quodlibeta und verschiedene sonstige Schriften des Franz von Meyronnes OFM, in: Franziskanische Studien 54, 1 (1972), 1-76.

[56] Vgl. ROßMANN, H., Die Hierachie der Welt. Gestalt und System des Franz von Meyronnes OFM mit besonderer Berücksichtigung seiner Schöpfungslehre (Franziskanische Forschungen XXXIII), Werl 1972; im Kontext theologischer Fragestellungen ist auch die Untersuchung von Dettloff zur Akzeptationslehre des Mayronis von Bedeutung: DETTLOFF, W., Die Entwicklung der Akzeptations- und Verdienstlehre von Duns Scotus

sche Fragestellungen, die in der Mayronisforschung Beachtung gefunden haben, sind die Lehre von der abstraktiven und intuitiven Erkenntnis,[57] die Ideen- und Possibilienlehre,[58] die Theorie von den zukünftigen kontingenten Ereignissen[59] und die Transzendentalienlehre.[60] Verschiedenen metaphysischen Fragestellungen sind die Arbeiten von P. Vignaux und A. Maurer gewidmet.[61] Eine kurze, zusammenfassende Darstellung gibt U.G. Leinsle.[62]

1.1 LEBEN

Das Leben des Franciscus de Mayronis ist uns nur in wenigen Einzelheiten bekannt.[63] Franciscus de Mayronis wird um das Jahr 1288 in Meyronnes, einer kleinen Ortschaft, die ca. 20 km östlich von Barcelonnette im Departement Basses-Alpes gelegen ist, geboren. Zwar fehlt ein Zeugnis, das das genaue Geburtsjahr ausdrücklich belegt, doch ergibt sich dieses Datum zumindest als terminus ad quem aus der Tatsache, dass Mayronis im Sommer des Jahres 1323 zum Magister der Theologie ernannt wird, was ein Mindestalter von 35 Jahren voraussetzt.

Sein Studium absolviert Mayronis vermutlich während der Jahre 1304-1307 bei Johannes Duns Scotus. Die Tatsache, dass Mayronis ein direkter

---

bis Luther mit besonderer Berücksichtigung der Franziskanertheologen (Beiträge zur Geschichte der Philosophie und Theologie des Mittelalters 40,2), Münster 1963, 168-180.

[57] Vgl. ETZKORN, G. J., Franciscus de Mayronis. A Newly Discovered Treatise on Intuitive and Abstractive Cognition, in: Franciscan Studies 54 (1994-1997), 15-50. Im Weiteren beschränken sich die Angaben jeweils auf die wichtigsten und neuesten Arbeiten.

[58] Vgl. HOFFMANN, T., Creatura intellecta. Die Ideen und Possibilien bei Duns Scotus mit Ausblick auf Franz von Mayronis, Poncius und Mastrius (Beiträge zur Geschichte der Philosophie und Theologie des Mittelalters NF Bd. 60), Münster 2002, 217-262.

[59] SCHABEL, CH., Theology at Paris, 1316-1345. Peter Auriol and the Problem of Divine Foreknowledge and Future Contingents, Aldershot/Burlington/Singapore/Sydney 2000; ROSSINI, M., Scientia dei conditionata. Francesco di Meyronnes e i futuri contingenti, in: Medioevo 19 (1993), 287-322.

[60] Vgl. MÖHLE, H., Der Tractatus de Transcendentibus des Franciscus de Mayronis (Recherches de Théologie et Philosophie médiévales. Biblioteca 7), Leuven 2004.

[61] Vgl. VIGNAUX, P., L'être comme perfection selon François de Meyronnes, in: Études d'histoire littéraire et doctrinale 17 (1962), 259-318, wieder abgedruckt in: VIGNAUX, P., De Saint Anselme a Luther, Paris 1976, 253-312; MAURER, A., CAIRD, A.P., The Role of Infinity in the Thought of Francis of Meyronnes, in: Mediaeval Studies 33 (1971), 201-227; MAURER, A., Francis of Meyronnes' Defense of Epistemological Realism, in: Being and Knowing. Studies in Thomas Aquinas and Later Medieval Philosophers (Papers in Mediaeval Studies 10), Toronto 1990, 311-331.

[62] Vgl. LEINSLE, U.G., Einführung in die scholastische Theologie, Paderborn 1995, 201-205.

[63] Zur Biographie des Franciscus vgl. ROTH, B., Franz von Mayronis, 11-50; ROßMANN, H., Die Hierarchie der Welt, 9-24; ROßMANN, H., „Meyronnes", in: Dictionnaire de Spiritualité, Vol. 10, Paris 1980, col. 1155-1161, 1155-1156; LANGLOIS, CH.-V., François de Meyronnes, Frère Mineur, in: Histoire Littéraire de la France 36 (1927), 305-342, 305-311; D'ALENCON, É., Meyronnes (François de), in: Dictionnaire de Théologie Catholique t. 10, Paris 1929, col. 1634-1645, 1634-1636.

Schüler des Duns Scotus war, ist reich belegt.[64] Ein Studium in Paris vor 1304 scheint ausgeschlossen zu sein, da sich der Name des Franciscus de Mayronis in keinem der zwei erhaltenen Versammlungsprotokolle, die im Zusammenhang mit der Auseinandersetzung von Bonifaz VIII. und König Philipp dem Schönen von Frankreich entstanden sind, findet.[65] Ein Studium bei Duns Scotus ist also nur nach dessen Rückkehr aus seinem Exil in England im Frühjahr 1304 möglich. Zu diesem Zeitpunkt muss Franciscus spätestens dem Orden der Franziskaner angehört haben. Im Anschluss an seine Studien in Paris, in der Zeit von 1308-1318, kommentiert Franciscus die Sentenzen des Petrus Lombardus vermutlich an verschiedenen Studienorten der Franziskaner in Frankreich und Italien.

Im Schuljahr 1320-1321 liest Mayronis als baccalaureus sententiarius, vermutlich als Nachfolger des Franciscus de Marchia, auf dem Lehrstuhl der Franziskaner an der Universität Paris die Sentenzen. Wahrscheinlich hat sich Mayronis bereits einige Zeit vor Antritt seiner Vorlesungen in Paris aufgehalten und – wie von den Pariser Universitätsstatuten vorgesehen[66] – als baccalaureus biblicus eine kusorische Lektüre der Bibel vorgetragen. In dasselbe Schuljahr fällt auch die *Disputatio collativa*, die Franciscus mit dem Benediktiner Petrus Rogerii, dem späteren Papst Clemens VI., der zur selben Zeit in Paris die Sentenzen liest, bestreitet. Man kann davon ausgehen, dass Mayronis mit einem weiteren socius eine zweite Disputation bestreitet, von der zwar Teile bekannt sind, deren historische Umstände allerdings im Dunkeln liegen.[67] Im Sommer 1323 wird Mayronis die Magisterwürde verliehen. Dies geschieht zwei Jahre früher als es eigentlich üblich ist. Der Grund hierfür ist eine Intervention von Papst Johannes XXII. beim damaligen Kanzler der Universität von Paris Thomas de Bailly. Offensichtlich hat König Robert von Neapel den Papst ersucht, in diesem Sinne ein Schreiben an Thomas de Bailly zu senden.[68] Dieser Brief des Papstes vom 24. Mai 1323, der die besonderen Fähigkeiten des Franciscus als baccalaureus der Theologie hervorvorhebt, ist überliefert.[69] Ende 1323 oder Anfang 1324 findet die erste Disputatio generalis als Doktor der Theologie statt, auf die zumindest zum Teil die späteren *Quaestiones Quodlibetales* zurückgehen.

Ab 1324 hält sich Franciscus de Mayronis in Avignon in der Umgebung des Papstes auf. Offensichtlich ist er dort in noch nicht geklärter Weise auch mit dem am gleichen Ort gegen Ockham geführten Prozess, der von Johan-

---

[64]   Vgl. ROTH, B., Franz von Mayronis, 25-28.

[65]   Vgl. ROTH, B., Franz von Mayronis, 23-25.

[66]   Vgl. LEFF, G., Paris and Oxford Universities in the Thirteenth and Fourteenth Centuries, New York/London/Sydney 1968, 166.

[67]   Vgl. unten Kap. 3 § 1-1.1.2.1.

[68]   Für die Hintergründe des Eintretens von Robert von Neapel vgl. ROßMANN, H., Die Hierarchie der Welt, 12-21.

[69]   Vgl. DENIFLE, H.; CHATELAIN, AE., Chartularium Universitatis Parisiensis, II, 1, Paris 1891, 272-273 n. 823.

nes Lutterell initiiert wurde,[70] in Berührung gekommen.[71] Da Ockham während seines Prozesses nicht unter Arrest steht, liegt es nahe, dass er sich im Franzikanerkonvent in Avignon aufgehalten hat. Möglicherweise war er sogar zu einem Aufenthalt an diesem Ort angehalten.[72] Der Konvent kommt auch als Aufenthaltsort für Franciscus de Mayronis in Frage, so dass es keineswegs unwahrscheinlich zu sein scheint, dass sich beide in Avignon begegnet sind, worüber allerdings bislang kein ausdrückliches Zeugnis vorliegt.

Gesicherte Angaben über das weitere Wirken von Mayronis in Avignon oder anderswo fehlen. Lediglich seine im Detail allerdings auch nicht geklärte Beteiligung an dem in Avignon geführten Armutsstreit scheint festzustehen.[73] Gestorben ist er in Piacenza, wobei das Todesjahr selbst nicht sicher festzustellen ist. Im Allgemeinen geht man, nachdem sich die früheren Datierungsversuche auf die Jahre 1325 und 1333 als unhaltbar erwiesen haben, vom Jahr 1328 als Todesdatum aus. Begraben ist Franciscus de Mayronis in der Franziskanerkirche in Piacenza.

1.2 Das Werk

Seit den Untersuchungen zum Werk des Franciscus de Mayronis von H. Roßmann[74] sind in den letzten Jahren einige Texte des Franciscus ediert worden: Der erste Teil eines Traktates zur intuitiven und abstraktiven Erkenntnis, der sogenannte *Tractatus de notitia intuitiva*;[75] ein Auszug aus den *Flores Dionysii*;[76] und der *Tractatus de Transcendentibus*, in dem Mayronis eine ausführliche Darlegung seiner die scotische Lehre weiter entwickelnden

---

[70] Welche Rolle Lutterell in diesem Prozess tatsächlich inne hatte, ist umstritten. Die gemeinhin verbreitete Auffassung, er sei der Initiator und ursprüngliche Ankläger in diesem Verfahren, scheint nicht mit der Rolle als Mitglied der Untersuchungskommission vereinbar. Vgl. THIJSSEN, J.M.M.H., Censure and Heresy at the University of Paris 1200-1400, Philadelphia 1998, 14.

[71] KOCH, J., Neue Aktenstücke zu dem gegen Wilhelm von Ockham in Avignon geführten Prozess, in: Recherches de théologie ancienne et médiévale 8 (1936), 79-93 et 168-197, 82. Vgl. unten Kap. 7 § 2.1.

[72] Vgl. LEPPIN, V., Wilhelm von Ockham, Darmstadt 2003, 132. Zu den Einzelheiten des Prozesses auch MIETHKE, J., Ockhams Weg zur Sozialphilosophie, Berlin 1969, 74-136.

[73] Vgl. DE LAGARDE-SCLAFER, J., La participation de François de Meyronnes, théologien franciscain, à la querelle de la pauvreté (1322-1324), in: Études franciscaines 10 (1960), 53-73.

[74] ROßMANN, H., Die Hierarchie der Welt; DERS., Die Quodlibeta; DERS., Die Sentenzenkommentare.

[75] FRANCISCUS DE MAYRONIS, Tractatus de notitia intuitiva, in: ETZKORN, G.J., Franciscus de Mayronis. A Newly Discovered Treatise on Intuitive and Abstractive Cognition, in: Franciscan Studies 54 (1994-1997), 15-50, 21-50.

[76] FRANCISCUS DE MAYRONIS, Flores Dionysii, Declaratio punctorum difficilium in libris Dionysii De mystica theologia, in: ALLINEY, G., Francesco di Meyronnes e lo pseudo-Dionigi. I Flores Dionysii sul primo capitolo del De Mystica theologia, in: Chemins de la Pensée Médiévale, Bakker P. (Hg.) (Textes et Études du Moyen Âge 20), Turnhout 2002, 255-288, 279-288.

Transzendentalientheorie vorlegt.[77] Schließlich liegt inzwischen der *Tractatus de esse essentiae et existentiae* in einer Edition auf der Grundlage von zwei Handschriften vor.[78] F. Fiorentino hat auf der Grundlage von sechs Handschriften d. 38 des *Conflatus* ediert.[79] A. Maierù behandelt eingehend die Lehre des Franciscus de Mayronis vom ersten zusammengesetzten Prinzip. Im Kontext dieser Untersuchung geht Maierù auf die verschiedenen Fassungen ein, in denen Mayronis dieses Thema diskutiert hat, und bietet bei dieser Gelegenheit ausführliche Textpassagen aus der Handschrift Vat. lat. 4385.[80]

Für den Kontext dieser Arbeit sind vor allem folgende Schriften von besonderem Interesse: Der *Tractatus de summa trinitate* stellt einen von zwei Kommentaren des Franciscus zum ersten Buch der Dekretalensammlung Gregors IX. dar.[81] Dieser Text weist zumindest teilweise (St. Florian 70r-74r) deutliche Parallelen mit den Auszügen der in Codex Troyes 994 überlieferten Disputatio mit einem in der Forschung bisher nicht identifizierten socius auf.[82] Vermutlich ist der gesamte Traktat aus ursprünglich in anderen Kontexten entstandenen Texten im Jahr 1322 von Mayronis zusammengestellt worden.[83]

Was die *Quaestiones Quodlibetales* betrifft, hat man von einer komplexen Überlieferungsgeschichte auszugehen.[84] Der wichtigste Text ist hierbei das gedruckte Quodlibet, das 16 quaestiones umfasst und das in verschiedenen Druckfassungen vorliegt. Dieses Quodlibet geht auf die erste von Mayronis geführte disputatio generalis zurück, die entweder im Advent 1323 oder in der Fastenzeit 1324 stattfand. Roßmann geht im ganzen von einem späten Abfassungszeitraum aus. Wie im Einzelnen zu zeigen sein wird, finden sich Hinweise, dass man zumindest für Teile dieses Quodlibets eine Überarbeitungsphase während des Aufenthaltes des Franciscus in Avignon annehmen muss.[85] Eine 17. quaestio des Quodlibet enthält der Codex Marseille, bibl.

---

[77] FRANCISCUS DE MAYRONIS, Tractatus de Transcendentibus (Ed. Möhle) in: MÖHLE, H., Der Tractatus de Transcendentibus, 105-168.

[78] FRANCISCUS DE MAYRONIS, Tractatus de esse essentiae et existentiae, in: Lanský, M., Mašek, R., Novák, L., Sousedík, St., Franciscus de Mayronis OFM. Tractatus de esse essentiae et existentiae (Studia Neoaristotelica 2), 2005, 277-322, 283-322.

[79] FIORENTINO, F., Francesco di Meyronnes, 219-246.

[80] MAIERÙ, A., Le *De primo principio complexo* de François de Meyronnes. Logique et théologie trinitaire au début du XIV\[e\] siècle, in: Logik and Theology. Das *Organon* im arabischen und im lateinischen Mittelalter, Perler, D., Rudolph, U. (Hg.) (Studien und Texte zur Geistesgeschichte des Mittelalters 84), Leiden/Boston 2005, 401-428, 412-415.

[81] ROSSMANN, H., Die Quodlibeta, 45-48; . ROTH, B., Franz von Mayronis, 34, 72, 74-83, 103, 184-185, 371-396, 573.

[82] Vgl. ROSSMANN, H., Die Quodlibeta, 45-48; BARBET, J., François de Meyronnes – Pierre Roger, *Disputatio* (1320-1321) (Textes Philosophiques du Moyen Âge 10), Paris 1961, 20-21; ROTH, B., Franz von Mayronis, 83, 376-396.

[83] Vgl. ROSSMANN, H., Die Quodlibeta, 4.

[84] Für das Folgende vgl. ROSSMANN, H., Die Quodlibeta, 3-43, ROTH, B., Franz von Mayronis, 180-195.

[85] Vgl. unten Kap. 7 § 2.1.

mun. 256. Zudem weist die quaestio zwei Anhänge auf, die auf die disputatio collativa des Franciscus de Mayronis zurückgehen. Ein Quodlibet, das womöglich eine Vorstufe des gedruckten Quodlibets darstellt, ist in Codex Troyes, bibl. mun. 995 erhalten.

1.2.1 SENTENZENKOMMENTARE

Unbestritten ist, dass der Sentenzenkommentar in vielerlei Hinsicht die bedeutendste theologische Schrift des Franciscus ist. Aufgrund der besonderen Prägung mittelalterlicher Sentenzenkommentare darf man bei diesem Werk sicher auch von einem philosophischen und bei Mayronis gewiss von seinem wichtigsten philosophischen Werk sprechen. Die große handschriftliche Überlieferung des Sentenzenkommentars ist zwar bislang noch nicht in allen Einzelheiten aufgeklärt, doch steht fest, dass es sich bei diesem Werk des Franciscus um eine außergewöhnlich breit überlieferte Schrift handelt, was einen offensichtlichen Hinweis auf eine überaus reichhaltige Wirkungsgeschichte darstellt. Zu den bereits in den 30er Jahren von Roth genannten 64 Textzeugen[86] kommen circa noch ein Dutzend Handschriften, die Stegmüller 1947 nennt,[87] und ein weiteres Dutzend von Manuskripten, die Doucet 1954 in Ergänzung zu Stegmüller anführt.[88] Darüber hinaus nennt Stegmüller wiederum mehr als ein Dutzend Handschriften, die Auszüge aus dem *Conflatus* – vor allem die distinctio 8 – überliefern; Doucet[89] ergänzt drei weitere.[90] Des weiteren ist zu berücksichtigen, dass es noch etliche weitere Textzeugen gibt, die andere Versionen des Sentenzenkommentars überliefern.[91] Roßmann fügt dem noch weitere Handschriften in den 70er Jahren hinzu.[92] Eine exakte Zahl der Textzeugen lässt sich erst dann angeben, wenn eine sichere Identifizierung, insbesondere hinsichtlich der verschiedenen Überlieferungsversionen, vorgenommen wurde. Die Zahl der vollständigen und unvollständigen Textzeugen zusammengenommen dürfte bei über Hundert liegen. Alles in allem kann man davon ausgehen, dass der Sentenzenkommentar des Franciscus de Mayronis eben so breit überliefert ist wie die *Ordinatio* des Johannes Duns Scotus. Dieser Vergleich fällt um so mehr ins Gewicht, als der *Conflatus* rund zwei Jahrzehnte nach der *Ordinatio* des Duns Scotus entstanden ist.

---

[86] Vgl. ROTH, B., Franz von Mayronis, 105-115.

[87] Zum Teil sind diese identisch mit den fünf von Roth im Anhang seiner Arbeit genannten Handschriften. Vgl. ROTH, B., Franz von Mayronis, 574-575.

[88] Vgl. DOUCET, V., Commentaires sur les Sentences, Florenz 1954, 29.

[89] Vgl. DOUCET, V., Commentaires, 30.

[90] Zur handschriftlichen Überlieferung vgl. auch FIORENTINO, F., Francesco di Meyronnes, 30-49.

[91] Vgl. STEGMÜLLER, F., Repertorium Commentariorum in Sententias Petri Lombardi, t. I, Würzburg 1947, 98-103.

[92] Vgl. ROßMANN, H., Die Sentenzenkommentare, 137.

Geht man vom *Conflatus*, der einzigen gedruckten Fassung des Sentenzenkommentars aus, so fällt allerdings dessen weitreichende Überarbeitung
gegenüber den vorherigen Fassungen dieses Werkes auf. In einer besonderen
Weise ist der Prolog des *Conflatus* das Ergebnis eines tiefgreifenden Umarbei-
tungsprozesses. Man kann davon ausgehen, dass das erste Buch des Sentenzenkommentars in drei verschiedenen Fassungen überliefert ist. Die früheste
Überlieferung, die in der Forschung als *Ab oriente*-Fassung bekannt ist, stellt
die erste Ausarbeitung des Sentenzenkommentars dar.[93] Das Incipit des Codex Vat. lat. 896 lautet:

> Incipit opus super primo libro sententiarum editum reverendo tunc
> parigiensi bacallario fratre Francisci de provinctia provinctie ordinis fra-
> trum minorum.[94]

Das Colophon lautet:

> Explicit hoc opus super primo sententiarum editum a reverendo reli-
> gioso viro scilicet fratre Francisco de Marono de provinctia provinctie
> tunc bacallario parigiensi nunc autem per dominum Iohannem sum-
> mum pontificem in sacra theologia doctore ordinis minorum.[95]

Diese Bemerkungen legen nahe, dass die *Ab oriente*-Fassung ein Frühwerk
des Franciscus ist, das entstanden ist, bevor er ab 1318 als Baccalaureus biblicus und ab 1320 als Baccalaureus sententiarius die Sentenzen des Petrus
Lombardus in Paris liest.

Das Colophon eines Manuskriptes des Landeshauptarchivs Koblenz,
Abt. 701 Nr. 228, das den Sentenzenkommentar des Franciscus de Mayronis
in der sogenannten *Summa simplicitas*-Fassung überliefert, identifiziert diesen
Text mit der Sentenzenvorlesung, die Franciscus 1321 in Paris gehalten hat:

> Expliciunt quaestiones primi sententiarum Francisci de Meronis parisius
> disputatae anno 1321.[96]

---

[93]   Bislang sind nur Bruchstücke dieses Textes ediert. Eine ganze Distinctio bietet: Franciscus
       de Mayronis, Ab Oriente, d. 35, in: MÖHLE, H., Aristoteles, pessimus metaphysicus. Zu
       einem Aspekt der Aristotelesrezeption im 14. Jahrhundert, in: Die Anfänge der Aristote-
       lesrezeption im lateinischen Mittelalter, Aris M.-A., Dreyer M., Honnefelder L., Wood R.
       (Hg.), Münster 2005, 727-774.

[94]   Vat. lat. 896 f. 1ra.

[95]   Vat. lat. 896 f. 132 rb. Vgl. PELZER, A., Codices Vaticani latini, t. II-I, Rom 1931, 282-
       283.

[96]   Landeshauptarchiv Koblenz, Abt. 701 Nr. 228, f. 245vb. Vgl. OVERGAAUW, E.,
       Mittelalterliche Handschriften im Landeshauptarchiv Koblenz (Veröffentlichungen der
       Landesarchivverwaltung Rheinland-Pfalz 94), Koblenz 2002, 181-184, insbes. 183.

Roßmann kommt bei seiner Untersuchung der *Summa simplicitas*-Fassung zu dem Ergebnis, dass es sich hierbei keineswegs um eine unmittelbare Vorlage handelt, die Mayronis für seine Sentenzenvorlesung in Paris benutzt hat. Vielmehr gehe diese Fassung des Sentenzenkommentars einige Jahre den Pariser Vorlesungen voraus.[97] Doch sollte man beachten, dass die Identifizierung der *Summa simplicitas*-Fassung mit der in Paris gehaltenen Sentenzenvorlesung möglicherweise durch weitere Textzeugen, die schon Roth nennt, bestätigt wird. Eine weitere Handschrift der Nationalbibliothek von Neapel, das Manuskript Cod. VII. C. 21, enthält möglicherweise auch den Text der *Summa simplicitas*-Fassung und verweist im Colophon darauf, dass es sich um das erste Buch des Sentenzenkommentars handelt, das auf die Vorlesung zurückgeht, die Mayronis in Paris im Jahr 1320 gehalten hat.[98]

Diese Angaben kollidieren deutlich mit den Bezeichnungen, die üblicherweise durch die Handschriften und Drucke bezeugt sind, die den Sentenzenkommentar in der Fassung des *Conflatus* überliefern. So lautet etwa das Incipit des Codex Assisi conv. 149:

Incipit lectura parysiensis magistri Francisci de Maronis super primum sententiarum.[99]

Das Explicit des Codex Vat. lat. 894 bezeichnet denselben Text als Reportatio der Pariser Sentenzenvorlesung aus dem Jahr 1321:

Explicit reportatura reverendi magistri et doctoris in sacra pagina fratris Francisci de Mayronis [...] Haec lectura fuit sub eo reportata parisius anno 1321.[100]

Das genaue Verhältnis der *Summa simplicitas*-Fassung zum *Conflatus* lässt sich aufgrund dieser äußeren Kriterien nicht genau bestimmen. Darüber, ob die Angabe des Koblenzer Manuskriptes unzuverlässig ist, lässt sich nur spekulieren. Möglicherweise ist der *Conflatus* in der heute überlieferten Fassung das Produkt einer Überarbeitung, die im Anschluss an die Pariser Vorlesung unter bislang noch unbekannten Umständen vom Autor selbst durchgeführt wurde. Es scheint einiges dafür zu sprechen, dass dieser Überarbeitungsprozess länger andauert als bisher angenommen wird.[101] Möglicherweise finden sich bei eine weitergehenden Untersuchung der Entstehungsgeschichte auch

---

[97] Vgl. ROẞMANN, H., Die Sentenzenkommentare, 178.

[98] Et sic ad dei laudem explicit primus magistri francisci maironis qui fuit reportatus quando legebat parisius anno domini MCCCXX mo. Zitiert nach ROTH, B., Franz von Mayronis, 574. Vgl. STEGMÜLLER, F., Repertorium, 101.

[99] Assisi, Conv., 149, f. 1ra.

[100] Vat. lat. 894, f. 165ra. Vgl. PELZER, A., Codices Vaticani latini, 281.

[101] In diesem Sinne scheint auch Roßmann zu urteilen, auch wenn er gegenüber Roth die vollständige Neukonzeption des Conflatus im Verhältnis zur Ab Oriente-Fassung betont. Vgl. ROẞMANN, H., Die Sentenzenkommentare, 133-140.

Hinweise darauf, dass diese Arbeit Mayronis noch in Avignon in Anspruch nimmt und unter Umständen keinen wirklichen Abschluss gefunden hat. Das würde bedeuten, dass auch der Text des *Conflatus* in der uns heute überlieferten Gestalt immer noch Züge des Vorläufigen trägt.

Ein erster Blick auf die von Roßmann gebotenen Quaestionenverzeichnisse macht deutlich, dass in der Abfolge der verschiedenen Fassungen die Differenziertheit und Ausführlichkeit der Darstellung zunimmt.[102] Zum Teil ändert sich aber auch die Verknüpfung der Problemzusammenhänge und damit die Reihenfolge und Akzentuierung der zu behandelnden Probleme. Dieser Prozess wird im Prolog in besonderer Weise deutlich. Zudem stellt der Prolog aufgrund seiner programmatischen Ausrichtung und seiner wissenschaftstheoretischen Fundierungstendenz für die übergeordnete Fragestellung nach der Wirkungsgeschichte der scotischen Metaphysik ein zentrales Dokument dar.

1.3 Die Prologe zum Sentenzenkommentar

In der gedruckten Fassung des *Conflatus* macht der Umfang des Prologs ca. ein Zehntel des gesamten Textes aus. In der *Ab oriente*-Fassung ist der Prolog im Verhältnis ungefähr um die Hälfte kürzer.[103] Der Prolog des *Conflatus* nimmt allerdings reichhaltiges Material, das die *Ab oriente*-Fassung in distinctio 22 bietet, wieder auf; allerdings scheinen bei diesem Prozess signifikante Differenzierungen vorgenommen worden zu sein.[104] Thematisch ist eine deutliche Vertiefung und Umstrukturierung festzustellen, durch die die ursprünglichen Fragen in bislang nicht beachteten Problemzusammenhängen erscheinen. In der Frühfassung ist der Prolog vier Fragen gewidmet. Die erste Frage nach der Möglichkeit, vom Gegenstand der Theologie ein abstraktives Wissen zu gewinnen, findet sich mit einer gewissen Differenziertheit auch im Prolog des *Conflatus* (q. 15-16). Die zweite Frage, ob Gott unter dem Begriff der Göttlichkeit den Gegenstand der Theologie darstellt, findet sich in dieser Form nicht im *Conflatus*. Diese Frage geht aber im *Conflatus* in eine detaillierte Auseinandersetzung mit dem Begriff des Seienden und der damit verknüpften Univokationsproblematik ein (q. 5-13). Diese Fragestellungen sind aber wiederum im *Conflatus* in eine Erörterung des Kontradiktionsprinzips eingebettet

---

[102] Vgl. ROßMANN, H., Die Sentenzenkommentare, 191-198.

[103] Dies entspricht der Fassung der Ab oriente-Überlieferung, wie sie in Cod. Vat. lat. 896 gegeben ist. Der Codex Padua, Bibl. Univers. MS 1258 bietet vor dem eigentlichen Prolog eine Diskussion des Kontradiktionsprinzips, die nicht zum ursprünglichen Text von Ab oriente gehört. Dies wird allein schon dadurch deutlich, dass diese Auseinandersetzung in der mittleren Summa simplicitas-Fassung nicht vorkommt, dann aber im Conflatus eine zentrale Funktion hat. A. Maierù behandelt diesen Text eingehend und benutzt hierfür die den gleichen Text enthaltende Handschrift Vat. lat. 4385. Vgl. MAIERÙ, A., Le *De primo principio complexo*, 412-415.

[104] Vgl. unten Kap. 7 § 3.1.1.

(q. 1-4), die eine erkenntnis- und wissenschaftstheoretische Prinzipiendiskussion darstellt. Die dritte Frage nach der übernatürlichen Überlieferung der Theologie findet sich in der letzten Quaestio des Prologs zum *Conflatus* (q. 21) wieder. Die letzte Frage nach dem spekulativen bzw. praktischen Charakter der Theologie hat im Prolog keine Entsprechung, eine entsprechende Untersuchung findet sich erst am Ende des *Conflatus* in Distinctio 48 q. 1-4.

Zur Verdeutlichung sei hier ein Quaestionenverzeichnis der Prologe in den drei Fassungen gegeben:

Ab oriente-Fassung:[105]

q. 1   Utrum de subiecto theologiae possit in hac vita haberi scientia abstractiva.

q. 2   Utrum theologiae subiectum sit deus sub ratione deitatis.

q. 3   Utrum theologia sit supernaturaliter tradita.

q. 4   Utrum theologia sit practica vel speculative.

Die nach Roßmann dem Prolog vorausgehende vier Teile umfassende Erörterung des Kontradiktionsprinzips findet sich nur in der Handschrift Padua, Bib. Univ. 1258, nicht aber in dem sonst den besseren Text bietenden Manuskript Vat. lat. 896. Man kann davon ausgehen, dass dieser Zusatz im Cod. Padua, Bib. Univ. 1258 f. 1ra-b eine nachträgliche Einfügung darstellt, die der ursprünglichen Fassung des *Ab Oriente*-Textes nicht entspricht. Wenn dieser Text tatsächlich ein Bestandteil des Prologs sein sollte, ist nicht nachvollziehbar, warum dieser Themenkreis in der frühesten Fassung zum Prolog gehört, dann in der mittleren, der *Summa simplicitas*-Fassung, herausgenommen wird, um danach schließlich in der Fassung des *Conflatus* erneut in den Prolog integriert zu werden.

Die *Summa simplicitas*-Fassung:[106]

q. 1   Utrum cum summa simplicitate subiecti theologiae possit stare aliqua non-identitas ex natura rei rationum formalium aut modorum intrinsecorum quoad perfectiones de ipso scibiles

q. 2   Utrum theologia sit scientia, – insistendo circa causam eiusdem formalem

q. 3   Utrum deus sub ratione deitatis sit subiectum in theologia nostra

q. 4   Utrum deus sub ratione deitatis sit subiectum theologiae simplicter

q. 5   Utrum deus sub ratione infiniti possit esse subiectum alicuius scientiae creatae

---

[105] Vgl. ROßMANN, H., Die Sentenzenkommentare, 191.
[106] Vgl. ROßMANN, H., Die Sentenzenkommentare, 192-193.

q. 6   Quaero quattuor quaestiones. Prima, utrum intellectus noster indigeat in via aliqua doctrina supernaturaliter revelata

q. 7   Secundo quaero, utrum de subiecto theologiae possit communicari viatori notitia abstractiva, accipiendo abstractionem ex parte cognoscentis et non ex parte obiecti cogniti

q. 8   Tertio, utrum viatori possit communicari de subiecto theologiae scientia abstractiva, accipiendo abstractionem ex parte obiecti cognit

q. 9   Quarto quaeritur, utrum theologia sit scientia speculativa vel practica

Der *Conflatus*:[107]

q. 1   Utrum primum principium complexum possit formari in theologia

q. 2   Utrum subiectum primi principii complexi dictum de deo et creatura habeat eundem conceptum

q. 3   Utrum subiectum primi principii complexi habeat eandem rationem formalem in deo et in creatura secundum scientias sermocinales

q. 4   Utrum subiectum primi principii complexi habeat eandem rationem formalem in deo et creatura secundum scientias reales

q. 5   Utrum repugnet divinae perfectioni una ratio formalis dicta in quid de deo et creatura

q. 6   Utrum ens quidditative dicatur de divina essentia ultimate praecisa

q. 7   Utrum ratio entis sit praecisa ab aliis rationibus formalibus quae sunt in deo

q. 8   Utrum a conceptibus simpliciter simplicibus et primo diversis potest abstrahi aliquis conceptus communis eis

q. 9   Utrum ab omnibus quae excludunt rationem universalis possit abstrahi aliquis conceptus communis

q. 10   Utrum ens per eandem rationem formalem dicatur de omnibus creaturis

q. 11   Utrum ratio entis sit ratio generis

q. 12   Utrum ens analogice dicatur de illis de quibus dicitur

q. 13   Utrum sit aliqua ratio transcendens communior ente

q. 14   Utrum theologia sit scientia

q. 15   Utrum viatori poterit communicari notitia abstractiva divinae essentiae et non de eius existentia

---

[107] FRANCISCUS DE MAYRONIS, Conflatus, Prol. q. 1 - q. 21 (Ed. Venetiis 1520), f. 2ra A - 12rb E.

q. 16   Utrum de divina essentia possit haberi notitia abstractiva ex parte obiecti non cognoscendo deum esse sive existentiam eius

q. 17   Utrum homini viatori poterit communicari notitia intuitiva de divina essentia

q. 18   Utrum per potentiam divinam de non existente possit esse notitia intuitiva

q. 19   Utrum potentia sive sensitiva sive intellectiva possit cognoscere naturaliter non existens

q. 20   Utrum in via intellectus possit aliquid cognosci intuitive

q. 21   Utrum theologia sit supernaturaliter revelata

1.3.1 Der Prolog des Conflatus

Allein der Wortlaut der im Prolog des *Conflatus* diskutierten Fragen macht deutlich, dass sich der Schwerpunkt der Untersuchung gegenüber den vorhergehenden Fassungen verschoben hat. Während in der *Ab oriente*-Fassung alle vier Fragen des Prologs und in der *Summa simplicitas*-Fassung alle neun Fragen unmittelbar der Wissenschaft der Theologie gewidmet sind, ist dies im *Conflatus* nur noch sehr eingeschränkt der Fall. Abgesehen von der Frage 14, ob die Theologie eine Wissenschaft ist, und der Frage 21, ob die Theologie übernatürlich offenbart ist, stellt das Problem der Theologie nur noch den Ausgangspunkt der Untersuchung dar. Dies wird gleich zu Beginn des Prologs deutlich, wenn in der ersten Frage zwar nach der Möglichkeit gefragt wird, das erste zusammengesetzte Prinzip in der Theologie zu bilden, die folgende Erörterung aber sich von dieser konkreten Frage weitgehend löst und zu einer grundsätzlichen wissenschaftstheoretischen Prinzipiendiskussion übergeht. Dieser Befund wird dadurch bestätigt, dass die zentrale Frage der *Ab oriente*-Fassung, nämlich die Frage 2, ob Gott unter dem Begriff der Göttlichkeit der Gegenstand der Theologie sei, transformiert wird zu einer Erörterung des metaphysischen Grundbegriffs des Seienden und einer Untersuchung seiner univoken Prädizierbarkeit, die im *Conflatus* vor allem in den Quaestiones 5-13 zum Gegenstand werden. In der *Ab oriente*-Fassung findet sich diese eingehende Diskussion der ratio entis, die der *Conflatus* im Prolog führt, vor allem in Distinctio 22.

1.3.1.1 Das Verhältnis des Prologs zu den eigenständig überlieferten Traktaten

Die Themenkomplexe, die der Prolog des *Conflatus* behandelt, sind jeweils in einer gewissen Modifikation auch Gegenstand eigenständiger Traktate, die in bestimmten Fassungen gedruckt vorliegen oder auch nur handschriftlich überliefert sind. Zentral sind in diesem Zusammenhang drei Abhandlungen, die in einer besonderen sachlichen Nähe zum Prolog stehen. Hierbei handelt

es sich um die Traktate zum ersten zusammengesetzten Prinzip, zur Univokation und zur abstraktiven und intuitiven Erkenntnis. Der in der Druckausgabe Venedig 1520 enthaltene *Tractatus Formalitatum* ist zwar ausdrücklich
gemäß der Auffassung des Franciscus verfasst,[108] stammt aber nicht von Franciscus selbst.[109] Das Colophon der Druckausgabe von 1520 und die Ausgabe
von Hieronymus Nuciarellus von 1517 bezeichnen diesen Text ausdrück als
„Tractatus formalitatum secundum doctrinam doctoris subtilis Scoti et magistri Francisci de Mayronis ordinis minorum".[110] Der gedruckte *Tractatus
primi principii complexi* weicht im Aufbau weitestgehend von dem der entsprechenden Quaestiones (qq. 1-4) im Prolog ab.[111] Die qq. 2-4 des Prologs scheinen in der Druckfassung des Traktates keine Entsprechung zu haben. Die q.
1 bietet zwar eine deutliche Erweiterung des Themenfeldes, in das die im
engeren Sinne logische Betrachtung des Widerspruchsprinzips eingebettet ist,
doch ist damit nicht unbedingt die gleiche Differenziertheit der Argumentation gegeben, wie sie im Traktat vorliegt.[112] Thematisch eng verwandt mit
der Erörterung des Kontradiktionsprinzips im *Conflatus* ist Quaestio 1 des gedruckten *Quodlibet*. In dieser Quaestio wird das Kontradiktionsprinzip neben
anderen logischen Gesetzen in seiner Anwendbarkeit auf die innertrinitarischen Verhältnisse betrachtet.[113]

---

[108]   PSEUDO-FRANCISCUS DE MAYRONIS, Tractatus Formalitatum (Ed. Venetiis 1520), f.
        263va K – L.

[109]   Vgl. HÜBENER, W., Robertus Anglicus OFM und die formalistische Tradition, in: Philo-
        sophie im Mittelalter. Entwicklungslinien und Paradigmen, Beckmann J.P., Honnefelder
        L., Schrimpf G., Wieland G. (Hg.), Hamburg 1987, 329-353, BOLLIGER, D., Infiniti con-
        templatio. Grundzüge der Scotus- und Scotismusrezeption im Werk Huldrych Zwinglis
        (Studies in the History of Christian Thought 107), Leiden/Boston 2003, 290-302.

[110]   PSEUDO-FRANCISCUS DE MAYRONIS, Tractatus Formalitatum (Ed. Venetiis 1520), f.
        268va M; ebenda (Ed. Nuciarellus), Venedig 1517, f. 27rb.

[111]   FRANCISCUS DE MAYRONIS, Tractatus primi principii complexi (Ed. Venetiis 1520), f.
        268va M - 270rb G.

[112]   Eingehend werden die verschiedenen Fassungen dieser Abhandlung behandelt in:
        MAIERÙ, A., Le *De primo principio complexo*, 401-428. Zum Verhältnis des in der Druck-
        ausgabe überlieferten Traktates und den anderen Fassungen dieses Lehrstückes auch vgl.
        ROßMANN, H., Die Quodlibeta, 63 n. 194. Zur inhaltlichen Charakterisierung und zur
        Überlieferung der Handschriften vgl. ROTH, B., Franz von Mayronis, 199-204. Bib-
        liographische Angaben zu den verschiedenen Traktaten des Franciscus de Mayronis enthält
        WEIJERS, O., Le Travail Intellectuel à la Faculté des Arts de Paris: Textes et Maîtres (ca.
        1200-1500) Vol. 2 (Studia Artistarum. Études sur la Faculté des Arts dans les Universités
        Médiévales 3), Turnhout 1996, 94-98.

[113]   Vgl. FRANCISCUS DE MAYRONIS, Quaestiones Quodlibetales q. 1 (Ed. Venetiis 1520), f.
        227va K – 229rb F. Einen an der Handschrift München, Clm 3726 korrigierten Text bietet
        ROTH, B., Franz von Mayronis, 336-347. Hierzu auch MAIERÙ, A., Logica aristotelica e
        teologia trinitaria Enrico Totting da Oyta, in: Studi sul XIV secolo in memoria di Anne-
        liese Maier, Maierù A., Paravicini Bagliani A. (Hg.), Rom 1981, 481-512, 481-495.

Das Verhältnis des Prologs zum eigenständig überlieferten *Tractatus de univocatione entis* ist noch nicht endgültig geklärt.[114] Der gedruckte Traktat[115] umfasst die quaestiones 2, 3, 5, 6 und 8-13 des Prologs des *Conflatus* und bietet diese in weitgehend wörtlicher Übereinstimmung.[116] Die Handschriften Vat. lat. 894 und Assisi conv. 149 stellen die quaestiones 3 und 7 hinter q. 13 des Prologs, was eine gewisse Nähe zum *Tractatus de univocatione* verrät. Der Codex Paris, bibl. nat. 15871 stellt lediglich q. 3 um, bietet aber die q. 7 im Gegensatz zu Vat. lat. 894 und Assisi conv. 149 entsprechend der Drucktradition. Der handschriftlich überlieferte *Tractatus de univocatione entis*, wie er etwa im Codex Mailand, Bibl. Amb. I 148 INF, f. 134rb-138rb, vorliegt, bietet offensichtlich einen anderen Text als die von Roth genannten Manuskripte. Die Mailänder Fassung weicht von den entsprechenden Quaestiones des Prologs und des gedruckten Traktates, was den äußeren Aufbau betrifft, vollständig ab; eine weitergehende inhaltliche Untersuchung dieses Textes steht noch aus.

Ein dritter Traktat, der Themen des Prologs eigenständig behandelt, betrifft die qq. 15-20, die sich vor allem Problemen der intuitiven und abstraktiven Erkenntnis widmen. Ein eigenständiger Traktat des Franciscus zu diesem Gegenstand ist in den neunziger Jahren des vergangenen Jahrhunderts entdeckt und in Teilen ediert worden.[117] So weit das aufgrund der Teiledition zu beurteilen ist, stellt der *Tractatus de notitia intuitiva* eine erheblich umfassendere Untersuchung der Fragen der abstraktiven und der intuitiven Erkenntnis dar, als das im Prolog der Fall ist. Trotz der deutlichen Differenzen im Aufbau der Argumentation bestehen zwischen beiden Texten markante Parallelen, was die Ausdrucksweise und die Lehre betrifft.[118]

1.3.1.2 Fragestellung und Aufbau des Prologs

Unter inhaltlichen Gesichtspunkten liegt eine Dreiteilung des Prologs nahe. Einen ersten Abschnitt bilden die qq. 1-4, in denen sich Mayronis der Darstellung des primum principium complexum widmet. Die argumentative Geschlossenheit dieses Abschnittes ist offensichtlich. Die Verbindung der im engeren Sinne logischen Problematik mit dem wissenschaftstheoretischen

---

[114] FRANCISCUS DE MAYRONIS, Tractatus de univocatione (Ed. Venetiis 1520), f. 171va L - 174rb F. Vgl. hierzu ROßMANN, H., Die Quodlibeta, 64 n. 197; ROTH, B., Franz von Mayronis, 100-101, 198-199.

[115] FRANCISCUS DE MAYRONIS, Tractatus de univocatione entis (Ed. Venetiis 1520), f. 271va L - 274rb E.

[116] Zu beachten ist, dass q. 2 der Druckfassung Venedig 1520 eine falsche Formulierung der Fragestellung aufweist. Die im Druck genannte Frage entspricht q. 4 im Prolog.

[117] Vgl. FRANCISCUS DE MAYRONIS, Tractatus de notitia intuitiva. Der erste Teil dieser Abhandlung ist ediert in: ETZKORN, G.J., Franciscus de Mayronis. A Newly Discovered Treatise on Intuitive and Abstractive Cognition, in: Franciscan Studies 54 (1994-1997), 15-50, 21-50.

[118] Vgl. ETZKORN, G.J., Franciscus de Mayronis, 15-17.

Kontext der Theologie bildet eine systematische Einheit. Der zweite Abschnitt des Prologs, die qq. 5-13, bietet eine ausführliche und differenzierte
Argumentation der Univokationsproblematik, wobei hier die Erweiterung um
q. 7 gegenüber dem entsprechenden Traktat ins Auge fällt. Der dritte Abschnitt des Prologs, der die qq. 14-21 umfasst, behandelt erkenntnistheoretische Fragen, die vor allem auf die Erörterung des wissenschaftstheoretischen Status der Theologie angewendet werden. Hierbei stehen Probleme,
die die intuitive und die abstraktive Erkenntnis betreffen, im Vordergrund
(qq. 15-20). Dieses Themenfeld der abstraktiven und intuitiven Erkenntnis ist
verschiedentlich Gegenstand von Untersuchungen geworden.[119] K. Tachau
kann in diesem Zusammenhang zeigen, dass die Diskussion bei Mayronis in
offensichtlicher Auseinandersetzung mit der Position des Petrus Aureoli erfolgt. Im Ergebnis vertritt Mayronis gegenüber Aureoli eine stärker von den
scotischen Vorgaben geprägte Auffassung.[120]

Da es sich beim Prolog, wie er in der Fassung des *Conflatus* vorliegt, um
eine weitgehende Neukonzeption gegenüber den in den *Ab oriente*- und in
Summa simplicitas-Versionen überlieferten Prologen handelt, kann man – auch
wenn man die genaue Entstehungsgeschichte bislang nicht kennt – davon
ausgehen, dass der Komposition des Textes ein kohärenter Plan zugrunde
·liegt. Wenn das der Fall ist, schließen sich daran eine Reihe von Fragen an.
Von besonderem Interesse ist hierbei die Frage nach dem systematischen
Zusammenhang der ersten beiden Abschnitte des Prologs. Auf den ersten
Blick ist nämlich keineswegs deutlich, was die Auseinandersetzung mit dem
Widerspruchsprinzip mit der Frage nach der Univokation zu tun hat. Eine
definitive Antwort wird selbstverständlich erst die eingehende Untersuchung
der Texte selbst liefern, doch um der sich anschließenden Untersuchung eine
bestimmte Perspektive zu geben, bietet es sich an, hierzu im voraus einige
historische und systematische Überlegungen anzustellen. Man kann davon
ausgehen, dass Franciscus de Mayronis als Schüler des Duns Scotus dessen
Univokationsverständnis eingehend reflektiert. An den verschiedenen Stellen
seines Werkes, an denen er über das Problem der Univokation handelt, gibt
Scotus Rechenschaft darüber, wie er den Terminus „univocatio" verstanden
wissen will, um einen bloßen Streit der Worte, wie er sagt, zu vermeiden.[121]

---

[119]   A. Maurer zeigt, wie die Lehre des Franciscus de Mayronis einerseits direkt gegen die von
        Wilhelm von Ockham eingenommene Position und andererseits die von Petrus Aureoli
        vertretene Auffassung gerichtet ist. Vgl. MAURER, A., Francis of Meyronnes' Defense;
        COVA, L. Francesco de Meyronnes e Walter Catton nella controversia scolastica sulla
        „notitia intuitiva de re non existente", in: Medioevo 2 (1976), 227-251.

[120]   Vgl. TACHAU, K.H., Vision and Certitude in the Age of Ockham. Optics, Epistemology
        and the Foundations of Semantics 1250-1345 (Studien und Texte zur Geistesgeschichte des
        Mittelalters 22), Leiden/New York/Kopenhagen/Köln, 1988, 319-335. Vgl. auch die
        Arbeit MAIER, A., Das Problem der Evidenz in der Philosophie des 14. Jahrhunderts, in:
        Scholastik 38 (1963), 183-225, insbes. 194.

[121]   Vgl. JOHANNES DUNS SCOTUS, Ord. I d. 3. p. 1 q. 1-2 n. 26 (Ed. Vat. III), 18; Lect. I d. 3
        p. 1 q. 1-2 n. 22 adnot. interpol. (Ed. Vat. XVI), 232.

Er bestimmt das, was den univoken Begriff ausmacht, als eine begriffliche Einheit, die hinreichend ist, einen Widerspruch zu erzeugen, wenn der univoke Begriff von ein und demselben bejaht und verneint wird. Die im Sinne der Univokation einheitliche Bedeutung eines Begriffs zeigt sich also am Kriterium der Anwendbarkeit des Widerspruchsprinzips. Gegen das Widerspruchsprinzip kann in diesem Sinne sowohl eine einzelne Aussage als auch die syllogistische Kombination mehrerer Aussagen verstoßen.

Auch wenn Scotus diesen Zusammenhang von Univokation und Widerspruchsprinzip nicht weiter erörtert, so ist die systematische Zuordnung dieser beiden Lehrstücke doch offensichtlich. Es liegt nahe, den Aufbau des von Mayronis weitestgehend überarbeiteten Prologs zum *Conflatus* vor diesem Hintergrund zu betrachten und den Zusammenhang der ersten beiden Abschnitte in Anlehnung an die genannten scotischen Vorgaben zu betrachten. Damit ist zwar der Rahmen für eine Gesamtinterpretation vorgezeichnet, doch sind damit noch keineswegs die eingehenden und differenzierten Erörterungen, die Mayronis anstellt, im Detail erklärt. Aus welchem Grund nämlich richtet Mayronis den Aufbau des gesamten Prologes an einer Fragestellung aus, auf die Duns Scotus nur wenige Worte verwendet? Gegenüber seinem Lehrer muss sich für Mayronis offensichtlich eine erhebliche Akzentverschiebung in der Gewichtung des Ausgangsproblems eingestellt haben. Worin diese Veränderung im Einzelnen besteht, kann natürlich nur die Auseinandersetzung mit dem gesamten Text des Prologs erweisen. Soviel ist aber bereits deutlich, nämlich dass die ursprüngliche Konzeption und Gewichtung der Problemlage der Lehre des Duns Scotus für Mayronis so nicht mehr zu übernehmen war.

Ein weiterer Aspekt, der mit der Konzentration des Prologs auf das Widerspruchsprinzip zusammenhängt und der nicht auf den ersten Blick offensichtlich ist, betrifft die Lehre von den formalen Gehalten und der Formaldistinktion. Mayronis geht davon aus, dass die Lehre von den formalen Gehalten nur dann abgelehnt werden kann, wenn man auch das Widerspruchsprinzip im Sinne einer Verbindung des Satzes vom ausgeschlossenen Dritten und des Satzes vom ausgeschlossenen Widerspruch bestreitet. So verneinen nämlich alle die, die die rationes formales leugnen, das Widerspruchsprinzip, während alle, die die Lehre von den formalen Gehalten annehmen, auch das Widerspruchsprinzip teilen. Denn diese Lehre gründet (radicetur) im genannten primum principium, wie Mayronis seinem Gesprächspartner in der *Disputatio collativa*, Petrus Rogerii, in einer Replik entgegenhält.[122] Aufgrund dieses sachlichen Zusammenhangs wird man erwarten

---

[122] Sed occurrunt hic alique difficultates. Prima est quia nullus debet negare primum principium complexum in aliqua materia, cum sit per se notum ex terminis. Dico quod, dato quod alii negarent, sicut faciunt omnes qui negant rationes formales, tamen illi qui tenent eas, nullo modo, cum tota eorum doctrina in isto principio radicetur. FRANCISCUS DE MAYRONIS, Disputatio collativa, ed. J. Barbet, in: BARBET, J., François de Meyronnes – Pierre Roger, 214 n.316a.

dürfen, dass die Lehre von den formalen Gehalten im Prolog eine zentrale
Rolle spielen wird.

2 Zur Textüberlieferung der Drucke und der Handschriften

Die Textgrundlage für die folgende Untersuchung bildet zunächst die in
einem modernen Nachdruck (Frankfurt a.M. 1966) neu aufgelegte Ausgabe
Venedig 1520. Diese Ausgabe von 1520 kann auf frühere Drucke (Venedig
1504-1507 (1508), 1519) zurückgreifen. Weitere Ausgaben von 1489 und
1498 nennt U. Smeets in seiner der scotistischen Literatur gewidmeten Bib-
liographie.[123] Der älteste Druck ist wohl der von Michael Manzolus, Treviso
1476.[124] Diese Ausgabe wird gelegentlich zur Korrektur des venezianischen
Druckes herangezogen. Textrelevante Divergenzen zwischen den beiden
Drucken sind verhältnismäßig selten. Die ältere Druckfassung enthält gegenüber der von Mauritius de Portu ursprünglich 1504 besorgten Ausgabe keine
der den Venezianischen Ausgaben so zahlreich beigefügten Marginalien.
Auch die Textgliederung beschränkt sich im Druck Treviso 1476 auf die
Distinktionen- und Quaestioneneinteilung.

Wichtiger als die Divergenzen innerhalb der Drucküberlieferung sind allerdings die Abweichungen gegenüber der breiten Überlieferung der Handschriften.[125] Doch die Handschriftenüberlieferung selbst liegt weitgehend im
Dunkeln. Weder kennt man bis heute sämtliche Textzeugen, noch weiß man
exakt, welche Handschrift welche Fassung des Sentenzenkommentars überliefert. Noch viel weniger weiß man über das Verhältnis der verschiedenen
Textzeugen untereinander. Vergleichende Untersuchungen verschiedener
Manuskripte, die nennenswerte Ergebnisse bieten, gibt es bislang nicht.

Die vorliegende Untersuchung stützt sich, um nicht ausschließlich auf
die zum Teil verderbte Drucktradition allein angewiesen zu sein, auf partielle
Korrekturen des Druckes, die an Hand verschiedener Manuskripte durchgeführt wurden. Insgesamt wurden folgende Handschriften, die den Sentenzenkommentar in der Druckfassung überliefern, zumindest partiell zu Rate gezogen: (1) Assisi, Conv. 149; (2) Kues, Hosp. Cues Nr. 67; (3) Krakau, Jagell.
cod. 1306; (4) München, Clm 8854; (5) Paris, bibl. nat. 15871; (6) Rom, Vat.
lat. 894.

Der Codex Rom, Vat. lat. 894 scheint insgesamt, trotz einiger individu-
eller Fehler – häufig handelt es sich um Homoioteleuta –, einen guten Text
zu bieten, der zum Teil von der Drucktradition erheblich abweicht. Im Folgenden wird der Text der Druckausgabe verwendet, der durchgängig mit
dem Codex Rom, Vat. lat. 894 verglichen wurde und da, wo es geboten er-

[123] Smeets, U., Lineamenta bibiliographiae scotisticae, Rom 1942, 72.
[124] Vgl. Roth, B., Franz von Mayronis, 55-60; Roßmann, H., Die Sentenzenkommentare,
       130-140.
[125] Vgl. Kap. 1 § 1.2.1

scheint, in einer korrigierten Fassung zitiert wird. Gelegentlich wird der Text zusätzlich mit den anderen genannten Hanschriften verglichen und korrigiert. Auf besonders signifikante Abweichungen von Druck- und Handschriftenüberlieferung wird eigens hingewiesen.[126] Da vor dem Hintergrund des derzeitigen Wissensstandes jede Entscheidung für oder gegen den Codex Rom, Vat. lat. 894 nur provisorischen Charakter haben kann, wird der Text in Anlehnung an den jeweiligen Sinnzusammenhang konstituiert. Die Schreibweise und die Interpunktion wird gegenüber der Druckausgabe geringfügig modifiziert und vereinheitlicht.

---

[126] Die Sigle für die Abweichungen der Druckausgabe Venedig 1520 lautet Y.

Zweites Kapitel

Das erste zusammengesetzte Prinzip

1 DISKUSSIONSVERLAUF

Der Prolog nimmt seinen Ausgang bei einer eingehenden Diskussion des ersten zusammengesetzten Prinzips, das sich als eine Kombination der Prinzipien vom auszuschließenden Widerspruch und vom ausgeschlossenen Dritten erweist. Die Rede vom zusammengesetzten Prinzip bezieht selbstverständlich nicht auf die Annahme, dass dieses Prinzip bei Mayronis aus einer Kombination zweier Teilprinzipien besteht. Jedes dieser Teilprinzipien ist für sich genommen bereits ein principium complexum, insofern jedes der beiden eine propositionale Struktur aufweist, nämlich eine Zusammensetzung von Subjekt- und Prädikatterminis. Ein principium incomplexum wäre demgegenüber eine Ursache bzw. ein Seinsgrund, also eine nicht-propositionale Struktur. Ein erstes zusammengesetztes Prinzip ist also in einem Aussage- oder Argumentationsgefüge ein erster, grundlegender Satz.

Insgesamt umfasst die Diskussion des ersten Prinzips die qq. 1-4 des Prologs. Die umfassende q. 1 erläutert das principium primum unmittelbar, während die qq. 2-4 besondere Aspekte dieses Prinzips behandeln, die sachlich sehr eng mit der Diskussion der Formaldistinktion verbunden sind.

1.1 DER AUFBAU VON PROL. Q. 1

Die Struktur der Eingangsfrage ist relativ komplex. Zunächst findet eine Erläuterung des ersten zusammengesetzten Prinzips statt,[127] in einem zweiten Schritt wird dieses Prinzip dann gegen Angriffe anderer Autoren verteidigt.[128] Die Erläuterung des Prinzips betrachtet dieses wiederum zunächst in sich,

---

[127] Vgl. FRANCISCUS DE MAYRONIS, Conflatus, Prol. q. 1 (Ed. Venetiis 1520), f. 2ra C - 3ra C. Vgl. hierzu und zum Weiteren BOLLIGER, D., Infiniti contemplatio. Grundzüge der Scotus- und Scotismusrezeption im Werk Huldrych Zwinglis (Studies in the History of Christian Thought 107), Leiden/Boston 2003, 256-259.

[128] Vgl. FRANCISCUS DE MAYRONIS, Conflatus, Prol. q. 1 (Ed. Venetiis 1520), f. 3ra C - 4ra C.

d.h. ohne Bezug zu einer bestimmten Wissenschaft,[129] dann wird es in seinem Verhältnis zur Theologie untersucht.[130]

2 ZUM VERHÄLTNIS VON BEGRIFF, AUSSAGE, ARGUMENT UND WISSENSCHAFT

Die Frage nach dem ersten zusammengesetzten Prinzip geht in einer allgemeinen Perspektive von vier Feststellungen (praeambula) aus, wovon die erste eine entscheidende Weichenstellung beinhaltet. Diese besagt nämlich, „dass das erste zusammengesetzte Prinzip in Bezug auf ein erstes Subjekt gebildet wird."[131] Was diese These besagt und woher sie ihre Plausibilität bezieht, macht die sich anschließende Begründung deutlich, die Franciscus als Beleg anführt. Zunächst beruft sich Franciscus auf ein allgemeines Strukturprinzip, wonach die Ordnung eines Ganzen der Ordnung seiner wesentlichen Teile entspricht, aus denen dieses Ganze zusammengesetzt ist. Versteht man Sätze (propositiones) bzw. Aussagen als solche ganzheitlichen Gebilde (quaedam tota), die aus ihren Teilen, nämlich den Termini, zusammengesetzt sind, ergibt sich eine strukturelle Analogie, der zufolge die Ordnung der Sätze der Ordnung der einzelnen Begriffe, aus denen diese Sätze zusammengesetzt sind, entspricht. Dies ist der Fall, weil die Ordnung des Ganzen, nämlich der Sätze, aus der Ordnung der Teile, der Begriffe, hervorgeht. Das erste zusammengesetzte Prinzip ist aber gerade ein erstes in der Ordnung der Sätze und korrespondiert aus diesem Grund, nämlich aufgrund der unterstellten Strukturanalogie, dem ersten Terminus, d.h. dem Begriff, der in der Ordnung der Teile der propositiones ein Erstes darstellt. Dieser erste Begriff ist das primum subiectum, d.h. der Subjektterminus, von dem im ersten Prinzip etwas prädiziert wird.[132]

Diese ganz formal gehaltene Begründung hinterlässt eine Reihe offener Fragen. Es ist nämlich keineswegs klar, durch welche Ordnungskriterien Franciscus die Ordnung der Sätze und die der Begriffe bestimmt sieht. Von dieser Frage hängt nämlich wesentlich die Plausibilität der unterstellten Strukturanalogie ab. Dass es in der jeweiligen Ordnung ein erstes und dann

---

[129]   Vgl. FRANCISCUS DE MAYRONIS, Conflatus, Prol. q. 1 (Ed. Venetiis 1520), f. 2ra C - 2vb O.

[130]   Vgl. FRANCISCUS DE MAYRONIS, Conflatus, Prol. q. 1 (Ed. Venetiis 1520), f. 2vb O - 3ra C.

[131]   Primum [praeambulum] est quod primum principium complexum formatur de subiecto primo. FRANCISCUS DE MAYRONIS, Conflatus, Prol. q. 1 (Ed. Venetiis 1520), f. 2ra C.

[132]   Et hoc probatur sic. Qualiscumque est ordo aliquorum totorum, talis est ordo suarum partium essentialium, quia ordo totorum ex ordine partium oritur. Sed propositiones sunt quaedam tota respectu terminorum. Ergo qualis est ordo inter propositiones, talis est inter terminos ex quibus propositiones formantur. Ordo enim propositionum videtur consurgere ex ordine terminorum. Cum igitur istud principium inter complexiones supponatur primum et primus terminus est primum subiectum, sequitur quod est de primo subiecto. FRANCISCUS DE MAYRONIS, Conflatus, Prol. q. 1 (Ed. Venetiis 1520), f. 2ra C.

diesem nachgeordnete weitere Elemente gibt, kann noch nicht als befriedi-
gende Antwort auf die Frage gewertet werden, worin die Ordnung der Sätze
der Ordnung der Begriffe entspricht. Diese Frage ist nämlich entscheidend,
wenn man analysieren will, was die ursprüngliche Feststellung des Franciscus,
nämlich dass das erste zusammengesetzte Prinzip „in Bezug auf/hinsichtlich
des ersten Subjektes gebildet wird" (formatur de primo subiecto), bedeutet.
Für die Interpretation des Ausdruckes „formari de" gibt der Text bislang
keine ausreichenden Hinweise. Die formale Argumentation, deren sich Franciscus bedient, wird auch darin deutlich, dass er streng genommen gar nicht
von Begriffen (rationes, conceptus) spricht, sondern nur den Wortlaut „terminus" verwendet, der in diesem Zusammenhang lediglich den unzusammengesetzten Anfangs- oder Endpunkt einer sich in zusammengesetzten Sätzen
artikulierenden Rede meint. Fest steht also bisher lediglich, dass das erste
zusammengesetzte Prinzip deshalb von einem ersten Subjekt gebildet wird,
weil ein erster Satz von einem ersten Begriff gebildet wird.

Betrifft diese erste Feststellung, die Mayronis hinsichtlich des ersten zusammengesetzten Prinzips trifft, zunächst nur die aussagelogischen Implikationen, so wird dieses im Weiteren in einer argumentationslogischen Perspektive betrachtet. Dies geschieht in zwei Schritten; Franciscus stellt nämlich
erstens fest, dass dieses erste Prinzip in den ersten Beweis eingeht und zweitens, dass die erste Schlussfolgerung durch eben dieses erste Prinzip gewonnen wird. Der Beleg für die erste These in argumentationslogischer Perspektive verläuft analog zu den prädikationslogischen Erörterungen: Wie sich
nämlich Aussage und Begriff zueinander verhalten, so verhalten sich auch
Beweis und Aussage zueinander, so dass der erste Beweis die erste Aussage,
d.h. das erste zusammengesetzte Prinzip enthält. Versteht man die Schlussfolgerung eines Beweises als eine Wirkung der Prinzipien, aus denen sie ge-
folgert wird, so ergibt sich über die erste These hinaus die Annahme, dass das
erste Prinzip die erste Schlussfolgerung hervorbringt.[133]

Ähnlich wie bei der ersten Feststellung argumentiert Mayronis auch in
diesem Zusammenhang rein formal, indem er die Ordnungen von Begriffen,
Aussagen und Beweisen parallelisiert und den notwendigen Zusammenhang,
der zwischen den jeweils Ersten in diesen Ordnungen besteht, herausstellt.
Das erste zusammengesetzte Prinzip erscheint also bislang als ein Mittleres,
das in der einen Richtung auf einen ersten Begriff und in der anderen Richtung auf einen ersten Beweis, bzw. ein erstes Argument, verweist. Diese Linie

---

[133] Secundum praeambulum est quod primum principium complexum ingreditur primam
demonstrationem. Et hoc probatur sic. Qualis est ordo inter tota, talis est inter partes
essentiales, sicut prius; sed demonstrationes sunt quaedam tota respectu propositionum
quae sunt earumpartes essentiales. Ergo prima demonstratio habebit intra se pro parte
essentiali primam propositionem et, hoc est primum principium complexum. Tertium
praeambulum est quod per primum principium formatur et concluditur simpliciter prima
conclusio. Hoc probatur sic, primus effectus est a prima causa; conclusio autem scientifica
est primus effectus principiorum; ergo prima conclusio est a primo principio. FRANCISCUS
DE MAYRONIS, Conflatus, Prol. q. 1 (Ed. Venetiis 1520), f. 2ra C - D.

lässt sich fortsetzen, wenn man sich Argumente in einer bestimmten Systematik verbunden denkt. Aus solchen Verknüpfungen von Argumenten gehen nämlich Wissenschaften, d.h. systematisch geordnete Komplexe argumentativer Rede hervor. Das erste Prinzip – so die vierte Feststellung, die Franciscus trifft, – ist ein solches, das in der ersten Wissenschaft gebildet wird.[134] Das ist deshalb der Fall – so führt Mayronis in seiner Begründung aus –, weil sowohl die erste Wissenschaft als auch das erste Prinzip auf das erste Subjekt bezogen sind. Die Annahme, dass es der gemeinsame Bezugspunkt im ersten Subjekt ist, der das erste Prinzip und die erste Wissenschaft einander zuordnet, liegt darin begründet, dass die jeweiligen Subjekte das Unterscheidungskriterium der Wissenschaften sind, und zudem die Ordnung der Wissenschaft den Subjekten nachfolgt.[135]

Dieses letzte Teilargument, dass das jeweilige Subjekt sowohl die Wissenschaften voneinander unterscheidet als auch ihre Ordnung untereinander begründet, ist für den gegenwärtigen Kontext von entscheidender Bedeutung. Hiermit wird nämlich implizit die grundlegende Funktion des Subjektes für die komplexeren Ordnungstrukturen, nämlich für die von Mayronis in diesem Zusammenhang diskutierten Bereiche von Aussage, Argument und Wissenschaft, deutlich herausgestellt. Die Unterschiedenheit und das interne Ordnungsverhältnis von Wissenschaften, Argumenten und Aussagen lassen sich demnach auf eine Distinktion und Rangfolge auf der Ebene der Begriffe zurückführen, denn dem ersten Begriff, bzw. Terminus, entspricht das erste Subjekt, wie Mayronis gleich zu Beginn seiner Ausführungen feststellt.[136] Kommt dem primum principium complexum also einerseits eine notwendige Vermittlungsfunktion zwischen der untersten Ebene der Begriffe und den folgenden des Beweises und der Wissenschaften zu, so verweist dieses erste Prinzip andererseits doch auf die grundlegendere Ordnung der Begriffe, die als Bestandteile des Zusammengesetzten jede darüber hinausgehende Ordnung bestimmen.

Diese Rückbindung des ersten Prinzips an die zugrundeliegenden Begriffe bestimmt letztlich auch die weiteren Eigenschaften, die Mayronis dem ersten Prinzip zuschreibt: Weil dieses Prinzip aus den allgemeinsten und am meisten bekannten (universalissimi et notissimi) Begriffen besteht, ist es selbst das allgemeinste und bekannteste, d.h. ein solches, dessen Erkenntnis nicht durch andere Kenntnisse vermittelt ist, sondern selbst die Grundlage für jedes Wissen darstellt. Weil es als das allgemeinste Prinzip allen anderen inne-

---

[134] Quartum praeambulum est quod primum principium formatur in prima scientia. FRANCISCUS DE MAYRONIS, Conflatus, Prol. q. 1 (Ed. Venetiis 1520), f. 2ra D.

[135] Hoc probatur, quia sicut scientiae habent distinctionem ex subiectis, ita et ordinem consequentem. Et ideo, cum prima scientia sit de primo subiecto et de primo subiecto formetur primum principium, ut iam patuit, sequitur quod in prima scientia formetur illud primum principium, sic intelligendo quod ab eo incipit processus talis scientiae. FRANCISCUS DE MAYRONIS, Conflatus, Prol. q. 1 (Ed. Venetiis 1520), f. 2ra D.

[136] [...] primus terminus est primum subiectum. FRANCISCUS DE MAYRONIS, Conflatus, Prol. q. 1 (Ed. Venetiis 1520), f. 2ra C.

wohnt, ist es auch das mächtigste und wahrste (potissimum et verissimum) Prinzip, das das Fundament jedes weiteren darstellt.[137]

Diese fundamentale Bedeutung des ersten Prinzips leitet sich aus einem Zusammenhang ab, der allgemein zwischen Prinzip, Subjektbegriff und Wahrheit besteht. Ein Wahrheitsanspruch, der sich von einem zugrunde gelegten Prinzip herleitet, kann nämlich, wie im Weiteren im Einzelnen zu zeigen sein wird, nur in Bezug auf solche Gegenstände vertreten werden, auf die der Subjektterminus des Prinzips in einer univoken Aussage beziehbar ist. Die Reichweite eines von einem beliebigen Prinzip hergeleiteten Wahrheitsanspruches – so formuliert Mayronis bereits in der Erstfassung seines Sentenzenkommentars – hängt von der Möglichkeit ab, den Begriff, durch den der ausgezeichnete Gegenstand des jeweiligen Prinzips bezeichnet wird, univok, d.h. unter Beibehaltung eines einheitlichen formalen Gehaltes, von anderen Gegenständen auszusagen.[138]

2.1 DAS ERSTE PRINZIP IN DER ORDNUNG DER PRINZIPIEN

Um Argumente zu formulieren oder einen systematischen Zusammenhang von Argumenten zu einem wissenschaftlichen System zu verknüpfen, ist es notwendig, auf eine Pluralität von Prinzipien zurückzugreifen.[139] Welche Rolle kommt hierbei dem ersten zusammengesetzten Prinzip zu? Die entscheidende Weichenstellung, die Mayronis zur Beantwortung dieser Frage vornimmt, besteht darin, dass die Prinzipien nicht undifferenziert nebeneinander bestehen, sondern in einen festen Ordnungszusammenhang eingebettet sind.

Aus den bisherigen Annahmen, so argumentiert Franciscus weiter, resultiert, dass es innerhalb der Ordnung von Prinzipien, von denen unsere Erkenntnisfähigkeit abhängt, ein einziges erstes Prinzip geben muss. Dies ist deshalb der Fall, weil diese Prinzipien eine wesentliche Ordnung darstellen. Eine wesentliche Ordnung ist eine solche, die ein Verhältnis von Früherem und Späterem beschreibt, wobei die damit verbundene Rangfolge den geordneten Gliedern nicht beiläufig, sondern wesentlich und damit dauerhaft zukommt, so dass das Spätere nur der Fall sein kann durch das Frühere.[140] Legt

---

[137] Vgl. FRANCISCUS DE MAYRONIS, Conflatus, Prol. q. 1 (Ed. Venetiis 1520), f. 2ra D - 2rb E.

[138] Quartadecima regula est quod veritas alicuius principii non se extendit nisi ad univocata sui subiecti, quia tota veritas principii reducitur finaliter ad subiectum; et ubicumque non invenitur ratio formalis eadem, non potest eadem veritas principii. FRANCISCUS DE MAYRONIS, Ab Oriente, d. 22, Vat. lat. 896 f. 94ra.

[139] Zum Folgenden vgl. VIGNAUX, P., L'être comme perfection selon François de Meyronnes, in: Études d'histoire littéraire et doctrinale 17 (1962), 259-318, 260- 264. Zur Bedeutung des ersten Prinzips für die Theologie vgl. LEINSLE, U.G., Einführung in die scholastische Theologie, Paderborn 1995, 202-205.

[140] Vgl. JOHANNES DUNS SCOTUS, De primo Principio, c. 1 n. 2-3 (Ed. Kluxen), 2-4, wo diese Ordnungsverhältnisse nicht nur hinsichtlich des zusammengesetzen Prinzips angenommen

man diesen Zusammenhang einer wesentlichen Ordnung zugrunde, ist es evident, dass es ein erstes Prinzip geben muss, wie es in jeder Kette von Ursachen und Wirkungen eine erste Ursache geben muss, aus der alles weitere hervorgeht. Prinzip und principiatum unterliegen als wesentlich geordnete Bezugsgrößen demselben Gesetz wie Ursache und Verursachtes: Wo es ein Späteres gibt, muss es auch ein Früheres geben. Soll es in einer solchen Abfolge von Ursachen oder Begründungsinstanzen keinen Regress ad infinitum geben, ist man gezwungen, jeweils ein erstes in einer solchen Ordnung anzunehmen.[141]

Dieses erste Prinzip, so schließt Franciscus weiter, muss aber in sich eines und einheitlich und damit ein einziges sein (unicum). Zwar ist das erste Prinzip für sich betrachtet eine Zusammensetzung (complexio) – es handelt sich ja um eine Aussage oder näherhin um ein Urteil, das aus Termini zusammengesetzt ist –, doch in der Ordnung, die es begründet, kann nur ein einziges ein erstes sein. Die Ordnung von Zusammengesetztem unterscheidet sich in dieser Hinsicht in nichts von der Ordnung von einfachen Seienden. Denn auch zwischen Sätzen besteht eine wesentliche Ordnung, die letztlich auf einen ersten Satz verweist.[142] Das Prädikat „unicum" besagt also nicht, dass dieses Prinzip etwas schlechthin Einfaches ist, denn damit würde es aufhören, ein Prinzip im Sinne eines principium complexum zu sein. Vielmehr wird mit dieser Bezeichnung zum Ausdruck gebracht, dass dieses Prinzip nichts von dem voraussetzt, was spätere Prinzipien enthalten, diese aber wiederum jeweils vom ersten Prinzip abhängen.

2.2 DAS ERSTE PRINZIP IM VERHÄLTNIS ZU SEINEN TERMINI

Ist in den ersten beiden Schlussfolgerungen dieser Quaestio das Verhältnis des ersten Prinzips zu anderen nachfolgenden Prinzipien erläutert worden, so beschreibt Mayronis in den folgenden beiden conclusiones das Verhältnis des ersten Prinzips zu seinen Termini. Die Relation des Prinzips zu den darin

---

werden, sondern als Strukturgesetz innerhalb der nicht-zusammengesetzten Prinzipien unterstellt werden.

[141] Prima conclusio est quod in tota coordinatione principiorum est dare unum primum principium complexum. Hoc probatur, quia sicut in genere causarum et causatorum est dare primum – quia alioquin esset processus in infinitum –, ita opportet in principiis et principiatis. Sicut enim omne causatum habet causam, ita omne principiatum principium. Confirmatur quia in essentialiter ordinatis necesse est dare primum. FRANCISCUS DE MAYRONIS, Conflatus, Prol. q. 1 (Ed. Venetiis 1520), f. 2rb E-F.

[142] Secunda conclusio est quod istud principium est unicum. Quia sicut impossibile est invenire in entibus simplicibus duo simpliciter prima et per hoc investigamus unitatem primi principii, ita impossibile est in complexionibus invenire duas simpliciter primas. Confirmatur quia omnis ordo essentialis est in habitudine ad aliquod primum et per consequens oportet in illo ordine dare unicum primum. Sed inter conclusiones est ordo essentialis, ut patuit, ergo oportet quod inter eas sit unica prima. FRANCISCUS DE MAYRONIS, Conflatus, Prol. q. 1 (Ed. Venetiis 1520), f. 2rb F.

enthaltenen Termini lässt sich nicht mehr als Ordnung (ordo) im oben genannten Sinne beschreiben, sondern sie wird als ein inneres Verhältnis (habitudo) aufgefasst, durch das die Teile des komplexen Prinzips, nämlich die
Termini, in ihrem inneren Zusammenhang erfasst werden.

Die termini werden im Folgenden im engeren Sinne als Begriffe verstanden bzw. auf ihre begrifflichen Gehalte hin interpretiert. Mayronis
spricht deshalb nicht einfach von den termini, sondern von den rationes terminorum, d.h. von den begrifflichen Gehalten, die den als termini aufgefass-
ten Wörtern entsprechen. Insofern es sich bei diesen Begriffen um die formalen Begriffe der termini handelt, gilt, dass sich das erste Prinzip auf alles das
erstreckt, auf das sich der formale Gehalt derjenigen termini erstreckt, aus
denen das erste Prinzip als komplexes Gebilde zusammengesetzt ist.[143] Mit
dieser Zurückführung des ersten Prinzips auf die Ebene formaler Gehalte
deutet sich ein Grundzug der Metaphysik des Franciscus de Mayronis an, der
für die weiteren Erörterungen bestimmend ist.

Der Geltungsbereich des ersten zusammengesetzten Prinzips wird auf
diese Weise auf die Extension formaler Begriffe zurückgeführt. Worauf bezieht sich aber der formale Gehalt eines Terminus? Ein formaler Begriff, so
ist im Vorgriff auf noch Folgendes festzustellen, ist von einem modalen Begriff bzw. von einer modalen Bestimmung zu unterscheiden.[144] Formale Begriffe sind im engeren Sinne inhaltliche Begriffe, d.h. sie drücken einen washeitlichen Gehalt aus, ohne dass sie eine hiervon zu unterscheidende modale
Bestimmung enthielten. Modale Bestimmungen bezeichnen die inneren Modi, d.h. sie geben im weitesten Sinne die Gegebenheitsweise eines washeitlichen Gehaltes an. Ein formaler Begriff bezeichnet eine Washeit, z.B. die
des Menschseins, ohne eine Auskunft etwa darüber zu geben, ob es sich dabei
um etwas Wirkliches oder etwas nur Mögliches handelt oder ob es hierbei um
etwas Allgemeines oder etwas individuell Instantiiertes geht. In ähnlicher
Weise ist der formale Begriff des Weißen (albedo) vom Grad der Intensität
der weißen Farbe zu unterscheiden. Wirklichsein, Möglichsein, Allgemeinheit, Individualität oder Grade der Intensität sind innere Modi, die unabhängig vom formalen Gehalt eines Begriffs erfasst werden und diesen selbst in
keiner Weise inhaltlich prägen.[145] Die Geltung des ersten Prinzips wird also
entsprechend der oben genannten These auf alle die inhaltlichen Bestimmungen ausgedehnt, die durch die Begriffe, aus denen das erste Prinzip zusammengesetzt ist, bezeichnet werden.

---

[143]   Tertia conclusio est quod istud principium se extendit ad omnia ad quae se extendit ratio
         formalis terminorum. FRANCISCUS DE MAYRONIS, Conflatus, Prol. q. 1 (Ed. Venetiis
         1520), f. 2rb F.
[144]   Vgl. Hierzu BOLLIGER, D., Infiniti contemplatio. Grundzüge der Scotus- und Scotismusre-
         zeption im Werk Huldrych Zwinglis (Studies in the History of Christian Thought 107),
         Leiden/Boston 2003, 239-243.
[145]   Vgl. FRANCISCUS DE MAYRONIS, Conflatus, d. 8 q. 5 (Ed. Venetiis 1520), f. 48rb G - 51ra
         C; DERS., Conflatus, d. 8 q. 1 (Ed. Venetiis 1520), f. 43vb O. Vgl. unten Kap. 9 § 2.3.

Die Annahme der gleichen Extension des ersten Prinzips und der formalen Begriffe seiner Termini gilt, weil es unmöglich ist, so fährt Mayronis fort, dass die Außenglieder (extrema) ohne ein inneres Verhältnis sind. Gerade in diesem inneren Verhältnis besteht aber die Wahrheit des ersten Prinzips, das deshalb ein inneres ist, weil es unmittelbar aus den begrifflichen Gehalten der Termini hervorgeht. Als Termini eines Prinzips, und damit als Termini einer Aussage, handelt es sich bei den Außengliedern (extrema) um Subjekt und Prädikat eines Satzes. Im Fall des ersten Prinzips ist das Prädikat im Subjekt enthalten, so dass überall da, wo das Subjekt des ersten Prinzip angenommen wird, auch das Prädikat und damit das ganze Prinzip anzunehmen ist.[146] Der Geltungsbereich des ersten Prinzips ist also durch die begrifflichen Implikationen des Subjektterminus definiert. Das bedeutet, dass immer dann, wenn dieser Begriff, der als Subjektterminus des ersten Prinzips fungiert, von einem beliebigen Gegenstand ausgesagt wird, die Geltung des ersten Prinzips unterstellt werden muss. Dies trifft deshalb zu, weil dieses Prinzip ein analytisches Urteil darstellt, dem zufolge die Setzung des Prädikats aus der Annahme des Subjektes folgt.

Dieser Zusammenhang von Begriff und Prinzip wird in einer letzten Schlussfolgerung dahingehend präzisiert, dass die Annahme der Termini hinreichend ist für die Annahme des Verhältnisses, das durch diese gesetzt wird: Immer dann nämlich, wenn man die Termini annimmt, unterstellt man auch die Wahrheit, die das erste Prinzip zum Ausdruck bringt, denn diese Wahrheit besteht gerade in dem Verhältnis der Termini untereinander, so dass sie nicht bestehen kann, ohne dass die Termini angenommen werden. Die Wahrheit des ersten Prinzips kann wie ein Ganzes verstanden werden, das notwendig dann anzunehmen ist, wenn seine Teile angenommen werden.[147] Insofern die Setzung der Termini in dieser Weise nicht nur eine notwendige, sondern auch eine hinreichende Bedingung für die Geltung des Prinzips sind, ist der Schluss von diesem Prinzip auf die Termini erlaubt. In diesem Zusammenhang deutet sich an, dass der Subjektterminus – nämlich der conceptus entis, wie sich zeigen wird – überall da impliziert sein muss, wo das Widerspruchsprinzip in Geltung ist. Diese Doktrin korrespondiert der scotischen Lehre von der Begriffsresolution insofern, als dass eine jede Zu-

---

[146] Quia impossibile est extrema esse sine habitudine aliqua intrinseca. Sed ista habitudo in qua consistit veritas primi principii est intrinseca, cum consurgat immediate ex rationibus terminorum cum praedicatum eius includatur in subiecto. Ubicumque igitur est subiectum eius, oportet quod ibi sit totum istud principium cum ibi sit subiectum et praedicatum eius et per consequens habitudo. FRANCISCUS DE MAYRONIS, Conflatus, Prol. q. 1 (Ed. Venetiis 1520), f. 2rb F.

[147] Quarta conclusio est quod veritas istius principii non potest inveniri nisi ubi invenitur sui termini. Hoc probatur primo quia impossibile est invenire habitudinem inter extrema sine illis extremis. Sed veritas istius principii consistit in habitudine quae est inter terminos, igitur non potest inveniri sine terminis. Secundo quia totum constitutum ex partibus non potest esse sine partibus, sed istud principium constituitur sicut quoddam totum ex suis terminis, ergo etc. FRANCISCUS DE MAYRONIS, Conflatus, Prol. q. 1 (Ed. Venetiis 1520), f. 2rb F-G.

rückführung komplexer begrifflicher Gehalte auf die enthaltenen einfacheren Teilbegriffe am Ende zu einem ersten Begriff gelangen muss, nämlich dem des Seienden. In der Interpretation des Franciscus ist die durchgängige begriffliche Zurückführbarkeit auf den conceptus entis letztlich verstehbar als der immer vorauszusetzende Geltungsgrund des Widerspruchsprinzips, der aus der Annahme der implizierten ratio entis folgt.

2.3 DIE LOGISCHE STRUKTUR DES ERSTEN ZUSAMMENGESETZTEN PRINZIPS

Nachdem Franciscus in einem ersten Schritt, unter Ausblendung aller inhaltlichen Bestimmungen, in einer allgemeinen Perspektive die Stellung des ersten zusammengesetzten Prinzips erläutert hat, wendet er sich in einem nächsten Schritt der konkreten Formulierung dieses Prinzips zu.[148]

„Das erste Prinzip", so führt Mayronis aus, „ist dieses: In Bezug auf jedes [ist] entweder die bejahende oder die verneinende Aussage [zutreffend] und in Bezug auf keines beide zugleich."[149]

Was Franciscus als ein einziges (unicum) Prinzip bezeichnet,[150] umfasst offensichtlich zweierlei: zum einen den Satz vom ausgeschlossenen Dritten und zum anderen den Satz vom ausgeschlossenen Widerspruch bzw. das Widerspruchsprinzip im engeren Sinne. Bevor Franciscus dieses Prinzip in seiner Bedeutung für die Theologie diskutiert, erörtert er es für sich betrach-

---

[148]   Hierzu: MAIERÙ, A., Le *De primo principio complexo* de François de Meyronnes. Logique et théologie trinitaire au début du XIV^c siècle, in: Logik und Theologie. Das *Organon* im arabischen und im lateinischen Mittelalter, Perler, D., Rudolph, U. (Hg.) (Studien und Texte zur Geistesgeschichte des Mittelalters 84), Leiden/Boston 2005, 401-428, 404-407. Eine kurze Zusammenfassung des Folgenden bietet auch ROTH, B., Franz von Mayronis O.F.M. Sein Leben, seine Werke, seine Lehre vom Formalunterschied in Gott (Franziskanische Forschungen III), Werl 1936, 297-298.

[149]   Nunc secundo videndum est de isto principio primo magis in particulari. Et quantum ad hoc videndum est, quid est istud primum principium. Dico quod est istud: De quolibet [est *add*. Y] affirmatio vel negatio [vera *add*. Y] et de nullo [eorum *add*. Y] ambo simul. Istud conceditur communiter primum principium. FRANCISCUS DE MAYRONIS, Conflatus, Prol. q. 1 (Ed. Venetiis 1520), f. 2rb G. Diese minimalistische Formulierung ohne die Zusätze der Druckausgabe entspricht auch dem Wortlaut, der sich in Quaestio 1 des Quodlibet findet. Hier heißt es: Dicunt philosophi quod primum principium complexum: de quolibet affirmatio vel negatio et de nullo ambo simul est quaedam regula evidentissima cui nullus sane mentis contradicere potest. FRANCISCUS DE MAYRONIS, Quodl. q. I (Ed. Venetiis 1520), f. 227va M. Die entsprechende Formulierung enthält auch der Text des Codex Vat. lat. 4385, f. 56r.: Istud totum de quolibet affirmatio vel negatio et de nullo ambo simul non est unum principium simpliciter sed duo. Vgl. MAIERÙ, A., Le *De primo principio complexo*, 411 n. 38. Die gleiche Formulierung des Prinzips enthält auch der Paralleltext in Padua, Bibl. Univers. MS 1258, f. 1ra. In Anlehung an die Metaphysik des Aristoteles heißt es im gedruckten Tractatus de primo principio complexo: De quo philosophus tractat quarto Metaphysicae scilicet de quolibetr dicitur affirmatio vel negatio et de nullo ambo simul. FRANCISCUS DE MAYRONIS, Tractatus de primo principio complexo, a. 1 (Ed. Venetiis 1520), f. 268vb N.

[150]   Vgl. FRANCISCUS DE MAYRONIS, Conflatus, Prol. q. 1 (Ed. Venetiis 1520), f. 2rb F.

tet. Diese Erörterung betrifft zunächst die propositionale Struktur des Prinzips.

2.3.1 DIE PROPOSITIONALE STRUKTUR DES ERSTEN PRINZIPS

Im Ausgang von seiner Formulierung des ersten Prinzips erläutert Franciscus, in welcher Weise dieses als einfach bzw. doch als aus Teilen zusammengefügt zu denken ist.[151] Auf das ganze gesehen stellt dieses Prinzip einen hypothetischen und kopulativen Satz dar, der zwei kategorische Urteile enthält, wovon das erste sich auf ein disjunktives und das zweite auf ein kopulatives Prädikat bezieht. Von diesen kategorischen Urteilen ist das erste allgemein bejahend und das zweite allgemein verneinend.[152]

Diese Analyse bedarf der weiteren Erläuterung. Der erste Teil des ersten Prinzips, nämlich der Satz vom ausgeschlossenen Dritten, wird demnach als ein kategorisches Urteil verstanden, das die disjunktive Kopula „vel" enthält und von jedem möglichen Subjekt bejahend ausgesagt wird. Von jedem Subjekt wird also mindestens eines der Prädikate, nämlich „affirmatio" oder „negatio", ausgesagt. Der zweite Teilsatz, der das Widerspruchsprinzip im engeren Sinne enthält, präzisiert diese Annahme dahingehend, dass von jedem Subjekt nur ein einziges der beiden Prädikate, also in einem ausschließenden Sinne entweder „affirmatio" oder „negatio" ausgesagt wird, also niemals beide zusammen.[153] Das Prinzip vom ausgeschlossenen Dritten ist also ein disjunktives Urteil, das von allen möglichen Subjekten bejahend ausgesagt wird. Das Widerspruchsprinzip ist ein kopulatives Urteil, das von allen Subjekten verneinend prädiziert wird. Diese Auffassung, dass der zweite Teilsatz des ersten Prinzips, nämlich das Widerspruchsprinzip im engeren Sinne, ein kopulatives Urteil darstellt, ist aufgrund der ursprünglichen Formulierung „de nullo eorum ambo simul" nicht unmittelbar erkennbar, doch ergibt sich dies aus der sich anschließenden Interpretation. Wenn Mayronis diesen Satz mit „de nullo ente sive subiecto affirmatio et negatio simul praedicantur" paraphrasiert, tritt der kopulative Charakter dieses Satzes unzweifelhaft hervor.

Abgesehen davon, dass das in Rede stehende Prinzip bereits aufgrund seiner propositionalen Struktur ein principium complexum ist, kann es auch

---

[151] Zum Folgenden ist auch die Auseinandersetzung in der *Disputatio collativa* zu vergleichen. Vgl. FRANCISCUS DE MAYRONIS, Disputatio collativa, ed. J. Barbet, in: BARBET, J., François de Meyronnes – Pierre Roger, *Disputatio* (1320-1321) (Textes Philosophiques du Moyen Âge 10), Paris 1961, 212, n. 310.

[152] Prima quod totum istud principium est una propositio hypothetica copulativa quae continet duas categoricas quarum prima est de praedicato disiuncto; secunda est de praedicato copulato, ita quod prima est universalis affirmativa, secunda universalis negativa. FRANCISCUS DE MAYRONIS, Conflatus, Prol. q. 1 (Ed. Venetiis 1520), f. 2rb G - H.

[153] Prima enim pars dicit quod de quolibet ente affirmatio vel negatio praedicatur; secunda pars dicit quod de nullo ente sive subiecto affirmatio et negatio simul praedicantur. FRANCISCUS DE MAYRONIS, Conflatus, Prol. q. 1 (Ed. Venetiis 1520), f. 2rb H.

darüber hinaus in dem Sinne als zusammengesetzt verstanden werden, als es als ein hypothetisches Urteil zu begreifen ist, das zwei geordnete Teilsätze enthält. Wenn Mayronis in diesem Zusammenhang von einem hypothetischen Urteil bzw. von einem hypothetischen und kopulativen Satz spricht, darf das nicht im modernen Sinne verstanden werden, wonach ein hypothetischer Satz in einer Wenn-dann-Beziehung eine Bedingung und eine Folge miteinander verbindet. Im mittelalterlichen Sinne sind propositiones hypotheticae solche, die zwei kategorische Urteile miteinander verbinden.[154] Wenn die verbindende Kopula ein „und" ist, wie das in dem von Mayronis diskutierten Satz der Fall ist, handelt es sich um eine propositio hypothetica copulativa.[155]

Die Ordnung, die Mayronis zwischen den im Prinzip verbundenen kategorischen Urteilen feststellt, ergibt sich aufgrund der unterschiedlichen Qualität dieser Urteile, d.h. aus der Bestimmung, entweder bejahend oder verneinend zu sein. Das erste, nämlich das disjunktive Urteil „de quolibet ente affirmatio vel negatio praedicatur" ist bejahender Natur; das zweite, nämlich das kopulative Urteil „de nullo ente sive subiecto affirmatio et negatio simul praedicantur" ist negativer Natur. Da aber ein allgemein bejahendes Urteil dem allgemein verneinenden vorausgeht, ist im vorliegenden Fall das disjunktive Urteil dem kopulativen voranzustellen. Der Grund für dieses Ordnungsverhältnis besteht darin, dass im Fall, dass ein affirmatives und ein negatives Urteil dieselben termini, d.h. dieselben Subjekte betrifft, das negative Urteil implizit immer das bejahende voraussetzt, auf das die Negation zurückgeführt werden kann.[156] Die angegebene Ordnung ergibt sich aber auch daraus, dass ein kopulatives Urteil immer dem dieselben Begriffe betreffenden disjunktiven Urteil nachfolgt.[157] Dieses Ordnungsverhältnis impliziert

---

[154]   Propositio ypotetica est illa que habet duas propositiones cathegoricas principales partes sui [...]. PETRUS HISPANUS, Tractatus, t. 1 n. 16 (Ed. de Rijk), 8-9.

[155]   [Propositio ypotetica c]opulativa est illa in qua coniunguntur due cathegorice per hanc coniunctionem „et" [...] PETRUS HISPANUS, Tractatus, t. 1 n. 16 (Ed. de Rijk), 9. Diese Lehre entspricht auch noch der Verwendung im 14. Jahrhundert z.B. bei Wilhelm von Ockham. Vgl. WILHELM VON OCKHAM, Summa Logicae p. 2 c. 1 (OPh I), 241-249. Hierzu auch der Sprachgebrauch in BOETHIUS, A.M.S, De syllogismo hypothetico l. I (PL 64), 831-835.

[156]   Secunda conclusio quod istae partes propositionis hypotheticae ita sunt ordinatae sicut communiter proferuntur ita quod universalis affirmativa est prior universali negativa. Hoc probatur quia quandoque affirmatio et negatio sunt circa eosdem terminos semper prior est affirmativa quam negativa quia omnis negatio de aliquo termino reducitur in affirmativam de eodem termino. Sed ita est in proposito quod propositio categorica disiunctiva est affirmativa, copulativa autem negativa, ergo etc. FRANCISCUS DE MAYRONIS, Conflatus, Prol. q. 1 (Ed. Venetiis 1520), f. 2rb H.

[157]   Confirmatur quia illae propositiones quarum una est antecedens, alia consequens una est prior alia; sed sic est in proposito. Nam copulativa de eisdem terminis est semper consequens [antecedens Y] ad disiunctivam de eisdem et non e converso, ergo prior alia est illa affirmativa. FRANCISCUS DE MAYRONIS, Conflatus, Prol. q. 1 (Ed. Venetiis 1520), f. 2rb H – 2va I. Der offensichtliche Fehler, den Y mit der Variante "antecedens" in Einklang mit Paris, bibl. nat. 15871 und München Clm 8854 an dieser Stelle aufweist, findet sich auch

allerdings keine wechselseitige Ableitbarkeit, die die Einheit des ganzen Prinzips aufheben würde, weil beide Teilsätze dieselben Termini betreffen.[158]

Das erste zusammengesetzte Prinzip ist also eines – im Sinne eines Ganzen und nicht im Sinne eines Einfachen, das nicht zusammengesetzt ist –,[159] insofern es einen kopulativen Satz darstellt, der seinerseits aus zwei Teilsätzen besteht, die ihrerseits aufgrund ihrer Qualität als bejahendes und verneinendes und ihres Charakters als disjunktives bzw. kopulatives Urteil geordnet sind. Aufgrund dieser formalen Kriterien kann man für Mayronis sogar die Vorordnung des Satzes vom ausgeschlossenen Dritten vor dem Satz vom auszuschließenden Widerspruch annehmen. Das Widerspruchsprinzip im engeren Sinne entspricht von seiner analysierten Struktur her einem negativen und kopulativen Urteil, das dem Satz vom ausgeschlossenen Dritten, der einem affirmativen und disjunktiven Urteil entspricht, nachgeordnet ist. Diese Deutung geht von einer natürlichen Ordnung der Urteile aus, die sich aus ihrer analysierten äußeren Form herleiten lässt.

2.3.2 DIE BEGRIFFLICHE STRUKTUR DES ERSTEN PRINZIPS

Was die begriffliche Struktur des ersten Prinzips betrifft, so steht die Frage nach Subjekt und Prädikat im Vordergrund. Als Subjekt des ersten zusammengesetzten Prinzips – so stellt Franciscus unmissverständlich fest – fungiert der Begriff des Seienden.[160] Das erste Argument, das Franciscus hierfür gibt, beruht darauf, dass das erste Prinzip das allgemeinste Zusammengesetzte, d.h. der allgemeinste Satz ist. Das Subjekt eines allgemeinsten Satzes kann aber nur das allgemeinste Subjekt sein, und dieses ist der Begriff des Seienden, so dass als Subjekt des ersten zusammengesetzten Prinzips nur der conceptus entis in Frage kommt.[161]

---

im gedruckten Tractatus primi principii complexi (Ed. Venetiis 1520), f. 268vb P, wo dasselbe Argument wie im Prolog angeführt wird. Die Lesart "consequens" stützt sich auf Vat. lat. 894; Assisi, conv. 149 und Kues, Hos. Cues Nr. 67. Krakau, Jagell. cod. 1306 hat hier ursprünglich eine Omission, ist aber von anderer Hand ergänzt.

[158] Ad secundum dico quod verum assumit quando una illarum veritatum sic ordinatarum sumitur sub alia, ut conclusio sub praemissis. Sed hoc non potest esse quando utraque illarum propositionum est de eisdem terminis. Tunc enim non potest una sub alia assumi. Sic est in proposito quia non differunt nisi in signis variatis quia per copulationem et disiunctionem. FRANCISCUS DE MAYRONIS, Conflatus, Prol. q. 1 (Ed. Venetiis 1520), f. 2va L.

[159] Ad primum dico quod primum principium est unum non unitate simplicitatis sed unitate cuiusdam integritatis ad modum propositionis hypotheticae. FRANCISCUS DE MAYRONIS, Conflatus, Prol. q. 1 (Ed. Venetiis 1520), f. 2va K-L.

[160] Tertia conclusio quod subiectum primi principii complexi est ens. FRANCISCUS DE MAYRONIS, Conflatus, Prol. q. 1 (Ed. Venetiis 1520), f. 2va I.

[161] Hoc probatur quia communissimae complexionis est communissimum subiectum. Sed istud principium est communissimum et ens est subiectum *[istud-subiectum:* ens est huiusmodi ad illud principium quod est Y] communissimum, ergo etc. FRANCISCUS DE MAYRONIS, Conflatus, Prol. q. 1 (Ed. Venetiis 1520), f. 2va I.

Als Subjekt des ersten Prinzips ist aber offensichtlich nicht nur der Begriff des Seienden, sondern auch der Begriff „res" zu verstehen. Hiermit spielt Mayronis auf die mit dem conceptus entis konvertiblen transzendentalen Begriffe an, von denen in diesem Kontext allerdings nur die Begriffe „ens" und „res" genannt werden. Das ist deshalb der Fall, weil der Wortlaut, mit dem Mayronis das erste Prinzip ausdrückt, zwei adjektivische Formulierungen, nämlich „de quolibet" und „de nullo", verwendet, die einen substantivischen Wortlaut implizieren. Diese Adjektive werden aber, wie Mayronis sich ausdrückt, in keiner Gattung substantiviert, d.h. sie sind selbst in keine substantivische Formulierung überführbar, die für sich betrachtet an Subjektstelle auftreten könnte. Vielmehr werden mit diesen Ausdrücken die Begriffe „Sache" oder „Seiendes" als substantivische Ergänzungen implizit mitverstanden.[162] Die adjektivischen Formulierungen, die in der Interpretation des ersten zusammengesetzten Prinzips, die Franciscus gibt, an Subjektstelle auftreten, verweisen also auf Gegenstände, die durch keine weitere Bestimmung gekennzeichnet sind, außer dass sie mögliche Subjekte der im ersten Prinzip verwendeten Prädikate sind.

Als Prädikat fungieren im ersten Prinzip die Ausdrücke „affirmatio" und „negatio". Beide Begriffe zusammengenommen stellen in diesem Fall ein einziges Prädikat dar. Im ersten Teil des Prinzips, das den Satz vom ausgeschlossenen Dritten enthält, ist das Prädikat im Sinne einer Disjunktion, im zweiten Teil, der das Widerspruchsprinzip formuliert, im kopulativen Sinne zu verstehen.[163] Bejahung und Verneinung sind Eigenschaften, die vom Subjekt nämlich „ens" ausgesagt werden. Der mächtigste Beweis, der überhaupt möglich ist, so argumentiert Mayronis, kommt dadurch zustande, dass von einem Subjekt die Eigenschaften ausgesagt werden, die im Subjekt selbst eingeschlossen sind. Dieser Beweis bestünde dann, modern gesprochen, in einem analytischen Urteil. Genau das ist aber der Fall, wenn im ersten zusammengesetzten Prinzip „affirmatio" und „negatio" als Prädikate vom Subjekt „ens" ausgesagt werden, denn affirmatio und negatio sind solche passiones, die im Begriff des Seienden enthalten sind.[164]

---

162 Confirmatur quia impossibile est esse adiectivum sine substantivo posito vel intellecto. In isto autem principio sunt duo adiectiva, scilicet ‚de quolibet' et ‚de nullo', quae substantivantur in neutro genere, sed in omnibus talibus intelligitur ‚res' vel ‚ens', ergo etc. FRANCISCUS DE MAYRONIS, Conflatus, Prol. q. 1 (Ed. Venetiis 1520), f. 2va I.

163 Quarta conclusio est quod praedicatum illius principii est affirmatio vel negatio sicut passio disiuncta in prima parte, quemadmodum par vel impar sunt passiones disiunctae numeri. In secunda autem parte praedicatum istius principii est affirmatio et negatio copulative. FRANCISCUS DE MAYRONIS, Conflatus, Prol. q. 1 (Ed. Venetiis 1520), f. 2va I.

164 Hoc probatur quia in demonstratione potissima semper concluditur passio de subiecto et sic passio ponitur in praedicato. Ergo negatio et affirmatio erunt passiones praedicatae de subiecto scilicet [passiones-scilicet: praedicamenta Y] de ente in isto principio. FRANCISCUS DE MAYRONIS, Conflatus, Prol. q. 1 (Ed. Venetiis 1520), f. 2va I-K. P. Vignaux hält sich an dieser Stelle an den gedruckten Text, woraus ein anderer Akzent resultiert. Vgl. VIGNAUX, P., L'être comme perfection, 262-263.

Die begriffliche Struktur des ersten zusammengesetzten Prinzips lässt sich demnach als eine Explikation des Begriffs des Seienden verstehen. Dass etwas ein Seiendes genannt wird, bedeutet, dass es der mögliche Gegenstand eines Urteils ist. Dies wiederum impliziert, dass alles, was von einem Seienden ausgesagt wird, entweder bejaht oder verneint wird, niemals aber beides zugleich der Fall sein kann. Ein möglicher Gegenstand eines Urteils zu sein bedeutet dem zufolge, jede mögliche Aussage unter die Differenz von Bejahung und Verneinung zu stellen. Anders formuliert ergibt sich daraus, dass jeder Satz, der über ein Seiendes ausgesagt wird, ein Urteil im engeren Sinne darstellt, das als solches ein Prädikat immer nur zu- oder abspricht. Dass das erste Prinzip das allgemeinste Zusammengesetzte und der Begriff des Seienden das allgemeinste Einfache ist, verweist in dieser Perspektive darauf, dass dieses Prinzip die Bedingung formuliert, unter der jeder weitere Satz steht, insofern er im engeren Sinne ein Urteil sein soll. Der Begriff des Seienden wird bislang von Mayronis in dieser Perspektive vom Urteil her gedacht. Wenn der Begriff des Seienden Affirmation und Negation als die ihm eigentümlichen Eigenschaften enthält, wie Franciscus explizit formuliert, dann ist er ein allgemeinster Begriff, weil er die fundamentale Struktur widerspiegelt, die jedem Urteil zugrunde liegt.

2.4 DAS ERSTE ZUSAMMENGESETZE PRINZIP IN DER DEUTUNG DES ANTONIUS ANDREAE

Von dieser Konzeption, den Begriff des Seienden und das erste zusammengesetzte Prinzip, das diesen Begriff an Subjektstelle enthält, auszulegen, weichen andere scotistische Deutungen grundlegend ab.[165]

In seinen *Quaestiones subtilissimae super duodecim libros metaphysicae Aristotelis*[166] setzt sich der mit Franciscus de Mayronis etwa gleichaltrige Scotusschüler Antonius Andreae im vierten Buch mit dem ersten zusammengesetzten Prinzip auseinander. Zentral ist für ihn zunächst die Frage, ob das von Aristoteles angeführte Prinzip, dass unmöglich dasselbe ist und nicht ist (impossibile est idem simul esse et non esse), das sicherste Prinzip ist.[167] Antonius bejaht diese Frage, weil dieses Prinzip die drei folgenden Bedingungen erfüllt, die für den Status des sichersten Prinzips notwendig sind. Erstens kann man hinsichtlich dieses Prinzips weder zweifeln noch irren; zweitens ist es an keine

---

[165] Zum Verhältnis des Gegenstandes des ersten zusammengesetzten Prinzips zum Gegenstand der Metaphysik in der Deutung bei Nicolaus Bonetus vg.l Kap. 7 § 3.1.

[166] Zu diesem Werk des Antonius Andreae, vor allem zu seinem Verhältnis zu der fälschlicher Weise Johannes Duns Scotus zu geschriebenen Schrift Expositio in duodecim libros metaphysicorum Aristotelis vgl. PINI, G., Una lettura scotista Metafisica di Aristotele: l'Expositio in libros Metaphysicorum di Antonio Andrea, in: Documenti e studi sulla tradizione filosofica medievale II,2 (1991), 529-586.

[167] Vgl. ANTONIUS ANDREAE, Quaestiones subtilissimae super duodecim libros metaphysicae Aristotelis, l. IV q. 4 (Ed. Venetiis 1491).

andere Bedingung geknüpft, es ist nicht konditional, wie Antonius sich ausdrückt; und dritttens schließlich wird es jedem sofort einleuchten, der die
Begriffe, die es enthält, erfasst hat.[168]
    An diese Diskussion schließt sich für Antonius eine weitere Frage an,
nämlich die, ob dieses Prinzip vom ausgeschlossenen Widerspruch nicht nur
das principium firmissimum, sondern auch das erste zusammengesetzte Prinzip ist. Für Antonius heißt es deshalb zu klären: utrum hoc principium ‚impossibile est idem simul esse et non esse' simpliciter sit primum?[169] Überra-
schender Weise beantwortet Antonius diese weitergehende Frage negativ:
„Dieses Prinzip ‚es ist unmöglich, etc' ist nicht schlechhin das erste, d.h. das
erstlich erste. Das beweise ich so, weil jenes Prinzip, dessen Termini weder
erstlich erste noch letztlich letzte sind, nicht schlechthin erstlich das erste ist,
aber dieses Prinzip ist von dieser Art."[170]
    Das entscheidende Argument für Antonius bezieht sich auf die zentralen
Begriffen, unter deren Verwendung das erste Prinzip formuliert wird, nämlich den Begriff „idem", der an Subjektstelle, und den Begriff „esse" bzw.
„non esse", der an Prädikatstelle in dieser Formulierung des Widerspruchsprinzips fungiert. Der Begriff „idem" ist deshalb im strengen Sinne kein erste
Begriff, weil er zusammengesetzt ist aus einem absoluten und einem relationalen Bedeutungsbestandteil. Dies wird deutlich, wenn man den Begriff auf
seine Bestandteile zurückführt. In der Perspektive von Antonius Andreae sind
dies die Elemente „idem" und „ens", wobei „idem" den relationalen und
„ens" den absoluten Aspekt des ursprünglich komplexen Begriffes zum Ausdruck bringt. In der Kombination „idem ens" ist der Bestandteil „idem" für
Antonius offensichtlich von nicht zusammengesetzter Natur, während er in
der ursprünglichen Fassung durch den unausgesprochenen Einschluss von
„ens" als komplex und damit einer weiter gehenden resolutio zugänglich
verstanden werden muss. Der Prädikatterminus „esse et non esse" stellt für
Antonius eine offensichtliche Zusammenfügung aus einer Bejahung und einer
Verneinung dar und ist aus diesem Grund weiter zurückführbar und damit
nicht erstlich ein erster bzw. letztlich ein letzter Begriff. Zu diesen Argumenten kommt noch hinzu, dass das Prinzip „impossibile est etc." offensichtlich
eine Modalaussage darstellt, die als solche keinesfalls beanspruchen kann, im

---

[168]   Responsio dicendum est cum Philosopho quod hoc primum principium est firmissimum ex
        eo quod conveniunt sibi conditiones principii firmissimi. Tum quia circa ipsum non con-
        tingit errare nec dubitare, tum quia non est conditionale, tum quia necesse est venire in
        mentem habenti terminus ipsius. Isti autem sunt tres conditiones principii firmissimi. AN-
        TONIUS ANDREAE, Quaestiones subtilissimae super duodecim libros metaphysicae Aristo-
        telis, l. IV q. 4 (Ed. Venetiis 1491).

[169]   ANTONIUS ANDREAE, Quaestiones subtilissimae super duodecim libros metaphysicae
        Aristotelis, l. IV q. 5 (Ed. Venetiis 1491).

[170]   Quantum ad secundum dico quod istud principium 'impossibile est, etc.' non est primum
        simpliciter, id est primo primum. Hoc probo sic quia illud principium cuius termini non
        sunt primo primi nec ultimo ultimi non est simpliciter primo primum, sed hoc principium
        est huiusmodi, ergo etc. ANTONIUS ANDREAE, Quaestiones subtilissimae super duodecim
        libros metaphysicae Aristotelis, l. IV q. 5 (Ed. Venetiis 1491).

strengen Sinne eine propositio prima zu sein, da eine jede solche zurückführbar ist auf ein Urteil, das ohne modale Spezifizierung einem Subjekt ein Prädikat zuspricht. Im Ergebnis ist also die Annahme abzulehnen, dass es sich im
genannten Fall um einen Grundsatz handelt, dem der Status eines ersten
Prinzips zukommen kann.[171]

Wenn es sich bei dem genannten Prinzip also nicht um ein grundlegend
erstes handeln kann, stellt sich natürlich als Konsequenz daraus die Frage,
welches Prinzip denn statt dessen beanspruchen kann, nach den genannten
Kriterien ein erstes zu sein. Antonius beantwortet diese Frage umgehend,
indem er hervorhebt, das gesuchte Prinzip sei jenes „ens est ens". Denn jenes
Prinzip enthält Begriffe, die erstlich erste und hinsichtlich eines Resolutionsvorganges letztlich letzte sind. Dies ist der Fall, weil jede Begriffsresolution am
Ende zum Begriff des Seienden gelangt, der innerhalb der washeitlichen
Begriffe der schlechthin erste und damit der grundlegende ist.[172]

Anders als bei Mayronis liegt für Antonius Andreae der Akzent des ersten Prinzips beim Gedanken der Einheit. Von diesem ausgehend lässt sich
erst Unterscheidung als die Gegenüberstellung von Differentem verstehen.
Ohne den vorgängigen Begriff des Identischen lässt sich für Antonius die
Unterscheidung der im Widerspruchsprinzip entgegengestellten Bestimmungsmomente nicht fassen. Diese Akzentuierung bedeutet einen gewissen
Primat des Begrifflichen vor der propositionalen Struktur, auch wenn die
begriffliche Fassung des „idem" auf der propositionalen Ebene als Prinzip des
„ens est ens" zum Ausdruck gebracht wird.

Mayronis hingegen folgt in seiner Deutung eher dem scotischen Vorgehen selbst, wenn er den Begriff der Einheit, nämlich der Bedeutungseinheit
im Sinne der Univokation im Ausgang vom Widerspruchsprinzip versteht.

---

[171] Minor probatur et primo de termino subiecto quod est idem. Conceptus enim ille non est
primo primus cum sit resolubilis in duos alios conceptus quorum unus est absolutus alter re-
spectivus. Conceptus autem simul [similis Ed. Venetiis 1487 sive 1495] includens absolutum et respectivum non est aeque prius sicut conceptus inclusi in quos resolvitur. Iste autem
conceptus idem ens non est huiusmodi quia li idem dicit conceptum respectivum, li ens dicit
conceptum absolutum vel saltem neutrum et indifferentem ad absolutum et respectivum.
Probatur etiam minor de termino praedicato qui est esse et non esse. Ille autem conceptus
est aggregatus ex affirmativo et negativo, ergo est resolubilis, ergo non est primo primus nec
ultimo ultimus. Praeterea nulla propositio modalis est primo prima quia est resolubilis in
aliam de inesse, sed istud principium impossibile est etc. est proposition modalis, ergo non
est primo prima. ANTONIUS ANDREAE, Quaestiones subtilissimae super duodecim libros
metaphysicae Aristotelis, l. IV q. 5 (Ed. Venetiis 1491).

[172] Si ergo quaeratur quid est primum complexum simpliciter et primo primum, dico quod
istud enim principium habet terminos primo primos et ultimo ultimos et
per consequens qui non sunt resolubiles in aliquos priores, immo omnis resolutio conceptuum stat ad conceptum entis ut ad simpliciter primum inter conceptus quiditationis. AN-
TONIUS ANDREAE, Quaestiones subtilissimae super duodecim libros metaphysicae Aristotelis, l. IV q. 5 (Ed. Venetiis 1491). Eine ähnliche Lösung wie die, die Antonius Andreae
hier vertritt, findet sich auch andeutungsweise in einer adnotatio interpolata zum vierten
Buch des Metaphysikkommentars des Johannes Duns Scotus. Vgl. JOHANNES DUNS SCO-
TUS, In Met. IV q. 3 (OPh III), 375.

Denn als univoker Begriff wird gerade das verstanden, was – in Anlehnung
an die scotischen Formulierung – zu einem Widerspruch führt, wenn es
gleichzeitig im affirmativen und negativen Sinne ausgesagt wird. Begriffliche
Einheit wird also rekonstruierbar aufgrund der tatsächlichen und d.h. wider-
spruchsfreien Aussage.

2.5 ZUM VERHÄLTNIS VON METAPHYSIK UND LOGIK

Diese Interpretation des Begriffs des Seienden, die ihren Ausgangspunkt in
der Urteilslehre zu haben scheint, wirft erhebliche Folgeprobleme auf, die
den Begriff des Seienden als metaphysischen Grundbegriff betreffen. Wenn,
wie bislang deutlich geworden ist, Bejahung und Verneinung die Prädikate
sind, die entsprechend dem ersten Prinzip vom Subjekt „ens" ausgesagt werden, diese Prädikate aber in den Bereich der Logik gehören – wie ein zentraler Einwand lautet –, scheint nicht nachvollziehbar zu sein, wie diese logischen Begriffe Prädikate in einem grundlegenden metaphysischen Prinzip
sein können.[173] Diesem Einwand liegt die Annahme zugrunde, dass affirmatio und negatio Begriffe zweiter Stufe, sogenannte intentiones secundae, sind.
Der Gegenstandsbereich der Logik besteht aber gerade in solchen Begriffen
zweiter Stufe,[174] so dass ein Satz, der Begriffe zweiter Stufe prädiziert, nicht
zur Metaphysik, die sich mit Begriffen erster Stufe beschäftigt, sondern zur
Logik zu gehören scheint. Die Dringlichkeit dieses Einwandes resultiert da-
her, dass Mayronis am grundlegenden Charakter des ersten Prinzips festhält,
was nur dadurch gelingen kann, dass es sich um ein metaphysisches Fundamentalprinzip handelt.

In einer ersten Antwort, die Mayronis diesem Einwand entgegenhält,
wird eine Unterscheidung hinsichtlich unterschiedlicher Suppositionsweisen
von Begriffen getroffen. Betrachtet man die Art und Weise, wie Begriffe zweiter Stufe ausgesagt werden können, kommt es vor, dass diese von Begriffen
erster Stufe prädiziert werden, d.h. für solche Begriffe supponieren. Das ist
zum Beispiel der Fall, wie Mayronis erläutert, wenn wir die Aussage machen,
dass die Definition vom Definierten ausgesagt wird. Der Begriff „Definition"

---

[173]   Quarto contra quartam sic: Affirmatio et negatio videntur ad logicum pertinere; sed prae-
        dicatum istius principii ad logicum non pertinet, sed ad metaphysicum ad quem pertinet
        totum principium; ergo praedicatum non est affirmatio et negatio. FRANCISCUS DE MAY-
        RONIS, Conflatus, Prol. q. 1 (Ed. Venetiis 1520), f. 2va K.

[174]   Subiectum vero logicae, sicut scisti, sunt intentiones intellectae secundo, quae apponuntur
        intentionibus intellectis primo. AVICENNA, Philosophia prima I, 2 (Avic. Lat.), 10. [...]
        tertia est abstractio intentionis ab intentione, et hoc modo de ipso determinatur in loyca,
        unde dicitur quod loyca est de secundis intentionibus adjunctis primis. ROGER BACON,
        Questiones altere supra libros Prime Philosophie Aristotelis (Opera hactenus inedita XI),
        89. Vgl. hierzu PINBORG, J., Logik und Semantik im Mittelalter. Ein Überblick, Stuttgart-
        Bad Cannstatt 1972, 90; PERLER, D., Peter Aureol vs. Hervaeus Natalis on Intentionality.
        A Text Edition with Introductory Remarks, in: Archives d'Histoire Doctrinale et Littéraire
        du Moyen Âge 61 (1994), 227-262, 228.

wird in diesem Beispiel als Begriff zweiter Stufe verstanden, der von einem Begriff erster Intention ausgesagt wird. In diesem Sinne, so fährt das Argument fort, werden „affirmatio" et „negatio" von Begriffen erster Stufe ausgesagt, wenn sie, wie es im ersten zusammengesetzten Prinzip der Fall ist, vom Begriff „Seiendes" prädiziert werden. Sie supponieren dann dafür „dass [etwas] ist" bzw. „dass [etwas] nicht ist (pro esse et non esse).[175]

Ein weiteres Problem hängt mit diesem ersten Einwand, „affirmatio" und „negatio" seien Begriffe zweiter Stufe und deshalb als Prädikate eines metaphysischen Prinzips nicht geeignet, eng zusammen. Als metaphysisches Prinzip kann nämlich der in Frage stehende Satz nur dann gelten, wenn sein Subjekt, nämlich der Begriff des Seienden, als reales Prädikat verstanden wird. Das scheint aber dadurch in Frage gestellt zu sein, so der von Mayronis diskutierte Einwand, dass bejahende Aussagen, wie sie die Prädikate „Blindheit" oder „Chimäre" darstellen, und verneinende Aussagen, wie sie die Prädikate „nicht-Blindheit" oder „nicht-Chimäre" implizieren, offensichtlich nichts Seiendes (nihila) oder bloß Fiktives (figmenta) aussagen. „Blindheit" ist nämlich ein privativer Ausdruck, „Chimäre" ein Ausdruck für eine Fiktion. Privationes und figmenta sind aber im engeren Sinne nichts Seiendes.[176]

Um diesem Einwand zu begegnen, wird nicht etwa der Gegenstandsbereich oder die Reichweite des ersten Prinzips eingeschränkt, was z.B. der Fall wäre, wenn man die genannten Beispiele nicht als wirkliche Affirmationen bzw. Negationen zuließe. Vielmehr werden privationes und figmenta in den Bereich des Seienden im Weiteren Sinne integriert. Denn die genannten Entitäten entziehen sich nicht gänzlich dem Bereich des Seienden, sondern werden als Gedankendinge, als entia rationis, begriffen, die für Mayronis in einem hinreichenden Sinne Seiende sind, so dass das genannte Prinzip auf sie anwendbar bleibt. Zwar sind die entia rationis nicht schlechthin, sondern nur in einer gewissen Hinsicht (secundum quid) Seiende, doch reicht dies aus, um das erste Prinzip zumindest in einer gewissen Hinsicht auf diese anwendbar zu machen.[177] In dieser Widerlegung des Einwandes deutet sich ein signifikanter Grundzug der Metaphysikkonzeption des Franciscus an. Die hier von Mayronis vorgetragene Antwort impliziert nämlich eine Interpretation des conceptus entis, die eine Anwendung dieses Begriffs auch auf Gedankendinge

---

[175] Ad quartum dico quod secundae intentiones aliquando supponunt pro primis sicut quando dicimus quod diffinitio praedicatur de diffinito. Affirmatio ergo et negatio non sunt praedicatum primi principii nisi inquantum supponunt pro primis, scilicet pro esse et non-esse. FRANCISCUS DE MAYRONIS, Conflatus, Prol. q. 1 (Ed. Venetiis 1520), f. 2va L.

[176] Primo quia istud principium se extendit ad nihila [*nihila*: privationes Y] et ad figmenta. De quolibet enim potest dici quod est caecitas vel non-caecitas, chimaera vel non-chimaera; et tamen de istis non dicitur ens. FRANCISCUS DE MAYRONIS, Conflatus, Prol. q. 1 (Ed. Venetiis 1520), f. 2va L.

[177] Hic potest dici quod privationes et figmenta non omnino fugiunt rationem entis quia sunt entia rationis. Vel potest dici et melius quod sicut ista solum sunt entia non simpliciter sed secundum quid, ita istud principium invenitur in eis non simplicter sed secundum quid et quasi fictive. FRANCISCUS DE MAYRONIS, Conflatus, Prol. q. 1 (Ed. Venetiis 1520), f. 2va L - M.

erlaubt. Wie sich in einem anderen Kontext zeigt, hängt mit dieser Deutung der ratio entis eine Univokationslehre zusammen, der zufolge ein einheitlicher Begriff des Seienden – zumindest in einer noch zu erläuternden Hinsicht – univok von real Seiendem und gedacht Seiendem aussagbar ist.[178]

Um den Geltungsbereich des ersten Prinzips und damit den Gegenstandsbereich der Metaphysik, um deren grundlegendes Prinzip es sich handelt, wie der eingangs genannte Einwand verdeutlicht, aufrechtzuerhalten, muss Mayronis weitere Einwände widerlegen, die sich gegen seine zuvor entwickelte These richten, der Begriff des Seienden sei denominativ von erstlich Verschiedenem und schlechthin Einfachem aussagbar und diese Prädikationsweise sei hinreichend, die Anwendung des ersten Prinzips zu gewährleisten.[179] Diese These betrifft vor allem die konvertiblen Transzendentalien, für die im Weiteren der Begriff des Guten stellvertretend diskutiert wird. Vom Begriff des Guten, so argumentieren die sich anschließenden Einwände, wird der Begriff des Seienden nicht nur im Sinne einer denominativen, sondern doch im Sinne einer quidditativen Prädikation ausgesagt. Dies ist der Fall, weil vom Begriff des Guten die Bestimmungen gut, erstlich verschieden, schlechthin einfach und seiend zu sein oder dies jeweils nicht zu sein, allesamt quidditativ ausgesagt werden.[180]

Im ersten Fall räumt Mayronis zwar ein, dass der Begriff des Guten in beiden Fällen der unterstellten Disjunktion washeitlich ausgesagt wird, doch geht diese Disjunktion im Grunde genommen nur von einem einzigen formalen Begriff aus, so dass das erste Prinzip in diesem Fall eigentlich keine Anwendung findet.[181] Die Disjunktion „entweder ist das Gute ein washeitlich Gutes oder es ist kein washeitlich Gutes" enthält einen einzigen formalen Begriff, nämlich den des Guten, so dass das erste Prinzip, das die Prädikation eines formalen Gehaltes von einem anderen betrifft, keinen Anwendungsfall hat.

Die anderen drei Fälle, die Mayronis diskutiert, unterscheiden sich in dieser Hinsicht von diesem ersten Einwand. Was das zweite und dritte Argument betrifft, sind die Disjunktionsglieder „erstlich verschieden" und

---

[178]   Vgl. unten Kap.7 § 3.1-3.1.1.

[179]   Ad tertium dico quod in simpliciter simplicibus et primo diversis includitur ens denominative secundum quod adiectivum et non quidditative. Et ideo istud principium de eis simpliciter verificatur, licet non eodem modo quo de aliis quia non quidditative. Sed hoc sufficit ad verificandum primum principium [*Sed-principium: om.* Y]; nec oportet ad verificandum primum principium simpliciter quod dicatur quidditative sicut ista „homo est albus vel non-albus simpliciter", sed tamen quidditative non est necesse, sicut patet. FRANCISCUS DE MAYRONIS, Conflatus, Prol. q. 1 (Ed. Venetiis 1520), f. 2va L.

[180]   Vgl. FRANCISCUS DE MAYRONIS, Conflatus, Prol. q. 1 (Ed. Venetiis 1520), f. 2va M – 2vb N.

[181]   Ad primum dico quod altera est concedenda, scilicet quod bonum est bonum quidditative, et per consequens tota disiunctiva. Tamen nulla complexio est ibi nisi ab anima ficta eo quod non sit ibi nisi unicus terminus. Et ideo proprie hic non habet locum primum principium. FRANCISCUS DE MAYRONIS, Conflatus, Prol. q. 1 (Ed. Venetiis 1520), f. 2vb N.

„schlechthin einfach" zwar formal vom Begriff des Guten verschieden, doch,
so die eigentliche Widerlegung, handelt es sich bei beiden nicht um quidditative Begriffe. Beide werden lediglich in Hinsicht auf etwas ausgesagt, was
nicht quidditativ bestimmt ist, im ersten Fall auf etwas Relationales (respectus) hin, im zweiten Fall auf eine Negation hin.[182]
Der letzte Einwand hinsichtlich des Seienden schließlich trifft zwar insofern zu, als die Disjunktion, dass das Gute entweder quidditativ ein Seiendes ist oder nicht, grundsätzlich zuzugeben ist, doch handelt es sich hierbei
wiederum um keinen Anwendungsfall des ersten Prinzips, wie Franciscus
ohne weitere Erläuterung feststellt.[183] Was im Hintergrund dieser Annahme
steht, ist die ursprüngliche Erläuterung des ersten Prinzips, wonach der Begriff des Seienden in diesem als Subjektterminus fungiert. Der zu widerlegende
Einwand unterstellt aber, dass der Begriff des Seienden quidditativ als Prädikat ausgesagt wird, was der Struktur des ersten zusammengesetzten Prinzips
widerspricht.
Fasst man die von Mayronis diskutierten Einwände zusammen, tritt das
grundsätzliche Problem, als dessen Ausdruck diese Argumente zu begreifen
sind, klar in Erscheinung. Das erste zusammengesetzte Prinzip hat eine fundamentale Bedeutung für alle Wissensbereiche. Jedes Wissen, das in irgendeiner der Wissenschaften erworben wird, geht letztlich auf dieses Prinzip
zurück. Grundlegend kann dieses Prinzip aber nur dadurch sein, dass es eine
grundlegende begriffliche Struktur widerspiegelt, nämlich die, dass durch
Begriffe nur dann etwas begriffen wird, wenn nicht ein und derselbe formale
Gehalt zugleich erfasst und nicht erfasst wird und wenn dieser Gehalt als
etwas verstanden wird, das entweder auf einen Gegenstand zutrifft oder
nicht. Diese Struktur gilt für alle Begriffe, denn sie ist die Struktur, die den
allgemeinsten Begriff, nämlich den des Seienden, prägt. Wenn dieser Begriff
nicht in dieser Weise der grundlegendste Begriff ist, und damit das erste Prinzip nicht in der genannten Weise das erste ist, dann ist die Einheit und damit
die Gewissheit allen Wissens aufgehoben. Dies spiegelt sich auf der wissenschaftstheoretischen Ebene wider, denn die Einheit des Begriffs des Seienden
garantiert die Einheit und damit den Grundlegungscharakter der Metaphysik.
Ein zentrales mit diesem Zusammenhang verbundenes Problem macht
das erste Hauptargument deutlich, denn in dem Moment, wo neben den
Begriff des Seienden der Begriff ens rationis als ein eigenständiger Grundbegriff tritt, ist die Einheit der Metaphysik in Frage gestellt. Sie kann nicht mehr

---

[182] Ad secundum dico quod non sunt quidditative primo diversa quia diversitas dicit respectum
qui non est de quidditate alicuius absoluti obiecti. Eodem modo dico de simplicitate quae
forte est quaedam negatio quia dicit carentiam componibilitatis quae non dicitur de aliquo
positivo quidditative. FRANCISCUS DE MAYRONIS, Conflatus, Prol. q. 1 (Ed. Venetiis 1520),
f. 2vb N.

[183] Ad quartum de ente dico quod disiunctiva est concedenda, tamen non pertinet ad primum
principium complexum. FRANCISCUS DE MAYRONIS, Conflatus, Prol. q. 1 (Ed. Venetiis
1520), f. 2vb N.

als grundlegende Wissenschaft gelten, wenn es neben ihr die Wissenschaft der
Logik gibt, die dann nicht auf die Metaphysik zurückgeführt werden kann,
wenn sie mit dem Begriff des ens rationis über einen nicht aus der Metaphysik ableitbaren eigenen Gegenstand verfügt.

Sollte das zweite Hauptargument, das in vier Einwänden die denominative Prädikation des conceptus entis gegenüber dem erstlich Verschiedenen
und dem schlechthin Einfachen in Frage stellt, Erfolg haben, müsste man mit
den gleichen Konsequenzen einräumen, dass der Begriff des Seienden die
angenommene Fundierungsfunktion übernehmen kann. Die Einheit dieses
Begriffs wäre nämlich dadurch aufgehoben, dass es neben dem conceptus
entis weitere Begriffe gibt, die nicht auf diesen zurückführbar wären.

Die Strategie der Widerlegungen des Franciscus besteht deshalb im ersten Fall darin, den Gedankendingen soweit den Status des Seienden zuzuer-
kennen, dass diese nicht aus dem Bereich des Seienden im engeren Sinne
herausfallen. Im zweiten Fall besteht die Strategie darin, die in den entsprechenden Argumenten jeweils unterstellte Disjunktion, entweder quidditativer
oder nicht quidditativer Prädikation dahingehend zu entkräften, dass Mayronis außerhalb dieser Alternative die Möglichkeit der denominativen Aussage
bekräftigt. Insofern dies gelingt, behalten der Begriff des Seienden, das erste
Prinzip und die Metaphysik als die zugehörige Wissenschaft ihre Fundierungsfunktion.

In Ergänzung des bisher Gesagten kann man feststellen, dass der Begriff
des Seienden einerseits von der Struktur des Urteils her gedacht wird, doch
zeigt sich auch, dass es die Einheit dieses Begriffs ist, die die Anwendung des
ersten Prinzips auf alle Bereiche der Erkenntnis garantiert. Diese Akzentuierung kommt in den beiden Regeln zum Ausdruck, die Mayronis, den ersten
Teil seiner Untersuchung beschließend, formuliert. Der erste Teil dieses
Prinzips, der Satz vom ausgeschlossenen Dritten, lässt sich nämlich dann so
verstehen, dass von jeder Kontradiktion notwendig jeweils der eine Teil wahr
ist. Aus dem zweiten Teil des Prinzips, aus dem Widerspruchsprinzip, ergibt
sich dann, dass kontradiktorisch Entgegengesetztes niemals zugleich wahr
sein kann.[184] Anders als im bisherigen Wortlaut spricht Mayronis in diesem
Kontext von einer Kontradiktion (contradictio) bzw. von kontradiktorischen
Gehalten (contradictoria). Mit dieser Formulierung wird jetzt der Anwendungsfall formuliert, der voraussetzt, dass bekannt ist, was eine Kontradiktion
ist bzw. worauf sie beruht. Das Verständnis einer Kontradiktion, die darin
besteht, dass sich zwei Urteile, die sich auf denselben formalen Begriff beziehen, widersprechen, setzt einerseits voraus, dass die allgemeine Struktur des
Urteils bekannt ist. Und sie setzt andererseits die Einheit eines formalen Ge-

---

[184]   Ex istis sequuntur duae regulae. Prima ex prima parte principii quod cuiuslibet contradictionis necessario altera pars est vera. Ista sequitur ex parte prima de disiuncto praedicato. Secunda quod contradictoria non possunt esse simul vera. Ista sequitur ex parte secunda
de praedicato copulato [*parte-copulato*: altera Vat. lat. 894]. FRANCISCUS DE MAYRONIS,
Conflatus, Prol. q. 1 (Ed. Venetiis 1520), f. 2vb O.

haltes voraus, auf den sich die Urteile beziehen können. Die Unvereinbarkeit der Gehalte geht demnach der Unvereinbarkeit der Urteile voraus; denn unabhängig davon, von welchem Subjekt unvereinbare Gehalte prädiziert werden, besteht diese incompossibilitas der Begriffe vorgängig zum aktuellen Urteil.[185] Um eine allgemeingültige Regel der Kontradiktion anzugeben, ist es also zunächst notwendig, die Einheit eines allgemeinsten Begriffs nachzuweisen, von dem her die Kontradiktion gedacht werden kann. Diesen Nachweis hat Franciscus in der gegenwärtigen Diskussion des conceptus entis erbracht, so dass er nicht ohne Bedacht die genannten Regeln als solche bezeichnet, die aus dem bislang Gesagten folgen (sequuntur).

2.6 METAPHYSIK UND LOGIK IN DER DISPUTATIO COLLATIVA

Aus einer anderen Perspektive wird in der *Disputatio collativa* das Verhältnis von Metaphysik und Logik in Bezug auf des erste Prinzip erörtert. Der unmittelbare Ausgangspunkt der Darlegung ist ein Zweifelsgrund, den Mayronis bezüglich der Interpretation des primum principium complexum diskutiert. Man kann nämlich fragen, wie weit sich die Reichweite des ersten Prinzips erstreckt. Nimmt man etwa den Satz, dass der Mensch weder washeitlich weiß ist noch washeitlich nicht weiß ist, was Mayronis als gültiges Urteil betrachtet, so scheint sich hieraus ein signifikantes Problem zu ergeben. Denn dieser Satz ist offensichtlich zutreffend, wenngleich er allem Anschein nach unter das erste Prinzip, näherhin unter den Satz von auszuschießenden Dritten fällt, was bedeutet, dass eine der beiden Feststellungen, entweder quidditativ weiß zu sein oder es nicht zu sein, zutreffen muss. Die doppelte Verneinung des Satzes, weder dies noch jenes zu sein, scheint also mit dem Prinzip vom auszuschließenden Dritten nicht vereinbar. Mayronis bringt dieses Problem indie Formulierung, ob das erste zusammengesetzte Prinzip auch unter der Voraussetzung einer wie auch immer ausfallenden Modifikation gilt.[186]

2.6.1 DIE THEORIE DER TERMINI MODIFICATI

Die Strategie, die Mayronis zur Lösung des Problems verfolgt, geht von einer Einschränkung nicht des Geltungsbereiches des ersten Prinzips, sondern von dessen Anwendungsbedingungen aus. Das erste Prinzip kann seine volle Geltung nur dann beanspruchen, wenn es keiner wie auch immer beschaffenen Modifikation unterworfen wird. Was bedeutet Modifikation in diesem Zusammenhang? Eine Modifikation liegt offensichtlich dann vor, wenn in

---

[185] Vgl. FRANCISCUS DE MAYRONIS, Conflatus, Prol. q. 1 (Ed. Venetiis 1520), f. 3ra B.

[186] [...] occurrunt quatuor dubitationes quarum prima est: si primum principium complexum tenet qualitercumque modificatum. Dicebam autem quod non, quia homo nec est quidditative albus nec quidditative non albus. FRANCISCUS DE MAYRONIS, Disputatio collativa, ed. J. Barbet, in: BARBET, J., François de Meyronnes – Pierre Roger, 182, n. 260.

einem Satz eine Hinzufügung gemacht wird, die die Anwendung des Prädikats auf den Subjektterminus näher kennzeichnet. Im vorliegenden Fall geschieht dies offensichtlich durch das Adverb „quidditative". Den Fall, dass das Widerspruchsprinzip auf Sätze angewendet wird, die in dieser Weise modifizierte Termini enthalten, will Mayronis ausdrücklich ausschließen (non invenitur in terminis modificatis); denn die Anwendungsbedingungen dieses Prinzips setzen einfache, nicht modifizierte Begriffe voraus. Eine solche Modifikation findet etwa auch statt, so macht Mayronis im vorliegenden Kontext deutlich, wenn man die näheren Bestimmungen „realiter" oder „aeternaliter" der Aussage eines Prädikates hinzufügt. Als allgemeinen Beweis für die reduzierten Anwendungsbedingungen des ersten Prinzips verweist Mayronis auf den Satz, dass alles, was ist, entweder gut ist oder nicht, der dann gilt, wenn der Terminus „gut" als einfaches Prädikat verwendet wird, der aber nicht mehr gilt, wenn er als modifizierter Terminus ausgelegt wird, indem der Satz dann besagt, dass alles, was ist, entweder quidditative gut ist oder nicht quidditative gut ist. Die zweite Interpretation, die modifizierte Variante also, trifft eben deshalb nicht zu, weil Seiendes keines von beiden, gut oder nicht gut, in einem washeitlichen Sinne ist.[187] Die Einfachheit der Termini, die der Modifikation derselben gegenübergestellt wird, muss demnach als grundlegende Anwendungsbedingung des ersten Prinzips berücksichtigt werden.

Reduziert man das erste Prinzip auf eine Anwendung nicht modifizierter, also einfacher Begriffe, wird deutlich, dass es sich im engeren Sinne nicht um ein logisches, sondern um ein metaphysischer Prinzip handelt. Der Widerspruch, der in diesem ersten Prinzip ausgeschlossen wird, ist nicht ein logischer Widerspruch, sondern ein metaphysischer. Während der logische Widerspruch zusammengesetzt ist, wie er in Abgrenzung zu den konträren, subkonträren oder subalternen Gegensätzen verstanden wird, handelt es sich bei dem metaphysischen um einen grundsätzlich unzusammengesetzten Widerspruch (contradictio incomplexa). Im ersten Fall handelt es sich also um einen Widerspruch, der zwischen verschiedenen Urteilen besteht, im zweiten Fall kann es sich hingegen nicht um Urteile, sondern nur um Begriffe handeln, die als kontradiktorisch zu betrachten sind. In diesem Sinne ist eine unzusammengesetzte Kontradiktion, wie sie das metaphysisch interpretierte Prinzip voraussetzt, gegen Phänomene wie privatio, contrarietas und relatio

[187] Ad primam reductionem dicitur quod primum principium complexum non invenitur in terminis modificatis sed in simplicibus formatum, et ideo, licet aliquod conveniat uni realiter quod non alteri, non oportet ipsa esse distincta realiter propter modum; quemadmodum aliquid competit Patri eternaliter quod non Filio; et tamen non sunt distincta eternaliter, ita quod distincta sit eternitas utriusque, sicut hic satagunt probare distinctas realitates. Quod autem illud principium non possit formari in modificatis terminis unversaliter probatur, tum quia omne quod est, aut est bonum, aut non bonum, per primum principium, propter terminorum simplicitatem, sed non omne quod est, aut est bonum quidditative, aut non bonum quidditative: ens enim neutrum est quidditative [...]. FRANCISCUS DE MAYRONIS, Disputatio collativa, ed. J. Barbet, in: BARBET, J., François de Meyronnes – Pierre Roger, 113, n. 121.

abzugrenzen. Fest steht, dass es jeweils eine andere Entgegensetzung ist, von der der Metaphysiker und von der der Logiker handeln.[188]

Im Ergebnis steht für Mayronis fest, dass das erste zusammengesetzte Prinzip nicht in Bezug auf modifizierte Termini, also solche Begriffe, die durch zusätzliche Kennzeichnungen eines bestimmten Anwendungsmodus ausgezeichnet sind, formuliert wird. In diesem Sinne modifizierte Begriffe sind zusammengesetzt und gehören in den Bereich der Logik. Die für das Widerspruchsprinzip grundlegenden Begriffe sind einfach, nämlich in der Weise, dass ein möglicher Widerspruch solcher Begriffe allein auf dem Begriffsgehalt der in Frage stehenden Prädikate zustande kommt und nicht von einer hinzutretenden Modifizierung getragen wird. Ein entsprechender Widerspruch wird deshalb contradictio incomplexa genannt. Wenn das erste Prinzip in dieser Weise interpretiert wird, dann handelt es sich um ein metaphysisches und nicht um ein logisches Prinzip.[189]

Wie sich bei der Erörterung der Frage nach dem Subjekt des ersten Prinzips im Detail zeigen wird,[190] verlangt das primum principium, wenn es in dieser Weise als ein metaphysisches Prinzip verstanden wird, nach einem Subjekt, das diese Fundierungsfunktion im Rahmen der Wissenschaft der Metaphysik erfüllt. Hieraus ergibt sich, dass das Subjekt des ersten Prinzips mit dem Subjekt der Metaphysik selbst zusammenfällt. Der primäre Gegenstand der Metaphysik ist der Begriff des Seienden, der deshalb auch das Subjekt des ersten Prinzips sein muss. Aus diesem Grund, so hält Mayronis in der *Disputatio collativa* in aller Kürze fest, muss man das erste Prinzip so verstehen, dass von jedem Seienden entweder Affirmation oder Negation – der edierte Text verwendet statt des Terminus „vel" den Terminus „et", was aber nicht gemeint sein kann –, von keinem Seienden aber beides zugleich ausgesagt werden.[191]

Ohne dass in diesem Kontext explizit die Lehre von den inneren Modi, die an anderer Stelle für Franciscus de Mayronis von zentraler Bedeutung

[188] Sed ista instantia non est ad propositum, quia primum principium complexum non accipit contradictionem logicalem, que est comlexa, que distinguitur contra contraria, subcontraria et subalterna, sed contradictionem incomplexam, que distinguitur contra privationem, contrarietatem et relationem, sicut patet quod hic est alia contrarietas de qua metaphysicus et alia ibi de qua logicus. FRANCISCUS DE MAYRONIS, Disputatio collativa, ed. J. Barbet, in: BARBET, J., François de Meyronnes – Pierre Roger, 182, n. 260.

[189] Dicebam enim quod principium primum complexum non invenitur nec tenet in terminis modificatis et quod istud principium non ingreditur logicalis contradictio, que est complexa, sed metaphysica, que est incomplexa. FRANCISCUS DE MAYRONIS, Disputatio collativa, ed. J. Barbet, in: BARBET, J., François de Meyronnes – Pierre Roger, 212, n. 309.

[190] Vgl. unten Kap. 3 § 2 - 2.2.2.

[191] Sed occurrit difficultas: quid est subiectum in utraque propositione? Dicitur autem quod ens, quia idem est subiectum in scientia et in principiis eius, et ideo, cum ens sit subiectum in metaphysica, oportet quod subiciatur in primo principio in metaphysica, ut, scilicet subintelligatur de quolibet ente affirmatio et [recte: vel] negatio et de nullo ente affirmatio et negatio. FRANCISCUS DE MAYRONIS, Disputatio collativa, ed. J. Barbet, in: BARBET, J., François de Meyronnes – Pierre Roger, 212, n. 311.

ist,[192] angewendet wird, so scheint sie doch der Sache nach für das Lehrstück von den termini modificati im Hintergrund zu stehen. Die Beispiele von realitas, quidditas und aeternitas, die Mayronis für solche modifizierenden Bestimmungen der termini modificati in den verschiedenen Texten aus der *Disputatio collativa* wählt, machen deutlich, dass es hierbei jeweils um eine Hinzufügung eines inneren Modus geht, der in Bezug auf einen formalen Begriffsgehalt ausgesagt wird. Ohne in diesem Zusammenhang die ganze Lehre von den modi intrinseci im Einzelnen zu erörtern, ist zumindest deutlich, dass bereits die Formulierung und Auslegung des ersten zusammengesetzten Prinzips von der Unterscheidung formaler Begriffe und modaler Kennzeichnungen in einer signifikanten Weise Gebrauch macht. Die metaphysische Fundierungsfunktion, die Mayronis dem ersten Prinzip zuweist, kann offensichtlich nur dadurch zustande kommen, dass dieses Prinzip auf Begriffe bezogen wird, die als reine formale Gehalte, d.h. unter Ausschluss jeder weiteren modalen Bestimmung betrachtet werden. Hierin unterscheiden sich Metaphysik und Logik; denn nur die Metaphysik nimmt die Abstraktion vor, die notwendig ist, um Begriffe auf den Kerngehalt ihrer ratio formalis zurückzuführen. Nur auf der Grundlage einer solchen Reduktion der formalen Gehalte und der damit verbundenen Eingrenzung der Anwendungsbedingungen lässt sich ein Prinzip formulieren, das gleichermaßen als Nichtwiderspruchsprinzip und als Prinzip des „tertium non datur" verstanden werden kann.

3 DAS ERSTE PRINZIP IM VERHÄLTNIS ZUR THEOLOGIE

Wie die bisherige Erörterung deutlich gemacht hat, kommt dem ersten Prinzip eine Fundierungsfunktion zu, die sich nicht nur auf einen eingeschränkten Bereich der Wissenschaften bezieht. Vielmehr ist die Tragweite dieses Prinzips von einer so allgemeinen Struktur, dass alle Wissensbereiche davon betroffen sind. Aus diesem Grund ist zwangsläufig danach zu fragen, wie sich der Anspruch, der mit diesem Prinzip verbunden ist, auf andere Wissenschaften, und hier insbesondere auf die Theologie, auswirkt. Man würde die Reichweite dieses Problems unterschätzen, hielte man es nur für ein innertheologisches. Denn es steht nicht nur der Wissenschaftscharakter der Theologie auf dem Prüfstand, sondern auch der Fundierungsanspruch des ersten Prinzips, der nach den Annahmen des Franciscus innerhalb der Wissenschaft der Metaphysik eingelöst wird. Wenn sich nämlich herausstellen sollte, dass das erste Prinzip nicht auf die Theologie anwendbar ist, scheidet der Gegenstandsbereich dieser Wissenschaft aus dem durch die Metaphysik in den Prinzipien Fundierbaren aus. Das bedeutet, dass weder die Metaphysik noch eine andere Wissenschaft berechtigterweise als grundlegende und einheitsstiftende Wissenschaft verstanden werden können. Entweder würde damit der

---

[192]   Vgl. unten Kap. 9 § 2-2.4.3.

Gegenstand der Theologie aus dem Bereich des Wissbaren herausfallen, oder das, was Wissen ist und worauf es sich bezieht, würde in nicht vereinbare Teilbereiche auseinanderfallen. Eine letzte Einheit der wissbaren Gegenstände und der entsprechenden Begriffe und Prinzipien würde damit an einem nicht einlösbaren Anspruch zerbrechen.

Mayronis geht bei seiner Untersuchung des Problems so vor, dass er zunächst das Verhältnis der Theologie hinsichtlich des ersten Teils des ersten zusammengesetzten Prinzips zum Gegenstand macht. In einem nächsten Schritt wird dann im Besonderen die Anwendung des zweiten Teils auf die Theologie thematisiert.[193]

3.1 DIE ANWENDUNG DES SATZES VOM AUSGESCHLOSSENEN DRITTEN AUF DIE THEOLOGIE

Insgesamt sind es vier Schlussfolgerungen, die die mögliche Anwendung des ersten Prinzips thematisieren. Der Ausgangspunkt ist hierbei die Feststellung, dass im Bereich des Kreatürlichen der Satz vom ausgeschlossenen Dritten seine Anwendung findet, denn überall da, wo wir Schlussfolgerungen ziehen, setzen wir die Prinzipien, aus denen diese folgen, bereits voraus. Sätze wie dass das Geschaffene entweder notwendig ist oder nicht, bzw. kontingent ist oder nicht, gehören zu den offensichtlichen Deduktionen, die wir hinsichtlich des Kreatürlichen vornehmen. Die konkrete Deduktion solcher Disjunktionen setzt aber das Prinzip, nach welchem die Struktur jeder Disjunktion gebildet wird, voraus. Denn nur da, so das Argument des Franciscus, wo das Frühere, nämlich das Prinzip ist, da ist auch das Spätere, nämlich die Ableitung, die dieses Prinzip voraussetzt.[194]

Die gleiche Argumentationsstruktur belegt in einem nächsten Schritt, dass auch hinsichtlich des eigentlichen Gegenstandes der Theologie, nämlich in Bezug auf Gott, das erste Prinzip gilt. Denn eine Aussage, dass Gott entweder ewig oder nicht ewig ist, gehört zu den unumstrittenen Wahrheiten, deren wir diesbezüglich gewiss sind. Diese Wahrheit, die in diesem disjunktiven Urteil enthalten ist, setzt aber ein allgemeines Prinzip der Disjunktion, nämlich den Satz vom ausgeschlossenen Dritten bereits voraus.[195]

---

[193] Zur folgenden Diskussion des Verhältnisses von Theologie und Widerspruchsgesetz vgl. ROTH, B., Franz von Mayronis, 298-303.

[194] Prima est quod illud principium vel eius veritas invenitur formaliter in creaturis. Hoc probatur quia ubicumque fuerit conclusio deducta ex primo principio ibi invenitur primum principium; sed in creaturis invenitur hoc, ergo etc. Maior patet quia in essentialiter ordinatis ubi est posterius ibi est prius, sed conclusio est posterior primo principio quia est effectus eius. Minor probatur, nam ista est vera in creaturis „creatura est necessaria vel non necessaria, contingens vel non continges." Istae conclusiones deducuntur ex primo principio. FRANCISCUS DE MAYRONIS, Conflatus, Prol. q. 1 (Ed. Venetiis 1520), f. 2vb O-P.

[195] Secunda conclusio quod veritas illius principii formaliter invenitur et tenet in deo. Quia ubi conclusio, ibi principium sicut prius necessario in deo invenitur veritas istius, scilicet quod

Wie diese beiden Argumente deutlich machen, vertritt Mayronis eine grundsätzliche Entscheidung, wonach die Struktur unseres Wissens hinsichtlich des Kreatürlichen und hinsichtlich des Göttlichen einheitlich ist. Denn mit dem gleichen Argument, mit dem Franciscus ein disjunktives Urteil, das das Geschaffene zum Gegenstand hat, auf ein erstes Prinzip zurückführt, geschieht dies auch hinsichtlich des Göttlichen. Dies setzt aber implizit voraus, dass unser Wissen in beiden Fällen eine einheitliche Struktur hat und nicht je nach Gegenstandsbereich jeweils anderen Gesetzen unterliegt. Die damit verbundene Annahme der Einheit unseres Wissens wendet das wissenschaftstheoretische Programm, das der erste Teil der ersten Frage des Prologs entworfen hat, auf die Wissenschaft der Theologie und ihren spezifischen Gegenstand an. Die weiteren Konsequenzen, die sich aus dieser Unterstellung ergeben, werden von Mayronis in der sich anschließenden Erörterung diskutiert.

Wenn es also zutrifft, dass dasselbe Prinzip sowohl dem Wissen des Geschaffenen als auch dem des Nichtgeschaffenen zugrunde liegt, dann muss dieses Prinzip auch aufgrund desselben Begriffs (sub eadem ratione) bei beiden gelten.[196] D.h. die Einheit des gemeinsamen Prinzips impliziert die Einheit des gemeinsamen Begriffs. Wenn in diesem Zusammenhang von Einheit gesprochen wird, dann ist damit eine Einheit im Sinne der Vereinbarkeit (compossibilitas) gemeint. Hieraus folgt, dass die Annahme, das erste Prinzip gelte sowohl vom Geschaffenen als auch vom Nichtgeschaffenen, die Konsequenz nach sich zieht, dass in beiden Fällen ein im oben genannten Sinne einheitlicher Begriff dem Subjektterminus des Prinzips zugrunde liegt. Die Formulierung „de quolibet" bzw. „de quolibet ente", wie sie das Prinzip enthält, kann also nur auf einen Begriff angewendet werden, der in sich nicht widersprüchlich ist. Unabhängig davon, um welches Seiende es im Einzelnen geht, von dem eine solche disjunktive Struktur ausgesagt wird, muss in jedem Fall diese innere Vereinbarkeit gegeben sein, die es erlaubt den Allquantor „de quolibet" auf einen bestimmten Subjektterminus anzuwenden. Wenn also nach dem gleichen Gesetz einerseits gilt: „Das Geschaffene ist entweder notwendig oder nicht notwendig" und andererseits gilt: „Gott ist entweder ewig oder nicht ewig", dann muss die Anwendung dieses Gesetzes aufgrund eines gemeinsamen Begriffsgehaltes erfolgen, der sowohl mit dem Subjekt „creatura" als auch mit dem Subjekt „deus" kompatibel ist. Dieser Minimalgehalt ist bei jeder Anwendung des Prinzips, auf endliches oder unendliches Seiendes, immer derselbe. Das ist der Hintergrund für den Beweis, den Franciscus für seine These von einem identischen Begriff, der der Anwendung des Prinzips zugrunde liegt, gibt.

---

deus est aeternus vel non aeternus, quae sunt conclusiones primi principii, ergo etc. FRANCISCUS DE MAYRONIS, Conflatus, Prol. q. 1 (Ed. Venetiis 1520), f. 2vb P.

[196]   Tertia conclusio est quod sub eadem rationem invenitur in deo et in creaturis. FRANCISCUS DE MAYRONIS, Conflatus, Prol. q. 1 (Ed. Venetiis 1520), f. 2vb P.

Im Zentrum des Argumentes steht deshalb das Verhältnis eines Satzes zu seinem Subjektterminus: Ein wahrer Satz setzt nämlich immer voraus, dass das Subjekt in sich nicht widersprüchlich ist, wie das etwa der Fall ist, wenn man eine Aussage über das Subjekt „nichtvernunftbegabter Mensch" machen wollte. Die innere Widersprüchlichkeit dieses Subjektes würde die Wahrheit jeder weiteren Prädikation verhindern. Diese Annahme, so das Argument, gilt auch für den Satz „deus est aeternus vel non aeternus" und damit für das zugrundeliegende Prinzip „de quolibet ente affirmatio vel negatio vera".[197] Um die Anwendung des allgemeinen Prinzips auf den Satz „deus est aeternus vel non aeternus" erklären zu können, sind zwei Fälle vorstellbar: Zum einen wird das Subjekt „de quolibet" dadurch spezifiziert, dass es auf einen allgemeinen oder einen singulären Begriff angewendet wird – Mayronis spricht von der Hinzufügung zu seinem Begriff. Die Anwendung auf einen allgemeinen Begriff würde das für den Beweis gewünschte Ergebnis liefern, denn ein solcher allgemeiner Begriff würde nicht nur von Gott, sondern auch von anderem, nämlich vom Geschaffenen ausgesagt, so dass der Nachweis eines einheitlichen, weil gemeinsamen Begriffs gegeben wäre.[198] Der andere Fall einer Anwendung auf einen partikulären und singulären Terminus ist aber tatsächlich auszuschließen, wie Mayronis zeigt, denn der Ausdruck „de quolibet" ist nicht mit einem singulären Teminus – wie dies etwa der Name „Sokrates" darstellt – unvereinbar. Denn der Ausdruck „jeder Sokrates" ist in sich nicht möglich, da er unvereinbare Begriffsgehalte kombiniert und kann deshalb nicht als Subjektterminus irgendeines wahren Satzes fungieren.[199]

Als Konsequenz aus dieser Erörterung ergibt sich, dass die allgemeine Anwendbarkeit des ersten Prinzips und damit die Möglichkeit, überhaupt Urteile fällen zu können, davon abhängt, dass ein mögliches Subjekt einer Aussage einen allgemeinen Begriffsgehalt einschließt. Denn nur insofern dies zutrifft, lässt sich ein bestimmtes Urteil als Anwendungsfall des allgemeinen Prinzips vom ausgeschlossenen Dritten interpretieren. Auf die von Mayronis diskutierten Beispiele bezogen kann man deshalb ergänzend und weiteres vorwegnehmend feststellen, dass die beiden Sätze „deus est aeternus vel non aeternus" und „creatura est necessaria vel non necessaria, contingens vel non

---

[197] Hoc probatur quia propositio cuius subiectum includit incompossibilia non potest esse vera. Nulla enim propositio vera potest formari de homine irrationali; sed propositio istius conclusionis „deus est aeternus vel non aeternus" necessario includit istam „de quolibet affirmatio vel negatio est vera". FRANCISCUS DE MAYRONIS, Conflatus, Prol. q. 1 (Ed. Venetiis 1520), f. 2vb P.

[198] Tunc sic: aut istud signum ‚de quolibet' additur termino universali, et sic habetur propositum quia istud non dicitur solum de deo sed de alio. FRANCISCUS DE MAYRONIS, Conflatus, Prol. q. 1 (Ed. Venetiis 1520), f. 2vb P.

[199] Si termino particulari et singulari, tunc includit incompossibilia, sicut quando dicitur ‚omnis Socrates'. Signum enim universale repugnat singulari et particulari. Ergo ex ea nihil sequitur, quod est falsum. FRANCISCUS DE MAYRONIS, Conflatus, Prol. q. 1 (Ed. Venetiis 1520), f. 2vb P.

continges" nur dadurch auf das erste Prinzip zurückgeführt werden können, dass ihre jeweiligen Subjekttermini, „deus" und „creatura", einen Begriffsgehalt implizieren, der sie als Instantiierungen der Klasse aller Seienden ausweist. Denn nur insofern Gott und Kreatur Seiendes sind, gilt von ihnen nach den von Franciscus formulierten Voraussetzungen, dass ein Prädikat von ihnen entweder bejahend oder verneinend ausgesagt wird. Das bedeutet in letzter Konsequenz, dass Urteile nur über solche Gegenstände gefällt werden können, die durch einen Begriff erfasst werden, der den des Seienden mit einschließt.

Die Anwendbarkeit des ersten Prinzips auf Gott und Kreatur ergibt sich aber auch aus der Einheit möglicher Prädikatbegriffe. So zieht die Tatsache, dass die Disjunktion „ewig oder nicht-ewig" sowohl von Gott als auch vom Geschaffenen prädizierbar ist, da beide unter demselben formalen Begriff erfasst werden können, die Konsequenz nach sich, dass auch das erste Prinzip von beiden gilt. Diese Disjunktion ist deshalb aussagbar, weil Gott und Kreatur in ein und demselben formalen Begriff übereinkommen. Fügt man diesem formalen Subjektbegriff, so das Argument, das Zeichen (signum) – gemeint ist der Ausdruck „de quolibet" – hinzu, ist offensichtlich, dass von beiden das erste zusammengesetzte Prinzip gilt. Das ist der Fall, insofern beide durch denselben, durch Hinzufügung verallgemeinerbaren, formalen Begriff erfasst werden.[200]

Dass jede Disjunktion als solche von Gott und dem Geschaffenen aussagbar ist, und damit das Prädikat des ersten Zusammengesetzten Prinzips von diesen aussagbar ist, zusammen mit der Annahme, dass im ersten Prinzip das Prädikat dem Subjekt angemessen ist, führt zu dem Schluss, dass auch das Subjekt von diesen ausgesagt wird. Insofern nämlich Gott und Kreatur durch einen gemeinsamen Begriffsgehalt erfasst werden, werden sie durch eben jenen Gehalt erfasst, der dem Subjektterminus des ersten Prinzips entspricht. Damit stimmen in dieser formalen Abstraktion sowohl Subjekt als auch Prädikat überein, so dass man folgerichtig zugeben muss, dass das erste Prinzip aufgrund dieser formalen Übereinstimmung auf das Geschaffene und auf Gott anwendbar ist.[201]

Diese Annahme, dass das erste Prinzip aufgrund desselben formalen Gehaltes in Bezug auf Gott und auf das Geschaffene seine Geltung hat, folgt,

---

200 Praeterea: Quandocumque termini sub eadem ratione formali se extendunt ad aliqua, et principium complexum ex illis constitutum. Sed affirmatio et negatio, utpote aeternum et non-aeternum, sub disiunctione accepta dicuntur de deo et de creatua et per consequens subiectum cui additur signum. Sequitur ergo quod principium complexum dicetur de illis, hoc est primum principium, ergo etc. FRANCISCUS DE MAYRONIS, Conflatus, Prol. q. 1 (Ed. Venetiis 1520), f. 2vb P-Q.

201 Confirmatur: Praedicatum primi principii est subiecto adaequatum; sed omnis affirmatio vel negatio sub disiunctione dicta de deo, dicitur de creatura, igitur et subiectum. Sed ubi praedicatum et subiectum idem, ibi propositio et eadem. Igitur primum principium complexum idem invenitur in deo et in creatura. FRANCISCUS DE MAYRONIS, Conflatus, Prol. q. 1 (Ed. Venetiis 1520), f. 2vb Q.

so lautet die letzte Schlussfolgerung, die Mayronis hinsichtlich der Anwendung des Satzes vom ausgeschlossenen Dritten auf die Theologie zieht, dass es sich konsequenterweise auch um ein und dasselbe handelt, was hinsichtlich beider seine Anwendung findet. Überall da nämlich, wo ein Prädikat ausgesagt wird, wird auch die Disjunktion, die dieses Prädikat in affirmativer und negativer Hinsicht enthält, prädiziert. Dies gilt sowohl bei sehr speziellen Prädikaten wie „weiß" oder „nicht-weiß", gilt aber auch von ganz allgemeinen Aussagen. Das erste Prinzip enthält aber die allgemeinste Disjunktion, so ist zu ergänzen, und so ist diese überall da als solche aussagbar, wo ein Teil dieser Disjunktion allein prädizierbar ist. Als Disjunktion ist also dasselbe von Gott und Kreatur aussagbar, auch wenn die Möglichkeit, ein einziges Disjunktionsglied allein auszusagen, jeweils unterschiedlich ist. Das erste zusammengesetzte Prinzip gilt also, so ist die Diskussion zusammenzufassen, in ein und demselben Sinn, sowohl bei Aussagen, die hinsichtlich des Geschaffenen als auch bei solchen, die hinsichtlich des Ungeschaffenen gemacht werden.[202]

3.2 Die Anwendung des Widerspruchsprinzips auf die Theologie

Während es offensichtlich keine größeren Probleme gibt, den Satz vom ausgeschlossenen Dritten auf die Theologie anzuwenden, ist die Applikation des Widerspruchsprinzips mit sehr viel mehr Schwierigkeiten behaftet. Die These, dass jeweils ein Prädikat eines kontradiktorischen disjunktiven Begriffspaares von Gott ausgesagt wird, bereitet weniger Probleme als die Annahme, dass es nicht beide Begriffe gleichzeitig sein können, die von Gott prädiziert werden. Gegen die Anwendung des Widerspruchsprinzips auf Gott scheint nämlich zunächst zu sprechen, dass aufgrund der Unendlichkeit des göttlichen Wesens durchaus sich widersprechende Bestimmungen von Gott als dem Subjekt einer solchen Aussage prädiziert werden können. So scheint es mit dem göttlichen Wesen durchaus vereinbar, dass es gleichzeitig als mitteilbar und nicht-mitteilbar (communicabile et incommunicabile) bezeichnet wird. Zudem entspricht es einer allgemeinen Auffassung der Theologen, dass Gott etwas zugesprochen wird, was dann unter einem distinkten Begriff abgesprochen wird.[203] Im ersten Fall ist es also die Unendlichkeit des göttlichen

---

202   Quarta conclusio sequitur ex tertia. Ex quo enim „sub eadem ratione formali" deducitur quod unum et idem invenitur in deo et in creatura. Confirmatur quia de quocumque verificatur una pars contradictionis, ambae partes sub disiunctione. Sed cuiuscumque contradictionis, quantumcumque particularis – utpote album et non-album – sive quantumcumque universalis, altera verificatur de deo et similiter de creatura. Ergo utraque sub disiunctione accepta de deo et creatura verificatur. Et sic patet quod primum principium in eis invenitur idem. FRANCISCUS DE MAYRONIS, Conflatus, Prol. q. 1 (Ed. Venetiis 1520), f. 2vb Q – 3ra A.

203   Secundo videndum est de secunda regula, scilicet quod impossibile est contradictoria simul verificari de eodem, quae sequitur ex secunda parte primi principii quae est negativa de praedicato copulato, scilicet ,de nullo ambo simul'. Et quantum ad hoc dicendum est quod aliqui dixerunt istud principium non tenere in divinis propter infinitatem terminorum.

Wesens, im zweiten die Anwendung eines Prädikates unter einem distinkten Begriff, was die Anwendung des Widerspruchsprinzips in der Theologie aufzuheben scheint.

Von den vier Argumenten, die Mayronis zur Widerlegung dieser Einwände vorbringt, sind vor allem zwei von einem allgemeinen Interesse. Gegen die Annahme, aufgrund der Unendlichkeit Gottes würde die Widersprüchlichkeit kontradiktorischer Prädikate aufgehoben, spricht vor allem, dass in der Konsequenz dieser These nicht nur eine Widersprüchlichkeit in einer gewissen Hinsicht, sondern jegliche Möglichkeit, einen Widerspruch festzustellen, aufgehoben würde. Was auf den ersten Blick eine angemessene theologische Auffassung zu sein scheint, nämlich dass Gott als mitteilbar und gleichzeitig nicht-mitteilbar zu begreifen ist, führt zu einer Infragestellung der gesamten Theologie, wollte man eine solche Aussage auf eine grundsätzliche Aufhebung des Widerspruchsprinzips zurückführen. Wäre dies nämlich der Fall, so müsste man auch Aussagen, wie die, dass Gott ewig und nicht-ewig, endlich und unendlich ist, zulassen, was dann aber die Unmöglichkeit, sich gegen häretische Auffassungen abzugrenzen, nach sich ziehen würde.[204] Eine Theologie, die nicht beliebige, sondern bestimmte Inhalte aussagt, muss notwendig das Widerspruchsprinzip voraussetzen, weil eine bestimmte Aussage zu machen, immer impliziert, dass die gegenteilige Annahme ausgeschlossen wird.

Der zweite Einwand, das Widerspruchsprinzip gelte deshalb nicht in der Theologie, weil die von Gott ausgesagten Attribute unter einem anderen Begriff verneint werden können, widerspricht der Grundannahme dessen, was ein Begriff ist. Was nämlich von einem beliebigen Subjekt ausgesagt wird und mit einer anderen Bestimmung, die von diesem Subjekt gilt, unvereinbar ist, bleibt als solches unvereinbar.[205] Wenn formale Begriffe, d.h. washeitliche Inhalte, miteinander unvereinbar sind, sind sie das unabhängig davon, von welchem Subjekt sie jeweils als Prädikate ausgesagt werden. Wie dieses Argument deutlich macht, geht Mayronis von einer grundsätzlichen Priorität des Begriffs vor dem Urteil aus. Die inhaltliche Bestimmung eines Begriffs

---

Propter enim infinitatem essentiae potest esse idem communicabile et incommunicabile. Et confirmatur per dictum Dionysii ad principale adductum De mystica theologia, capitulo primo, ubi dicit quod „qui recte de deo sentiunt etc." Et addit quod istae affirmationes illis negationibus non sunt contrariae. Secundo per illud commune dictum quod eidem omnino attribuitur aliquid et removetur distincta ratione. FRANCISCUS DE MAYRONIS, Conflatus, Prol. q. 1 (Ed. Venetiis 1520), f. 3ra A.

[204] Quia si infinitas subiecti amovet aliquam repugnantiam, tunc eodem modo et omnem. Et sic deum esse aeternum et non-aeternum non repugnant, similiter deum esse infinitum et non-infinitum; et sic nullus haereticus convinceretur concedendo utramque partem contradictionis. FRANCISCUS DE MAYRONIS, Conflatus, Prol. q. 1 (Ed. Venetiis 1520), f. 3ra C.

[205] Quaecumque secundum suas rationes formales sunt incompossibilia remanentibus eorum rationibus remanet incompossibilitas eorum ad quodcumque subiectum applicentur. Extrema autem contradictionis ex suis rationibus formalibus sunt incompossibilia, ergo ad quodcumque applicentur, remanet incompossibilitas eorum. FRANCISCUS DE MAYRONIS, Conflatus, Prol. q. 1 (Ed. Venetiis 1520), f. 3ra B.

besteht unabhängig von der Verwendung dieses Begriffs im Satz. Die Geltung des Widerspruchsprinzips rekurriert letztlich auf die formale Bestimmung im Begriff und kann deshalb nicht aufgrund der Anwendung im Urteil, d.h. aufgrund der Tatsache, dass ein Begriff von einem bestimmten Subjekt ausgesagt wird, in Frage gestellt werden. Das Widerspruchsprinzip beruht, wie Mayronis abschließend feststellt, auf der Widersprüchlichkeit von Gehalten, die aufgrund der Natur der Sache – ex natura rei – besteht, und die weder durch die Anwendung auf ein unendliches Subjekt noch eine nur begriffliche, nicht wirklich sachhaltige Unterscheidung der Prädikate aufgehoben wird.[206] Aus diesem Grund ist die Geltung des Widerspruchsprinzips in der Theologie nur dadurch zu gewährleisten, dass es ein sachhaltiges Fundament in der Unvereinbarkeit begrifflicher Gehalte hat.[207]

---

[206] Apparet igitur quod propter infinitatem et distinctionem rationis non potest salvari contradictio quae in deo reperitur, cum ibi contradictio ex natura rei reperiatur. FRANCISCUS DE MAYRONIS, Conflatus, Prol. q. 1 (Ed. Venetiis 1520), f. 3ra C.

[207] Hierzu auch vgl. ROTH, B., Franz von Mayronis und der Augustinismus seiner Zeit, in: Franziskanische Studien 22 (1935), 44-75, 72-73.

Drittes Kapitel

Distinctio formalis

1 DER UNMITTELBARE HISTORISCHE HINTERGRUND DER DISKUSSION UM DIE DISTINCTIO FORMALIS

Wie die bisherige Erörterung des primum principium complexum deutlich macht, kommt diesem metaphysischen Prinzip eine für alle anderen Wissenschaften und damit auch für die Theologie maßgebliche Fundierungsfunktion zu. Der Grund, warum sich dieses Prinzip auf alle Wissensbereiche erstreckt, besteht letztlich darin, dass es die Struktur aller Urteile widerspiegelt, unabhängig davon, worauf sich diese im Einzelnen beziehen. Die damit verbundene Allgemeingültigkeit resultiert wiederum aus den begrifflichen Voraussetzungen, die zu beachten sind, damit es sich tatsächlich um Urteile im engeren Sinne handelt. Nur wenn Subjekt- und Prädikatbegriffe unter Wahrung ihres je eigenen formalen Gehaltes und damit unter Wahrung ihrer wechselseitigen Unterschiedenheit im Satz verbunden werden, handelt es sich tatsächlich um Urteile im engeren Sinne. Werden sich widersprechende Prädikate von ein und demselben Subjekt ausgesagt, kann dies nicht unter Wahrung der Einheit des formalen Gehaltes eines Begriffs geschehen. Denn die begriffliche Einheit eines Terminus geht letztlich auf einen Sachgehalt zurück, der ein natürliches Fundament hat und nicht dem Belieben der Zeichenverwendung unterworfen ist.

Entsprechend dem zu Beginn des Prologs entworfenen Programm unternimmt Franciscus im zweiten Teil der ersten Frage eine Verteidigung des ersten zusammengesetzten Prinzips. Diese Verteidigung richtet sich zunächst gegen die Angriffe, die die Grundlegung des ersten zusammengesetzten Prinzips selbst betreffen. Sie ist nämlich gegen den Versuch gerichtet, das Fundament dieses Prinzips, das in der sachhaltigen Natur der Termini, also ihren begrifflichen Gehalten besteht, in Frage zu stellen. Damit ist die argumentationslogische Bedeutung der folgenden Auseinandersetzung klar umrissen.[208] Da das erste Prinzip als Grundlage jedes weiteren Wissens in einer sachhaltigen Natur verankert ist, impliziert eine Infragestellung dieser sachhaltigen Natur aus Sicht des Franciscus einen Angriff auf die Grundlagen jeglicher Wissenschaft. Nach den Voraussetzungen, die Franciscus im ersten Teil der

---

[208] Vgl. ROßMANN, H., Die Sentenzenkommentare des Franz von Meyronnes OFM, in: Franziskanische Studien 53, 2-3 (1971), 129-227, 157ff.

ersten Frage des Prologs entwickelt, kann das erste Prinzip keine Geltung haben, ohne dass es ein Fundament in einer sachhaltigen begrifflichen Unterschiedenheit hat. Mit dem Geltungsanspruch des ersten Prinzips ist also in der Perspektive, die Mayronis entwickelt, notwendig eine Anerkennung der scotischen Lehre von der distinctio formalis, also von der Nichtidentität formaler Begriffsgehalte verbunden.[209]

Der Ausgangspunkt der Verteidigung sind die Einwendungen eines herausragenden Kollegen (socius excellens), wie sich Franciscus ausdrückt. Dieser socius ist vermutlich nicht Petrus Rogerii,[210] mit dem Mayronis in den Jahren 1320-21, während er in Paris über die Sentenzen liest, an einer gemeinsamen disputatio collativa teilnimmt.[211] Dies legt zwar eine Randbemerkung des Mauritius de Portu nahe, der an dieser Stelle auf Petrus Rogerii und Hervaeus Natalis verweist,[212] doch stimmt die im Folgenden diskutierte Auffassung nicht mit der von Petrus Rogerii überein, die Franciscus in der *Disputatio collativa* thematisiert.

---

[209] Zur Theorie der distinctio formalis vgl. JANSEN, B., Beiträge zur geschichtlichen Entwicklung der distinctio formalis, in: Zeitschrift für katholische Theologie 53 (1929), 317-344, 517-544; POPPI, A., Il contributo dei formalisti Padovani al problema delle distinzioni, in: Problemi e figure della Scuola scotista del santo (Pubblicazioni della provincia Patavani dei fratri Minori conventuali 5), Padova 1966, 601-790; HÜBENER, W., Robertus Anglicus OFM und die formalistische Tradition, in: Philosophie im Mittelalter. Entwicklungslinien und Paradigmen, Beckmann J.P., Honnefelder L., Schrimpf G., Wieland G. (Hg.), Hamburg 1987, 329-353; GRAJEWSKI, M.J., The Formal Distinction of Duns Scotus. A Study in Metaphysics, Washington 1944; WOLTER, A.B., The Formal Distinction, in: John Duns Scotus, 1265-1965, Ryan J.K., Bonansea B.M. (Hg.) (Studies in Philosophy and the History of Philosophy 3), Washington 1965, 45-60; WÖLFEL, E., Seinsstruktur und Trinitätsproblem. Untersuchungen zur Grundlegung der natürlichen Theologie bei Johannes Duns Scotus (Beiträge zur Geschichte der Philosophie und Theologie des Mittelalters 40.5), Münster 1965, 1-80. Zur scotistischen Weiterentwicklung dieser Lehre vgl. BRIDGES, G.G., Identity and Distinction in Petrus Thomae, O.F.M., Louvain/Paderborn 1959; NOONE, T.B., La distinction formelle dans l'école scotiste, in: Revue des sciences philosophiques et théologiques 83 (1999), 53-72; DERS., Alnwick on the Origin, Nature, and Function of the Formal Distinction, in: Franciscan Studies 53 (1993), 231-261, 231-245. Zur Lehre von der distinctio formalis bei Franciscus de Mayronis vgl. ROTH, B., Franz von Mayronis O.F.M. Sein Leben, seine Werke, seine Lehre vom Formalunterschied in Gott (Franziskanische Forschungen III), Werl 1936, 283-550.

[210] Vgl. MAIER, A., Der literarische Nachlaß des Petrus Rogerii (Clemes VI.) in der Borghesiana, Recherches de Théologie Ancienne et Médiévale 15 (1948), 332-356; 16 (1949), 73-98, 15, 344.

[211] Zu den Einzelheiten dieser Auseinandersetzung vgl. BARBET, J., François de Meyronnes – Pierre Roger, *Disputatio* (1320-1321) (Textes Philosophiques du Moyen Âge 10), Paris 1961, 11-33.

[212] Vgl. FRANCISCUS DE MAYRONIS, Conflatus, Prol. q. 1 (Ed. Venetiis 1520), f. 3ra C (*in marg.*).

1.1 Zum Verhältnis von Conflatus und Disputatio collativa

Petrus Rogerii hat eine weitaus radikalere Position vertreten als diejenige, die Franciscus im *Conflatus* zum Gegenstand macht. Der socius der disputatio, Petrus Rogerii, vertritt nach Mayronis, wie aus der Replik innerhalb der *Disputatio* deutlich wird, die These, dass das Widerspruchsprinzip grundsätzlich weder auf Gott noch auf die geschaffene Natur angewendet werden kann. Franciscus unterscheidet in der *Disputatio* vier verschiedene Möglichkeiten, die Anwendung des Widerspruchsprinzips in Bezug auf Gott und das Geschaffene näher zu bestimmen. Die erste Möglichkeit sieht eine Anwendung auf Gott und die Kreatur vor; die zweite eine Anwendung nur auf Gott; die dritte eine Anwendung nur auf das Geschaffene; und schließlich besteht die vierte Möglichkeit darin, das Widerspruchsprinzip weder auf Gott noch auf das Geschaffene anzuwenden.[213] Gerade diese zuletzt genannte Interpretation der Anwendbarkeit des Widerspruchsprinzips vertritt Petrus Rogerii.[214]

Wie der von J. Barbet edierte Text der *Disputatio collativa* deutlich macht, ist die Lehre von der Formaldistinktion zwar ein, wenn nicht der zentrale Punkt, der die unterschiedlichen Grundausrichtungen der streitenden Parteien deutlich werden lässt. Zudem betont Petrus Rogerii, den Mayronis in seinen Repliken wiederholt als socius bezeichnet, an verschiedenen Stellen dieser *Disputatio* seine ablehnende Haltung gegenüber der Anwendung der Formaldistinktion in der Theologie. Doch ist seine Haltung gegenüber der Geltung des Widerspruchsgesetzes ungleich radikaler als die im *Conflatus* angesprochene Lehre. In einem der *Disputatio* gegenüber moderaten Sinne vertritt der im Prolog zitierte socius die Auffassung, auch ohne die Voraussetzung einer distinctio ex natura rei könne das Widerspruchsprinzip in der Theologie beibehalten werden.[215]

Das klassische Problem, an dem die Anwendung des Widerspruchsprinzips auf die göttliche Trinität diskutiert wird, kommt dadurch zustande, dass

---

[213]   Propterea est hic attendendum quod circa primum principium complexum extitit quadrupliciter opinatum. Primo quidem fuerunt aliqui qui dixerunt istud principium esse verum et incalumniabile, tam in [divinis] quam [in] creaturis, quia est per se notissimum et ipso interempto non contingit aliquid scire. Alii fuerunt qui posuerunt ipsum verum in divinis autem nulla est mutatio. Alii fuerunt qui istud principium concesserunt in creatis sed non in divinis propter illimitationem terminorum, pro eo quod non possunt solvere aliquas rationes ex ipso deductas circa divina. Franciscus de Mayronis, Disputatio collativa, ed. J. Barbet, in: Barbet, J., François de Meyronnes – Pierre Roger, 136 n. 176.

[214]   Ista autem est quarta opinio socii nostri qui negat primum principium non solum in divinis sed etiam in creaturis, quod nondum fuerat adtentatum, cum secunda pars primi principii sit quod non convenit idem simul affirmare et negare de eodem. Iste autem modus destruit omnem disputationem et inquisitionem, si negetur primum principium, quia in essentialiter ordinatis, sublato primo, impossibile est aliquod aliorum remanere. Franciscus de Mayronis, Disputatio collativa, ed. J. Barbet, in: Barbet, J., François de Meyronnes – Pierre Roger, 136 n. 176.

[215]   Sed tamen unus socius excellens volens principium salvare sine distinctione ex natura rei aliter dicit. Franciscus de Mayronis, Conflatus, Prol. q. 1 (Ed. Venetiis 1520), f. 3ra C.

man in quasi-syllogistischer Manier die Annahmen kombiniert, dass das göttliche Wesen der Vater ist und das göttliche Wesen der Sohn ist. Beide Feststellungen zusammen führen zu der Schlussfolgerung, dass Vater und Sohn dasselbe sind, was aber mit der grundlegenden Annahme, dass Vater und Sohn zwei unterschiedliche Personen sind, also nicht dasselbe sein können, einen Widerspruch impliziert.[216] Der socius der gegenwärtigen Diskussion behauptet, die grundsätzliche Geltung des Widerspruchsprinzips auch in der Anwendung auf die innertrinitarischen Verhältnisse beibehalten zu können, ohne den drohenden Widerspruch durch eine Unterscheidung von Wesen und Person im Sinne einer distinctio ex natura rei zu vermeiden. Dies werde etwa dadurch offensichtlich, so führt der socius zur Erläuterung seiner Position an, dass auch das aktive Hervorbringen und die passive Aufnahme einer Handlung real dieselbe Bewegung darstellen, dennoch aber begrifflich unterschieden seien, da sie in unterschiedlichen Kategorien – einmal im Sinne der actio, einmal im Sinne der passio – erfasst würden.[217] Desgleichen seien Wesen und Relation eine einzige Sache, was dem nicht entgegensteht, dass beide unterschiedliche Definitionen haben, was als Grundlage des Widerspruchsprinzips hinreichend sei.[218]

Wenn aufgrund der doktrinellen Divergenz zwischen *Conflatus* und *Disputatio* Petrus Rogerii nicht als der im *Conflatus* zitierte socius in Frage kommt, stellt sich die Frage, mit wem sich Mayronis denn dann im *Conflatus* auseinandersetzt. Der Codex Vat. lat. 894 hat an dieser Stelle des *Conflatus* einen von späterer Hand am Rand eingefügten Verweis, der sich vermutlich auf Wilhelm von Ockham bezieht (nota contra excellentem okan),[219] doch ist es unwahrscheinlich, dass Franciscus an dieser Stelle explizit auf Ockham verweist und diesen als excellens socius bezeichnet. Der Ausdruck „socius" bezeichnet im engeren Sinne den Kollegen, der entweder den gleichen akademischen Rang besitzt – also z.B. denjenigen, der gleichzeitig als Bakalaureus die Sentenzen liest, – oder der Ausdruck bezieht sich auf denjenigen, der in einer untergeordneten Funktion tätig ist – also z.B. den Assistenten, der einem Lehrer mit einem übergeordneten Rang zuarbeitet.[220] Diese Formulie-

---

[216] Stellvertretend sei z.B. auf Heinrich von Harclay verwiesen. Vgl. HEINRICH VON HARCLAY, Utrum pater filius et spiritus sanctus sint unum principium respectu creaturae vel tria, ed. M. G. Henninger, in: HENNIGER, M.G., Henry of Harclay on the Formal Distinction in the Trinity, Franciscan Studies 41 (1981), 250-335, 280-335, 286-288, n. 13-14.

[217] Dicit enim quod sicut actio et passio sunt idem motus realiter et tamen, cum sint in praedicamentis diversis, habent diversas rationes diffinitivas. FRANCISCUS DE MAYRONIS, Conflatus, Prol. q. 1 (Ed. Venetiis 1520), f. 3ra C.

[218] Et sic cum relatio non differat a fundamento, sequitur quod similitudo et dissimilitudo sunt res unius albedinis habentes tamen diffinitiones tamquam distinctae species de praedicamento relationis. Et sic potest dici quod essentia et relatio sunt una res. Hoc tamen non obstante habent distinctas diffinitiones ex quo salvatur contradictio. FRANCISCUS DE MAYRONIS, Conflatus, Prol. q. 1 (Ed. Venetiis 1520), f. 3ra C-D.

[219] Cod. Vat. lat. 894, f. 2ra (*in. marg.*)

[220] In diesem Sinne wird der Begriff zumindest an der Pariser Artistenfakultät im Jahre 1329 verstanden. Vgl. COURTENAY, W., The Arts Faculty at Paris in 1329, in: L'enseignement

rung scheint historisch wie auch sachlich in keiner Weise auf Ockham anwendbar zu sein.

Der Sache nach entsprechen die von Mayronis zitierten Thesen der Auffassung des Hervaeus Natalis, die dieser in seinem *Quodlibet* vertritt.[221] Die erste These findet sich in *Quodl.* VII, q. 13,[222] die zweite in *Quodl.* VII, q. 15.[223] Ob Mayronis sich tatsächlich auf Hervaeus bezieht, scheint allerdings durch die Anrede „socius" ausgeschlossen zu sein, da Hervaeus den Lehrstuhl für Theologie der Dominikaner in Paris in den Jahren 1307-1308 inne hatte.[224] Eine zeitliche Koinzidenz oder auch nur Nähe zum Wirken des Franciscus de Mayronis in Paris scheint also ausgeschlossen zu sein.

Es liegt nahe, dass der im *Conflatus* genannte socius identisch ist mit dem so bezeichneten socius, mit dem Mayronis offensichtlich neben der bekannten Disputation mit Petrus Rogerii eine weitere bestreitet. Wie A. Maier gezeigt hat, sind die von J. Barbet edierten Texte der *Disputatio collativa* nicht nur Zeugnis einer, sondern offensichtlich zweier unterschiedlicher Disputationen. Die ursprünglich durch Maier in ihrem Aufbau beschriebene Disputation, wie sie sich in Cod. Vat. Borgh. 39 findet, ist nicht vollständig überliefert, sondern weist offensichtliche Lücken auf.[225] J. Barbet glaubt mit Cod. Troyes, bibl. mun. 994 ein Dokument gefunden zu haben, das einige der in Cod. Vat. Borgh. 39 fehlenden Stücke enthält.[226] In der 1961 erschienenen Edition der

---

des disciplines à la Faculté des arts (Paris et Oxford, XIIIe-XVe siècles), Weijers O., Holtz L. (Hg.) (Studia Artistarum. Études sur la Faculté des Arts dans les Universités Médiévales 4), Turnhout 1997, 55-69, 56

[221] Zur Frage der Authentizität dieser Quodlibeta vgl. GLORIEUX, P., La littérature quodlibétique de 1260 a 1320 (Bibliothèque Thomiste 5), Kain 1925, 200-208; GLORIEUX, P., La littérature quodlibétique (Bibliothèque Thomiste 21), Paris 1935, 138-139; HÖDL, L., Die Quodlibeta Minora des Herveus Natalis, in: Münchener Theologische Zeitschrift 6 (1955), 215-229.

[222] Contra, actio et passio sunt unus motus, sed motus circa quem est actio et passio est una res, ergo etc. [...] Sic ergo est secunda opinio quae ponit quod actio et passio sint eadem res differens ratione, prout est actio et passio; et haec opinio ad nunc videtur mihi magis probabilis. Ad videndum quomodo una res secundum diversas rationes constituat diversa praedicamenta notandum est quod differt ponere aliqua duo esse diversas res rationis et ponere ea esse diversa ratione. HERVAEUS NATALIS, Quodlibeta VII, q. 13 (Ed. Venetiis 1513), f. 142va.

[223] Tertia opinio est quod relatio est idem cum suo fundamento, ita quod suo fundamento nihil addat nisi coexistentiam alicuius correspondentis. Ita quod secundum eos albedo secundum illud quod est in se et absolute est qualitas faciens suum subiectum quale, scilicet album, secundum vero quod habet correspondentem albedinem in alio est similitudo qua subiectum suum refertur ad alterum, sicut etiam idem est per essentiam superficies inquantum est terminus intrinsecus alicuius corporis et locus inquantum est ultimum continentis aliquid extrinsece; et haec opinio videtur mihi ad nunc magis probabilis. HERVAEUS NATALIS, Quodlibeta VII, q. 15 (Ed. Venetiis 1513), f. 143va. Vgl. PETRUS AUREOLI, In primum librum Sententiarum d. 30 a. 1 (Ed. Romae 1596), p. 663 aF-bC.

[224] Vgl. KAEPPELI, TH., Scriptores Ordinis Praedicatorum Medii Aevi, Vol. II, Rom 1975, 231.

[225] Vgl. MAIER, A., Der Literarische Nachlaß, 255-315.

[226] Vgl. BARBET, J., François de Meyronnes – Pierre Roger, 14-22.

Disputatio bietet J. Barbet einen Text , der die beiden Textzeugen zusammenfasst. Aufgrund struktureller und inhaltlicher Divergenzen konnte A. Maier 1967 zeigen, dass das Vorgehen von Barbet auf einem Missverständnis beruht, nämlich insofern, als die ergänzten Texte aus dem Codex Troyes, bibl. mun. 994 Zeugnis von einer anderen Disputation geben, die Mayronis mit einem bislang noch nicht identifizierten socius geführt hat.[227] Was die weitere Kennzeichnung dieses socius betrifft, deutet lediglich die Anlehnung an die Lehre des Thomas von Aquin auf eine Zugehörigkeit zur thomistischen Schule und möglicherweise zum Orden der Dominikaner. Zur weiteren Kennzeichnung des genannten socius dieser zweiten Disputatio, der mit dem zitierten Gesprächspartner des *Conflatus* identisch zu sein scheint, tragen möglicherweise weitere Hinweise anderer Schriften des Franciscus de Mayronis bei, in denen er sich mit dem Problem der Formaldistinktion und den möglichen Einwänden, die gegen dieses Lehrstück erhoben werden, auseinandersetzt.

1.1.1 Das Verhältnis zum Tractatus de summa trinitate

Im Kontext der Auseinandersetzung um die Anwendung der distinctio formalis auf die innertrinitarischen Verhältnisse kommt Mayronis in seinem Kommentar zur Dekretalensammlung Gregors IX., dem sogenannten *Tractatus de summa trinitate*, auf eine Auffassung zu sprechen, die er im Folgenden heftig kritisiert.[228] Es handelt sich offensichtlich um die Thesen des Johannes de Prato,[229] von dem Mayronis sagt, er sei 1321 als Magister der Theologie

---

[227] Vgl. MAIER, A., Addenda, in: MAIER, A., Ausgehendes Mittelalter. Gesammelte Aufsätze zur Geistesgeschichte des 14. Jahrhunderts I-III, Rom, 1964-1977, II (1967), 503-517. Hierzu auch ROßMANN, H., Die Sentenzenkommentare, 140-157. Hoenen übernimmt dieses Urteil von A. Maier, vgl. HOENEN, M.J.F.M, Formalitates phantasticae. Bewertungen des Skotismus im Mittelalter, in: Die Logik des Transzendentalen. Pickavé, M. (Hg.) (Miscellanea Mediaevalia 30), Berlin/New York 2003, 337-357, 347-348. Die Rezension von J. Jolivet zur Edition von Barbet geht auf diese Schwierigkeit noch nicht ein. Vgl. JOLIVET, J., François de Meyronnes, Pierre Roger, *Disputatio* (1320-1321) in: Revue d'histoire et de philosophie religieuses 42 (1962), 353-355. Auch die Analyse von F. Ruello betrachtet die Disputatio collativa als eine Auseinandersetzung, die aussschließlich zwischen Franciscus de Mayronis und Pertrus Rogerii geführt wird. Dies führt zu Schwierigkeiten in der Interpretation, die allein auf der falschen Zuschreibung und der damit verbundenen Kontamination verschiedener Positionen beruht. Auf einem solchen Missverständnis beruht etwa die Deutung des Verhältnisses der korrelativen und disparaten Schulen. Vgl. RUELLO, F., La notion "thomiste" de "ratio in divinis" dans la Disputatio de François de Meyronnes et de Pierre Roger (1320-1321), in: Recherches de Théologie ancienne et médiévale 32 (1965), 54-75, BOLLIGER, D., Infiniti contemplatio. Grundzüge der Scotus- und Scotismusrezeption im Werk Huldrych Zwinglis (Studies in the History of Christian Thought 107), Leiden/Boston 2003, 259-265.

[228] Vgl. St. Florian, cod. XI 138, f. 60va.

[229] B. Roth zitiert diesen Autor als Johannes de Predicato, was allerdings ein Fehler in der von Roth benutzten Handschrift München, Clm 8434, zu sein scheint. Vgl. ROTH, B., Franz von Mayronis, 78 et 373. Diese Vermutung äußert bereits DOUCET, V., Der unbekannte

an der Universität in Paris tätig gewesen und gehöre dem Orden der Dominikaner an.[230] Johannes de Prato las 1312-1313 die Sentenzen in Paris.[231] Dass es sich hierbei um den socius handelt, mit dem Mayronis eine eigene Disputation geführt hat und den er auch im Prolog des *Conflatus* zitiert, ist aufgrund der historischen Umstände, vor allem aber wegen der Lehrdifferenzen der beiden Gesprächspartner aus dem *Tractatus de summa trinitate* und der Disputation ausgeschlossen.

Die Kritik, die Mayronis an der Position des Johannes de Prato im *Tractatus* übt, bezieht sich vor allem auf dessen Betonung der Unterschiedenheit der Wesenheit in den göttlichen Personen.[232] In der Diskussion mit dem socius der Disputatio betrifft die Kritik des Franciscus die entgegengesetzte Position, nämlich eine Auffassung, die die innertrinitarische Unterschiedenheit nicht hinreichend betont, wenn man sie lediglich auf eine distinctio in anima zurückführt. Johannes de Prato scheidet also als der gesuchte socius mit Sicherheit aus.

An einer späteren Stelle des *Tractatus* kommt Mayronis schließlich auch auf die Kontroverse zu sprechen, die in Paris im Jahre 1320 ausgetragen wurde. Hierbei handelt es sich offenkundig um die Disputatio, die Mayronis mit auch in diesem Kontext nicht genannten Gelehrten geführt hat.

Quantum autem circa medium istius capituli est unum verbum magnificum cum loquens de beatissima trinitate princeps universalis ecclesiae quod haec sancta trinitas secundum communem naturam est individua et secundum personales proprietates distincta. Ex qua radice consurgit fortissima controversia inter doctores catholicos utrum personales proprietates sint aliquo modo distinctae a divina natura distinctione quae non sit ab anima fabricata vel non idem. Et ista disceptatio fuit parisius intensissima anno domini 1320 quam quidem disceptationem describere satagens cum rationibus suis in puncta collegi ad planius et distinctius explicandum pondus istius difficultatis.[233]

Skotist des Vaticanus lat. 1113 Fr. Anfredus Gonteri O.F.M. (1325), in: Franziskanische Studien 25 (1938), 201-240, 209.

230   Vgl. KAEPPELI, TH., Scriptores Ordinis Praedicatorum Medii Aevi, Vol. IV, Rom 1993, 169.

231   Vgl. ROßMANN, H., Die Quodlibeta und verschiedene sonstige Schriften des Franz von Meyronnes OFM, in: Franziskanische Studien 54, 1 (1972), 1-76, 46.

232   Zur Auseinandersetzung mit der Lehre des Johannes de Prato vgl. ROTH, B., Franz von Mayronis, 371-375. Dieser Befund wird durch die von Doucet edierte Quaestio „Utrum ex natura deitatis sint tria esse distincta in divinis" des Anfredus Gonteri bestätigt. In diesem Text, I Sent. d. 34 q. 3, setzt sich nämlich Anfredus u.a. mit der Auffassung des Johannes von Prato auseinander und bestätigt implzit die Interpretation, die Franciscus de Mayronis gibt. Vgl. ANFREDUS GONTERI, I Sent. d. 34 q. 3 (Ed. Doucet), ed. V. Doucet, in: DOUCET, V., Der unbekannte Skotist, 227-239.

233   St. Florian, cod. XI 138, f. 70ra-b. Roth überliefert ausgehend von München, Clm 8434 einen gerinfügig abweichenden Text. Vgl. ROTH, B., Franz von Mayronis, 377.

Gegenüber den anderen Quellen, die von dieser controversia berichten, enthält der vorliegende Text einen Hinweis darauf, dass diese Auseinandersetzung im Jahre 1320 in Paris einen gewissen Gipfel der Intensität erreicht hat. Der Streit, der offensichtlich schon länger besteht, ist nämlich gerade zur genannten Zeit und am erwähnten Ort am intensivsten geführt worden (disceptatio fuit intensissima).[234] Die Ortsangabe und die Nennung des Zeitpunktes in diesem Dokument bestätigen lediglich die Einschätzung, dass Mayronis die in der Edition von Barbet dokumentierten zwei Disputationen selbst als Höhepunkt einer Kontroverse betrachtet, in deren Zentrum die Diskussion um die Lehre von der Formaldistinktion steht, ohne allerdings eindeutig zu identifizierende Gesprächspartner zu nennen.

1.1.2 DER ZUSAMMENHANG VON CONFLATUS, DISPUTATIO UND CODEX MARSEILLE, BIBL. MUN. 256

Für den vorliegenden Zusammenhang scheint zunächst lediglich festzustehen, dass sich die im *Conflatus* dem socius zugeschriebene Auffassung mit den Thesen deckt, die nach dem Zeugnis von Cod. Troyes dem socius einer Disputation entspricht, die Mayronis nicht mit Petrus Rogerii, sondern eben mit einem noch nicht identifizierten Kollegen geführt hat. Dies wird deutlich, wenn man die Erklärungen betrachtet, die nach dem Zeugnis des Franciscus dieser socius für die von ihm vertretene distinctio rationis gibt.[235] Diese Erklärungen finden sich im Detail im *Conflatus* wieder. Der socius der Disputation aus Troyes, bibl. mun. 994 wird näherhin gekennzeichnet als

socius sollers qui in antiquioribus docet quod, secundum doctrinam fratris Thome in primo Sententiarum, ratio accipitur dupliciter: uno modo pro ratione que est fabricata ab anima, et alio modo pro ratione definitiva que non est ab anima fabricata; et dicebat quod definitio rationis primo modo accepte non sufficit ad solvendum[236] contradictionem de communicabili et incommunicabili inter essentiam et relationem, sed

---

[234] Die Münchner Handschrift hat an dieser entscheidenden Stelle offensichtlich einen Fehler oder eine Unlesbarkeit, denn Roth liest statt „intensissima" „in concilio", was er allerdings durch ein Fragezeichen versieht, weil ihm die Schwierigkeit dieser Lesart selbst bewusst war. Doucet übernimmt diese Lesart von Roth. Vgl. DOUCET, V., Der unbekannte Skotist, 209.

[235] Illam autem distinctionem ipse declarat tripliciter: Primo quidem, in actione et passione que sunt idem realiter, tamen habent diversas rationes vel definitiones, cum in diversis predicamentis collocentur quelibet actio et passio precise. Secundo, in relatione et fundamento que, secundum ipsum, non differunt realiter, et tamen alia est definitio albedinis et similitudinis, cum in diversis generibus collocentur. Tertio, in motu actionem et passionem fundante, a quibus non differt realiter, secundum Philosophum, et tamen differunt definitive, cum motus non sit de genere termini ad quem vadit. FRANCISCUS DE MAYRONIS, Disputatio collativa, ed. J. Barbet, in: BARBET, J., François de Meyronnes – Pierre Roger, 102, n. 96.

[236] Dazu, dass es „solvendum" statt „salvandam" heißen muss, vgl. MAIER, A., Addenda, 504.

est necessaria distinctio rationis accepte secundo modo. Et illud est quod convenit scola nostra, quia, per definitionem formalem quam ponit inter essentiam et relationem, non intendit astruere nisi distinctionem definitivam ab anima non fabricatam.[237]

Mayronis führt diesen socius in der Disputatio ein als denjenigen, der in der Vergangenheit sagte (dicebat), dass der Frieden zwischen den korrelativen Schulen, was die Frage der distinctio rationis angeht, zu Recht (legitime) besteht.[238]

Der in der Disputation, wie sie der Codex Troyes, bibl. mun. 994 überliefert, zitierte socius scheint identisch zu sein mit einem Gelehrten, auf den Mayronis in einem Text zu sprechen kommt, der im Anhang zu Quaestio 17 des *Quodlibet*, wie dies anonym der Codex Marseille, bibl. mun. 256 enthält, überliefert ist. Zumindest was diesen Anhang betrifft, scheint es sich um eine Schrift zu handeln, die nach Juli 1323 konzipiert wurde. Der Text bezeichnet Thomas von Aquin als Sanctus, was die Vermutung nahe legt, dass dieser, sofern es sich nicht um eine Hinzufügung des späteren Abschreibers handelt, nach dem 18. Juli 1323, dem Tag der Heiligsprechung des Thomas, entstanden ist.[239] Im Anschluss an É. Longpré bezieht J. Barbet diesen Text auf die *Disputatio collativa* mit Petrus Rogerii.[240] Die Kennzeichnung der socius, die der Codex Marseille, bibl. mun. 256 bietet, stimmt weitgehend wörtlich mit der Darstellung in Troyes, bibl. mun. 994 überein.[241] In beiden Fällen handelt es sich allerdings nicht um Petrus Rogerii selbst, sondern um denselben Gesprächspartner, mit dem Franciscus neben der Disputatio mit Petrus Rogerii eine weitere Auseinandersetzung geführt hat.

Insgesamt thematisiert Mayronis im vorliegenden Text zwei replicationes, die erste, die die Eintracht, d.h. den zwischen den verschiedenen Schulen zunächst bestehenden Frieden betrifft; die zweite, die die Unterredung, d.h. offensichtlich die öffentliche Disputation betrifft. Der Gesprächspartner der ersten replicatio, die vollständig erhalten ist,[242] ist offensichtlich von dem der

---

[237] FRANCISCUS DE MAYRONIS, Disputatio collativa, ed. J. Barbet, in: BARBET, J., François de Meyronnes – Pierre Roger, 101, n. 95.

[238] Primus est quod pax duarum scolarum correlativarum quantum ad istam materiam fuit legitime facta pro eo quod dicebat socius sollers [...]. FRANCISCUS DE MAYRONIS, Disputatio collativa, ed. J. Barbet, in: BARBET, J., François de Meyronnes – Pierre Roger, 101, n. 95.

[239] An späterer Stelle wird Thomas lediglich als "frater Thomas de Aquino" ohne die Kennzeichnung „sanctus" angesprochen. Vgl. Marseille, bibl. mun. 256, f. 125ra.

[240] Vgl. BARBET, J., Un Témoin de la discussion entre les écoles scotiste et thomiste selon François de Meyronnes, in: De doctrina Ioannis Scoti. Acta Congressus Scotisti Internationalis Oxonii et Edinburgi 11-17 sept. 1966 celebrati. Vol. IV: Scotismus decursu saeculorum, Rom 1968, 21-33.

[241] Vgl. BARBET, J., Un Témoin, 31. Barbet zitiert die genannte Passage allerdings nicht vollständig. Auszüge zitiert auch ROßMANN, H., Die Quodlibeta, 11.

[242] Vgl. Marseille, bibl. mun. 256, f. 122rb-128rb.

zweiten, der aller Wahrscheinlichkeit nach Petrus Rogerii ist, verschieden.[243] Für den Hintergrund der Diskussion im Prolog des *Conflatus* ist deshalb vor allem die erste Erwiderung von Interesse. In Cod. Marseille, bibl. mun. 256 heißt es:

> Quia tamen (incidentaliter) circa istam materiam occurrebant duae replicationes quarum una erat de concordia et altera de collocutione. Idcirco circa earum considerationem prolixius intendendo pro utraque seorsum sunt duodecim puncta declaranda.
>
> Circa igitur primam quae fuit de pace inter duas scholas est primus punctus: qualiter ista pax fuit inchoata. Circa quem punctum est intelligendum quod ille qui praesidebat in scholis antiquioribus, socius venerabilis et doctus, dicebat solvendo ad rationem illam famosissimam de communicabili et incommunicabili ad demonstrandum distinctionem formalem inter divinam essentiam et proprietatem relativam dicebat, inquam, quod ratio potest accipi dupliciter, uno modo pro actu rationis, alio modo pro ratione diffinitiva quae non est ab anima fabricata, sicut inducebat in testimonium venerabilem doctorem Sanctum Thomam. Primo autem modo accipiendo rationem dicebat quod non potest salvari per solam distinctionem rationis, illa ratio de communicabili et incommunicabili nec dissolvi, sed bene secundo modo.
>
> Et istud ipse declarabat in duplici exemplo. Primo in relatione et fundamento quia dicebat quod albedo et similitudo sunt idem realiter et tamen alia est distinctio albedinis, cum sit de genere qualitatis, et alia similitudinis, cum sit de genere relationis. Secundum exemplum erat de actione et passione quia dicebat quod actio et passio sunt idem motus et unum realiter et tamen distinguuntur secundum rationes diffinitivas ab anima non fabricatas, cum sint praedicamenta distincta. Et postea ista omnia confirmabat quia motus non dicit distinctam rem ab actione et passione et tamen motus est in genere termini sui et sic distinguitur in tribus generibus et actio et passio sunt alia genera seu alia praedicamenta.[244]

Was den Inhalt der hier vertretenen Position betrifft, so handelt es sich um eine ausführlichere Darlegung genau der Auffassung, die Mayronis sowohl im *Conflatus* als auch im Codex Troyes, bibl. mun. 994, also der zweiten Disputatio, zitiert. Der Vertreter dieser Auffassung wird näherhin gekennzeichnet als derjenige, der in scholis antiquioribus, d.h. in der Schule, die durch die Lehre von Autoren wie Alexander von Hales, Bonaventura, Tho-

---

[243] Die zweite replicatio enthält nur die ersten sieben der angekündigten zwölf Untersuchungspunkte vollständig und bricht zu Beginn des achten vor einem durch einen Reklamanten angezeigten Lagenwechsel ab. Vgl. Marseille, bibl. mun. 256, f. 128rb-132vb. Die weiteren Blätter scheinen tatsächlich im Codex zu fehlen und nicht nur an einer anderen Stelle eingebunden zu sein.

[244] Marseille, bibl. mun. 256, f. 122rb.

mas von Aquin und Aegidius Romanus vertreten wird,[245] eine führende Rolle inne hatte (praesidebat). Die von diesem socius in Anlehnung an Thomas von Aquin vertretene Lehre von einer distinctio, die nicht allein auf vom Verstand hervorgebrachte Begriffe, sondern auf zur Definition gehörende sachhaltige Bestimmungen zurückgeht, wird zunächst von den beteiligten Schulen als Friedensschluss, d.h. als Beilegung einer grundsätzlichen doktrinellen Divergenz verstanden.

Von diesem, einen lange währenden Streit beendenden Frieden, war zunächst auch Franciscus de Mayronis überzeugt – wie der Fortgang der zitierten Stelle deutlich macht –, doch ergeben sich eine Reihe von Schlussfolgerungen aus den Ausführungen des socius, die dazu geeignet sind, die eigene Schule des Franciscus zu bekämpfen. Die Anerkennung des Friedens zwischen den Schulen, so deutet der genaue Wortlaut des Textes an, wurde von Mayronis zu einem Zeitpunkt ausgesprochen, „als (er) in der späteren Schule dasselbe Amt bzw. dieselbe Aufgabe auf (sich) genommen hatte," das man dem genannten socius damals zusprechen musste.

> Istis autem sic ab eo prolatis, cum in schola posteriori idem ministerium suscepissem, dixi quod inter istas scholas erat perfecta pax secundum ista, quia positionem de rationibus formalibus de qua fuit longa concertatio iste socius manifestissime declarabat ponendo plures rationes diffinitivas quas nos formales vocamus esse divinae essentiae et relationis, sicut ostendunt patenter ipsius exempla. Et tunc ex dictis suis eliciebam quattuor conclusiones in quibus solet impugnari schola nostra.[246]

Welches Amt oder welche Aufgabe gemeint ist, ergibt sich zumindest ansatzweise aus dem Paralleltext des Codex Troyes 994. Hier heißt es nämlich, dass ein ausgewogener Frieden schon längst mit dem betreffenden socius gemacht war, nämlich hinsichtlich des principium ihrer beiden Vorlesungen.[247] Die naheliegende Aufgabe wird es also gewesen sein, die Sentenzen des Petrus Lombardus zu kommentieren. Was Mayronis eben in den Jahren 1320-1321 in Paris tat. Aufgrund der bekannten historischen Angaben sind also die Disputationes mit dem Benediktiner Petrus Rogerii und dem nicht genannten socius als die jeweiligen Principia zu Beginn der Sentenzenvorlesung nicht zu unterscheiden. Doktrinell scheint dieser zweite socius mit der Lehre von der zweifachen Bedeutung dessen, was „ratio" heißen kann, nämlich insofern der Begriff „ratio" zum einen im Sinne des Verstandesaktes (pro

---

[245] Unter Nennung dieser Namen führt Mayronis im *Tractatus de summa trinitate* die Auffassung der doctores antiquiori, die diese hinsichtlich der Lehre von der formalen Unterschiedenheit vertreten haben. Vgl. St. Florian, cod. XI 138, f. 72rb. Dies entspricht der Nennung in Troyes, bibl. mun. 994; vgl. FRANCISCUS DE MAYRONIS, Disputatio collativa, ed. J. Barbet, in: BARBET, J., François de Meyronnes – Pierre Roger, 108-109, n. 113.

[246] Marseille, bibl. mun. 256, f. 122rb-122va.

[247] Sed remanet dubium de pace, que dudum fuerat facta cum illo socio circa principium nostre lecture, distemperata [...]. FRANCISCUS DE MAYRONIS, Disputatio collativa, ed. J. Barbet, in: BARBET, J., François de Meyronnes – Pierre Roger, 185, n. 268.

actu rationis), zum anderen im Sinne des Definitionsgrundes (pro ratione diffinitiva) verstanden wird, eine Position zu vertreten, mit der er sich deutlich an die Tradition des Thomas von Aquin anlehnt.[248] Man wird ihn also, wie A. Maier bereits hervorgehoben hat, mit guten Gründen im Umfeld der Pariser Dominikaner zu suchen haben.

1.1.2.1 ZUM VERHÄLTNIS VON HUGO DE VAUCEMAIN UND HUGO DE NOVO CASTRO

Soweit man heute darüber unterrichtet ist, war der Dominikaner, der im selben Jahr wie Franciscus de Mayronis 1320-1321 die Sentenzen las, Hugo de Vaucemain. Hugo folgt in diesem Amt seinem Mitbruder Benedictus de Asinago, der auch Benedictus de Cumis genannt wird. Mit einem Schreiben von Juni 1318 wird Michael de Furno bestimmt, im gleichen Jahr in Paris die Sentenzen zu lesen. Das gleiche Schreiben kündigt Benedictus de Asinago für das kommende Jahr in diesem Amt an.[249] Mit einem Schreiben vom Mai 1319 wird die Ankündigung, Benedictus de Asinago mit den Sentenzenvorlesungen zu betrauen, bestätigt. Im gleichen Schreiben wird Hugo de Vaucemain für das kommende Jahr in diesem Amt angekündigt[250] und schließlich im Mai 1320 in dieser Aufgabe bestätigt.[251] Hugo ist nicht nur zeitgleich mit Franciscus de Mayronis mit den Sentenzenvorlesungen in Paris betraut worden, sondern beide sind auch fast zeitgleich mit der Lehrerlaubnis eines Magisters ausgestattet worden. Ein entsprechendes Schreiben des Papstes, dass Hugo de Vaucemain binnen zwei Monaten die Lehrerlaubnis erteilt werden soll, ist auf den 11. Januar 1323 datiert.[252] Der entsprechende Brief, der die Magisterwürde für Franciscus de Mayronis fordert,[253] ist am 24. Mai geschrieben worden, einen Tag nach dem entsprechenden Schreiben, das die Magisterwürde des Petrus Rogerii betrifft.[254] Hugo de Vaucemain ist schließ-

---

[248] Hierzu vgl. RUELLO, F., La notion ", 63-75.

[249] Vgl. DENIFLE, H.; CHATELAIN, AE., Chartularium Universitatis Parisiensis, II, 1, Paris 1891, 218 n. 761.

[250] Vgl. DENIFLE, H.; CHATELAIN, AE., Chartularium Universitatis Parisiensis, II, 1, Paris 1891, 230 n. 779.

[251] Assignamus ad legendum Sententias Parisius isto anno fratrem Hugonem de Vaucemain. DENIFLE, H.; CHATELAIN, AE., Chartularium Universitatis Parisiensis, II, 1, Paris 1891, 238 n. 788.

[252] Vgl. DENIFLE, H.; CHATELAIN, AE., Chartularium Universitatis Parisiensis, II, 1, Paris 1891, 270 n. 819.

[253] Vgl. DENIFLE, H.; CHATELAIN, AE., Chartularium Universitatis Parisiensis, II, 1, Paris 1891, 272 n. 823.

[254] Vgl. DENIFLE, H.; CHATELAIN, AE., Chartularium Universitatis Parisiensis, II, 1, Paris 1891, 270-271 n. 822.

lich am 23. Mai 1333 zum Generalminister seines Ordens gewählt worden.[255] Doktrinell ist über Hugo nichts bekannt, da weder gedruckte noch ungedruckte Zeugnisse seiner Lehrtätigkeit vorliegen. Lediglich seine Zugehörigkeit zum Orden der Dominikaner kann als vager Hinweis darauf gedeutet werden, dass die genannte Anlehnung an die Lehre des Thomas von Aquin eine gewisse Plausibilität hat. Die Vermutung, dass Hugo de Vaucemain neben Petrus Rogerii der zweite socius ist, mit dem Franciscus in den Jahren 1320-1321 eine disputatio geführt hat und der dann zum anonymen socius in der Diskussion um die Formaldistinktion im Prolog des *Conflatus* wird, kann also nur aufgrund der historischen Umstände, soweit sie heute bekannt sind, geäußert werden. Allerdings ist nach heutigem Wissensstand diese Hypothese die wahrscheinlichste.

Weitere Hinweise auf einen Hugo bzw. magister Hugo finden sich auch in den Ausführungen des Petrus Rogerii, der sich in der Disputatio mehrfach mit den Ansichten eines doctor solemnis auseinandersetzt, der am Rande des Codex Vat. Borgh, 39 als Hugo[256] und an späterer Stelle, in den fortlaufenden Text integriert, als magister Hugo bezeichnet wird.[257] Handelt es sich hierbei möglicherweise um ein und dieselbe Person?

Petrus Rogerii diskutiert diese Auffassung des von ihm so bezeichneten doctor modernus ausführlich und setzt sich kritisch damit auseinander. Die zentrale These, die dieser doctor modernus vertritt, besagt, dass es zwischen der göttlichen Wesenheit und den göttlichen Relationen eine non-identitas ex natura rei gibt. Diese sachhaltige Differenz besteht ohne jedes Wirken des Verstandes.[258] A. Maier hat die Vermutung geäußert, dass es sich bei diesem Gelehrten um Hugo de Novo Castro handelt. Hierfür spricht, dass Hugo de Novo Castro als Scotist eine gewisse Berühmtheit erlangt hatte und Petrus Rogerii somit die Gelegenheit gibt, offen gegen die scotische Formaldistinktion Stellung zu beziehen.[259] J. Barbet greift diese Vermutung A. Maiers auf, ohne weitere Argumente anzuführen.[260]

Nach dem bislang Ausgeführten stellt sich natürlich die Frage, ob dieser Hinweis tatsächlich auf den Scotisten Hugo de Novo Castro zu beziehen ist, oder vielmehr auf Hugo de Vaucemain verweist, der als zweiter socius in der Debatte des Franciscus de Mayronis in Frage kommt. Für die Annahme Mai-

---

[255]   Vgl. DENIFLE, H.; CHATELAIN, AE., Chartularium Universitatis Parisiensis, II, 1, Paris 1891, 402 n. 948. Vgl. KAEPPELI, TH., Scriptores Ordinis Praedicatorum Medii Aevi, Vol. II, Rom 1975, 281-282; Vol. IV, Rom 1993, 126.

[256]   Vgl. MAIER, A., Der Literarische Nachlaß, 265.

[257]   Vgl. FRANCISCUS DE MAYRONIS, Disputatio collativa, ed. J. Barbet, in: BARBET, J., François de Meyronnes – Pierre Roger, 165 n. 234.

[258]   Quantum ad primum, sciendum quod suum primum fundamentum videtur michi dubium, scilicet quod inter essentiam et relationem sit aliqua non identitas ex natura rei, circumscripta omni operatione intellectus. FRANCISCUS DE MAYRONIS, Disputatio collativa, ed. J. Barbet, in: BARBET, J., François de Meyronnes – Pierre Roger, 86 n. 70.

[259]   Vgl. MAIER, A., Der Literarische Nachlaß, 265-266.

[260]   Vgl. BARBET, J., François de Meyronnes – Pierre Roger, 30-31.

ers spricht sicherlich, dass die von Petrus Rogerii referierte Position zu einem Scotisten passen würde. Aus Sicht des Petrus ist dann auch verständlich, warum dieser Gelehrte als doctor modernus bezeichnet wird. Zudem spricht die Tatsache gegen die Annahme, dass es sich um Hugo de Vaucemain handelt, dass dieser erst 1323, also deutlich nach der Disputation der Jahre 1320-1321, den Grad eines Magisters erhielt, wobei Petrus Rogerii seinen Gesprächspartner mehrfach als magister oder doctor bezeichnet. Diese Bezeichnung stimmt wiederum mit der Stellung überein, die Hugo de Novo Castro zu dieser Zeit inne hatte. Nach Auffassung von V. Heynck hat Hugo vor 1312 als Baccalaureus in Paris die Sentenzen gelesen[261] und war zur Zeit der Disputation 1320/21 „bereits ein angesehener Magister der Theologie".[262] Schließlich kann man davon ausgehen, dass Petrus in der Auseinandersetzung mit Franciscus de Mayronis sich nicht seinerseits kritisch mit dem Gelehrten befasst, der der Opponent des Franciscus ist. Zudem müsste man erklären, warum Petrus Rogerii gerade den Gelehrten einen doctor modernus nennt, den Mayronis für einen Vertreter der alten Schule hält.

Insoweit man über die Lehre des doctor modernus, wie sie von Petrus Rogerii dargestellt wird, und die Lehre des socius, wie sie von Franciscus de Mayronis dargelegt wird, unterrichtet ist, muss man nicht notwendig einen Widerspruch zwischen den beiden Positionen annehmen. Denn auch der socius des Mayronis schließt die Möglichkeit einer lediglich vom Verstand hervorgebrachten Unterscheidung hinsichtlich der innertrinitarischen Verhältnisse aus. Gerade in dieser gemeinsamen Annahme besteht die Wurzel des Friedens, den Franciscus zwischen den verschiedenen Schulen sieht. Ausdrücklich heißt es, dass diese Unterscheidung derjenigen entspricht, die auch die „scola minorum" als eine mittlere zwischen realer und nur gedanklicher anstrebt.[263] Die Auffassung, die in der Schule der Alten vertreten wird, ist für Mayronis durchaus anschlussfähig für seine eigene Position, allerdings sind die dort vertretenen Lehren durch Lösungsvorschläge der Modernen zu ergänzen.[264] Petrus Rogerii mag diese Auffassung eines Alten, wie sie in der Sicht des Mayronis erscheint, für eine moderne Interpretation halten. Die Tatsache, dass Franciscus immer wieder den Frieden zwischen den beteiligten Schulen betont, mag für Petrus ein hinreichender Grund sein, sich kritisch mit dieser Position auseinanderzusetzen, die aus seiner Perspektive ganz andere Akzente setzt, als das in den Augen des Franciscus der Fall ist.

---

[261] Vgl. HEYNCK, V., Der Skotist Hugo de Novo Castro OFM. Ein Bericht über den Stand der Forschung zu seinen Lehren und zu seinem Schrifttum, in: Franziskanische Studien 43 (1961), 244-270, 257 et 267. L. Amorós datiert den Sentenzenkommentar Hugos auf 1307 und 1317. Vgl. AMORÓS, L., Hugo von Novo Castro O.F.M. und sein Kommentar zum ersten Buch der Sentenzen, in: Franziskanische Studien 20 (1933), 177-222, 183.

[262] HEYNCK, V., Der Skotist Hugo de Novo Castro, 253.

[263] Vgl. FRANCISCUS DE MAYRONIS, Disputatio collativa, ed. J. Barbet, in: BARBET, J., François de Meyronnes – Pierre Roger, 102 n. 97.

[264] Vgl. FRANCISCUS DE MAYRONIS, Disputatio collativa, ed. J. Barbet, in: BARBET, J., François de Meyronnes – Pierre Roger, 108 n. 112 - 111 n. 116.

Doch selbst wenn man diese Kompatibilität der beiden Positionen, mit denen sich Petrus und Franciscus je auf ihre Weise auseinandersetzen, einräumt, so scheint doch in historischer Perspektive festzustehen, dass es sich in beiden Fällen nicht um ein und denselben Gelehrten handeln kann. Denn Petrus Rogerii bezeichnet seinen Gesprächspartner mehrfach als doctor oder magister, was auf den socius des Franciscus de Mayronis nicht zutreffen kann. Die einzige Möglichkeit, dennoch die Identität der beiden Gelehrten anzunehmen besteht darin, die Niederschrift des Petrus Rogerii erst nach der Ernennung des Hugo von Vaucemain zum magister zu Beginn des Jahres 1323 anzusetzen. Die überarbeitete Fassung der Disputation des Franciscus de Mayronis mit dem zweiten socius, wie sie im Anhang der *Quaestiones Quodlibetales* aus Codex Marseille, bibl. mun. 256 erhalten ist, benennt Thomas als Heiligen und repräsentiert aus diesem Grund offensichtlich eine spätere Fassung der ursprünglichen Disputation.[265] Ob ein vergleichbarer Fall bei der Nennung des magister Hugo vorliegt, ist allerdings bislang als reine Spekulation zu begreifen. Im Ergebnis bleibt also nur festzuhalten, dass die Identität, auch wenn sie affirmativ nicht belegbar ist, doch immerhin auch nicht zwingend ausgeschlossen werden muss. Ob sich also Petrus Rogerii mit seiner Formulierung „magister Hugo" auf den von Mayronis zitierten socius bezieht, mag dahin gestellt sein; von der Entscheidung dieser Frage ist die Hypothese, dass es sich bei dem socius der zweiten Disputation und des *Conflatus* um Hugo de Vaucemain handelt, zunächst nicht betroffen.

1.2 DIE VERTEIDIGUNG DER SCHOLA NOSTRA IM CONFLATUS

Die systematische Bedeutung, die die Einwendungen im *Conflatus* haben, wird deutlich, wenn man die Konsequenzen betrachtet, die sich hieraus ergeben: Diese stellen nämlich, wie Mayronis eigens betont, einen ernst zu nehmenden Angriff auf die scotistische Schultradition dar.[266] Dieser Hinweis des Franciscus auf einen grundlegenden Angriff auf die schola nostra ist in verschiedenen Hinsichten von besonderem Interesse. Zum einen wird deutlich, dass zu dieser Zeit, als Franciscus diesen Prolog zum Sentenzenkommentar verfasst, ein ausgeprägtes Selbstverständnis der scotistischen Schule bereits besteht. Hierbei scheint es sich keineswegs um eine Hinzufügung einer späteren Überarbeitungsphase des Sentenzenkommentars zu handeln, denn der Hinweis auf die schola nostra findet sich schon in der *Disputatio collativa* und muss deshalb schon in den Jahren 1320/21 üblich gewesen sein. Entscheidend ist, dass dieser Hinweis auf die Schultradition in einem unmittelbaren Zusammenhang mit der Lehre von der Formaldistinktion steht. Dies muss als Beleg

---

[265] Vgl. Marseille, bibl. mun. 256, f. 122rb.

[266] Ex istis dictis valde gratiosis sequuntur quattuor conclusiones in quibus schola nostra consuevit fortiter impugnari. FRANCISCUS DE MAYRONIS, Conflatus, Prol. q. 1 (Ed. Venetiis 1520), f. 3ra D.

dafür angesehen werden, dass gerade dieses Theoriestück für das Selbstverständnis der Scotisten auf der einen Seite und die Abwehrhaltung ihrer Gegner auf der anderen jeweils ein zentrales Motiv darstellt.

Dies bedeutet, dass sich in den vier Thesen, die Mayronis im Folgenden als Hauptangriffspunkte in diesem Kontext des Prologs herausstellt, ein scotistisches Selbstverständnis ausspricht, das sich über diese zentralen Aussagen definiert. Die Lehre von der Formaldistinktion wird durch die folgenden Annahmen schrittweise entwickelt.[267] Die erste dieser Thesen behauptet die Möglichkeit einer mittleren Unterscheidung zwischen einer, die nur vom Verstand hervorgebracht wird und einer solchen, die als real aufzufassen ist. Mit keiner dieser beiden Modi von Unterscheidung ist die distinctio media identisch, da sie auf eine Unterscheidung distinkter Definitionen zurückgeht, die nicht bloße Verstandesprodukte sind.[268] Obwohl diese mittlere Unterscheidung kein bloßes Verstandesprodukt ist, handelt es sich allerdings nicht um eine reale Unterscheidung im engeren Sinne, d.h. um eine Unterscheidung, wie sie zwischen mehreren realen Gegenständen besteht.[269] Dennoch, so die zweite These, ist es eine Unterscheidung mit einem sachhaltigen Fundament, d.h. eine solche, die ex natura rei resultiert. Dieses sachhaltige Fundament ist nicht der reale Gegenstand selbst, sondern das, wodurch reale Gegenstände ihrer Natur nach, bzw. der Sache entsprechend, definiert werden. Dass diese Definitionen ein fundamentum in re haben, schließt aus, dass sie reine Verstandesgebilde sind, denen man eine solche Verankerung in der Sache selbst nicht zusprechen kann. Was in diesem Sinne einer Distinktion unterliegt, unterscheidet sich aufgrund der jeweiligen verstandesunabhängigen formalen Bestimmungen.[270]

Die Bezugspunkte einer solchen mittleren Unterscheidung sind jeweils verschiedene formale Begriffe bzw. verschiedene formalitates. Diese Formalitäten, so die dritte These, können in einer Mehrheit in ein und derselben Sache vorkommen, ohne dass damit die Sache selbst als geteilt angenommen werden müsste. Eine formalitas ist eine ratio diffinitiva. Solche definierenden Bestimmungen kommen aber in einer Mehrheit in einem einzigen in sich

---

[267] Zur folgenden Auseinandersetzung um die distinctio formalis vgl. ROTH, B., Franz von Mayronis, 303-318.

[268] Prima est quod est dare aliquam distinctionem mediam inter distinctionem rationis fabricatam ab anima et illam quae est realis quia illa quae data est, scilicet secundum distinctas diffinitiones ab anima non fabricatas, se habet ad utramque per abnegationem. Nec est realis nec rationis fabricatae ab anima. FRANCISCUS DE MAYRONIS, Conflatus, Prol. q. 1 (Ed. Venetiis 1520), f. 3ra D.

[269] Wilhelm von Alnwick lehnt auf der einen Seite eine solche distinctio media ab, fasst aber auf der anderen Seite den Begriff einer distinctio secundum rem so weit, dass hierunter auch alles das fällt, was sich aufgrund von Begriffen erster Stufe unterscheidet. Vgl. WILHELM VON ALNWICK, Determinatio 14 n. 14 et 32 (Ed. Noone), 250, 258-260.

[270] Secunda conclusio est quod aliqua est distinctio ex natura rei quae non est realis quia illud, quod convenit aliquibus ex suis rationibus diffinitivis, convenit eis ex natura rei. Ista autem distinctio convenit istis extremis ex suis rationibus formalibus non fabricatis, ergo etc. FRANCISCUS DE MAYRONIS, Conflatus, Prol. q. 1 (Ed. Venetiis 1520), f. 3ra D.

ungeteilten Ding vor.[271] Um diese Einheit zu betonen, halten einige, wie Franciscus nicht unter Anspielung auf Duns Scotus, sondern wiederum auf Petrus Rogerii[272] hervorhebt, daran fest, dass die Mehrzahl der Formalitäten genau betrachtet keine Unterscheidung im Sinne einer Distinktion, sondern nur im Sinne einer Nichtidentität (non-identitas) impliziert. Eine solche Nichtidentiät betont nämlich mehr die Zusammensetzung der zu unterscheidenden Elemente, als diese Elemente selbst.[273] In dieser Hinsicht ist Mayronis aber nicht bereit, Petrus Rogerii zu folgen, denn eine Unterscheidung oder eine solche Nichtidentität zu unterstellen, ohne dass die Außenglieder, d.h. die zu unterscheidenden formalen Gehalte angenommen werden, scheint Mayronis einen Widerspruch zu implizieren.[274] Er schlägt deshalb eine Erläuterung des Gesagten dahingehend vor, dass sich die Unterscheidung nicht schlechthin, sondern nur mit einer weiteren Bestimmung auf die Außenglieder bezieht. Demnach ist das, was in diesem Sinne unterschieden ist, nicht durch denselben washeitlichen Begriff, der in primo modo dicendi per se ausgesagt wird, erfassbar.[275]

Franciscus differenziert schließlich zwischen zwei Formen der Unterscheidung: eine erste, die eine reale Unterschiedenheit der betreffenden Elemente impliziert, und eine zweite, die als passio entis zu begreifen ist. Die erste Form der Unterscheidung kann selbstverständlich in Gott nicht vorkommen, wohingegen die zweite in Gott durchaus anzunehmen ist.[276] Als passio entis stellt eine solche Unterscheidung eine transzendentale Bestimmung dar. In diesem transzendentalen Sinne verstanden trägt eine solche Unterschiedenheit keine kategoriale Differenzierung und damit keine Be-

---

271   Tertia conclusio est quod plures formalitates possunt esse in eadem re penitus indivisa quia formalitas secundum descriptionem eorum qui ponunt eas est ratio diffinitiva uniuscuiusque. Hic autem, ut patuit, ponuntur plures rationes diffinitivae. FRANCISCUS DE MAYRONIS, Conflatus, Prol. q. 1 (Ed. Venetiis 1520), f. 3ra D – 3rb E.

272   Vgl. FRANCISCUS DE MAYRONIS, Disputatio collativa, ed. J. Barbet, in: BARBET, J., François de Meyronnes – Pierre Roger, 173 n. 241; 204 n. 297 - 206 n. 299.

273   Sed tamen aliqui dicunt quod propter hoc non debet poni quod sint plures formalitates nec debet concedi distinctio, sed debet dici quod non sunt idem ferendo istam non-identitatem non ad extrema sed magis ad compositionem extremorum. FRANCISCUS DE MAYRONIS, Conflatus, Prol. q. 1 (Ed. Venetiis 1520), f. 3rb E.

274   Sed istud non intelligo quod sit distinctio vel non-identitas et tamen quod non sint extrema talis non-identitatis vel distinctionis. Videtur enim mihi quod sit implicatio contradictionis. FRANCISCUS DE MAYRONIS, Conflatus, Prol. q. 1 (Ed. Venetiis 1520), f. 3rb E.

275   Ad declarationem autem istius dicti est sciendum quod ille qui sic primo dixit intelligit quod distinctio non est ferenda ad extrema simpliciter sed semper cum determinatione quia scilicet sub modo tali quia non sunt idem quidditative et in primo modo dicendi per se. FRANCISCUS DE MAYRONIS, Conflatus, Prol. q. 1 (Ed. Venetiis 1520), f. 3rb E.

276   Unde advertendum est quod distinctio potest mihi dicere realem distinctionem inter distincta et sic requirit realem distinctionem in extremis. Et isto modo non debet admitti in divinis inter essentiam et relationem cum sint realiter idem. Alio modo distinctio accipitur ut est passio entis et non inter [non inter: ut sic non requirit Y] extrema realiter distincta sed tantum aliquo modo et sic est in divinis. FRANCISCUS DE MAYRONIS, Conflatus, Prol. q. 1 (Ed. Venetiis 1520), f. 3rb E-F.

grenzung in das so Unterschiedene hinein. Der Unterschied zwischen Wesen und Relation im Göttlichen, der bei dieser Diskussion im Hintergrund steht, ist aber gerade ein solcher, der nicht im kategorialen Schema angesiedelt ist, sondern dieses selbst betrifft, und aus diesem Grund transkategorial zu nennen ist. Nach diesem Verständnis hält Franciscus an der realen Einheit des Göttlichen fest, ohne doch den Gedanken aufzugeben, dass das göttliche Wesen und die göttlichen Relationen nicht durch denselben formalen Begriff erfasst würden. Die Begriffe „divinitas" und „paternitas" bringen jeweils einen anderen formalen Gehalt zum Ausdruck, ohne dass sie sich auf zwei verschiedene Dinge beziehen würden. Im Sinne einer solchen transkategorialen Unterscheidung sind in Gott das göttliche Wesen und die innertrinitarischen Relationen unterschieden.

Um in dieser Weise auf Gott angewendet zu werden, muss die Formaldistinktion, die sich auf washeitlich bestimmte Unterschiede bezieht, mit der größten Einfachheit zusammen bestehen können. Diese letzte für die scotistische Schule kennzeichnende These ergibt sich daraus, dass diese Unterscheidung in den göttlichen Personen vorkommt und dies nur dadurch möglich ist, dass sie dort mit der größten Einfachheit vereinbar ist.[277]

Dieser Lehre von der Formaldistinktion stehen aber zwei weitere Einwände gegenüber, die Franciscus ausräumen will, weil er sie für unverständlich hält. Ein erster Einwand gegen die Formaldistinktion besteht darin, dass sie zur Unterscheidung des göttlichen Wesens und der göttlichen Eigentümlichkeiten überflüssig ist. Dies ist deshalb der Fall, weil die göttlichen Eigentümlichkeiten, die einen relationalen Charakter haben, wie z.B. die Vaterschaft, ihrem ganzen quidditativen Gehalt nach auf ihren relationalen Endpunkt (terminus), im genannten Fall die Sohnschaft, gerichtet sind. Das Unterscheidungsmoment der Eigentümlichkeiten wird auf diese Weise auf die Eigentümlichkeiten selbst verlagert, so dass es deren Verhältnis zum Wesen nicht betrifft. Dies hat zur Folge, dass die Eigentümlichkeiten hinsichtlich ihres Fundamentes, nämlich hinsichtlich des göttlichen Wesens, in keiner Weise als distinkt betrachtet werden können, so dass die distinctio formalis zur Beschreibung des Verhältnisses des Wesens zu den relationalen Eigentümlichkeiten scheinbar keine Anwendung mehr findet.[278]

Mayronis räumt in seiner zusammenfassenden Antwort auf diesen Einwand durchaus ein, dass dem washeitlichen Gehalt nach eine Relation vollständig durch ihren Bezug auf den relationalen Endpunkt bestimmt ist. Den-

[277] Quarta conclusio est quod cum ista distinctione quidditativa stat summa simplicitas quia quae inveniuntur in summe simplici stant cum summa simplicitate, sed in persona divina quae est summe simplex sicut essentia invenitur talis distinctio, ergo stat cum summa simplicitate. FRANCISCUS DE MAYRONIS, Conflatus, Prol. q. 1 (Ed. Venetiis 1520), f. 3rb F.

[278] Primum est quod divina proprietas relativa ita est secundum totam suam quidditatem ad terminum quod nullo modo potest comparari ut distincta ad fundamentum. Et per hoc volunt evadere distinctionem formalem inter proprietatem et essentiam. FRANCISCUS DE MAYRONIS, Conflatus, Prol. q. 1 (Ed. Venetiis 1520), f. 3rb F. Vgl. hierzu HERVEAUS NATALIS, In quatuor libros Sententiarum d. 32 q1 a. 4 (Ed. Parisiis 1647), 132a-133b.

noch aber, und hierin besteht das entscheidende Argument, kann die Relation durch die ihr nachfolgenden Eigenschaften, die in ihr gründen, auf anderes hin betrachtet werden, so dass sie gegenüber ihrem Fundament, so ist der
Gedanke zu ergänzen, als distinkt erscheint. Solche nachfolgenden Eigenschaften sind Identität und Verschiedenheit. Identität und Verschiedenheit
sind Bestimmungen, die in allem vorkommen, was unter dem Begriff des
Seienden erfasst werden kann. Gegenüber dem Begriff der Relation sind
diese Begriffe untergeordnete, weil sie als solche den der Relation immer mit
einschließen. Indem Identität und Verschiedenheit auf anderes bezogen sind,
ermöglichen sie auch eine Betrachtung des implizierten Relationsbegriffs auf
anderes hin.[279]

Diese Annahme der notwendigen Unterscheidung der Relation vom
Wesen lässt sich auch durch ein Argument, das direkt auf dem ersten zusammengesetzten Prinzip beruht, belegen. Denn wenn man die Washeit der
Relation auf den Relationsendpunkt bezogen denkt, – also die Voraussetzung
des Gegenargumentes, das die distinctio formalis beseitigen will, teilt und
damit die Relation von ihrem Bezugspunkt und nicht von ihrem Fundament
aus versteht – so stellt sie doch auch nach diesem Verständnis ein Seiendes
dar. Dies ermöglicht aber die Anwendung des ersten Prinzips, nämlich der-
art, dass von diesem auf den Relationsendpunkt hin betrachteten Seienden
entweder ein Prädikat bejaht oder verneint wird. Nimmt man als disjunktives
Prädikat die Aussage, dass die Relation entweder mit dem Wesen identisch ist
oder nicht identisch ist, zeigt sich, dass entsprechend dem zu widerlegenden
Argument die Nichtidentität von Wesen und Relation eingeräumt werden
muss. Denn die Voraussetzung, die die Verteidiger dieser These machen,
besteht darin, dass die Relation, wenn sie auf den Endpunkt und nicht auf
das Fundament hin betrachtet wird, eben nicht mit dem Wesen zusammenfällt.[280]

---

[279] Ideo apparet mihi dicendum quod licet quidditas relationis secundum se totam sit ad aliud,
scilicet ad terminum, tamen per aliam passionem consequentem in ea fundatam ut pote
identitatis vel diversitatis quae inveniuntur in quolibet contento sub ente, sicut passio superioris de inferioribus, potest ad aliud comparari. FRANCISCUS DE MAYRONIS, Conflatus,
Prol. q. 1 (Ed. Venetiis 1520), f. 3rb G.

[280] Et confirmatur ista sententia per primum principium complexum quia accipiendo istam
quidditatem relationis ut ad terminum tunc ipsa quidditative ut sic est ens; et de quolibet
ente affirmatio vel negatio vera. Tunc accipis istam „esse idem cum essentia et non esse
idem cum essentia." De tali ente sic ad terminum comparato necessario altera pars est vera.
Sed non potest dari quod sit idem quia secundum ipsos relatio comparata ad terminum non
est idem cum essentia. Ergo sunt non-idem et si non-idem, ergo diversum eo quod idem et
diversum ponuntur contraria immediata et negationem unius semper concomitatur affirmatio alterius; alioquin non essent immediata. FRANCISCUS DE MAYRONIS, Conflatus,
Prol. q. 1 (Ed. Venetiis 1520), f. 3rb G-H.

1.3 DIE BEGRIFFLICHE EINHEIT ALS VORAUSSETZUNG DER FORMAL-DISTINKTION UND DES WIDERSPRUCHSPRINZIPS

Wie deutlich wird, bestreitet der erste Einwand, den Mayronis diskutiert, den Anwendungsfall der Formaldistinktion auf das Verhältnis von Wesen und Relation dadurch, dass die Relation aufgrund der im Argument akzentuierten Bestimmung durch den Relationsterminus als nicht eigens unterscheidungsbedürftig gegenüber dem Wesen erscheint. Der zweite Einwand umgeht die Formaldistinktion dadurch, dass das notwendige Differenzierungsmoment nicht unmittelbar das Verhältnis von Wesen und Relation betrifft, sondern durch eine je andere Betrachtungsweise der Relation allein erfolgt. Auf diese Weise verläuft die Trennlinie nicht zwischen essentia und relatio, sondern innerhalb der Relation selbst, je nachdem nämlich, ob diese in der Perspektive des Fundamentes oder der des Terminus in den Blick kommt. Diese Argumentationsstrategie stellt für Mayronis eine besondere Herausforderung dar, weil sie die Anwendungsmöglichkeit des ersten zusammengesetzten Prinzips auf eine grundlegende Weise in Frage stellt. Dies geschieht dadurch, dass die Einheit des Subjektbegriffs, in diesem Fall des Begriffs der Relation, aufgelöst wird und so die Relation je nach Akzentuierung mit sich widersprechenden Prädikaten, nämlich mit dem Wesen identisch zu sein oder sich von diesem zu unterscheiden (idem cum essentia, distincta ab essentia), versehen wird. Die begriffliche Einheit, die durch das Widerspruchsprinzip gefordert wird, ist aber eine solche der formalen Gehalte und insofern hängt die Reichweite des Widerspruchsprinzips in einer grundlegenden Weise mit der Anwendungsmöglichkeit der Formaldistinktion zusammen. Bartholomaeus Mastrius stellt im 17. Jahrhundert ausdrücklich fest, dass die älteren Scotisten die Zurückführbarkeit der distinkten sachhaltigen Bestimmungen auf die sich im Sinne des Widerspruchsgesetzes ausschließenden Gehalte für das eigentliche Definiens einer distinctio ex natura rei halten – worunter die Formaldistinktion zu subsumieren ist –, wie sie in der älteren Scotistenschule vertreten wird. [281]

Dieser Zusammenhang wird durch einen zweiten Einwand in Frage gestellt, wenn dieser in einer gewissen Anlehnung an den ersten mit einer je unterschiedlichen Betrachtungsweise, in der auf die Relation Bezug genommen werden kann, argumentiert. Betrachtet man nämlich die Relation in ihrem Verhältnis zum Wesen, so behauptet dieses Argument, sind Relation

---

[281] Scotistae veteres, qui et formalistae nuncupati sunt, hanc materiam de identitatibus, et distinctionibus profundius penetrantes septem assignarunt genera distinctionum, ac totidem identitatum. [...] Secunda dicitur distinctio ex natura rei, et versatur inter ea, de quibus verificantur contradictoria ex natura rei, et praeter opus intellectus. MASTRIUS DE MELDULA, BARTHOLOMAEUS; BELLUTUS, BONAVENTURA, Philosophiae ad mentem Scoti cursus integer, Tomus quartus continens disputationes ad mentem Scoti in duodecim Aristotelis Stagiritae libros Metaphysicorum, pars prior, Disp. VI q. 7 n. 156 (Ed. Venetiis 1708), 274.

und Wesen uneingeschränkt identisch. Betrachtet man sie hingegen hinsichtlich ihres Endpunktes, ist die Relation distinkt vom Wesen.[282]
    In diesem Sinne verteidigt Franciscus in seiner durch vier Argumente
begründeten Widerlegung die Einheit des formalen Begriffs der Relation.
Denn nur unter Wahrung dieser Einheit bleibt die Formaldistinktion und
damit das Widerspruchsprinzip anwendbar. Den formalen Gehalten, auf die
sich die distinctio formalis stützt, so das erste Argument, entsprechen quidditative Begriffe. Diese Begriffe kommen aber einem Gegenstand unabhängig
davon zu, unter welcher besonderen Hinsicht dieser Gegenstand betrachtet
wird. Denn Gegenstände werden durch diese washeitlichen Bestimmungen
definiert, und diese Definitionen kommen ihnen durchgängig, d.h. nicht nur
unter einer bestimmten Hinsicht oder für einen bestimmten Zeitraum zu.
Was die Relation betrifft, so ist diese gerade dadurch definiert, dass sie auf
anderes bezogen ist. Und aus diesem Grund ist sie vom Wesen entsprechend
ihres quidditativen Begriffs unterschieden. Solange es sich also um eine Relation handelt, bleibt diese in ihrer Washeit bestimmt, die sich von der des
Wesens unterscheidet, unabhängig davon, ob man die Relation hinsichtlich
ihres Fundamentes oder ihres Terminus betrachtet.[283]
    Eine zweite Entgegnung, die Mayronis vorbringt, kehrt den Begrün-
dungszusammenhang um. Demnach lässt sich aus der Tatsache, dass das
Widerspruchsprinzip angewendet wird, schließen, dass das, von dem Gegen-
teiliges prädiziert wird, nicht gänzlich dasselbe sein kann, d.h. nicht durch
einen einheitlichen Begriff erfasst werden kann. Wenn man also von der
Relation in ihrem Verhältnis zum Wesen und im Verhältnis zum Terminus
sagt, sie werde unterschieden und sie werde nicht unterschieden, so muss es
sich bei diesen beiden Begriffen der Relation um nicht gänzlich denselben
handeln.[284] Nur unter der Voraussetzung, dass die Relation in Bezug zum
Wesen und die Relation im Bezug zum Relationsendpunkt nicht durch einen
einheitlichen Begriff erfasst wird, lässt sich von ihr Widersprechendes aussagen. Die hier vorausgesetzte Nichtidentität ist aber genau das, was im Sinne
der Formaldistinktion zu unterscheiden ist.
    Diesen Gedanken, dass die Prädikation von Gegenteiligem nicht in Be-
zug auf ein und dasselbe Subjekt erfolgen kann, sondern auf der Subjektseite

---

[282] Secundum dictum fuit quod relatio ut comparatur ad essentiam est totaliter idem cum ea et
       ut comparata ad terminum est distincta ab ea. FRANCISCUS DE MAYRONIS, Conflatus,
       Prol. q. 1 (Ed. Venetiis 1520), f. 3rb H.
[283] Quia quod competit alicui secundum suam quidditatem impossibile est quin sibi conveniat
       ad quodcumque comparetur quia diffinitio non potest a diffinito amitti. Relatio autem se-
       cundum suam quidditatem ut est ad aliud non est idem cum essentia numero, sed per eum
       distinguitur ab ea. Ergo quacumque comparatione facta dummodo maneat eadem quiddi-
       tas, manebit eadem distinctio. FRANCISCUS DE MAYRONIS, Conflatus, Prol. q. 1 (Ed. Ve-
       netiis 1520), f. 3rb H – 3va I.
[284] Secundo sic: extrema contradictionis non possunt eidem omnino applicari. Relationi autem
       comparatae ad esssentiam et relationi comparatae ad terminum extrema contradictionis
       applicantur, scilicet distingui et non-distingui. Ergo non sunt omnino idem. FRANCISCUS
       DE MAYRONIS, Conflatus, Prol. q. 1 (Ed. Venetiis 1520), f. 3va I.

immer schon eine Unterscheidung voraussetzt, greift die dritte Entgegnung auf, mit der Mayronis der Infragestellung der Formaldistinktion begegnet. Die sich ausschließenden Prädikate werden nämlich nicht von derselben Washeit ausgesagt, sondern zum einen von der Relation, die auf das Wesen hin betrachtet wird und deshalb mit diesem vollständig identisch ist, und zum anderen von der Relation, die auf den Terminus hin betrachtet wird. Das bedeutet aber, dass die sich widersprechenden Prädikate, die extrema contradicitonis, sich auf jeweils etwas anderes beziehen: zum einen auf die mit dem Wesen identische Relation, zum anderen auf die Relation, die sich auf den Relationsendpunkt bezieht.[285] Das entspricht aber genau der Ausgangssituation, die Mayronis durch die Annahme der formalen Unterschiedenheit von Relation und Wesen bezeichnet, nämlich dass Wesen und Relation jeweils unter einen distinkten washeitlichen Begriff fallen.

In einem abschließenden Argument stellt Franciscus fest, dass die unterschiedliche Perspektive, in der man die Relation betrachten kann, kein geeignetes Mittel ist, die formale Unterscheidung von Wesen und Relation auszuschließen. Eine solche Betrachtungsweise kann nämlich viererlei der Relation hinzufügen, wie Mayronis in einem Gedankenexperiment einräumt: a) entweder nämlich gar nichts, oder eine bloße Hinsicht (respectus), nämlich b) entweder eine bloß vom Verstand hervorgebrachte Hinsicht oder c) eine reale Hinsicht, oder es wird schließlich durch eine solche Betrachtungsweise d) jeweils etwas Absolutes hinzugefügt. Der erste Fall ist zu vernachlässigen, weil er an der Ausgangssituation nichts ändert, da dann die sich widersprechenden Bestimmungen aufgrund desselben Begriffs dem Subjekt innewohnen würden. Die Hinzufügung eines respectus rationis ist zur Stützung des Gegenargumentes nicht hinreichend, weil dadurch der sich ausschließende Charakter der Bestimmungen nicht aufrechterhalten wird. Dass es sich um eine Hinzufügung realer Hinsichten handelt, ist deshalb auszuschließen, weil man sonst zwei (reale) Hinsichten in einer einzigen hätte. Die letzte Möglichkeit, dass durch diese Betrachtung nicht eine Hinsicht, sondern etwas Absolutes hinzugefügt wird, kommentiert Mayronis durch den kurzen Hinweis „tunc idem quod prius". Gemeint ist offensichtlich, dass dann derselbe Fall vorliegt, wie der zuvor angenommene.[286]

Mit diesem Hinweis bezieht sich Franciscus offensichtlich auf seine bereits formulierten Widerlegungen, die der Sache nach darauf beruhen, dass

---

[285] Tertio quia si relatio comparata ad essentiam est ipsamet omnino essentia tunc alterum illorum duorum contradictoriorum fundatur super essentiam sicut supra relationem ad ipsam comparatam et alterum super ipsam relationem ad terminum comparatam; et tunc habemus extrema contradictionis in quiddiatate essentiae et relationis sed ad aliud et aliud necessario. FRANCISCUS DE MAYRONIS, Conflatus, Prol. q. 1 (Ed. Venetiis 1520), f. 3va I.

[286] Quarto quia ista alia et alia comparatio aut nihil addit ad relationem, et tunc secundum eandem rationem insunt illa extrema; aut additur respectus rationis, et hoc non quia per eos non salvantur contradictoria; aut reales, et tunc habemus duos respectus in uno; aut absoluta, et tunc idem quod prius. FRANCISCUS DE MAYRONIS, Conflatus, Prol. q. 1 (Ed. Venetiis 1520), f. 3va I.

die Ausrichtung der Relation auf ihren terminus eine von der essentia distinkte Washeit impliziert. Das bedeutet, dass eine Betrachtung der Relation als eines Verhältnisses auf einen terminus nur dadurch möglich ist, dass die Relation als solche diesen Bezug ihrem Wesen nach einschließt. Aus diesem Grund, so kann man die Argumente des Franciscus zusammenfassen, ist sie ihrem formalen Gehalt nach vom Wesen unterschieden. Der Versuch der Gegner, die Formaldistinktion in Gott dadurch vermeiden, dass sie den Unterschied von Wesen und Relation auf eine bloß perspektivische Betrachtung der Relation zurückführen, scheitert daran, dass eine solche Betrachtung von zwei distinkten formalen Gehalten ausgehen muss. Dies wird dadurch deutlich, so die durchgängig von Mayronis verfolgte Argumentationsstrategie, dass es sonst nicht möglich ist, das auch von den Gegnern unterstellte Beweisziel, hinsichtlich der Relation sich widersprechende Aussagen machen zu können – nämlich mit dem Wesen identisch zu sein und sich doch von diesem zu unterscheiden[287] – aufrecht zu erhalten.

Die Formaldistinktion wäre im vorliegenden Kontext nur dadurch zu vermeiden, dass sich einerseits der gemeinsame Begriffsgehalt von „Wesen" und „Relation" zeigen ließe und gleichzeitig der Bedeutungsgehalt der Relation deutlich würde, durch den sich diese andererseits gerade vom Wesen unterscheidet. Genau das ist aber nicht möglich. Es gibt keinen einheitlichen Begriff der dies leistet. Das macht Mayronis unter Anwendung zweier Syllogismen deutlich, die zeigen, dass das gegnerische Argument in Wirklichkeit nicht einen einheitlichen Begriff der Relation verwendet, sondern dass es sich hierbei genau betrachtet um zwei nicht kompatible formale Bestimmungen handelt. Dies zeigt Mayronis dadurch, dass er diese unterschiedlichen Bestimmungen auf ihr fundamentum divisionis zurückführt. Betrachtet man nämlich, so das erste Argument, eine relative Eigenschaft auf ihre Mitteilbarkeit (communicabilitas) hin, zeigt sich, dass ihr diese nur insofern zukommt, als sie auf das Wesen bezogen wird, ihr diese aber widerspricht, wenn sie auf den terminus hin betrachtet wird. Aus diesem Grund stellen die proprietas relativa comparata ad essentiam und die proprietas relativa comparata ad terminum nicht einen einzigen begrifflichen Gehalt dar, sondern sind so zu unterscheiden, dass der Begriff im ersten Fall mit der communicabilitas vereinbar ist, im zweiten Fall aber nicht. Die Mitteilbarkeit ist vergleichsweise der Testfall, an dem sich zeigt, dass es nicht um einen einheitlichen, sondern um zwei distinkte Begriffe geht.[288]

---

[287] Secundum dictum fuit quod relatio ut comparatur ad essentiam est totaliter idem cum ea et
ut comparata ad terminum est distincta ab ea. FRANCISCUS DE MAYRONIS, Conflatus,
Prol. q. 1 (Ed. Venetiis 1520), f. 3rb H.

[288] Primus est iste: Omnis proprietas relativa comparata ad essentiam est communicabilis.
Nulla proprietas relativa et comparata ad terminum est communicabilis. Ergo nulla proprietas relativa comparata ad terminum est proprietas relativa comparata ad essentiam.
FRANCISCUS DE MAYRONIS, Conflatus, Prol. q. 1 (Ed. Venetiis 1520), f. 3va I - K.

Der zweite Syllogismus ist strukturell wie das vorangehende Argument aufgebaut. Der entscheidende Begriffsgehalt, der in diesem Fall den Unterschied zwischen einer proprietas relativa comparata ad essentiam und einer proprietas relativa comparata ad terminum deutlich macht, ist die Unterscheidungskraft hinsichtlich der göttlichen Personen. Denn nur im zweiten Fall, wenn die relativierende Eigenschaft hinsichtlich ihres Endpunktes in den Blick kommt, stellt sie ein Differenzierungskriterium dar, das die göttlichen Personen voneinander abhebt. Im ersten Fall hingegen, d.h. unter Bezugnahme auf das göttliche Wesen, ist dies nicht der Fall. Es ist also offensichtlich, so die Schlussfolgerung, die sich daraus ergibt, dass eine personale Bestimmung, die in Bezug auf das göttliche Wesen betrachtet wird, auf etwas Entgegengesetztes bezogen ist.[289] Wie dieses Argument deutlich macht, kann auf dem beschriebenen Weg einer perspektivischen Deutung des Relationsbegriffs die Notwendigkeit einer formalen Unterscheidung zwischen göttlichem Wesen und den göttlichen Relationen nicht widerlegt werden.

Hat Mayronis mit diesen Argumenten deutlich gemacht, dass es notwendig ist, eine formale Distinktion zwischen dem göttlichen Wesen und den göttlichen Personen einzuräumen, so stellt sich jetzt im Gegenzug die Frage, wie weit diese Unterscheidung reicht. Bislang ist deutlich geworden, dass die Formaldistinktion Hand in Hand mit der Einheit formaler begrifflicher Gehalte geht. Diese Einheit entspricht dem, was auf begrifflicher Seite vorausgesetzt werden muss, damit das Widerspruchsprinzip seine Anwendung finden kann. Nur so ist es möglich, sinnvoll von einem Unterschied zwischen göttlichem Wesen und göttlichen Personen zu sprechen. Die Argumente, die Mayronis bislang angeführt hat, sind zwar auf die angesprochene theologische Problematik zugespitzt, doch liegt dem bisherigen Vorgehen eine allgemeine logische Argumentationsstrategie zugrunde, die es erlaubt, die erzielten Ergebnisse auf beliebige wissenschaftliche Kontexte anzuwenden.

Dies entspricht dem offenkundigen Grundanliegen des gesamten Prologs. Denn die Formaldistinktion erweist sich als Voraussetzung für die Anwendung des Widerspruchsprinzips in jeglicher Hinsicht. Die zuletzt geführte Diskussion der innertrinitarischen Problematik ist lediglich eine Folge des Anspruches der Theologie, als Wissenschaft ausweisbar zu sein. Der Grundzug, der sich in der Auseinandersetzung zeigt, die Franciscus mit den Gegnern der Formaldistinktion führt, besteht gerade darin, deren Argumente an einem allgemein verbindlichen Maßstab zu prüfen. Das entscheidende Kriterium, das hierbei in Geltung gesetzt wird, ist die Anwendbarkeit des ersten zusammengesetzten Prinzips, denn dieses spiegelt für Mayronis die Grundstruktur jeglichen Urteilens und, wie sich gezeigt hat, auch die jeglichen Begreifens wider. Im Satz formulierte Urteile, genauso wie in einem einzigen

---

[289] Secundo sic, nulla proprietas relativa comparata ad essentiam est distinctiva personarum. Sed omnis proprietas relativa comparata ad terminum est distinctiva personarum. Ergo nulla proprietas relativa comparata ad essentiam est proprietas relativa comparata ad oppositum. FRANCISCUS DE MAYRONIS, Conflatus, Prol. q. 1 (Ed. Venetiis 1520), f. 3va K.

Terminus zum Ausdruck kommende Begriffe rekurrieren letztlich auf eine
Einheit formaler Gehalte, deren Folge oder deren Gegenstück die gegenseitige Unterschiedenheit ist. Man kann in diesem Sinne die Formaldistinktion
als eine begriffslogische Explikation des Widerspruchsprinzips verstehen.

Doch welche weiteren metaphysischen Konsequenzen ergeben sich aus
diesen Annahmen hinsichtlich der Bedeutung und der Voraussetzungen der
Formaldistinktion? Insbesondere ist zu klären, wie weit diese reicht und inwieweit gewisse Ungeteiltheiten (indivisiones) angesichts dieser Annahmen
bestehen bleiben. Der ausgezeichnete Ort, wo diese Fragen von einer ganz
besonderen Virulenz sind, ist wiederum der innertrinitarische Kontext.

1.4 Die Reichweite der Formaldistinktion

Diese Auffassung von der Anwendung der Formaldistinktion auf die innertrinitarischen Zusammenhänge wird von Autoren, die Mayronis nicht selbst
beim Namen nennt, in einer leicht zu Missverständnissen Anlass gebenden
Weise auf gewisse Ungeteiltheiten (indivisiones) zurückgeführt.[290] Dies lässt
sich auf vier Annahmen zurückführen, die, wenn sie richtig verstanden werden, als wahr angenommen werden müssen. Die erste betrifft die unterschiedlichen Formen solcher indivisiones. Ungeteiltheiten können nämlich
einmal den Charakter des Absoluten und einmal den Charakter des Relationalen haben. In einem absoluten Sinne sind Dinge insofern ungeteilt, als sie
für sich betrachtet jeweils eines, d.h. ein Ungeteiltes sind. Eine indivisio
respectiva hingegen unterscheidet zwei Hinsichten in einer real identischen
res.[291] Die zweite Annahme ist die, dass diese indivisiones keinen eigenen
positiven Gehalt zum Ausdruck bringen, sondern lediglich den privativen
Aspekt betonen, dass etwas nicht geteilt ist, wie im Grunde genommen bereits
der Begriff der unitas impliziert.[292] Die letzten beiden Annahmen beziehen
sich schließlich auf die Anwendung dieser indivisiones auf die innertrinitarischen Verhältnisse. Hier ist zunächst festzuhalten, dass es in jeder der göttlichen Personen zwei indivisiones absolutae gibt, nämlich zum einen eine absolute Ungeteiltheit, wodurch das göttliche Wesen als eines betrachtet wird,
zum anderen eine absolute Ungeteiltheit, wodurch die göttlichen Personen

---

[290]   Vgl. ROTH, B., Franz von Mayronis, 317ff.

[291]   Primum est quod quaedam sunt indivisiones absolutae sicut illae quibus res quaelibet est in
        se indivisa; aliae respectivae sicut illae quibus res est eadem realiter aliter a quo realiter non
        distinguitur. FRANCISCUS DE MAYRONIS, Conflatus, Prol. q. 1 (Ed. Venetiis 1520), f. 3va
        K.

[292]   Secundum dictum est quod istae indivisiones nihil dicunt positivum sed sunt mere priva-
        tiones, sicut et unitates quae videntur quaedam indivisiones. FRANCISCUS DE MAYRONIS,
        Conflatus, Prol. q. 1 (Ed. Venetiis 1520), f. 3va K-L.

jeweils als eine betrachtet werden.[293] Beide indivisiones beziehen sich jeweils
auf eine innere Ungeteiltheit und sind deshalb als absolut zu betrachten.
Über diese beiden indivisiones absolutae hinaus gibt es, so die letzte Feststellung, eine indivisio zwischen dem Wesen und der Relation bzw. umgekehrt
zwischen der Relation und dem Wesen, denn beide stellen real eine einzige
res dar.[294] Während die ersten beiden indivisones jeweils eine innere Ungeteiltheit darstellen, sie sind nämlich jeweils ad se, so muss diese dritte Unge-
teilheit als eine indivisio ad aliud betrachtet werden, die zu den ersten beiden
hinzutritt[295].

Diese Annahmen scheinen Franciscus durchaus vernünftig zu sein. Allerdings werden sie nicht von allen richtig interpretiert. Es gibt nämlich einige, die nicht bereit sind, diese Ungeteiltheiten auf eine ursprüngliche Nichtidentität und Mehrheit zurückzuführen. Die Überlieferung dieser Text-
passage des *Conflatus* wirft einige Schwierigkeiten auf.[296] Die Drucke Venetiis
1520 und Treviso 1476, sowie einige Handschriften, unter anderem auch die
ansonsten zuverlässigen Codices Vat. lat. 894 f. 2va, Paris, bibl. nat. 15871 f.
2va und Assisi, Conv. 149 f. 2rb, verwenden hier die affirmative Formulierung, wonach die aliqui die indivisiones auf eine Nichtidentität zurückführen
wollen. Lediglich der Codex München, Clm 8854 f. 4ra hat an dieser Stelle
ein nachträglich gestrichenes „non", was für den Sinn unverzichtbar ist.[297]
Dass die von Mayronis zu widerlegende Gegenthese darin besteht, dass die
indivisiones eben nicht auf eine vorausgehende Nichtidentität zurückgeführt
werden, ist durch den Kontext zweifelsfrei festgestellt. Zum einen wird nur
durch diese Annahme die zentrale Bedeutung der Formaldistinktion in Frage
gestellt. Zum anderen zielen die Widerlegungen, die Mayronis daraufhin
formuliert,[298] genau auf die Infragestellung einer ursprünglichen Nichtidentität. Dies wird darüber hinaus in der zusammenfassenden Antwort deutlich,

---

[293] Tertium dictum est quod in qualibet persona divina sunt duae indivisiones absolutae quarum una est essentiae alia relationis quia quodlibet istorum est in se indivisum. FRANCIS-
CUS DE MAYRONIS, Conflatus, Prol. q. 1 (Ed. Venetiis 1520), f. 3va L.

[294] Quartum dictum est quod in qualibet persona divina est una alia indivisio relativa secundum quam essentia est indivisa a relatione et e converso quia sunt realiter idem. FRANCIS-
CUS DE MAYRONIS, Conflatus, Prol. q. 1 (Ed. Venetiis 1520), f. 3va L.

[295] Quod autem sunt ibi duae indivisiones primae probatur per primum principium complexum quia indivisio qua essentia divina est indivisa in se est in tribus personis et non
indivisio relationis. Quod autem praeter istas sit illa tertia probatur quia istae sunt ad se et
illa tertia est ad aliud, ergo necessario distinguuntur. FRANCISCUS DE MAYRONIS, Conflatus, Prol. q. 1 (Ed. Venetiis 1520), f. 3va L.

[296] Roth geht in seiner Darstellung auf dieses Problem nicht ein. Vgl. ROTH, B., Franz von
Mayronis, 317-318.

[297] Ista dicta sunt necessaria et demonstrabilia. Sed tamen quia aliqui sunt qui non [*add.*
München Clm. 8854] volunt istas indivisiones reducere in priorem non-identitatem et plu-
ralitatem [non-pluralitatem Y] aliquam se tenentem ex parte substrati et fundamenti illarum indivisionum, ideo arguo quadrupliciter contra eos. FRANCISCUS DE MAYRONIS, Conflatus, Prol. q. 1 (Ed. Venetiis 1520), f. 3va L.

[298] Vgl. FRANCISCUS DE MAYRONIS, Conflatus, Prol. q. 1 (Ed. Venetiis 1520), f. 3va L – 3vb
N.

die die eigene Auffassung des Franciscus in pointierter Form bietet. Demnach ist die Annahme solcher indivisiones durchaus zutreffend, allerdings müssen diese Ungeteiltheiten letztlich auf eine ursprüngliche Unterscheidung in einem Substrat zurückgeführt werden. Nimmt man eine solche Distinktion zwischen dem göttlichen Wesen und den personalen Eigentümlichkeiten an, ist es einsichtig, dass Gott es aufgrund seines absoluten Vermögens durchaus bewirken kann, dass sein Wesen genossen wird, ohne dass die deutlich erkannte göttliche Person ebenfalls Gegenstand des Genusses wird.[299]

Wie diese Formulierung deutlich macht, ist Franciscus durchaus bereit, die beschriebene Einheit bestimmter Gehalte, nämlich des göttlichen Wesens einerseits und der göttlichen Personen andererseits einzuräumen, wenn diese in sich bestehenden Einheiten einer Distinktion unterworfen werden, die diese gegeneinander abhebbar macht. Diese Distinktion gründet dann ihrerseits in einem Substrat oder einem Fundament, dessen reale Einheit dadurch nicht aufgehoben wird. Unterschieden sind die distinkten Gehalte des göttlichen Wesens und der Personen, so dass sie zum Zielpunkt sich widersprechender Akte werden können, nämlich einmal zum Gegenstand des Genießens und einmal zum Gegenstand einer Handlung der Enthaltung von jeglichem Genuss. Wie dieses Argument des Franciscus deutlich macht, spiegelt der Rückgriff auf das Gedankenexperiment der göttlichen potentia absoluta die Struktur des Widerspruchsprinzips selbst wider. Die Pointe besteht nämlich darin, dass nur, wenn essentia divina und persona divina jeweils einen distinkten formalen Gehalt haben, es überhaupt möglich ist, dass es die genannten sich widersprechenden Akte aufgrund der göttlichen potentia absoluta geben kann. Beide Akte beziehen sich dann eben auf distinkte Gegenstände, so dass kein logischer Widerspruch anzunehmen ist, der auch durch die göttliche Allmacht nicht zu umgehen wäre.

Wie dieses letzte Argument zeigt, ist die Theologie nicht allein durch einen allgemeinen wissenschaftstheoretischen Anspruch dem Widerspruchsgesetz unterworfen. Vielmehr impliziert die Tatsache, dass die Theologie auf eine Wirklichkeit bezogen ist, die selbst dem Widerspruchsprinzip als einer ontologischen Grundstruktur unterliegt, die Gültigkeit dieses Prinzips als einer fundamentalen wissenschaftstheoretischen Voraussetzung. Unterliegt das göttliche Handeln in der Weise dem Widerspruchsprinzip, dass sich ausschließende Handlungen nur dadurch möglich werden, dass die Gegenstände, auf die sich dieses Handeln bezieht, jeweils als distinkt angenommen werden müssen, so ergibt sich die Notwendigkeit, die Theologie als Wissenschaft auf das erste Prinzip zu gründen, allein schon aus ihrem Gegenstand.

---

[299] Apparet igitur mihi quod opinio de indivisionibus sit bona et vera, sed non sufficiens nisi reducatur ad distinctionem in substrato. Habita ergo distinctione aliquali inter essentiam et proprietatem apparet evidenter quod deus de potentia absoluta facere posset quod aliquis frueretur essentia et non persona clare videns. FRANCISCUS DE MAYRONIS, Conflatus, Prol. q. 1 (Ed. Venetiis 1520), f. 3vb N-O.

Wie der gesamte Aufbau der ersten Frage des Prologs deutlich macht, sind hierbei die Lehre vom Widerspruchsprinzip und die Formaldistinktion für Mayronis unmittelbar aufeinander bezogen. Aus der Anwendung des Widerspruchsprinzips folgt, dass überall da, wo sich ausschließende Prädikate verwendet werden, notwendig eine formale Distinktion auf Seiten der jeweiligen Subjekte vorliegen muss. Dies wird in der Anwendung auf die innertrinitarischen Verhältnisse besonders deutlich, denn in diesem Kontext zeigt Mayronis mit aller Konsequenz, wie die Anwendung etwa der Bestimmungen der communicabilitas und der non-communicabilitas notwendig die formale Distinktion von göttlichem Wesen und göttlichen Personen voraussetzt.

Wie gerade die Widerlegung der letzten Einwände, die eine ursprüngliche indivisio behaupten, zeigt, ist für Franciscus die Einheit eines begrifflichen Gehaltes nur aus der Unterschiedenheit gegenüber anderen formalen Bestimmungen heraus zu begreifen. In diesem Sinne setzt dann das Widerspruchsprinzip, das die Einheit möglicher Subjekt- und Prädikatbegriffe voraussetzt, auch die Formaldistinktion voraus, denn diese führt die geforderte indivisio auf eine ursprüngliche non-identitas zurück.

2 DAS SUBJEKT DES ERSTEN PRINZIPS

Nachdem die grundsätzliche Anwendbarkeit des ersten Prinzips auf die Theologie von Mayronis nachgewiesen wurde, stellt sich in einem nächsten Schritt die Frage, wie sich hierbei der Subjektbegriff des ersten Prinzips in seiner Anwendung auf Gott und das Geschaffene verhält. Näherhin ist danach zu fragen, ob es sich hierbei jeweils um denselben Begriff handelt. Dieser Frage geht Mayronis in q. 2 nach. Um das Ergebnis dieser Untersuchung zu spezifizieren, wird in q. 3 und q. 4 das Problem diskutiert, ob es sich hierbei jeweils um denselben Begriff handelt, je nachdem im Sinne welcher Wissenschaft das erste Prinzip interpretiert wird. Hierbei ist zu unterscheiden, ob es sich um das erste Prinzip der scientiae sermonicales handelt (q. 3), oder ob das erste Prinzip im Sinne der scientiae reales verstanden wird (q. 4).

2.1 BEGRIFF UND QUIDDITATIVER GEHALT

Um die für die weitere Untersuchung grundlegende Frage nach einem gemeinsamen Subjektbegriff des ersten Prinzips zu diskutieren, ist es zunächst notwendig, zu klären, was überhaupt ein Begriff ist. Dies geschieht in vier Feststellungen, die Mayronis der weiteren Erörterung vorausschickt. Wie sich im Weiteren zeigen wird, nimmt Franciscus mit diesen praeambula eine grundlegende Abgrenzung gegenüber der metaphysischen Grundoption vor, wie sie von Petrus Aureoli vertreten wird. Zwar nennt Mayronis an dieser Stelle Petrus Aureoli nicht explizit beim Namen, doch ist seine Position unschwer in den Thesen zu erkennen, von denen sich Franciscus deutlich distanziert.

Die erste Feststellung, die Franciscus trifft, ist die, dass der Begriff „conceptus" im Folgenden nicht den Erkenntnisakt selbst meint. Geht man von einer solchen Unterscheidung von conceptus und actus intelligendi aus, besteht für das in Frage stehende Problem keinerlei Schwierigkeit, wie Franciscus ohne weitere Erläuterung hinzufügt.[300] Diese erste Feststellung wendet sich offensichtlich gegen die Interpretation des Petrus Aureoli, der genau in diesem Sinne den Begriff als Akt des Verstandes interpretiert.[301] Die zweite Feststellung ist, dass unter einem Begriff nicht ein bloßes Gedankending, ein ens rationis, verstanden wird, weil im Folgenden nach einem wesentlichen Prädikat gefragt wird. Wenn nämlich nach einem Gott und Kreatur gemeinsamen Begriff des Seienden gefragt wird, zielt diese Frage auf einen quidditativen Begriff, weil weder Gott noch das Geschaffene washeitlich ein ens rationis sind.[302] Auch eine dritte Interpretationsmöglichkeit dessen, was ein Begriff ist, scheidet aus. Ein Begriff wird nämlich nicht angemessen als der in ein esse cognitum überführte Gegenstand verstanden. Denn in diesem Fall wäre er zusammengesetzt aus einem real Seienden, nämlich dem real existierenden Gegenstand, und einem Gedankending, nämlich dem Gegenstand als einem Erkannten. Das zusammengesetzte Ganze wäre aber selbst ein Gedankending, so dass es allein aufgrund der zweiten von Mayronis getroffenen Feststellung als exakte Beschreibung eines Begriffs ausscheidet.[303] Nachdem diese Möglichkeiten ausgeschlossen wurden, bestimmt Franciscus einen Begriff in affirmativer Hinsicht als die erkannte Washeit selbst, bei der der Erkenntnis-

---

[300] Primum quod non accipitur hic ‚conceptus' pro actu intelligendi quia tunc non est difficultas aliqua. FRANCISCUS DE MAYRONIS, Conflatus, Prol. q. 2 (Ed. Venetiis 1520), f. 4ra D.

[301] Quarta demum propositio, quod actus intellectus appelatur conceptio, inquantum aspicit rem formatam sub habitudine producentis, et sub habitudine eius, cui producitur in esse apparenti. Concipere enim est producere intra se; et ideo mas non concipit, sed femella, quia per actum intellectus res producitur in esse apparanti intra ipsum intelligentem, merito totum hoc appellatur conceptio, et res, sic posita, appelatur conceptus, et proles, et partus, actus autem intellectus, inquantum aspicit in ratione producentis rem huiusmodi apparentem, intantum appelatur formatio, vel expressio, vel generatio, vel dictio, vel locutio. Actus vero intellectus, inquantum est illud, cui res illa formatur, et cui producitur in esse apparenti, et relucenti, intantum dicitur intellectio, vel intuitio, vel visio, quod apparet ex nominum interpretatione. Dicitur enim intellectio, quod intus lectio, vel collectio pro eo, quod obiectum formatum colligitur infra intellctionem. Dicitur intuitio, quasi intus itio, et visio, quasi vadatio pro eo, quod mens intus itur, et vaditur ab obiecto, ut ita liceat loqui. PETRUS AUREOLI, In primum librum Sententiarum d. 9 a. 1 (Ed. Romae 1596), 323 a A – C.

[302] Secundum quod non accipitur hic conceptus pro ente rationis quia quaeritur de praedicato essentiali. Ens autem rationis non est tale praedicatum essentiale quia nec deus nec creatura est ens rationis quidditative. Quaerimus autem hic conceptum quidditativum. FRANCISCUS DE MAYRONIS, Conflatus, Prol. q. 2 (Ed. Venetiis 1520), f. 4ra D.

[303] Tertium quod non potest congrue accipi pro obiecto in esse cognito quia quicquid constituitur ex ente reali et ex ente rationis totum constitutum est ens rationis. Conceptus ergo, si esset de obiecto quod est ens reale et de obiecto quod est esse cognitum, cum hoc sit ens rationis, illud quod fieret ex istis esset ens rationis. FRANCISCUS DE MAYRONIS, Conflatus, Prol. q. 2 (Ed. Venetiis 1520), f. 4ra D.

akt seinen Endpunkt findet. In diesem Sinne ist ein Begriff ein quidditativer Gehalt, eine ratio quidditativa.[304]

Mit diesen Präambeln grenzt Mayronis seine eigene Interpretation dessen, was unter einem Begriff zu verstehen ist, gegen ein Verständnis ab, das mit je unterschiedlicher Akzentuierung den Realitätsstatus von Begriffen in einem gewissen Sinne zu reduzieren versucht. Für die Gegenposition, von der sich Franciscus abzugrenzen versucht, gilt zusammengefasst, dass das Wesen eines Begriffs in Abhängigkeit von einem erkennenden Vermögen gedacht wird. Der erste diskutierte Fall identifiziert den Begriff mit dem Akt des Erkenntnisvermögens selbst. Die zweite Interpretation, wonach ein Begriff als ens rationis verstanden wird, lässt im Detail offen, in welcher Weise die Abhängigkeit des Begriffs vom Verstand besteht. Doch ist eindeutig, dass die Begriffe nach diesem Verständnis ausschließlich aus ihrer Hervorbringung durch die ratio gedacht werden. Durch diese Anknüpfung an das Moment ihres Bewirktwerdens durch den Verstand geht nach Mayronis ihr washeitlicher Gehalt verloren, in dem Sinne nämlich, dass sie keinen wirklichen Bezug zur Quidditas der erkannten Gegenstände haben. Die dritte der diskutierten Möglichkeiten verknüpft die Begriffe zwar mit den durch diese bezeichneten Gegenständen, doch tut sie dies nur in einer abgeschwächten Form. Denn die Begriffe werden nur insofern mit den Gegenständen identifiziert, als diese Gegenstände in ihrem Erkanntsein betrachtet werden. Ihr Erkanntsein hängt aber wiederum vom Verstand ab, so dass der realistische Objektbezug (de obiecto quod est ens reale) letztlich davon abhängt, dass dieser Gegenstand durch den Verstand erkannt wird. Dieser fundamentale Bezug zum Verstand, so argumentiert Mayronis, hebt das realistische Moment dieser Interpretation letztlich auf und führt auf diese Weise doch zu einem Verständnis des Begriffs als eines ens rationis.

Die Auffassung, die Mayronis für das Weitere zugrunde legen will, interpretiert einen Begriff als den washeitlichen Gehalt, auf den ein Erkenntnisakt bezogen ist. Der Begriff wird also nicht unabhängig vom Erkennen gedacht, doch versteht Mayronis ihn in gewisser Weise als das, was dem actus intelligendi voraus liegt. Denn der terminus, auf den sich das Erkennen bezieht, wird nicht durch den Vollzug der Erkenntnis erst hervorgebracht, sondern er ist eben der Endpunkt, auf den die Erkenntnis als eine Relation bezogen ist. Entscheidend ist hierbei, dass bei einer solchen Relation die Relationsglieder in ihrem washeitlichen Bestand nicht voneinander abhängen. Die Akzentuierung, dass ein Begriff mit der quidditas identifiziert wird, „bei der der Erkenntnisakt an sein Ende kommt" (ad quam terminatur actus intelligendi),[305] bedeutet demnach vor allem eine Betonung des vom Verstand unabhängigen quidditativen Gehaltes eines Begriffs.

---

[304] Quartum quod accipitur hic ,conceptus' pro quidditate cognita ad quam terminatur actus intellectus vel pro ratione quidditativa ad quam terminatur actus intelligendi. FRANCISCUS DE MAYRONIS, Conflatus, Prol. q. 2 (Ed. Venetiis 1520), f. 4ra D.

[305] Vgl. FRANCISCUS DE MAYRONIS, Conflatus, Prol. q. 2 (Ed. Venetiis 1520), f. 4ra D.

Will man die Differenz dieser Auffassung des Franciscus gegenüber der
von ihm abgelehnten Haltung charakterisieren, so scheint es bei diesem Unterschied nicht so sehr um eine mehr oder weniger den Realitätsstatus betonende Haltung zu gehen. Vielmehr steht die unterschiedliche Akzentuierung
der Objektivität der Begriffe im Vordergrund. Die Hauptthese, die Mayronis
in den vorliegenden Präambeln vertritt, besteht demnach vor allem darin,
dass Begriffe sich auf objektive Gehalte beziehen bzw. mit diesen identisch
sind und zwar solchen Gehalten, die vom Wirken des Erkenntnisvermögens
unabhängig sind, und das heißt, die einen von der ratio als dem Vermögen
distinkten Inhalt haben. Mit dieser These ist über die Hervorbringungsweise
von Begriffen im Grunde genommen noch gar nichts gesagt. Was Franciscus
also in seiner ablehnenden Haltung der ersten drei Präamblen kritisiert, ist
vor allem die hierin implizierte Relativierung des objektiven Gehaltes von
Begriffen. Der mit der Hervorbringungsweise verknüpfte Realitätsstatus steht
bislang keineswegs im Vordergrund der Diskussion. Versteht man unter einer
Objektivierung eine Betonung der inhaltlichen Bestimmung von Begriffen
und unter der Forcierung des Realitätsstatus von Begriffen eine Akzentuierung ihrer ontologischen Realisierung, so erweist sich die von Mayronis in
den Eingangspassagen von q. 2 geführte Diskussion als ein Disput um die
Objektivität von Begriffen. Das Problem des Realitätsstatus von Begriffen
wird von Franciscus allein unter der Perspektive ihrer Objektivität geführt.
Das macht vor allem die von Franciscus angeführte Widerlegung der zweiten
Interpretationsmöglichkeit deutlich. Denn als entia rationis dürfen die Begriffe deshalb nicht verstanden werden, so das entscheidende Argument, das
Mayronis an dieser Stelle nennt, weil damit der washeitliche Gehalt der Begriffe in Frage gestellt wird, also ihre Objektivität zur Diskussion stünde. Man
kann diesen Sachverhalt auch dadurch zum Ausdruck bringen, dass Mayronis in diesem Kontext insofern eine realistische Position vertritt, als er den
objektiven Gehalt von Begriffen zu wahren versucht. Diese Perspektive bestätigt sich auch im Folgenden, wenn Franciscus entsprechende Konsequenzen
aus seinen Eingangsbemerkungen zieht.

2.2 DIE BEGRÜNDUNG DER UNIVOKEN PRÄDIKATION DES CONCEPTUS ENTIS

Unterstellt man diese von Franciscus vertretene Interpretation dessen, was
Begriffe sind, so lässt sich hinsichtlich des Subjektes des ersten Prinzips, näm-
lich in Bezug auf den conceptus entis, eine weitreichende Feststellung treffen:
Dieser Begriff ist nämlich, so folgert Mayronis aus den eingangs getroffenen
Annahmen, ein einziger und univoker Begriff, der von Gott und dem Ge-
schaffenen ausgesagt wird.[306] Diese Annahme eines univoken Begriffs, der

---

[306]   Dico ergo istis suppositis quod subiectum primi principii quod est ens habet conceptum
         unum univocum deo et creaturae. FRANCISCUS DE MAYRONIS, Conflatus, Prol. q. 2 (Ed.
         Venetiis 1520), f. 4rb E.

sowohl auf Gott als auch auf das Geschaffene angewendet werden kann, ergibt sich aus der bereits in den Präambeln eingeschlagenen Argumentationsstrategie. Wenn man nämlich Begriffe von ihrem washeitlichen Gehalt her denkt, was Franciscus erklärtermaßen tut, dann muss das Subjekt des ersten Prinzips in einem Begriff bestehen, der, was seinen washeitlichen Inhalt betrifft, ein einziger ist. Ein solcher Begriff wird notwendigerweise unter demselben Sinngehalt prädiziert, denn nur durch diesen ist er der Begriff, der er ist. Wird dieser Begriff also jeweils von Gott und der Kreatur ausgesagt, kann dies nur unter ein und demselben Sinngehalt geschehen. In beiden Anwendungsfällen handelt es sich also um denselben Begriff, der univok prädiziert wird.

Der Beweis, den Franciscus für seine These von der univoken Prädikation des conceptus entis liefert, entspricht ausdrücklich dem ersten Univokationsargument des Duns Scotus. Franciscus beschränkt sich seinerseits auf den ersten Teil dieses Argumentes, wobei er durchaus die Vertrautheit mit der gesamten Begründung, die Scotus selbst gibt, voraussetzen kann, wie u.a. auch die selbstverständliche Etikettierung des ersten scotischen Univokationsbeweises als regula nahelegt. Demnach gilt, dass jeder Verstand, der hinsichtlich eines Begriffs sicher und hinsichtlich zweier im Zweifel ist, sich im ersten Fall, wo er sicher ist, auf einen anderen Begriff bezieht als im zweiten, wo er zweifelhaft ist.[307] Die Pointe dieses Teilargumentes besteht zunächst darin, dass es sich in beiden Fällen um zwei distinkte Begriffe handelt.

Diese Annahme ist deshalb wichtig, wie die ausführliche Darlegung bei Johannes Duns Scotus deutlich macht, weil aus diesem Grund aus der Tatsache, dass man an der Bestimmung des Endlichen oder des Unendlichen in Bezug auf Gott zweifeln kann, nicht auf die Zweifelhaftigkeit des jeweils zugrundeliegenden Begriffs des Seienden geschlossen werden kann.[308] Indem auf diese Weise der allgemeine Begriff des Seienden von den jeweils spezifischen Begriffen des endlichen und des unendlichen Seienden unterschieden wird, steht damit ein conceptus zur Verfügung, der univok von Gott und dem Geschaffenen ausgesagt werden kann. Dies ist nur dadurch möglich, dass

---

[307] Supposita una regula doctoris nostri quae est talis. Quandoque aliquis intellectus est certus de uno conceptu et dubius de duobus, habet conceptum illum de quo est certus alium a duobus de quibus est dubius. FRANCISCUS DE MAYRONIS, Conflatus, Prol. q. 2 (Ed. Venetiis 1520), f. 4rb E.

[308] Et univocationem sic intellectam probo quintupliciter. Primo sic:omnis intellectus, certus de uno conceptu et dubius de diversis, habet conceptum de quo est certus alium a conceptibus de quibus est dubius; subiectum includit praedicatum. Sed intellectus viatoris potest esse certus de Deo quod sit ens, dubitando de ente finito vel infinito, creato vel increato; ergo conceptus entis de Deo est alius a concepto isto et illo, et ita neuter ex se et in utroque illorum includitur; igitur univocus. JOHANNES DUNS SCOTUS, Ord. I d. 3 p. 1 q. 1-2 n. 27 (Ed. Vat. III), 18.

dieser Begriff von der näheren Bestimmung des Unendlichen und des Endlichen befreit ist. Dieser Begriff ist dann insofern sicher, als er die zweifelhaften Bestimmungen nicht enthält, weil er als der Begriff, der auf den Sinngehalt des Seienden beschränkt ist, keine weitere modale Charakterisierung in Bezug auf Endlichkeit und Unendlichkeit impliziert.

Die scotische regula bedarf keines weiteren Beweises, sondern wird lediglich in vier sich anschließenden declarationes erläutert. Die erste Erklärung zielt offensichtlich gegen die im Argument unterstellte Annahme, dass die epistemischen Möglichkeiten, in denen ein Begriff dem Verstand begegnen kann, durch die Disjunktion, dass es sich entweder um einen sicheren oder einen zweifelhaften Begriff handeln müsse, hinreichend erfasst sind. Stellt man nämlich fest, dass es sich bei dem in Frage stehenden Begriff nicht um einen zweifelhaften Begriff handelt, so ist der Schluss darauf, es müsse sich demnach um einen sicheren handeln, nur dann zulässig, wenn neben den beiden genannten keine dritte Möglichkeit existiert. Diese Voraussetzung soll durch die folgende Erläuterung des Franciscus plausibilisiert werden. Geht man nämlich davon aus, so die erste Erklärung, dass jeder allgemeine Begriff entweder univok oder äquivok ausgesagt wird, so lässt sich die implizite Annahme des Argumentes dadurch rechtfertigen, dass die behauptete vollständig disjunktive Unterscheidung eines conceptus certus und eines conceptus dubius dadurch belegt wird, dass es kein mittleres zwischen diesen beiden Prädikationsweisen geben kann. Dieses Argument richtet sich historisch vermutlich gegen die bereits von Duns Scotus kritisierte Interpretation des conceptus entis, die Heinrich von Gent gibt. Nach dessen Auffassung stellt der von Gott und Kreatur prädizierte Begriff des Seienden in diesem Sinne ein mittleres zwischen einem univok und einem äquivok verwendeten Begriff dar, was sich dann als Fall analoger Prädikation interpretieren lässt.[309] Zur Begründung der vollständig disjunktiven Unterscheidung durch die Prädikationsweisen des Univoken und des Äquivoken verweist Mayronis darauf, dass beide durch unmittelbar entgegengesetzte Definitionen erfasst werden.[310]

Auch die zweite Erläuterung, die Franciscus gibt, enthält einige nicht explizit gemachte Annahmen. Jener Begriff nämlich, so formuliert Mayronis unter Bezugnahme auf den conceptus certus, als den das scotische Argument den Begriff des Seienden thematisiert, ist notwendig den anderen Begriffen, gemeint sind die zweifelhaften Begriffe des endlich und des unendlich Seien-

---

[309]   Et ideo absolute dicendum quod esse non est aliquid commune reale in quo Deus communicet cum creaturis, et ita si ens aut esse praedicatur de Deo et creaturis, hoc est sola nominis communitate, nulla rei, et ita non univoce per definitionem univocorum, nec tamen pure aequivoce, secundum definitionem aequivocorum casu, sed medio modo ut analogice. HEINRICH VON GENT, Summa quaestionum ordinariarum a. 21 q. 2 (Ed. Badius I), Paris 1520, fol. 124r F.

[310]   Haec regula quadrupliciter declaratur, primo sic: Suppono enim quod omne commune vel est univocum vel est aequivocum. Hoc probo primo quia quorum diffinitiones sunt per opposita immediata, illa sunt immediata. Tales sunt diffinitiones univoci et aequivoci, ergo etc. FRANCISCUS DE MAYRONIS, Conflatus, Prol. q. 2 (Ed. Venetiis 1520), f. 4rb E.

den, übergeordnet. Jeder Begriff, der in dieser Weise übergeordnet ist, ist aber ein solcher, der im Sinne eines univoken Begriffs mitgeteilt wird.[311] Der Sinngehalt des Seienden ist nämlich in den zusammengesetzten Begriffen des endlich und des unendlich Seienden enthalten und in diesem Sinne mitgeteilt worden, ohne dass der Inhalt der ratio entis als Teilmoment dieser Begriffe jeweils ein anderer wäre. Der Zweifel, der sich auf die näheren Bestimmungen des Endlichen und des Unendlichen bezieht, – so ist nach dieser Erklärung das scotische Argument zu verstehen – ist nur dadurch möglich, dass diese Charakterisierungen auf ein und denselben Begriffsgehalt, nämlich den allgemeinen Begriff des Seienden, bezogen werden. Andernfalls wäre es gar nicht möglich, sinnvoll die Frage zu stellen, ob es sich bei einem Seienden um ein ens infinitum oder ein ens finitum handelt. Der Sachverhalt, der in dieser zweiten Erklärung durch Mayronis thematisiert wird, erfährt in der dritten Erläuterung eine weitergehende Präzisierung: Jeder Verstand nämlich, so heißt es, der über einen sicheren Begriff verfügt, der mit zwei anderen Begriffen vereinbar ist, verfügt damit über einen mitteilbaren Begriff. Denn wenn der Inhalt des einen nicht den näheren Bestimmungen der anderen beiden Begriffe widerspricht, so kann dieser eine Begriff den beiden anderen mitgeteilt werden. Dieser Begriff kann dann als Teilbestimmung in die dann zusammengesetzten Begriffe einfließen. Aber jeder Begriff, der in zwei weitere Begriffe als Teilbestimmung eingeht, tut dies als eben dieser Begriff, d.h. unter Beibehaltung seines ursprünglichen Inhaltes. Aus diesem Grund ist jeder mitteilbare Begriff als solcher univok.[312] Mitteilbar ist der übergeordnete Begriff des Seienden dadurch, dass er hinsichtlich der Bestimmungen, durch die er spezifiziert werden kann, selbst unbestimmt ist. Gerade auf dieser Tatsache beruhen die zuvor angesprochenen Eigenschaften dieses Begriffs, mit anderen vereinbar (compossibilis) und mitteilbar (communicabilis) zu sein. Dass ein Begriff durch andere Begriffe in der einen oder der anderen Weise näher bestimmt wird, setzt aber voraus, dass der an sich unbestimmte Begriffsgehalt in beiden Fällen jeweils derselbe ist. Dies bedeutet, dass es sich um einen univoken Begriff handelt, der in seiner Unbestimmtheit zwar gewiss, doch hinsichtlich seiner näheren Bestimmungen zunächst ungewiss ist.[313] Lehnte man die univoke Prädikation ab, würde nach dieser Erklärung

---

[311] Secundo declaratur sic. Ille conceptus non potest concipi ab intellectu nisi vel ut inferior vel aequalis vel ut superior [aliis conceptibus dubiis *add.* Y]; sed non ut inferior nec ut aequalis, igitur ut superior aliis conceptibus. Maior patet per sufficientem divisionem. Minor etiam patet, sed omnis superior conceptus communicabilis est univocus, ergo etc. FRANCISCUS DE MAYRONIS, Conflatus, Prol. q. 2 (Ed. Venetiis 1520), f. 4rb E-F.

[312] Tertio sic. Omnis intellectus qui habet unum conceptum certum compossibilem duobus concipit illum ut communicabilem illis; sed omnis conceptus communicabilis sic est univocum, ergo etc. FRANCISCUS DE MAYRONIS, Conflatus, Prol. q. 2 (Ed. Venetiis 1520), f. 4rb F.

[313] Quarto sic. Quia intellectus habens conceptum indeterminatum [determinatum Vat. lat. 894] respectu aliquorum determinatorum habet conceptum univocum respectu illorum; sed intellectus certus de uno et dubius de duobus est huiusmodi, ergo etc. FRANCISCUS DE MAYRONIS, Conflatus, Prol. q. 2 (Ed. Venetiis 1520), f. 4rb F.

nicht ein Begriff näher bestimmt, sondern zwei Begriffe unverbunden nebeneinander gestellt.

Fasst man die von Mayronis angeführten Erläuterungen zusammen,
nimmt das scotische Argument die folgende Form an:

„Jeder Verstand, der gewiss ist hinsichtlich eines Begriffs und zweifelhaft
hinsichtlich zweier, hat jenen Begriff, hinsichtlich dessen er gewiss ist,
der ein anderer und univoker [Begriff ist] hinsichtlich jener, in Bezug auf
die er zweifelhaft ist. Aber viele waren gewiss, dass Gott ein Seiendes ist,
und zweifelten, ob das erste oder nicht das erste, ob endlich oder unendlich; also ist der Begriff des Seienden in Bezug auf jene [Bestimmungen]
univok."[314]

Diese Formulierung entspricht weitgehend dem Wortlaut, den Scotus
selbst in der Ordinatio wählt.[315] Gegen dieses Argument können aber aus
Sicht verschiedener Wissenschaften Einwände vorgebracht werden. Insgesamt diskutiert Mayronis vier zum Teil komplexe Gegenargumente, die aus
der Perspektive der Logik, der Naturphilosophie, der Metaphysik und der
Theologie formuliert sind. Unter logischen Gesichtspunkten scheint gegen
das scotische Univokationsargument zu sprechen, dass es gleichermaßen auf
äquivok ausgesagte Begriffe angewendet werden kann. Denn ist man sich
einerseits sicher, dass ein Hund läuft, und zweifelt andererseits, ob es sich
hierbei um das Lebewesen Hund, den bellenden Hund, wie es im Anschluss
an das aristotelische Beispiel heißt, oder um den anderen Hund, nämlich das
gleichnamige Sternbild handelt, so bezieht sich das sichere Wissen eben doch
nicht auf einen univoken, sondern auf einen äquivoken Begriff.[316] Das gleiche
Ergebnis stellt sich ein, wenn man ein sicheres Wissen hinsichtlich der Gesundheit unterstellt und einen Zweifel darüber einräumt, ob es sich hierbei
um die Gesundheit handelt, die man vom Urin, nämlich als Zeichen der
Gesundheit prädiziert, oder ob es sich um die entsprechende Verfassung
eines Lebewesens handelt, das man in einem direkten Sinne als gesund bezeichnet.[317] Wie dieser Einwand deutlich macht, scheint das scotische Argument nicht nur daran zu scheitern, dass es auf den Fall der äquivoken Prädikation anzuwenden ist, sondern darüber hinaus auch die analog ausgesagten
Begriffe einschließt.

---

[314] Reducatur ergo sic in forma. Omnis intellectus certus de uno conceptu et dubius de duobus
       habet conceptum illum de quo est certus alium et univocum respectu illorum de quibus est
       dubius. Sed multi fuerunt certi quod deus est ens et dubitaverunt utrum primum vel non
       primum, finitum vel infinitum; ergo conceptus entis est univocus respectu illorum. FRAN-
       CISCUS DE MAYRONIS, Conflatus, Prol. q. 2 (Ed. Venetiis 1520), f. 4rb F.
[315] Vgl. JOHANNES DUNS SCOTUS, Ord. I d. 3 p. 1 q. 1-2 n. 27 (Ed. Vat. III), 18.
[316] Et primo impediendo eam logicaliter quia aeque videtur concludere in aequivoco sicut in
       univoco quia possum esse certus quod canis currit et [et sic esse certus et add. Vat. lat. 894]
       tamen dubitare de quo, si de latrabili vel de alio. FRANCISCUS DE MAYRONIS, Conflatus,
       Prol. q. 2 (Ed. Venetiis 1520), f. 4rb G.
[317] Item, aliquis potest esse certus de sanitate quod inest, et tamen dubitare utrum urinae vel
       animali. FRANCISCUS DE MAYRONIS, Conflatus, Prol. q. 2 (Ed. Venetiis 1520), f. 4rb G.

Die Entgegnung des Franciscus übernimmt diese Differenzierung von äquivoker und analoger Prädikation nicht und diskutiert beide Möglichkeiten unter dem gemeinsamen Titel der Äquivokation. Seine Widerlegung richtet sich in beiden Fällen gegen die Annahme eines sicheren Wissens in Bezug auf einen Begriff, im ersten Fall den des Hundes, im zweiten den der Gesundheit. Der entscheidende Einspruch richtet sich dagegen, dass sich dieses Wissen jeweils auf einen Begriff im engeren Sinne bezieht. Genau dies ist nämlich nicht der Fall. Die Gewissheit betrifft in Wirklichkeit lediglich die nach Belieben eingesetzten Wörter, aber keine wirklichen Begriffe, die diesen Wörtern korrespondieren. Die Äquivokation kommt ja gerade dadurch zustande, dass ein einziges Wort für zwei gänzlich verschiedene Gehalte, im Fall der Äquivokation, oder zwei nur ähnliche Inhalte, im Fall der Analogie, verwendet wird. Das ist bei der univoken Prädikation grundlegend anders; denn hier bezieht sich die Gewissheit der Erkenntnis jeweils auf einen Begriff, dessen Inhalt bei allen, die diesen Begriff erfassen, derselbe ist. Alle, die sich sicher sind, dass Gott ein Seiendes ist, ohne dass sie eine Gewissheit darüber haben, ob dieses endlich oder unendlich ist, alle diese beziehen sich auf einen einzigen Begriffsgehalt, der aus diesem Grunde ein univoker ist.[318]

Ein zweiter Einwand, der aus der Perspektive der Naturphilosophen erhoben werden kann, betrifft den Begriff der Seele. Ist man sich nämlich einerseits sicher, dass die Seele den Körper belebt, so zweifelt man doch andererseits daran, ob die Seele selbst etwas Körperliches oder etwas Geistiges ist, wobei corpus und spiritus keine gemeinsame Bestimmung einschließen.[319] Wenn nach dieser Voraussetzung Körper und Geist nichts gemeinsam haben, kann von beiden auch nicht ein Begriff in einem univoken Sinne ausgesagt werden. Die Entgegnung des Franciscus hält diesem Einwand entgegen, dass sich die Gewissheit der Naturphilosophen nicht auf den spezifischen Begriff bezieht, sondern nur auf den von ihnen geteilten Begriff der Seele, wie er aus den allgemein geteilten Bestimmungen hervorgeht. Ein solcher Begriff könne dann durchaus univok verstanden worden sein.[320]

Desgleichen könnte man aus naturphilosophischer Sicht einwenden, dass die Gewissheit bezüglich der Annahme, dass Gott notwendiges Sein besitzt, und die Ungewissheit hinsichtlich der Frage, ob dieses endlich oder

[318] Ad primum respondetur breviter dico quod de aequivoco, scilicet de cane et sanitate, quod nulla est certitudo nisi de voce, non autem de aliquo conceptu. Philosophi autem non solum fuerunt certi quod deus est ens, scilicet de illa voce, sed de conceptu uno correspondente isti voci quae est imposita ad placitum. Conceptus autem idem est apud omnes. FRANCISCUS DE MAYRONIS, Conflatus, Prol. q. 2 (Ed. Venetiis 1520), f. 4rb H.

[319] Secundo impeditur physice quia philosophi certi fuerunt quod anima informat corpus et quod corpus est animatum; et tamen dubitaverunt utrum anima esset corpus vel spiritus quibus nihil est commune. FRANCISCUS DE MAYRONIS, Conflatus, Prol. q. 2 (Ed. Venetiis 1520), f. 4rb G.

[320] Ad aliud de anima dico quod non fuerunt certi de aliquo conceptu specifico, sed solum de conceptu quem habuerunt de anima; et ille conceptus erat ex communibus et ut sic forte erat univocus. FRANCISCUS DE MAYRONIS, Conflatus, Prol. q. 2 (Ed. Venetiis 1520), f. 4rb H.

unendlich ist, nicht auf einen univoken Begriff des necesse esse schließen lassen. Denn offensichtlich ist der Begriff des notwendigen Seins nicht univok in Bezug auf das Endliche und das Unendliche.[321] Die Widerlegung dieses Argumentes zwingt Mayronis zu einer entscheidenden Präzisierung der scotischen regula. Diese Regel gilt nämlich nur insofern, so stellt Franciscus fest, als dass eine wesentliche Ordnung zwischen den darin angesprochenen sicheren und zweifelhaften Begriffen besteht. Diese Ordnung sieht vor, dass zwar einerseits der sichere Begriff mit anderen Begriffen zusammen bestehen kann, die entweder selbst auch sicher oder eben zweifelhaft sind. Umgekehrt ist dieses Verhältnis allerdings auszuschließen; denn es ist unmöglich, dass der übergeordnete Begriff selbst zweifelhaft ist, während die untergeordneten als gewiss gelten. Wendet man diese Spezifizierung des scotischen Univokationsargumentes auf den vorliegenden Einwand an, zeigt sich dessen Ungültigkeit. Denn die in der Kritik enthaltene Annahme, dass eine Unsicherheit hinsichtlich des Begriffs der Notwendigkeit besteht, während man hinsichtlich des Endlichen durchaus sicher sein kann, zeigt, dass dieser Fall auch durch die scotische Regel selbst als Beweis der univoken Prädikation des Begriffs der Notwendigkeit ausgeschlossen wird. Die Nichtanwendbarkeit der scotischen Regel auf die im Einwand genannten Begriffe verdeutlicht das Beispiel des Himmels, der mit Sicherheit als endlich bestimmt wird, wobei durchaus Zweifel möglich sind, ob dieser notwendig oder nur möglich ist.[322] Anders als im Fall des Begriffs des Seienden umfasst der Begriff des Notwendigen nicht den gesamten Bereich dessen, was durch das Begriffspaar endlich-unendlich beschreibbar ist.

Hinsichtlich des Begriffspaares endlich-unendlich kann mit demselben Argument auch gegen zwei in metaphysischer Perspektive vorgebrachte Einwände argumentiert werden.[323] Denn die Disjunktion endlich oder unendlich ist auch nicht durch die Begriffe der Ewigkeit der Welt oder eines als causa prima verstandenen Gottes vollständig expliziert.[324] Ewigkeit und Primärur-

---

[321]   Item, fuerunt certi quod deus sit necesse esse et dubitaverunt utrum finitum vel infinitum; et tamen necesse esse non est univocum respectu finiti vel infiniti. FRANCISCUS DE MAYRONIS, Conflatus, Prol. q. 2 (Ed. Venetiis 1520), f. 4rb G.

[322]   Ad aliud de necesse esse est notandum quod regula illa de conceptu certo et dubio accipit ordinem essentialem ut ille conceptus qui est certus sic aliis existentibus dubiis vel certis quod impossibile est ipsum esse dubium aliis existentibus certis et non e converso. Hoc dico patet ad instantiam. Quia non sic se habet necesse ad finitum vel infinitum quia potest haberi certitudo de finito et dubitari de necesse vel possibile, sicut de caelo. FRANCISCUS DE MAYRONIS, Conflatus, Prol. q. 2 (Ed. Venetiis 1520), f. 4rb H – 4va I.

[323]   Et eodem modo de aeterno possunt esse certi et dubitare de infinito et e converso. Et sic patet ad illud. FRANCISCUS DE MAYRONIS, Conflatus, Prol. q. 2 (Ed. Venetiis 1520), f. 4va I.

[324]   Tertio impeditur metaphysice quia philosophi certi fuerunt de aeternitate mundi, dubitaverunt autem de finitate vel infinitate; et tamen aeternitas non est univoca finito vel infinito. Item, philosophi fuerunt certi deum esse causam primam, dubitaverunt autem de finitate vel infinitate; et tamen prima causa non univocatur finito et infinito. FRANCISCUS DE MAYRONIS, Conflatus, Prol. q. 2 (Ed. Venetiis 1520), f. 4rb G - H.

sache sind keine Begriffe, die notwendig von all dem prädiziert werden, was entweder als endlich oder unendlich zu begreifen ist. Aus diesem Grund kann nach der scotischen Regel im Sinne der metaphysischen Einwände nicht auf die Univokation der genannten Begriffe geschlossen werden, wenn man das scotische Argument in der Weise, wie Mayronis das tut, durch die Annahme einer essentiellen Ordnung der betroffenen Begriffe ergänzt.

Ein letzter Typ von Einwänden wird von seiten der Theologie erhoben. Die in der Theologie verwendeten Begriffe des Vermögens (potentia) und der Eigenschaften (proprietates), können insofern als sicher gelten, als man nicht daran zweifelt, dass die Seele Vermögen besitzt bzw. die göttlichen Personen durch entsprechende Eigentümlichkeiten konstituiert werden. Doch hegt man in der Theologie durchaus Zweifel, ob die angesprochenen Vermögen den Status von Substanzen oder von Akzidenzien haben, bzw. ob die genannten Eigenschaften einen relationalen Charakter haben oder doch als absolute Bestimmungen zu verstehen sind. In beiden Fällen trifft es aber nicht zu, so der Einwand, dass die Begriffe des Vermögens und der Eigenschaften univok von Substanz und Akzidens einerseits oder von absolutum und respectivum andererseits ausgesagt werden.[325] Das scotische Argument für die Univokation kann also kein sicheres Kriterium bieten, wodurch die univoke Prädikation von Begriffen festgestellt werden könnte.

Die Entgegnung des Franciscus fasst die beiden Einwände zusammen und korrigiert die gemachten Annahmen dahingehend, dass eine Gewissheit bei den Theologen nur insofern besteht, als sie sich auf die allgemeinen Begriffsgehalte bezieht. So verstanden bezieht sich der Ausdruck „potentia" auf den Begriffsgehalt eines hervorbringenden Prinzips. Der Begriff eines solchen produktiven Prinzips kann aber durchaus ein gemeinsam abstrahierter Begriff sein, der die Bedingung der univoken Prädizierbarkeit, so ist das Argument zu ergänzen, erfüllt. Dieser Begriff des principium productivum wird dem Wortlaut des Textes nach als ein „abstractum a conceptu absoluti et respectivi" bezeichnet, was allerdings auf eine, wie auch immer zustande gekommene Vermischung der zu widerlegenden Einwände zurückzugehen scheint. Aus dem Kontext heraus muss dieser Begriff als Abstraktion aus den Begriffen des substantiellen und des akzidentiellen Prinzips verstanden werden. Auf dieselbe Weise, wie diese Entgegnung hinsichtlich des Begriffs der potentia formuliert wird, lässt sich auch auf den zweiten Einwand antworten, was Mayronis allerdings im Detail nicht mehr eigens ausführt.[326]

---

[325] Quarto per conceptus aliquorum theologorum. Concedunt enim quod anima habet potentias, et tamen dubitant utrum sint substantia vel accidentia quibus tamen potentia non est commune univocum. Similiter omnes dicunt quod personae divinae constituuntur per proprietates et tamen dubitant utrum per absolutas vel respectivas; et tamen proprietas non est commune univocum ad absolutum et respectivum. FRANCISCUS DE MAYRONIS, Conflatus, Prol. q. 2 (Ed. Venetiis 1520), f. 4rb H.

[326] Ad aliud de conceptibus theologorum dico quod non sunt certi nisi de conceptibus generalibus, scilicet de potentia; et sic potentia habet conceptum principii productivi et illud potest esse commune abstractum a conceptu absoluti et respectivi. Et eodem modo de

Nachdem Mayronis die Einwände, die aus der Perspektive verschiedener Wissenschaften vorgebracht werden können, widerlegt hat, sieht er sich im Weiteren mit einem grundsätzlichen Gegenargument, das den scotischen Univokationsbeweis in Frage stellt, konfrontiert. Der Einwand richtet sich nicht gegen den Obersatz der scotischen Regel, sondern gegen deren Untersatz. Bestritten wird nämlich die These, dass es sich tatsächlich um zwei distinkte Begriffe handelt, hinsichtlich derer der Verstand gewiss und zweifelhaft ist, auch wenn es so scheint, als wäre dies der Fall.[327] Diesem Einwand widerspricht zunächst das im Beweisverfahren verankerte Vorgehen der Naturphilosophen. Denn dieses Verfahren setzt voraus, dass von ein und demselben Begriff nicht sich kontradiktorisch ausschließende Prädikate, wie „certum" und „incertum", ausgesagt werden können.[328]

Diese Widerlegung scheint wiederum dadurch in Zweifel gezogen werden zu können, dass sich die sichere und die zweifelhafte Erkenntnis des Verstandes auf einen komplexen Gehalt, nämlich auf eine Disjunktion bezieht, die im ersten Fall als unbestimmt erkannt wird und im zweiten als bestimmt. In Bezug auf diesen unbestimmten Gehalt ist sich der Verstand sicher, wohingegen bezüglich des bestimmten nur eine zweifelhafte Erkenntnis anzunehmen ist.[329] Die von Scotus vorausgesetzte Distinktheit der Begriffe, die jeweils sicher bzw. zweifelhaft erfasst werden, wird nach diesem Einwand durch eine Einheit ersetzt, die eine Zusammensetzung aus bestimmter und unbestimmter Erkenntnis zulässt. Was gegen diese Infragestellung der Distinktheit der Begriffe spricht, wird deutlich, wenn man aus der Zweifelhaftigkeit bestimmter von Gott gemachter Aussagen auf die Gewissheit der entsprechenden begrifflichen Gehalte schließt. Demnach müsste es nämlich möglich sein, aus der Ungewissheit der Disjunktionen dreieinig oder nichtdreieinig, geschaffen oder nicht-geschaffen, erstes oder nicht-erstes und inkarniert oder nicht-inkarniert auf die Gewissheit des jeweils unbestimmten Begriffs, z.B. des Begriffs der Inkarnation zu schließen.[330] Da dies aber nicht der Fall ist, so die implizite Annahme, von der Mayronis ausgeht, ist es not-

---

proprietatibus. FRANCISCUS DE MAYRONIS, Conflatus, Prol. q. 2 (Ed. Venetiis 1520), f. 4va I.

[327] Nunc secundo videndum est de solutione aliquorum ad totam rationem. Dicitur enim ad minorem, concessa maiore, quod non sunt distincti conceptus, licet videantur duo. FRANCISCUS DE MAYRONIS, Conflatus, Prol. q. 2 (Ed. Venetiis 1520), f. 4va I.

[328] Sed contra quia philosophi demonstrative processerunt per istum conceptum. Et praeterea, impossibile est verificari de eodem contradictoria, ergo nec certum et incertum. FRANCISCUS DE MAYRONIS, Conflatus, Prol. q. 2 (Ed. Venetiis 1520), f. 4va I - K.

[329] Dicitur ab aliis quod intellectus est certus de disiuncto et indeterminato, sed de uno determinato est dubius. FRANCISCUS DE MAYRONIS, Conflatus, Prol. q. 2 (Ed. Venetiis 1520), f. 4va K.

[330] Contra quia ita fuissent philosophi certi quod deus est trinus sicut quod deus est ens quia certi fuerunt quod deus est trinus vel non trinus sicut quod est creatum vel non creatum, primum vel non primum. Eodem modo fuissent certi de incarnatione quia fuerunt certi quod deus est incarnatus vel non incarnatus. FRANCISCUS DE MAYRONIS, Conflatus, Prol. q. 2 (Ed. Venetiis 1520), f. 4va K.

Viertes Kapitel

Einheit und Differenz

1 DAS GEMEINSAME SUBJEKT IN DER PERSPEKTIVE DER SCIENTIAE SERMOCINALES

Nachdem die allgemeine Frage danach, ob das Subjekt des ersten Prinzips von Gott und dem Geschaffenen entsprechend ein und demselben Begriff ausgesagt wird, positiv beantwortet ist, diskutiert Mayronis dieses Problem in einer Zuspitzung auf den Kontext der Sprachwissenschaften (scientiae sermocinales).[334] Die scientiae sermocinales unterscheiden sich nach außen von den Naturwissenschaften und den praktischen Wissenschaften.[335] Der Begriff scientia sermocinalis dient seinerseits als zusammenfassende Bezeichnung der im Trivium vereinten Disziplinen, nämlich Grammatik, Dialektik und Rhetorik.[336] Die Frage, die im Weiteren zu klären ist, geht also dahin, ob innerhalb der genannten Sprachwissenschaften auf Gott und die Kreatur das erste zusammengesetzte Prinzip entsprechend ein und demselben formalen Begriff angewendet wird. Es geht also nicht darum, in diesen Wissenschaften einen weiteren Beweis für die univoke Prädikation des dem Subjekt des ersten Prinzips korrespondierenden Begriffs des Seienden zu geben. Dies legt zwar die in den Drucken Treviso 1476 und Venedig 1520 verwendete Formulierung „secundum scientias sermocinales" nahe, doch lautet die Formulierung in den Handschriften Vat. lat. 894 und Assisi 149 „in scientiis sermocinalibus". Dieser Wortlaut deutet darauf hin, dass es in dieser Quaestio um das Problem geht, unter welchen Bedingungen in diesen Wissenschaften von Gott und Kreatur gehandelt wird.

Das in Prol. q. 3 diskutierte Problem kann demnach als Bewährungsprobe für das zu Beginn des Prologes entworfene Programm einer Fundierung aller Wissenschaften in einem ersten Prinzip und damit in einem univok prädizierbaren Subjektbegriff verstanden werden. Im Hintergrund dieses Problems steht die Unterscheidung der scientiae sermocinales und den in Prol. q. 4 zu behandelnden scientiae reales. Beide Wissenschaftstypen unter-

---

[334] Zum Begriff „scientia sermocinalis" und seiner historischen Entwicklung vgl. SCHNEIDER, J.H.J., Scientia sermocinalis/realis. Anmerkungen zum Wissenschaftsbegriff im Mittelalter und in der Neuzeit, in: Archiv für Begriffsgeschichte 35 (1992), 54-92.

[335] So etwa PETRUS HISPANUS, Tractatus, t. 3 n. 4 (Ed. de Rijk), 29.

[336] So z.B. ROBERTUS KILWARDBY, De ortu scientarum (Ed. Judy), 160-162.

wendig, dass die Gewissheit bezüglich des conceptus entis eine andere ist als die, die hinsichtlich der anderen Begriffe unterstellt wird. Nimmt man diesen Unterschied der je anderen Gewissheit ernst, so muss man die für das scotische Argument zentrale These zugeben, dass es einen einzigen Begriff des Seienden gibt, bezüglich dessen eine Gewissheit besteht.[331] Die in epistemischer Perspektive festzustellende Distinktheit der Gewissheit setzt die Distinktheit der je gewussten Gehalte voraus, was wiederum deren je eigentümliche Einheit impliziert. Im Grunde genommen scheidet mit diesem Argument auch die Annahme aus, es könne sich beim Begriff des Seienden um einen gemischten (mixtus) Begriff handeln, wie Franciscus, wohl wieder in Anspielung auf Heinrich von Gent, in einem abschließenden Argument feststellt. Gegen diese Unterstellung spricht allerdings auch die Tatsache, dass der conceptus entis ein einfacher, d.h. ein nicht zusammengesetzter Begriff ist und deshalb keine Mischung zulässt.[332]

Die in Prol. q. 2 vertretene Hauptthese von der univoken Aussagbarkeit des conceptus entis hinsichtlich Gottes und des Geschaffenen hat ihr Fundament einerseits in einer bestimmten Interpretation der Objektivität von Begriffen und zum anderen in der Annahme der Distinktheit des conceptus entis gegenüber anderen in einer wesentlichen Ordnung anzunehmenden Begriffen. Die erste hiermit verbundene These entwickelt Mayronis in den praeambula, die zweite in der sich anschließenden Diskussion um die regula Scoti, die zur Begründung der Univokationsthese angeführt wird. Die erste Voraussetzung impliziert hierbei in einer gewissen Weise bereits die zweite. Die in der Diskussion des scotischen Univokationsargumentes betonte Unterschiedenheit der begrifflichen Gehalte, die einerseits im Modus der Gewissheit und andererseits im Modus der Zweifelhaftigkeit gewusst werden, setzt die Bezugnahme auf objektive, d.h. vom Erkenntnisprozess unabhängige, begriffliche Inhalte bereits voraus. Gleichwohl bedarf die Verteidigung des scotischen Univokationsargumentes, wie die Auseinandersetzung deutlich macht, die Mayronis mit den verschiedenen Einwänden führt, der zusätzlichen Annahme einer wesentlichen Ordnung,[333] in der sich die je gewissen und zweifelhaften Begriffe befinden. Diese wesentliche Ordnung bestimmt die wechselseitige Über- und Unterordnung von Begriffen, die sich nach Maßgabe der jeweiligen Einfachheit bzw. Zusammengesetztheit sowie des möglichen Enthaltenseins der Begriffsinhalte ergibt.

---

331 Ex quo patet quod cum certitudinem habeant de ente aliam quam de istis quod ens habet unum conceptum de quo est intellectus certus. FRANCISCUS DE MAYRONIS, Conflatus, Prol. q. 2 (Ed. Venetiis 1520), f. 4va K.

332 Alii autem dicere voluerunt quod ille conceptus est mixtus, quod stare non potest quia conceptus entis est simplex. FRANCISCUS DE MAYRONIS, Conflatus, Prol. q. 2 (Ed. Venetiis 1520), f. 4va K.

333 Zum näheren Verständnis des ordo essentialis vgl. FRANCISCUS DE MAYRONIS, Conflatus, d. 14—16 q. 1 (Ed. Venetiis 1520), f. 66ra E – 66vb P.

scheiden sich aufgrund ihres je eigenen Gegenstandes, nämlich im ersten Fall den entia rationis und im zweiten den entia reales. Damit besteht die Brisanz der anstehenden Untersuchung darin, die Geltung eines ersten Prinzips zu problematisieren, das seine Einheit gleichermaßen gegenüber den Gegenständen der Sprach- und der Realwissenschaften behauptet. Damit wird implizit nach dem Verhältnis der entia rationis zu den entia reales gefragt. Diese Frage zielt näherhin auf die Möglichkeit eines gemeinsamen formalen Begriffs, der die Anwendung des ersten Prinzips erlaubt.

1.1 DER ZUSAMMENHANG VON PRIMUM OBIECTUM UND UNIVOKATION

Dieser umfassende Anspruch spiegelt sich in der Zugangsweise wider, die Mayronis seiner Untersuchung zugrunde legt. Die Erörterung des Problems zeigt in einem ersten Schritt, dass sich diese Annahme eines einheitlichen formalen Begriffs aus einer allgemeinen Betrachtung unserer Erkenntnisbedingungen ergibt. Franciscus nimmt nämlich seinen Ausgangspunkt bei einer Untersuchung der menschlichen Seele. In der menschlichen Seele finden sich vier Momente, die für die Erläuterung der genannten Frage im Einzelnen unter der Perspektive zu betrachten sind, ob sie auf einen gemeinsamen formalen Begriff verweisen, unter dem Gott und das Geschaffene zu betrachten sind. Dieses Vorgehen überschreitet deutlich den Rahmen einer auf die scientiae sermocinales ausgerichteten Betrachtung; denn Franciscus knüpft an eine Betrachtung der Seele an, die diese in keiner Weise als ein Erkenntnisvermögen begreift, das auf einen bestimmten Gegenstandsbereich eingegrenzt wäre. Die für die weiteren Erläuterungen maßgeblichen Aspekte der menschlichen Seele sind das Vermögen, der Habitus, der Akt und das Erscheinungsbild (species) bzw. das repräsentierende Medium (repraesentativum).[337] Ein erstes Argument für die Einheit des formalen Begriffs des ersten Prinzips ergibt sich aus dem korrelativen Verhältnis von Erkenntnisvermögen und dessen ersten angemessenen Gegenstandes. Jedem Vermögen, das in sich als eine Einheit betrachtet wird, entspricht demnach ein einziges adäquates Objekt.[338] Die Einheit eines solchen ersten Objekts setzt voraus, dass jeder Gegenstand unter einem einzigen formalen Gehalt erfasst werden kann. Das bedeutet, dass alles das, was durch das Vermögen erfasst wird, notwendig einen allgemeinen washeitlich bestimmenden Begriffsgehalt mit einschließt, der in allen Fällen derselbe ist. Andernfalls könnte man nicht davon sprechen,

---

[337] Circa istam quaestionem sciendum quod in anima nostra est quattuor per ordinem reperire, scilicet potentiam, actum, habitum et speciem sive repraesentativum, ex quibus omnibus declaratur propositum. FRANCISCUS DE MAYRONIS, Conflatus, Prol. q. 3 (Ed. Venetiis 1520), f. 4va L.

[338] Et primo ex parte potentiae arguo sic: Unius potentiae est unum obiectum primum et adaequatum; sed intellectiva potentia est una, ergo etc. FRANCISCUS DE MAYRONIS, Conflatus, Prol. q. 3 (Ed. Venetiis 1520), f. 4va L.

dass diesem Vermögen überhaupt ein erster adäquater Gegenstand entspricht. Diese Einheit, so ist die Pointe des Argumentes zu verstehen, umfasst sowohl die Gegenstände der scientiae sermocinales als auch die der scientiae reales. Der formale Begriff des ersten Objektes wird also nicht selbst durch die Differenz von Sprach- und Realwissenschaft vervielfältigt, sondern ist selbst gegenüber dieser Unterscheidung indifferent.

Der zweite von Mayronis genannte Aspekt der Seele, der Habitus, stellt die vermögenspsychologische Verankerung der Wissenschaften dar. Bezogen auf die Wissenschaft der Metaphysik ergibt sich daraus die Notwendigkeit eines Gott und Geschöpf gemeinsamen formalen Begriffs. Dies ist der Fall, weil jede Wissenschaft letztlich nur dadurch eine sichere Erkenntnis im Beweisverfahren gewinnen kann, dass sie hierbei von ihrem eigentümlichen Gegenstand ausgeht. Der eigentümliche Gegenstand der Metaphysik ist das Seiende bzw. der Begriff des Seienden als solchen. Die demonstrativen Erkenntnisse, die in der Metaphysik bezüglich Gott und Kreatur gewonnen werden, sind also nur unter Einbeziehung der allgemeinen Bestimmung des Seienden möglich. Aus diesem Grund ist die Annahme eines Gott und das Geschaffene umfassenden allgemeinen Begriffs notwendig.[339] Diesem Argument könnte man entgegenhalten, dass man doch zwei Formen der Metaphysik annehmen müsse, nämlich eine im Modus einer Wissenschaft an sich und eine im Modus einer scientia quoad nos, so dass aus diesem Grund die Einheit des Subjektbegriffs nicht notwendig ist. Doch führt diese Unterscheidung keineswegs dazu, die Forderung an einen einheitlichen Begriff für das menschliche Erkenntnisvermögen zu beseitigen. Denn keine Wissenschaft, unabhängig in welchem Modus sie verstanden wird, kann den durch ihr jeweiliges Subjekt vorgezeichneten Bereich verlassen. Dies trifft auch auf die Metaphysik quoad nos zu; denn gerade durch diese Wissenschaft besitzen wir demonstrative Erkenntnisse in Bezug auf Gott. Die Voraussetzung dieser Erkenntnisse ist aber ein allgemeiner Begriff, der dann allen Beweisen zugrunde liegt, die in dieser Wissenschaft geführt werden können. Dieser allgemeine Begriff muss demnach in allen seinen Anwendungen ein einziger sein.[340] Die Einheit der Metaphysik wird von einem ersten Fundament her gedacht, das jeder Statuslehre, die einer Differenzierung einer Wissenschaft in se und quoad nos zugrunde liegt, vorausgeht.

[339] Secundo ex parte habitus sic: Supposito quod ens sit subiectum in metaphysica arguo sic: Nulla scientia potest demonstrare aliquid de aliquo nisi per subiectum proprium vel per rationem propriam subiecti; sed metaphysica aliquid demonstrat de deo et creatura, ergo etc. FRANCISCUS DE MAYRONIS, Conflatus, Prol. q. 3 (Ed. Venetiis 1520), f. 4va L.

[340] Hic non est evasio nisi per illud dicendo quod duae sunt metaphysicae [una in se, alia quoad nos add. Y]. Sed illud non valet quia quomodocumque ponatur, scientia non potest excedere suum subiectum. Similiter si metaphysica quoad nos ita se habeat quod probat aliquid de deo aliquid per ens, ergo sequitur propositum quod nos habemus aliquem conceptum communem. FRANCISCUS DE MAYRONIS, Conflatus, Prol. q. 3 (Ed. Venetiis 1520), f. 4va L-M.

Wie Vermögen und Habitus jeweils auf ihren eigentümlichen Gegenstand ausgerichtet sind, ist auch jeder Erkenntnisakt durch den Begriff seines ersten Objektes bestimmt. Jede Erkenntnis, zu der ein actus intelligendi gelangt, enthält den Begriff des ersten Objektes. Da es aber durchaus Erkenntnisse von Gott gibt, muss man davon ausgehen, dass diese die ratio ihres eigentümlichen Gegenstandes einschließen.[341] Das bedeutet dann, so ist das Argument zu ergänzen, dass auch die Erkenntnisse des Geschaffenen diesen Begriff enthalten, womit die Gemeinsamkeit einer im Begriff Gottes und des Geschaffenen implizierten ratio formalis bewiesen wäre.

Ein viertes Argument beruft sich schließlich auf das repräsentierende Medium, durch das ein Begriff, der nicht unmittelbar gewonnen werden kann, in der menschlichen Seele gebildet wird. Der Gegenstand, der vermittels des Mediums den Begriff erzeugt, muss diesen aber selbst virtuell oder formal enthalten. Wenn in der Seele ein Begriff von Gott gebildet wird, muss dieser formal in Gott enthalten sein, da ein virtuelles Eingeschlossensein aufgrund der Defizienz des Begriffs gegenüber dem Erkenntnisgegenstand Gott nicht in Frage kommt.[342] Damit dieses Argument für die zu belegende These von der Einheit des formalen Begriffs relevant wird, muss es durch die Annahme ergänzt werden, dass der auf die beschriebene Weise gebildete Begriff derselbe ist, der auch auf das Geschaffene angewendet wird. Genau diese Bedingung erfüllt der Begriff des Seienden, der zumindest als repräsentierender Teilbegriff in der menschlichen Seele auf Gott und Kreatur anwendbar ist. Dieser Begriff, so die weitergehende These dieses Argumentes, ist in den Gegenständen selbst formal verankert.

Der gemeinsame Gesichtspunkt, den Mayronis in der jeweiligen Perspektive von Erkenntnisvermögen, -habitus, -akt und repräsentierendem Medium in seiner Argumentation für den einheitlichen und univok prädizierbaren conceptus entis in den Vordergrund stellt, ist die Ausrichtung auf ein erstes ausgezeichnetes Objekt. Wenn Gott und Kreatur durch ein einziges Vermögen, einen einheitlichen Wissenschaftshabitus, einen Erkenntnisakt oder vermittels einer species, die als repräsentierendes Medium fungiert, erkannt werden sollen, dann ist dies letztlich, so legt Mayronis im Detail dar, nur dadurch möglich, dass die genannten vier Bezugsmomente auf einen ersten ausgezeichneten Erkenntnisgegenstand bezogen werden, von dem her sie ihre Einheit gewinnen. Damit wird deutlich, dass die Univokationsthese

---

[341] Tertio ex parte actus intelligendi arguitur sic. Nullus actus intelligendi potest ex se venire in notitiam alicuius termini in quo ratio sui obiecti primi non inveniatur sive contineatur; sed philosophi habuerunt notitiam de deo, ergo etc. FRANCISCUS DE MAYRONIS, Conflatus, Prol. q. 3 (Ed. Venetiis 1520), f. 4va M.

[342] Quarto ex parte repraesentativi sic. Quandocumque aliquid causat conceptum alicuius per intellectionem oportet quod ipsum contineat vel virtualiter vel formaliter; sed repraesentativum causat in nobis conceptum de deo, ergo etc. Constat autem quod repraesentativum in nobis non potest continere aliquid quod sit in deo virtualiter cum sit ignobilius, ergo continet formaliter quod est propositum. FRANCISCUS DE MAYRONIS, Conflatus, Prol. q. 3 (Ed. Venetiis 1520), f. 4va M.

erstens eine fundamentale wissenschafts- und erkenntnistheoretische Grundannahme darstellt, und dass diese Annahme zweitens notwendig an den Begriff eines ersten Gegenstandes geknüpft ist. Die These von der univoken
Prädizierbarkeit der ratio entis ergibt sich aus der notwendigen Einheit eines
ersten Objektes von potentia, habitus, actus und species.

Diese Ausrichtung auf ein erstes Objekt, dem ein univok aussagbares
Prädikat entsprechen muss, scheint auch über die verschiedenen Wissenschaften hinweg zu gelten. Explizit betont Mayronis dies hinsichtlich der
Metaphysik, die einerseits als scientia quoad nos oder andererseits als scientia
in se betrachtet werden kann. Offensichtlich gilt dies aber auch darüber hinaus, denn wie ist es sonst zu erklären, dass Mayronis die Metaphysik, die eine
Realwissenschaft ist, als Beleg anführt, wo es doch von der übergeordneten
Fragestellung her eigentlich nicht um die Real-, sondern die Sprachwissenschaften geht. Die Einheit des ersten Objektes des Verstandes ist für Franciscus offensichtlich mit der Einheit des ersten Gegenstandes einer allgemeinsten
Wissenschaft, nämlich der Metaphysik, verbunden, ohne dass es außerhalb
des Gegenstandsbereichs der Metaphysik ein anderes erstes Objekt, nämlich
der scientiae sermocinales gibt. Diese These ist aus scotischer Perspektive
alles andere als selbstverständlich. Denn für Scotus ist der Zusammenfall von
primum obiectum intellectus und dem ersten Gegenstand einer übergeordneten Wissenschaft aufgrund der Ablehnung eines von ens reale und ens
rationis univok ausgesagten Prädikats keineswegs unproblematisch.[343] Mit
dieser Deutung, die Mayronis vom Zusammenhang des primum obiectum
und der univoken Prädikation des conceptus entis gibt, scheint sich gegenüber der scotischen Auffassung eine gewisse Akzentverschiebung anzudeuten.

1.2 DIE UNIVOKATIONSTHESE AUS DER PERSPEKTIVE DER SCIENTIAE SERMOCINALES

Diese allgemeinen aus den Bestimmungen der menschlichen Seele gewonnenen Argumente für die Einheitlichkeit des Subjektbegriffs werden im Weiteren durch Gründe unterstützt, die sich den scientiae sermocinales entlehnt sind.
Zunächst stehen hierbei der Grammatik zugehörige Argumente, die sich aus
der Struktur der sprachlich zum Ausdruck gebrachten Steigerungsformen
ergeben, im Vordergrund. Wenn man Gott als in einem höheren Maße seiend bezeichnet als die Kreatur und damit eine komparativische Formulierung verwendet, so ist diese Ausdrucksweise nur dadurch zu verstehen, dass
sie auf einen Bedeutungsgehalt zurückgeführt wird, der ohne Steigerungsform
eine bloß positive Aussage enthält. Jede komparativische Aussageweise ist
letztlich auf eine positive zurückzuführen. Diese Zurückführung setzt aber
ihrerseits den gemeinsamen formalen Gehalt voraus, der sowohl in der positi-

---

[343] Vgl. unten Kap. 7 § 1.2.

ven wie in der komparativischen Formulierung impliziert ist.[344] Um Gott als das gegenüber dem Geschaffenen in einem höheren Maße Seiende zu begreifen, wird also die Einheit des formalen Gehaltes der ratio entis vorausgesetzt. Das gleiche Argument trifft auf das Verhältnis des Superlativs zum Komparativ zu und damit ist indirekt auch das Verhältnis zum Positiv bestimmt. Wenn man Gott als das supremum ens begreift, setzt man implizit bereits voraus, dass diese Formulierung denselben formalen Gehalt enthält, wie die, die das Geschaffene als Seiendes bezeichnen.[345] Ein drittes Argument, das aufgrund der grammatischen Struktur der Rede über Gott formuliert wird, geht davon aus, dass alle Prädikate, die allein von Gott ausgesagt werden, ohne die weitere Angabe eines bestimmten Grades, sei es im Sinne des Komparativs, sei es im Sinne des Superlativs, von diesem ausgesagt werden. Wenn das zutrifft, dann gilt aber auch der umgekehrte Fall, dass nämlich alles das, was in irgendeiner Form der Steigerung von Gott ausgesagt wird, nicht nur von Gott allein ausgesagt wird. Auf diese Weise kommt Gott und dem Geschaffenen der Begriff des Seienden formal zu.[346]

Aber nicht nur diese im engeren Sinne grammatische Struktur spricht für die Einheit eines gemeinsamen formalen Begriffs des Seienden, sondern auch andere Phänomene unserer üblichen Sprachverwendung, insbesondere unserer argumentativen Rede, sprechen für diese Annahme. Ein Argument aufgrund der Verdopplung im Sinne der vermittelten Zuschreibung leitet Mayronis daraus ab, dass jede Verdopplung entsprechend einem formalen Begriff geschieht. Eine reduplicatio meint in diesem Zusammenhang die Zuschreibbarkeit eines Prädikates gegenüber zwei Subjekten, die vermittels einer gemeinsamen Bestimmung stattfindet.[347] Demnach kommt jedes Prädikat, das zwei Subjekten aufgrund einer bestimmten Kennzeichnung zukommt, diesen Subjekten aufgrund eben derselben formalen Kennzeichnung zu. Wäre das nämlich nicht der Fall, käme nämlich ein und dieselbe Bestimmung demselben formalen Begriff zu und käme diesem gleichzeitig nicht zu, was unmöglich ist. Was also Gott zukommt, insofern er ein Seiendes ist, kommt demnach auch dem Geschaffenen als einem Seienden zu und zwar

---

[344] His suppositis arguo grammaticaliter sic. Quando est comparatio gradus comparativi in aliquo obiecto vel subiecto, oportet quod in eo sit eadem ratio formalis in positivo qui praesupponitur comparativo. Patet de albedine quia quando unum dicitur albius alio, oportet quod sit albedo in utroque formaliter; sed deus est magis ens quam creatura, ergo oportet ens in utroque formaliter reperire. FRANCISCUS DE MAYRONIS, Conflatus, Prol. q. 3 (Ed. Venetiis 1520), f. 4va M – 4vb N.

[345] Praeterea, sicut comparativus praesupponit positivum, sic superlativus comparativum et sub eadem ratione; sed deus est supremum ens, ergo etc. FRANCISCUS DE MAYRONIS, Conflatus, Prol. q. 3 (Ed. Venetiis 1520), f. 4vb N.

[346] Pretera, omnia quae conveniunt soli deo, conveniunt sibi sine gradu comparativo vel superlativo. Ergo per oppositum: Quae conveniunt sibi in gradu comparativo vel superlativo non conveniunt sibi soli; sed ens est huiusmodi, ergo formaliter convenit deo et creaturae. FRANCISCUS DE MAYRONIS, Conflatus, Prol. q. 3 (Ed. Venetiis 1520), f. 4vb N.

[347] Zum zeitgenössischen Verständnis der propositio reduplicativa vgl. WILHELM VON OCKHAM, Summa Logicae p. 2 c. 16 (OPh I), 289-296.

aufgrund desselben formalen Begriffs.[348] Das gleiche Argument lässt sich auch am Leitfaden der Widersprüchlichkeit nachvollziehen. Demnach widerspricht Gott und Kreatur jeweils dasselbe, was ihnen vermittels einer identischen Bestimmung widerspricht, aufgrund eines gemeinsamen formalen Begriffs, der auf beide anwendbar ist. Als Seienden widerspricht Gott und Kreatur allein das Nichts, was darauf schließen lässt, dass beide einen gemeinsamen formalen Begriff des Seienden teilen.[349]

Ein weiteres Argument ergibt sich aus dem Phänomen der Einteilung.[350] Wenn nämlich eine allgemeine Bestimmung durch einteilende Differenzen unterschieden wird, setzt dies voraus, dass das Eingeteilte einen einzigen formalen Gehalt hat, der – so wäre zu ergänzen – auf die Einteilungsglieder übertragen wird. Dies ist der Fall, wenn der Begriff des Seienden durch die näheren Bestimmungen des Begrenzten und des Unbegrenzten in die Bereiche des geschaffenen und des ungeschaffenen Seienden bzw. in die entsprechenden Begriffe der Kreatur und Gottes eingeteilt wird. Diese Einteilung ist nicht nur die eines Wortes in seine Bedeutungen, denn diese ist lediglich kontingent und abhängig von der nach Belieben erfolgten Einsetzung der bedeutungstragenden Wörter. Vielmehr handelt es sich hierbei um eine metaphysische Einteilung, die ein sachhaltiges Fundament besitzt.[351] Das Argument zielt also letztlich darauf, dass Gott und Kreatur deshalb durch einen einheitlichen formalen Begriff des Seienden erfasst werden können, weil beide der Sache nach durch die Begriffe erfasst werden, die sich aus der Anwendung des disjunktiv vollständigen Begriffspaares limitatum-illimitatum auf den allgemeinen Begriff des Seienden ergeben. Die Grundlage für diese Ein-

---

[348] Praeterea per rationem reduplicationis arguo sic: Quando aliqua sic se habent quod quicquid convenit uni inquantum tale convenit alteri inquantum tale, convenit eis secundum eandem rationem formalem in eis repertam; reduplicatio enim fit secundum rationem formalem. Si enim quicquid huic convenit inquantum tale, conveniat alteri inquantum tale et non per eandem rationem formalem, idem conveniret eidem rationi formali et non conveniret; sed quicquid convenit deo inquantum ens, convenit creaturae et e converso, etc. FRANCISCUS DE MAYRONIS, Conflatus, Prol. q. 3 (Ed. Venetiis 1520), f. 4vb N.

[349] Secundo sic ex reduplicatione: Quando aliqua sic se habent quod quicquid repugnat uni inquantum tale, repugnat alteri, necessario sunt eiusdem rationis formalis; sed ita est de deo et creatura quod quicquid repugnat deo inquantum ens repugnat creaturae et e converso, ergo etc. Probatio minoris quia eis non repugnat ut sic nisi nihil. FRANCISCUS DE MAYRONIS, Conflatus, Prol. q. 3 (Ed. Venetiis 1520), f. 4vb N-O.

[350] Dieses und die folgenden Argumente zitiert Mastrius de Meldula als die Gründe, die Mayronis zum Beleg der These von der Einheit des conceptus entis anführt. MASTRIUS DE MELDULA, BARTHOLOMAEUS; BELLUTUS, BONAVENTURA, Philosophiae ad mentem Scoti cursus integer, Tomus quartus continens disputationes ad mentem Scoti in duodecim Aristotelis Stagiritae libros Metaphysicorum, pars prior, Disp. II q. 2 n.34 (Ed. Venetiis 1708), 35.

[351] Praeterea, ex ratione divisionis sic: Quando aliquid dividitur per rationes vel per differentias divisivas illud habet unam rationem formalem; sed ens dividitur in deum et creaturam per limitatum et illimitatum, ergo sic. Si dicatur quod est divisio vocis in significata. Contra, omnis divisio vocis in significata est ad placitum ista non est, sed metaphysica, ergo etc. FRANCISCUS DE MAYRONIS, Conflatus, Prol. q. 3 (Ed. Venetiis 1520), f. 4vb O.

teilung ist nicht die faktische Anwendung von Bezeichnungen auf bestimmte Gegenstände, sondern die begriffliche Implikation des conceptus entis selbst, die Mayronis explizit als eine metaphysische bezeichnet. Damit wird deutlich, dass die in Quaestio 3 eingenommene Perspektive der scientiae sermocinales nicht nur nicht der metaphysischen widerspricht, sondern diese als Grundlage voraussetzt.

Der Zusammenhang eines solchen vollständig disjunktiven Begriffspaares mit dem Begriff des Seienden bildet auch den Hintergrund eines weiteren Argumentes, das aus dem Wesen der Definition heraus die Einheit des conceptus entis zu begründen sucht. Interpretiert man nämlich die in der Definition des Geschaffenen enthaltene kontrahierende Kennzeichnung als Teilbestimmung einer solchen Disjunktion, dann lässt sich im Ausgang vom Wesen der Definition beweisen, dass der allgemeine Begriff, der in der Definition des Geschaffenen kontrahiert wird, einem Gegenstand zukommt, dem die kontrahierende Kennzeichnung widerspricht. Auf diese Weise lässt sich zeigen, dass der allgemeine Begriff des Seienden, der in der Definition der Kreatur durch die Bestimmung der Endlichkeit kontrahiert wird, auf etwas zutrifft, das eben nicht endlich sein kann.[352] Damit wird deutlich, dass der Begriff des Seienden nicht nur auf das Geschaffene, sondern auch auf Gott anwendbar ist.

Die univoke Anwendung des conceptus entis auf Gott und das Geschaffene ergibt sich zudem aus dem Wesen der Distribution. Distributio meint in diesem Kontext die begriffliche Vervielfältigung eines allgemeinen Ausdruckes. Ein Begriff wird in diesem Sinne einer Distribution unterworfen, wenn er durch die Kombination mit einem Allquantor auf die Vielheit der durch ihn bezeichneten Einzelgegenstände hin interpretiert wird.[353] Eine solche Distribution setzt aber die begriffliche Einheit des distribuierten Begriffs voraus, denn eine solche Vervielfältigung kann es in Bezug auf äquivoke Begriffe nicht geben, wie das Beispiel „Jeder Hund läuft" deutlich macht. Die nicht zutreffende Aussage, dass jeder Hund läuft, kommt nämlich gerade dadurch zustande, dass der Begriff „Hund" äquivok ist, so dass das Prädikat „laufen" nur auf einige, aber nicht auf alle durch diesen Begriff bezeichneten Gegenstände zutrifft.[354] Alle Einzelgegenstände, die im Sinne der Distribution durch

---

[352] Praeterea, per naturam diffinitionis arguo sic: Quando aliquid diffinitur per commune et per contrahens, necessario illud commune convenit alicui cui non convenit contrahens; sed creatura diffinitur per ens et aliquid contrahens. Ergo ens convenit alicui cui repugnat contrahens; contrahens autem non repugnat nisi deo, ergo ens convenit deo. FRANCISCUS DE MAYRONIS, Conflatus, Prol. q. 3 (Ed. Venetiis 1520), f. 4vb O.

[353] In diesem Sinne definiert Petrus Hispanus den Begriff der Distribution: Distributio est multiplicatio termini communis per signum universale facta. Ut cum dicitur ‚omnis homo', iste terminus ‚homo' distribuitur sive confunditur pro quolibet suo inferiori per hoc signum ‚omnis'; et sic est ibi multiplicatio termini communis. PETRUS HISPANUS, Tractatus, t. 12 n. 1 (Ed. de Rijk), 209.

[354] Praeterea, per naturam distributionis arguo sic: Nullus terminus aequivocus est distribuibilis, patet quia inconvenienter dicitur ‚Omnis canis currit'; sed ens est distribuibile, ergo etc. FRANCISCUS DE MAYRONIS, Conflatus, Prol. q. 3 (Ed. Venetiis 1520), f. 4vb O-P.

einen Begriff bezeichnet werden, werden letztlich nur aufgrund des univoken begrifflichen Gehalts dieses allgemeinen Begriffs bezeichnet. Da der Begriff des Seienden aber distribuierbar ist, muss man davon ausgehen, dass er auch univok prädiziert wird.

Die univoke Verwendung von Begriffen ist zudem eine Voraussetzung dafür, dass zwei Aussagen sich kontradiktorisch widersprechen. Ohne die Annahme einer einheitlichen Bedeutung von Begriffen ist es nicht möglich, von sich im engeren Sinne widersprechenden Aussagen zu reden. Unterstellt man nämlich eine bloß äquivoke Verwendung von Begriffen, wie das in dem bereits angesprochenen Beispiel „omnis canis currit" der Fall ist, ist es nicht möglich, einen wirklichen Widerspruch zu der Aussage, dass dieser bestimmte Hund nicht läuft, festzustellen. Insofern nämlich im ersten Fall das Lebewesen und im zweiten das Sternzeichen gemeint ist, können beide Aussagen durchaus gleichzeitig wahr sein. Nimmt man hingegen den Satz, dass jedes Seiende unbegrenzt ist, und die Annahme, dass dieses Seiende, das ein Stück Vieh ist, nicht unbegrenzt ist, so ergibt sich hieraus notwendig ein Widerspruch.[355] Damit es zu diesem Widerspruch kommt, muss allerdings vorausgesetzt werden, dass in beiden Fällen der Begriff des Seienden univok verwendet wird.

Einen letzten Beleg für die These von der formalen Einheit des conceptus entis in seiner Anwendung auf Gott und Kreatur leitet Franciscus aus der Struktur der syllogistischen Argumentation ab, die den Begriff des Seienden als Mittelterm verwendet. Den Ausgangspunkt bilden hierbei zwei Syllogismen, die zunächst einen gemeinsamen Obersatz, nämlich die Annahme, dass jedes Seiende gut ist, verwenden. Im Untersatz enthalten die Syllogismen die Thesen, Gott bzw. das Geschaffene seien Seiendes. Die Schlussfolgerungen lauten entsprechend, dass Gott und, im zweiten Syllogismus, das Geschaffene gut sind. Die Frage, die Mayronis hieran anknüpft, zielt auf den Mittelterm der beiden Syllogismen, nämlich den Begriff des Seienden. Es gibt nämlich zwei Möglichkeiten: zum einen, dass dieser in beiden Fällen derselbe ist oder jeweils ein anderer. Der zweite Fall würde die Konsequenz nach sich ziehen, dass in beiden Syllogismen der Obersatz jeweils ein anderer sein müsste, was offensichtlich nicht der Fall ist, da es sich hierbei um einen metaphysischen Beweis handelt, d.h. einen solchen, der nicht von einem bestimmten Seienden, sondern vom Seienden im Allgemeinen handelt. Geht man also davon aus, dass der in beiden Argumenten verwendete Obersatz „omne ens est bonum" jeweils dasselbe meint, so ergibt sich notwendig, dass der hierin

[355] Praeterea, per naturam contradictionis arguo sic: In aequivocis non est contradictio, nam isti propositioni „Omnis canis currit' non contradicit ista ‚Hic canis non currit'. Constat autem quod isti propositioni ‚Omne ens est illimitatum' contradicit ista ‚Hoc ens quod est pecus, illimitatum non est', ergo etc. FRANCISCUS DE MAYRONIS, Conflatus, Prol. q. 3 (Ed. Venetiis 1520), f. 4vb P.

verwendete conceptus entis derselbe ist, und dies sowohl in seiner Anwendung auf Gott als auch auf das Geschaffene.[356]

Im Ergebnis dieser Argumente zeigt sich, dass die sich in Quaestio 2 herauskristallisierende These von der univoken Anwendung des conceptus entis auf Gott und Kreatur sich auch unter den Anforderungen der scientiae sermocinales, d.h. unter sprachlichen und vor allem logischen Aspekten bewährt. Grammatische Strukturen, wie die der Komparativ- und Superlativverwendung, sprachlogische Phänomene, wie die Übertragung, Einteilung, Definition und Vervielfältigung von Bedeutungen, aber auch logische Gesetzmäßigkeiten im engeren Sinne, all dies kann als Beleg dafür gelten, dass im Bereich dieser Wissenschaften die Voraussetzung eines, was seinen formalen Gehalt betrifft, einheitlichen Begriffs des Seienden notwendig ist.

2 DAS GEMEINSAME SUBJEKT IN DER PERSPEKTIVE DER REALWISSENSCHAFTEN

Wie bewährt sich aber dieser Befund, der sich hinsichtlich der scientiae sermocinales ergeben hat, in den Realwissenschaften? Die Grundlage der bisherigen auf die Sprachwissenschaften bezogenen Überlegungen des Franciscus waren bestimmte Phänomene unserer Sprachverwendung und unseres mit logischen Mitteln operierenden Argumentierens. Insofern es sich hierbei um bestimmte methodische Aspekte handelt, spielen diese Phänomene durchaus auch eine Rolle in den Realwissenschaften. Im Weiteren treten nun aber die scientiae reales in einer spezifischen Dimension ins Blickfeld der Untersuchung. Die Frage nach dem einheitlichen formalen Begriff des ersten auf Gott und Kreatur angewandten Prinzips in den Realwissenschaften untersucht das Problem hinsichtlich der besonderen Implikationen, die daraus resultieren, dass die in diesen Wissenschaften betrachteten Gegenstände eine in den Sprachwissenschaften so nicht unmittelbar gegebene Verankerung in der extramentalen Wirklichkeit haben. Im Einzelnen diskutiert Mayronis vier solche Fundamente, wie er sagt, die für die den Realwissenschaften eigenen realen Gegenstände grundlegend sind. Durch die nähere Betrachtung dieser Fundamente der Unterscheidung (distinctio), der Gegenüberstellung (oppositio), der Mehrheitlichkeit (pluralitas) und der Vollkommenheit (perfectio) soll die genannte These, dass von Gott und dem Geschaffenen ein einheitlicher

---

[356] Praeterea, per viam syllogismi arguo sic propositum. Nam iste est bonus syllogismus: Omne ens est bonum, deus est ens, ergo deus est bonus. Similiter: Omne ens est bonum et creatura est ens, ergo etc. Tunc arguo sic: Aut est idem medium in utroque syllogismo, aut aliud et aliud. Si idem cum dicatur de deo et creatura, ergo secundum eandem rationem idem dicatur de deo et creatura; si aliud et aliud medium, tunc necessario maior in utroque syllogismo est distinguenda, quod patet esse falsum, quia est demonstratio metaphysica. FRANCISCUS DE MAYRONIS, Conflatus, Prol. q. 3 (Ed. Venetiis 1520), f. 4vb P.

formaler Begriff in den Realwissenschaften gebildet wird, bewiesen werden.[357]

2.1 FUNDAMENTUM EX NATURA DISTINCTIONIS

Ein erster Komplex von Argumenten ergibt sich aus dem Zusammenhang von begrifflicher Unterscheidung und begrifflicher Über- und Unterordnung. Eine erste Prämisse besagt bei dieser Argumentation, dass alles das, was durch übergeordnete Begriffe unterschieden ist, sich auch hinsichtlich der jeweiligen ratio formalis unterscheidet.[358] Diese Annahme nimmt also zunächst auf das Verhältnis übergeordneter Begriffe zu den rationes formales Bezug. Demnach ist ein gemeinsamer formaler Begriff bei all den Gegenständen ausgeschlossen, bei denen keine Gemeinsamkeit hinsichtlich der allgemeinen Bestimmungen besteht. Diese These wird im Folgenden mit verschiedenen Argumenten begründet.

Der formale Begriff ist eine allgemeine Bestimmung, die der besonderen Bestimmung eines Gegenstandes insofern vorausgeht, als dass dieser formale Begriff übergeordnet und damit allgemeiner und unbestimmter ist als die jeweils eigentümliche Kennzeichnung des Gegenstandes. Unterscheiden sich Gegenstände nicht nur durch ihre spezifischen Bestimmungen, sondern bereits durch die vorausliegenden, so kann in diesem Fall keine Einheit in Bezug auf den formalen Begriff bestehen. Die vorausliegenden allgemeinen Begriffe sind nämlich diejenigen, durch die eine Sache definiert wird. Was sich bereits aufgrund seiner Definition unterscheidet, kann aber keinen gemeinsamen formalen Begriff besitzen.[359] Bestimmungen, die an sich auf einen Gegenstand zutreffen und primo modo, d.h. auf die Weise eines Gattungs- oder Artbegriffs ausgesagt werden, können Gegenstände unterscheiden, die dann auch immer aufgrund formaler Begriffe unterschieden sind. Gattungs- und Artbegriffe sind aber immer frühere (priora), weil sie als allgemeine Bestimmungen den je besonderen Kennzeichnungen vorausgehen.[360]

An diese erste Prämisse schließt sich eine zweite an, die besagt, dass alles das, was sich ausschließlich aufgrund nachgeordneter Begriffe unterscheidet,

[357] Utrum subiectum primi principii complexi habeat eandem rationem formalem in deo et creatura secundum scientias reales? [...] Hic introducuntur quattuor ordines fundamentorum ad probandum intentum. FRANCISCUS DE MAYRONIS, Conflatus, Prol. q. 4 (Ed. Venetiis 1520), f. 4vb Q.

[358] Primum fundamentum est ex natura distinctionis. Ex quo arguitur sic: Quandocumque aliqua distinguuntur per sua priora, non sunt eiusdem rationis formalis. FRANCISCUS DE MAYRONIS, Conflatus, Prol. q. 4 (Ed. Venetiis 1520), f. 4vb Q.

[359] Hoc probatur quia priora sunt diffinientia, quaecumque ergo distinguuntur per sua diffinientia patet quod non sunt eiusdem rationis formalis. FRANCISCUS DE MAYRONIS, Conflatus, Prol. q. 4 (Ed. Venetiis 1520), f. 4vb Q.

[360] Patet etiam ex altero quia quae distinguuntur per ea quae sunt de primo modo dicendi per se distinguuntur secundum rationes formales; sola autem illa de primo modo sunt priora. FRANCISCUS DE MAYRONIS, Conflatus, Prol. q. 4 (Ed. Venetiis 1520), f. 4vb Q.

hinsichtlich der ratio formalis übereinstimmt.[361] Diese These, dass die Einheit der allgemeinen Bestimmungen und damit die der formalen Begriffe, nicht durch die speziellen Differenzen in Frage gestellt wird, ergibt sich daraus, dass die Distinktheit der ratio formalis einen Unterschied voraussetzt, der durch die definierenden Begriffe zustande kommt. Damit dies möglich ist, müsste man eine Verschiedenheit von Gattungs- oder Artbegriffen annehmen, die primo modo per se ausgesagt werden. Allein wenn eine Unterscheidung solcher Begriffe vorliegt, können nämlich die rationes formales unterschieden werden. Was sich also nur aufgrund der nachfolgenden Begriffe unterscheidet, kann nicht hinsichtlich der formalen Begriffe distinkt sein. Die formalen Begriffe sind deshalb dieselben, weil eine Übereinstimmung der vorausgehenden Begriffe besteht.[362] Bezogen auf die übergeordnete Fragestellung nach dem gemeinsamen formalen Begriff, der von Gott und Kreatur ausgesagt wird, lautet die entscheidende Annahme des gesamten Argumentes, dass sich diese bzw. die göttliche und die geschaffene Seiendheit ausschließlich durch die nachfolgenden Bestimmungen unterscheiden.[363] Aus diesem Grund, so ist der Gedanke zu vervollständigen, muss ein einheitlicher formaler Begriff unterstellt werden.

Solche nachfolgenden Bestimmungen, durch die Gott und Kreatur unterschieden werden, sind etwa die, abhängig oder unabhängig, möglich oder notwendig, endlich oder unendlich zu sein. Diese Prädikate sind aber allesamt hinzutretende Bestimmungen, die die Seiendheit Gottes und der Kreatur erst in einem nachfolgenden Sinne kennzeichnen. Nachfolgend sind diese Begriffe insofern, als sie nicht die jeweilige Seiendheit absolut betrachtet betreffen, sondern nur insofern zur Anwendung kommen, als sie eine relationale Charakterisierung beinhalten.[364]

Die Pointe dieses aus dem Phänomen der Unterscheidung gewonnenen Argumentes besteht darin, den Unterschied zwischen Gott und dem Geschaffenen in den Bestimmungen zu suchen, die außerhalb der jeweiligen

---

[361] Patet ergo illa propositio accepta, ergo sub illa accipitur alia nota ex prima quia quae distinguuntur solis posterioribus sunt eiusdem rationis formalis. FRANCISCUS DE MAYRONIS, Conflatus, Prol. q. 4 (Ed. Venetiis 1520), f. 4vb Q.

[362] Hoc patet quia si non sunt eiusdem rationis formalis, oportet quod distinguantur per aliqua diffinientia et per aliqua de primo modo dicendi per se quia distinctio formalium rationum non potest esse sine distinctione illorum de primo modo; sed quae distinguuntur per talia solis posterioribus non distinguuntur, ergo quae solum in posterioribus distinguuntur conveniunt in prioribus et per consequens habent easdem rationes formales. FRANCISCUS DE MAYRONIS, Conflatus, Prol. q. 4 (Ed. Venetiis 1520), f. 4vb Q – 5ra A.

[363] Sed deus et creatura etc. vel entitas in deo et in creatura distinguuntur praecise per posteriora. FRANCISCUS DE MAYRONIS, Conflatus, Prol. q. 4 (Ed. Venetiis 1520), f. 5ra A.

[364] Probo quia dependens et independens, necesse-esse et possibile, finitum et infinitum; illa omnia sunt posteriora deo et creatura sive entitate in quolibet eorum. Probo, nam pro quocumque signo creatura est dependens, deus est independens; sed creatura prius est talis entitas quam habeat talem dependentiam quia absolutum praecedit relationem, ergo deus est prius talis entitas quam sit independens. FRANCISCUS DE MAYRONIS, Conflatus, Prol. q. 4 (Ed. Venetiis 1520), f. 5ra A.

Washeit in den jeweiligen modi bzw. gradus gründen. Das Geschaffene und
das Ungeschaffene haben einen gemeinsamen formalen Begriff, nämlich den
des Seienden, unterscheiden sich aber hinsichtlich der inneren Modi nämlich
in Bezug darauf, ob das jeweilige Seiende endlich oder unendlich, kontingent
oder notwendig ist. Die modalen Bestimmungen, die den quidditates nachfolgen, haben für Mayronis den Charakter von später hinzutretenden und einen
lediglich akzidentiellen Unterschied herbeiführenden Kennzeichnungen.
Dieser Lösung liegt die Annahme zugrunde, dass der Grad oder der Modus,
der eine Washeit näher bestimmt, grundsätzlich etwas Späteres ist als die
Washeit selbst. Modale Kennzeichnungen wirken sich wie einteilende Differenzen (differentiae divisivae) aus, die einen gemeinsamen Ausgangspunkt,
nämlich einen einheitlichen formalen Begriff voraussetzen.[365] Eine differenzierende modale Unterscheidung setzt also als solche immer den einheitlichen
und univok aussagbaren Begriff voraus, in Bezug auf den eine Unterscheidung in modaler Hinsicht erst möglich ist. In diesem Sinne verweist jede
nachfolgende Differenz immer auf eine vorhergehende Einheit.

2.2 FUNDAMENTUM EX NATURA OPPOSITIONIS

Ein zweiter Komplex von Argumenten geht von einem Fundament in der
Natur der Entgegensetzung aus. In diesem Zusammenhang werden vier
Formen der Opposition diskutiert. Eine erste, die sich auf relational Entge-
gengesetztes bezieht, wird am Beispiel der Ähnlichkeit verdeutlicht. Eine
Entgegensetzung in relationaler Hinsicht besteht in diesem Sinne zwischen
Gott und dem Geschaffenen insofern, als dass die Kreatur Gott ähnlich und
diesem deshalb im relationalen Sinne entgegengesetzt ist. Jede Beziehung der
Ähnlichkeit gründet aber in einem einzigen Begriff, in dem die beiden Relata
übereinkommen. Aus diesem Grund kann man von einem gemeinsamen
formalen Begriff ausgehen, in dem Gott und das Geschaffene übereinstimmen. Dass die Beziehung der Ähnlichkeit eine Übereinkunft in irgendeiner
Hinsicht voraussetzt, wird wiederum damit begründet, dass die similitudo
eine Relation der ersten Art ist. Solche Relationen, die nach der von Aristoteles in 5. Met. c. 15 getroffenen Einteilung[366] unter den ersten der drei Rela-
tionstypen fallen, setzen immer einen gemeinsamen Begriff voraus.[367] Der

---

[365]   Patet ergo resumendo quia quae solum distinguuntur per accidens illa sunt eiusdem rationis
        formalis; sed ens in deo et in creatura est huiusmodi quia distinguuntur per illa quae se-
        quuntur rationem formalem quia per posteriora. Patet etiam quia finitum et infinitum sunt
        posteriora quia gradus est posterior quiddate. Similiter contingens et necessarium cum sint
        modi quidditatis, ergo etc. Praeterea, quae distinguuntur solis differentiis divisivis sunt eius-
        dem rationis formalis; deus et creatura sunt huiusmodi, ergo etc. FRANCISCUS DE MAYRO-
        NIS, Conflatus, Prol. q. 4 (Ed. Venetiis 1520), f. 5ra A-B.
[366]   Vgl. ARISTOTELES, Metaphysik 5, 15 (Opera), 1020b 26-32.
[367]   Secundum fundamentum radicatur in natura oppositionis. Et primo in relative oppositis. Et
        arguitur sic: In quibuscumque fundatur relatio similitudinis illa sunt unum in aliqua ratio-
        ne; deus et creatura sunt huiusmodi, quia creatura est similis deo secundum imaginem, er-

Hintergrund für dieses Argument ist die Annahme, dass es sich bei diesen Relationen um solche der quantitativen Vergleichbarkeit handelt, diese setzt aber einen gemeinsamen quantitativen Bezugspunkt voraus, so dass man von einer Übereinkunft in einem einzigen Begriff sprechen kann.

Eine zweite Klasse von Opposition ist die des konträr Entgegengesetzten. Konträre Gegensätze werden aber auf eine gemeinsame Bestimmung zurückgeführt, die zuvor, d.h. der Entgegensetzung vorausliegend, zu unterstellen ist. Die konträren Kennzeichnungen, die Gott und das Geschaffene betreffen, setzen also ein commune voraus, von dem her sich überhaupt erst die konträre Entgegensetzung begreifen lässt.[368] Dieses commune, so ist zu ergänzen, verweist auf den gemeinsamen formalen Begriff, der von Gott und Kreatur deshalb prädizierbar ist.

Eine dritte Form der Entgegensetzung besteht, wenn privative Bestimmungen von Entgegengesetztem ausgesagt werden. Eine solche Privation ist z.B. die Eigenschaft, nicht zerstörbar zu sein, die sowohl von Gott als auch von der intellektiven Seele oder vom Himmel ausgesagt wird. Alles das aber, so das Argument, was in einem privativen Begriff übereinkommt, teilt auch eine gemeinsame positive Bestimmung. Dies ist der Fall, weil privative und positive Bestimmungen wesentlich nach Früher und Später geordnet sind. Die privativen Prädikate folgen aber wesentlich den entsprechenden positiven Bestimmungen nach, so dass aus der gemeinsam geteilten Privation einer Eigenschaft auf die Gemeinsamkeit einer positiven Bestimmung geschlossen werden kann.[369]

Auch Aussagen, die kontradiktorisch Entgegengesetztes ausdrücken, so führt Mayronis in einem vierten Teilargument aus, verweisen letztlich auf einen einheitlichen Begriff. Denn jede negative Aussage, wie z.B. die, dass weder Gott noch das Geschaffene, etwa die Engel, weiß sind, bezieht sich letztlich auf ein und denselben positiven Begriffsgehalt.[370]

---

go etc. Maior patet quia relationes primi modi sunt relationes unius rationis; similitudo est relatio primi modi, ergo etc. FRANCISCUS DE MAYRONIS, Conflatus, Prol. q. 4 (Ed. Venetiis 1520), f. 5ra B.

[368] Secundo arguitur in contrarie oppositis et arguo sic: Contraria semper reducuntur ad aliquid commune quod primo supponunt; sed deo et creaturae competunt contraria, ergo etc. FRANCISCUS DE MAYRONIS, Conflatus, Prol. q. 4 (Ed. Venetiis 1520), f. 5ra B-C.

[369] Tertio arguitur in privative oppositis et hoc sic: Quandocumque privationes in aliquibus sunt eiusdem rationis et positiva similiter sunt eiusdem rationis vel possunt esse. Hoc patet quia privatio et habitus sunt essentialiter ordinata secundum prius et posterius. Sed in quocumque est illud quod est posterius essentialiter, in illo potest esse vel est prius. Sed ita est in proposito quia deo et creaturae competunt privationes eiusdem rationis, verbi gratia incorruptibilitas in deo et in anima intellectiva vel in caelo. Incorruptibilitas est privatio corruptibilitatis quae competit deo et creaturae ergo etc. FRANCISCUS DE MAYRONIS, Conflatus, Prol. q. 4 (Ed. Venetiis 1520), f. 5ra C.

[370] Quarto arguitur eodem modo in contradictorie oppositis quia deus et creatura sive angelus sunt non albi. Illa autem negatio est eiusdem rationis, ergo etc. FRANCISCUS DE MAYRONIS, Conflatus, Prol. q. 4 (Ed. Venetiis 1520), f. 5ra C.

2.3 Fundamentum ex natura pluralitatis

Um von einer Mehrheit von Gegenständen sprechen zu können, ist jeweils eine bestimmte Hinsicht zu unterstellen, entsprechend der diese Gegenstände dann als mehrere erscheinen. Eine solche Hinsicht resultiert jeweils aus einem gemeinsamen Begriff, unter dem die betreffenden Gegenstände subsumiert werden können. Dies veranschaulicht etwa das von Mayronis angeführte Beispiel einer Mehrheit von Lebewesen. Wenn man nämlich ein Rind und einen Menschen als eine Mehrheit begreift, d.h. sie zählt, dann zählt man sie nicht am Leitfaden des je eigentümlichen Begriffs; denn man zählt in diesem Fall eben nicht zwei Menschen oder zwei Rinder, sondern man zählt z.b. zwei Lebewesen. Dies setzt aber voraus, dass die so in ihrer Mehrheit verstandenen Gegenstände unter einen gemeinsamen Begriff fallen, denn sonst würden sie im engeren Sinne gar nicht als mehrere begriffen werden können. Eine Mehrheit ist immer eine Mehrheit von Gegenständen einer bestimmten Art, die sich in einem gemeinsamen Begriff ausdrücken lässt. Überträgt man dieses Argument auf den vorliegenden Fall, nämlich Gott und das Geschaffene als eine pluralitas begreifen zu wollen, so kann dies nur unter der Voraussetzung geschehen, dass beide entsprechend einem gemeinsamen Begriff, nämlich dem des Seienden, erfasst werden.[371]

Der einheitliche Begriff, der jeder Annahme einer bestimmten Mehrheit zugrunde liegt, wird auch dadurch deutlich, dass man sich die Unmöglichkeit vor Augen hält, Gegenstände unter Bezugnahme auf äquivoke Bezeichnungen als Mehrheit zu identifizieren. Spricht man etwa von einer Mehrheit von Hunden, indem man den Begriff „Hund" in seiner äquivoken Bedeutung verwendet, so bezieht sich diese Mehrheit nur auf verschiedene Verwendungsweisen einer einheitlichen Lautgestalt (vox), aber nicht auf eine sachlich fundierte pluralitas. Wenn man aber zu Recht annehmen will, dass Seiendes in Gott und Kreatur vervielfältigt bzw. gezählt wird, was offensichtlich ist, da diese mehrere Seiende sind, dann setzt dies voraus, dass der conceptus entis jeweils ein und derselbe ist.[372]

Verhalten sich Gegenstände so, dass sie als völlig identisch erscheinen, sobald man von den nicht zu ihrer Washeit gehörenden Bestimmungen absieht, dann teilen diese Gegenstände einen gemeinsamen formalen Begriff.

---

[371] Tertium fundamentum radicatur in natura pluralitatis. Et ex hoc arguitur sic: Quandocumque aliqua dicuntur plura secundum aliquid unum, habent rationem unam communem. Et hoc patet sic quia homo et bos non numerantur secundum propria quia non dicuntur duo boves vel duo homines, sed duo animalia. Sed deus et creatura dicuntur duo entia, ergo ens in eis dicit unam rationem communem. FRANCISCUS DE MAYRONIS, Conflatus, Prol. q. 4 (Ed. Venetiis 1520), f. 5ra C-D.

[372] Secundo ex eodem arguitur sic: Nullum aequivocum numeratur in aequivocatis, sicut canis non numeratur in illis de quibus dicitur, sed solum accipitur secundum plures acceptationes eiusdem vocis vel significationes. Sed ens plurificatur in deo vel numeratur et in creatura, ergo etc. Probatur minor quia sunt plura entia. FRANCISCUS DE MAYRONIS, Conflatus, Prol. q. 4 (Ed. Venetiis 1520), f. 5ra D.

Die Mehrheit, die man in Bezug auf Gott, Kreatur und Seiendes feststellen kann, betrifft aber gerade nicht deren quidditas; denn sieht man von dieser pluralitas ab, stellen alle dasselbe Seiende dar. Dies bedeutet wiederum, dass Gott und das Geschaffene im Begriff des Seienden in einer einzigen ratio formalis übereinstimmen.[373]

Ein letztes Argument geht schließlich davon aus, dass alles das, zu dem jede Mehrheit hinzutritt (advenit), in einem einheitlichen formalen Begriff übereinkommt. Von dieser Art sind aber Gott und das Geschaffene, wie Franciscus unter Berufung auf Augustinus feststellt, so dass der Schluss unausweichlich ist, dass beide durch einen gemeinsamen formalen Gehalt erfasst werden.[374]

Der Grundgedanke, der diesen auf dem Begriff der pluralitas aufbauenden Argumenten zugrunde liegt, besteht darin, dass Mehrheit nur dadurch gedacht werden kann, dass das, was in seiner Mehrheitlichkeit deutlich werden soll, in einer bestimmten Hinsicht betrachtet werden muss, um überhaupt als ein Nebeneinander von Vielem gedacht werden zu können. Mehrheit ist demnach immer eine Mehrheit von etwas, d.h. eine Mehrheit von Gegenständen einer bestimmten Sorte oder von unter einer spezifischen Perspektive betrachteten Objekten. Dieser Grundgedanke ist auch mit dem Phänomen der Zahl verbunden; denn um zählen zu können, müssen die zu zählenden Gegenstände zuvor unter einer bestimmten Perspektive ausgezeichnet werden, da das Zählen immer eine bestimmte Abgrenzung zwischen den zu zählenden Objekten, die unter einem bestimmten Aspekt betrachtet werden, impliziert. Aus diesem Grund liegt jeder pluralitas ein Einheit stiftendes Moment zugrunde, das mehr oder weniger konkret sein kann. Wie die Beispiele des Franciscus zeigen, kann dieses ein Begriff wie „Lebewesen" sein, der es erlaubt, Mensch und Rind als Mehrheit zu erfassen, oder es kann der Begriff des Seienden sein, der als gemeinsames Prädikat von Gott und Geschöpf ausgesagt wird und so Gott und Geschöpf als eine Mehrheit von entia begreift. Was diese Beispiele, aber auch die gesamte vom Phänomen der pluralitas ausgehende Argumentation deutlich machen, ist die weitergehende These, dass der gemeinsame Gesichtspunkt, unter dem die eine Mehrheit darstellenden Gegenstände erfasst werden, eine ratio formalis und damit ein quidditativer Begriff sein muss. Was als eine Mehrheit begriffen wird, ist immer etwas, das unter einem washeitlichen Aspekt betrachtet mit anderem übereinstimmt.

---

[373] Tertio sic: Quandocumque aliqua sic se habent quod circumscripto aliquo quod non est de quidditate ipsorum, illa sunt penitus idem, illa talia sunt eiusdem rationis formalis. Sed pluralitas non est de ratione quidditativa dei, nec creaturae, nec entis quia circumscripta pluralitate ab eis essent idem ens. Ergo sunt eiusdem rationis formalis in ente. FRANCISCUS DE MAYRONIS, Conflatus, Prol. q. 4 (Ed. Venetiis 1520), f. 5ra D.

[374] Quarto ex eodem arguitur sic: Illa sunt eiusdem rationis formalis quibus advenit omnis pluralitas, sed deus et creatura sunt huiusmodi secundum Augustinum, 8. vel 7. De Trinitate. FRANCISCUS DE MAYRONIS, Conflatus, Prol. q. 4 (Ed. Venetiis 1520), f. 5ra D.

2.4 FUNDAMENTUM EX NATURA PERFECTIONIS

Ein letzter Komplex von Argumenten bezieht sich schließlich auf ein Fundament ex natura perfectionis. Die grundlegende These, die das weitere Argument bestimmt, besteht darin, dass sich jede reine Vollkommenheit in Gott findet, die sich auch im Geschaffenen findet. In beiden Fällen wird diese Vollkommenheit jeweils durch denselben formalen Begriff erfasst. Die Einheit des formalen Begriffs des Seienden ergibt sich daraus, dass die Bestimmung des Seienden selbst eine reine Vollkommenheit darstellt. Der vom Geschaffenen hergenommene Begriff des Seienden lässt sich deshalb auf Gott übertragen, weil Gott als dem vollkommensten Wesen jede Vollkommenheit, also auch die des Seienden, zukommen muss.[375]

Ein zweites Argument geht von dem Gottesbegriff aus, den Anselm von Canterbury im Proslogion entwirft.[376] Demnach wird Gott als das verstanden, im Vergleich zu dem nichts Größeres gedacht werden kann. Ein in diesem Sinne Größtes ist Gott aber nur dann, wenn er jede reine Vollkommenheit einschließt. Dass Gott jede reine Vollkommenheit einschließt, leitet Mayronis daraus ab, dass eine reine Vollkommenheit nichts einschließt, was nicht selbst eine reine Vollkommenheit darstellt; denn eine Vollkommenheit kann grundsätzlich ohne jede Beimischung von Unvollkommenheiten sein. Die Vollkommenheit des Seienden schließt aber viele reine Vollkommenheiten ein, so dass diese Bestimmung, ein Seiendes zu sein, notwendig Gott zukommt. Eine reine Vollkommenheit schließt in ihrem Begriff keine Bestimmung darüber ein, ob es sich um eine begrenzte oder unbegrenzte Vollkommenheit handelt. Diese Kennzeichnung trifft auf den Begriff des Seienden zu, der für sich betrachtet keinerlei Angabe über Begrenztheit oder Unbegrenztheit des jeweils Seienden enthält, so dass sich hieraus ein weiterer Beleg dafür ergibt, dass diese Bestimmung Gott als eine perfectio simpliciter zukommt.[377]

In Anlehnung an den durch Duns Scotus[378] modifizierten Sprachgebrauch Anselms von Canterbury[379], wonach eine reine Vollkommenheit

---

[375] Quartum fundamentum radicatur in natura perfectionis. Ex isto arguitur sic: Omnis perfectio simpliciter quae invenitur in creatura invenitur in deo secundum eandem rationem formalem, sed ens est perfectio simpliciter, ergo ens est in deo et in creatura eiusdem rationis formalis. Maior probatur quia in ente perfectissimo oportet invenire omnem perfectionem simpliciter. FRANCISCUS DE MAYRONIS, Conflatus, Prol. q. 4 (Ed. Venetiis 1520), f. 5ra D- 5rb E.

[376] Vgl. ANSELM VON CANTERBURY, Proslogion c. 2 (Opera omnia I), 101-102.

[377] Praeterea deus est illud quo maius excogitari non potest, hoc autem non esset nisi in eo esset omnis perfectio simpliciter. Minor probatur quia in perfectione simpliciter non includitur nisi perfectio simpliciter. Hoc patet quia perfectio potest esse sine omni imperfectione. Sed ens includitur in multis perfectionibus simpliciter, ergo etc. Probatur ex alio minor: perfectio simpliciter non est limitata nec illimitata, sed ens est huiusmodi. FRANCISCUS DE MAYRONIS, Conflatus, Prol. q. 4 (Ed. Venetiis 1520), f. 5rb E.

[378] Vgl. JOHANNES DUNS SCOTUS, De primo Principio c. 4 (Ed. Kluxen), 64-66; DERS., Ord. I d. 8 p. 1 q. 1 n.23 (Ed. Vat. IV), 162-163; DERS., Quodl. q. 5 n. 13 (Ed. Viv. XXV), 216a.

[379] Vgl. ANSELM VON CANTERBURY, Monologion c. 15 (Opera omnia I), 28-29.

eine solche Bestimmung ist, die für ein hiervon Bestimmtes besser ist als jede mit der reinen Vollkommenheit nicht vereinbare Kennzeichnung, ergibt sich ein weiteres Argument für die Anwendbarkeit des Begriffs des Seienden auf Gott. Denn es gibt nur eine einzige Bestimmung, die mit dem Begriff des Seienden nicht vereinbar ist, und diese Bestimmung ist die des Nichts. Die implizite Annahme des Argumentes, dass es in bezug auf Gott besser ist, diesen als ein Seiendes und nicht als ein Nichts zu kennzeichnen, ist offensichtlich.[380] Die Prädikation des conceptus entis ergibt sich demnach daraus, dass es einen höheren Grad der Vollkommenheit anzeigt, ein Seiendes eher als ein Nichts genannt zu werden.

Ein letztes Argument, das Mayronis anführt, geht davon aus, dass bei Bestimmungen, die eine wesentliche Ordnung darstellen, von der Kennzeichnung einer späteren Bestimmung als einer perfectio simpliciter darauf geschlossen werden kann, dass diese Charakterisierung auch auf die in der essentiellen Ordnung vorausgehenden zutrifft. Genau das ist im Verhältnis des conceptus entis zu den weiteren passiones der Fall. Denn einige der weiteren Eigenschaften, die der Bestimmung des Seienden nachfolgen, sind reine Vollkommenheiten, so dass man darauf schließen kann, dass auch die Kennzeichnung des Seienden selbst eine reine Vollkommenheit darstellt, die Gott zukommt. Insofern nämlich eine reine Vollkommenheit keinerlei Unvollkommenheit einschließen kann, ist der Fall ausgeschlossen, dass eine nachgeordnete Eigenschaft, die eine perfectio simpliciter ist, etwas einschließt, das nicht selbst uneingeschränkt vollkommen ist. Da der Begriff des Seienden als übergeordneter Begriff in allen nachfolgenden Kennzeichnungen enthalten ist, muss dieser als reine Vollkommenheit begriffen werden und ist insofern von Gott prädizierbar.[381]

Die entscheidende Grundlage dieses Komplexes von Argumenten, die auf dem fundamentum ex natura perfectionis beruhen, besteht darin, dass der fragliche Begriff der Vollkommenheit im Sinne der perfectio simpliciter ausgelegt wird. Die sich hieraus ergebende Konsequenz beinhaltet, dass auf diese Weise eine formale Interpretation der eine Vollkommenheit ausdrückenden Begriffe möglich wird. Nicht der bestimmte Inhalt einer Vollkommenheit ist der Grund für die Anwendbarkeit auf Gott, sondern die abstrakte, nicht an einen bestimmten Inhalt gebundene Eigenschaft, besser als die jeweils nicht vereinbaren Eigenschaften zu sein. Diese formale Zugangsweise bildet die Grundlage für eine einheitliche Anwendung solcher Begriffe auf Gott und das Geschaffene. Als transzendentale Begriffe, als welche die

---

[380] Praeterea quod est melius quocumque sibi incompossibili est perfectio simpliciter. Sed ita est de ente quia nihil est ei incompossibile nisi nihil. FRANCISCUS DE MAYRONIS, Conflatus, Prol. q. 4 (Ed. Venetiis 1520), f. 5rb E.

[381] Praeterea in essentialiter ordinatis si posterius dicit perfectionem simpliciter et illud quod est prius. Sed ens est prius passionibus suis quarum aliquae dicunt perfectionem simpliciter, ergo et ens. Maior patet quia perfectio simpliciter nihil imperfectum includit. FRANCISCUS DE MAYRONIS, Conflatus, Prol. q. 4 (Ed. Venetiis 1520), f. 5rb E.

reinen Vollkommenheiten von Duns Scotus verstanden werden, ist die univoke Prädizierbarkeit garantiert. Im Rahmen dieser Überlegungen kommt
dem transzendentalen Begriff des Seienden eine besondere Bedeutung zu.

3 FORMALDISTINKTION UND NOETISCH-NOEMATISCHER PARALLELISMUS

Wie die bisherige Diskussion der Lehre von den formalen Gehalten deutlich
macht, ist die Annahme formaler Gehalte als Grundlage jeglichen Wissens
notwendig. Bei dieser Annahme handelt es sich allerdings nicht um eine Setzung bestimmter Inhalte und Strukturen, aus denen dann die entsprechenden
Erkenntnisse im Sinne eines quasi-deduktiven Verfahrens einseitig abgeleitet
werden. Die Voraussetzung, von der Mayronis ausgeht, lässt sich vielmehr in
einer noch zu erläuternden Weise[382] als noetisch-noematischer Parallelismus
interpretieren. Demnach geht Mayronis von der Grundannahme aus, dass
jeder Einsicht, die der Verstand gewinnt und die sich in einem Begriff ausdrückt, ein entsprechender Inhalt und eine entsprechende Struktur eines zu
Begreifenden korrespondiert. Ein Begriff verweist immer auf ein Begreifbares,
und jedem Begreifbaren entspricht grundsätzlich ein möglicher Begriff. Formale Gehalte fungieren nach Franciscus de Mayronis in diesem Sinne als
Korrespondenzmomente von Begriffen bzw. von Einsichten, die der
Verstand gewinnen kann. In dieser Form bezieht sich bereits der Zeitgenosse
des Duns Scotus, Alexander von Alessandria, auf dieses Korrespondenzver-
hältnis von Begriff und Begreifbarem, um die Theorie von der Formaldistinktion in einer grundlegenden Weise zu begründen.[383]

---

[382] Vgl. unten Kap. 6.

[383] Prima ratio potest sumi ex eo, quod in una re possunt haberi plures conceptus stante simplicitate eiusdem. Arguo igitur sic: De eo, quod est unum conceptualiter, non potest haberi
nisi unus conceptus. Sed quod est unum formaiter et realiter, est unum conceptualiter. Igitur de omni tali non potest haberi nisi unus conceptus. Sed secundum adversarium omnis
forma simplex est unum formaliter et realiter. Igitur de omni tali non potest haberi nisi
unus conceptus. Cuius contrarium ab omnibus ponitur, quia vegitativum et sensitivum faciunt duos conceptus, etiamsi sunt per unam formam simplicem. Maior patet, quia si de eo,
quod est unum conceptualiter, possunt esse plures conceptus, consequeretur, quod esset
unum et plura conceptualiter. Minor probatur, quia da oppositum, quia scilicet unum
formaliter et realiter possit esse diversum conceptualiter, vocentur istae conceptiones a et b:
tunc certum est, quod ipsum a non est de conceptu b nec e contrario et per consequens non
erit de formalitate et perseitate ipsius. ALEXANDER VON ALESSANDRIA, Utrum in una et
eadem re simplici possint includi diversae formalitates sive diversa esse quidditativa (Ed.
Jansen), ed. B. Jansen, in: JANSEN, B., Beiträge zur geschichtlichen Entwicklung der
distinctio formalis, in: Zeitschrift für katholische Theologie 53 (1929), 317-344, 517-544,
538-543, 540. Anders als Franciscus de Mayronis verbindet Alexander aber die Lehre von
der Korrespondenz von Begriff und Begreifbarem sowie die daraus abgeleitete Formaldistinktion nicht mit der für Franciscus zentralen Univokationsthese. Vgl. ZIMMERMANN,
A., Ontologie oder Metaphysik. Diskusion über den Gegenstand der Metaphysik im 13.
und 14. Jahrhundert. Texte und Untersuchungen, (Recherches de Théologie et Philosophie
médiévales. Bibliteca 1), Leuven ²1998, 289-294.

Wahrheit und Falschheit von Einsichten richten sich zwar einerseits nach der Übereinstimmung mit diesen formalen Gehalten. Andererseits erlaubt diese Korrespondenzthese aber auch, von der Wahrheit bzw. Falschheit des vom Verstand Erfassten auf die Gegebenheit entsprechender formaler Strukturen und Gehalte auf einer verstandesunabhängigen Sachebene zu schließen. Dies zeigt sich etwa, wenn Mayronis im Rahmen einer Diskussion der platonischen Ideenlehre[384] die Abgetrenntheit der formalen Gehalte, die in diesem Kontext mit den platonischen Ideen identifiziert werden, dadurch begründet, dass der Verstand diese als abgetrennt erkennt, was nur dadurch zu erklären ist, dass sie tatsächlich sequestratae et praecisae sind, d.h. nicht allein durch eine Operation des Verstandes ohne sachliches Fundament als solche erfasst werden.[385] Die Bedingung dafür, bestimmte Inhalte als getrennte zu erkennen, besteht darin, dass eine entsprechende Struktur auf Seiten der formalen Gehalte selbst vorliegt. Die Korrespondenzthese, die Franciscus vertritt, lässt sich also nur als ein wechselseitiges Verhältnis von durch den Verstand erfassten begrifflichen und unabhängig vom Verstand bestehenden sachlichen Strukturen verstehen. Washeitliche Gehalte, sowie Mayronis sie versteht, haben keinen „Ort". Sie sind weder im Verstand noch außerhalb dessen in einer extramentalen Wirklichkeit. Quidditäten als solche abstrahieren von diesen Gegebenheitsweisen, die ihnen lediglich akzidentiell zukommen können.[386]

Wie die eingehende Diskussion der vier genannten Fundamente deutlich macht, verweisen aber auch komplexe Phänomene wie Unterscheidung, Entgegensetzung, Mehrheitlichkeit und Vollkommenheit auf eine entsprechende Struktur formaler Gehalte. Allerdings sind diese Strukturen nicht unmittelbar erkennbar, sondern bedürfen der interpretierenden Rekonstruktion entsprechender Erkenntnisvorgänge, wodurch diese auf ihre impliziten Voraussetzungen hin gedeutet werden. Unter der Voraussetzung dieses Parallelimus ergeben sich weitreichende Einsichten in die Grundstrukturen

---

[384] Einschlägig ist hierzu HOFFMANN, T., Creatura intellecta. Die Ideen und Possibilien bei Duns Scotus mit Ausblick auf Franz von Mayronis, Poncius und Mastrius (Beiträge zur Geschichte der Philosophie und Theologie des Mittelalters NF Bd. 60), Münster 2002, 217-262. Weitere Literatur vgl. unten Kap. 9 § 1.2.2.

[385] Intellectus qui intelligit rem aliter quam sit, ille est falsus. Si ergo est verus, oportet quod ita sit in re sicut cognoscit; sed intellectus intelligit quidditatem vel rationem formalem vel rationem idealem sequestratam et praecisam ab aliis; ergo ipsa est in re sic sequestrata et per consequens praecisa, vel intellectus est falsus. FRANCISCUS DE MAYRONIS, Conflatus, d. 47 q. 3 a. 1 (Ed. Venetiis 1520), f. 134ra C. Hierzu vgl. KRAUS, J., Die Lehre von der realen spezifischen Einheit in der älteren Skotistenschule, in: Divus Thomas 14 (1936), 353-378, 362-364.

[386] Sed difficultas est utrum illae quidditates sint in anima vel in rerum natura. Dico quod secundum se nec in anima nec in rerum natura, sed nusquam, eo quod abstrahunt ab omni ubi qualitercumque accepto. Sunt tamen in anima obiective per accidens quia accidit eis quod intelligantur. Sunt etiam in rerum natura per accidens quia accidit eis quod actualiter existant. FRANCISCUS DE MAYRONIS, Conflatus, d. 47 q. 3 a. 2 (Ed. Venetiis 1520), f. 134va-vb M-N.

epistemischer Vorgänge und begrifflicher Konstitutionsbedingungen. Dies wird insbesondere im Blick auf das Verhältnis von Einheit und Differenz deutlich.

3.1 Einheit und Differenz

Bei aller Differenziertheit der von Mayronis in bezug auf die Sprach- oder die Realwissenschaften diskutierten Phänomene, die auf die Notwendigkeit verweisen, übergeordnete formale Begriffe anzunehmen, die aufgrund eines einheitlichen Sinngehaltes prädiziert werden, lässt sich doch eine auf alle zutreffende gemeinsame Grundtendenz erkennen. Im Detail zeigt Mayronis, dass eine im weitesten Sinne epistemologische Grundstruktur unserer wissenschaftlichen oder auch alltäglichen Weltorientierung in der wechselseitigen Verwiesenheit von Einheit und Differenz besteht. Offensichtlich wird dies vor allem immer dann, wenn Unterscheidungen getroffen werden. Sei es, dass dies explizit geschieht, wenn z.B. ein gemeinsamer Grundgehalt durch die Differenzierung von Gattungs- und Artbegriffen unterschieden wird; sei es, dass dies implizit geschieht, wenn eine Entgegensetzung (oppositio) vorgenommen wird, wie dies etwa geschieht, wenn zwei Gehalte als ähnlich oder auch widerstreitend aufgefasst werden. Soll etwas im strengen Sinne als distinkt erfasst werden können, ist dies nur dadurch möglich, dass ein zuvor als einheitlich aufgefasster Begriffsgehalt angenommen wird. Im Ausgang von dieser ursprünglichen Einheit wird in einer dann nachgeordneten Hinsicht anderes als distinkt erfasst. Eine Differenz im Sinne einer Distinktion setzt immer die Einheit des zu Unterscheidenden bereits voraus. Das Gleiche gilt auch bei den Phänomenen der Entgegensetzung, wie sie etwa eine Ähnlichkeitsrelation darstellt. Als ähnlich, so der sachliche Hintergrund des von Mayronis Intendierten, wird nur das begriffen, was in einer bestimmten Hinsicht different, in einer anderen aber als einheitlich verstanden wird. Beide Momente, Einheit und Differenz zusammen, ergeben erst das, was als ähnlich erfasst werden kann. Die gleiche Grundstruktur liegt jedem Definitionsvorgang zugrunde, durch den nämlich etwas in einem gemeinsamen Gehalt Übereinkommendes durch das in Gestalt der spezifischen Differenz Hinzukommende in seiner artbildenden Natur erfasst wird.

Jede Form von Vielheit verweist als solche ebenfalls auf eine vorausliegende Einheit. Ob eine Mehrheit zahlenmäßig erfassbar sein soll oder ein allgemeiner Begriff im Phänomen der distributio durch den Allquantor einer Vielheit von Gegenständen zugewiesen wird, jedesmal verweisen solche epistemischen Vorgänge auf die Einheit eines vorausliegenden Gehaltes, durch den die beabsichtigte Differenz des Zählbaren oder der Allheit als solche erst vorstellbar wird. Eine bestimmte Anzahl oder eine Allheit von Gegenständen ist dies jedesmal nur in Bezug auf einen gemeinsamen Gesichtspunkt, durch den die so ausgezeichnete Menge überhaupt erst identifizierbar wird.

Liegt bei den genannten Phänomenen die Verwiesenheit von Einheit und Differenz offen zu tage, bedarf es einer weitergehenden Analyse, um diese Struktur in denjenigen epistemischen Vorgängen zu erkennen, die vor allem auf einem Vergleichsmoment beruhen. Solche Vergleichsvorgänge können sich zunächst oberflächlich in einer entsprechenden Sprachverwendung widerspiegeln, wie Mayronis unter Verweis auf entsprechende grammatische Strukturen hervorhebt. Verwendet man Adjektive im Komparativ oder im Superlativ, verweisen diese Formulierungen jedesmal auf die jeweils vorausgesetzte Grundform der einfachen positiven Adjektivform. Was hier allein schon aufgrund der Sprachoberfläche deutlich wird, ist eine Grundstruktur, die allen epistemischen Vorgängen gemeinsam ist, die etwas mit Steigerungsformen zu tun haben. Jeder Begriff, der als eine bestimmte Gradabstufung zu verstehen ist, verweist auf einen Begriffsgehalt, von dem ausgehend erst der bestimmte Vollkommenheitsgrad zu begreifen ist, der im Einzelnen ausgesagt werden soll. Unterschiedliche Vollkommenheitsgrade lassen sich als solche aber nur denken, indem sie einerseits als different verstanden werden, was die jeweilige Graduierung betrifft; andererseits aber als einheitlich gedacht werden, was den Grundgehalt betrifft, in Hinsicht auf den sie erst als je unterschiedene Grade ein und desselben Gehaltes gedeutet werden können.

Aus diesem Grundmodell, das jedem Vorgang der Graduierung und damit des Vergleichens zugrunde liegt, ergibt sich in prädikationslogischer Hinsicht das entscheidende Prinzip, nach dem das Verhältnis von analoger und univoker Begriffsverwendung bestimmt wird.[387] Insofern jede analoge Aussage eines Begriffs einen vorausliegenden Vergleichsfall – sei es im Sinne eines Mehr oder Weniger, sei es im Sinne eines Früher oder Später – und eine hieraus resultierende Gradabstufung impliziert, die ihrerseits auf einen zugrundeliegenden einheitlichen Begriffsgehalt verweisen, setzt jede ananloge Aussage eines Begriffs einen univoken Anwendungsfall voraus. Nur in bezug auf diesen univoken Anwendungsfall kann die Analogie überhaupt erst als eine graduell spezifizierte Applikation hinsichtlich eben dieses Begriffsgehaltes verstanden werden. Die analoge Aussage liegt also einer Reihe von alltäglichen oder auch von wissenschaftlichen Einsichten und Urteilen zugrunde, allerdings bleibt zu beachten, dass hierdurch keineswegs die univoke Aussage verdrängt, sondern vielmehr in einem besonderen Maße in ihrer Notwendigkeit herausgestellt wird. Univokation und Analogie sind für Franciscus de Mayronis keine Alternativen, sondern in einem klar umrissenen Konstitutionsverhältnis verankerte Prädikationsmodi.

Die andere Richtung, in der die Verwiesenheit von Einheit und Differenz verläuft, nämlich die in jeder begrifflichen Einheit implizierte Differenz gegenüber anderen Begriffen, thematisiert Mayronis an späterer Stelle vor allem unter dem Stichwort der Abgegrenztheit (praecisio) der einen als Ein-

---

[387]   Vgl. unten Kap. 8 § 2.

heit verstandenen ratio gegenüber der jeweils anderen.[388] Hierbei wird ebenfalls vor dem Hintergrund eines noetisch-noematischen Parallelismus deutlich, dass ein formaler Begriff, um als ein in sich einheitlicher Begriffsgehalt
gedacht werden zu können, notwendig gegenüber anderen Gehalten als distinkt aufzufassen ist. Beachtet man diese wechselseitige Verwiesenheit von
Einheit und Differenz, wird deutlich, dass die zentrale Lehre von der distinctio formalis nicht nur die Theorie der begrifflichen Unterscheidung betrifft.
Vielmehr zeigt sich aufgrund der von Mayronis gezeigten Notwendigkeit,
Differenzierungsvorgänge auf zugrundeliegende Einheiten zurückzuführen,
dass das Lehrstück von der distinctio formalis eben auch eine Theorie der
begrifflichen Einheit ist.

---

[388]   Vgl. unten Kap. 6.

Fünftes Kapitel

Die Univokationsthese in Bezug auf das unendliche Seiende

1 DIE DISKUSSION UM DIE UNIVOKATION

Nachdem Mayronis in den vorausgehenden quaestiones das Subjekt des ersten zusammengesetzten Prinzips behandelt hat, wendet er sich in den folgenden fünf Fragen explizit dem Problem der Univokation zu.[389] Q. 5 des Prologs thematisiert zunächst die Möglichkeit eines gemeinsamen formalen Begriffs, der von Gott und dem Geschaffenen quidditativ ausgesagt wird. Die sich anschließenden Fragen 6-9 betreffen den Modus der Univokation. In diesen Problemkreis fällt die Frage nach der quidditativen Aussagbarkeit (6) und der formalen Unterscheidbarkeit (7) eines solchen Begriffs. Desgleichen ist zu klären, ob ein solcher Begriff von anderen schlechthin einfachen und erstlich verschiedenen Begriffen (8) sowie von solchen Bestimmungen abstrahierbar ist, die jegliches Moment der Allgemeinheit ausschließen (9).

1.1 DAS PROBLEM EINES UNIVOK VON GOTT UND KREATUR AUSGESAGTEN BEGRIFFS

Die Möglichkeit, einen univoken Begriff von Gott und dem Geschaffenen auszusagen, scheint an der Vollkommenheit Gottes zu scheitern. Ein solcher Begriff würde nämlich der göttlichen Vollkommenheit dann widersprechen, wenn er washeitlich prädiziert wird. Dieses Problem kann aus vier Perspektiven betrachtet werden, die jeweils die Blickrichtung einer bestimmten Wissenschaft repräsentieren. Es handelt sich hierbei um die bekannte Zusammenstellung von Logik einerseits und den Realwissenschaften Naturwissenschaft, Metaphysik und Theologie andererseits. Wie sich im Weiteren zeigen wird, behandelt Mayronis das Problem im Kontext der genannten Wissenschaften in unterschiedlicher Ausführlichkeit. Die jeweilige Akzentuierung in der vorliegenden Version des *Conflatus* sollte allerdings nicht als Indiz der von Mayronis jeweils unterstellten Bedeutung der Argumente missverstanden werden. Die offensichtliche Diskrepanz zwischen dem ersten und vierten

---

[389] Zur Frage der univocatio entis vgl. VIGNAUX, P., L'être comme perfection selon François de Meyronnes, in: Études d'histoire littéraire et doctrinale 17 (1962), 259-318, wieder abgedruckt in: VIGNAUX, P., De Saint Anselme a Luther, Paris 1976, 253-312, 284-298.

Argumentationskomplex, die nach dem bekannten Viererschema ausgearbeitet vorliegen, einerseits und den beiden übrigen, denen eher noch der
Entwurfcharakter anhaftet, andererseits, scheint eher auf eine je unterschiedliche Bearbeitungsstufe zu verweisen. Nicht zuletzt der in der logischen und
der theologischen Debatte enthaltene Verweis auf die an spätere Stelle aus-
geführte Erläuterung der These von der quasi-generischen Prädikation des
conceptus entis[390] deutet neben dem ausgearbeiteten Viererschema auf ein
weit fortgeschrittenes Bearbeitungsstadium dieser Abschnitte, dem der Rest
der Quaestio nicht zu entsprechen scheint.

1.1.1 LOGISCHE ASPEKTE DES UNIVOKATIONSPROBLEMS

In einem ersten Schritt betrachtet Franciscus die besonderen Probleme, die
sich von Seiten der Logik ergeben. Gleich die erste Schwierigkeit betrifft
einen zentralen Punkt der Univokationslehre, nämlich die Frage, ob die univoke Prädikation des conceptus entis nicht die Notwendigkeit impliziert,
diesen als Gattungsbegriff zu verstehen, was zu unabsehbaren Folgeproble-
men führen würde. In einer univoken Aussage, so das eigentliche Argument,
würde nämlich der Begriff des Seienden sowohl de pluribus als auch in einem
quidditativen Sinne prädiziert, so dass die Annahme des generischen Charakters des conceptus entis unausweichlich zu sein scheint.[391]
    Bevor Mayronis diesen Einwand direkt aufgreift, formuliert er eine
Grundannahme, die zunächst nur angedeutet, später aber eingehend erklärt
werden soll,[392] und die als Voraussetzung der Widerlegungen der vier Einzelargumente gelten soll. Die entscheidende These bei der Beantwortung der
Einwände lautet, dass die Verwendung des Begriffs des Seienden zwar auf
eine Prädikation im Sinne eines Gattungsbegriffs zurückgeführt wird, nicht
aber in der Weise, wie das genus von der species ausgesagt wird, sondern in
der Weise, in der die Gattung hinsichtlich der Differenz prädiziert wird. Ein
solcher Aussagemodus ist nicht unmittelbar als eine in quid-Prädikation zu
verstehen, so dass der conceptus entis keinen essentiellen Teil dessen bezeichnet, wovon er ausgesagt wird. Das bedeutet, dass der Begriff des Seienden
nicht direkt als Gattungsbegriff verstanden werden kann, denn nur die inneren Modi kontrahieren die ratio entis, nicht aber andere untergeordnete
Artbegriffe, wie das Argument zu ergänzen ist.[393] Der erste Einwand hinsicht-

---

[390] Vgl. FRANCISCUS DE MAYRONIS, Conflatus, Prol. q. 5 (Ed. Venetiis 1520), f. 5rb G; f. 5va
       K. Beide Verweise scheinen sich auf Prol. q. 6 (Ed. Venetiis 1520), f. 6ra B - F zu beziehen.
[391] Circa istam quaestionem sunt quattuor difficultates logicales. Prima est, quia videretur se-
       cundum hoc quod ens esset genus, quia est in pluribus et praedicatur in quid. FRANCISCUS
       DE MAYRONIS, Conflatus, Prol. q. 5 (Ed. Venetiis 1520), f. 5rb F.
[392] Vgl. FRANCISCUS DE MAYRONIS, Conflatus, Prol. q. 6 (Ed. Venetiis 1520), f. 6ra B - F.
[393] Ad primum dicitur quod ens contrahitur per modos intrinsecos, ideo non est genus. Potest
       aliter dici et melius: supponendo aliqua quae inferius declarabuntur, videlicet quod ens non
       praedicatur in quid directe nec sicut pars essentialis, ita quod praedicatio eius magis redu-

lich des Gattungscharakters des conceptus entis kann auf dieser Grundlage durch den Hinweis widerlegt werden, dass der Begriff des Seienden, wenn er denn ein Gattungsbegriff wäre, als wesentlicher Teil eines anderen Begriffs aufgefasst werden müsste. Genau das ist aber nicht der Fall, wenn man die gerade getroffene Voraussetzung beachtet, wonach die ratio entis keine pars essentialis sein kann.[394]

Ein zweites Gegenargument, das Franciscus diskutiert, behauptet, die Anwendung eines gemeinsamen formalen Begriffs auf Gott und die geschaffene Natur sei deshalb auszuschließen, weil es Gott, wie Dionysius sagt, widerstreitet, Teile zu haben, so dass man von ihm jegliche ratio subiicibilis, d.h. jede Bestimmbarkeit durch weitere Kennzeichnungen ausschließen muss.[395] Die Antwort, die Mayronis hierauf gibt, beruft sich darauf, dass transzendentale Begriffe im eigentlichen Sinne keine subjektiven Teile haben.[396] Diese kurze Erwiderung beruht darauf, dass die formalen Begriffe, die gemeinsam von Gott und Kreatur aussagbar sind, transzendentale Begriffe sind. Solche transzendentalen Begriffe sind aber schlechthin einfach, wie Mayronis im *Tractatus de Transcendentibus* ausführlich darlegt,[397] und beinhalten deshalb keine sie zusammensetzenden Teile. Transzendentale Begriffe sind nicht wie die generischen Begriffe einander über- und untergeordnet. In der prädikamentalen Ordnung werden die speziellen Artbegriffe als subjektive Teile des übergeordneten Gattungsbegriffs verstanden. Die von Gott und Kreatur ausgesagten formalen Bestimmungen unterliegen als transzendentale Begriffe aber gerade nicht diesem Ordnungsschema, das auf Gott aufgrund seiner inneren Einfachheit nicht anwendbar ist.

Ein weiteres Gegenargument lautet, dass bei einer solchen Prädikation eines gemeinsamen formalen Begriffs dieser dem göttlichen Wesen vorgeordnet sein muss, da sonst, so ist zu ergänzen, keine Aussage möglich ist, die Gott und die geschaffene Natur umfasst.[398] Wenn der Begriff des Seienden von Gott und Schöpfung als gemeinsames Prädikat ausgesagt wird, so erwidert Mayronis, so ist dadurch keineswegs der Status des Begriffs der Göttlichkeit als der demgegenüber eigentümlicheren und vorausliegenden Kennzeichnung, die von Gott ausgesagt wird, in Frage gestellt. Das ist der Fall, weil der

---

citur ad illam qua praedicatur genus de differentia quam ad illam qua praedicatur genus de specie. Hoc supposito quod inferius declarabo patet quod dicendum sit ad difficultates. FRANCISCUS DE MAYRONIS, Conflatus, Prol. q. 5 (Ed. Venetiis 1520), f. 5rb G.

[394] Ad primam patet quia si ens esset genus, esset pars essentialis; hoc autem sibi non convenit. FRANCISCUS DE MAYRONIS, Conflatus, Prol. q. 5 (Ed. Venetiis 1520), f. 5rb G.

[395] Secundo quia deo repugnat habere partem secundum beatum Dionysium, ergo et rationem subiicibilis. FRANCISCUS DE MAYRONIS, Conflatus, Prol. q. 5 (Ed. Venetiis 1520), f. 5rb F.

[396] Ad secundam dico quod in transcendentibus non est pars subiectiva proprie. FRANCISCUS DE MAYRONIS, Conflatus, Prol. q. 5 (Ed. Venetiis 1520), f. 5rb G.

[397] Vgl. FRANCISCUS DE MAYRONIS, Tractatus de Transcendentibus a. 4 (Ed. Möhle), 125-132.

[398] Tertio, quia tunc videretur quod aliqua ratio formalis esset prior deitate. FRANCISCUS DE MAYRONIS, Conflatus, Prol. q. 5 (Ed. Venetiis 1520), f. 5rb F.

Begriff des Seienden weder washeitlich prädiziert wird, noch als essentieller Teil Gottes interpretiert wird.[399]

Ein letzter Einwand, der in logischer Perspektive gegen die Prädikation eines gemeinsamen formalen Begriffs vorgebracht wird, geht von der allgemeinen Annahme aus, dass bei wesentlich geordneten Bestimmungen diejenige die frühere ist, die nicht das Enthaltensein des Zugrundeliegens impliziert (a quo non convertitur subsistendi continentia). Der Sinn dieser zugegebener Maßen undeutlich formulierten Regel, besteht darin, dass diejenigen Begriffe als die früheren zu gelten haben, die die späteren nicht bereits implizieren. Ein früherer Begriff ist der, der nicht in der Weise in den späteren übergeht (convertitur), dass der spätere als weitergehende Bestimmung schon implizit enthalten gewesen wäre. Unterstellt man die univoke Prädikation des conceptus entis, nimmt man dadurch an, so das entscheidende Argument, dass der Begriff des Seienden gegenüber dem göttlichen Seienden eine vorausgehende Bestimmung ist. Dies ist der Fall, weil der Begriff des Seienden schlechthin (ens simpliciter), d.h. der nicht weiter qualifizierte Begriff des Seienden, nicht von sich aus in den Begriff des ens divinum übergeht. Der Begriff des Seienden als solchen impliziert nicht bereits den Begriff des göttlichen Seienden, weil die nähere Bestimmung „divinum" nicht bereits im Allgemeinen Begriff des Seienden enthalten ist. Demnach kann der Begriff der Göttlichkeit nicht die erste Bestimmung sein, wenn man an der Univokation des conceptus entis festhält. Aus diesem Grund wäre das Seiende einfacher als Gott auch außerhalb des Verstandes, denn, so ist zu ergänzen, der Begriff des göttlichen Seienden schließt den einfachen Begriff des Seienden ein, was aber nicht umgekehrt der Fall ist.[400]

Zur Widerlegung dieses Argumentes beruft sich Mayronis darauf, dass die allgemeine Regel, von der im Einwand Gebrauch gemacht wird, nicht auf die Fälle anwendbar ist, in denen es sich nicht um eine die Washeit betreffende Ordnung von Begriffen handelt. Ein Beispiel hierfür ist das Verhältnis der Bestimmungen, vollkommener als ein Stein zu sein, und ein Mensch zu sein. Vollkommener als ein Stein zu sein, folgt in diesem Beispiel aus dem Menschsein und ist diesem nachgeordnet. Das Menschsein wird nämlich erkannt, bevor die Eigenschaft, vollkommener als ein Stein zu sein, erfasst wird. Dieses Argument scheint darauf abzuzielen, dass die Bestimmung des perfectius lapide einerseits dem Menschsein vorausgeht, weil es die allgemeinere Kennzeichnung ist – jeder Mensch ist vollkommener als ein Stein, nicht alles aber, was vollkommener ist als ein Stein, ist ein Mensch – andererseits

---

[399] Ad tertiam patet quod deitas est omnino proprior ratio et prima quia ens non praedicatur in quid nec est pars essentialis. FRANCISCUS DE MAYRONIS, Conflatus, Prol. q. 5 (Ed. Venetiis 1520), f. 5rb G.

[400] Quarto, quia prius est a quo non convertitur subsistendi continentia in essentialiter ordinatis ordine naturae, posita autem univocatione entis, tunc non convertitur continentia ab ente simpliciter ad ens divinum; et sic divinitas non est prima. Confirmatur quia tunc ens videretur simplicius deo et sic esset extra intellectum aliquid simplicius deo quod est falsum. FRANCISCUS DE MAYRONIS, Conflatus, Prol. q. 5 (Ed. Venetiis 1520), f. 5rb F - G.

kommt dem Menschsein aber ein Vorrang zu, insofern es als die wesentliche Bestimmung dem Vergleich mit dem Stein vorausgeht. Bezogen auf den zu widerlegenden Einwand besteht die Pointe darin, dass zwar der Begriff des Seienden schlechthin gegenüber dem des göttlichen Seienden der allgemeinere ist, gleichwohl kommt dem ens divinum in einer gewissen Hinsicht ein Vorrang zu, wie er auch dem „homo esse" gegenüber dem „perfectius lapide esse" zukommt.[401] Dass die natürliche Ordnung der Bestimmungen nicht notwendig mit der Ordnung ihres Erkanntwerdens zusammenfällt, wird durch ein weiteres Argument verdeutlicht, das den natürlichen Vorrang der göttlichen Wesenheit (deitas) gegenüber der näheren Bestimmung, Wurzel aller göttlichen Vollkommenheiten zu sein, betont. Wird auf einer bestimmten Stufe der Abstraktion (signo), auf der die göttliche Wesenheit betrachtet wird, zunächst eine bestimmte Eigenheit erfasst, so wird doch immer das, was der Natur nach früher ist, nachfolgend mit erkannt.[402]

1.1.2 REALWISSENSCHAFTLICHE ASPEKTE DES UNIVOKATIONSPROBLEMS

Aus der Perspektive der Realwissenschaften, insofern sie mit dem Geschaffenen zu tun haben, ergibt sich das Problem, dass die Annahme eines gemeinsamen formalen Begriffs des Seienden die Tatsache der Schöpfung in Frage zu stellen scheint. Der Gott und Kreatur gemeinsame Begriff des Seienden scheint nämlich zu beinhalten, so der Einwand, dass etwas vor der Schöpfung existiert, so dass dieses nicht erst durch die Schöpfung zu existieren beginnt. Darüber hinaus würde aus dieser Annahme die Schwierigkeit folgen, dass auf der einen Seite nicht alles aufhören könnte zu existieren, was unter diesen Begriff fällt, da das göttliche Seiende nicht vernichtet werden (annihilari) kann, auf der anderen Seite aber alles das, was geschaffen wird, auch vernichtet werden kann.[403]

Die Erwiderung, die Mayronis auf diesen Einwand formuliert, beruft sich darauf, dass sich das Prinzip, alles das, was geschaffen wird, werde auch vernichtet, nur auf numerisch identifizierbare Gegenstände bezieht. Die Anwendung dieses Grundsatzes bedeutet aber nicht, dass alles das vernichtet

---

[401] Ad quartam dico quod regula non est vera in consequentibus [contingentibus Kues,. Hosp. Cues 67] quae non sunt de quidditate quia sequitur: homo est, ergo quid perfectius lapide est sed [*quia-sed*: Kues, Hosp. Cues 67, sicut Y] perfectius lapide est consequens isto modo ad esse hominis et tamen prius intelligitur esse homo quam esse perfectior lapide. FRANCISCUS DE MAYRONIS, Conflatus, Prol. q. 5 (Ed. Venetiis 1520), f. 5rb G - H.

[402] Et iterum dicitur quod non in quocumque signo est deitas: est entitas, quia non pro isto signo pro quo divina essentia intelligitur radix omnium perfectionum divinarum, consequens autem quod est prius natura consequitur pro omni signo. FRANCISCUS DE MAYRONIS, Conflatus, Prol. q. 5 (Ed. Venetiis 1520), f. 5rb H.

[403] Secundo moventur difficultates reales. Prima est quia videtur tollere creationem quia illud quod praeexistit non potest creari, sed ratio entis est huiusmodi, ergo etc. Eodem modo probatur quia non potest annihilari et tamen totum quod ponitur in creatura annihilatur. FRANCISCUS DE MAYRONIS, Conflatus, Prol. q. 5 (Ed. Venetiis 1520), f. 5rb H.

wird, was denselben formalen Begriff hat, wie das, was geschaffen wird. Daraus folgt, dass die Annahme eines identischen formalen Begriffs, der auf Gott
und das Geschaffene anwendbar ist, keine Grundlage darstellt, die in der
Schöpfung implizierte Vernichtung auf das göttliche Seiende zu übertragen.[404] Dieser Gedanke lässt sich durch den Vergleich eines einheitlichen
formalen Begriffs mit der Einheit der spezifischen Natur verdeutlichen. Denn
auch in dem Fall, dass von zwei Individuen, die dieselbe spezifische Natur
teilen, eines vernichtet wird, folgt aus der Einheit dieser Natur keineswegs,
dass auch das andere Individuum vernichtet wird. Wenn das auf der Ebene
der Artnatur zutrifft, so wird dies um so mehr auf der Ebene einer solchen
Einheit der Fall sein, die sich in transzendentalen Begriffen ausdrückt, zu
denen vor allem der Begriff des Seienden zählt.[405] Grundsätzlich gilt, so stellt
Franciscus in einem abschließenden Argument fest, dass washeitliche Gehalte
nicht hervorgebracht und nicht vernichtet werden. Die quidditates, auf die
sich die formalen Begriffe beziehen, abstrahieren von allem, worauf sich
productio und annihilatio beziehen können.[406] Washeitliche Bestimmungen
unterliegen, anders als die Gegenstände, auf die sie anwendbar sind, nicht
den Gesetzen von Entstehung und Vergehen, so dass der Gehalt des conceptus entis nicht von den Unterschieden, die zwischen Gott und Kreatur
bestehen, betroffen ist.

1.1.3 METAPHYSISCHE ASPEKTE DES UNIVOKATIONSPROBLEMS

Aus der Sicht der Metaphysik resultiert eine Schwierigkeit aus der Anwendung disjunktiver Bestimmungen auf den Begriff des Seienden. Alles was ist,
ist nämlich entweder abhängig oder unabhängig. Wenn der Begriff des Seienden die Abhängigkeit impliziert, dann kann er nicht auf Gott angewendet
werden, so wie er nicht auf das Geschaffene anwendbar ist, wenn er die Unabhängigkeit beinhaltet. In jedem Fall kommt es also zu einem Widerspruch,
so dass ein einheitlicher Begriff des Seienden nicht von beiden prädizierbar
zu sein scheint.[407]

Der Grund, warum dieser Einwand nicht zutrifft, besteht darin, dass
formale Begriffe für sich betrachtet keine weiteren Bestimmungen, wie sie

---

[404] Ad ista dico quod quicquid in creatura creatur annihilatur, hoc est idem numero, sed non
oportet quod annihiletur quicquid est eiusdem rationis formalis cum illo. FRANCISCUS DE
MAYRONIS, Conflatus, Prol. q. 5 (Ed. Venetiis 1520), f. 5rb B.

[405] Exemplum de natura specifica quae aliquam unitatem habet in duobus quorum unum
potest annihilari altero toto remanente. Sic potest esse multo fortius de istis transcendentibus. FRANCISCUS DE MAYRONIS, Conflatus, Prol. q. 5 (Ed. Venetiis 1520), f. 5rb H.

[406] Ulterius posset dici quod quidditas non producitur de nihilo nec annihilatur, sed ut sic
abstrahit ab omnibus istis. FRANCISCUS DE MAYRONIS, Conflatus, Prol. q. 5 (Ed. Venetiis
1520), f. 5rb H.

[407] Nunc tertio moventur difficultates metaphysicae quia omne quod est vel est dependens vel
independens. Si igitur ratio entis est dependens non erit in deo, si independens non erit in
creatura. FRANCISCUS DE MAYRONIS, Conflatus, Prol. q. 5 (Ed. Venetiis 1520), f. 5va I.

durch das disjunktive Begriffspaar dependens-independens zum Ausdruck gebracht werden, implizieren. Der formale Begriff der Substanz etwa ist von sich aus in keiner Weise dahingehend festgelegt, körperliche oder unkörperliche Substanzen zu bezeichnen. Anderenfalls könnte er nicht beides, nämlich in der Anwendung auf den Geist die unkörperliche Substanz und in der Anwendung auf den Menschen die körperliche Substanz bezeichnen. Aufgrund dieser Unbestimmtheit bringt der Begriff des Seienden in Gott das Unabhängigsein und in der Kreatur das Abhängigsein zum Ausdruck. Um beides leisten zu können, muss der Begriff des Seienden für sich betrachtet allerdings von den hinzutretenden Bestimmungen, wie sie das disjunktive Begriffspaar darstellt, absehen.[408]

1.1.4 THEOLOGISCHE ASPEKTE DES UNIVOKATIONSPROBLEMS

Vier weitere Schwierigkeiten entstehen, wenn man die Begriffe „deus" und „creatura" unter theologischen Aspekten betrachtet. Der Kern dieser Schwierigkeiten besteht darin, dass beide Begriffe sich jeweils ausschließende Implikationen enthalten, die es nicht zuzulassen scheinen, einen gemeinsamen Begriff zu bilden. Zunächst scheint es unmöglich zu sein, Gott und Kreatur auf einen gemeinsamen Inhalt hin zu interpretieren, da Gott unendlich weit entfernt ist von der Schöpfung.[409] Versteht man aber dieses Entferntsein (distare), so argumentiert Mayronis, als ein Überragen, das der göttlichen Kraft (virtus) hinsichtlich der geschaffenen im Sinne einer quantitativen Intensivierung eigentümlich ist, bedingt diese Feststellung keineswegs die Ablehnung eines gemeinsamen formalen Begriffs. Denn durch den Unterschied im Sinne der quantitas virtutis wird der washeitliche Gehalt dessen, was in einer größeren oder geringeren Intensität gedacht werden kann, grundsätzlich nicht verändert. Man muss bei einer je unterschiedlichen quantitas virtutis keine Deformation des je Begriffenen, d.h. keine Veränderung der formalen Bestimmungen annehmen, die den Gegenständen unter Abstraktion von der jeweiligen Intensität ihrer Realisierungen zukommen.[410] Die Intensität im Sinne der quantitas virtutis, in der Gott und Geschöpf jeweils unterschiedlich Seiendes genannt werden, hat auf den formalen Begriff des Seienden keinen Einfluss. Bei der quantitas virtutis bzw. der quantitas intensiva handelt es sich

---

[408]   Ideo dico quod ratio formalis nec est dependens nec independens, sicut ratio formalis substantiae nec corporea nec incorporea, sed ut in spiritu est incorporea, ut in homine corporea. Eodem modo ens in deo est independens in creatura dependens, licet secundum se nec est hoc nec illud [sed abstrahit ab utroque *add.* Y]. FRANCISCUS DE MAYRONIS, Conflatus, Prol. q. 5 (Ed. Venetiis 1520), f. 5va I.

[409]   Quarto introducuntur difficultates theologicae. Primo sic, creator sive deus distat in infinitum a creatura ergo non possunt in aliqua una ratione convenire. FRANCISCUS DE MAYRONIS, Conflatus, Prol. q. 5 (Ed. Venetiis 1520), f. 5va I.

[410]   Ad primum dico quod distantia non accipitur nisi pro quantitate virtutis. Unde infinita distantia bene arguit excessum in virtute, sed non difformitatem in ratione quidditativa. FRANCISCUS DE MAYRONIS, Conflatus, Prol. q. 5 (Ed. Venetiis 1520), f. 5va K.

jeweils, wie Mayronis in einem anderen Kontext ausdrücklich hervorhebt, um einen inneren Modus, der zu einem washeitlichen Begriff als weitere Bestimmung hinzutritt.[411] Dieser wird unabhängig von der begrifflich hinzutretenden Modalität gedacht und bleibt deshalb von etwaigen Unterschieden unberührt.

Ein zweites aus theologischer Perspektive formuliertes Argument gegen die Einheit eines gemeinsamen formalen Begriffs beruft sich auf die Eigentümlichkeit, die alle Bestimmungen, die Gott zukommen, besitzen. Denn alles, was in Gott ist, so das Argument, ist von sich aus dieses bestimmte (de se formaliter hoc). Alle Kennzeichnungen, die Gott zukommen, sind jeweils individuelle, d.h. nicht auf anderes übertragbare Bestimmungen. Ein Begriff, der von Gott und Kreatur prädizierbar sein soll, muss aber in dem Sinne allgemein sein, dass er auf viele Gegenstände gleichzeitig zutrifft. Das kann aber nicht der Fall sein, wenn es in Gott nur je individuelle Eigenschaften gibt, die durch keinen allgemeinen Begriff erfasst werden können.[412] Mayronis folgt diesem Argument nicht, denn es macht die falsche Voraussetzung, dass es in Gott nur solche Bestimmungen gibt, die nicht mitteilbar sind. Genau das trifft nicht zu, denn es gibt eine Reihe von Kennzeichnungen, die durchaus kommunikabel und nicht bloß individuell sind. Zu diesen Begriffen gehört, neben anderen im Einzelnen nicht genannten transzendentalen Begriffen, auch der des Seienden. Die Tatsache, dass es in Gott nichtübertragbare und insofern individuelle Eigenschaften gibt, wie z.B. die, unendlich zu sein, schließt keineswegs aus, dass andere Begriffe sowohl von Gott als auch vom Geschaffenen aussagbar sind.[413]

Ein drittes Argument lehnt die Möglichkeit eines gemeinsamen Begriffs deshalb ab, weil es nicht möglich ist, von Begriffen, die schlechthin einfach und erstlich verschieden sind, einen weiteren gemeinsamen Begriff zu abstrahieren. Genau das, so die Unterstellung des Einwandes, müsste aber geschehen, um den gemeinsamen formalen Begriff zu bilden. Da Gott und Kreatur Begriffe dieser Art sind, scheint es demnach unmöglich zu sein, einen gemeinsamen formalen Gehalt durch Abstraktion von diesen abzuheben.[414] Mayronis räumt zunächst hinsichtlich des ersten Teileinwandes, der auf die

[411] Secunda conclusio quod quantitas intensiva non differt realiter ab eo cuius est. Probatio, tum quia est modus intrinsecus eius cuius est quantitas. FRANCISCUS DE MAYRONIS, Sent. IV, d. 12. q. 8 (Ed. Venetiis 1520), f. 197rb F.

[412] Secundo sic, quia quicquid est de se formaliter hoc, non potest esse commune multis; sed omne quod est in deo est de se formaliter hoc, ergo etc. FRANCISCUS DE MAYRONIS, Conflatus, Prol. q. 5 (Ed. Venetiis 1520), f. 5va H.

[413] Ad aliud dico quod in deo sunt quaedam rationes communicabiles et in nulla illarum est de se haec, et huiusmodi est ens. Quaedam autem sunt incommunicabiles sicut infinitas et ista forte est de se haec. FRANCISCUS DE MAYRONIS, Conflatus, Prol. q. 5 (Ed. Venetiis 1520), f. 5va K.

[414] Item, a simpliciter simplicibus non potest abstrahi unus conceptus communis, nec a primo diversis; sed deus et creatura sunt huiusmodi. FRANCISCUS DE MAYRONIS, Conflatus, Prol. q. 5 (Ed. Venetiis 1520), f. 5va I.

schlechthinnige Einfachheit der Begriffe zielt, ein, dass es tatsächlich erhebliche Schwierigkeiten bereiten würde, wenn man den Begriff des Seienden als einen wesentlichen Teil und eine washeitliche Bestimmung Gottes verstehen würde. Aber genau das ist im Verständnis des Franciscus nicht der Fall, denn der Begriff des Seienden ist weder ein essentieller Teil noch ein quidditativer Begriff, wie er im Weiteren zu zeigen ankündigt,[415] so dass der vorliegende Einwand tatsächlich nicht die eigene Argumentation betrifft.[416]

Der zweite Teileinwand, der auf der grundsätzlichen Verschiedenheit der in Frage stehenden Begriffe „deus" und „creatura" aufbaut, ist deshalb unwirksam, weil er in den Voraussetzungen nicht zutrifft. Gott und das Geschaffene, so entgegnet Mayronis, sind nicht in der behaupteten Weise unüberbrückbar verschieden. Dies wird deutlich, wenn man die von Gott ausgesagten reinen Vollkommenheiten betrachtet, von denen zumindest einige dem begrifflichen Gehalt nach auch von der geschaffenen Natur ausgesagt werden.[417] Dass z.B. ein Begriff wie „sapientia" in Gott mit einem anderen Status der Verwirklichung zu denken ist, als das im Bereich der endlichen Vernunftwesen der Fall ist, bedeutet keineswegs, dass der für sich betrachtete Sinngehalt dieser reinen Vollkommenheit jeweils ein ganz anderer ist, je nachdem, ob der entsprechende Begriff auf der Ebene des Endlichen oder des Unendlichen angewandt wird. Wären Gott und die Schöpfung aber tatsächlich im unterstellten Sinne erstlich verschieden, wäre die Möglichkeit einer gemeinsamen Prädikation ein und desselben Sinngehaltes von vornherein auszuschließen, was eben nicht der Fall ist.

Ein letzter Einwand schließlich lehnt den gemeinsamen formalen Begriff deshalb ab, weil Gott und Kreatur als Außenglieder eines kontradiktorischen Gegensatzes verstanden werden, was die Möglichkeit der Abstraktion eines gemeinsamen Begriffs ausschließt. Kontradiktorisch schließen sich nämlich die Bestimmungen, ein Seiendes von sich her oder ein Seiendes von einem anderen her zu sein, und die jeweiligen Verneinungen dieser Kennzeichnungen aus. Auf Gott und die geschaffene Natur trifft aber jeweils die Bejahung und die Verneinung eines disjunktiven Begriffspaares zu, so dass man in dieser Hinsicht von sich ausschließenden Gegensätzen sprechen kann.[418] Die Lösung dieses Gegenargumentes beruft sich auf eine zweifache Interpretati-

---

[415]   Vgl. FRANCISCUS DE MAYRONIS, Conflatus, Prol. q. 6 (Ed. Venetiis 1520), f. 6ra B - 6rb F.

[416]   Ad aliud quod, si ens esset pars essentialis et quidditativa, argumentum esset difficile. Sed dico, ut postea declarabitur, quod ens non est pars essentialis nec quidditativa. Ideo contra me non valet. FRANCISCUS DE MAYRONIS, Conflatus, Prol. q. 5 (Ed. Venetiis 1520), f. 5va K.

[417]   Ad aliud dico quod licet deus quantum ad rationem deitatis forte sit primo diversus a creatura tamen quantum ad omnes perfectiones simpliciter quae sunt in deo non est primo diversus. FRANCISCUS DE MAYRONIS, Conflatus, Prol. q. 5 (Ed. Venetiis 1520), f. 5va K-M.

[418]   Item ab extremis contradictionis non potest abstrahi conceptus communis; sed deus et creatura sunt huiusmodi quia ens a se et non a se, ab alio et non ab alio, ergo etc. FRANCISCUS DE MAYRONIS, Conflatus, Prol. q. 5 (Ed. Venetiis 1520), f. 5va K.

onsweise, wie ein gemeinsamer Begriff abstrahiert werden kann: zum einen nämlich in dem Sinne, wie ein formaler Begriff abstrahiert wird; zum anderen in dem Sinne, wie ein Begriff abstrahiert wird, der ein Fundament der Bestimmungen darstellt, von denen er abgehoben werden soll. Muss man im Sinne der ersten Interpretation tatsächlich die Möglichkeit der Abstraktion eines gemeinsamen Begriffs von Gott und Schöpfung ausschließen, so kann man doch im Sinne der zweiten Auslegung durchaus einen gemeinsamen Begriffsgehalt „fundamentaliter" abstrahieren. Sind nämlich Gott und Schöpfung nur fundamental entgegengesetzt, wie die Eigenschaften, schwarz bzw. weiß zu sein, „opposita" sind, lässt sich durchaus ein gemeinsamer Begriff abstrahieren.[419] Weiß und schwarz und andere Gegensätze (opposita) schließen sich nämlich nur insofern aus, als dass beide Bestimmungen nicht ein und demselben Zugrundeliegenden gleichzeitig zukommen können. Ein und dieselbe gefärbte Oberfläche kann nicht zugleich weiß und schwarz sein, wobei der Schluss von der Privation der einen Bestimmung auf das Vorhandensein der anderen keineswegs zulässig ist, da der Gegensatz nicht im Sinne eines kontradiktorischen Ausschlusses auf der Ebene der begrifflichen Bestimmungen zu interpretieren ist. Bezogen auf den im Vordergrund des Einwandes stehenden Begriff des Seienden kann man die Widerlegung des Franciscus dahingehend interpretieren, dass Endlichkeit und Unendlichkeit als nähere Kennzeichnungen des geschaffenen und des göttlichen Seienden zwar nicht gleichzeitig ein und dasselbe Seiende bestimmen können, so dass man in diesem Zusammenhang von einem fundamentalen Gegensatz sprechen kann, doch ist deshalb keineswegs die Möglichkeit ausgeschlossen, den unbestimmten Begriff des Seienden von beiden zu abstrahieren. Die begrifflichen Gehalte der Endlichkeit und der Unendlichkeit für sich betrachtet lassen hingegen keinen Raum für die Abstraktion eines gemeinsamen Begriffs.

1.2 DIE MÖGLICHKEIT DER UNIVOKEN PRÄDIKATION DES CONCEPTUS ENTIS

Im Ergebnis zeigt Franciscus de Mayronis die Möglichkeit auf, einen gemeinsamen formalen Begriff von Gott und Kreatur zu bilden. Wie sich in der Gesamtschau der vielen Einzelargumente zeigt, besteht die Hauptschwierigkeit hierbei darin, die Art der Einheit zu bestimmen, die dem Begriff des Seienden zukommt, um als gemeinsames Prädikat in der genannten Weise fungieren zu können. Wie die von Mayronis diskutierten Einwände im Einzelnen deutlich machen, kollidiert die Unterstellung einer solchen Einheit auf den ersten Blick in verschiedenen Hinsichten mit den Eigentümlichkeiten

---

[419] Ad aliud dico quod ab extremis contradictionis posse abstrahi aliquid potest accipi dupliciter: vel secundum se et formaliter et sic nihil potest abstrahi, vel fundamentaliter et sic bene potest abstrahi. Modo deus et creatura fundamentaliter sunt contradictoria non formaliter, sicut albedo et nigredo et omnia opposita. FRANCISCUS DE MAYRONIS, Conflatus, Prol. q. 5 (Ed. Venetiis 1520), f. 5va M.

und Differenzen, die Gott auf der einen und die geschaffene Natur auf der anderen Seite kennzeichnen. In Bezug auf Gott ist es zunächst die reale Unterschiedenheit gegenüber allem Geschaffenen, die der möglichen Einheit eines gemeinsamen formalen Begriff zu widerstreiten scheint. Darüber hinaus droht eine solche Annahme Gott, bzw. den entsprechenden Begriff in einen anderen washeitlichen Gehalt einzuschließen, was eine gewisse nicht statthafte Vorordnung des gemeinsamen Prädikates mit sich brächte.

Aber nicht nur in Bezug auf Gott, sondern auch hinsichtlich des begrifflichen Status eines solchen conceptus communis ergeben sich gravierende Probleme. So scheint die geforderte Einheit bereits dadurch in Frage gestellt zu werden, dass offensichtlich nicht vereinbare disjunktive Bestimmungen, die zur Kennzeichnung Gottes und der geschaffenen Natur notwendig sind, in einem einzigen Begriff impliziert sein sollen. In umgekehrter Richtung betrachtet trägt die Behauptung eines einheitlichen übergeordneten Begriffs eine Gemeinsamkeit in die bezeichneten Gegenstände hinein, die den Gottesbegriff zu einer quasi spezifischen Kennzeichnung werden lassen. Zudem führt der weitergehende Anspruch an diese Einheit, nämlich eine erste sein zu sollen, dazu, den entsprechenden Begriff als schlechthin einfach und damit als nicht weiter differenzierbare Größe zu verstehen, was wiederum der Möglichkeit seiner Anwendung auf so grundsätzlich unterschiedene Inhalte wie Gott und Kreatur zu widersprechen scheint.

Mayronis differenziert in der Entgegnung auf diese verschiedenen Einwände zumindest mit einer gewissen Vorläufigkeit die Art und Weise, wie die in Frage stehende Einheit zu denken ist, damit den Ansprüchen, die in den Einwänden zum Ausdruck kommen, entsprochen werden kann. Hierbei zeigt sich zum einen die Tendenz, den Begriff des Seienden nicht als ein in quid ausgesagtes Prädikat und nicht als Bezeichnung eines essentiellen Teiles dessen, wovon er ausgesagt wird, zu begreifen. In diese Richtung weist auch die von Franciscus zunächst nur angedeutete, später aber im Einzelnen dargelegte Interpretation des conceptus entis als eines quasi generischen Ausdruckes, der nicht de specie, sondern de differentia prädiziert wird.

Ein anderer Aspekt, den Mayronis zur Lösung der angesprochenen Probleme betont, betrifft den begriffslogischen Status des conceptus entis. Entscheidend ist hierbei die Annahme, dass der Begriff des Seienden für sich betrachtet im angesprochenen Sinne als gemeinsames Prädikat in Bezug auf Gott und Schöpfung fungieren kann. Dabei besteht die Voraussetzung hierfür in seiner Unterschiedenheit gegenüber den weiteren modalen Bestimmungen, die den reinen Begriffsgehalt der ratio entis in einer Weise kontrahieren, dass nur noch eine Anwendung entweder auf Gott oder die geschaffene Natur möglich ist. Die disjunktiven Konkretionen kommen dem Begriff des Seienden nicht von sich aus zu, sondern stellen hinzutretende und damit grundsätzlich abstrahierbare Kennzeichnungen dar. Im Kern rekurriert Mayronis damit auf die bestimmten Prädikationsverhältnisse, die innerhalb der transzendentalen Bestimmungen gelten und wodurch sich transzendentale Prädikate von kategorialen Begriffen unterscheiden.

2 DAS PROBLEM DER QUIDDITATIVEN PRÄDIKATION DES UNIVOKEN BEGRIFFS DES SEIENDEN

Diese positiven Lösungsansätze, die Franciscus in q. 5 lediglich andeutet, ohne sie jedoch auf ihre Voraussetzungen im Einzelnen zu untersuchen, wird in qq. 6-9 eigens zum Thema gemacht. Die genauere Perspektive, unter der Franciscus im Folgenden die Univokation behandelt, zielt in den folgenden Quaestiones jeweils auf den Modus, durch den die Univokation näher bestimmt ist. In q. 6 wird die Prädikationsweise des conceptus entis dahingehend untersucht, ob die Anwendung dieses Begriffs hinsichtlich der göttlichen Essenz den Charakter einer washeitlichen Aussage hat.[420] Die Gegenthese zu dieser Annahme, die Mayronis unter Hinweis auf Anselm von Canterbury formuliert, lautet, dass bezüglich der göttlichen Wesenheit nur eine denominative Prädikation möglich ist.

2.1 DIE BESCHRÄNKUNG DER QUIDDITATIVEN PRÄDIKATION DES CONCEPTUS ENTIS

Der Ausgangspunkt für die weitere Erörterung des Problems ist zunächst eine Grundannahme, die der Sache nach weitgehend der Haltung des Johannes Duns Scotus entspricht,[421] und die Franciscus in vier Thesen zusammenfasst. Demnach scheidet eine quidditative Prädikation des conceptus entis hinsichtlich von vier Begriffsklassen aus. Die ratio entis wird zunächst nicht washeitlich ausgesagt von schlechthin einfachen und erstlich verschiedenen Gehalten. Darüber hinaus besteht diese Möglichkeit auch nicht in Bezug auf die Eigenschaften des Seienden und die letzten Differenzen.[422] Scotus führt selbst nicht vier verschiedene Klassen von Begriffen an, die er in diesem Zusammenhang eigens diskutiert, sondern beschränkt sich auf die passiones entis und die ultimae differentiae, die als solche schlechthin einfach und erstlich verschieden sind. Als Kennzeichnungen der passiones und der Differenzen werden dann die schlechthinnige Einfachheit und die grundlegende Verschiedenheit selbst thematisiert. Im Ergebnis schließt Scotus die in quid Prädikation des Begriffs des Seienden hinsichtlich dieser beiden Begriffstypen aus und führt den Primat das conceptus entis aus diesem Grunde nicht allein auf

---

[420]   Viso de univocatione entis, nunc videndum est de modo univocationis. Et quantum ad hoc quaero quattuor quaestiones. Quarum prima est, utrum dicatur ens quidditative de divina essentia ultimate praecisa? FRANCISCUS DE MAYRONIS, Conflatus, Prol. q. 6 (Ed. Venetiis 1520), f. 5va M. Zum Folgenden vgl. ROTH, B., Franz von Mayronis O.F.M. Sein Leben, seine Werke, seine Lehre vom Formalunterschied in Gott (Franziskanische Forschungen III), Werl 1936, 483-484.

[421]   Vgl. JOHANNES DUNS SCOTUS, Ord. I d. 3 p. 1 q. 3 nn. 131-136 (Ed. Vat. III), 81-85.

[422]   Circa istam quaestionem ponam quattuor conclusiones doctoris. Prima quod ens non dicitur quiddativae de aliquo simpliciter simpli. Secunda quod nec de primo diversis. Tertia quod nec de passionibus. Quarta quod nec de ultimis differentiis. FRANCISCUS DE MAYRONIS, Conflatus, Prol. q. 6 (Ed. Venetiis 1520), f. 5va L.

einen Vorrang im Sinne der größten Allgemeinheit zurück, sondern ergänzt diesen um einen Vorrang im Sinne des Virtuell-Enthaltens, der sich im Verhältnis zu den letzten Differenzen und den passiones entis zeigt. Hieraus ergibt sich die scotische Lösung im Sinne der duplex primitas, die dem conceptus entis eignet.[423]

2.1.1 DAS PROBLEM DER SCHLECHTHIN EINFACHEN BEGRIFFE

Doch so eindeutig, wie die genannten Thesen zunächst scheinen, sind sie nicht, sondern bedürfen vielmehr der weiteren Erörterung. Zunächst muss festgehalten werden, was ein schlechthin einfacher Begriff ist und ob es überhaupt notwendig ist, solche Begriffe anzunehmen. Das hinter dieser Kennzeichnung stehende Lehrstück ist das der Begriffsresolution. Begriffe, die innerhalb des aristotelischen Kategorienschemas gebildet werden, sind immer solche, die zusammengesetzt sind aus übergeordneten allgemeinen Bestimmungen und diese weiter qualifizierenden Kennzeichnungen. Kategoriale Begriffe sind somit immer komplexe Begriffe, die mehrere Bedeutungsbestandteile umfassen. Solche Begriffe lassen sich aber im Rahmen einer Begriffsresolution auf die in ihnen enthaltenen Teilbestimmungen zurückführen. Auf diese Weise wird explizit gemacht, was zusammengesetzte Begriffe implizit bereits enthalten. Im Gegensatz zu Begriffen diesen Typs sind schlechthin einfache Begriffe solche, wie Mayronis wiederum in Anlehnung an Johannes Duns Scotus ausführt,[424] die nicht weiter auflösbar (resolubilis) sind, d.h. die nicht auf andere Begriffe zurückgeführt werden können. Zur Verdeutlichung verweist Mayronis auf quantitative Größen, die zwar einerseits weiter zerlegbar sind, aber in ihrer Teilbarkeit dann an eine Grenzen stoßen, wenn man bei den Punkten angelangt ist, die keine weitere resolutio mehr zulassen.[425] Mit der Feststellung, was ein solcher conceptus simpliciter simplex ist, ist aber noch keineswegs darüber entschieden, ob es solche Begriffe tatsächlich gibt. Doch lässt sich diese Annahme unter Rückgriff auf den sonst drohenden regressus in infinitum im Prozess der Begriffsbildung und -resolution belegen. Denn es ist offensichtlich falsch, dass man in der Ordnung der sich wesentlich einschließenden Begriffe zur Auflösung dieser Implikationsverhältnisse immer

---

[423] Vgl. JOHANNES DUNS SCOTUS, Ord. I d. 3 p. 1 q. 3 nn. 137-151 (Ed. Vat. III), 85-94. Vgl. HONNEFELDER, L., Ens inquantum ens. Der Begriff des Seienden als solchen als Gegenstand der Metaphysik nach der Lehre des Johannes Duns Scotus (Beiträge zur Geschichte der Philosophie und Theologie des Mittelalters N.F. 16), Münster ²1989, 313-343.

[424] Vgl. JOHANNES DUNS SCOTUS, Ord. I d. 3 p. 1 q. 1-2 n. 71 (Ed. Vat. III), 49.

[425] De primo est sciendum quod voco conceptum simplicem simpliciter qui non est resolubilis in alios conceptus sicut in quantitate id est simpliciter simplex quod non est amplius divisibile ut patet de puncto qui non resolvitur. FRANCISCUS DE MAYRONIS, Conflatus, Prol. q. 6 (Ed. Venetiis 1520), f. 5va L.

weiter fortschreiten kann.[426] Das procedere in infinitum würde letztlich jedes Begreifen selbst suspendieren.

Geht man von dieser Feststellung aus, dass es notwendig ist, solche schlechthin einfachen Begriffe anzunehmen, ist es evident, dass von diesen der Begriff des Seienden selbst nicht quidditativ prädizierbar ist. Wenn nämlich ein allgemeiner Gehalt, so argumentiert Mayronis, in einem untergeordneten Begriff enthalten ist – was die Voraussetzung der washeitlichen Prädikation ist –, dann lässt sich dieser untergeordnete Begriff in einen allgemeinen und einen eigentümlichen Begriffsgehalt auflösen. Die schlechthin einfachen Begriffe wurden aber gerade als solche definiert, die nicht weiter auflösbar sind, so dass sie keine ratio communis und damit auch nicht den Begriff des Seienden enthalten können.[427]

Gegen diese These kann man aber den Einwand vorbringen, dass damit die Erkennbarkeit der schlechthin einfachen Begriffsgehalte in Frage gestellt wird, denn alles Erkannte scheint den Begriff des Seienden zu enthalten, da nur das erkennbar ist, was auch ein Seiendes ist, was sich darin zeigt, dass es in der Begriffsresolution auf diesen Gehalt zurückführbar ist. Demnach müssten auch alle schlechthin einfachen Begriffsgehalte Seiende sein, da sie nur als solche erkennbar sind.[428] Die Antwort, die Franciscus hierauf gibt, beruft sich auf ein zweifaches Verständnis dessen, was eine Begriffsresolution ist. Zunächst versteht man unter der „resolutio" eines Gegenstandes eine Zurückführung auf seine essentiellen Teile. Dies geschieht etwa, wenn man einen Gegenstand durch die entsprechende Definition auf den übergeordneten Gattungsbegriff und die wesentliche Differenz zurückführt. Eine solche Zurückführung findet aber nur im Rahmen der kategorialen Ordnung (in linea praedicamentali) statt, die eine washeitliche Prädikation entsprechender Gattungs- und Differenzbegriffe vorsieht. Eine andere Form der resolutio liegt aber dann vor, wenn die Zurückführung auf frühere Begriffsgehalte nicht eine Zurückführung auf die partes essentiales impliziert. Nach diesem Verständnis der Begriffsresolution wird keine washeitliche Prädikation der übergeordneten Begriffsgehalte angenommen, auch wenn eine Zurückführung auf Früheres stattfindet.[429] Von dieser zweiten Art, so ist die Argumentation des

---

[426]   Quod autem aliquis talis sit probatur sic quia si non, oportebit procedere in infinitum in conceptibus formalibus et rationibus quidditativis inter quos est ordo essentialis, quod est falsum. FRANCISCUS DE MAYRONIS, Conflatus, Prol. q. 6 (Ed. Venetiis 1520), f. 5va L.

[427]   Hoc supposito probo suppositum evidenter sic. Quando aliquid commune includitur quidditative in aliquo inferiori illud [in quod includitur tale commune add. Y] est resolubile in rationem communem et propriam, hoc patet; sed nullum simpliciter simplex est resolubile, ergo etc. FRANCISCUS DE MAYRONIS, Conflatus, Prol. q. 6 (Ed. Venetiis 1520), f. 5va L.

[428]   Primo sic, omne cognitum resolvitur in rationem entis quia quod non est ens non potest cognosci; sed simpliciter simplex potest cognosci, ergo est ens. FRANCISCUS DE MAYRONIS, Conflatus, Prol. q. 6 (Ed. Venetiis 1520), f. 5vb N.

[429]   Ad primum dico quod duplex est resolutio: una in partes essentiales, et ista est in linea praedicamentali et illa in quibus resolvuntur aliqua isto modo dicuntur de eis in quid; alia est resolutio in priora quae non sunt per partes essentiales et talia priora non oportet quod

Franciscus zu ergänzen, ist die Resolution, die man hinsichtlich der schlechthin einfachen Begriffsgehalte durchführen kann, um auf den conceptus entis als auf ein Früheres zu stoßen.

2.1.2 DAS PROBLEM DER ERSTLICH VERSCHIEDENEN BEGRIFFE

Auch die zweite These, dass von den erstlich verschiedenen Begriffen keine weitere in quid Prädikation mehr möglich ist, bedarf der nähere Ausführung. Zunächst ist wiederum zu klären, was überhaupt mit solchen Begriffen gemeint ist, die primo diversi sind. Der Normalfall, d.h. der Fall der kategorialen Begriffsbildung liegt dann vor, wenn Begriffe aus mit anderen gemeinsam geteilten und je eigentümlichen Begriffsgehalten zusammengesetzt sind. Die eigentümlichen Begriffe, wodurch die in anderer Hinsicht übereinkommenden Gegenstände differenzierbar sind, sind ihrerseits immer weiter zurückführbar auf noch spezifischere Differenzbegriffe. Diese resolutio muss aber auch irgendwann an ein Ende kommen, um ein Fortschreiten ins Unendliche zu verhindern. Die letzten Begriffe, die in keinem gemeinsamen Gehalt mehr übereinkommen, werden dann als erstlich verschieden betrachtet. Geht man aber von solchen Begriffen, die primo diversi sind, aus, scheint es nicht mehr möglich zu sein, den Begriff des Seienden von diesen in einer washeitlichen Prädikationsweise auszusagen, da keine Übereinkunft in einem gemeinsamen Gehalt mehr möglich ist.[430]

Doch auch gegen diese Annahme erheben sich weitergehende Zweifel. Denn auch das, was erstlich verschieden ist, ist entweder etwas, d.h. ein Seiendes, oder es ist nichts. Doch dass der zweite Fall nicht möglich ist, verbietet der Sinngehalt des erstlich verschiedenen selbst. Wenn dieses aber je ein Seiendes ist, dann wird auch der Begriff des Seienden von diesem ausgesagt.[431] Mayronis räumt in seiner Erwiderung auf diesen Einwand zunächst ein, dass das, was erstlich verschieden ist, nicht washeitlich ein Seiendes genannt werden kann, doch bedeutet das eben nicht, dass es deshalb quidditativ nichts ist. Denn das Prinzip vom ausgeschlossenen Dritten, dass im genannten Einwand seine Anwendung findet, gilt nur insofern, als die kontradiktorischen Bestimmungen ohne weitere Modifikationen verwendet werden. So sind die Bestimmungen „album" und „non-album" nur solange kontradikto-

---

dicantur de eis [quae resolvuntur isto modo *add.* Y] in quid, licet resolvantur in ea. FRANCISCUS DE MAYRONIS, Conflatus, Prol. q. 6 (Ed. Venetiis 1520), f. 5vb N.

[430] Secunda conclusio est quod de primo diversis nihil praedicatur in quid. Et primo expono quid sit primo diversum. Ubi sciendum quod quando aliqua conveniunt et differunt quod necessario est devenire ad aliquam in illis inclusa qui ita differunt quod in nullo conveniunt, alioquin esset processus in infinitum, tale autem ultimum vocatur primo diversum. Tunc arguitur pro secunda conclusione sic. Quandoque aliqua conveniunt in ratione entis illa in aliquo conveniunt; sed primo diversa in nullo conveniunt, ergo etc. FRANCISCUS DE MAYRONIS, Conflatus, Prol. q. 6 (Ed. Venetiis 1520), f. 5va L - 5vb Q.

[431] Secundo sic, primo diversum aut est ens aut nihil, non nihil, ergo ens. FRANCISCUS DE MAYRONIS, Conflatus, Prol. q. 6 (Ed. Venetiis 1520), f. 5vb N.

risch entgegengesetzt, als sie durch keine weiteren Kennzeichnungen spezifiziert werden. Werden sie z.B. auf den Menschen angewendet, bringen sie in dem Moment kein kontradiktorisches Gegenteil mehr zum Ausdruck, sobald der Begriff „homo" durch Hinzufügung der Ausdrücke „per se" oder „quidditative" weiter bestimmt wird. Der Mensch für sich betrachtet ist nämlich weder weiß noch nicht-weiß. Denn diese Kennzeichnung betrifft nicht seine Washeit.[432] Übertragen auf den in Frage stehenden Fall besagt die Antwort des Franciscus demnach nur negativ, dass sich die quidditative Prädikation des conceptus entis hinsichtlich des erstlich Verschiedenen nicht aus der Tatsache ableiten lässt, dass dieses nicht einfach nichts ist. Mit dieser Antwort bleibt aber zunächst offen, wie die Prädikationsweise der ratio entis genau verstanden werden soll, um das erstlich Verschiedene vom bloßen Nichts abzugrenzen.

2.1.3 DAS PROBLEM DER PASSIONES ENTIS

Was die passiones, d.h. die dem Seienden eigentümlichen Eigenschaften betrifft, können diese nicht Gegenstand einer quidditativen Aussage des conceptus entis sein, weil man ansonsten einräumen müsste, dass eine eigentümliche Eigenschaft mehr Vollkommenheit besäße als das Subjekt, das Träger der Eigenschaft ist. Eine washeitliche Prädikation des Begriffs des Seienden setzt nämlich voraus, dass dieser Begriff in den passiones eingeschlossen ist. Das würde aber wiederum bedeuten, dass die Eigenschaften deshalb vollkommener als das Subjekt, nämlich als das Seiende wären, weil alles das vollkommener ist als ein anderes, das dieses andere einschließt, denn über den Sinngehalt des anderen hinaus besitzt es einen eigenen Sinngehalt, durch den es ohne den des anderen vollkommener ist.[433] Im Hintergrund dieser Argumentation steht offensichtlich die Vorstellung, dass sich die Vollkommenheit eines Gegenstandes in der Einfachheit der zu seiner Beschreibung geeigneten Begriffe widerspiegelt. Aus diesem Grunde ist ein Subjekt, das als Träger einer Eigenschaft auch ohne diese Eigenschaft gedacht werden kann, vollkommener als diese Eigenschaft selbst, die als solche immer auf ein Subjekt als Träger verweist, um als Eigenschaft überhaupt fassbar zu sein.

---

[432] Ad aliud argumentum dico quod est ens, sed non quidditative ens, sed tamen non sunt nihil quidditative. Contradictoria enim circa aliquid cum additione vel determinatione aliqua perdunt naturam contradictionis, sicut album et non-album sunt contradictoria et ideo absolute de quolibet dicitur alterum; sed tamen homo cum ista determinatione per se vel quidditative nec est albus nec non-albus. FRANCISCUS DE MAYRONIS, Conflatus, Prol. q. 6 (Ed. Venetiis 1520), f. 5vb N-O.

[433] Tertia conclusio de passionibus probatur sic. Nulla propria passio est perfectior suo subiecto; sed si ens includeretur in suis passionibus, passio esset perfectior ente ex additione suae propriae rationis ad rationem entis quia quicquid includit aliud et amplius est perfectius praecise illo modo aliquo. FRANCISCUS DE MAYRONIS, Conflatus, Prol. q. 6 (Ed. Venetiis 1520), f. 5vb Q.

Gegen diese These scheint aber zu sprechen, dass Aussagen, die in abstracto gemacht werden, nur dadurch wahr sein können, dass sie einen quidditativen Gehalt prädizieren. Geht man davon aus, dass der Begriff des Seienden von dem abstrakten Begriff der Wahrheit ausgesagt werden kann, insofern die Wahrheit nämlich etwas Seiendes ist, muss man auch einräumen, dass diese Aussage in einem washeitlichen Sinn gemacht wird.[434] In der Erwiderung macht Mayronis von einer Unterscheidung Gebrauch, die er in einem anderen Kontext ausführlicher erläutert. Es geht hierbei um den Unterschied, der hinsichtlich solcher Prädikationen in abstracto, die näherhin als Identitätsaussagen begriffen werden, gemacht werden kann. Neben denominativen, washeitlichen und essentiellen Aussagen sind die propositiones identicae der vierte Aussagetyp, der auf Gott angewendet werden kann. Ein Beispiel einer solchen abstrakten Identitätsaussage in divinis ist etwa der Satz „Der Vater ist die Wesenheit".[435] Diese abstrakten Identitätsaussagen können auf zweierlei Weise wahr sein: zum einen aufgrund der Unendlichkeit der beiden im Satz verbundenen Begriffe; zum anderen aufgrund der Allgemeinheit eines oder beider im Satz enthaltenen Begriffe. Der erste Fall ist ausgeschlossen, wenn es um Aussagen im Bereich der geschaffenen Natur geht. Der Modus der Unendlichkeit ist auf den Bereich des Göttlichen beschränkt und erlaubt deshalb solche wahrheitsfähigen Identitätsaussagen aufgrund der Unendlichkeit nur von Gott. Der zweite Fall ist anwendbar auf die Prädikation transzendentaler Begriffe, und insofern diese auch im Bereich der geschaffenen Natur ihre Anwendung haben, ermöglichen sie die Wahrheit von abstrakten Identitätsaussagen auch im Bereich des Kreatürlichen.[436]

Genau diesen zweiten Fall hat Mayronis im Auge, wenn er dem oben genannten Einwand begegnet. Zunächst ist festzustellen, dass es bei abstrakten Aussagen nicht nur washeitliche, sondern neben diesen, den denominativen und den essentiellen – wie man unter Berücksichtigung von d. 8 q. 5 sagen muss –, auch Identitätsaussagen gibt. Als eine solche abstrakte Identi-

---

[434]   Tertio sic, nulla praedicatio in abstracto est vera nisi quidditativa, sed in abstracto veritas recipit praedicationem entis, ergo etc. FRANCISCUS DE MAYRONIS, Conflatus, Prol. q. 6 (Ed. Venetiis 1520), f. 5vb N.

[435]   Vgl. FRANCISCUS DE MAYRONIS, Conflatus, d. 8 q. 5 (Ed. Venetiis 1520), f. 49ra B - C.

[436]   Attendendum est tamen quod praedicatio identica contingit duobus modis. Uno modo propter infinitatem utriusque extremi vel saltem alterius, sicut patet in divinis, quando aliqua attributa praedicantur de se invicem vel quando attributa praedicantur in abstracto de relatione. Et totum illud est propter infinitatem utriusque vel alterius extremi. Alio modo contingit propter communitatem unius vel amborum extremorum, quando scilicet sunt transcendentia et hoc quando alterum vel utrumque est transcendens. Et [est-Et: om. Vat. lat. 894] isto modo conceditur in creaturis praedicatio identica et unius abstracti de alio. Conceditur enim quod unitas est entitas numquam autem invenitur praedicatio identica quae sit in abstracto in creaturis nisi secundo modo. Primus modus non invenitur sine infinitate quae repugnat creaturis. Isto secundo modo conceditur quod formalitas est realitas in abstracto propter communitatem et transcendentiam utriusque vel saltem alterius scilicet realitatis vel secundum aliquos formalitatis. FRANCISCUS DE MAYRONIS, Conflatus, d. 8 q. 5 (Ed. Venetiis 1520), f. 49ra C-D.

tätsaussage und nicht als eine quidditative Prädikation ist der vorliegende Fall zu interpretieren. Im Bereich des Endlichen ist eine solche Aussage zwar nicht wie bei den innergöttlichen Verhältnissen aufgrund der Unendlichkeit der im Satz verbundenen Subjekt- und Prädikatbegriffe möglich. Doch geht in der geschaffenen Natur die abstrakte Identitätsaussage aus der Allgemeinheit der in Frage kommenden Termini hervor, die dem transzendentalen Charakter der verbundenen Begriffe entspricht.[437] Insofern der Begriff des Seienden und seine Eigenschaften jeweils als transzendentale Prädikate zu interpretieren sind, kann es sich bei dem in diesem Einwand genannten Fall um eine in abstracto mögliche Identitätsaussage handeln, die nicht auf eine quidditative Prädikation zurückzuführen ist. Auf diese Weise behält die Ursprungsthese von der Unmöglichkeit der washeitlichen Prädikation des conceptus entis hinsichtlich seiner passiones ihre Geltung.

2.1.4 DAS PROBLEM DER ULTIMAE DIFFERENTIAE

Die letzte Schlussfolgerung betrifft schließlich die letzten Differenzen. Von diesen ist der Begriff des Seienden nicht washeitlich prädizierbar, weil die ultimae differentiae gerade dadurch ausgezeichnet sind, dass sie keinerlei Gemeinsamkeit mehr aufweisen und deshalb auch kein gemeinsames Prädikat mehr von diesen ausgesagt werden kann. Auch von den ersten Differenzen, die das Seiende unmittelbar einteilen, fügt Mayronis unter Anspielung auf die disjunktiven Eigenschaften des Seienden hinzu, ist der conceptus entis nicht selbst wieder washeitlich prädizierbar, weil eine solche Aussage ein inhaltloses Gerede (nugatio) darstellen würde.[438]

Doch scheint gegen diese Annahme zu sprechen, dass der Begriffsgehalt der letzten Differenzen doch selbst wieder einen artbildenden Charakter zum Ausdruck bringt und in diesem Sinne auch den Begriff des Seienden einschließt, der dann quidditativ prädizierbar sein müsste.[439] Unter dem Stichwort der letzten Differenzen sind zwei Klassen von Unterschieden zu verstehen: zunächst im Weiteren Sinne die ersten Differenzen (differentiae primae).

---

[437] Ad tertium argumentum dico quod non solum in abstractis [absolutis Vat. lat. 894] invenitur praedicatio quidditativa vera sed etiam identica, sicut in divinis; sed aliter hic et in divinis quia in divinis conceditur praedicatio identica propter infinitatem, sed hic conceditur propter communitatem alterius extremi excedentis, sicut est ens. FRANCISCUS DE MAYRONIS, Conflatus, Prol. q. 6 (Ed. Venetiis 1520), f. 5vb O.

[438] Quarta conclusio de ultimis differentiis probatur sic. Ultimae differentiae sunt primo diversae, primo autem diversis nihil est commune, ergo etc. Probatur etiam quod non in primis quia quod dividitur immediate in aliqua non includitur in eis, hoc patet quia tunc esset nugatio addendo dividens diviso; sed ens dividitur immediate in differentias primas vel per eas, ergo etc. FRANCISCUS DE MAYRONIS, Conflatus, Prol. q. 6 (Ed. Venetiis 1520), f. 5vb Q-N.

[439] Quarto sic, ratio ultimae differentiae est specifica sed illa includit ens. Nam rationale est ens, ergo etc. FRANCISCUS DE MAYRONIS, Conflatus, Prol. q. 6 (Ed. Venetiis 1520), f. 5vb N.

Solche Differenzen teilen das Seiende in einer unmittelbaren Weise ein. Dies trifft auf die disjunktiven Eigenschaften des Seienden zu, wie etwa die Begriffe „absolutum" und „respectivum". Im engeren Sinne sind letzte Differenzen solche, die von der letzten Realität her genommen werden oder die, was das gleiche bedeutet, grundsätzlich am Ende eines Resolutionsvorganges von washeitlichen Begriffen stehen. Hierbei handelt es sich um jeweils letzte Individualeigenschaften und Artdifferenzen (individuales proprietates vel differentiae specificae). Von beiden Klassen von Differenzen wird der Begriff des Seienden nicht mehr quidditativ ausgesagt, wohingegen ein Differenzbegriff wie „rationale" washeitlich ein Seiendes genannt werden kann, da dieser Begriff auch nicht die ultima realitas eines Gegenstandes bezeichnet und aus diesem Grund auch nicht das Ende eines washeitlichen Resolutionsprozesses markiert, sondern selbst Gegenstand weiterer Differenzierungen ist.[440]

2.2 Der univoke Begriff des Seienden im Verhältnis zum ordo praedicamentalis

Die bisherige Untersuchung der washeitlichen Prädikation des conceptus entis hat sich bislang nur auf solche Begriffsgruppen konzentriert, die nicht selbst in die Ordnung der kategorialen Prädikate fallen. Wie verhält sich aber der Begriff des Seienden zu den kategorialen Begriffen? Mayronis diskutiert diese Frage unter Bezugnahme auf vier Thesen des bislang in der Forschung noch nicht identifizierten Thomas Anglicus,[441] die er mit den eigenen Annahmen für kompatibel hält. Demnach ist der Begriff des Seienden weder in den obersten Gattungsbegriffen selbst, noch in den untergeordneten Gattungsbegriffen, noch in den letzten Artbegriffen, noch in den individuellen Kennzeichnungen irgendeiner der Kategorien enthalten.[442]

---

[440]   Ad quartum dico quod primae differentiae dicuntur illae per quas primo dividitur ens, sicut absolutum et respectivum, et in talibus non includitur ens quidditative. Aliae sunt ultimae et illae dicuntur individuales proprietates vel differentiae specificae, non tamen nisi illae quae accipiuntur ab ultima realitate et universaliter omnes differentiae ad quas stat ultima resolutio conceptuum quidditativorum omnes tales voco ultimas. Et in istis non includitur ens quidditative. Rationale enim non accipitur ab ultima realitate et ideo non stat in ea resolutio sed ipsum resolvitur. FRANCISCUS DE MAYRONIS, Conflatus, Prol. q. 6 (Ed. Venetiis 1520), f. 5vb O-P.

[441]   Dass es sich um Thomas Sutton handelt, ist unwahrscheinlich, da dieser in deutlichem Gegensatz zu Duns Scotus steht. Vgl. SCHMAUS, M., Der liber propugnatorius des Thomas Anglicus und die Lehrunterschiede zwischen Thomas von Aquin und Duns Scotus (Beiträge zur Geschichte der Philosophie und Theologie des Mittelalters 29, 1-2), Münster 1930. Möglicherweise ist Thomas Wylton gemeint, dessen Quodlibet in Cod. Vat. burgh. 36 zumindest teilweise erhalten ist. Vgl. MAIER, A., Das Quodlibet des Thomas de Wylton, in: Recherches de Théologie Ancienne et Médiévale 14 (1947), 106-110.

[442]   Aliae sunt quattuor conclusiones cuiusdam doctoris scilicet Thomae Anglici quae non videntur praedictis oppositae. Prima est quod ens non includitur quidditative in aliquo praedicamento. Secunda quod non in aliquo genere subalterno. Tertia conclusio quod non

Diese Thesen werden im Einzelnen bewiesen. Zunächst spricht für die erste Annahme, dass sonst die zehn obersten Gattungsbegriffe nicht schlechthin die ersten sein können, wenn man sie washeitlich auf eine noch vorausliegende Bestimmung, nämlich den Begriff des Seienden, zurückführen könnte.[443] Auf der anderen Seite scheint aus dieser Annahme die Schwierigkeit zu resultieren, dass es unter diesen Bedingungen kaum möglich zu sein scheint, den Primat des conceptus entis aufrecht zu erhalten. Denn als ein Erstes kann nur gelten, so der Einwand, was von dem, dem es vorausgeht, auch washeitlich ausgesagt wird. Beide Annahmen schließen sich aber gegenseitig aus, so dass der offensichtliche Primat des Seienden nur unter der Bedingung der quidditativen Aussagbarkeit zu bewahren ist.[444]

Mayronis begegnet diesem Einwand, indem er dessen eine Voraussetzung in Frage stellt. Die These nämlich, dass nur das ein Früheres sein kann, das auch quidditativ vom Späteren ausgesagt wird, ist keineswegs notwendig. Dies wird deutlich, wenn man berücksichtigt, dass der Gattungsbegriff zwar einerseits früher ist als die entsprechende Differenz, aber doch andererseits der Gattungsbegriff eben nicht washeitlich von der Differenz ausgesagt wird. Damit ist aber die umgekehrte Annahme, dass das, was washeitlich von einem anderen prädiziert wird, auch früher als dieses ist, keineswegs in Frage gestellt.[445] Im Ergebnis ist die quidditative Prädikation eines Begriffs zwar eine hinreichende, aber keine notwendige Bedingung für die Überordnung gegenüber anderen Begriffen. Damit ist klar, dass für Mayronis der Primat des conceptus entis im Sinne dieser begrifflichen Überordnung keineswegs der Primat einer washeitlichen Gemeinsamkeit sein kann. Aus diesem Grund kann er den Primat behaupten, ohne gleichzeitig die quidditative Inklusion der ratio entis in den obersten Gattungsbegriffen anzunehmen.

Die zweite Konklusion, dass der Begriff des Seienden auch nicht washeitlich in einem untergeordneten Gattungsbegriff impliziert ist, begründet Mayronis unter Rückgriff auf den Beweis der ersten These. Wenn es nämlich der Fall ist, dass zwei formale Begriffsgehalte in einem anderen eingeschlossen sind, dann sind diese beiden Begriffsgehalte in der Weise untergeordnet, dass der eine im anderen eingeschlossen ist, und damit, so ist das Argument

specie specialissima. Quarta quod non in aliquo individuo alicuius praedicamenti. FRANCISCUS DE MAYRONIS, Conflatus, Prol. q. 6 (Ed. Venetiis 1520), f. 5vb P.

[443] Prima conclusio probatur quia decem praedicamenta sunt prima quae igitur sunt simpliciter prima non resolvuntur in aliqua priora quidditative. Si autem ens includeretur in istis quidditative sequeretur quod essent resolubilia, ergo etc. FRANCISCUS DE MAYRONIS, Conflatus, Prol. q. 6 (Ed. Venetiis 1520), f. 5vb P.

[444] Prima est de priori et posteriori quia illa quae non dicuntur in quid non sunt priora eis, sed ens non dicitur in quid de praedictis, ergo non est prius quod est manifeste falsum. FRANCISCUS DE MAYRONIS, Conflatus, Prol. q. 6 (Ed. Venetiis 1520), f. 5vb P - 6ra A.

[445] Ad primam nego illud quod assummitur, scilicet quod illud quod non praedicatur quidditative non possit esse prius. Nam certum est quod genus non praedicatur quidditative de differentia et tamen est prius. Concedo ergo quod illud quod praedicatur in quid est prius, et non e converso. FRANCISCUS DE MAYRONIS, Conflatus, Prol. q. 6 (Ed. Venetiis 1520), f. 6ra A-B.

zu verdeutlichen, enthält der untergeordnete die allgemeinen Bestimmungen, durch die bereits der übergeordnete gekennzeichnet ist. Das bedeutet aber, dass der Begriff der untergeordneten Gattung (genus subalternum) nur die allgemeinen Bestimmungen enthält, die bereits der übergeordnete Begriff der kategorialen Gattung (genus praedicamentale) enthält. Aus dieser Annahme folgt aber, dass der für die erste These geführte Beweis, wonach der Begriff des Seienden im Begriff der Gattung, der dem genus praedicamentale entspricht, nicht washeitlich eingeschlossen sein kann, auf die zweite Schlussfolgerung übertragbar ist. Die untergeordnete Gattung schließt den conceptus entis quidditativ nicht ein, weil diese Möglichkeit bereits für die obersten Gattungsbegriffe auszuschließen ist.[446]

Der Einwand, der dieser These entgegengestellt wird, beruft sich darauf, dass es grundsätzlich zwei Möglichkeiten gibt, wie ein Prädikat ausgesagt wird: entweder an sich (per se) oder akzidentiell (per accidens). Da der Begriff des Seienden aber nicht akzidentiell prädizierbar ist, bleibt nur, dass er an sich ausgesagt wird. Die Prädikation per se erfolgt wiederum entweder auf die Weise eines Gattungs- oder Artbegriffs, d.h. primo modo, oder auf die Weise eines Propriums, d.h. secundo modo. Unterstellt man eine Aussage primo modo dicendi per se, liegt der im Einwand angenommene Fall einer in quid Prädikation vor. Sollte die Aussage im Sinne des secundo modo dicendi per se zu interpretieren sein, kann der Begriff des Seienden nicht mehr ein übergeordneter Begriff sein, weil Aussagen, die secundo modo gemacht werden, immer etwas akzidentiell Späteres bezeichnen. Da diese Unterstellung aber nicht zutreffen kann, muss die ratio entis washeitlich prädizierbar sein.[447] Die Antwort, die Franciscus diesem Einwand entgegenhält, räumt zunächst ein, dass der Begriff des Seienden zwar primo modo ausgesagt wird, doch nicht auf eine unmittelbare Weise wie Gattung und Art prädiziert werden. Ohne dass diese Lösung unmittelbar weiter erläutert wird, bezeichnet Mayronis die Aussage der ratio entis als eine Prädikation primo modo reductive.[448] Was mit einer solchen reduktiven Aussage eines Gattungs- bzw. Artbegriffs gemeint ist, diskutiert Franciscus im zweiten Teil der quaestio, der die eigentliche Lösung des Problems entfaltet, das sich hinsichtlich der quidditativen

---

[446] Secunda conclusio probatur quia quandocumque duae rationes formales includuntur in aliquo quidditative, oportet illas subordinari ita quod in una includitur alia, sed in genere subalterno includitur genus praedicamentale. Certum est autem quod ens in illo non includitur et probatum est quod non e converso, ergo etc. FRANCISCUS DE MAYRONIS, Conflatus, Prol. q. 6 (Ed. Venetiis 1520), f. 5vb P.

[447] Secunda quia omne praedicatum vel est per se vel per accidens, ens non praedicatur per accidens, ergo per se. Si sic, vel in primo modo vel in secundo. Si in primo, habeo propositum, ergo in quid. Si in secundo, cum omne praedicatum in secundo modo sit per accidens et posterius, ergo ens est tale, quod est falsum. FRANCISCUS DE MAYRONIS, Conflatus, Prol. q. 6 (Ed. Venetiis 1520), f. 6ra A.

[448] Ad secundum argumentum dico quod praedicatur ut praedicatum non de secundo modo sed de primo non tamen directe est de primo sed tantum reductive. FRANCISCUS DE MAYRONIS, Conflatus, Prol. q. 6 (Ed. Venetiis 1520), f. 6ra B.

Prädikation der ratio entis stellt. Im Kontext der Lösung des vorliegenden
Einwandes führt Franciscus diese Interpretation nicht weiter aus.

Die dritte These von der Unmöglichkeit der washeitlichen Aussage des
Seienden hinsichtlich der species specialissima ergibt sich aus der Identifizierung der species specialissima mit dem in der Definition zum Ausdruck
gebrachten Begriffsgehalt. Da die Definition aus Gattungs- und Differenzbegriff hervorgeht, kann die species specialissima den Begriff des Seienden
nur dann enthalten, wenn er entweder mit der Gattung oder der Differenz
identisch, oder darin eingeschlossen ist. Genau das ist aber nicht der Fall, so
dass die ratio entis kein washeitliches Prädikat im Blick auf den letzten, nur
noch hinsichtlich der Individuen differenzierbaren Artbegriff sein kann.[449]
Der Einwand, der sich gegenüber dieser These ergibt, nimmt das Interpretament der reduktiven, d.h. des auf den Gattungscharakter zurückgeführten
Prädikationsmodus auf. Wenn nämlich der Begriff des Seienden in seiner
Aussage auf den Typ eines Gattungsbegriffs zurückgeführt wird und zwar in
der Weise, dass er wie eine Gattung von der Differenz ausgesagt wird, dann
kann er nur akzidentiellen Charakter haben. Da dies aber ausgeschlossen ist,
so ist das Argument zu ergänzen, muss er letztlich doch nicht nur reduktiv
wie eine Gattung ausgesagt werden, sondern tatsächlich im Sinne einer quidditativen Prädikation.[450]

Mayronis lehnt in seiner Erwiderung die entscheidende Prämisse dieses
Argumentes ab. Die Aussage der Gattung von der Differenz ist nämlich keineswegs eine akzidentielle Prädikation, sondern erfolgt tatsächlich im Sinne
einer an sich zutreffenden Aussage, denn zwischen Gattung und Differenz
besteht eine wesentliche Ordnung, die sich nicht in einer akzidentiellen Prädikation widerspiegelt. Zumal diese Ordnung von Gattung und Differenz
derjenigen von Gattung und Art vorausgeht, da die Zuordnung der Gattung
zur Art erst durch die Differenz geschieht. Ausgehend von dieser Voraussetzung muss die Aussage der Gattung von der Differenz nicht nur akzidentiell interpretiert werden, wenn bereits das genus per se von der Art ausgesagt
wird. Weil die Ordnung von Gattung und Differenz eine wesentliche Ordnung ist, ist die Aussage dieser von jener vergleichbar einer Aussage eines
Teiles von einem anderen Teil.[451] Die Zurückführung des entsprechenden

[449] Tertia conclusio probatur quia ratio diffinitiva constat ex genere et differentia; ratio dico
      diffinitiva speciei specialissimae, sed ens non est genus nec differentia nec in eis includitur,
      ergo etc. FRANCISCUS DE MAYRONIS, Conflatus, Prol. q. 6 (Ed. Venetiis 1520), f. 5vb P.

[450] Tertia difficultas est quia videtur quod praedicatio generis de differentia sit per accidens. Si
      igitur praedicatio entis reducitur ad illam, ergo per accidens. FRANCISCUS DE MAYRONIS,
      Conflatus, Prol. q. 6 (Ed. Venetiis 1520), f. 6ra A.

[451] Ad tertiam dico quod genus non praedicatur de differentia per accidens sed per se, quia
      essentialis ordo est inter genus et differentiam et ille ordo est prior ordine generis ad
      speciem quia ordo generis ad speciem est per differentiam. Si igitur praedicatur de specie
      per se, ergo et de differentia non per accidens sed per se. Et ille ordo est essentialis sicut una
      pars de alia praedicatur. Et reducitur ista ad primum modum. FRANCISCUS DE MAYRO-
      NIS, Conflatus, Prol. q. 6 (Ed. Venetiis 1520), f. 6ra B.

Aussagemodus auf eine Prädikation primo modo dicendi per se entspricht damit der wesentlichen Verknüpfung von Gattung und Differenz als den Teilen, die in der Art zur Einheit zusammengeführt sind und als Bestandteile der Definition Ausdruck der species specialissima sind.

Was ist aber der Grund, warum der Begriff des Seienden nicht in quid von den einzelnen Individuen einer Art ausgesagt werden kann? Da die ganze Washeit, die in einem Individuum enthalten ist, diejenige ist, die aus der übergeordneten Art stammt, so erläutert Franciscus die vierte These, muss die quidditative Prädikation des conceptus entis deshalb ausgeschlossen werden, weil dieser nicht in der quidditas der species enthalten ist.[452] Im Hintergrund dieser These steht die Annahme, dass ein Individuum keine weitere Washeit enthält, als die der species specialissima. Die Individuation ist also nicht als eine Hinzufügung einer weiteren quidditativen Bestimmung zu der der Art zu begreifen. Art und Individuum sind nicht aufgrund zusätzlicher Quidditäten zu unterscheiden. Mit dieser Interpretation des Vorganges der Individuation umgeht Franciscus das Problem einer Iterierung der jeweils zu individuierenden quidditativen Bestimmung. Wenn species und Individuum nicht washeitlich unterschieden sind, stellt sich die Frage, wodurch die je unterschiedliche Washeit des Individuellen je eine einzelne ist, nicht mehr.

Wenn man diese These von der nicht quidditativen Aussagbarkeit des conceptus entis hinsichtlich des Individuellen teilt und damit die denominative Prädikation des Seienden behauptet, scheint die zuvor gemachte Annahme von einer univoken Aussage des Seienden unhaltbar zu sein. Denn univok, so lautet der sich hieran anschließende Einwand, kann nur das ausgesagt werden, was nicht denominativ ausgesagt wird.[453] Mayronis gibt in seiner Antwort auf die genannte Problemstellung durchaus zu, dass es denominative Aussagen gibt, die in keiner Weise univok zu verstehen sind. Das trifft auf die Fälle zu, in denen das ausgesagte Prädikat nur akzidentiell, aufgrund einer später hinzutretenden Bestimmung ausgesagt wird. Das ist z.B. der Fall, wenn ein Mensch als gerecht bezeichnet wird, diese Bezeichnung aber keineswegs eine wesentliche Kennzeichnung dieses Menschen darstellt. Der gerechte Mensch wird dann von der Gerechtigkeit her benannt, aber eben nur in einem denominativen Sinne, so dass die Begriffe „iustitia" und „iustus" in diesem Fall nicht univok verwendet werden.[454] Eine grundsätzlich andere Form der praedicatio denominativa liegt aber dann vor, wenn der ausgesagte Terminus von einem Früheren her genommen ist, und zwar so, dass der

---

[452]   Quarta conclusio de individuo probatur quia tota quidditas individuorum est species, sed in specie non includitur ens, ergo nec in aliquo individuo. FRANCISCUS DE MAYRONIS, Conflatus, Prol. q. 6 (Ed. Venetiis 1520), f. 5vb P.

[453]   Quarta est de praedicatione univoca. Certum est quod ens praedicatur univoce, sed quod praedicatur denominative non praedicatur univoce, ergo etc. FRANCISCUS DE MAYRONIS, Conflatus, Prol. q. 6 (Ed. Venetiis 1520), f. 6ra A.

[454]   Ad quartam dico quod duplex est praedicatio denominativa. Una quae accipitur a posteriori et ab accidente et numquam ista est univoca, sicut a iustitia dicitur iustus. FRANCISCUS DE MAYRONIS, Conflatus, Prol. q. 6 (Ed. Venetiis 1520), f. 6ra B.

prädizierte Begriff diesem Früheren in einer wesentlichen Ordnung entspricht. Eine denominative Aussage diesen Typs kann durchaus univok sein,
weil sie auf eine praedicatio primo modo dicendi per se zurückgeführt werden
kann. Beispiele diesen Aussagetyps sind die Aussage eines Gattungsbegriffs
von der spezifischen Differenz und die Aussage der transzendentalen Begriffe,
die alle univok prädiziert werden.[455]

Wie diese eingehende Erörterung des modus praedicandi des Seienden
hinsichtlich der genannten vier Begriffsklassen, nämlich der obersten Kategorien, der untergeordneten Gattungsbegriffe, der speziellen Artbegriffe und
der Individualprädikate deutlich macht, greift Mayronis in seiner Interpretation auf ein scotisches Lehrstück zurück, das für seine gleichwohl von Duns
Scotus signifikant abweichende Lösung von zentraler Bedeutung ist. Die
entscheidende Annahme, mit der Franciscus bereits in den vorausliegenden
Quaestionen des Prologs unter Hinweis auf noch zu leistende Erläuterungen
argumentiert[456] und die in q. 6 zur Beantwortung verschiedener Einwände
herangezogen wird, ist die These von der denominativen Prädikation des
conceptus entis im Sinne einer von der Differenz ausgesagten Gattung. Vor
allem dieser These vom quasi-generischen Charakter der ratio entis gilt bei
der Lösung des eigentlichen Problems von quaestio 6 die Aufmerksamkeit.

2.3 DER QUASI-GENERISCHE CHARAKTER DES CONCEPTUS ENTIS

Die Frage nach der Möglichkeit einer quidditativen Aussage des conceptus
entis hinsichtlich der göttlichen Wesenheit beantwortet Mayronis, indem er
einerseits die in quid Prädikation ablehnt, andererseits aber, wie in den vorausgehenden Abschnitten deutlich geworden ist, die Alternative zu einer
solchen Aussageweise nicht allein in einer denominativen Prädikation sieht,
die das Prädikat im Ausgang von einer nachgeordneten Bestimmung akzidentiell dem Subjekt zuspricht. Es handelt sich nach Auffassung von Mayronis zwar um eine praedicatio denominativa, aber eben um eine solche, die die
Univokation deshalb nicht ausschließt, weil sie auf den Prädikationsmodus
der Gattung, insofern sie von der Differenz ausgesagt wird, zurückführbar
ist.[457] Die von Mayronis verwendete Formulierung „sicut dicitur genus de
differentia" lässt zunächst offen, um welchen Typ von Differenz es sich handelt. Im Weiteren muss sich zeigen, ob es sich im engeren Sinne um spezifi-

---

[455] Alia est quae essentialiter accipitur a priori et ista potest esse univoca quia reducibilis ad
primum modum sicut praedicatio generis de differentia et sicut praedicatio transcendentium quae est vere univoca. FRANCISCUS DE MAYRONIS, Conflatus, Prol. q. 6 (Ed.
Venetiis 1520), f. 6ra B.

[456] Vgl. FRANCISCUS DE MAYRONIS, Conflatus, Prol. q. 5 (Ed. Venetiis 1520), f. 5rb G; 5va K.

[457] Ad quaestionem igitur dico quod ens non dicitur in quid de divina essentia sicut pars
essentialis vel sicut genus de specie, sed dicitur tali modo de divina essentia sicut dicitur
genus de differentia. FRANCISCUS DE MAYRONIS, Conflatus, Prol. q. 6 (Ed. Venetiis 1520),
f. 6ra B.

sche Differenzen handelt, oder ob nicht eher im Rahmen einer transzendentalen Prädikation die disjunktiven Differenzen gemeint sind.

Mit dieser Lehre von dem in einem eingeschränkten Sinne generisch zu nennenden Charakter des conceptus entis in seiner Anwendung auf Gott weicht Mayronis deutlich von der Auffassung des Duns Scotus ab.[458] Diese Lehrdifferenz ist als solche auch innerhalb der scotistischen Tradition, etwa bei Wilhelm von Vaurouillon in der ersten Hälfte des 15. Jahrhunderts, als solche wahrgenommen und ausdrücklich als Divergenz von Johannes Duns Scotus und Franciscus de Mayronis betrachtet worden. Allerdings hat sich Mayronis an anderer Stelle in dieser Frage, so fügt Wilhelm von Vaurouillon hinzu, durchaus der scotischen Position angeschlossen.[459]

Begründet wird diese These in den sich anschließenden vier probationes zunächst nur hinsichtlich des ersten, nämlich des negativen Teiles, der die Möglichkeit der in quid Prädikation ausschließt. Diese ist entsprechend dem ersten Argument deshalb abzulehnen, weil der Begriff des Seienden in einem solchen Fall wie ein wesentlicher Teil von der göttlichen Wesenheit ausgesagt würde, was nicht der Fall sein kann, weil die darin implizierte Vorordnung dieses Teiles vor der essentia divina nicht möglich ist. Der Vorrang eines solchen essentiellen Teils kann nicht der Fall sein, insofern das göttliche Wesen nichts Früheres zulässt.[460] Indirekt verbindet sich mit diesem Argument eine für Mayronis wesentliche Pointe seiner Annahme vom quasi-generischen Charakter des conceptus entis.

Zwar wird der Begriff des Seienden wie eine Gattung ausgesagt, doch eben nicht in dem Sinne, in dem die Gattung von der Art prädiziert wird. Dies würde nämlich die Konsequenz nach sich ziehen, die es aufgrund dieses ersten Beweises auszuschließen gilt. Wenn das genus von der species ausgesagt wird, bedeutet das nämlich, dass der durch den Gattungsbegriff zum Ausdruck gebrachte Inhalt einen essentiellen Teil dessen darstellt, wovon die Gattung ausgesagt wird. In diesem Sinne wird z.B. der Gattungsbegriff „Lebewesen" vom Artbegriff „Vernunftwesen" ausgesagt und bezeichnet damit eine pars essentialis des animal rationale. Insofern die allgemeine Bestimmung des Lebewesens der Vernunfthaftigkeit vorausgeht, ist mit einer solchen Prädikation, so das eigentliche Argument des Franciscus, ein Ordnungs-

---

[458] Vgl. JOHANNES DUNS SCOTUS, Ord. I d. 3 p. 1 q. 3 n. 137 (Ed. Vat. III), 85.

[459] Secunda difficultas est, utrum deus includat ens quidditative. Hic dicit unus doctor egregius quod non, sed quod per modum differentiae se habet divinitas respectu eius et allegat pro dicto suo divinum Dionysium dicentem quod radix divinarum perfectionum est divinitas. Sed cum reverentia tanti doctoris dicendum est cum doctore nostro quod ens includitur quidditative in deo quod ipsemet doctor Franciscus alibi confitetur. WILHELM VON VAUROUILLON, Quattuor librorum Sententiarum compendium (Ed. Basileae 1510), f. 14vb H – 15ra A.

[460] Hoc probo primo sic: quandocumque aliquid includitur in quiddidate alicuius sicut pars essentialis illud est prius illo, sed nihil est prius divinitate, igitur nihil in quiddidate eius primo modo sicut pars essentialis. FRANCISCUS DE MAYRONIS, Conflatus, Prol. q. 6 (Ed. Venetiis 1520), f. 6ra B - C.

verhältnis verbunden, das in Bezug auf Gott nicht anwendbar ist. Die Konsequenz, die Mayronis aus diesem Ergebnis zieht, bedeutet aber eben nicht die
Aufgabe der generischen Aussageweise in toto, sondern eine Modifikation
dahingehend, dass die in Frage kommende Aussageweise einer solchen des
genus von der Differenz und nicht des genus von der Art entspricht. Mit
dieser Interpretation ist die problematische Identifikation des quasi-generischen Prädikates mit einem wesentlichen Teil des durch das grammatische
Subjekt vertretenen Gegenstandes vermieden. Auf der anderen Seite ist aber
auch, wie Mayronis mehrfach betont, eine andere problematische Folgerung
durch diese Position ausgeschlossen. Denn der quasi-generische Charakter
des conceptus entis bewahrt davor, dass ein solcher Aussagemodus auf eine
bloß akzidentielle Bestimmung zurückgeführt wird. Wenn der Begriff des
Seienden bloß akzidentiell ausgesagt würde, resultierten hieraus ebenfalls
unüberwindliche Schwierigkeiten in seiner Anwendung auf Gott, dem jegliche akzidentiellen Kennzeichnungen widerstreiten.

Insofern eine quidditative Aussage den Einschluss des Prädikates im
Subjekt voraussetzt, wäre eine washeitliche Aussage in Bezug auf die göttliche
Wesenheit nur dadurch möglich, dass man die Inklusion eines entsprechenden Gehaltes im Begriff des göttlichen Wesens in der Weise annimmt, dass
damit ein Teil im göttlichen Wesen identifizierbar wäre, auf den sich das
quidditative Prädikat bezieht. Dieser Fall ist aber ausgeschlossen, da die essentia divina eine Vollkommenheit darstellt, die an sich schlechthin einfach
und damit in keiner Weise in Teile zerlegbar ist.[461] Wie auch dieses Argument deutlich macht, scheitert die Annahme einer in quid Prädikation an den
Voraussetzungen, die für diesen Aussagetyp im Rahmen des ordo praedica-
mentalis bestimmend sind. Demnach bedeutet die washeitliche Aussage den
Rekurs auf eine Zusammensetzung des zugrunde gelegten Subjektes in eine
Mehrheit von unterscheidbaren essentiellen Teilen. Diese Möglichkeit ist
aber in Bezug auf die an sich unzusammengesetzte göttliche Wesenheit ausgeschlossen.

Die Aussage eines quidditativen gemeinsamen Prädikates von einem
Subjekt unterstellt immer, dass es in diesem Subjekt einen allgemeinen, d.h.
einen auch auf andere Subjekte übertragbaren, washeitlichen Inhalt gibt.
Diese Voraussetzung trifft aber auf das göttliche Wesen nicht zu, wie Mayronis in einem dritten Argument festhält. Die göttliche Wesenheit weist nämlich
keinerlei Gemeinsamkeit mit irgendeinem anderen Subjekt auf, da sie als
erstlich verschieden zu begreifen ist, wodurch jede Gemeinsamkeit ausgeschlossen ist.[462]

---

461   Secundo sic, divina essentia est perfectio simpliciter simplex, sed perfectio quae est sim-
      pliciter simplex non includit aliquid tamquam partem sui, ergo etc. FRANCISCUS DE
      MAYRONIS, Conflatus, Prol. q. 6 (Ed. Venetiis 1520), f. 6ra C.
462   Tertio sic, in nullo primo diverso includitur ratio quidditativa alicuius communis, sed essen-
      tia divina est primo diversa ut postea videbitur, ergo etc. FRANCISCUS DE MAYRONIS, Con-
      flatus, Prol. q. 6 (Ed. Venetiis 1520), f. 6ra C.

Zudem ist die washeitliche Prädikation des conceptus entis deshalb nicht möglich, wie Mayronis in einer vierten Begründung darlegt, weil das göttliche Wesen als Wurzel aller seiner Vollkommenheiten zu verstehen ist. Da die Bestimmung des Seienden, so ist die Argumentation zu ergänzen, als reine Vollkommenheit anzusehen ist, muss der Fall ausgeschlossen werden, dass Seiendes etwas in Bezug zur göttlichen Wesenheit aussagt. Nichts nämlich kann selbst die Wurzel desjenigen sein, was seine eigene Wesenheit betrifft. Als Wurzel aller Vollkommenheiten ist das göttliche Wesen auch Wurzel des Seienden, so dass der Fall ausgeschlossen ist, dass Seiendes zum göttlichen Wesensbegriff gehört. Damit ist eine in quid Prädikation der ratio entis hinsichtlich des göttlichen Wesens nicht möglich.[463]

Ist mit diesen Argumenten in negativer Hinsicht deutlich geworden, in welcher Weise der Begriff des Seienden nicht von Gott ausgesagt wird, so ist die Frage nach dem Prädikationsmodus der ratio entis in affirmativer Hinsicht noch keineswegs hinreichend geklärt. Das soll im Weiteren die Diskussion von vier Schwierigkeiten leisten, die sich auf diesen Aspekt beziehen. Der Ausgangspunkt für die weitere Untersuchung ist zunächst die bereits getroffene Annahme, dass der conceptus entis zwar nicht quidditativ, aber doch denominativ von der göttlichen Wesenheit ausgesagt wird. Nähme man aber an, der Begriff des Seienden wäre washeitlich in einem anderen enthalten, müsste man aufgrund der Unterstellung der quidditativen Aussagbarkeit des conceptus entis in bezug auf Gott auch einräumen, dass dieses, das den Begriff des Seienden washeitlich enthält, auf eine innerlichere Weise existierte, als es Gott tut.[464]

Hiergegen können zwei Einwände erhoben werden. Zunächst spricht gegen die oben getroffene Feststellung, die washeitliche Prädikation würde Gott in einer weniger inwendigen Weise ein Seiendes nennen, dass der Begriff des Seienden washeitlich von einem je individuellen Seienden ausgesagt wird. Die Annahme, dass das, von dem der Begriff des Seienden washeitlich ausgesagt wird, auf eine innerlichere Weise Seiendes ist, als Gott dies ist, trifft also nur auf dieses je individuelle Seiende zu.[465] Außerdem, so das zweite Gegenargument, müsste man bei einem Ausschluss der quidditativen Aussage einräumen, dass der Mensch innerlicher als ein Lebewesen bezeichnet wird,

[463] Quarto sic, sicut dicit Dionysius, essentia divina est sicut radix omnium perfectionum [suarum add. Krakau, Jagell. cod. 1306] a qua proceduntur flores perfectionum divinarum, sed nihil potest esse radix illius quod est de eius quidditate, ergo etc. FRANCISCUS DE MAYRONIS, Conflatus, Prol. q. 6 (Ed. Venetiis 1520), f. 6ra C.

[464] Sed hic sunt quattuor difficultates, quid dicendum est affirmative de ente, quare non praedicatur quidditative sicut alia superiora. Ad istud dico quod probatum est evidenter, quod ens non dicitur quidditative sed denominative de divina essentia. Si autem poneretur includi in aliquo alio quidditative illud esset intimius existens quam deus. FRANCISCUS DE MAYRONIS, Conflatus, Prol. q. 6 (Ed. Venetiis 1520), f. 6ra C.

[465] Sed contra hoc ratio entis dicitur quidditative de hoc ente scilicet de individuo entis, ergo solum illud erit intimius ens quam deus. FRANCISCUS DE MAYRONIS, Conflatus, Prol. q. 6 (Ed. Venetiis 1520), f. 6ra C-D.

als Gott ein Seiendes genannt wird, denn das Prädikat „Lebewesen" wird washeitlich vom Menschen ausgesagt.[466] Was den ersten Einwand betrifft, lehnt Mayronis zunächst die These ab, ein je individuelles Seiendes sei in einem höheren Maße ein Seiendes, als Gott dies ist. Die graduellen Bestimmungen, die in diesem Mehr oder Weniger impliziert sind, werden nämlich nur im Sinne der quantitas virtutis, d.h. im Sinne unterschiedlicher Intensivierungsstufen verstanden. Die Angabe eines solchen Intensitätsmodus folgt aber den an sich betrachteten Begriffen sowohl des Seienden als auch Gottes nach.[467] Die Diskussion des Aussagemodus dieser Begriffe ist also unabhängig von der sachlich nachfolgenden Erörterung der hinzutretenden modalen Bestimmungen.[468] Der im Einwand getroffenen Feststellung, dass zumindest dieses individuelle Seiende mit einer höheren Innerlichkeit ein Seiendes ist als Gott, begegnet Mayronis mit der Erwiderung, dass es auch gar nicht notwendig sei, eine Identität solchen Ausmaßes zwischen Gott und dem Seienden anzunehmen, wie diese im Sinne der Selbstidentität besteht.[469]

Das zweite Gegenargument räumt Mayronis zumindest insofern ein, als es die Verhältnisse in Bezug auf uns (quoad nos) betrifft, denn der Mensch ist tatsächlich auf eine intensivere Weise ein Lebewesen, als Gott ein Seiendes zu nennen. Als Gattungsbegriff wird nämlich der Terminus „animal" im Sinne des ersten Aussagemodus per se prädiziert, was auf den Begriff des Seienden nicht zutrifft. Dieser Aussagetyp des primo modo dicendi per se stellt zugegebener Weise eine Intensivierung gegenüber der Aussage der ratio entis dar.[470]

Ein zweiter Problemkomplex, der eine grundsätzliche Schwierigkeit in sich birgt, steht im Zusammenhang mit der Einteilung des Seienden als solchen durch die disjunktiven Bestimmungen. Räumt man nämlich einerseits ein, dass der Sinngehalt eines übergeordneten Begriffs nicht dem washeitlichen Gehalt der Differenzmomente entspricht, durch die dieser Begriffsgehalt erstlich differenziert wird, so folgt daraus doch andererseits keineswegs, dass dieser übergeordnete Begriffsgehalt nicht der Washeit des durch die Einteilung Hervorgebrachten entspricht. Geht man also davon aus, dass der übergeordnete Begriff des Seienden durch die Bestimmungen des Absoluten und

---

[466] Praeterea, animal dicitur quidditative de homine, ergo homo erit animal intimius quam deus est ens. FRANCISCUS DE MAYRONIS, Conflatus, Prol. q. 6 (Ed. Venetiis 1520), f. 6ra D.

[467] Vgl. hierzu auch FRANCISCUS DE MAYRONIS, Conflatus, Prol. q. 5 (Ed. Venetiis 1520), f. 5va K.

[468] Ad primum negatur illa continentia, scilicet quod hoc ens est magis ens quam deus quia magis ens et minus attenduntur secundum quantitatem virtutis. Ratio autem dei et entis est per se prior. FRANCISCUS DE MAYRONIS, Conflatus, Prol. q. 6 (Ed. Venetiis 1520), f. 6ra D. Vgl. unten Kap. 9 § 2 - 2.3.4.

[469] Sed dices quod saltem hoc ens est intimius ens quam deus sic arguebatur. Dico quod non oportet ponere tantam identitatem omnimodam inter deum et ens sicut inter idem et seipsum. FRANCISCUS DE MAYRONIS, Conflatus, Prol. q. 6 (Ed. Venetiis 1520), f. 6ra D.

[470] Ad aliud conceditur quod potiori modo quoad nos homo est animal quam deus sit ens quia in primo modo dicendi per se, tamen ille modus identitatis est potior. FRANCISCUS DE MAYRONIS, Conflatus, Prol. q. 6 (Ed. Venetiis 1520), f. 6ra D.

des Relationalen eingeteilt wird, so muss zwar eingeräumt werden, dass Seiendes nicht den washeitlichen Gehalt der Differenzmomente „absolutum" und „respectivum" selbst betrifft – andernfalls handelte es sich nämlich nicht um wirkliche Unterscheidungsmerkmale –, doch stellt sich eben die Frage, warum der Begriff des Seienden nicht von dem durch die Einteilung Konstituierten ausgesagt werden soll.[471] Worauf diese Frage abzielt, wird deutlich, wenn man sich klar macht, dass Gottes Wesenheit durch die Kombination der Bestimmungen des Seienden und des Absoluten und die göttlichen Personen durch die entsprechende Kombination mit dem Moment des Relationalen konstituiert sind, so dass es durchaus möglich erscheint, den Begriff des Seienden auf das so Konstituierte, nämlich die göttliche Wesenheit und die göttlichen Personen, washeitlich anzuwenden, auch wenn die Differenzbegriffe selbst nicht quidditativ als Seiendes zu bezeichnen sind. Klarer wird dieser Gedanke vielleicht dadurch, dass man den Fall der disjunktiven Einteilung durch die Begriffe des Endlichen und des Unendlichen annimmt. Das durch die Kennzeichnungen des Seienden und des Unendlichen Konstituierte, nämlich das ens infinitum, entspricht dem Gottesbegriff, so dass die Frage zu beantworten ist, warum die ratio entis nicht washeitlich hiervon ausgesagt werden kann, auch wenn klar ist, dass das Unendliche selbst nicht eigens ein Seiendes im quidditativen Sinne genannt werden kann.

Mayronis entgegnet diesem Einwand mit dem Hinweis auf die grundsätzliche Differenz kategorialer und transzendentaler Prädikation. Im kategorialen Raum ist es tatsächlich so, dass aufgrund der jeweiligen Begrenztheit der Gattungen und der Differenzen durch die Kombination beider Momente etwas drittes, nämlich die species, konstituiert wird. Gattung und Differenz bilden zusammen etwas Neues, das weder mit dem ursprünglichen genus noch der ursprünglichen differentia identisch ist, nämlich die Art, die in ihrer eigenen Wesenheit aus der Kombination der beiden Ausgangsmomente entsteht, was der Blick auf die entsprechende Wesensdefinition deutlich werden lässt.

Im Kontext der transzendentalen Prädikation herrschen allerdings grundsätzlich andere Verhältnisse. Transzendentale Begriffe, wie die des Seienden und seiner disjunktiven Differenzen, unterliegen einer Unbegrenztheit, die es nicht zulässt, dass aus ihrer Kombination ein drittes Moment im konstitutiven Sinne hervorgeht. Die Verbindung solcher transzendentalen Prädikate bedeutet keine begriffliche Kontraktion, durch die ein Anderes hervorgeht, was dann im Sinne der Art als ein Zusammengesetztes aus zwei Bestimmungsmomenten verstanden werden könnte. Transzendentale Prädikate sind schlechthin einfach und lassen deshalb keine Zusammensetzung in

---

[471] Secunda difficultas quia licet superius divisum per differentias non sit de quidditate earum, videtur tamen quod sit de quidditate constituti, ergo quare ens divisum per absolutum et respectivum non est de quidditate constitutorum. FRANCISCUS DE MAYRONIS, Conflatus, Prol. q. 6 (Ed. Venetiis 1520), f. 6ra D.

der Weise zu, wie sie im Kontext kategorialer Begriffe vorkommt.[472] Insofern die Konstitution eines dritten Momentes bei den transzendentalen Begriffen ausgeschlossen ist, kann der zu widerlegende Einwand keine Durchschlagskraft haben, denn er setzt gerade die in der Antwort widerlegte Anwendbarkeit auf den Bereich des Transzendentalen voraus.

In eine ähnliche Richtung wie die gerade diskutierte Schwierigkeit zielt auch ein dritter Einwand, der das Verhältnis des conceptus entis zu den hinzutretenden modalen Bestimmungen betrifft. Die inneren Modi, wie z.b. die Bestimmung des Endlichen, fügen nämlich dem washeitlichen Begriff desjenigen, dem eine solche modale Bestimmung zugesprochen wird, keinen weiteren washeitlichen Begriffsgehalt hinzu. Aus diesem Grunde wird ein modus intrinsecus als eine Kennzeichnung verstanden, die den washeitlichen Gehalt des bezeichneten Gegenstandes selbst nicht verändert. Die Frage, die sich allerdings dann aufgrund dieser Feststellung hinsichtlich dieser Begriffsklasse konsequenterweise stellt, lautet dann, warum der Begriff des Seienden nicht von einem so modal bestimmten ens finitum washeitlich prädiziert werden kann.[473]

Zwar wird der Begriff des Seienden, so räumt Mayronis in seiner Entgegnung zunächst ein, vom ens finitum im Sinne einer washeitlichen Prädikation ausgesagt, doch bei näherer Analyse wird deutlich, dass dies eben nicht in der Weise geschieht, wie es der Einwand unterstellt. Der conceptus entis wird nämlich nicht von einem einheitlichen formalen Gehalt ausgesagt, der durch die Momente des Seienden und des Modus konstituiert ist. Dieser Fall ist deshalb ausgeschlossen, weil durch die Anwendung einer modalen Bestimmung auf den allgemeinen Begriff des Seienden kein einheitlicher Begriffsgehalt konstituiert wird, wie das im Bereich der kategorialen Prädikation durchaus der Fall ist. Im Kontext der kategorialen Bestimmungen wird z.B. durch die Verbindung der Begriffe des Lebewesens und der Vernunftbegabtheit ein drittes, nämlich der Begriff des Menschen konstituiert, der dann washeitlich von der aus der Zusammensetzung resultierenden ratio formalis quidditativ prädiziert wird. Ein vergleichbarer Prozess der Konstitution findet bei der Verbindung des Begriffs des Seienden mit der modalen Bestimmung der Endlichkeit allerdings nicht statt. Vielmehr ist das ens finitum zu interpretieren als ein Seiendes, dem die Bestimmung des Endlichen zukommt – vergleichbar wie homo albus zu verstehen ist im Sinne von „homo qui est albus" –, also in der Weise, dass durch die Kombination der Begriffselemente keine einheitliche quidditas entsteht, sondern nur eine nicht washeitliche

---

[472] Respondeo dicendum quod aliter est de divisione transcendentium et aliter de divisione generum quia propter limitationem generis et differentiarum potest constitui unum ex eis per compositionem sed propter illimitationem transcendentium et differentiarum nihil tertium constituitur quia transcendentia simplicia sunt cum inveniantur in deo. FRANCISCUS DE MAYRONIS, Conflatus, Prol. q. 6 (Ed. Venetiis 1520), f. 6ra D - 6rb E.

[473] Tertia difficultas est de modis intrinsecis et de praedicatione entis. Videtur enim quod sit quidditativa scilicet praedicatio entis de ente finito quia modus non variat rationem quidditativam. FRANCISCUS DE MAYRONIS, Conflatus, Prol. q. 6 (Ed. Venetiis 1520), f. 6rb E.

Zusammensetzung zweier Begriffsmomente. Aus diesem Grunde wird die ratio entis, so das eigentliche Argument des Franciscus, wenn sie vom ens finitum ausgesagt wird, nicht wirklich vom Endlichen prädiziert, sondern von einem Seienden, das in hinzutretender Weise durch den Modus der Endlichkeit bestimmt ist.[474]

Ein letzter Einwand schließlich betrifft die grundsätzliche Möglichkeit einer Aussage im Sinne des primus modus dicendi per se. Kann es eine solche Prädikationsform überhaupt im Bereich des Göttlichen geben, wenn die washeitliche Aussage des Begriffs des Seienden ausgeschlossen sein soll?[475]

Die Antwort, die Mayronis hierauf gibt, nimmt die zuvor erörterte Lösung der Zurückführung auf einen solchen Aussagemodus wieder auf und schließt deshalb die unmittelbare Interpretation der Aussagen innerhalb des Göttlichen als solcher primo modo dicendi per se getroffenen Feststellungen aus. In den Begriffen, die auf Gott angewendet werden können, gibt es nämlich weder einen Inhalt, der selbst definierbar wäre, noch einen solchen, der selbst definierenden Charakter hat, was aber die Voraussetzung dafür ist, dass man den primus modus dicendi per se, der den Aussagemodus von definitionsrelevanten Gattungs- und Artbegriffen darstellt, annehmen kann. Gleichwohl lässt sich die in divinis zulässige Prädikationsweise auf den genannten Aussagetyp zurückführen, nämlich in dem Sinne der bereits angesprochenen Aussage der Gattung hinsichtlich der Differenz.[476]

2.3.1 Der Quasi-generische Charakter des Conceptus Entis als Alternativkonzept zur übergroßen Allgemeinheit

Was besagt diese zentrale These des Franciscus de Mayronis, dass der Begriff des Seienden von Gott wie eine Gattung von der Differenz, nicht aber wie eine Gattung von der Art ausgesagt wird? Selbstverständlich darf diese These keine Anbindung des Prädikationsmodus des conceptus entis an die kategoriale Aussage implizieren. Die aristotelischen Einwände diesbezüglich sind in

---

[474] Dicendum est quod praedicatio entis de ente finito est quidditativa non tamen intelligendo quod ex ente et modo fiat unum quod habeat unam rationem formalem quae recipiat praedicationem entis quia nullum tale constituunt et ita dicitur quod ens quod est finitum est ens non tamen ens dicitur de finitate sed de ipso determinato per finitatem. Non enim eodem modo praedicatur quo homo praedicatur de hoc homine vel animal de homine quia animal dicitur quidditative de ratione formali quae fit ex animali et rationali. Non sic ens praedicatur de ente finito quidditative sed eo modo quo animal praedicatur de homine albo hoc est de homine qui est albus. Sic ens de ente finito. FRANCISCUS DE MAYRONIS, Conflatus, Prol. q. 6 (Ed. Venetiis 1520), f. 6rb E-F.

[475] Quarta difficultas est, si in divinis invenitur primus modus dicendi per se. FRANCISCUS DE MAYRONIS, Conflatus, Prol. q. 6 (Ed. Venetiis 1520), f. 6rb F.

[476] Dico quod non quia non est proprie diffinibile nec diffinitivum ex quibus resultat primus modus dicendi per se, tamen est primus modus dicendi per se per reductionem, non quia sit sicut pars essentialis, sed sicut genus de differentia. FRANCISCUS DE MAYRONIS, Conflatus, Prol. q. 6 (Ed. Venetiis 1520), f. 6rb F.

der Diskussion nicht zuletzt durch die eingehende Erörterung, die sie bei
Duns Scotus gefunden haben, allgegenwärtig. Gattung kann im Kontext
dieser These des Franciscus nicht genus generalissimum, und Differenz nicht
differentia specifica im Sinne des aristotelischen Kategorienschemas bedeuten. Gleichwohl betont Mayronis, dass die Aussage der ratio entis auf eben
dieses Prädikationsverhältnis ut genus de differentia zurückführbar sei.

Eine erste Annahme dieser Konzeption scheint darin zu bestehen, den
Gottesbegriff als Differenzprädikat und nicht als Steigerungsform – etwa im
Sinne der Ausdrücke ens perfectissimum oder summum bonum – zu interpretieren. Auf den ersten Blick erscheint diese Annahme erklärungsbedürftig,
denn in welchem Sinne soll der Begriff Gottes als Differenz interpretierbar
sein? Verständlich wird diese Annahme, wenn man Gott im Sinne des metaphysischen Begriffs als ein ens infinitum begreift. Die Charakterisierung als
Differenz resultiert dann aus der dem zunächst indifferenten Begriff des Seienden hinzugefügten Kennzeichnung, unendlich zu sein. Der eigentliche
Differenzbegriff ist die Bestimmung der Unendlichkeit. Die disjunktiven
Kennzeichnungen des Endlichen und des Unendlichen gehören zu den ers-
ten modalen Differenzbegriffen, die auf den in dieser Hinsicht zunächst indif-
ferenten Begriff des Seienden angewendet werden. Wie aus der Erörterung
des Problemfeldes der inneren Modi im Kontext des dritten Einwandes, den
Mayronis diesbezüglich diskutiert,[477] deutlich wird, betrifft die quidditative
Aussage nicht den Modus selbst, denn dieser bildet eben zusammen mit dem
Begriff des Seienden keine eigenständige und einheitliche ratio formalis.
Doch als denominative Aussage, die nicht den Modus unmittelbar selbst
erfasst, ist die Prädikation des Begriffs des Seienden durchaus möglich.

Die zweite Annahme, die der Theorie des Franciscus inhäriert, ergibt
sich aus der negativen Bestimmung, der conceptus entis werde von Gott nicht
wie von einer species ausgesagt. Damit wird der Normalfall kategorialer Prädikation ausgeschlossen, nämlich Aussagen des Typs zu treffen, wie er z.B. im
Satz „Vernunftwesen sind Lebewesen" vorliegt. In diesem Sinne ist die Aussage „Gott ist ein Seiendes" eben nicht als Prädikation des Gattungsbegriffs
„Seiendes" vom Artbegriff „Gott" zu interpretieren. Die Pointe der von Mayronis angenommenen Restriktion zielt nicht direkt auf die Ablehnung des
Gattungscharakters des conceptus entis, als vielmehr auf den Nachweis, dass
an Subjektstelle dieser Aussage kein Art-, sondern ein Differenzbegriff zu
setzen ist. „Deus" ist keine species neben anderen, sondern dieser Begriff ist
im Sinne des ens infinitum unter Betonung der modalen Kennzeichnung als
Differenz zu verstehen.

Kennzeichnend für die Aussage im transzendentalen Kontext ist es e-
ben, dass die Anwendung von (transzendentalen) Differenzen nicht automa-
tisch die Konstitution von sich ausschließenden und damit je eingeschränkten
Arten nach sich zieht. Erst nachdem das korrespondierende disjunktive Prä-

---

[477] Vgl. FRANCISCUS DE MAYRONIS, Conflatus, Prol. q. 6 (Ed. Venetiis 1520), f. 6rb E-F.

dikat „endlich" den zunächst indifferenten Inhalt des Seienden eingeschränkt hat, ist der Raum geschaffen, durch Anwendung prädikamentaler Differenzen eine Vielzahl von je eingeschränkten Gattungs- und Artbegriffen zu bilden. Die transzendentalen Differenzen hingegen sind nicht artbildend begrenzend.

Die Differenzen, die im Sinne dieser disjunktiven Eigenschaften als weitere Bestimmungen des conceptus entis auftreten, zeichnen sich zudem gegenüber den kategorial interpretierten dadurch aus, dass sie dem Seienden, wenn man sie als disjunktives Begriffspaar versteht, notwendig zukommen. Vor diesem Hintergrund kann Franciscus deshalb die These vertreten, dass die Aussage der ratio entis hinsichtlich dieser Differenzen notwendig und nicht akzidentiell ist. Dies ist der Grund, warum man die entsprechende Aussage des conceptus entis in Bezug auf Gott nicht in einem unqualifizierten Sinne als denominative Aussage interpretieren darf. Sie ist eben nicht in der Weise denominativ, wie die eines Begriffs, der von einem Späteren und damit Akzidentiellen her seine Anwendung findet, so etwa der Begriff „iustus", der aufgrund einer zum Menschen hinzutretenden Eigenschaft und nicht aufgrund eines Wesenszusammenhangs ausgesagt wird. Vielmehr ist sie denominativ aufgrund eines wesentlichen Zusammenhanges, der zwischen der Differenz z.B. der Unendlichkeit und dem Begriff des Seienden besteht. Das Seiende ist diejenige Bestimmung, die dem Differenzpaar endlich-unendlich essentiell vorausgeht, so dass zwar einerseits diese Differenzen selbst nicht unmittelbar Seiende genannt werden können, aber aufgrund des konstitutiven Zusammenhangs der ratio indifferens „Seiendes" und der disjunktiven Bestimmungen „finitum" und „infinitum" stellt die Prädikation des conceptus entis hier den besonderen Fall einer denominatio von einem wesentlich Früheren her (ab essentialiter priori) dar.[478] Gott wird in einem anderen Sinne ein Seiendes genannt, als dieser Mensch als gerecht bezeichnet wird. Im ersten Fall liegt dem ein wesentlicher Zusammenhang, im zweiten eine akzidentielle Begebenheit zugrunde. Dieser Akzent in der Theorie der Aussage des conceptus entis hinsichtlich Gottes ist es, der in der Betonung des quasi generischen Charakters der ratio entis seinen Ausdruck findet.

Im Ergebnis zeigt sich, dass die Theorie, die Mayronis in Bezug auf die Aussage des conceptus entis hinsichtlich Gottes entwirft, den modalen Charakter des Gottesbegriffs, nämlich des Begriffs des ens infinitum in den Vordergrund stellt. Diese Lösung erlaubt es Mayronis, auf einen wesentlichen begrifflichen Zusammenhang zu rekurrieren, ohne allerdings auf die Prädikate, die von Gott ausgesagt werden, die Verhältnisse der kategorialen Aussage zu übertragen. Der von Mayronis in diesem Kontext in Anspruch genommene Aussagetyp einer denominativen, aber gleichwohl ad primum modum dicendi per se zurückführbaren Prädikation, garantiert die Aufrechterhaltung der univoken Aussage des Begriffs des Seienden und damit die

---

[478] Vgl. FRANCISCUS DE MAYRONIS, Conflatus, Prol. q. 6 (Ed. Venetiis 1520), f. 6ra B.

Einheit unserer, weil auf Gott und Kreatur anwendbaren, allgemeinsten Begriffe.

Sechstes Kapitel

Der noetisch-neomatische Parallelismus

1 BEGRIFFLICHE ABGRENZUNG UND WIDERSPRUCHSPRINZIP

Steht im Ergebnis fest, dass der Begriff des Seienden nicht quidditativ von Gott ausgesagt wird, gleichwohl aber die univoke Prädikation gewahrt werden soll, so schließt sich unmittelbar die Frage an, von welcher Art denn die Einheit ist, die diesen Begriff des Seienden kennzeichnet. Einerseits kann es nicht die Einheit einer eigenen Washeit sein – denn sonst müsste man auch die washeitliche Prädikation dieses Begriffs einräumen –, andererseits muss diese Einheit aber hinreichend sein, um als Fundament der univoken Prädikation tragfähig zu sein. Die notwendige Einheit eines univoken Begriffs muss in der scotischen Tradition, der Mayronis in dieser Hinsicht folgt, nicht die Einheit eines Gattungsbegriffs sein, doch muss sie so weit reichen, dass sie den Anwendungsfall des Widerspruchsprinzips garantiert. Um etwa von zwei Begriffen sagen zu können, dass sie kompatibel sind oder sich widersprechen, muss die Bedeutung dieser Begriffe soweit einer Einheit entsprechen, dass eine klare Abgrenzung im Sinne des Widerspruchsprinzips möglich ist. Der Frage nach der Einheit eines Begriffs ist aus diesem Grund immer die korrespondierende Frage nach der Abgrenzung gegenüber anderen Begriffen an die Seite zu stellen.

1.1 DIE UNTERSCHEIDBARKEIT DES CONCEPTUS ENTIS VON ANDEREN VON GOTT AUSSAGBAREN FORMALEN BEGRIFFEN

Insofern in der bisherigen Diskussion, die Mayronis im Blick auf den conceptus entis führt, deutlich wird, dass die Einheit dieses Begriffs nicht die einer bestimmten quidditas, doch immerhin die eines bestimmten formalen Gehaltes ist, der im Begriff des Seienden zum Ausdruck kommt, ist die korrespondierende Frage nach der Abgrenzung der ratio entis als die Frage nach der Abgrenzung gegenüber anderen formalen Begriffen zu stellen. Im Kontext der Prädikation des conceptus entis hinsichtlich Gottes bedeutet dies, nach der Abgrenzung des Begriffs des Seienden im Verhältnis zu anderen formalen Begriffen zu fragen. In dieser Frage ist das Problem impliziert, ob es möglich ist, eine Unterscheidbarkeit in Gott anzunehmen, die der begrifflichen Abgrenzung der ratio entis gegenüber anderen formalen Gehalten entspricht. Unter Verwendung des Fachterminus für die Abgrenzung dieser formalen Gehalte fragt Mayronis deshalb nach der praecisio des Begriffs des Seienden in seiner Anwendung auf Gott.[479] Die Diskussion dieser Frage nimmt zwar, wie die entsprechenden Pro- und Contra-Argumente deutlich machen,[480] zunächst ihren Ausgang bei dem sich anschließenden theologischen Problem, nämlich der Schwierigkeit, in Gott die damit verbundene Unterschiedenheit (diversitas) und Andersheit (alteritas) zuzulassen, doch rückt Mayronis in der Diskussion der Sache die entsprechenden logischen und metaphysischen Aspekte dieser Frage in den Vordergrund seiner Betrachtung.

Der von Mayronis zunächst genannte Ausgangspunkt seiner Argumentation sind die Thesen zweier Doktoren – die Drucke und die Handschriften nennen übereinstimmend Johannes und Petrus –, die aufgrund innerer Widersprüche zu widerlegen sind. Zunächst ist das die These, dass dem Begriff des Seienden ein Begriffsgehalt entspricht, der impraecisum, d.h. gegenüber anderen Begriffe nicht abgrenzbar ist. Die von Mayronis zitierte Ausdrucksweise, dass das Seiende zwar einen Begriff (conceptus), aber keinen einheitlichen Bedeutungsgehalt (ratio) hat, geht offensichtlich auf entsprechende Formulierungen bei Petrus Aureoli zurück.[481] Die andere These besagt, dass dem Begriff des Seienden ein formaler Gehalt entspricht, der allerdings nicht in quid von allen Gegenständen aussagbar ist.[482] Diese zweite Teilthese entspricht der Sache nach der scotischen Lehre vom doppelten Primat des conceptus entis, was der Namensnennung „Johannes" korrespondiert.[483]

---

[479]   Utrum ratio entis sit praecisa ab aliis rationibus formalibus quae sunt in deo. FRANCISCUS DE MAYRONIS, Conflatus, Prol. q. 7 (Ed. Venetiis 1520), f. 6rb F. Hierzu vgl. ROTH, B., Franz von Mayronis O.F.M. Sein Leben, seine Werke, seine Lehre vom Formalunterschied in Gott (Franziskanische Forschungen III), Werl 1936, 484-486.

[480]   Quod non quia dicit Hilarius quod diversitas non est admittenda in divinis; praecisio autem est diversitas, ergo etc. Contra: Dionysius De divinis nominibus dicit quod in divinis est aliqua alteritas et diversitas, ergo etc. FRANCISCUS DE MAYRONIS, Conflatus, Prol. q. 7 (Ed. Venetiis 1520), f. 6rb F - G.

[481]   Constat autem quod conceptus entis est idem omnibus rationibus, nullo penitus addito sibi, ut probatum est. Ergo, non habet unam rationem, sed est «omnes» confuse et indeterminate. PETRUS AUREOLI, Scriptum super primum Sententiarum d. 2 sec. 9 a. 4 n. 67 (Ed. Buytaert II), 492.

[482]   Hic excludam duas [tertias Vat. lat. 894] contradictiones duorum doctorum, Johannis et Petri. Unus enim dicit quod ens habet unum obiectum vel conceptum non unam rationem et ille conceptus est impraecisus ab aliis. Alius dicit quod habet unam rationem formalem, non tamen in quid dictam de omnibus. FRANCISCUS DE MAYRONIS, Conflatus, Prol. q. 7 (Ed. Venetiis 1520), f. 6rb G.

[483]   Vgl. JOHANNES DUNS SCOTUS, Ord. I d. 3 p. 1 q. 3 nn. 137-151 (Ed. Vat. III), 85-94. Vgl. HONNEFELDER, L., Ens inquantum ens. Der Begriff des Seienden als solchen als Gegenstand der Metaphysik nach der Lehre des Johannes Duns Scotus (Beiträge zur Geschichte der Philosophie und Theologie des Mittelalters N.F. 16), Münster ²1989, 313-343. Zum Verhältnis von Petrus Aureoli und Johannes Duns Scotus hinsichtlich der Frage nach der Einheit des Begriffs des Seienden vgl. BROWN, ST., Avicenna and the Unity of the Concept of Being. The Interpretation of Henry of Ghent, Duns Scotus, Gerard of Bologna and Peter Aureoli, in: Franciscan Studies 25 (1965), 117-150.

Die sich anschließenden Widerlegungen, die Mayronis diesen beiden Auffassungen entgegenhält, betreffen an keiner Stelle die These von der auszuschließenden in quid Prädikation, so dass sich alle von Mayronis angeführten Gegenargumente auf die Interpretation des Begriffs des Seienden als eines conceptus impraecisus zu beziehen scheinen. Im zweiten Teil seiner Erwiderung präzisiert Mayronis die zu widerlegende These dahingehend,[484] dass die Einheit des Begriffs des Seienden eine Einheit der Unbestimmtheit darstellt, also im Sinne einer unitas indeterminationis zu interpretieren ist.

2 DIE THESE DES PETRUS AUREOLI VON DER UNITAS INDETERMINATIONIS

Die Formulierung von der unitas indeterminationis verweist auf die Auffassung des Petrus Aureoli, die dieser in seiner Auseinandersetzung mit der scotischen Interpretation des Begriffs des Seienden entwickelt. Im Gegensatz zu Scotus vertritt Aureoli die These, dass der Begriff des Seienden keine eigene begriffliche Einheit besitzt, durch die er sich von anderen Begriffen unterscheidet, sondern lediglich einen conceptus indeterminatus darstellt.[485]

Diese Interpretation des Begriff des Seienden als eines conceptus indeterminatus unterscheidet sich von der These des Johannes Duns Scotus, wonach der Begriff des Seienden als solchen eine ratio indifferens ist. Scotus bezieht sich mit dieser Kennzeichnung der Indifferenz auf die Unbestimmtheit des allgemeinen Begriffs des Seienden hinsichtlich seiner weiteren modalen Kennzeichnung durch die disjunktiven Bestimmungen des Endlichen und des Unendlichen, des Abhängigen und des Unabhängigen usw. Diese

---

[484]   Vgl. FRANCISCUS DE MAYRONIS, Conflatus, Prol. q. 7 (Ed. Venetiis 1520), f. 6rb H.

[485]   Tertia quoque propositio affirmativa elicitur ex istis, videlicet quod conceptus ille est simpliciter denudatus in actu ab omni ratione, una vel pluribus, propria vel communi, tantummodo unus existens unitate confusionis et omnimodae indeterminationis, qui nimirum conceptus, dum applicatur ad proprias omnium rationes, coincidit in illas nullo addito sibi, quia quaelibet proprio ratio est ille conceptus, et nihil addit. Unde est pars illius conceptus totalis, cuius totalitas non est integritatis, sed confusionis et indeterminationis; nec partialitas propriarum rationum est partialitas integrans et constitutiva, sed determinans et explicativa. PETRUS AUREOLI, Scriptum super primum Sententiarum d. 2 sec. 9 a. 2 n. 53 (Ed. Buytaert II), 485. Unum enim quandoque est per formam positivam sive rationem dantem esse unum; et sic ens non est unum. Immo, nec materia prima, quia secundum Commentatorem non dicit aliquam unam rationem determinatam. Alio modo dicitur unum per omnimodam indeterminationem per carentiam omnis distinguentis. Et sic conceptus entis est unus. Et dico unus, quia non habet rationem qua distinguatur; et ideo est unus unitate confusionis et indeterminationis per carentiam omnis distinctionis. Est enim omnis ratio, tamen indeterminate. DERS., Reportatio Parisiensis in I Sententiarum d. 2 p. 1 q. 2 (Ed. Brown 1995), 229. Vgl. BROWN, ST., The Unity of the Concept of Being in Peter Aureoli´s Scriptum and Commentarium, Diss., Louvain 1964, II, 333. Vgl. hierzu und zum folgenden LAY, R., Zur Lehre von den Transzendentalien bei Petrus Aureoli O.F.M., Bonn (Diss.) 1964, 79-88. Speziell zur Auseinandersetzung mit Script. I d. 2 sec. 9 vgl. GORIS, W., Implicit Knowledge. Being as First Known in Peter of Oriol, in: Recherches de Théologie et Philosophie médiévales 69.1 (2002), 33-65. Vgl. auch PETRUS AUREOLI, Quodlibeta sexdecim q. 5 a. 2 (Ed. Romae 1605), 60b.

Indifferenz kommt dem conceptus entis nur in Bezug auf diese modalen Differenzierungen zu, betrifft aber nicht den eigentlichen Sinngehalt des Seienden selbst.[486] Aus diesem Grunde impliziert diese Indifferenz keineswegs die fehlende Unterschiedenheit des conceptus entis gegenüber anderen formalen Gehalten. Gerade diese These bestreitet Aureoli, wenn er betont, der conceptus entis könne keine einheitliche ratio besitzen, die der disjunktiven Einteilung z.b. in ein absolut und ein relational Seiendes vorausliegt.[487] Die scotische Position scheint aber durchaus mit der von Mayronis referierten Annahme des „alius doctor" kompatibel, denn Scotus geht einerseits von einem einheitlichen formalen Gehalt des conceptus entis aus, bestreitet aber andererseits die Möglichkeit, diesen von allen intelligibilia im Modus der in quid Prädikation auszusagen.[488] Diese zweite Teilthese des Duns Scotus führt schließlich zu der Lösung, den Vorrang des conceptus entis im Sinne einer duplex primitas, d.h. eines sich ergänzenden Primats quidditativen und virtuellen Enthaltenseins des Seienden in allen intelligibilia zu interpretieren.[489]

Aureoli wendet sich mit seiner Interpretation des Begriffs des Seienden, die er in Sent. I d. 2 sec. 9 und parallel in Rep. Par. I d. 2 p. 1 q. 2 entwickelt, vor allem gegen die Auffassung des Duns Scotus, wonach die Einheit des conceptus entis die Einheit eines distinkten Begriffsgehaltes ist.[490] Trotz der Ablehnung der scotischen Position in diesem Punkt teilt er mit Scotus die Auffassung, dass der conceptus entis im strengen Sinne und nicht nur secundum quid, wie Gerhard von Bologna und Hervaeus Natalis behaupten, eine Einheit darstellt.[491] In der Interpretation des Aureoli steht der Begriff des Seienden für Gerhard von Bologna und Hervaeus Natalis nicht für einen einzigen Begriffsgehalt, sondern für eine Mehrheit von rationes, die in keinem gemeinsamen Bedeutungsmoment übereinkommen. Der Begriff des Seienden zerfällt in ein disjunktives Bündel von Bedeutungen, die für sich betrachtet

---

[486] Vgl. JOHANNES DUNS SCOTUS, Ord. I d. 8 p. 1 q. 3 n. 101 (Ed. Vat. IV), 199-200.

[487] Sed constat quod ens dividitur per absolutum et respectivum, non est aliqua ratio, quae possit abstrahere et se habere per indifferentiam ad respectivum et absolutum. Omnis enim ratio vel est respectiva, vel est absoluta. Nec est possibile imaginari quod non sit actu ratio absoluta aut ratio respectiva, cum contradictorie se habeant esse ad se et esse ad aliud. Ergo conceptus entis, divisus per respectivum et absolutum, est denudatus ab omni una ratione communi. PETRUS AUREOLI, Scriptum super primum Sententiarum d. 2 sec. 9 a. 4 n. 82 (Ed. Buytaert, II), 499.

[488] Vgl. JOHANNES DUNS SCOTUS, Ord. I d. 3 p. 1 q. 3 nn. 131-136 (Ed. Vat. III), 81-85; Lect. I d. 3 p. 1 q. 1-2 nn. 97-104 (Ed. Vat. XVI), 261-264.

[489] Vgl. JOHANNES DUNS SCOTUS, Ord. I d. 3 p. 1 q. 3 nn. 137-151 (Ed. Vat. III), 85-94.

[490] Vgl. BROWN, ST., The Unity, 302-333. Die Edition von Rep. Par. I d. 2 p. 1 qq. 1-3, p. 2 qq. 1-2 sowie die editorische Einleitung enthält BROWN, ST., Petrus Aureoli: De unitate conceptus entis (Reportatio Parisiensis in I Sententiarum dist. 2, p. 1, qq. 1-3 et p. 2, qq. 1-2), Traditio 50 (1995), 199-248. Die Edition und die Einleitung stellen eine überarbeitete Fassung der Dissertation aus dem Jahr 1964 dar.

[491] Vgl. hierzu BROWN, ST., Avicenna, 117-150; DERS., L'unité du concept d'être au début du quatorzième siècle, in: John Duns Scotus. Metaphysics and Ethics, Honnefelder L., Wood R., Dreyer M. (Hg.), Leiden 1996, 327-344.

jeweils eigentümlich sind und deshalb durch keinen allgemeinen Begriff erfasst werden.[492] Demgegenüber hält Petrus Aureoli die Position des Duns Scotus für überlegen und der Wahrheit näherkommend. Scotus behauptet nämlich, dass der Begriff des Seienden von jedem Seienden einen einzigen Begriffsgehalt aussagt. Dieser Gehalt hat zudem einen bestimmten und damit abgrenzenden Charakter, er wird distinctive ausgesagt. Lediglich hinsichtlich der letzten Differenzen, des nur beiläufig in das Kategorienschema Fallenden und der konvertiblen Transzendentalien, so referiert Aureoli, wird der conceptus entis nur qualitative und denominative ausgesagt, nicht aber quidditativ, wie in Bezug auf alles kategorial Erfassbare.[493]

Folgt Aureoli also einerseits Duns Scotus in der These, dass der conceptus entis in Wirklichkeit nicht mehrere rationes besitzt, was Gerhard und Hervaeus behaupten, so lehnt er doch die scotische These ab, dass dem Begriff des Seienden ein distinkter Begriff entspricht. Der eigene Ansatz des Petrus Aureoli kann also in einem gewissen Sinne als eine mittlere Position zwischen Scotus und den genannten Autoren verstanden werden, insofern er nämlich der Auffassung ist, dass der conceptus entis zwar eine Einheit besitzt, also nicht in eine Vielheit von Begriffen zerfällt, gleichwohl diese Einheit aber nicht die eines distinkten Begriffs ist, sondern in der genannten Weise einer unitas inderterminationis zu begreifen ist. Wie die Widerlegung sowohl der Auffassungen des Gerhard von Bologna und des Hervaeus Natalis auf der einen Seite und des Duns Scotus auf der anderen Seite zeigt, wendet sich Aureoli vor allem dagegen, dass dem conceptus entis ein einziger distinkter Begriffsgehalt, der auf alles Seiende gemeinsam anwendbar ist, so die scotische These, oder eine Mehrheit von distinkten Begriffsgehalten, die disjunktive auf alles Seiende zutreffen, so die These des Gerhard und des Hervaeus, entspricht.[494] Diese Interpretation des Aureoli mündet in die von Mayronis

---

[492] Viso itaque puncto quaestionis, voluerunt aliqui dicere, quod conceptus entis aut alicuius dicit actu rationes plures. Dicit enim per prius rationem substantiae; alio vero per attributionem, et dicit quamlibet sub propria ratione, non sub aliqua communi in qua conveniant. Est tamen iste conceptus disiunctivus, non copulativus. Unde, cum dicitur de aliquo, quod sit ens, statim concipitur quod est substantia vel quantitas vel qualitas, et sic de aliis propriis rationibus entium, non quod aliqua communis ratio concipiatur. PETRUS AUREOLI, Scriptum super primum Sententiarum d. 2 sec. 9 a. 1 n. 49 (Ed. Buytaert, II), 483.

[493] Alii tamen subtilius et ad veritatem proprius accedentes dixerunt quod nullo modo audito de aliquo quod ens vel aliquid, concipiuntur propriae rationes entium distinctive, immo aliqua ratio communis omnibus; quidditative quidem omnibus praedicamentis et directe cadentibus in praedicamento; qualitative autem et denominative differentiis ultimis et his quae lateraliter sunt in praedicamentis; et similiter, bono et vero et ceteris transcendentibus, quae sunt passiones entis. De his enim non praedicatur formaliter ens et li quid, sed tantum denominative et qualitative. PETRUS AUREOLI, Scriptum super primum Sententiarum d. 2 sec. 9 a. 1 n. 50 (Ed. Buytaert, II), 484.

[494] Der entscheidende Einwand gegen Gerhard und Hervaeus lautet: [...] ille quidem conceptus non habet in se actu et distincte proprias rationes omnium disiunctive, immo nec aliquam habet determinate aut distincte, contra hoc quod intendit opinio prima. PETRUS AUREOLI, Scriptum super primum Sententiarum d. 2 sec. 9 a. 2 n. 51 (Ed. Buytaert, II),

zitierte Aussage, dass das Seiende zwar einen Begriff (conceptus), aber keinen Begriffsgehalt (ratio) besitzt. Pointiert formuliert lautet die These des Aureoli: „Der Begriff des Seienden ist schlechthin von jedem aktuellen Begriffsgehalt entblößt, sei es ein einziger oder mehrere, ein eigentümlicher oder ein gemeinsamer. Und deshalb ist er nur einer aufgrund einer Einheit der Konfusion, der implizit jede Sache und jeden Begriffsgehalt enthält, explizit aber keinen."[495] Diese Annahme, die zwischen conceptus und ratio diesen grundlegenden Unterschied zum Ausdruck bringt, wird mehrmals von Aureoli hervorgehoben.[496]

2.1 Die Infragestellung des noetisch-noematischen Parallelismus durch Petrus Aureoli

Worin besteht die Stoßrichtung, die Aureoli mit dieser zentralen These von der Unterschiedenheit des conceptus von der ratio verfolgt? In der Diskussion verschiedener Einwände, die man gegen die genannte Interpretation anführen könnte, verdeutlicht Aureoli die eigene Auffassung. Ein zentraler Einwand, den er diskutiert, bestreitet die Differenz von conceptus und ratio, wenn man den ersten Terminus im Sinne von „conceptus obiectalis" und den zweiten im Sinne von „actus intelligendi" bzw. „eius obiectum" versteht. Ein objektiver Begriff ist demnach ein solcher Begriff, dem ein Erkenntnisakt,

484. Die Widerlegung des Duns Scotus lautet: [...] ille conceptus nullam habet in se rationem communem omnibus entibus et rationibus eorum, immo caret penitus omni una ratione, quae sit communis; contra illud, quod intendit opinio secunda. PETRUS AUREOLI, Scriptum super primum Sententiarum d. 2 sec. 9 a. 2 n. 52 (Ed. Buytaert, II), 484-485.

[495]   Nunc ultimo restat concludere ex praedictis, quod conceptus entis est simpliciter denudatus ab omni ratione actuali, una vel pluribus, propria vel communi, et idcirco est tantum unus unitate confusionis, implicite omnem rem et omnem rationem continens, explicite vero nullam. PETRUS AUREOLI, Scriptum super primum Sententiarum d. 2 sec. 9 a. 5 n. 91 (Ed. Buytaert, II), 505

[496]   Weitere Belegstellen aus dem unmittelbaren Kontext sind z.B.: Si igitur tollatur omnis ratio et remaneat conceptus omnium specierum confusus, habetur conceptus entis. PETRUS AUREOLI, Scriptum super primum Sententiarum d. 2 sec. 9 a. 2 n. 58 (Ed. Buytaert, II), 488; Relinquitur ergo quod nulla propria ratio alicuius entis includatur infra conceptum entis. PETRUS AUREOLI, Scriptum super primum Sententiarum d. 2 sec. 9 a. 3 n. 59 (Ed. Buytaert, II), 489; Nunc secunda conclusio est tribus mediis declaranda; et procedit primum ex hoc, quod conceptus entis in idem coincidit cum omni re et omni ratione speciali, nullo penitus sibi addito, cum applicatur et determinatur ad eas. Et potest ratio sic deduci. Ille conceptus, qui incidit in identitatem omnimodam, nullo penitus addito, cum omni ratione non habet aliquam unam rationem. PETRUS AUREOLI, Scriptum super primum Sententiarum d. 2 sec. 9 a. 4 n. 66 (Ed. Buytaert, II), 491; Ille conceptus, qui est idem omnibus rationibus nullo penitus sibi addito, non habet in se unam rationem, immo est omnes rationes confusae et distinctae. Non enim habet unam rationem, quia tunc omnia entia essent simpliciter eiusdem rationis. PETRUS AUREOLI, Scriptum super primum Sententiarum d. 2 sec. 9 a. 4 n. 67 (Ed. Buytaert, II), 492; Ex quo patet quod fuit sua expressa intentio demonstrative conclusa, conceptum entis esse denudatum ab omni una ratione. PETRUS AUREOLI, Scriptum super primum Sententiarum d. 2 sec. 9 a. n. 81 (Ed. Buytaert, II), 498

bzw. ein erkannter Gegenstand, also ein Erkenntnisinhalt entspricht. Wenn also ens und aliquid in diesem Sinne einen einheitlichen conceptus darstellen, dann stellen sie auch eine einheitliche ratio dar – so der Einwand –, so dass es ein Widerspruch ist, zu sagen, es handle sich um einen conceptus, der von jeder ratio entblößt sei, denn diese Aussage entspricht der Annahme, ein conceptus sei von einem conceptus, oder eine ratio sei von einer ratio entblößt.[497]

Aureoli begegnet diesem Einwand, indem er zunächst einräumt, dass ratio und conceptus obiectalis dasselbe sind, wenn man unterstellt, dass etwas Begreifbare (aliquid conceptibile) erfasst wird. Die Voraussetzung, die Aureoli als Bedingung der Identität formuliert, beinhaltet demnach, dass der objektive Begriff, der conceptus obiectalis, und der entsprechende Begriffsgehalt, die ratio, dann identisch sind, wenn der Begriffsgehalt auf etwas Begreifbares zielt. Unter dieser Voraussetzung würde dem conceptus entis insofern ein Begriffsgehalt entsprechen, als dieser Begriffsgehalt auch auf ein Begreifbares zielt.[498] Genau diese letzte Annahme trifft aber nicht zu, wie Aureoli bewiesen zu haben in Anspruch nimmt. Denn im Fall des Seienden liegt nichts vor, das explicite und distincte und damit aktuell begreifbar wäre. Hieraus folgt, dass dem conceptus entis eben doch keine ratio im genannten Sinne korrespondiert, weil dem conceptus entis kein tatsächlich Begreifbares entspricht. Aus diesem Grund ist der Begriff des Seienden, wie Aureoli ursprünglich behauptet hat, von jeglichem eigentümlichen oder allgemeinen Begriffsgehalt entblößt.[499] Als Konsequenz aus diesem Argument ergibt sich, so führt Aureoli weiter aus, dass der Begriff des Seienden keine Einheit im Sinne des Begriffsgehaltes (unitate rationis) und entsprechend auch keine im Sinne eines korrespondierenden Begreifbaren (unitate unius conceptibilis), das selbst eine Einheit darstellt, besitzt. Die Einheit des Begriffs des Seienden ist die, wie sie in der Art und Weise besteht, in der unendlich viele begreifbare Gegenstände erfasst werden. Dieser modus concipiendi erfasst das Viele jedoch nur impli-

---

[497] Sed contra istam videtur multipliciter instari posse. Constat enim quod conceptus obiectalis et ratio idem sunt. Ratio enim appelatur vel actus intellectus, vel eius obiectum. Sed haec propositio dicit, quod ens et aliquid important unum conceptum. Ergo et unam rationem importabunt. Unde haec mutuo contradicunt, quoniam apparet conceptus denudatus ab omni ratione. Aequipollent enim huic conceptus denudatus a conceptu vel ratio denudata a ratione; quae contradictoria sunt evidenter. PETRUS AUREOLI, Scriptum super primum Sententiarum d. 2 sec. 9 a. 5 n. 92 (Ed. Buytaert, II), 505.

[498] Nec praedictae instantiae huic obviant veritati. Prima siquidem non. Ratio enim et conceptus obiectalis idem sunt, si accipiatur aliquid conceptibile; et idcirco, in conceptu entis eo modo est ibi ratio, quo modo conceptibile. PETRUS AUREOLI, Scriptum super primum Sententiarum d. 2 sec. 9 a. 5 n. 104 (Ed. Buytaert, II), 509.

[499] Et, cum probatum sit, quod ibi nullum est conceptibile explicite et distincte, et per consequens nec in actu, sequitur quod nulla ratio ibi sit in actu. Est ergo denudatum ab omni ratione in actu propria et communi. PETRUS AUREOLI, Scriptum super primum Sententiarum d. 2 sec. 9 a. 5 n. 104 (Ed. Buytaert, II), 509.

cite et confuse.[500] Auf diese Weise wird aber kein distinkter Begriffsgehalt erfasst.

Die Strategie, die Aureoli verfolgt, um die Identität von Begriff und Begriffsgehalt und damit die Distinktheit des conceptus entis zu bestreiten, besteht darin, die Beziehung des Begriffs auf ein entsprechendes Begreifbares zu bestreiten. Dem conceptus entspricht keine ratio, weil er letztlich nicht auf ein conceptibile bezogen ist. Die Einheit des Begriffs des Seienden ist – anders als bei Begriffen wie „Mensch" oder „Rose" – nicht die Einheit eines Begreifbaren, sondern die Einheit eines modus concipiendi, der vom Begreifbaren selbst unabhängig zu denken ist.[501] Was Aureoli ablehnt, ist die Korrespondenz von Begriff und Begreifbarem, wie sie etwa Duns Scotus ausdrücklich vertritt.[502] In diesem Sinne bestreitet Aureoli einen noetisch-noematischen Parallelismus[503] von conceptus und ratio.[504] Die Korrespondenz, die für Aureoli im gegenwärtigen Kontext von Script. I d. 2 sec. 9 bestehen bleibt, ist die zwischen dem impliziten und konfusen Erkenntnismodus und der Einheit der Unbestimmtheit auf seiten des Objektes, die selbst nicht mehr erfassbar ist (unitas conceptus [...] ex uno modo concipiendi sine conceptibili unitate).[505] Dem Begriff des Seienden, so die Konsequenz der Position des Petrus Aureoli, entspricht kein begreifbares Korrelat. Wie die Auseinandersetzung

---

500   Et per consequens, non est unus conceptus unitate rationis nec unitate unius conceptibilis, sed unitate unius modi concipiendi infinita conceptibilia; qui quidem modus est modus concipiendi implicite et confuse. PETRUS AUREOLI, Scriptum super primum Sententiarum d. 2 sec. 9 a. 5 n. 104 (Ed. Buytaert, II), 509.

501   Ubi considerandum est, quod unitas conceptus aliquando consurgit ex una ratione conceptibili, et ex uno modo concipiendi, ut patet de conceptu hominis vel rosae; aliquando vero consurgit ex uno modo concipiendi sine conceptibili unitate. Et talis est conceptus entis, ut dictum est saepe. PETRUS AUREOLI, Scriptum super primum Sententiarum d. 2 sec. 9 a. 5 n. 109 (Ed. Buytaert, II), 510.

502   Conceptum dico quod actum intelligendi terminat. Hoc obiectum autem dicitur vel intelligibile vel intellectum vel intentio. JOHANNES DUNS SCOTUS, Theor. p. 3 n. 1 (OPh II), 609. Omne intelligere finitum determinatur ad certum intelligibile, vel ad aliqua certa intelligibilia, ita quod sibi ex se repugnat, quod sit aliorum ab illis, vel ab alio [...]. JOHANNES DUNS SCOTUS, Ord. IV d. 1 q. 1 n. 22 (Ed. Viv. XVI), 68.

503   W. Hoeres wendet den Ausdruck „noetisch-noematischer Parallelismus", den er von E. Husserl her interpretiert, auf die Position des Duns Scotus an. Hoeres bringt mit diesem Begriff folgende Auffassung des Scotus zum Ausdruck: „Der Doctor subtilis war also der Auffassung, dass sich die Struktur des jeweiligen Erkenntisaktes und die seines intentionalen Gegenstandes genau entsprechen." HOERES, W., Der Wille als reine Vollkommenheit nach Duns Scotus (Salzburger Studien zur Philosophie 1), München 1962, 18. Vgl. etwa HUSSERL, E., Ideen zu einer reinen Phänomenologie und phänomenologischen Philosophie, §§ 87-96, Halle ²1922, 179-201. In der Schlussbetrachtung von § 96 betont Husserl den „parallelen Bau von Noesis und Noema". ibid., § 96, 200.

504   Falsum est enim quod oporteat aspectum intellectus semper terminari ad aliquam rationem, aut ad aliquid determinatum proprium, vel commune; immo potest terminari ad aliquid mere indeterminatum et confusum, denudatum ab omni distinctione, et per consequens ratione. PETRUS AUREOLI, Scriptum super primum Sententiarum d. 2 sec. 9 a. 2 n. 57 (Ed. Buytaert, II), 487.

505   Vgl. PETRUS AUREOLI, Scriptum super primum Sententiarum d. 2 sec. 9 a. 5 n. 109 (Ed. Buytaert, II), 510.

des Aureoli mit dem genannten Einwand deutlich macht, läuft seine These von der Einheit des Begriffs des Seienden als einer unitas indeterminationis in letzter Konsequenz auf eine Bestreitung des noetisch-noematischen Parallelismus hinaus, die bei Aureoli in der Differenz von conceptus und ratio zum Ausdruck kommt.

Wenn Franciscus de Mayronis diese These des Aureoli von der unitas indeterminationis auf den Aspekt der daraus folgenden Ununterscheidbarkeit der begrifflichen Gehalte fokussiert, trifft er den Kern der sich aus dieser Position ergebenden Konsequenzen. Wenn nämlich conceptus und ratio, d.h. Begriff und begreifbarer Inhalt, in der beschriebenen Weise auseinanderfallen, wird jede Abgrenzung, die nicht nur die bloßen Namen trifft, unmöglich. Die Voraussetzung jeder inhaltlich relevanten begrifflichen Unterscheidung, so wird Mayronis dieser Position im Einzelnen entgegenhalten, besteht darin, dass sich die Begriffe auf distinkte Inhalte beziehen. Ohne dass man von unterschiedenen conceptibilia ausgeht, kann es nicht wirklich im Begriff Unterschiedenes geben. Anders als Aureoli hält Mayronis strikt an einem entsprechenden noetisch-noematischen Parallelismus von conceptus und conceptibile fest. Er tut dies in direkter Auseinandersetzung mit Aureoli, der in dieser Hinsicht für den Scotisten Mayronis die entscheidende Herausforderung darstellt.

2.2 DIE WIDERLEGUNG DURCH FRANCISCUS DE MAYRONIS

Im Hintergrund der ersten Widerlegung der These vom „unabgetrennten", d.h. dem nicht genau abgrenzbaren Sinngehalt des conceptus entis, steht der erste der scotischen Univokationsbeweise. Dieser Beweis des Duns Scotus stellt für sich betrachtet noch keinen hinreichenden affirmativen Aufweis der univoken Prädikation des Begriffs des Seienden dar. Vielmehr widerlegt er im Grunde genommen zunächst nur die These, dass der Sinngehalt des Seienden im Allgemeinen, der sicher gewusst wird, und der Sinngehalt, der zweifelhaften Bestimmungen des endlichen und des unendlichen Seienden, identisch sein können. Dass man in der einen Hinsicht Sicherheit besitzt und in der anderen zweifelt, interpretiert Scotus als Beleg dafür, dass es sich um jeweils andere formale Gehalte handelt, die einmal ohne Zweifel und einmal mit Zweifel erfasst werden. Diese je verschiedenen Gehalte können aber nicht in einem einzigen Begriff erfasst werden.[506]

Mayronis übernimmt die Grundstruktur dieses Argumentes in seiner Widerlegung der zu kritisierenden Position. Die Unterscheidung von Begriffen, wie sie das scotische Argument nahelegt, hängt nämlich davon ab, so die Annahme des Franciscus, dass diese Begriffe jeweils einen präzisen Sinngehalt haben, aufgrund dessen sie unterscheidbar sind und aufgrund dessen sie je-

---

[506] Vgl. JOHANNES DUNS SCOTUS, Ord. I d. 3 p. 1 q. 1-2 nn. 27-30 (Ed. Vat. III), 18-20; Lect. I d. 3 p. 1 q. 1-2 nn. 22-23 (Ed. Vat. XVI), 232-233.

weils unterschiedlichen epistemischen Zuständen entsprechen können. Wird diese Unterscheidbarkeit nicht unterstellt, führt das dazu, dass ein und derselbe Begriff gleichzeitig allgemein und nicht allgemein, bzw. gleichzeitig eigentümlich und nicht eigentümlich sein kann. Dies ist der Fall, weil aufgrund der Ununterscheidbarkeit der begrifflichen Gehalte ein und derselbe Gehalt gewusst und zweifelhaft sein kann. Da der gewusste Begriff allgemein ist, der zweifelhafte Begriff aber nicht allgemein sein kann, führt diese Annahme zu dem Widerspruch, dass ein und dasselbe sowohl allgemein als auch nicht allgemein ist, was natürlich nicht der Fall sein kann.[507]

Die These vom conceptus entis impraecisus führt auch insofern zu seinem Widerspruch, so macht Mayronis in einem zweiten Argument deutlich, dass derselbe Begriff sowohl widersprechend als auch nicht widersprechend sein könnte. Der Begriff des Seienden ist nämlich als conceptus non repugnans zu verstehen, insofern er mit allen anderen begrifflichen Gehalten kompatibel ist. Der begriffliche Gehalt anderer Begriffe, ist aber nicht mit allen anderen Inhalten vereinbar und insofern widersprechend. Wenn man, so die entscheidende Unterstellung des Argumentes, keine hinreichende Abgrenzung der begrifflichen Gehalte des conceptus entis gegenüber anderen Begriffen einräumt, führt dies dazu, dass man denselben Begriff als repugnant und nicht repugnant aufzufassen hat, was einen offensichtlichen Widerspruch darstellt.[508]

In derselben Weise ergeben sich auch weitere Widersprüche dahingehend, dass derselbe Begriff als transzendental und nicht transzendental, sowie als abstrakt und nicht abstrakt verstanden werden kann.[509] Die Zielrichtung der von Mayronis erhobenen Einwände, in deren Hintergrund die im Detail entwickelte Lehre vom primum principium complexum steht, geht dahin, dass es nur unter der Voraussetzung, dass einem Begriff ein klar umrissener Bedeutungsgehalt entspricht, durch den er von anderen Begriffen abgrenzbar wird, möglich ist, die Zuschreibung von sich ausschließenden Bestimmungen zu verhindern.

---

[507] Contra primum impositum primo doctori inducitur quadruplex contradictio. Prima est quod idem conceptus est communis et non communis quia conceptus entis certus est communis, conceptus cuiuslibet autem dubiorum est non communis, ergo idem est communis et non communis, proprius et non proprius. Et arguitur sic, idem conceptus certus de duobus est communis illis duobus, sed si idem certus conceptus de duobus esset dubius non esset communis eis et sic esset proprius et non proprius, communis et non communis. FRANCISCUS DE MAYRONIS, Conflatus, Prol. q. 7 (Ed. Venetiis 1520), f. 6rb G.

[508] Secunda est quia idem conceptus est repugnans et non repugnans quia conceptus entis est compossibilis omnibus et per consequens non repugnans, conceptus aliorum non est compossibilis omnibus et per consequens repugnans. Idem igitur repugnans et non repugnans. FRANCISCUS DE MAYRONIS, Conflatus, Prol. q. 7 (Ed. Venetiis 1520), f. 6rb G-H.

[509] Tertia contradictio quod idem erit transcendens et non transcendens quia conceptus entis est transcendens, conceptus aliorum non est transcendens, ergo etc. Quarta quia idem est abstractus et non abstractus quia concptus entis est abstractus et conceptus aliorum non abstractus, ergo etc. FRANCISCUS DE MAYRONIS, Conflatus, Prol. q. 7 (Ed. Venetiis 1520), f. 6rb H.

Um die These zu stützen, der Begriff des Seienden sei ein conceptus impraecisus, könnte man als Argument anführen, dass dessen begriffliche Einheit nur eine solche im Sinne der unitas indeterminationis ist, so dass das Eigentümliche dieses Begriffs gerade darin besteht, keinen bestimmten Inhalt zum Ausdruck zu bringen.[510] Dieses Gegenargument geht offensichtlich auf Petrus Aureoli zurück, der die Einheit des conceptus entis ausdrücklich in der angesprochenen Weise als unitas indeterminationis interpretiert.

Mayronis erwidert auf das sich an Aureoli anlehnende Argument, dass sich auch hinsichtlich der These von der Unbestimmtheit des conceptus entis Widersprüche ergeben. Diese Widersprüche ergeben sich deshalb, weil unter der Voraussetzung der nicht vorhandenen Abgrenzbarkeit des conceptus entis gegenüber anderen Begriffen der Fall nicht ausgeschlossen werden kann, dass die Kennzeichnungen des Unbestimmtsein und des Bestimmtseins von ein und demselben ausgesagt werden. Wenn z.B. die zehn obersten Gattungsbegriffe als Ausdrücke eines jeweils ganz bestimmten Inhaltes verstanden werden, dann ist diese Kennzeichnung des Bestimmtseins auch auf den Begriff des Seienden übertragbar, wenn dieser nicht von den Gattungsbegriffen hinreichend abgrenzbar ist.[511] Schließlich ist sogar in Frage gestellt, ob nicht die ursprüngliche Kennzeichnung der Unabgrenzbarkeit selbst in ihr Gegenteil verkehrbar ist, denn wenn ein Begriff keinen klar abgrenzbaren Inhalt hat, dann ist selbst diese Beschreibung, er habe keinen solchen Inhalt, in ihr Gegenteil verkehrbar, da kein Grund angebbar ist, warum diesem Begriff eher diese als eine anderer Kennzeichnung zukommt.[512] Letztlich erfüllt ein solcher Begriff im Grunde genommen noch nicht einmal die Mindestanforderung, Bezugspunkt widersprüchlicher Bestimmungen zu sein, denn widersprüchliche Aussagen kommen nur dadurch zustande, dass überhaupt etwas ausgesagt wird. Die vollkommene Unbestimmtheit eines Begriffs lässt dies streng genommen aber gar nicht zu, so dass die Behauptung, der Begriff des Seienden sei ein conceptus impraecisus, zum Widerspruch, eher aber noch zu einer inhaltsleeren Aussage führt.

Im Ergebnis zeigt sich für Mayronis, dass die Auffassung, der Begriff des Seienden habe keinen gegenüber anderen Begriffen abgrenzbaren formalen Gehalt, nicht haltbar ist, da hieraus eine Reihe von Widersprüchen resultiert, die nicht ernsthaft vertreten werden können. In der Auseinandersetzung mit

510 Si dicatur quod unitas entis est unitas indeterminationis. FRANCISCUS DE MAYRONIS, Conflatus, Prol. q. 7 (Ed. Venetiis 1520), f. 6rb H.

511 Contra eodem modo arguitur quia conceptus ille est unus unitate indeterminationis, alii non, ergo etc. Item decem praedicamenta habent conceptos determinatos, ratio autem entis habet conceptum indeterminatum. De eodem autem secundum idem non possunt dici contradictoria et per consequens indeterminatum et determinatum, ergo etc. FRANCISCUS DE MAYRONIS, Conflatus, Prol. q. 7 (Ed. Venetiis 1520), f. 6rb H.

512 Sic ergo imponitur istis doctoribus multiplex contradictio et per consequens imponendo eis primo dicant quod ens habet unum conceptum praecisum ab aliis, secundo quod ens habet unam rationem impraecisam ab aliis. FRANCISCUS DE MAYRONIS, Conflatus, Prol. q. 7 (Ed. Venetiis 1520), f. 6rb H.

der Position des Petrus Aureoli wird deutlich, dass die von Mayronis behauptete Einheit des formalen Gehaltes und damit die allgemeine Annahme
von voneinander abgrenzbaren Formalitäten die Ablehnung der von Aureoli
vertretenen Interpretation der ratio entis impliziert. Die Gegenthese, die
Franciscus vertritt, behauptet deshalb, dass der Begriff des Seienden einen
präzisen Sinngehalt besitzt, der es erlaubt, diesen Begriff von allen anderen
Begriffen zu unterscheiden. Diese Annahme soll im Weiteren bewiesen werden.[513]

Ein erster Beweis ergibt sich, wenn man von der sich aus dem Widerspruchsprinzip herleitenden Voraussetzung ausgeht, dass zwei Begriffe dann
unterschieden und im genannten Sinne abtrennbar sind, wenn dem einen
eine Bestimmung zukommt, die dem anderen nicht zukommt. Genau das ist
aber bei den Begriffen Gottes und des Seienden der Fall, denn Gott kommt es
zu, beseligt zu werden, wobei dies dem Seienden, insofern es Seiendes ist,
eben nicht zukommt, da diese Kennzeichnung sonst jedes Seiende im Einzelnen bestimmen müsste, was nicht der Fall ist. Wollte man dem entgegenhalten, dass diese Annahme hinsichtlich des Seienden im Allgemeinen durchaus
angemessen ist, trifft man genau den Fall, den Mayronis selbst im Auge hat.
Denn, so erwidert Franciscus, genau von diesem Begriff des Seienden behauptet er, dass ihm diese Bestimmung des beatificari nicht zukommt, denn
es trifft eben nicht zu, dass jedes Seiende beseligt wird. Damit ist deutlich,
dass gerade dieser allgemeine Begriff des Seienden von dem der Göttlichkeit
unterschieden sein muss.[514]

Desweiteren ergibt sich die Unterschiedenheit der formalen Bestimmungen der Seiendheit und der Göttlichkeit daraus, dass es Kennzeichnungen
gibt, die Gott aufgrund des einen, aber nicht aufgrund des anderen Gehaltes
widersprechen. Diese Tatsache ist aber nur dadurch erklärbar, dass entitas
und divinitas in Gott zwei voneinander abhebbare formale Bestimmungen
darstellen. So könnte man zur Erläuterung z.B. auf die Kennzeichnung der
Endlichkeit verweisen, die Gott nicht insofern widerspricht, als er eine entitas
ist, sondern eben nur insofern, als es seiner Göttlichkeit entgegengesetzt ist,
endlich zu sein. Würde es Gott aufgrund seiner entitas widersprechen, müsste
es allen Gegenständen widersprechen, denen eine entitas beigemessen wird.

---

[513] Ideo dico quod ista non possunt intelligi ut sonant quia eodem modo reduci possunt argumenta et contradictiones factae contra primum et contra secundum quia eadem ratio
non potest esse communis et non communis. Credo enim quod isti doctores non sic intel-
lexerunt. Probo enim istum intellectum esse falsum et quod ratio sive conceptus entis sit
praecisus ab aliis rationibus sive conceptibus. FRANCISCUS DE MAYRONIS, Conflatus, Prol.
q. 7 (Ed. Venetiis 1520), f. 6va I.

[514] Et hoc primo sic, quia quandocumque uni rationi formali convenit aliquid secundum se
quod non convenit alteri, illae rationes sunt distinctae et praecisae, hoc patet per primum
principium complexum, sed deo inquantum deus competit beatificari, enti autem inquantum ens non quia sic competeret omni enti, ergo etc. Si dicatur quod verum est de ratione
entis in generali. Et ego dico quod de illa loquor quae invenitur in omnibus et de illa probo
quod distinguitur a divinitate. FRANCISCUS DE MAYRONIS, Conflatus, Prol. q. 7 (Ed.
Venetiis 1520), f. 6va I.

Das ist aber nicht der Fall, wie die Gesamtheit der endlichen Gegenstände, die eine entitas besitzen, zeigt.[515]

Zwei weitere Argumente, die Mayronis in diesem Kontext anführt, rekurrieren auf den unterschiedlichen epistemischen Status der formalen Gehalte der entitas und der divinitas. Zum einen hegen wir keinen Zweifel hinsichtlich der göttlichen entitas, die mit natürlichen Mitteln (per naturam) durchaus erkennbar ist, gleichwohl zweifeln wir hinsichtlich des eigentümlichen Begriffs der Göttlichkeit, der eben auch nicht natürlicher Weise erkannt werden kann. Diese unterschiedlichen epistemischen Einstellungen, mit denen wir den beiden formalen Begriffen begegnen, lassen sich nur dadurch erklären, so lassen sich die beiden Argumente des Franciscus zusammenfassen, dass es sich tatsächlich um zwei distinkte Gehalte handelt.[516]

Trotz dieser Belege, die Mayronis anführt, sind noch nicht alle Zweifel, daran, es handle sich tatsächlich um zwei abtrennbare Begriffe, ausgeräumt. Insgesamt diskutiert Mayronis vier Gegenargumente, die man der These von der begrifflichen Unterschiedenheit entgegenhalten könnte. Ein erster Einwand geht dahin, die Unterscheidung von entitas und divinitas deshalb zu leugnen, weil der eine Begriff mit dem anderen zusammenfällt, so dass dieser nicht als ratio praecisa gegenüber dem anderen zu betrachten ist. Diese Annahme beruft sich offensichtlich darauf, dass die Göttlichkeit zu Recht eine Seiendheit genannt wird, was nur dadurch möglich ist, dass die in Frage stehenden Gehalte nicht unterschieden sind.[517]

Franciscus räumt zunächst ein, dass in einer gewissen Weise der eine Begriff tatsächlich der andere ist, denn sonst, so ist zu ergänzen, würde dem Satz „divinitas est entitas" keine wirkliche Aussage entsprechen. Was allerdings nicht zutrifft, ist die Annahme, dass diese Identität oder Ununterscheidbarkeit in jeder Weise besteht. Wäre dies der Fall, müsste man dem Einwand zustimmen und die These von der Getrenntheit der formalen Gehalte aufgeben.[518] Deshalb hält Mayronis daran fest, dass der Begriff der Göttlichkeit nicht in jeglicher Hinsicht dem der Seiendheit entspricht.

---

[515] Secundo sic, quandocumque ita est quod aliquid repugnat alicui ex aliqua ratione formali et non repugnat sibi ex alia, illae rationes sunt aliqualiter distinctae, sed aliquid repugnat deo ex ratione divinitatis quod ex ratione entitatis non quia tunc repugnaret omni enti, ergo etc. FRANCISCUS DE MAYRONIS, Conflatus, Prol. q. 7 (Ed. Venetiis 1520), f. 6va I.

[516] Tertio arguo sic, impossibile est quod intellectus sit certus et dubius de eadem ratione formali, sed certi sumus de divina entitate, dubitamus tamen de ratione propria deitatis, ergo etc. Quarto sic, eadem ratio non est cognoscibilis et non cognoscibilis per naturam sed divinitatis ratio non est cognoscibilis per naturam, ratio entitatis sic, ergo etc. FRANCISCUS DE MAYRONIS, Conflatus, Prol. q. 7 (Ed. Venetiis 1520), f. 6va I - K.

[517] Sed contra ista arguitur quadrupliciter. Primo sic, quandocumque ita est quod una ratio aliquorum est altera, una illarum non est praecisa ab altera vel distincta, sed ratio entitatis et divinitatis ita se habent quod una est altera, ergo etc. FRANCISCUS DE MAYRONIS, Conflatus, Prol. q. 7 (Ed. Venetiis 1520), f. 6va K.

[518] Ad primum dico licet una ratio sit alia, tamen non omnibus modis. Si enim omnibus modis, tunc concluderet ratio. FRANCISCUS DE MAYRONIS, Conflatus, Prol. q. 7 (Ed. Venetiis 1520), f. 6va L.

Aber mit dieser Behauptung des Franciscus ist noch nicht deren Nachweis erfolgt. So könnte ein möglicher Opponent fragen, auf welcher Grundlage denn die behauptete Trennung der Begriffsgehalte erfolgen soll. Es muss
schließlich möglich sein, die Begriffe der Seiendheit und der Göttlichkeit auf
zwei letzte Bezugsgrößen (extrema) zurückzuführen, die ihre Distinktheit, d.h.
ihre Nichtidentität offenkundig werden lässt. Die Antwort, die Mayronis
hierauf gibt, operiert mit einer zweifachen Form der Abstraktion, der Begriffe
unterliegen können. In einer ersten Weise der Abstraktion werden Begriffe
gebildet, die auf Gegenstände referieren, die nicht wiederum selbst Begriffe
sind. Es handelt sich hierbei also im weitesten Sinne um sachbezogene Begriffe. Eine andere Art der Abstraktion liegt bei Begriffen vor, die sich nicht
direkt auf Dinge beziehen, sondern deren Referenzobjekt wiederum Begriffe
sind. Im ersten Fall handelt es sich um Begriffe erster Stufe (primae intentiones), im zweiten um Begriffe zweiter Stufe (secundae intentiones). Für das
Argument, das Franciscus anführt, ist entscheidend, dass jeweils unterschiedliche Wahrheitsbedingungen herrschen, je nachdem, ob man Aussagen
mit Begriffen erster oder Aussagen mit Begriffen zweiter Stufe betrachtet.

Unter Verwendung von Begriffen erster Stufe ist ein Satz, in dem Begrif-
fe gleicher Referenz voneinander ausgesagt werden, wahr. Das zeigt das
Beispiel „homo est animal rationale", das eine wahre Aussage darstellt. Der
Begriff „homo" ist nämlich das, was durch den zusammengesetzten Begriff
„animal rationale" definiert wird. Gleichwohl ist der unter Verwendung von
Begriffen zweiter Stufe gebildete Satz „diffinitum est diffinitio", der in zweiter
Abstraktion, d.h. auf der Ebene der zweiten Intentionen die Aussage des
ersten Satzes widerspiegelt, offensichtlich falsch.[519] Überträgt man diesen
Zusammenhang auf die Begriffe „entitas" und „deitas", dann zeigt sich, dass
auf der Ebene der ersten Intentionen die Aussage, dass die Göttlichkeit Seiendheit ist, durchaus wahr ist. Gleichwohl entspricht deshalb die Definition
der Seiendheit nicht der der Göttlichkeit. In erster Abstraktion findet also zu
Recht eine Identifikation von Seiendheit und Göttlichkeit statt, d.h. beide
Begriffe bezeichnen zwar dasselbe Referenzobjekt, trotzdem ist es nicht möglich, auf der Stufe der zweiten Abstraktion die beiden Begriffsgehalte miteinander zu identifizieren. Bringt man diese zweite Abstraktion sprachlich dadurch zum Ausdruck, dass man die Formulierung „deitas est entitas" in die
Aussage „deitas est formaliter entitas" transformiert, wird die Unmöglichkeit
der Identifizierung der Begriffe „entitas" und „deitas" offensichtlich. Formal

---

[519] Ratio ergo divinitatis non est omnibus modis eadem cum ratione entitatis. Si dicatur quod
       oportet illam non-identitatem reducere ad aliqua extrema, dico quod duplex abstractio in-
       venitur. Una per nomina primae intentionis et in ista semper una dicitur de altera et unum
       semper praedicatur de altero. Altera fit per nomina secundae intentionis et in ista non est
       verum quod unum semper de altero praedicatur. Una ista non est vera "diffinitum est diffi-
       nitio" in genere secundarum intentionum, sed ista est vera "homo est animal rationale" in
       genere primarum intentionum. FRANCISCUS DE MAYRONIS, Conflatus, Prol. q. 7 (Ed.
       Venetiis 1520), f. 6va L.

betrachtet sind nämlich die Gehalte beider Begriffe nicht dieselben.[520] Im Ergebnis verweist Franciscus also auf den formalen Sinn der in Frage stehenden Begriffe, der in der abstractio secunda zum Ausdruck kommt, um das im Einwand geforderte Fundament der non-identitas aufzuzeigen.

Aber wollte man den abgrenzbaren Sinngehalt eines Begriffs des göttlichen Wesens annehmen, so führt dies doch zu der erneuten Schwierigkeit, dass dieser Begriff als positiver Gehalt auch das Bedeutungsmoment des Seienden enthalten muss, um sich vom reinen Nichts, d.h. von einem inhaltslosen Begriff, zu unterscheiden. Denn das göttliche Wesen ist nur als eine positive Bestimmung vom Nichts zu differenzieren. Da alles Positive ein Minimalmoment des Seienden beinhaltet, scheint die Abgrenzung der ratio divinitatis und der ratio entitatis nicht möglich zu sein.[521]

Zur Beantwortung dieses Einwandes rekurriert Mayronis auf das insbesondere in q. 6 mehrfach angeführte Modell einer quasi-generischen Prädikation des conceptus entis in bezug auf das göttliche Wesen, das seinerseits als Differenz interpretiert wird. Die praecisio des göttlichen Wesens, d.h. die Eigentümlichkeit des entsprechenden Begriffs in der Abgrenzung zu dem des Seienden, so das Argument, das Mayronis anführt, entspricht der begrifflichen Unterschiedenheit, die grundsätzlich zwischen Gattung und Differenz im kategorialen System besteht. Die essentia divina, die implizit im Sinne des ens infinitum verstanden und als Differenz interpretiert wird, wird nach Mayronis nur denominativ, aber nicht washeitlich ein Seiendes genannt. Insofern sie eine positive Bestimmung enthält, kann man sie zwar ein Seiendes nennen, doch ist damit nicht gesagt, dass das, was der Begriff der essentia divina zum Ausdruck bringt, dasjenige ist, was der conceptus entis beinhaltet. Formal interpretiert bedeuten beide Begriffe jeweils etwas anderes, gleichwohl ist der eine, nämlich der der entitas, vom anderen, dem der divinitas, prädizierbar.[522]

Zeigt Mayronis auf diese Weise, dass die Aussage „divinitas est entitas" einerseits zutreffend ist, andererseits aber keineswegs Göttlichkeit und Seiendheit identifiziert, da die betreffende Aussage das Prädikat „entitas" nur denominativ auf divinitas anwendet, so ergibt sich auf der Ebene der formalen Gehalte erneut die Frage nach der Abgrenzung der Gehalte selbst. Denn welchen Status kann der formale Begriff der Göttlichkeit haben, so ist zu

---

[520] Diffinitio enim entis non est diffinitio deitatis licet enim deitas sit entitas quia adhuc in prima abstractione, tamen ista non est vera "deitas est formaliter entitas" quia per ly formaliter intelligitur secunda abstractio. FRANCISCUS DE MAYRONIS, Conflatus, Prol. q. 7 (Ed. Venetiis 1520), f. 6va L.

[521] Secundo sic, divina essentia est aliquid in sua praecisione aut ergo aliquid positivum aut non; si non, ergo nihil; si sic, ergo ens. FRANCISCUS DE MAYRONIS, Conflatus, Prol. q. 7 (Ed. Venetiis 1520), f. 6va K.

[522] Ad secundum dico quod differentia ut praescindit a genere est illud denominative et non quidditative, sic essentia divina ut praescindit ab entitate est entitas denominative. Non tamen quidditative est illud positivum quod est formaliter entitas. FRANCISCUS DE MAYRONIS, Conflatus, Prol. q. 7 (Ed. Venetiis 1520), f. 6va M.

fragen, ohne in Überschreitung der begrifflichen Abgrenzung mit dem Gehalt des Seienden identifiziert zu werden? Denn entweder, so die Alternativen, auf die sich der dritte Einwand beruft, ist die ratio formalis divinitatis selbst ein Nichts, oder sie ist ein Seiendes, was die behauptete begriffliche Abgrenzung von „divinitas" und „entitas" in Frage zu stellen scheint.[523]

Zunächst ist festzustellen, dass die Göttlichkeit nicht nichts, sondern etwas ist aufgrund einer eigenen Sobeschaffenheit (propria aliquitate). Daraus folgt aber nicht, dass der formale Gehalt der divinitas dem der entitas entsprechen muss.[524] Aber lässt sich wirklich die formale Prädikation des conceptus entis vermeiden? Denn immer dann, so lässt sich der ursprüngliche Einwand erweitern, wenn eine Definition ausgesagt wird, liegt doch auch eine formale Aussage vor. Wenn man also die Definition des Seienden von der Göttlichkeit aussagt, dann findet auch eine formale Aussage und damit eine Gleichsetzung der formalen Gehalte des Göttlichen und des Seienden statt.[525] Dieser erweiterte Einwand trifft aber für Franciscus deshalb nicht zu, weil auch aus dieser Form der Aussage keine wirkliche Gleichsetzung der formalen Gehalte folgt. Dies ist deshalb der Fall, weil keine washeitliche, sondern nur eine denominative Aussage stattfindet. Der Begriff des Seienden lässt sich nämlich ausschließlich durch einen Begriff zweiter Stufe, nicht aber durch ein Prädikat erster Stufe definieren. Nicht anders als der Definitionsgehalt vom Seienden ausgesagt wird, kann er aber von Gott ausgesagt werden. Das, was der Sinngehalt des Seienden ist, d.h. sein formaler Begriff, der in der Definition zum Ausdruck kommt, wird aber nur denominativ vom Seienden selbst ausgesagt, so dass hinsichtlich der göttlichen Wesenheit auch lediglich eine denominative Aussage des formalen Gehaltes des Seienden möglich ist. Eine Identifizierung der formalen Gehalte selbst ist deshalb ausgeschlossen.[526] So könnte man zur Erläuterung des vorliegenden Falles z.B. sagen, die göttliche Wesenheit sei eine Differenz des Seienden, d.h. sie sei nicht nichts, ohne deshalb ihrem begrifflichen Gehalt nach Seiendheit zu sein.

Fragt man nun, was denn dieser formale Begriff sei, lässt sich antworten, dass er ein Begriff zweiter Stufe ist und dass genau in diesem Sinne der formale Begriff der Seiendheit verstanden wird, wenn man im vorliegenden

---

[523] Tertio sic, ratio formalis divinitatis aut est aliquid aut nihil; non nihil, ergo ens. FRANCISCUS DE MAYRONIS, Conflatus, Prol. q. 7 (Ed. Venetiis 1520), f. 6va K.

[524] Ad tertium quod est aliquid propria aliquitate, sed non sequitur quod propter hoc sit formaliter entitas. FRANCISCUS DE MAYRONIS, Conflatus, Prol. q. 7 (Ed. Venetiis 1520), f. 6va M.

[525] Si dicatur ubi diffinitio praedicatur videtur formalis praedicatio, sed diffinitio entis praedicatur de deitate. FRANCISCUS DE MAYRONIS, Conflatus, Prol. q. 7 (Ed. Venetiis 1520), f. 6va M.

[526] Respondeo quod solum eo modo quo diffinitio praedicatur, sed ens praecise diffinitur per secundam intentionem et nullo modo per primam, ergo eodem modo quo dicitur de ente illa secunda intentio dicetur de deo, sed de ente dicitur denominative et non quidditative. Sic ergo dicetur illa secunda intentio de deo praecise denominative et non quidditative. FRANCISCUS DE MAYRONIS, Conflatus, Prol. q. 7 (Ed. Venetiis 1520), f. 6va M.

Kontext die divinitas als entitas bezeichnet. Gleichwohl ist das, wofür dieser Begriff supponiert, ein Begriff erster Stufe.[527] Will man den diskutierten Fall näher analysieren, ergibt sich folgende Struktur: Der reale Gehalt des Göttlichen wird in einem ersten Schritt mit einem Prädikat der ersten Ordnung, nämlich dem Begriff „divinitas" bezeichnet. Von diesem Begriff wird dann der Begriff zweiter Stufe „entitas" ausgesagt, womit nicht etwas über die Göttlichkeit selbst, sondern etwas über den Typ des Begriffs „divinitas" ausgesagt wird. „Divinitas" ist demnach ein Typ von Begriff, dem andere Begriffe, wie die der humanitas oder der animalitas, an die Seite gestellt werden können, die alle abstrakte Bezeichnungen von am Seiendem vorkommenden Bestimmungen sind. Dass ein Begriff, der einen bestimmten abstrakten Inhalt hat – z.B. der Begriff „divinitas" –, in die Klasse der Begriffe fällt, die entitates zum Ausdruck bringen – nichts anderes sagt der Satz „divinitas est entitas" –, bedeutet keineswegs, dass dieser bestimmte abstrakte Inhalt, „divinitas", mit einem anderen abstrakten Inhalt, „entitas", (formal) identifiziert wird. Aus diesem Grund erlaubt die genaue prädikationslogische Analyse, die Mayronis zur Widerlegung der verschiedenen Einwände heranzieht, die dauerhafte Behauptung der These von der formalen Unterscheidbarkeit der in Frage stehenden Begriffe.

Schließlich ist ein letzter Einwand gegen die Annahme der formalen Abgrenzung der Begriffe des Seienden und des Göttlichen möglich. Dieser Einwand geht offensichtlich wiederum auf ein Argument des Petrus Aureoli zurück, das dieser anführt, um die These zu belegen, dass der Begriff des Seienden mit jeder Sache und jedem Begriff in ein und demselben Gehalt zusammenfällt.[528] Es ist nach diesem Gegenargument ausgeschlossen, dass

---

[527] Sed si dicatur, ista ratio formalis quid est, potest dici quod est secunda intentio secundum quod ibi accipitur sic formalis ratio entitatis. Sed intelligendum quod quando ratio formalis est secunda intentio supponit pro prima. FRANCISCUS DE MAYRONIS, Conflatus, Prol. q. 7 (Ed. Venetiis 1520), f. 6va M.

[528] Nunc secunda conclusio est tribus mediis declaranda; et procedit primum ex hoc, quod conceptus entis in idem coincidit cum omni re et omni ratione speciali, nullo penitus sibi addito, cum applicatur et determinatur ad eas. Et potest ratio sic deduci. Ille conceptus, qui incidit in identitatem omnimodam, nullo penitus addito, cum omni ratione non habet aliquam unam rationem. Haec propositio tenet in virtute primi principii: Quaecumque uni et eidem sunt eadem inter se. Sunt eadem illo modo identitatis, quo sunt idem in tertio. Sed constat quod rationes propriae entium non sunt eaedem, immo distinctissimae inter se. Ergo non possunt penitus esse idem alicui uni rationi, quin saltem addant aliquam propriam rationem illi, in qua conveniunt, per quam inter se formaliter distinguatur. Sed conceptus entis in idem coincidit cum omni ratione, nullo penitus sibi addito. Aut enim coincidit aliquo sibi addito, aut nullo, cum sint contradictoria „aliquid" et „nullum". Si aliquo addito, ergo ente addito, cum ens et aliquid idem sint, ut supra probatum fuit. Ens autem enti addi non potest; immo volens dare quod conceptus entis coincidit aliquo addito, concedit quod nullo; et ita habetur propositum. Relinquitur ergo quod conceptus entis non includat aliquam rationem communem. PETRUS AUREOLI, Scriptum super primum Sententiarum d. 2 sec. 9 a. 4 n. 66 (Ed. Buytaert, II), 491-492. Vgl. auch PETRUS AUREOLI, Commentarium in primum Sententiarum d. 2 p. 1 q. 3 (Ed. Brown 1964), 95: Secundo sic: illa ratio quae est eadem omni rationi, nullo addito, non potest esse condivisa ut specialis et distinca ratio contra omnes alias, quia da opposito, statim praedicatum contradicit sub-

ein solcher Begriff einen nach dem vorliegenden Verständnis präzisen Gehalt hat, der mit jedem anderen Begriff zusammenfällt, wenn man ihm nicht einen weiteren Bedeutungsgehalt hinzufügt. Genau dieser Fall liegt aber beim Begriff des Seienden vor. Der Obersatz dieses Syllogismus, d.h. die These von der Nichtunterscheidbarkeit der begrifflichen Gehalte ohne ein entsprechendes Unterscheidungsmoment, ergibt sich, so wird zur Erläuterung hinzugefügt, aus dem ersten Prinzip, also aus der Annahme, dass zwei Gehalte, die sich unterscheiden, nicht dieselben Gehalte sein können. Der Untersatz, dass der Begriff des Seienden eine solche ratio non-praecisa ist, folgt daraus, dass alles das, was diesem Begriff hinzugefügt wird, selbst wieder ein Seiendes wäre. Da es aber auch nicht nichts sein kann, was offensichtlich ist, steht fest, dass die ratio entis ein solcher Begriff sein muss.[529]

Mayronis setzt sich in seiner Erwiderung nacheinander mit dem Obersatz, anschließend mit dem Untersatz dieses Argumentes auseinander. Zunächst muss man präzisieren, wie der Obersatz zu verstehen ist. Die Beschreibung eines Begriffs als eines solchen, der ohne weitere Hinzufügung jeder andere Begriff ist, kann nämlich einerseits im Sinne einer washeitlichen Gleichsetzung oder einer denominativen Identifizierung verstanden werden. Was ist unter einer Aussage zu verstehen, die solum identice et denominative gemacht wird? Bei Duns Scotus ist die praedicatio per identitatem ein Aussagemodus, der die Identität des formal Unterschiedenen behauptet. Wie Scotus betont, ist eine solche Form der Aussage allerdings nur im Bereich des Göttlichen möglich, wo aufgrund der Unendlichkeit trotz der durch Abstraktion vollzogenen Unterscheidung die Identität der Gehalte bestehen bleibt. In diesem Sinne sagt der Satz „sapientia est bonitas" in Bezug auf Gott eine wirkliche Identität aus.[530] Diesem Verständnis scheint der von Mayronis verwendete Begriff der praedicatio identica allerdings nicht zu entsprechen, denn die Identität, die bei Mayronis angesprochen ist, bezieht sich auf den conceptus entis und jeden anderen Begriff. Es geht für Mayronis also nicht allein um innergöttliche Verhältnisse, sondern um den Zusammenhang der ratio entis gegenüber jedem anderen besonderen Begriff (omnis ratio), so dass der Bereich des unendlich Seienden ausdrücklich überschritten wird.

---

iecto quia tunc omnis ratio adderet ad illam. Sed omnes rationes sunt eaedem rationi entis, nullo addito. Igitur, et cetera. Erit igitur idem: ratio entis et omnes rationes entium, excepta sola distinctione et determinatione. Vgl. BROWN, ST., The Unity, 339. Vgl. auch PETRUS AUREOLI, Commentarium in primum Sententiarum d. 2 p. 1 q. 3 (Ed. Brown 1964), 93-94; hierzu BROWN, ST., The Unity, 334-336.

[529]   Quarto sic, illa non est praecisa ratio quae est omnis ratio nullo sibi addito, sed talis est ratio entis, ergo etc. Maior est nota per primum principium. Minor probatur, quia si aliquid additur aut est ens aut nihil; si ens, ergo ens additur ad ens; non nihil ut patet. FRANCISCUS DE MAYRONIS, Conflatus, Prol. q. 7 (Ed. Venetiis 1520), f. 6va K - L.

[530]   JOHANNES DUNS SCOTUS, Rep. par. I d. 8 q. 5 n. 6 (Ed. Viv. XXII), 168. Vgl. GILSON, E., Johannes Duns Scotus, Düsseldorf 1959, 599. Vgl. FRANCISCUS DE MAYRONIS, Conflatus, d. 2 q. 14 (Ed. Venetiis 1520), f. 22va M – 22vb N.

Für Franciscus scheint in diesem Kontext vielmehr ein Lehrstück im Hintergrund zu stehen, das z.b. bei dem späten Scotisten Bartholomaeus Mastrius unter Bezugnahme auf frühere Scotisten zur Sprache kommt. Demnach ist der Gegenbegriff zu einer praedicatio identica eine praedicatio formalis. Letztere liegt dann vor, wenn das Prädikat einer Aussage einen Sachgehalt zum Ausdruck bringt, der entweder der Sache nach oder aufgrund der Verständnisweise vom Subjekt unterschieden ist. Solche Aussagen beinhalten einen Erkenntnisgewinn, indem sie entweder einen neuen Sachverhalt oder ein bloß implizites Verständnis formulieren. Eine praedicatio identica liegt vor, wenn Subjekt und Prädikat einer Aussage auf gleiche Weise begriffen werden und sich sachlich nicht unterscheiden, außer im reflektierenden Verstande selbst.[531] Die Differenz zwischen den in der Aussage verbundenen Begriffen besteht dann lediglich in grammatischer Hinsicht, wie etwa zwischen Subjekt und Prädikat, oder in logischer Hinsicht, wie z.b. zwischen nomen concretum und nomen abstractum, und ist demnach nur eine distinctio rationis ratiocinantis.[532] Unter den Zeitgenossen des Franciscus de Mayronis sind es insbesondere Petrus Thomae und Nicolaus Bonetus, die eine ausführliche Untersuchung der identitas identica in Abgrenzung zur formalen Identität unternehmen. Dies geschieht bei Petrus Thomae vor allem in q. 6 seines *Quodlibet*,[533] bei Nicolaus Bonetus im dritten Buch der *Metaphysica*.[534]

Legt man für den Einwand, mit dem sich Mayronis auseinanderzusetzen hat, eine Interpretation im ersten Sinne zugrunde und unterstellt damit, dass eine ratio impraecisa in einem formalen und washeitlichen Sinne ein solcher

---

[531] [...] advertendum est ex infra dicendis disputatio 10 duplicem esse praedicationem, unam formalem et directam, et alteram identicam; prima est, in qua praedicatum est aliquo modo a subiecto diversum vel in re concepta vel saltem in modo concipiendi explicitum vel implicitum; dicitur autem directa, quando in ea est subiectum quod ex natura rei natum est subiici et praedicatum quod natum est praedicari, unde haec praedicatio homo est animal rationale verbi gratia dicitur formalis quia licet subiectum et praedicatum in re significata non differant [...] Identica vero praedicatio est, in qua utrumque extremorum eodem modo concipitur nec distinguuntur nisi ratione ratiocinante, ut cum dicimus homo est homo, Petrus est Petrus, et haec praedicatio dicitur naturalis quia ex natura rei significatae non potest verior esse [...]. MASTRIUS DE MELDULA, BARTHOLOMAEUS; BELLUTUS, BONAVENTURA, Philosophiae ad mentem Scoti cursus integer, Tomus primus continens disputationes in Aristotelis Logicam, Disp. V q. 9 n. 107 (Ed. Venetiis 1708), 184. Hierzu vgl. FORLIVESI, M., The Nature of Transcendental Being, in: Rem in seipsa cernere. Saggi sul pensiero filosofico di Bartolomeo Mastri (1602-1673), Forlivesi M. (Hg.) (Subsidia Mediaevalia Patavina 8), Padua 2006, 261-337, 305-310.

[532] [...] ideo dicitur distinctio rationis ratiocinantis, quia nimirum solum ex ipso intelligente, seu ratiocinante originatur, talis est verbi gratia distinctio quae reperitur inter Petrum a parte subiecti et seipsum ex parte praedicati in propositione identica, Petrus est Petrus, et universaliter contingit cum diverso modo concipitur idem omnino obiectum sive diverso modo grammatice, ut homo hominis, sive etiam logice, ut homo et humanitas, etenim abstractum aliter concipitur a concreto [...]. MASTRIUS DE MELDULA, BARTHOLOMAEUS; BELLUTUS, BONAVENTURA, Philosophiae ad mentem Scoti cursus integer, Tomus primus continens disputationes in Aristotelis Logicam, Disp. II q. 9 n. 87 (Ed. Venetiis 1708), 93.

[533] Vgl. PETRUS THOMAE, Quodlibet q. 6 (Ed. Hooper/Buytaert), 87-118.

[534] Vgl. NICOLAUS BONETUS, Metaphysica III, c. 4 (Ed. Venetiis 1505), f. 20va-b.

Begriff ist, der ohne weitere Bestimmungsmomente mit jedem anderen Begriff zusammenfällt, dann ist dieser Obersatz zwar richtig, doch muss der entsprechende Untersatz als falsch gelten. Die minor ist deshalb unzutreffend, weil der Begriff des Seienden nur in einem denominativen, nicht aber in einem washeitlichen Sinne jeder Begriff ist. Legt man die zweite der genannten Interpretationsmöglichkeiten zugrunde, d.h. unterstellt man, dass der Obersatz im Sinne einer propositio identica zu verstehen ist, ergibt sich das umgekehrte Bild, dass der Obersatz falsch, der Untersatz aber wahr ist.[535] Die Behauptung des Untersatzes, dass der conceptus entis jeder andere Begriff ist, ohne dass man weitere Bedeutungselemente hinzufügt, ist nämlich nur in einem abgeleiteten Sinne wahr, nicht aber als quidditative Aussage. So wie die Eigenschaft der Vernunftbegabtheit nicht selbst ein Lebewesen ist, sondern nur eine Eigenschaft, die an einem Lebewesen als dem zugrundeliegenden Subjekt vorkommen kann und in diesem abgeleiteten Sinne Lebewesen genannt werden kann, so ist der Begriff des Seienden nicht selbst etwas, was die anderen Begriffe washeitlich bestimmt. Zwar sind z.B. die Bestimmungen „substantia" und „animal" selbst Seiende, weil sie zum Seienden als nähere Bestimmungen hinzutreten, doch sind sie nicht selbst washeitlich Seiende.[536] Das ist nicht der Fall, insofern der eigentümliche Sinngehalt dieser Begriffe, ihre ratio formalis, nicht die ratio entitatis ist. Im Sinne der propositio identica kann die ratio entis zwar mit jedem Begriff identifiziert werden, gleichwohl wird damit nicht zum Ausdruck gebracht, dass das Seiende einen eigentümlichen formalen Gehalt ausmacht, der von jedem Begriff formal prädizierbar wäre. Im Ergebnis kommt der Begriff des Seienden zwar jedem anderen Begriff insofern zu, als jeder andere Begriffsgehalt auf ein Seiendes als Träger weiterer Bedeutungen verweist – man könnte von einer grundsätzlichen logisch-semantischen Implikation des conceptus entis sprechen –, doch heißt das eben nicht, dass die formalen Gehalte deshalb voneinander prädiziert werden, so dass man von einer quidditativen Aussage sprechen müsste.

3 DIE AUFFASSUNG DES FRANCISCUS DE MAYRONIS

Die eigene Auffassung, die Mayronis in q. 7 vertritt, knüpft unmittelbar an diese für den Gesamtzusammenhang zentrale Diskussion des vierten Ein-

---

[535] Ad quartum dico ad maiorem quod aliqua ratio sit omnis ratio nullo sibi addito potest intelligi dupliciter. Vel ut sit omnis ratio quidditative vel solum identice et denominative. Primo modo maior est vera et minor falsa. Potest ergo esse omnis ratio denominative sed non quidditative. Si autem accipiatur sic quod est denominative omnis ratio non tamen quidditative maior est falsa. FRANCISCUS DE MAYRONIS, Conflatus, Prol. q. 7 (Ed. Venetiis 1520), f. 6vb N.

[536] Et tunc ad minorem, si accipiatur omni modo est omnis ratio nullo addito, non est vera quia est omnis alia ratio non quidditative sed denominative, sicut rationale est animal denominative, sed non quidditative, tunc in exemplo illud quod addit substantia vel animal ad ens licet sit ens denominative, non tamen est ens quidditative. FRANCISCUS DE MAYRONIS, Conflatus, Prol. q. 7 (Ed. Venetiis 1520), f. 6vb N.

wandes an. Das als Einwand gegen die ursprüngliche Position formulierte Argument lässt sich nämlich nach seiner Widerlegung durch Mayronis als Beleg für die These interpretieren, die Mayronis selbst verfolgt. Ein Begriff, der nicht in jeder Weise ohne Hinzufügung weiterer Bestimmungselemente mit einem anderen Begriff identisch ist, muss von allen anderen Begriffen abgetrennt und nicht gänzlich identisch sein. Das trifft aber genau auf den Begriff des Seienden zu, dass er nicht in jeder Hinsicht mit allen anderen Begriffen identisch ist, ohne dass eine weitere inhaltliche Bestimmung hinzugefügt würde.[537]

Damit hat die ursprüngliche Annahme vom Begriff des Seienden als einer ratio praecisa einen ersten Beleg gefunden. Über diese Begründung hinaus schließt Mayronis im Folgenden weitere Beweise für diese These an. Diese folgenden Begründungen beziehen sich aber anders als die zu Beginn der Quaestio angeführten Argumente auf eine durch den Verlauf der Diskussion präzisierte Ausgangsthese. Es geht nämlich im Folgenden allein um den Begriff des Seienden, der unter Abstraktion aller weiteren Bestimmungsmomente – nullo sibi addito, so lautet die Formulierung – betrachtet wird. Von einem solchen Begriff zeigen die vier sich anschließenden Argumente, dass er nicht mit beliebigen anderen Begriffen zu identifizieren ist, da dies jeweils zu einer nicht haltbaren Annahme führt. Im Einzelnen ergeben sich aus der Bestreitung der von Mayronis vertretenen Grundthese in Bezug auf den conceptus entis die Annahmen der Äquivokation, des kategorialen Charakters, des Ausschlusses der Universalität und schließlich der bloß aggregativen Einheit.

Unterstellte man eine solche Identität der Begriffsgehalte, wie sie von Mayronis abgelehnt wird, hätte dies zur Konsequenz, dass die ratio entis zu einem bloß äquivok prädizierbaren Begriff würde, insofern er anderen Begriffen lediglich einen Namen, aber keinen einheitlichen Sinngehalt hinzufügen würde.[538] Dies ergibt sich daraus, dass ein solcher Begriff aufgrund der Tatsache, dass er mit allen anderen Begriffen identisch ist, keinen eigenen und damit keinen einheitlichen Inhalt besitzen kann, denn er fällt jeweils mit allen zusammen, ohne dass eine weitere Hinzufügung stattfindet. Ein solcher Begriff könnte aber auch nicht zu den transzendentalen Begriffen gehören, denn wenn er mit allen nicht-transzendentalen Konzepten zusammenfällt, kann er

---

[537] Istis praesuppositis sic arguitur deducendo rationem ad oppositum, quandocumque aliqua ratio vel conceptus non est idem omnibus modis nullo sibi addito, ille conceptus sive illa ratio est praecisa ab omnibus aliis et non omnino sibi eadem, sed ratio entis non est omnibus modis omnes rationes aliorum nullo sibi addito. FRANCISCUS DE MAYRONIS, Conflatus, Prol. q. 7 (Ed. Venetiis 1520), f. 6vb N.

[538] Quod probo primo sic, quia omnis conceptus qui sic est idem aliis nullo sibi addito est mere aequivocus quia aequivocum non addit ad aequivocata nisi nomen, sed per te conceptus entis non addit ad illa de quibus dicitur nisi solum nomen, ergo etc. FRANCISCUS DE MAYRONIS, Conflatus, Prol. q. 7 (Ed. Venetiis 1520), f. 6vb N - O.

nicht selbst transzendental sein.[539] Desgleichen wäre die Möglichkeit ausgeschlossen, dass es sich um einen allgemeinen Begriff handelt, denn wenn er mit Begriffen konvergiert, die von sich her singulär sind, kann er nicht selbst universal sein.[540] Schließlich, so stellt Mayronis in einem letzten Argument fest, kann ein solcher Begriff, der ohne Unterschied mit allen anderen zusammenfällt, selbst keinen einheitlichen Inhalt haben, außer einen solchen, der im Sinne einer unitas aggregationis besteht, d.h. der eine unstrukturierte Zusammenhäufung von Bedeutungselementen darstellt.[541]

Die ersten drei Beweise,[542] die Mayronis anführt, enthalten einen Verweis darauf, dass die jeweils zentrale These der von Mayronis widerlegten Auffassung von einem offensichtlichen Zeitgenossen, der nicht namentlich, sondern nur durch den Hinweis „secundum te" genannt wird, vertreten wird. Der vermeintliche Gesprächspartner des Franciscus vertritt demnach folgende Behauptungen: erstens, dass der Begriff des Seienden den anderen Begriffen lediglich einen Namen, aber keinen wirklichen Inhalt hinzufügt; zweitens, dass der Begriff des Seienden der der obersten zehn Gattungsbegriffe ist; und drittens, dass der Begriff des Seienden nicht universal ist. Auf wen beziehen sich diese Hinweise und wie sind sie zu verstehen? Der Kontext der von Mayronis geführten Diskussion macht zumindest deutlich, dass diese Thesen in einem unmittelbaren Zusammenhang stehen mit der von ihm abgelehnten Grundannahme, dass der Begriff des Seienden keinen präzisen Sinngehalt aufweist, durch den er sich von anderen Begriffen unterscheidet. Für Mayronis bilden also die angesprochenen Themenkreise der Univokation, der Transzendentalität und der Universalität zusammen mit der übergeordneten Frage nach der formalen Unterschiedenheit der Begriffe eine sachliche Einheit. Wenn man nach dem Gesprächspartner des Franciscus de Mayronis sucht, sollte man deshalb diese wechselseitige Verwiesenheit der angesprochenen Probleme im Auge haben. Zusammengenommen scheint der sachliche Hintergrund der von Mayronis kritisierten Position die Auffassung des Petrus Aureoli zu sein, die dieser mit der These von der unitas indeterminationis des conceptus entis verbindet.[543]

---

[539]   Secundo sic, ille conceptus qui est omnis conceptus non transcendens nullo sibi addito, non est transcendens, sed conceptus entis est conceptus decem praedicamentorum nullo sibi addito, ergo etc. FRANCISCUS DE MAYRONIS, Conflatus, Prol. q. 7 (Ed. Venetiis 1520), f. 6vb O.

[540]   Tertio sic, ille conceptus qui est singularis conceptus nullo sibi addito non est universalis, sed per te conceptus entis est huiusmodi, ergo etc. FRANCISCUS DE MAYRONIS, Conflatus, Prol. q. 7 (Ed. Venetiis 1520), f. 6vb O.

[541]   Quarto sic, omnis iste conceptus qui est omnes alii indifferenter non habet maiorem unitatem illis, sed conceptus singulares non habent nisi unitatem aggregationis, ergo conceptus entis non est unus nisi unitate aggregationis vel ordinis, quod est manifeste falsum. FRANCISCUS DE MAYRONIS, Conflatus, Prol. q. 7 (Ed. Venetiis 1520), f. 6vb O.

[542]   Beim zweiten Argument weichen allerdings die Handschriften und die Drucke voneinander ab.

[543]   Vgl. Kap. 6 § 2-2.1.

Sachlich scheint diese Auffassung des Aureoli aber eine gewisse Hinordnung zu einer schon früher vertretenen Auffassung zu haben, denn das Ge-
sagte verweist auf die Lehre, die bereits von bestimmten „Alten" vertreten
wurde: „istud redit in dictum antiquorum". Die Annahme, zu der das bisher
Dargelegte zurückkehrt, besteht darin, dass ein Verstand, der hinsichtlich
eines Begriffs sicher, hinsichtlich eines anderen aber zweifelhaft ist, dies im
ersten Fall auf eine unbestimmte und im zweiten auf eine bestimmte Weise
tut.[544] Diese Position stimmt von der Sache her – über die tatsächlichen historischen Zusammenhänge lässt sich bislang nichts Definitives sagen – mit der
Auffassung überein, die Thomas von Sutton hinsichtlich des conceptus entis
in den Quaestiones ordinariae, insbesondere q. 32, die vermutlich zwischen
1305 und 1310 entstanden ist,[545] vertritt.[546] Im Kontext der Widerlegung des
ersten scotischen Univokationsargumentes beruft sich Thomas von Sutton auf
die Möglichkeit, in Bezug auf ein und denselben Gegenstand sicher und zweifelhaft zu sein, wenn dieser Gegenstand einmal in einem conceptus indeterminatus und einmal in einem conceptus determinatus erfasst wird. Diese
Position widerspricht aber grundsätzlich den Annahmen, die Mayronis mit
Duns Scotus teilt, weil sie, wie der übergeordnete Zusammenhang von q. 32
bei Thomas von Sutton zeigt, auf die direkt gegen Scotus gerichtete These
hinausläuft, dass der conceptus entis kein univok ausgesagter Begriff sein
kann.[547]

Mayronis widerlegt diese These, indem er vier Möglichkeiten ins Auge
fasst, wie der Verstand in Bezug auf zwei Bedeutungsgehalte sichere Erkenntnis gewinnen kann. Entweder, der Verstand erfasst keinen der Inhalte,
oder nur einen, oder beide zusammen, oder schließlich einen in einer ununterschiedenen und unbestimmten Art und Weise. Wie die sich anschließende
Diskussion deutlich macht, erstrecken sich die genannten vier Möglichkeiten
der Erkenntnis auf die Begriffe des Endlichen und des Unendlichen als den
näheren Bestimmungen, durch die Gott zu kennzeichnen ist. Nimmt man

---

[544] Item istud redit in dictum antiquorum qui dicunt quod intellectus est certus de alterutro
indeterminate et dubius de alterutro determinate. FRANCISCUS DE MAYRONIS, Conflatus,
Prol. q. 7 (Ed. Venetiis 1520), f. 6vb O.

[545] Vgl. SCHNEIDER, J., Einleitung. Thomas von Sutton, Quaestiones ordinariae (Bayerische
Akademie der Wissenschaften. Veröffentlichungen der Kommission für die Herausgabe
ungedruckter Texte aus der mittelalterlichen Geisteswelt 3), München 1977, 19*-279*, 54*.

[546] Quamvis enim idem non sit certum et dubium de aliquo secundum eundem conceptum,
idem tamen nomen habens plures conceptus potest esse certum de aliquo et dubium de eodem. Potest enim esse certum quod conveniat ei secundum aliquem conceptum suum, et
dubium, secundum quem conceptum determinatum convenit ei, et sic est de ente et de
potentiis animae. THOMAS DE SUTTONA, Quaestiones ordinariae q. 32 ad 23 (Ed.
Schneider), 891. Vgl. auch ibid. q. 32 ad 14 (Ed. Schneider), 887.

[547] Respondeo: Dicendum quod omnes auctores conveniunt in hoc, quod ens non dicitur
univoce de rebus diversorum praedicamentorum, sed analogice, et hoc necesse est dicere; et
similiter dicitur ens analogice de deo et de rebus, cuiuscumque sint praedicamenti. De-
cipiuntur autem multi de significatione huius nominis ens propter suam maximam communitatem. THOMAS DE SUTTONA, Quaestiones ordinariae q. 32 (Ed. Schneider), 878.

den ersten Fall an, entspricht das der zu beweisenden These, dass die näheren Bestimmungen des Endlichen und des Unendlichen nicht mit Sicherheit erfasst werden. Das ist der Fall, da jeder Begriff, der keiner von zwei bestimmten Begriffen ist, von diesen beiden Begriffen abgetrennt ist; d.h. der Begriff, der erfasst wird, nämlich der Begriff des Seienden, so ist das Argument zu ergänzen, ist abgetrennt von den beiden Begriffen des Endlichen und des Unendlichen, die eben nicht mit Sicherheit erfasst werden. Fasst man den nächsten Fall ins Auge, dass nämlich einer von beiden erfasst wird, so ergeben sich zwei Möglichkeiten. Entweder nämlich wird er als endlich oder als unendlich erfasst. Der erste Fall ist ausgeschlossen, denn Gott kann nicht als endliches Wesen begriffen werden. Der zweite Fall scheidet aber auch aus, da es gerade die Bestimmung des Unendlichen ist, derentwegen wir im Zweifel sind. Der dritte Fall schließlich, dass sich der Verstand hinsichtlich beider Bestimmungen sicher ist, scheidet deshalb aus, weil es unmöglich ist, dass man in Bezug auf das Falsche sicher ist. Dass Gott aber gleichzeitig endlich und unendlich ist, muss falsch sein, weil diese Annahme einen Widerspruch in sich einschließt.[548]

Die letzte Möglichkeit schließlich besteht darin, zu sagen, dass ein Bedeutungsgehalt so (sic), d.h. in einer unbestimmten und ununterschiedenen Weise erfasst wird. Das bedeutet aber, wie Mayronis in der Widerlegung dieser Möglichkeit zeigt, dass dann der Unterschied zwischen dem, was mit Bestimmtheit gewusst werden kann, und dem, was nur unbestimmt gewusst werden kann, verloren geht. Das würde dann z.B. bedeuten, dass man sich hinsichtlich dessen, dass Gott dreieing, inkarniert, geboren und gestorben ist, in demselben Maße sicher ist, wie man mit Sicherheit weiß, dass Gott ein Seiendes ist. Das ist der Fall, weil man sich gleichermaßen sicher ist, dass Gott entweder dreieinig oder nicht dreieinig ist, wie man sich sicher ist, dass er ein Erstes oder kein Erstes ist. Die epistemischen Zusatzbestimmungen „indistincte et indeterminate" führen dazu, dass der je unterschiedliche begriffslogische Status der in diesem Kontext diskutierten Prädikate keine Berücksichtigung findet, so dass die besondere Funktion des conceptus entis nicht gewahrt werden kann. Diese Interpretation ist es, die Mayronis seinem Gesprächspartner (per te) gegenüber kritisiert.[549] Ohne dass Franciscus diesen

---

[548] Sed contra hoc arguo sic, intellectus aut habet certitudinem de neutro aut de altero aut de utroque simul aut de altero indistincte et indeterminate. Si dicatur quod neuter, habetur propositum quia omnis conceptus neuter ad duos determinatos est praecisus ab illis; si autem alter, vel erit finitus vel infinitus. Non finitus quia deus non est finitus. Nec infinitus quia de hoc dubitamus. Nec potes dicere quod de utroque est certus quia de falso nullus potest esse certus. Falsum autem est quod deus sit finitus et infinitus. FRANCISCUS DE MAYRONIS, Conflatus, Prol. q. 7 (Ed. Venetiis 1520), f. 6vb O - P.

[549] Si autem dicas quod de alterutro sic. Contra enim est argumentum quod prius factum est sicut contra alios. Tunc enim tantam certitudinem habeo quod deus est trinus, incarnatus, natus, mortuus sicut quod deus est ens quia sum certus aeque bene quod est trinus vel non-trinus sicut quod est primum vel non-primum, sed ille per te erit conceptus entis, ergo etc. Et sic de aliis. FRANCISCUS DE MAYRONIS, Conflatus, Prol. q. 7 (Ed. Venetiis 1520), f. 6vb P.

ausdrücklich beim Namen nennt, wird deutlich, dass dieser eine Auffassung vertritt, die in diesem Punkt der des Thomas von Sutton weitgehend entspricht. Auf diesen Zusammenhang verweist Mayronis ausdrücklich, wenn er von seinem Kontrahenten sagt, seine Auffassung kehre zur Lehre der Alten zurück (redit in dictum antiquorum).

Im Ergebnis der in quaestio 7 geführten Diskussion zeigt sich, dass der conceptus entis einen eigenen formalen Gehalt bezeichnet, der von allen anderen Bestimmungen, die Gott zukommen, unterschieden ist. Das setzt aber wiederum voraus, dass der Begriff des Seienden für sich betrachtet einen einheitlichen Begriffsgehalt zum Ausdruck bringt, der als solcher distinkt erfasst wird. Eine Interpretation, die den Begriff des Seienden als einen conceptus indeterminatus auffasst, zerstört die Grundlage einer Abgrenzung dieses Begriffs von anderen Bestimmungen.

4 DIE ABSTRAHIERBARKEIT DES CONCEPTUS COMMUNIS

Dass die formalen Gehalte, wie die bisherige Diskussion deutlich macht, keine eigenständigen Dinge, sondern je distinkte begriffliche Bestimmungen sind, die keine Unterscheidung einer Mehrheit von Dingen selbst implizieren, löst die Frage danach aus, wie es möglich ist, als distinkt zu begreifen, was auf der Ebene der wirklichen Dinge nicht unterschieden ist. Eine Konsequenz, die sich deshalb unmittelbar aus der These von den abgrenzbaren formalen Gehalten ergibt, ist die Abstrahierbarkeit entsprechender Begriffe, die diese Gehalte ausdrücken.

4.1 DAS PROBLEM DER ABSTRAKTION VON DEN SCHLECHTHIN EINFACHEN UND ERSTLICH VERSCHIEDENEN BEGRIFFEN

Diese Annahme der Abstraktion stößt aber zunächst bei den Begriffen auf eine besondere Schwierigkeit, die schlechthin einfach sind. Denn die Abstraktion setzt eine Differenz zwischen dem voraus, was abstrahiert wird, und dem, von dem etwas abstrahiert wird. Diese Differenz ist aber mit der radikalen Einfachheit dieser Begriffe ausgeschlossen. Zudem scheint es nicht möglich zu sein, dass der abstrahierte Begriff einen gemeinsamen Gehalt zum Ausdruck bringt, wenn die dem Abstraktionsprozess zugrundeliegenden ursprünglichen Begriffe untereinander erstlich verschieden sind, also keinen gemeinsamen Teilbegriff enthalten können. Aus diesem Grund beantwortet Mayronis die Frage nach der Möglichkeit der Abstraktion in Bezug auf die so gekennzeichneten Begriffe zunächst ablehnend. Doch wird der Ausschluss dieser Möglichkeit dahingehend relativiert, dass die Abstraktion lediglich

dann nicht stattfinden kann, wenn es darum geht, einen gemeinsamen washeitlichen Begriff zu abstrahieren.[550]

Um welche Begriffe geht es eigentlich, wenn man davon spricht, sie sei-
en schlechthin einfach und erstlich verschieden? Mayronis führt in diesem
Kontext insgesamt vier Klassen von Begriffen an, die man zu den schlechthin
einfachen und erstlich verschiedenen zu rechnen hat: Begriffe zweiter Stufe,
Begriffe der am meisten gemeinsamen Eigenschaften, Begriffe transzendentaler Verhältnisbestimmungen und Begriffe privativer Kennzeichnungen.[551]
Was die erste Gruppe betrifft, so sind etwa die Begriffe „species" und „differentia ultima" bzw. „proprietas individualis" Begriffe zweiter Stufe. Wie von
einzelnen Menschen, Petrus und Martin, so die Beispiele, die Franciscus
nennt, die Artnatur des Menschen abstrahiert wird, so lässt sich auch von
jedem Individuellen etwas abheben, was diesem als letzte Differenz bzw. als
individuelle Eigenschaft zukommt. Hiervon lässt sich aber wiederum ein
Begriff abstrahieren, der das bezeichnet, was in einem ersten Schritt unter
Bezugnahme auf die konkreten Gegenstände selbst in einem Begriff erster
Stufe zum Ausdruck gebracht wurde. In diesem Sinne bezeichnet „species"
als Begriff zweiter Stufe den begrifflichen Status, der den Begriff erster Stufe,
nämlich „homo" kennzeichnet. Das gleiche gilt aber auch von den Begriffen
„ultima differentia" und „proprietas individualis", die als secundae intentiones letztlich von dem abstrahiert werden, was je einen schlechthin einfachen
und erstlich verschiedenen Gehalt darstellt, und dann in einer univoken Prädikation hiervon ausgesagt werden.[552] Jeder individuellen Eigenschaft entspricht ein begrifflicher Gehalt, der in einem grundlegenden Sinne einfach
und verschieden ist. Doch bedeutet das eben nicht, dass nicht auf der nächst
höheren Ebene, auf der solche Sinngehalte auf ihren begriffslogischen Status
hin befragt werden, ein allgemeiner Begriff gebildet wird, der den Typ bezeichnet, der diesen Klassen von Begriffen gemeinsam ist.

Die zweite Gruppe von Begriffen, also diejenigen, die die allgemeinsten
Eigenschaften bezeichnen, werden deshalb auch von allen letzten Differenzen, also von den schlechthin einfachen und erstlich verschiedenen Begriffen,
univok ausgesagt, weil jede letzte Differenz ein Einsehbares und ein Wollba-
res darstellt. Als intelligibile et volibile ist jede letzte Differenz aber auch im-

---

[550]   Utrum a conceptibus simpliciter simplicibus et primo diversis potest abstrahi aliquis con-
       ceptus communis eis? Sine argumentis respondeo quod non. Quod tamen est intelligendum
       de conceptu quidditativo. FRANCISCUS DE MAYRONIS, Conflatus, Prol. q. 8 (Ed. Venetiis
       1520), f. 6vb P - Q.

[551]   Intelligendum tamen quod conceptus sunt in quadruplici genere. Primi conceptus sunt
       secundarum intentionum, alii conceptus sunt communissimarum passionum; alii sunt
       conceptus habitudinum transcendentium; alii privationum. FRANCISCUS DE MAYRONIS,
       Conflatus, Prol. q. 8 (Ed. Venetiis 1520), f. 6vb Q.

[552]   Exemplum primi sicut a Petro et Martino abstrahitur species sic ab ultimis differentiis hoc
       quod dico differentia ultima et a proprietatibus individualibus hoc quod dico proprietas
       individualis et ita univoce praedicatur de eis sicut homo de Petro et Martino. FRANCISCUS
       DE MAYRONIS, Conflatus, Prol. q. 8 (Ed. Venetiis 1520), f. 6vb Q.

mer wahr und gut. Die allgemeinsten Eigenschaften des Wahren und des Guten werden deshalb univok hiervon ausgesagt, so dass man die Möglichkeit der Abstraktion eines gemeinsamen prädizierbaren Gehaltes einräumen muss.[553] Wahrheit und Gutheit, sowie die anderen in diesem Kontext nicht explizit genannten konvertiblen Eigenschaften des Seienden[554] sind demnach in den letzten Differenzen in einer Weise enthalten, dass die Einfachheit dieser Differenzen keineswegs in Frage gestellt wird.

Das gleiche gilt auch von den transzendentalen Relationen, nämlich von Begriffen wie „Identität", „Verschiedenheit" und „Unterschiedenheit" (identitas, diversitas et distinctio). Diese Relationen sind in dem Sinne transzendentale Bestimmungen, dass sie alles umfassen (omnia circuunt), d.h. von allem aussagbar sind, da jeder Gegenstand Identität mit sich und Unterschiedenheit von anderem besitzt. Nur so ist er das, was er ist. Dies trifft nach Mayronis auch auf die letzten Differenzen zu, denn auch diese besitzen Identität mit sich und Unterschiedenheit von anderem.[555] Man könnte sogar hinzufügen, dass es gerade die letzten Differenzen sind, die durch diese Bestimmungen zu kennzeichnen sind. Denn diejenigen Differenzen sind die differentiae ultimae, die in jeder Hinsicht von anderem unterschieden sind und damit eine Identität der größten Einfachheit besitzen.

Die letzte der von Mayronis in diesem Zusammenhang diskutierten Begriffsklassen ist die der privativen Prädikate. Solche Begriffe wie „unitas" und „simplicitas" werden auch von den erstlich verschiedenen Begriffen ausgesagt. Dass diese Prädikate von den schlechthin einfachen Begriffen ausgesagt werden, liegt auf der Hand, denn es handelt sich ja gerade um die Bestimmungen, die die simpliciter simplicia als solche auszeichnen. Darüber hinaus widerstreitet es aber auch nicht der Kennzeichnung, erstlich verschieden zu sein, dass solche Begriffe einen einheitlichen und einfachen Begriffsgehalt ausdrücken.[556] Dieses und nicht ein anderes – als Ausdruck der Einheit – oder dieses und nicht auch ein anderes – als Ausdruck der Einfachheit – zu bezeichnen, sind Bestimmungen, die jedem Differenzmoment zukommen müssen, wenn es wirklich ein nicht weiter Differenzierbares sein soll. Genau das trifft aber auf die letzten Differenzen zu, so dass man von diesen zu Recht die Begriffe „unitas" und „simplicitas" univok aussagt.

---

[553] Exemplum secundi, omnia quae sunt ultimae differentiae sunt intelligibiles et volibiles et sic verae et bonae. Veritas etiam et bonitas de omnibus praedicatur et univoce. FRANCISCUS DE MAYRONIS, Conflatus, Prol. q. 8 (Ed. Venetiis 1520), f. 6vb Q.

[554] Der Begriff der unitas wird von Mayronis der vierten Begriffsklasse zugeordnet, weil er anders als „veritas" und „bonitas" nicht den relationalen, sondern den privativen Charakter eines Begriffs akzentuiert.

[555] Exemplum tertii, quia sunt quaedam relationes transcendentes quae omnia circuunt, sicut identitas, diversitas et distinctio quae etiam de ultimis differentiis praedicantur. FRANCISCUS DE MAYRONIS, Conflatus, Prol. q. 8 (Ed. Venetiis 1520), f. 6vb Q.

[556] Exemplum quarti sicut sunt unitas et simplicitas quae privationes importare videntur quae de multis etiam primo diversis univoce praedicantur. FRANCISCUS DE MAYRONIS, Conflatus, Prol. q. 8 (Ed. Venetiis 1520), f. 6vb Q - 7ra A.

Die von Mayronis in Bezug auf alle vier Begriffsklassen behauptete These, nämlich dass sie jeweils univok von dem aussagbar sind, was erstlich verschieden und schlechthin einfach ist, sieht sich einem in Hinblick auf alle der genannten Begriffstypen geäußerten Einwand gegenüber. Wenn nämlich die genannten Begriffe von einer Mehrheit ausgesagt werden bzw. die entsprechenden Eigenschaften einer Mehrheit zukommen, dann ist dies nur dadurch möglich, dass man einen gemeinsamen Begriff unterstellt, der sie jeweils bestimmt. Geht man davon aus, so der Untersatz des Argumentes, dass diese Eigenschaften dem erstlich Verschiedenen, also den letzten Differenzen, zukommen, so muss man einräumen, dass dies nur aufgrund eines einzigen gemeinsamen Begriffs (per unam rationem communem) der Fall sein kann. Aber gerade diese Annahme eines gemeinsamen Begriffs, so der Schluss des Einwandes, widerspricht dem Ausgangspunkt, nämlich dass es sich um erstlich verschiedene Bestimmungen handelt, denen die Eigenschaften zukommen sollen.[557]

Die Widerlegung dieses Einwandes macht von einer Feststellung Gebrauch, die Mayronis bislang nur angedeutet, aber noch nicht explizit formuliert hat, nämlich dass es sich bei den genannten vier Begriffsklassen jeweils um transzendentale Prädikate handelt. Diese Feststellung ist deshalb wichtig, so das Argument, weil der im Raum stehende Einwand nur auf nicht-transzendentale, nicht aber wie im vorliegenden Fall auf transzendentale Begriffe anwendbar ist. Transzendentale Bestimmungen kommen nämlich den Gegenständen, von denen sie prädiziert werden, unmittelbar, nicht aber vermittels eines gemeinsamen Begriffs zu, wie es der Einwand unterstellt. Mit einer gewissen Vorsicht könnte man allenfalls sagen, sie entsprächen den Gegenständen vermittels der ratio entis, die auf jeden Gegenstand zutrifft. Aber diesbezüglich entsteht kein weiteres Problem im Sinne des Einwandes, weil die ratio entis nicht washeitlich, sondern nur denominativ von den in Frage kommenden Begriffen, den letzten Differenzen, ausgesagt wird.[558]

---

[557] Sed hic est tantum una difficultas quia quandocumque aliqua passio convenit pluribus, per aliquam rationem communem eis convenire videtur. Si ergo istae passiones pluribus etiam primo diversis conveniunt videtur quod per rationem unam communem eis conveniat et sic non erunt primo diversa quae dicebantur primo diversa. FRANCISCUS DE MAYRONIS, Conflatus, Prol. q. 8 (Ed. Venetiis 1520), f. 7ra A.

[558] Respondeo, dico quod ista est vera in non-transcendentibus, sed falsa est in transcendentibus, non enim transcendentia insint omnibus mediante aliqua ratione communi nisi forte mediante ratione entis quae inest omnibus, sed non quidditative sed denominative et aliquibus aliis quidditative. FRANCISCUS DE MAYRONIS, Conflatus, Prol. q. 8 (Ed. Venetiis 1520), f. 7ra A.

4.2 Das Problem der Abstraktion von den jede Allgemeinheit Ausschließenden Begriffen

Ein weiteres grundlegendes Problem, das mit der These der Abstrahierbarkeit gemeinsamer Begriffe verbunden ist, besteht darin, dass die Gemeinsamkeit (communitas) auf Seiten des abstrahierten Begriffs eine Allgemeinheit (universalitas) auf Seiten der Begriffe zu erfordern scheint, von denen die gemeinsamen Gehalte abstrahiert werden. Die Frage, die sich stellt, lautet also, ob dieses Verfahren der Abstraktion auch auf die Begriffe anwendbar ist, die von sich aus kein Moment der Allgemeinheit einschließen. Insbesondere sind es vier Begriffsklassen, die sich aus diesem Grund der Abstraktion zu widersetzten scheinen. Das sind die transzendentalen Begriffe, die reinen Vollkommenheiten, die schlechthin einfachen Begriffe und die letzten Differenzen.[559] Tatsächlich handelt es sich nicht um vier wirklich distinkte Begriffsklassen, sondern vielmehr um vier Typisierungen von Begriffen, die als solche, nämlich als sich nicht ausschließende Charakterisierungen die Bestimmung der Allgemeinheit auszuschließen scheinen.

Im Einzelnen scheint das Moment der Allgemeinheit der Bestimmung des Transzendentalen unmittelbar zu widersprechen, was von Mayronis zwar nicht eigens begründet wird, wohl aber auf die Annahme zurückgeht, dass transzendentale Begriffe der Differenzierung von Universalität und Individualität vorausgehen. Transzendentale Begriffe sind in diesem Sinne indifferent, d.h. von sich her weder allgemein noch singulär. Die reinen Vollkommenheiten scheinen die Allgemeinheit deshalb auszuschließen, weil man sonst annehmen müsste, dass die allgemeinen Bestimmungen mit eigentümlichen Begriffen zusammengesetzt würden, was aber nicht der Fall sein kann, da sie von Gott ausgesagt werden. Von Gott aussagbare Begriffe können nicht aus einem allgemeinen Gehalt und einem Moment der Eigentümlichkeit, das quasi eine Kontraktion bewirkt, zusammengesetzt sein. Eine Zusammensetzung ist auch hinsichtlich der schlechthin einfachen Begriffe ausgeschlossen, weil man es andernfalls mit Begriffen zu tun hätte, die einer weiteren Resolution offen stünden. In diesem Fall würde es sich aber nicht wirklich um schlechthin einfache Begriffe handeln. Aus dem gleichen Grund wären auch die letzten Differenzen, wenn sie ein Moment der Allgemeinheit einschlössen, nicht wirklich letzte Bestimmungsmomente, denn der Einschluss eines allgemeinen Gehaltes in diesen Differenzen hätte eine weitere begriffliche Auflösbarkeit zur Folge, die wiederum nur durch andere Differenzbegriffe zu leisten wäre.[560]

---

[559] Utrum ab omnibus quae excludunt rationem universalis possit abstrahi aliquis conceptus communis? Respondeo, dico quod quattuor videntur esse a quibus non potest abstrahi conceptus communis quidditativus: primo scilicet rationes transcendentes; secundo perfectiones simpliciter; tertio simpliciter simplicia; quarto differentiae ultimae. FRANCISCUS DE MAYRONIS, Conflatus, Prol. q. 9 (Ed. Venetiis 1520), f. 7ra A-B.

[560] De primis patet quia tunc illae rationes vel illi conceptus non essent transcendentes quae dicuntur transcendentes. De secundis patet quia illud quod includeretur componeret cum

Wenn es demnach nicht möglich ist, von diesen Begriffen, bzw. von Begriffen, denen die genannten Typisierungen zukommen, einen gemeinsamen Begriff zu abstrahieren, dann stellt sich die Frage, wie überhaupt deren Verhältnis zu den vermeintlich gemeinsamen Begriffen, wie z.b. zum Begriff des Seienden, zu verstehen ist. Es kann nämlich die Vermutung entstehen, dass der Unterschied, den man zwischen den das Allgemeine ausschließenden Begriffen und z.b. der ratio entis annimmt, nur im Erkenntnisakt hervorgebracht wird. In diesem Fall hätte dieser Unterschied und damit der entsprechende formale Gehalt der Begriffe keinen extramentalen Status und kein reales Fundament. Das Verfahren der Begriffsresolution scheint also deshalb in eine Aporie zu geraten, weil es einerseits den Einschluss gemeinsamer Begriffsgehalte in alle weiteren Begriffe unterstellt, dies aber andererseits mit der Annahme kollidiert, dass der Prozess der Resolution am Ende zu einfachsten begrifflichen Gehalten führt, die keinerlei Zusammensetzung mehr erlaubt. Die Einheit des Prozesses, die durch die Gemeinsamkeit der obersten Begriffe gewährleistet zu sein scheint, gerät in eine Spannung zu der Singularität der letzten Resolutionsergebnisse, die den Abschluss des Verfahrens zu garantieren scheint. Diese Diskrepanz scheint darauf hinauszulaufen, so die Stoßrichtung des Einwandes, der sich hieran anschließt, dass der im Resolutionsverfahren hervortretende Unterschied der Begriffe untereinander kein sachhaltiges Fundament hat, sondern ein bloßes Verstandesprodukt ist.[561] Die Begriffsresolution würde sich demnach nicht auf sachhaltige Inhalte beziehen, sondern lediglich Prozesse widerspiegeln, die durch die Verstandestätigkeit verursacht sind.

Mayronis widerspricht diesem Einwand, indem er die Möglichkeit der Formaldistinktion auch in Bezug auf die abstrahierten und die als Ausgangspunkt fungierenden Begriffe verteidigt. Der gemeinsame abstrahierte Begriff und die jede Allgemeinheit ausschließenden Begriffe, von denen die Abstraktion ausgeht, sind im Sinne einer distinctio a natura rei unterschieden. Das muss so sein, weil der Verstand einerseits beim abstrahierten Begriff, andererseits beim Ursprungsbegriff, von dem die Abstraktion ihren Ausgang nimmt, je einen Endpunkt finden kann, d.h. zu einer Erkenntnis eines jeweils ganz bestimmten Inhaltes kommen kann. Beide Begriffe können in je einzelnen und unterschiedenen Akten erfasst werden. Das kann vor dem Hintergrund eines noetisch-noematischen Parallelismus aber nur dann der Fall sein, wenn es sich tatsächlich um zwei unterschiedliche Gehalte handelt; denn ein und derselbe Erkenntnisakt kann nicht verschiedene Gegenstände haben. Der Erkenntnisakt ist durch den Gegenstand bestimmt, nicht der Gegenstand

---

rationibus propriis, hoc autem falsum est et impossibile quia inveniuntur in deo. De tertiis patet quia non essent simpliciter simplicia sed conceptus eorum essent resolubiles. De ultimis etiam patet quia non essent ultimae. FRANCISCUS DE MAYRONIS, Conflatus, Prol. q. 9 (Ed. Venetiis 1520), f. 7ra B.

[561]   Sed hic potest moveri una difficultas, scilicet si distinctio omnium formalium rationum praecedat actum intellectus vel ista distinctio sit solum per actum intellectus fabricata. FRANCISCUS DE MAYRONIS, Conflatus, Prol. q. 9 (Ed. Venetiis 1520), f. 7ra B.

durch den Erkenntnisakt. Wenn zwei distinkte Akte möglich sind, muss dies also letztlich auf einen Unterschied in der Natur der Sache zurückgehen.[562] Mayronis bringt in dieser Quaestio in pointierter Form ein tiefgreifendes Problem der Lehre von der Begriffsresolution zur Sprache, nämlich die Frage, wie sich die Einheit der Begriffsresolution mit ihrer grundsätzlichen Abschließbarkeit zusammen denken lässt. Die Annahme der Einheit ergibt sich aus dem Ausgangspunkt der Resolution, nämlich aus der Gemeinsamkeit der obersten Begriffe, die man mit dieser Akzentuierung die ersten nennen könnte. Die Möglichkeit, die Resolution prinzipiell abschließen zu können, hängt wiederum davon ab, zu letzten, bloß noch differenzierend wirkenden Begriffen gelangen zu können, die man entsprechend die letzten nennen könnte. Betont man die Struktur dieser ersten Begriffe und damit den Einheitscharakter des Resolutionsprozesses, entsteht das Problem, wie das mit der Einfachheit und grundsätzlichen Verschiedenheit der letzten Begriffe kompatibel ist; betont man den Differenzcharakter der letzten Begriffe, entsteht die Schwierigkeit, wie sich dieser Akzent mit der Annahme der Einheit der ersten Begriffe verträgt. Was Mayronis in der Auseinandersetzung dieser Quaestio herausstellt, ist, dass diese Schwierigkeiten nicht dadurch zu lösen sind, dass man die in der Resolution hervortretenden Strukturunterschiede der Begriffe als bloße Gedankenprodukte erklärt, sondern als sachhaltige Differenzen, die jedem Erkenntnisakt vorausliegen, da sich sonst die Differenz der Erkenntnisakte selbst nicht mehr erklären lässt.

5 PRAEDICATIO DENOMINATIVA UND DISTINCTIO EX NATURA REI

In diesem Kontext ist es bezeichnend, dass zur Lösung des Problems die Lehre von der Formaldistinktion ihre Anwendung findet. Die Formaldistinktion leistet in Quaestio 9 die Lösung des vergleichbaren Problems, das in Quaestio 8 durch die Lehre von der denominativen Prädikation gelöst wird. Beide Interpretationsmodelle sind kompatibel und können zur wechselseitigen Erläuterung herangezogen werden. Die Hauptthese aus q. 8 besagt, dass die ratio entis nicht quidditativ, sondern nur denominativ von den transzendentalen Begriffen ausgesagt wird; die Hauptthese aus q. 9 beinhaltet, dass die ratio entis von den in diesem Kontext genannten Begriffen – die zwar nicht alle explizit rationes transcendentes genannt werden, wie die erste Begriffsklasse, doch offensichtlich hierzu in einer sehr engen Verbindung stehen – im Sinne eines sachhaltigen Unterschieds abstrahiert werden kann. Die distinctio ex natura rei und die praedicatio denominativa müssen aus diesem Grund in einem engen Zusammenhang stehen. Einerseits ist offensichtlich,

---

[562] Ad hoc dico quod sic, scilicet quod praecedit quia impossibile est eundem actum intelligendi terminari ad eandem rationem formalem et non terminari, sed actus intelligendi potest terminari ad rationem formalem illius a quo abstrahit et [non *add.* Y] ad abstractum, ergo aliqua est distinctio ex natura rei. FRANCISCUS DE MAYRONIS, *Conflatus*, Prol. q. 9 (Ed. Venetiis 1520), f. 7ra B.

dass die Annahme eines sachhaltigen Unterschieds mit der Auffassung vereinbar ist, dass das so Unterschiedene nicht notwendig quidditativ, sondern
auch denominativ ausgesagt wird. Die distinctio ex natura rei besteht also
nicht allein zwischen verschiedenen quidditates oder formalitates. Wäre sie
hierauf beschränkt, wäre nicht zu erklären, warum ein sachhaltiger Unterschied auch zwischen nur denominativ voneinander Ausgesagtem besteht.
Andererseits reduziert die denominative Aussage den Unterschied des Prädizierten nicht auf eine bloß gedankliche Differenz. Wäre dies der Fall, könnte
man nicht erklären, warum Subjekt und Prädikat einer Aussage, auch einer
denominativen Aussage, jeweils als termini eines anderen Erkenntnisaktes
fungieren können.

Auf den ersten Blick lässt dieses Ergebnis die Redeweise von einer Formaldistinktion, wenn es doch eigentlich um eine distinctio ex natura rei geht
als unangemessen erscheinen. Denn im Fall der denominativen Aussage kann
es ja nicht um den Unterschied zweier Washeiten oder Formalitäten im engeren Sinne gehen. Doch scheint die Bedeutung der Bezeichnung „formal" bei
Mayronis im *Conflatus* umfassender zu sein, als dass man sie auf den Gehalt
von „formalitas" bzw. „quidditas" reduzieren könnte. Insbesondere wie die
Diskussion in q. 7 deutlich macht, deutet die Behauptung, dass etwas „formaliter" von etwas unterschieden ist, nicht unbedingt auf eine Mehrheit washeitlicher Gehalte hin, sondern auf einen Unterschied auf der begriffslogischen Ebene, der nicht unbedingt washeitlicher Natur sein muss. Die Aussage
etwa „deitas est entitas" kann einerseits als wahr betrachtet werden, während
andererseits die Aussage „deitas est formaliter entitas" als falsch gelten
muss.[563] Mayronis erläutert diesen Unterschied damit, dass im ersten Fall
eine Abstraktion der ersten Stufe stattfindet, d.h. zwei Begriffe werden von
ein und derselben Washeit abstrahiert. Im zweiten Fall findet eine Abstraktion zweiter Stufe statt, so dass eine formale Betrachtung der in ihrer Definition erfassten Begriffsgehalte stattfindet. Die Verwendung des Wortes „formaliter", so die Erläuterung, die Franciscus gibt, verweist darauf, dass eine secunda abstractio angenommen wird, durch die die Unterschiede hervortreten,
die in begriffslogischer Perspektive bestehen. Solche Unterschiede zwischen
den Begriffen bzw. den Begriffstypen kommen in den Prädikaten zweiter
Stufe zum Ausdruck.

In diesem weiten Sinne von „formal" lässt sich dann auch die distinctio
ex natura rei als Formaldistinktion interpretieren, insofern nämlich auch die
Unterschiede, die sich aus der je unterschiedlichen begriffslogischen Struktur
ergeben, ein sachhaltiges Fundament haben. In Bezug auf die in qq. 8-9
diskutierten Probleme bedeutet das, dass der Begriff des Seienden einen Inhalt zum Ausdruck bringt, der zwar nicht im Sinne einer weiteren formalitas
von den schlechthin einfachen und erstlich verschiedenen (transzendentalen)
Begriffen ausgesagt wird, doch gleichwohl formaliter nicht mit dem zusam-

---

[563] Vgl. FRANCISCUS DE MAYRONIS, Conflatus, Prol. q. 7 (Ed. Venetiis 1520), f. 6va L.

menfällt, was die anderen Begriffe beinhalten. Aussagen, die nach dem Verständnis des Franciscus auf einer secunda abstractio beruhen, bringen aufzufindende Inhalte, nicht ausgedachte Fiktionen zum Ausdruck.

Siebtes Kapitel

Die Univokationsthese in Bezug auf das endliche Seiende

1 DIE UNIVOKE PRÄDIKATION DER RATIO ENTIS IN BEZUG AUF ALLES KATEGORIAL ERFASSBARE

Im Zentrum der qq. 10-13 steht die Diskussion des conceptus entis vor dem Hintergrund der differenzierten Ergebnisse der bisherigen Erörterung. Nachdem Mayronis das Problem der univoken Prädikation in Bezug auf Gott und das Geschaffene eingehend erörtert hat, stellt sich die Frage, ob und unter welchen Bedingungen der Begriff des Seienden innerhalb des Geschaffenen univok ausgesagt wird. Die Frage lautet also nicht mehr, wie bisher, ob eine univoke Aussage hinsichtlich des kategorial Beschränkten und Unbeschränkten möglich ist. Im Weiteren geht es vielmehr darum, im Einzelnen zu zeigen, wie ein solcher Aussagemodus allein auf den Bereich des kategorial Erfassbaren angewendet werden kann (q. 10). Die Diskussion dieser Frage lässt natürlich in besonderem Maße wieder die Frage nach dem Gattungscharakter des Seienden virulent werden (q. 11). An dieses Problem knüpft sich erneut die Frage, ob der Begriff des Seienden nicht doch eher im Sinne der Analogie prädiziert wird (q. 12).

Die Erörterung des conceptus entis erfährt schließlich einen gewissen Abschluss mit der Frage, ob diesem Begriff andere nicht-kategoriale Begriffe übergeordnet sind, die sich dadurch auszeichnen, dass sie eine größere Allgemeinheit besitzen als dieser (q. 13).

1.1 DAS PROBLEM DER UNIVOKEN AUSSAGE HINSICHTLICH DES GESCHAFFENEN

Die bisher im Vordergrund stehende Frage nach der Möglichkeit eines univok von Gott und Geschöpf aussagbaren Begriffs zielt, wenn man den Gesamtzusammenhang des metaphysischen Grundproblems betrachtet,[564] darauf, einen Nachweis zu liefern, dass der endliche Verstand mit natürlichen Mitteln in der Lage ist, einen Begriff zu erfassen, der als ausgezeichneter Gegenstand der Wissenschaft der Metaphysik fungieren kann. In der scotische Linie vertritt Mayronis die Auffassung, dass der endlichen Verstand mit

---

[564] Vgl. Einleitung § 1.2-1.3.

dem Begriff des Seienden als solchen über einen Grundbegriff verfügt, der als univok aussagbares Prädikat sowohl auf den Bereich des Endlichen als auch auf den des Unendlichen angewendet werden kann. Damit ist der Philosophie in Gestalt der als Wissenschaft verstandenen Metaphysik ein Gegenstandsbereich zugewiesen, der dem aus der Begegnung mit der sich selbst als Wissenschaft etablierenden Theologie erwachsenen Anspruch standhält. Die Metaphysik kann sich selbst als erste Wissenschaft verstehen, weil das göttliche Seiende in einer den neuen wissenschaftstheoretischen Anforderungen genüge tuenden Weise in ihren Gegenstandsbereich integriert ist.

Als Folgeproblem der scotischen Lösungsstrategie tritt allerdings jetzt die Frage in den Vordergrund, ob der so verstandene allgemeine Begriff des Seienden hinsichtlich der Grundgrößen als univokes Prädikat ausgesagt werden kann, die sich über das gesamte Spektrum des endlich Seienden erstrecken. Damit treten Teilfragen ins Zentrum des Interesses, die die Univokationsthese hinsichtlich der Bereiche von Akt und Potenz, Substanz und Akzidens, Absolutem und Relationalem und vor allem hinsichtlich des real und des bloß gedacht Seienden thematisieren. Insbesondere dieser zuletzt genannte Aspekt erweist sich in der an Scotus anschließenden Diskussion als von einer besonderen Brisanz.

Die Frage nach der univoken Aussage hinsichtlich des Geschaffenen gliedert Mayronis in vier Teilprobleme. Die vier Teilfragen, die er im Einzelnen diskutiert, beziehen sich auf ein disjunktives Einteilungsmodell, das jeweils den Bereich des kategorial Erfassbaren vollständig beschreibt. Zunächst betrifft das die Einteilung des Geschaffenen nach real und bloß gedacht Seiendem; in einem zweiten Schritt die Einteilung nach absolut und relational Seiendem; in einem dritten die Einteilung nach Substanz und Akzidens; und in einem letzten Schritt schließlich die Einteilung nach Akt und Potenz. Im Einzelnen ist zu fragen, ob das jeweilige disjunktive Einteilungsschema die univoke Aussage des conceptus entis zulässt, oder ob der Begriff des Seienden seine einheitliche Bedeutung verliert, wenn er auf die sich jeweils ausschließenden Bereiche des endlich Seienden, die durch die genannten disjunktiven Prädikate bezeichnet werden, angewandt wird.[565]

Insbesondere die Frage nach der univoken Prädikation hinsichtlich des real und des bloß gedacht Seienden ist sowohl in systematischer als auch in historischer Perspektive von zentraler Bedeutung für das Gesamtkonzept der Metaphysik des Franciscus de Mayronis. Um die besonderen Aspekte zu verdeutlichen, die mit dem Problem der entia rationis und ihrer Behandlung

---

[565] Hic sunt quattuor videnda. Primo utrum secundum eandem rationem formalem dicatur de ente reali et rationis sive de ente in anima et extra animam; secundo utrum secundum eandem rationem formalem dicatur de absoluto et respectivo; tertio utrum de substantia et accidente; quarto utrum dicatur univoce de ente in potentia et in actu. FRANCISCUS DE MAYRONIS, Conflatus, Prol. q. 10 (Ed. Venetiis 1520), f. 7ra C.

in der Metaphysik verbunden sind,[566] ist eine Diskussion zu vergegenwärtigen, die Mayronis ausführlich in den *Quaestiones Quodlibetales* führt. Um die
Reichweite der von Mayronis vertretenen Konzeption zu verdeutlichen, soll
zunächst ein wesentlicher Grundzug dieser Lehre, wie sie Johannes Duns
Scotus vertritt, hervorgehoben werden.

1.2 DIE SCOTISCHE LEHRE VOM VERHÄLTNIS DES ENS REALE UND DES ENS RATIONIS

Diese Aussage bleibt in ihrer Bedeutung solange unklar, bis deutlich geworden ist, was Scotus in diesem Kontext mit dem Begriff des ens rationis meint.
Eine signifikante Erörterung dieses Problems findet im Rahmen der Diskussion der verschiedenen Bedeutungen des conceptus entis in *Quodlibet* 3 statt.

Insgesamt unterscheidet Scotus zu Beginn dieser Frage drei Bedeutungen, die der Begriff „res", der in diesem Zusammenhang synonym mit dem
Begriff „Seiendes" verwendet wird,[567] annehmen kann.[568] Von den drei möglichen Interpretationsweisen des conceptus entis bzw. rei, die Scotus in *Quodl.*
3 unterscheidet – derjenigen im allgemeinsten, im allgemeinen und im
strengsten Sinne – ist für das Verständnis des ens rationis vor allem die erste
Möglichkeit von Bedeutung. „Seiendes", wenn es im weitesten Sinne verstanden wird, den dieser Begriff annehmen kann, so führt Scotus aus, kann noch
einmal zwei zu unterscheidende Bedeutungen haben. Nimmt man diese Binnengliederung des ens communissime sumptum hinzu, unterscheidet Scotus
in *Quodl.* 3 also insgesamt vier Bedeutungen dieses Begriffs. Innerhalb der
Binnengliederung des ens communissime sumptum wird im wahrsten Sinne
des Wortes – in Abgrenzung zu einem entsprechenden Begriff des Nichts –
alles das ein Seiendes genannt, das keinen Widerspruch enthält. Ausgeschlossen von dieser Interpretation des Seienden ist also nur das, was weder außerhalb noch innerhalb des Verstandes sein kann, insofern es nicht die Mindestbedingung der Intelligibilität besitzt. Alles das, was nicht widersprüchlich und

---

[566]   Zu den hiermit verbundenen Problemen innerhalb der von Duns Scotus bestimmten Meta-
physikauffassung vgl. KOBUSCH, TH., Das Seiende als transzendentaler oder supertranszendentaler Begriff. Deutungen der Univozität des Begriffs bei Scotus und den Scotisten, in: John Duns Scotus. Metaphysics and Ethics, Honnefelder L., Wood R., Dreyer M.
(Hg.), Leiden 1996, 345-366.

[567]   [...] prout res vel ens dicitur [...] JOHANNES DUNS SCOTUS, Quodl. q. 3 n. 2 (Ed. Viv.
XXV), 114.

[568]   Zum folgenden vgl. AERTSEN, J.A., „Res" as Transcendental. Its Introduction and
significance, in: Frederici Vescovini G. (Hg.), Le problème des transcendantaux du XIVe
au XVIIe siècle, Paris 2002, 139-156, 151-156; HONNEFELDER, L., Scientia transcendens.
Die formale Bestimmung der Seiendheit und Realität in der Metaphysik des Mittelalters
und der Neuzeit (Duns Scotus – Suárez – Wolff – Kant – Peirce), Hamburg 1990, 3-10;
KOBUSCH, TH., Das Seiende, 352-354; WOLTER, A.B., An Oxford Dialogue on Language
and Metaphysics, in: The Review of Metaphysics 31 (1978), 615-648, 633-638; BECK-
MANN, J.P., Die Relationen der Identität und Gleichheit nach Johannes Duns Scotus, Bonn
1967, 69-84.

deshalb denkbar ist, ist demnach ein Seiendes im weitesten Sinne und nicht nichts. Ein möglicher Widerspruch, so führt Scotus aus, kommt dadurch zustande, dass sich entweder zwei Gegenstände untereinander oder ein Gegenstand und ein Modus widersprechen.[569] Offensichtlich denkt Scotus an Fälle wie hölzernes Eisen oder ewige Geschöpfe, bei denen es sich um (zusammengesetzte) Gehalte handelt, die aufgrund einer inneren Widersprüchlichkeit in einem einheitlichen Begriff nicht zu erfassen sind.[570]

In einer erweiterten Bedeutung des Begriffs – wiederum in Abgrenzung zu einem korrespondierenden Begriff des Nichts – wird dasjenige ein Seiendes genannt, das eine extramentale Existenz besitzt bzw. besitzen kann. Der Begriff des ens communissime sumptum erstreckt sich also in der ersten der drei genannten Interpretationen, nachdem er vom wahrhaften nichts abgegrenzt wurde, sowohl auf das Real- wie auch auf das Gedachtseiende, während er sich in der zweiten Bedeutung allein auf das Realseiende bezieht. Für beide Bedeutungen ist die innere Widerspruchslosigkeit eine notwendige Voraussetzung.[571]

Der Sprachgebrauch der ersten Interpretation des conceptus entis, also derjenige, der eine Anwendung sowohl auf das Gedacht- als auch auf das Realseiende erlaubt, ist zugegebenermaßen ungewöhnlich, so räumt Scotus ein, findet aber eine gewisse Rechtfertigung in der allgemeinen Ausdrucksweise derjenigen, die die logischen Intentionen und Verstandesrelationen als Dinge des Verstandes und damit als Gedachtseiende (entia rationis) bezeichnen. Zwar können diese nicht außerhalb des Verstandes sein, doch fallen sie aufgrund der Minimalbedingung, ein conceptibile zu sein, unter die allgemeinste Bedeutung von „ens", das in diesem Sinne den ausgezeichneten Gegenstand des Verstandes und damit den Gegenstand einer jeden Wissenschaft, sei diese scientia realis oder scientia rationis, ausmacht. Hierbei bleibt

---

[569] Franciscus Lychetus interpretiert den Begriff „modus" in diesem Zusammenhang abweichend, nämlich als Erkenntnismodus. Vgl. FRANCISCUS LYCHETUS, Commentaria in Quaestiones Quodlibetales Ioannis Duns Scoti (Ed. Viv. XXV), 116. Der von Scotus hergestellte Zusammenhang mit der aristotelischen Kategorienlehre legt allerdings nahe, den Begriff „modus" auf die letzten sieben der zehn aristotelischen Kategorien zu beziehen. Vgl. JOHANNES DUNS SCOTUS, Quodl. q. 3 n. 3 (Ed. Viv. XXV), 115.

[570] Communissime, prout se extendit ad quodcumque, quod non est nihil; et hoc potest intelligi dupliciter: Verissime enim illud est nihil quod includit contradictionem, et solum illud, quia illud excludit omne esse extra intellectum, et in intellectu; quod enim est sic includens contradictionem, sicut non potest esse extra animam, ita non potest esse aliquid intelligibile, ut aliquod ens in anima, quia nunquam contradictoriorum cum contradictorio constituit unum intelligibile, neque sicut obiectum cum obiecto, neque sicut modus cum obiecto. JOHANNES DUNS SCOTUS, Quodl. q. 3 n. 2 (Ed. Viv. XXV), 114.

[571] Alio modo dicitur nihil, quod nec est, nec esse potest aliquod ens extra animam. Ens ergo vel res isto primo modo, accipitur omnino communissime, et extendit se ad quodcumque, quod non includit contradictionem, sive sit ens rationis, hoc est praecise habens esse in intellectu considerante, sive sit ens reale habens aliquam entitatem extra considerationem intellectus. Et secundo accipitur in isto membro, minus communiter pro ente, quod habet vel habere potest aliquam entitatem non ex consideratione intellectus. JOHANNES DUNS SCOTUS, Quodl. q. 3 n. 2 (Ed. Viv. XXV), 114.

allerdings offen, wie Scotus explizit betont, ob der allgemeinste Begriff des Seienden im Sinne einer analogen oder univoken Prädikation vom ens rationis und vom ens reale ausgesagt wird.[572]

Offensichtlich korrespondiert die Interpretation des ens communissime sumptum in der ersten Bedeutung, nämlich im Sinne der logischen Intentionen bzw. der Verstandesrelationen, einer Deutung des ens rationis, der zufolge sich dieses sowohl von dem obiective als auch subiective im Verstand befindlichen Seienden unterscheidet. Vielmehr entspricht diese differenzierte Analyse aus *Quodl.* 3 einem Begriff des in der Seele Seienden, das als ein sekundär Bedachtes verstanden wird (secundo consideratum). Dieser Bestimmung liegt die These zugrunde, dass das Erkenntnisvermögen in einem ersten Akt der Betrachtung unmittelbar von einem extramentalen Gegenstand affiziert wird. Der so gebildete Begriff, man könnte von einem unmittelbar gegenständlichen sprechen, kann seinerseits noch einmal zum Gegenstand der Betrachtung gemacht werden. Das Ergebnis ist dann ein Begriff, der auf einer Betrachtung eines Begriffs beruht, also ein Begriff zweiter Stufe, oder, um die Formulierung an den Wortlaut von *Quodl.* q. 3 anzupassen, eine intentio logica bzw. eine intentio secunda, wie es an anderer Stelle heißt. Ein so verstandenes ens rationis ist ein Begriff, der auf der vergleichenden Tätigkeit des Verstandes beruht. Er stellt deshalb eine bloße Verstandesrelation (relatio rationis) dar und ist so nicht uneingeschränkt als ens, sondern nur als ein vermindertes Seiendes (ens diminutum) zu begreifen.[573]

Wie sich in *Quodl.* 3 zeigt, ist die Mindestbedingung dafür, etwas als ein Seiendes bezeichnen zu können, die innere Widerspruchslosigkeit und damit die Intelligibilität. Die Erfüllung dieser Mindestbedingung, wie sich zudem in

---

[572] Et istorum duorum membrorum (quorum utrumque pertinet ad primum membrum distinctionis), primum videtur valde extendere nomen rei, et tamen, ex communi modo loquendi, satis probatur; communiter enim dicimus intentiones logicas esse res rationis, et relationes rationis esse res rationis, et tamen ista non possunt esse extra intellectum. Non ergo nomen rei, secundum usum loquendi, determinat se ad rem extra animam, et isto intellectu communissimo, prout res vel ens dicitur quodlibet conceptibile, quod non includit contradictionem, sive illa communitas sit analogiae, sive univocationis, de qua non curo modo, posset poni ens primum obiectum intellectus, quia nihil potest esse intelligibile, quod includit rationem entis isto modo, quia ut dictum est prius, includens contradictionem non est intelligibile, et isto modo, quaecumque scientia, quae non solum vocatur realis, sed etiam quae vocatur rationis, est de re, sive de ente. JOHANNES DUNS SCOTUS, Quodl. q. 3 n. 2 (Ed. Viv. XXV), 114.

[573] Nec intelligo hic ens rationis, quod est in intellectu obiective (quia sic omne universale est in anima), nec illud quod est tantum in intellectu subiective, (quia sic intellectio et scientia sunt in anima, quae tamen sunt formae reales, et in genere qualitatis); sed intelligo ens in anima, tanquam secundo consideratum, non tanquam primo consideratum, ad quod considerandum movetur primo anima a re extra, sed tanquam ens in primo considerato, inquantum consideratum; et tale ut in summa sit dicere, non est nisi relatio rationis, quia nihil habet praecise esse in considerato, ut considerato, nisi compraratio qua consideratum comparatur ad aliud per actum considerantis; ens ergo diminutum, ut hic accipitur universaliter, est ens rationis. JOHANNES DUNS SCOTUS, Ord. IV d. 1 q. 2 n. 3 (Ed. Viv. XVI), 100-101.

Ord. IV d. 1 q. 2 zeigt, ist das Kennzeichen des Seienden, das nur in einem verminderten Sinne als Seiendes, nämlich als ens diminutum bezeichnet wird. Ein solches Seiendes ist nicht außerhalb des Verstandes und kann auch nicht außerhalb von diesem sein; es ist im strengen Sinne ein ens rationis. In diese Klasse von Gegenständen fallen, wie Scotus in den beiden genannten Texten deutlich macht, vor allem die intentiones secundae, d.h. diejenigen Begriffe, die im Verstand dadurch entstehen, dass eine Reflexion nicht auf extramentale Gegenstände, sondern auf Begriffe stattfindet, über die der Verstand bereits verfügt, nämlich über solche, die er in einem ersten Akt der Betrachtung von etwas Extramentalem gebildet hat. Aufgrund dieser reflexiven Struktur handelt es sich bei diesen entia rationis um verstandesabhängige Relationen (relationes rationis).

Die scheinbare Zurückhaltung des Duns Scotus in *Quodl.* 3 in der Frage nach dem Prädikationsmodus des Begriffs des Seienden, der in Bezug auf diese Klasse der entia rationis ausgesagt wird, nämlich ob es sich hierbei um eine analoge oder eine univoke Aussage handelt,[574] findet sich in *Rep. I A* nicht. Hier wird explizit die Möglichkeit der univoken Prädikation ausgeschlossen.[575] Diesem Befund entspricht auch die von Scotus in *Quodl.* 3 n. 2 betonte Interpretation dieser entia rationis als logische Intentionen, insofern diese Begriffe nämlich nicht in den Gegenstandsbereich der Metaphysik, sondern der Logik gehören. Dies ist der Fall, auch wenn sie von einem nicht univok ausgesagten Begriff des Seienden, den man als primum obiectum intellectus, aber nicht als einheitlichen Gegenstand der Metaphysik als einer scientia realis verstehen kann, umfasst werden.

2 Die Lehre von den Entia Rationis

Gegenüber dieser Auffassung des Duns Scotus weicht die Interpretation des Franciscus de Mayronis ab. Allerdings drückt sich die veränderte Position des Franciscus nicht in einer uneingeschränkt vertretenen These der univoken Prädikation hinsichtlich der entia rationis aus. Vielmehr findet eine signifikante Verschiebung innerhalb des Begriffs der entia rationis selbst statt. Aus diesem Grund ist zunächst das Verständnis zu verdeutlichen, das Franciscus von dieser Klasse von Gegenständen hat. Wie sich zeigen wird, spielt für Mayronis bei der Auseinandersetzung mit diesem Problem die Konfrontation mit einer Auffassung eine Rolle, die offensichtlich von Wilhelm von Ockham vertreten wird.

---

574 [...] prout res vel ens dicitur quodlibet conceptibile, quod non includit contradictionem, sive illa communitas sit analogiae, sive univocationis, de qua non curo modo [...]. JOHANNES DUNS SCOTUS, Quodl. q. 3 n. 2 (Ed. Viv. XXV), 114.

575 Vgl. JOHANNES DUNS SCOTUS, Rep. I A d. 29 q. un. Oxford, Merton College, MS 61, f. 139r.

Franciscus de Mayronis hat in den gedruckt vorliegenden *Quaestiones Quodlibetales* zwei ausführliche Fragen dem Problem der entia rationis gewidmet.[576] Er geht hierbei von einer ganz bestimmten Perspektive aus, nämlich der Frage, inwiefern die entia rationis zur Wissenschaft der Theologie gehören. Eine gewisse Lösung erhält das für Mayronis im Vordergrund stehende Problem am Ende der sechsten Frage seiner *Quaestiones Quodlibetales*. Mayronis führt aus, dass die Gedankendinge deshalb nicht aus den Wissenschaften auszuschließen sind, weil sie allgemein von allen Doktoren angenommen werden. Sie zu verneinen, kann höchstens um der Disputation willen geschehen, weshalb die Untersuchungen der vorausliegenden Artikel der q. 6 der Übung halber unternommen wurden.[577]

Ähnlich zurückweichend fällt auch das Ergebnis der siebten Frage aus. Hier heißt es nämlich, dass die Gedankendinge nur insofern zu verneinen sind (neganda), also nicht Gegenstand einer Wissenschaft sein können, als sie von den allgemein anerkannten Argumenten (propter dicta communia) ausgeschlossen werden. Diejenigen aber, die als Gegenstände beibehalten werden können, müssen reale Gegenstände werden, wenn dies mit Gründen gestützt werden kann. Genau diesem Unternehmen, so schließt das Fazit der Quaestio, habe die Untersuchung mit den vorgelegten Argumenten gegolten.[578]

Wie diese beiden Ergebnisse deutlich machen, entwickelt Mayronis keine geschlossene Theorie der entia rationis. Gleichwohl diskutiert er einige wesentliche Einzelaspekte, die sowohl in historischer als auch in systematischer Hinsicht von Interesse sind. Historisch bemerkenswert ist der Vorwurf des Mayronis an die moderne unkritische Theologie – Mayronis benutzt die Vokabel „vulgus" –, nämlich dass diese den Versuch mache, mit der überhandnehmenden Einführung von Gedankendingen alle möglichen Probleme zu lösen, wohingegen die Kirchenväter und die älteren Theologen nur gelegentlich ihre Zuflucht zu den entia rationis genommen hätten.[579] Ein Grund, den Mayronis hierfür anführt, besteht darin, dass der Bereich der Realge-

---

[576]   Zur Lehre von den entia rationis vgl. KOBUSCH, TH., Sein und Sprache. Historische Grundlegung einer Ontologie der Sprache (Studien zur Problemgeschichte der antiken und mittelalterlichen Philosophie XI), Leiden/New York/Kopenhagen/Köln 1987, 168-174.

[577]   Dico autem ad quaestionem quod quia entia rationis ponantur communiter ab omnibus doctoribus non sunt neganda, nisi forte gratia disputationis, ut ex praecedentibus articulis exercitium habeatur. FRANCISCUS DE MAYRONIS, Quodl. q. VI (Ed. Venetiis 1520), f. 238va K.

[578]   Dico tamen ad quaestionem quod entia rationis simpliciter non sunt neganda, nisi propter dicta communia. Tunc illa quae possunt sustineri debent fieri realia, si possunt declarari. Et ad illud laboravit quaestio ista et gratia exercitii dimittenda sunt argumenta. FRANCISCUS DE MAYRONIS, Quodl. q. VII (Ed. Venetiis 1520), f. 241rb G.

[579]   Sed attendendum est quod, licet de istis entibus rationis philosophi parum fuerint locuti, tamen sancti nostri aut nunquam aut vix inveniuntur fecisse mentionem de eis et, quamvis antiqui theologi quandoque fugerent ad ista entia, modernum tamen vulgus theologiae omnia fere salvare conantur per entia rationis. FRANCISCUS DE MAYRONIS, Quodl. q. VI (Ed. Venetiis 1520), f. 235rb F.

genstände reduziert wird, was dazu führt, dass die Unterstellung der bloßen
Gedankendinge zunimmt. Die Beschränkung des als real Anerkannten hängt
damit zusammen, so führt Mayronis aus, dass allein Substanzen und Qualitäten im engeren Sinne als real gelten. Dieser Einstellung entspricht ein verwunderlicher Geiz (avaritia mira),[580] nämlich nur die Dinge als real seiend
zuzulassen, die zuzulassen man genötigt ist. Im Ergebnis führt dies dazu, nur
noch Substanzen und Qualitäten als real Seiendes zu begreifen und die übrigen Kategorien als Gedankendinge auszuscheiden.[581] Welche Position meint
Mayronis, wenn er mit ironischer Schärfe davon spricht, es müsse wohl das
Motiv eines verwunderlichen Geizes bei deren Vertretern zugrunde liegen?

2.1 Franciscus de Mayronis und Wilhelm von Ockham

Um diese Frage zumindest versuchsweise beantworten zu können, sind einige
historische Überlegungen notwendig. Das gedruckte *Quodlibet* [Y] des Franciscus de Mayronis enthält zwei Quaestionen, die sich mit der Lehre von den
entia rationis beschäftigen. Insgesamt kann man davon ausgehen, dass dieses
Quodlibet eine überarbeitete Fassung einer ursprünglich anders gestalteten
Version, wie sie u.a. der Codex Troyes, Bibl. mun. 995 enthält, darstellt. Die
überarbeitete und später gedruckte Version des Quodlibet liegt u.a. auch im
Codex Marseille, Bibl. mun. 256 vor [M]. Die dort enthaltenen Quaestionen
6 und 7, die im Folgenden im Vordergrund stehen, sind auch, beide zusammengefasst, als eigenständiger Traktat im Codex Mailand, Ambrosiana I 148
INF enthalten [A].

Gleich zu Beginn des Textes findet sich eine Passage, die für die vorliegende Thematik von größtem Interesse ist. Der folgende Text des Druckes,
Venedig 1520, ist mit den genannten Handschriften verglichen worden.

Y= Venedig 1520, f. 235rb G
M= Marseille, MS 256, f. 62rb
A= Mailand, Ambrosiana, I 148 INF, f. 118vb

Quarta causa est excellentia intelligibilium sicut, quando circa divina
non possunt aliqui salvare[582] quod dicunt secundum rem, confugiunt ad
rationem, quemadmodum[583] ille doctor qui praesentibus multis doctori-

---

[580]   Th. Kobusch spricht in diesem Zusammenhang von einem „bewundernswerte[n] Geiz“,
interpretiert diese Formulierung allerdings auch im Sinne einer ironischen Anspielung auf
das Ökonomieprinzip Ockhams. Vgl. Kobusch, Th., Sein und Sprache, 170.

[581]   Et istis adiungitur avaritia mira quorumdam qui nullum ens reale volunt ponere nisi cogantur et dicunt quod non possunt cogi, nisi ad substantiam et qualitatem omnibus aliis
praedicamentis positis tantum secundum rationem. Franciscus de Mayronis, Quodl. q.
VI (Ed. Venetiis 1520), f. 235rb G.

[582]   salvare-dicunt: intelligere seu quod dicunt salvare M.

[583]   qemadmodum: sicut M.

bus quod divina essentia in ratione obiecti[584] causat actum intelligendi in intellectu divino ipsum movens ad intelligendum. Et cum a ceteris doctoribus in[585] hoc argueretur, dixit quod talem motionem et causationem non intendebat[586] nisi secundum rationem.

Et istis adiungitur avaritia mira quorumdam qui nullum ens reale volunt ponere nisi cogantur, et dicunt quod non possunt cogi nisi ad substantiam et qualitatem, omnibus aliis praedicamentis positis tantum secundum rationem. Et adhuc de qualitate dubitant per illam regulam Peripateticorum: In paucioribus via[587] magis quae multas interimit veritates cum non omnia vera sint demonstrabilia.

Zunächst ist unklar, wer mit „ille doctor" und wer mit „praesentibus multis doctoribus" bzw. „ceteris doctoribus" gemeint ist. Die behauptete Tatsache, dass jener Doktor in der Gegenwart vieler anderer Doktoren seine Meinung vertreten habe, deutet darauf, dass es sich bei dem geschilderten Konflikt um eine reale Situation und nicht um eine fiktive Entgegensetzung unterschiedlicher Auffassungen handelt. Auf eine solche reale Gesprächssituation deutet auch der Hinweis, jener Doktor habe geantwortet (dixit), als die übrigen Doktoren hinsichtlich des Voraufgehenden argumentiert haben (in hoc argueretur).

Wie aus dem Kontext von *Quodl.* q. 6 deutlich wird, beschreibt Mayronis jenen nicht mit Namen genannten Doktor als jemand, der zu denen gehört, die zum Verstand fliehen (confugiunt ad rationem), wenn sie eine sachhaltige Aussageweise nicht aufrechterhalten können (non possunt aliqui salvare quod dicunt secundum rem). Was damit gemeint ist, wird im Weiteren deutlich: Eine sachhaltige Aussageweise besteht dann, wenn sie eine Erkenntnis zum Ausdruck bringt, die sich auf ein reales Objekt bezieht. Wenn die Erkenntnis aber nicht durch ein reales Objekt verursacht ist, sondern unabhängig von einem Objekt durch göttliches Wirken direkt hervorgerufen wird (divina essentia in ratione obiecti causat actum intelligendi in intellectu divino ipsum movens ad intelligendum), ist das reale Fundament verlassen und die Flucht zum bloß Gedanklichen angetreten. Eine solche Bewegung oder ein solches Verursachen, das nur dem Verstand nach oder eben nur gedanklich verstanden wird (talem motionem et causationem non intendebat nisi secundum rationem), ist das, was jener Doktor auf die Argumente seiner Gesprächspartner hin für seine Position in Anspruch nimmt.

Dieser Auffassung – so fährt Mayronis in der Schilderung jenes Doktors fort – schließt sich ein verwunderlicher Geiz an (istis adiungitur avaritia mira), der nicht jenem Doktor allein zugeschrieben wird, sondern all denen (quorumdam qui), die die These vertreten, dass nur Substanzen und Quali-

---

584 obiecti: *om.* Y.
585 in hoc: *om.* Y.
586 intendebat: intelligebat M; intelligebatur A.
587 via: videtur A.

täten im engeren Sinne als real verstanden werden können, während alle anderen Kategorien nur etwas durch den Verstand Gesetztes, aber nicht eigentlich etwas Reales bezeichnen (nullum ens reale volunt ponere nisi cogantur; et dicunt quod non possunt cogi nisi ad substantiam et qualitatem, omnibus aliis praedicamentis positis tantum secundum rationem), wobei gewisse Zweifel bestehen, ob die Qualitäten selbst zum Realen zu rechnen sind (de qualitate dubitant).

Fasst man diese Auffassung zusammen, kann man zwei grundsätzliche Thesen formulieren. Zum einen behauptet jener Doktor, dass es möglich sei, dass Gott eine Erkenntnis verursachen kann, die durch den Verstand selbst und – so ist zur Erläuterung aus dem Kontext wohl hinzuzufügen – nicht durch die Sache, d.h. durch das Objekt selbst verursacht wird. Die zweite These, die sich mit der ersten verbindet, behauptet, dass im engeren Sinne nur das als real angesehen werden kann, was entweder selbst eine Substanz ist oder als Qualität einer Substanz inhäriert.

Wer ist jener Doktor, der diese Thesen vertritt? Der Sache nach lassen sie sich bei Wilhelm von Ockham in dessen Sentenzenkommentar nachweisen. Aber kann man davon ausgehen, dass Mayronis diesen Kommentar kannte, und erklärt dies seine deutliche Bezugnahme auf eine bestimmte historische Situation, in der jener Doktor in Gegenwart von anderen Doktoren seine Auffassungen diskutiert hat? Geht man davon aus, dass sich Mayronis tatsächlich auf eine solche Gesprächssituation bezieht, der er selbst beigewohnt hat oder von der er durch andere gehört hat, fragt sich wiederum, bei welcher Gelegenheit dies der Fall gewesen sein soll. Grundsätzlich scheint die Tatsache, dass Mayronis die Lehre des Wilhelm von Ockham zumindest bis zu einem gewissen Grade kannte, schon aus der Erörterung der erkenntnistheoretischen Fragen im Prolog des *Conflatus* hervorzugehen. A. Maurer bezieht die dort von Mayronis kritisierte Position unmittelbar auf die Lehre des Wilhelm von Ockham.[588] Mit dieser allgemeinen Feststellung ist aber noch nichts über die in Frage stehende Gesprächssituation gesagt, die bei Mayronis anklingt.

Man weiß von beiden Autoren, dass sie sich Mitte der 20er Jahre in Avignon aufgehalten haben. Ockham ist frühestens seit dem Frühjahr 1324 in Avignon, weil gegen ihn auf Veranlassung des Oxforder Kanzlers, Johannes Lutterell, am päpstlichen Hof ein Prozess wegen angeblicher Irrlehren geführt wird. Man kann davon ausgehen, dass er sich dort bis zu seiner Flucht im Mai 1328 im Franziskanerkonvent aufhält. Mayronis dürfte etwa um die gleiche Zeit in Avignon angekommen sein. B. Roth[589] und H. Roßmann[590]

588   Vgl. MAURER, A., Francis of Meyronnes' Defense of Epistemological Realism, in: Being and Knowing. Studies in Thomas Aquinas and Later Medieval Philosophers (Papers in Mediaeval Studies 10), Toronto 1990, 311-331.

589   Vgl. ROTH, B., Franz von Mayronis O.F.M. Sein Leben, seine Werke, seine Lehre vom Formalunterschied in Gott (Franziskanische Forschungen III), Werl 1936, 44.

vermuten sogar, dass Mayronis hinsichtlich einer Frage der Gnadenlehre als Gutachter im Prozess gegen Ockham zu Rate gezogen wurde. Ist es also möglich, dass sich Mayronis im genannten Text auf Wilhelm von Ockham bezieht, der im Rahmen des gegen ihn geführten Prozesses die oben genannten Thesen vertritt? Formal gesehen würde dies zunächst einmal die deutlichen Hinweise bei Mayronis auf eine konkrete Situation von Rede und Gegenrede erklären.

Darüber hinaus gibt es aber auch inhaltliche Aspekte, die auf diese Konstellation zu verweisen scheinen. Die von Mayronis genannten, jenem Doktor zugesprochenen Thesen finden sich nämlich in einer Quaestio des *Quodlibet*, das Ockham verfasst hat. Geht man zwar davon aus, dass dieses *Quodlibet* in England gehalten wurde, hält aber andererseits daran fest, dass eine redaktionelle Überarbeitung in Avignon selbst stattgefunden hat,[591] so scheint es nicht ausgeschlossen, dass Ockham hierin auf den Prozess, dem er sich unterwerfen musste, Bezug nimmt. Dies scheint bei *Quodl.* VI q. 6 in besonderem Maße evident zu sein. Denn in dieser Quaestio findet sich eine Passage, die wörtlich aus der von Lutterell vorgebrachten Anklageschrift gegen Ockham zitiert. Ockham verwendet diese im Gutachten ihm selbst vorgeworfene These als Gegenargument für eine kritische Auseinandersetzung. Dass das Gutachten diese These selbst aus dem *Quodlibet* zitiert, ist aufgrund des argumentationslogischen Ortes, den diese Auffassung im *Quodlibet* hat, auszuschließen. Für diesen Text *Quodl.* VI q. 6 scheint es demnach zwingend zu sein, eine Überarbeitung seitens des Autors im Kontext des Prozesses anzunehmen.

Was die erste These betrifft, findet sich in *Quodl.* VI q.6 die von Mayronis angeführte Behauptung als implizite Annahme in der spezifischen Anwendung auf die Erkenntnis nicht existierender Gegenstände. Ockham formuliert als erste Schlussfolgerung dieser Quaestio die Annahme, dass Gott eine intuitive Erkenntnis nicht existierender Gegenstände verursachen kann.

In ista quaestione pono duas conclusiones: prima est quod cognitio intuitiva potest esse per potentiam divinam de obiecto non existente.[592]

Die Formulierung, mit der Mayronis auf diese Behauptung bezug nimmt, spricht zwar nicht ausdrücklich von den nicht existierenden Gegenständen. Doch kommt eben dieser Sachverhalt dadurch zum Ausdruck, dass er als Ursache des Erkenntnisaktes den bewegenden Intellekt selbst anführt. Dieser verursacht „in ratione obiecti", d.h. er wirkt im Sinne des Ob-

---

[590] Vgl. ROßMANN, H., Die Hierarchie der Welt. Gestalt und System des Franz von Meyronnes OFM mit besonderer Berücksichtigung seiner Schöpfungslehre (Franziskanische Forschungen XXXIII), Werl 1972, 22.

[591] Vgl. WEY, J. C., Introductio, WILHELM VON OCKHAM, Quodlibeta Septem (OTh IX), ed. J. C. Wey, St. Bonaventure 1980, 7*-41*, 36*-41*. Zu dem gleichen Ergebnis kommt mit zusätzlichen Argumenten LEPPIN, V., Wilhelm von Ockham, Darmstadt 2003, 139-144.

[592] WILHELM VON OCKHAM, Quodl. VI, q. 6 (OTh IX), 604.

jektes, so dass der Gegenstand selbst als Ursache nicht in Frage kommt und aus diesem Grund als nicht existierend gedacht werden kann. Ockham begründet seine These mit drei Argumenten, auf die Mayronis nicht unmittelbar eingeht. Im Anschluss daran diskutiert er einen Einwand, der wörtlich einem der Anklagepunkte entspricht, die gegen ihn im Verlauf des Prozesses vorgebracht wurde.

Et si dicis quod secundum istam rationem sequitur quod Deus posset videri intuitive et beatifice, non exhibita sua praesentia actuali in ratione obiecti actualiter praesentis ipsi intellectui, quod falsum est et erroneum.[593]

Was man Ockham vorhält, ist, dass er eine intuitive und beglückende Gotteserkenntnis für möglich hält, auch wenn die göttliche Gegenwart im Sinne eines aktuell gegenwärtigen Objektes nicht gegeben ist. Dieses wörtliche Zitat ist ein sicherer Hinweis darauf, dass Ockham bei seiner Redaktion dieser Quaestio des *Quodlibet* auf den Verlauf des Prozesses selbst reagiert.

In der Schilderung des Franciscus de Mayronis findet sich an dieser Stelle der Argumentation der Verweis auf Gegenargumente, die die Doktoren gegen die These jenes Doktor vorbringen (cum a ceteris doctoribus in hoc argueretur). Dieser Verweis lässt sich leicht dadurch erklären, dass Mayronis auf eben diese Prozesssituation bezug nimmt, in der Ockham sich befindet. Die Antwort, die jener Doktor daraufhin nach der Schilderung des Mayronis gegeben hat, besteht darin, dass er die von ihm genannte Verursachung nur „secundum rationem" gemeint habe. Was mit dieser Formulierung gemeint ist, ist nicht unmittelbar einsichtig. Worauf Ockham in seiner Antwort im *Quodlibet* abhebt, ist, dass für die intuitive Erkenntnis keineswegs ein aktuell existierendes Objekt notwendig ist, obgleich eine Erstursache für jede Wirkung unerlässlich ist. Worauf Ockham offensichtlich abzielt, ist also, dass Gott eine intuitive Erkenntnis als Wirkung hervorbringen kann, indem er als Erstursache dies unmittelbar bewirkt. Real existierende Objekte sind hierfür als Vermittlungsinstanzen nicht notwendig.[594] „Secundum rationem" wäre dann die Wirkweise Gottes, weil sie unter Absehung von den real existierenden Gegenständen geschieht.

Auf den ersten Blick scheint diese erste Schlussfolgerung, die Ockham in *Quodl.* VI q. 6 entwickelt, der zweiten zu widersprechen, wonach keine intuitive Erkenntnis natürlicherweise ohne ein existierendes Objekt verursacht werden kann, weil keine reale Wirkung von etwas ausgehen kann, das nicht selbst etwas ist.

---

[593] WILHELM VON OCKHAM, Quodl. VI, q. 6 (OTh IX), 605. Vgl. KOCH, J., Neue Aktenstücke zu dem gegen Wilhelm von Ockham in Avignon geführten Prozess, in: Recherches de théologie ancienne et médiévale 7 (1935), 353-380; 8 (1936), 79-93 u. 168-197, 93.

[594] Vgl. STUMP, E., The Mechanisms of Cognition, in: Cambridge Companion to Ockham, Spade P.V. (Hg.), Cambridge 1999, 168-203, 181-188.

Secunda conclusio est quod naturaliter cognitio intuitiva non potest causari nec conservari, obiecto non existente. Cuius ratio est quia effectus realis nec potest conservari nec produci de non esse ad esse ab illo quod nihil, et per consequens naturaliter loquendo requirit tam causam producentem quam conservantem existere.[595]

Im Anschluss an einen weiteren Einwand, der nicht auf die Prozesssituation, sondern auf Petrus Aureoli zurückgeht – und konsequenter Weise bei Mayronis unter der Voraussetzung, dass dieser selbst auf die Prozesssituation und nicht auf den Text des *Quodlibet* selbst bezug nimmt, keine Erwähnung findet –, erläutert Ockham diese These. Mit Aureoli unterstellt den Fall, man sieht die Sonne und betritt anschließend einen dunklen Raum, so bleibt das Sehen der Sonne, die visio solis, erhalten, obwohl die Sonne selbst nicht mehr gegenwärtig ist, wie es bei einem nicht existierenden Gegenstand eben auch der Fall ist. Ockham erläutert dieses Beispiel im Gegensatz zu Aureoli, indem er darauf verweist, dass zwar nicht die visio solis selbst bestehen bleibt, aber eine gewisse Qualität, nämlich das dem Auge eingeprägte Licht.

Respondeo: non manet visio solis, sed manet aliqua qualitas, puta lux impressa oculo, et illa qualitas videtur. Et si intellectus formet talem propositionem ‚lux videtur in eodem situ etc.‘ et sibi assentiat, decipitur propter illam qualitatem impressam visam.[596]

Dieser Eindruck im Auge stellt seinerseits eine Qualität dar, die für Ockham in einer gewissen Weise real ist, wohingegen der Gegenstand selbst, nämlich die Sonne, nicht gegenwärtig ist. Denn was gesehen wird, ist diese Qualität und nicht die Sonne selbst.

Indem Ockham die intuitive Erkenntnis mit der subjektiv dem Erkennenden inhärierenden Qualität identifiziert und damit die Existenz eines extramentalen Gegenstandes ausschließen kann, umgeht er die Annahme, dass die intuitive Erkenntnis ein im engeren Sinne reales Objekt voraussetzt. Im Unterschied zur ontologischen Grundposition des Franciscus von Mayronis ist für Ockham der Realitätsstatus der intuitiven Erkenntnis nur über deren Status als subjektiv inhärierende Qualität zu sichern. Diese Auffassung steht im Hintergrund der in diesem Teil von *Quodl.* VI q. 6 vorgetragenen Lösung.

Gerade auf diese unausgesprochenen, aber in anderen Kontexten explizit formulierten ontologischen Annahmen bezieht sich Mayronis, wenn er von dem sich anschließenden verwunderlichen Geiz (avaritia mira) spricht, der darin besteht, lediglich Substanzen und Qualitäten als real anerkennen zu wollen. Mayronis führt die Ockhamsche Lösung, wie sie in *Quodl.* VI q. 6 zum Ausdruck kommt, also auf ihre impliziten ontologischen Voraussetzungen zurück, die er dann mit einer gewissen Ironie zur Sprache bringt. Dies

---

[595] WILHELM VON OCKHAM, Quodl. VI, q. 6 (OTh IX), 606.
[596] WILHELM VON OCKHAM, Quodl. VI, q. 6 (OTh IX), 606.

setzt mit Sicherheit weitreichendere Kenntnisse der Ockhamschen Grundpositionen voraus, als sie in dem genannten Text Ockhams explizit zum Ausdruck kommen. Diese Kenntnisse können durch andere Schriften oder die direkte Auseinandersetzung im Verlauf des Prozesses vermittelt sein. Im *Sentenzenkommentar*,[597] aber auch in der *Summa logicae*[598] des Wilhelm von Ockham kommt diese Auffassung deutlich zur Sprache. Vor allem verweist aber auch Johannes Lutterell in seinem *Libellus contra doctrinam Guillemi Occam* in Artikel 51 auf diese Lehre.[599] Gerade diese Schrift ist im Zusammenhang mit dem Prozess gegen Ockham von einer besonderen Bedeutung. Möglicherweise beruht der Hinweis des Franciscus de Mayronis, dass man hinsichtlich der Qualität im Zweifel sei (de qualitate dubitant), auf der vorsichtigen Formulierung, die Lutterell benutzt, wenn er davon spricht, dass außer der Substanz „vielleicht" (forsan) eine geistige Qualität anzunehmen sei.

Im Ergebnis kann man folgendes mit einer gewissen Wahrscheinlichkeit festhalten. Franciscus de Mayronis bezieht sich mit der Formulierung „ille doctor" auf Wilhelm von Ockham. Die konkrete Situation, die bei Mayronis zur Sprache kommt, ist aller Wahrscheinlichkeit nach der Prozess, dem sich Ockham in Avignon unterziehen muss. Mayronis ist zu diesem Zeitpunkt selbst in Avignon anwesend und kann aus diesem Grund direkt oder indirekt mit den Auseinandersetzungen, die dieser Prozess einschließt, in Berührung gekommen sein. Ockham hält sich während des Prozesses im Franziskanerkonvent in Avignon auf, ein Ort, der sicher auch als Unterkunft für Franciscus de Mayronis in Betracht zu ziehen ist. Mit „multis" bzw. „ceteris doctoribus" bezieht sich Mayronis vermutlich auf andere am Prozess beteiligte Gelehrte.

Ein Reflex des Verfahrens selbst findet sich bei Ockham in *Quodl.* VI q. 6. Die Schilderungen, die Mayronis in seiner kurzen Darstellung gibt, lassen sich zwar nicht wörtlich, aber der Sache nach, auf diese Äußerungen Ockhams beziehen. Am plausibelsten scheint es zu sein, dass sich beide Autoren auf eine konkrete Diskussion beziehen, die von Ockham in *Quodl.* VI q. 6 reflektiert wird und bei Mayronis in der genannten Passage aus *Quodl.* q. 6 zum Thema wird. Für die Datierung des *Quodlibet* von Franciscus de Mayronis bedeutet das, dass zumindest Teile, sicher die Quaestionen 6 und 7, in

---

[597]   Vgl. WILHELM VON OCKHAM, Ord. I d. 8 q. 2 (OTh III), 187.

[598]   Vgl. WILHELM VON OCKHAM, Summa Logicae p. 3 c. 18 (OPh I), 666.

[599]   Ex ista opinione istius cum aliis principiis suis videtur sequi nichil esse preter substantiam nisi forsan aliqua qualitas spiritualis, quia omnes qualitates corporales sunt quantitas, quantitas est substantia et, ut probatum est prius, una est quantitas, per quam ea, que sunt in substantia, sunt quantitas per accidens. Sic predicamenta ultimo reducit ad relationem; relatio autem secundum eum non est nisi unum absolutum connotans aliud. Itaque, ut dicit, nescit ymaginari aliquid consurgere medium, tanquam est habitudo media. Igitur tantum substantia est preter qualitates spirituales, que sunt non extense. JOHANNES LUTTERELL, Libellus contra doctrinam Guilelmi Occam n. 269, ed. F. Hoffmann, in: HOFFMANN, F., Die Schriften des Oxforder Kanzlers Iohannes Lutterell. Texte zur Theologie des vierzehnten Jahrhunderts, Leipzig 1959, 3-102, 99.

Avignon zu etwa demselben Zeitpunkt entstanden sind, als auch Ockham am gleichen Ort eine Redaktion seines ursprünglichen Textes vornimmt. Dies kann als terminus a quo nicht vor Mitte 1324 der Fall gewesen sein.

2.2 DAS WESEN DER ENTIA RATIONIS

Ist damit der historische Hintergrund angedeutet, der zu der differenzierten Auseinandersetzung bei Franciscus de Mayronis führt, ist über die inhaltliche Bestimmung der Gedankendinge noch nichts gewonnen.[600] Entia rationis im engeren Sinne, wie sie Mayronis im vorliegenden Kontext behandeln will, sind keine bloßen Hervorbringungen der verursachenden Vernunft. Wäre dem so, dann müssten alle intellektuellen Tugenden Gedankendinge sein, da sie aus Verstandeshandlungen als zusätzliche Wirkungen hervorgegangen sind. Entia rationis sind auch nicht durch die praktische Vernunft bestimmte Gegenstände, d.h. Mittel der moralischen Tugenden. In einer dritten Hinsicht sind sie aber auch nicht bloße Ausflüsse der Erkenntnisakte, d.h. von der Vernunft hervorgebrachte und zurückgelassene Gegenstände (ab illa ratione derelictum). In diesem Sinne werden zwar Erkenntnisgegenstände, insofern sie durch einen Erkenntnisakt in den Status des Erkanntseins hervorgebracht werden (in esse cognito producta), entia rationis genannt, doch ist dies nicht die Bedeutung des Begriffs „entia rationis", in der im vorliegenden Kontext ein Gegenbegriff zum ens reale ausgedrückt wird.[601] Entia rationis im engeren Sinne, wie sie für die weitere Untersuchung verstanden werden, sind von der Vernunft gebildete Dinge (conficta). Nach diesem Verständnis setzt der Verstand, der sich mit seinen Gegenständen beschäftigt, die Gedankendinge als entia diminuta bildend zusammen. Nur in dieser Weise verstandene entia rationis sind wirklich den entia realia entgegengesetzt.[602] Gedankendinge im engeren Sinne sind also nicht Gegenstände, auf die sich der Verstand richtet, sondern sie werden vom Verstand hervorgebracht, genau dann, wenn er sich mit seinen Objekten befasst. Sie liegen nicht vor, sondern gehen aus der eigentlichen Tätigkeit des Verstandes durch Zusammensetzung hervor. In diesem Sinne sind sie fiktiv. Dieser Unterschied kommt auch in dem ad men-

---

[600] Zum Folgenden vgl. KOBUSCH, TH., Sein und Sprache, 169-170.

[601] Intelligendum tamen est quod comparando ad istam rationem aliquid dicitur esse rationis quattuor modis: aut quia tali ratione causatum quemadmodum aliquid dicitur alicuius quia ab ipso effectum. Et sic possunt dici omnes intellectuales virtutes entia rationis quia sunt ex talibus actibus aggeneratae. Aut quia a tali ratione regnante, sicut dicitur recte rationis illud quod ratio dictat. Et isto modo dicitur medium virtutum moralium medium rationis. Aut quia ab illa ratione derelictum, sicut esse cognitum sequitur ex actu cognoscendi. Et isto modo obiecta ut in esse cognito producta possunt dici entia rationis. FRANCISCUS DE MAY-RONIS, Quodl. q. VI (Ed. Venetiis 1520), f. 235rb E.

[602] [...] aut quia a tali ratione confictum, quemadmodum intellectus negocians circa sua obiecta dicitur confingere entia diminuta. Et isto modo summuntur hic entia rationis, quia isto modo solum entia rationis distingui videntur contra ens reale. FRANCISCUS DE MAYRONIS, Quodl. q. VI (Ed. Venetiis 1520), f. 235rb E-F.

tem verfassten, aber nicht wirklich von Mayronis stammenden, *Tractatus Formalitatum* zum Ausdruck. Hier wird das ens in anima derelictum ausdrücklich als eine ins Erkanntsein überführte quidditas gedeutet. [603]

Offensichtlich handelt es sich um einen wichtigen Unterschied, ob man die entia rationis einfach als vom Verstand verursacht betrachtet, was der ersten von Mayronis zurückgewiesenen Interpretation entspricht, oder wenn man sie als vom Verstand zusammengesetzte, also synthetische Gebilde betrachtet, die die Gegenstandserkenntnis des Verstandes begleitet. Dass das „confingere" eine Begleiterscheinung des gegenstandsbezogenen Erkennens ist, macht die die Gleichzeitigkeit betonende Partizipialkonstruktion „intellectus negocians circa sua obiecta dicitur confingere" deutlich. Dieser Gegenstandsbezug ist aber in der Interpretation der entia rationis als derelicta a ratione noch größer, so dass sie nicht mehr als entia rationis im engeren Sinne adäquat erfasst werden, weil sie, wie Mayronis auch in einem anderen Zusammenhang deutlich macht, [604] zu realistisch interpretiert werden. Nach diesem Verständnis werden sie nämlich als die ins Erkanntsein transferierten Gegenstände selbst verstanden (obiecta ut in esse cognito producta), was die Gedankendinge zu quasi realia macht.

Die Abgrenzung, die Mayronis zwischen den verschiedenen Interpretationen der entia rationis vornimmt, erfolgt in zwei Richtungen. Zum einen gegenüber einem Verständnis, das die Gedankendinge zu sehr von ihrem Verursachtsein her begreift, so dass sie als von etwas Realem verursacht selbst als real erscheinen. Zum anderen gegenüber einer zu starken Akzentuierung ihrer Gegenstandsbezogenheit, die dazu führt, die Gedankendinge zu sehr mit den erkannten Objekten selbst zu identifizieren und ihnen auf diese Weise den Charakter der entia rationis im strengen Sinne nimmt. Genau diese letzte Interpretation wird Mayronis dann allerdings verfolgen, um die als Gedankendinge abgewiesenen und aus dem Gegenstandsbereich der Wissenschaften ausgesonderten Objekte, mit diesem Realitätsstatus versehen, wieder wahrheits- und wissenschaftsfähig zu machen.

Auf diese Abgrenzung der entia rationis im engeren Sinne gegenüber deren weitergefassten Interpretationen kommt Mayronis im ersten Artikel der Quaestio zurück, [605] wenn dort die Frage gestellt wird, was die entia rationis

---

[603] Sed ens in anima est dupliciter, quia quodam est elaboratum per actum reflexum intellectus vel per imperium voluntatis et de tali ente in anima et extra animam ens dicitur aequivoce. Aliud est ens in anima derelictum et est quidditas in esse cognito producta et de tali ente in anima ens non dicitur aequivoce. PSEUDO-FRANCISCUS DE MAYRONIS, Tractatus Formalitatum (Ed. Venetiis 1520), 263va L.

[604] Dico quod ens rationis quantum ad praesens spectat est in duplici differentia. Quodam enim est fabricatum a ratione, sicut respectus ad seipsum, et per tale ens rationis numquam salvatur aliquid reale. Aliud est ens rationis non a ratione fabricatum sed a ratione derelictum. Et huiusmodi sint respectus intellecti, voliti, dilecti et huiusmodi. Per talia autem rationis entia bene possunt salvari mutationes et contradictiones obiectivae. FRANCISCUS DE MAYRONIS, Conflatus, d. 17 q. 1 (Ed. Venetiis 1520) f. 68vb Q.

[605] Vgl. FRANCISCUS DE MAYRONIS, Quodl. q. VI (Ed. Venetiis 1520), f. 235vb I-L.

eigentlich sind. Die allgemeine Definition eines Gedankendinges als desjenigen, was von der Seele hervorgebracht wird (illud quod est ab anima nostra
fabricata), ist zu weit. Würde man von einer solchen Bestimmung ausgehen,
dann gehörten die intellektuellen Habitus, die Erkenntnisakte, die moralischen Dispositionen und die vom intellectus agens hervorgebrachten species
intelligibiles ebenfalls zu den entia rationis. „Deshalb", so lautet die Antwort
des Franciscus de Mayronis, „spricht man im eigentlichsten Sinne davon,
dass die Gedankendinge jene sind, welche vom Verstand gemacht werden,
wenn dieser sich gegenstandsbezogen beschäftigt in der Weise eines gewissen
Figments".[606] In diesem Sinne sind die entia rationis sowohl Hervorgebrachte
(producta) als auch Abhängige (dependentia). Der Verstand bringt sie hervor
und sie bestehen nur, solange die Verstandestätigkeit anhält.[607]

2.3 DAS VERHÄLTNIS VON ENS RATIONIS UND ENS REALE

Wenn der Begriff des ens rationis in dieser Weise eingeschränkt wird, stellt
sich auch das Verhältnis Realgegenstand-Gedankending anders dar. Denn
die Einteilung alles Seienden in ens reale und ens rationis kann nicht die
erste, allen weiteren zugrundeliegende sein. Das Realseiende, das zunächst in
substantiell und akzidentiell, sodann in absolut und relational Seiendes eingeteilt wird, zerfällt schließlich in die zehn aristotelischen Kategorien, wovon
die Qualität die dem ens rationis übergeordnete ist. Das ens rationis hängt
nämlich vom Genus der Betrachtung ab, diese selbst aber ist der Kategorie
der Qualität zugeordnet.[608] Ein Gedankending ist demnach eine bestimmte
Betrachtungsweise, bzw. hängt von einer solchen ab, die einem substantiell
Seienden als qualitative Bestimmung innewohnt. Mit dieser Interpretation
nimmt Mayronis die zuvor deutlich gewordene Anknüpfung der entia rationis
an die sich mit den Gegenständen beschäftigende Betrachtung des Verstandes wieder auf. Die entia rationis gehen als conficta aus dem negocians circa
sua obiecta des Verstandes hervor und hängen deshalb von der als qualitative
Bestimmung interpretierten Betrachtungsweise des Intellekts ab.

Die Einteilung des Seienden in real und gedanklich Seiendes ist deshalb
auch nicht die eines univok erfassten Begriffs „ens" in die in gleicher Weise in
ihm enthaltenen Teilbestimmungen ens reale und ens rationis. Das ergibt sich
aus der Aporie, die entsteht, wenn man das durch die Gegenüberstellung von
ens rationis und ens reale Eingeteilte auf seinen ontologischen Status hin
befragt. Da eine jede übergeordnete Bestimmung von der näheren Kennzeichnung durch die untergeordneten Differenzierungen absieht, hätte eine

---

[606]   Ideo dicitur magis proprie quod entia rationis sunt illa quae sunt facta a ratione obiective
negociante per modum cuiusdam figmenti. FRANCISCUS DE MAYRONIS, Quodl. q. VI (Ed.
Venetiis 1520), f. 235va K.

[607]   Vgl. FRANCISCUS DE MAYRONIS, Quodl. q. VI (Ed. Venetiis 1520), f. 235va K-L.

[608]   Vgl. FRANCISCUS DE MAYRONIS, Quodl. q. VI (Ed. Venetiis 1520), f. 235va M-vb N.

Einteilung durch ens reale und ens rationis bei der Unterstellung eines gemeinsamen übergeordneten univoken Begriffs zur Folge, dass dieser weder etwas Reales noch etwas nur Gedachtes zum Ausdruck bringen kann, was offensichtlich unmöglich ist.[609]

Eine Einteilung eines einheitlichen und sachhaltigen Begriffs des Seienden durch die Bestimmungen des ens reale bzw. ens rationis müsste eine der vier folgenden Interpretationen des übergeordneten conceptus entis zur Folge habe: Entweder bezeichnet dieser Begriff, so führt Mayronis aus, etwas Reales oder etwas Gedankliches, oder er bezeichnet beides zusammen oder als letzte Möglichkeit keines von beiden. Die ersten beiden Deutungen scheiden aus, weil der allgemeine conceptus entis, wenn er je eines bezeichnen würde, nicht auf die jeweils andere Bestimmung washeitlich anwendbar wäre. Dass er beides gleichzeitig bezeichnet, ist ausgeschlossen, weil sonst beide Bestimmungen jeweils jedem einzelnen Einteilungsglied zukämen. Die letzte Möglichkeit, dass dieser übergeordnete Begriff weder etwas Reales noch etwas Gedachtes bezeichnet, ist deshalb auszuschließen, weil die Kennzeichnungen, von der Seele gemacht zu sein auf der einen Seite, bzw. nicht von der Seele gemacht zu sein, und somit etwas Reales zu sein auf der anderen Seite, einander kontradiktorisch entgegengesetzt sind. Nach dem Prinzip vom ausgeschlossenen Dritten muss also eines von beiden der Fall sein. Wenn aus den genannten Gründen alle vier Möglichkeiten auszuschließen sind, so die Schlussfolgerung, die Mayronis zieht, so handelt es sich bei dieser Unterteilung lediglich um eine Differenzierung dem bloßen Wortlaut nach (secundum vocem), nicht aber um eine solche von sachhaltiger Bedeutung. Aus diesem Grund, so die letzte Konsequenz, gehört diese Einteilung auch nicht in den Rahmen einer ersten Philosophie, d.h. sie besitzt kein metaphysisches Gewicht.[610]

---

[609] Tertius articulus est, si ista divisio entis in reale et rationis est recta. Dicitur autem communiter quod sic, quia ista ponitur in prima philosophia. Sed istud non videtur stare posse quadruplici ratione. Primo, quia omne divisum abstrahit a suis dividentibus cum sit superius, et sic istud divisum non esset reale, nec rationis, quod non videtur possibile. FRANCISCUS DE MAYRONIS, Quodl. q. VI (Ed. Venetiis 1520), f. 235vb O.

[610] Ideo dico quod, si ens dividatur in reale et rationis, istud divisum oportet ut ponatur uno quattuor istorum modorum: Aut quod illud commune ponatur ens reale aut rationis; aut erit neutrum aut utrumque. Non ens reale, quia tunc ens reale esset commune ad ens rationis, et de illo diceretur in quid; nec rationis, quia tunc ens rationis diceretur de ente reali in quid; nec utrumque, quia tunc utrumque conveniret alteri; nec neutrum, quia fabricatum ab anima et non fabricatum sunt extrema contradictionis. Et omne non fabricatum ab anima ponitur ens reale, sicut fabricatum ab anima ens rationis secundum dicta. Quia ideo talis divisio videtur tantum esse secundum vocem, sicut cum ens dividitur in prohibitum et non prohibitum, nec per consequens pertinet ad primam philosophiam. FRANCISCUS DE MAYRONIS, Quodl. q. VI (Ed. Venetiis 1520), f. 235vb O-P.

2.4 DIE VERURSACHUNG DER ENTIA RATIONIS

Was die Hervorbringungsweise der entia rationis angeht, so gibt Mayronis diesbezüglich offen zu, dass er dieses Problem nicht zu lösen im Stande ist. Denn wenn man sich die Gedankendinge als verursacht denkt, dann muss man sie auch als von einer realen Ursache verursacht denken. Eine reale Ursache hat aber auch immer reale Wirkungen, was dazu führt, dass die entia rationis dann doch als realia aufzufassen sind, was ihrem Wesen widersprechen würde.[611] An der gleichen Schwierigkeit scheitert auch die Möglichkeit, die entia rationis als im Verstand Rezipierte zu verstehen. Denn alles, was in einem Realen, nämlich in dem Fall im Verstand ist, ist auch selbst etwas Reales.[612] Gelten diese Gründe für eine Verursachung durch eine Zweitursache, d.h. ein Vermögen, das sein Verursachenkönnen einer vorausgehenden ersten Ursache verdankt, so gelten diese um so mehr von Gott als Ersturursache. Der göttliche Wille kann die entia rationis nicht hervorgebracht haben, ohne dass diese dann als Geschaffenes real wären.[613] Darüber hinaus ist auch die Möglichkeit auszuschließen, dass der göttliche Verstand die entia rationis hervorbringt (fabricare). Die Vollkommenheit des göttlichen Erkennens, die unmittelbar intuitive Einsicht, bedarf nicht der entia rationis. Es ist allein die Beschränktheit des menschlichen Erkennens, seine Verwiesenheit auf ein abstraktives Vorgehen, die die fiktive Ausbildung der entia rationis bestimmt. Diese Beschränkung, die das menschliche Erkennen auf die Vermittlung durch bestimmte Erkenntnisbilder verweist, trifft aber auf das göttliche Erkennen nicht zu.[614] Es lässt sich also kein Grund anführen, warum der göttliche Verstand Gedankendinge hervorbringen sollte.

Ähnliche Gründe sind es auch, warum die Gedankendinge kein vorheriges Sein in einem subjektiven oder bewirkenden Vermögen haben können und weshalb sie nicht vorweg in potentia obiectiva existieren können. Denn welcher Art soll z.B. das Sein in potentia obiectiva sein? Entweder, so führt Mayronis aus, ist es das eines realen Hervorgebrachtwerdenkönnens; dann sind die entia rationis aber selbst schon in einem gewissen Sinne real. Oder sie sind nur secundum rationem hervorbringbar; dann sind sie aber bereits in

---

[611] Ideo dico quod non video per quem modum ista entia rationis accipiant esse a causis realibus, quin ipsa sint realia. FRANCISCUS DE MAYRONIS, Quodl. q. VI (Ed. Venetiis 1520), f. 236ra A.

[612] Ideo dico quod entia rationis non sunt in rebus, quia quicquid est in re est reale. FRANCISCUS DE MAYRONIS, Quodl. q. VI (Ed. Venetiis 1520), f. 236ra C.

[613] Ideo dico quod si entia rationis ponantur produci a divina voluntate concurrente cum qualibet causa secunda non videtur quare non sint realia et a deo creata. FRANCISCUS DE MAYRONIS, Quodl. q. VI (Ed. Venetiis 1520), f. 238rb F.

[614] Primo quia ista negociatio intellectus nostri non fit, nisi quia intellectus humanus non potest capere rem omnino sicut est in se. Intellectus autem divinus non habet istum defectum; et ideo frustra fingeret entia talia. FRANCISCUS DE MAYRONIS, Quodl. q. VI (Ed. Venetiis 1520), f. 238rb F-G.

Wirklichkeit entia rationis, so dass die Rede von einem „praehabere" eines Sein in potentia obiectiva unsinnig wird.[615]

2.5 DIE ERKENNBARKEIT DER ENTIA RATIONIS

Über diese Schwierigkeiten hinaus, die entia rationis im Verhältnis zu einem verursachenden oder sie aufnehmenden Vermögen zu denken, bereitet auch die Frage nach der Möglichkeit, sie zu erkennen, ernsthafte Probleme. Es lässt sich nämlich kaum ausmachen, wie die entia rationis durch die Handlung des Intellekts erfasst werden können, insofern jedes reale Handeln einen realen Gegenstand fordert. Denn eine weitere Schwierigkeit stellt sich ein, versucht man die Art und Weise näher zu bestimmen, in der die Gedankendinge vom Verstand erfasst werden können. Was ausscheidet, ist die Möglichkeit, dass die entia rationis unmittelbar Gegenstände eines Erkenntnisaktes sein können. Insofern nämlich das Erkenntnisvermögen selbst, die Relation zwischen diesem und seinem Gegenstand und schließlich der Gegenstand als terminus des Erkenntnisaktes etwas Reales sind, besteht keine Möglichkeit, die Gedankendinge in einen solchen Erkenntnisprozess zu integrieren, ohne ihren Status als nicht-reale Gegenstände in Frage zu stellen.[616] Trotz dieser Gründe verwirft Mayronis die Möglichkeit der objektiven Erkennbarkeit der entia rationis nicht endgültig, sondern drückt sich an dieser Stelle sehr vorsichtig aus, indem er nur darauf verweist, dass es nicht leicht sei, die Weise zu begreifen, wie die entia rationis gegenständlich vom Verstand erfasst werden können.[617]

Wie steht es aber dann um das Verhältnis des Verstandes zu den entia rationis? In einem gewissen Sinne muss es doch ein Verhältnis der Gedankendinge zum Verstand geben, denn ohne den Bezug zur ratio ist es sinnlos, von ihnen als entia rationis zu sprechen.[618] Trifft dies zu, dann ergeben sich aber zwei weitere Konsequenzen, die Mayronis unter Rückgriff auf Augustinus in Anwendung bringt. Eine erste, dass das Zugeständnis des relationalen Charakters der entia rationis es nach sich zieht, dass diese auch etwas außer-

---

[615] Ideo dico quod sicut entia rationis non praehabent esse in potentia subiectiva vel effectiva secundum praemissa, ita non videntur esse in potentia obiectiva, quia aut essent producibilia realiter, aut secundum rationem. Si primo modo, possent esse realiter producta; si secundo modo, iam essent actu entia rationis. FRANCISCUS DE MAYRONIS, Quodl. q. VI (Ed. Venetiis 1520), f. 236va K.

[616] Vgl. FRANCISCUS DE MAYRONIS, Quodl. q. VI (Ed. Venetiis 1520), f. 236va L-M.

[617] Ideo dico quod non faciliter videri potest quomodo entia rationis attingantur obiective ab operatione intellectiva. FRANCISCUS DE MAYRONIS, Quodl. q. VI (Ed. Venetiis 1520), f. 236va M.

[618] Decimus articulus est, si ista entia diminuta sunt ad rationem relativam. Dicunt autem quidam quod non, quia sunt ipsae rationes referendi. Istud tamen dictum includit manifestam contradictionem: Quod sint entia rationis et non referantur ad ipsam eo modo quo sunt entia rationis. FRANCISCUS DE MAYRONIS, Quodl. q. VI (Ed. Venetiis 1520), f. 236vb N-O.

halb der Relation, d.h. ihrem Bezogensein auf den Verstand sein müssen. Eine zweite, die als Präzision der ersten betrachtet werden kann, nämlich dass das, was die entia rationis außerhalb ihres relationalen Charakters sind, der Relation selbst als ein reales Für-sich-Sein (aliquid ad se) vorausgehen muss.[619] Hiermit wird den entia rationis ein Moment der Eigenständigkeit gegenüber dem Verstand zugeschrieben, das notwendig ist, um die Differenz von Verstand und Gedankending, Vorgängigkeit und Nachgeordnetheit, Über- und Unterordnung und schließlich Wirkung und Verursachung zwischen diesen Größen denken zu können.

Mayronis erläutert dieses Moment der Eigenständigkeit mit dem Fall einer relatio rationis, nämlich dem Beispiel der rechten und der linken Seite einer Säule. Zu unterscheiden ist hierbei nämlich das Verhältnis dieser beiden Bestimmungen zueinander, d.h. der rechten Seite zur linken, auf der einen Seite, gegenüber dem Verhältnis dieser beiden Bestimmungen zum Erkenntnisvermögen auf der anderen Seite. Wenn sich auch die eine Bestimmung ursächlich vom Erkenntnisvermögen her ergibt, weil die Betrachterperspektive darüber entscheidet, wo z.B. die rechte Seite ist, so ist der Bestimmungsgrund für die entgegengesetzte Seite nicht ebenfalls das Erkenntnisvermögen, sondern unmittelbar das Verhältnis zur jeweils anderen Seite. Dieser liegt also eine washeitliche Bestimmung zugrunde, die dem Verhältnis zum Erkenntnisvermögen, das sich daraus denominativ ergibt, vorausgeht.[620] Die Struktur, die Wirklichkeit in der Wahrnehmung nach rechts und links zu differenzieren, liegt einerseits im Erkenntnisvermögen selbst, andererseits muss hierbei eine vorausliegende, sachhaltige Gegebenheit angenommen werden, die nicht erst durch den Erkenntnisakt konstituiert wird, sondern diesen in seiner Gegenstandsadäquatheit erst ermöglicht. Was rechts und links für sich betrachtet sind, ergibt sich nicht aus dem Verhältnis zum Erkenntnisvermögen, sondern unter Absehung von diesem. Die linke Seite ist die gegenüberliegende Seite der rechten Seite eines Gegenstandes

---

[619]   Ideo dico quod nullus ponens entia rationis potest negare quin ipsa referantur ad rationem, et tunc accipiuntur duae regulae. Quarum primam exprimit et secundam inuit beatus Augustinus septimo De trinitate. Prima est quod omne quod relative dicitur, est aliquid excepta ipsam relationem; et ideo, si entia rationis inquantum talia referantur ad rationem, sunt aliquid aliud praeter esse rationis quod est ratio ipsa. Secunda regula est quod omne quod est ad aliquid, prius est aliquid ad se; et ideo, si ens rationis est ad rationem, prius erit in eo aliquid ad se, et istud erit reale cum praeveniat habitudinem ad rationem. FRANCISCUS DE MAYRONIS, Quodl. q. VI (Ed. Venetiis 1520), f. 236vb O.

[620]   Ideo dico quod si ponantur entia rationis, ut puta dextrum et sinistrum in columna, alia est habitudo eorum ad invicem, ut dexter ad sinistrum; et alia habitudo eorum ad rationem. Unde dextrum respicit rationem sicut causam et sinistrum sicut oppositum non causam, et sic cum quidditas dextri sit ad sinistrum non poterit quidditative secundum illam habitudinem esse rationis, sed denominative, et sic cum quidditativum in quolibet praecedat denominativum, prius erit ens non rationis quam rationis. FRANCISCUS DE MAYRONIS, Quodl. q. VI (Ed. Venetiis 1520), f. 236vb Q.

und nicht eine Seite des Erkenntnisvermögens, was – wie Mayronis abschließend feststellt – eine absurde Annahme wäre.[621]

Mit dieser Interpretation wendet sich Mayronis z.B. gegen eine Auffassung, wie sie Wilhelm von Ockham vertritt, wenn dieser das Verhältnis von rechter und linker Seite einer Säule nicht als relatio rationis versteht.[622] Wie dieses Beispiel deutlich macht, haben die entia rationis für Mayronis einen sehr differenzierten Charakter. Sie sind einerseits nicht in der Weise auf den Verstand zurückführbar, dass dieser als alleiniger Erklärungsgrund für jene angesehen werden kann. Vielmehr ist der Verstand selbst auf den in den Gedankendingen implizierten Sachgehalt verwiesen, wenn er gegenständliche Erkenntnis gewinnen will. Gleichwohl sind die entia rationis keine realia, so dass sie auf extramental Gegenständliches reduziert werden könnten.

2.6 Wahrheits- und Wissenschaftsfähigkeit der Entia Rationis

Aus diesen Annahmen ergeben sich Konsequenzen für das Wahrheitsproblem hinsichtlich der entia rationis. Denn es stellt sich die Frage, wenn in einer Aussage ein Gedankending prädiziert wird, wie ein solcher Satz wahr bzw. falsch sein kann. Geht man mit Augustinus davon aus, dass eine Einsicht, die eine Sache anders erfasst, als sie ist, falsch ist, und eine Einsicht, die die Sache so erfasst, wie sie ist, wahr ist, dann scheint es zunächst so zu sein, dass durch die Prädikation eines Gedankendinges kein wirklicher Wahrheitsanspruch erfüllt werden kann. Denn ein Gedankending ist eben kein Ding schlechthin, so dass seine Anwendung auf wirklich Seiendes aufgrund dieser Differenz notwendig immer unangemessen sein muss.[623] Gleichwohl räumt Mayronis durchaus Zweifel an einer solchen Position ein. Denn wenn der Wahrheitsanspruch einer solchen Prädikation eines Gedankendinges, z.B. des Satzes „homo non est humanitas", nicht durch die Wirklichkeit, sondern allein durch unseren Verstand gewährleistet wird, und die entsprechende Falschheit des Satzes „homo est humanitas" auch allein durch die ratio begründet wür-

---

[621] Et confirmatur quia dextrum inquantum dextrum non est nisi ad sinistrum; et inquantum est nota quidditative praescitionis tum quia sinistrum inquantum sinistrum non est rationis, alioquin ratio esset ad dextrum eius, quod est absurdum. Franciscus de Mayronis, Quodl. q. VI (Ed. Venetiis 1520), f. 237ra A.

[622] Et quod accipitur quod dextreitas est relatio rationis, falsum est, quia sine omni actu intellectus et voluntatis dicitur columna dextra vel sinistra, quia stat ad dextram animalis vel sinistram. Et ideo non plus est relatio rationis in columna quam in animali. Wilhelm von Ockham, Quodl. VI q. 29 (OTh IX), 698.

[623] Ideo dico quod nulla verificatio quae fit per entia rationis est verificatio simpliciter, quia ille intellectus secundum beatum Augustinum qui intelligit rem simpliciter aliter quam sit, est falsus. Sic autem intelligit rem et non secundum quod in se est realiter. Franciscus de Mayronis, Quodl. q. VI (Ed. Venetiis 1520), f. 237rb G.

de, gäbe es schließlich gar kein Wahrheitskriterium mehr, so dass man letztlich zugeben müsste, dass gar kein Mensch irren könnte.[624]

Der Wahrheitsanspruch von Sätzen, in denen entia rationis ausgesagt
werden, muss weiter realistisch, d.h. nicht bloß epistemisch interpretiert werden. Dennoch – und das wird gerade am Beispiel der entia rationis deutlich –
handelt es sich bei Mayronis nicht um einen unreflektierten Realismus, der
auf der Annahme eines bloßen Abbildverhältnisses beruht. Genau dieser
naive Realismus ist dadurch ausgeschlossen, dass die entia rationis keine
direkten Entsprechungen von real Seiendem sind. Dies macht die Anwendung des Augustinischen Kriteriums der Wahrheit, wie es in *De diversis quaestionibus 83* formuliert ist,[625] deutlich. Es kann durch die entia rationis keine
unmittelbare verificatio von real Seiendem geben, weil dieses Seiende im
Begriff eines ens rationis anders eingesehen wird, als es für sich betrachtet in
Wirklichkeit ist.

Welche Bedeutung hat diese Interpretation der Wahrheitsfähigkeit der
entia rationis für den Bereich wissenschaftlicher Erkenntnis? Auf die Wissenschaft der Theologie bezogen scheint es zunächst die Auffassung von Mayronis zu sein, dass der ontologische Status der entia rationis als entia diminuta
dazu führt, diese aus dem Gegenstandsbereich dieser Wissenschaft auszuschließen, weil damit eine Minderung der Vollkommenheit der Theologie
selbst einher gehen würde.[626] Doch macht sich Mayronis selbst einen entscheidenden Einwand, der im Text selbst nicht widerlegt wird und deshalb
ein besonderes Gewicht erhält. Denn, so kann man unausgesprochen von der
distinctio formalis Gebrauch machend argumentieren, die Aussagen der
Theologie, die nicht nur gemäß dem Verstand (secundum rationem), sondern
hinsichtlich des Seins selbst (de esse) gemacht werden, kann auch der Philo-
soph treffen. Die Aussagen aber, die der Theologe über das vom Philosophen
Erkannte hinaus macht, also vor allem die personale Unterschiedenheit der
göttlichen Wesenheit, betreffen eben nur ein formal bzw. begrifflich Unterschiedenes, ein distinctum tantum ratione. Was der Theologe also über den
Philosophen hinaus weiß, zielt nur auf etwas Gedankliches.[627] Dieses Argu-

---

[624] Sed remanet dubium, quia ista verifica[n]tur simpliciter „homo non est humanitas" per
solam rationis distinctionem et ita falsificatur „homo est humanitas" per eiusdem rationis
identitatem sublatam. Dicitur quod illi qui dicunt semetipsos illudunt, cum veritas quae est
in re non possit auferri per rationem et realis falsitas non possit tolli per nostram considerationem. Unde si nostra consideratio verificaret falsa realiter, nullus homo posset errare,
cum talia sint obiective in ratione cuiuslibet qualia intelligit proprie. FRANCISCUS DE
MAYRONIS, Quodl. q. VI (Ed. Venetiis 1520), f. 237rb G-H.

[625] Vgl. AUGUSTINUS, De diversis quaestionibus 83, q. 32 (CCSL 44A), 46.

[626] Ideo dico quod illi qui veritates theologicas intelligunt secundum rationes tantum verificari
multum faciunt theologiam diminutae perfectionis. FRANCISCUS DE MAYRONIS, Quodl. q.
VI (Ed. Venetiis 1520), f. 237va I.

[627] Sed oritur difficultas quia tales veritates quae sunt de ordine divinorum ponantur ab istis
secundum rationem, tamen principales sunt de esse ut quod deus est aeternus, trinus et
unus, aut intelligunt idem in re, quod deus est deus et istud intelligit ita bene philosophus
aut non idem in re et tunc habetur propositum aut distinctum tantum ratione et sic illud

ment setzt natürlich die Interpretation des formal Unterschiedenen als eines secundum rationem Unterschiedenen, das in Abgrenzung zur realen Einheit der göttlichen Wesenheit verstanden wird, voraus. Entscheidend ist bei dieser Argumentation des gesamten Artikels, dass Mayronis die entia rationis lediglich wegen ihres ontologischen Status als entia diminuta und damit wegen der hieraus hervorgehenden Minderung der Vollkommenheit der Theologie aus diesem Wissenschaftsbereich ausscheiden möchte.[628] Die wissenschaftstheoretichen Annahmen selbst sprechen hingegen dafür, dass die Gedankendinge, im Fall der Theologie die formal unterscheidbaren Eigenschaften des Göttlichen, zu dieser Wissenschaft hinzugehören. Vor allem erweisen sie sich nicht als wissenschaftsunfähig. Diese Annahme stünde nämlich auch in einem deutlichen Kontrast zu dem hinsichtlich des Wahrheitsproblems im vorangegangenen Artikel Ausgeführten.

Weitaus gravierendere Bedenken äußert Mayronis im 17. Artikel, wo er grundsätzlich nach der Möglichkeit fragt, ob es von den entia rationis Wissenschaft geben könne. Die Antwort dieses Artikels scheint zunächst auch eindeutig negativ auszufallen. Hinsichtlich der entia rationis kann es keine Wissenschaft geben, weil weder affirmative noch negative Urteile, die sich direkt auf Gedankendinge beziehen, einen Wahrheitsanspruch erheben können. Eine propositio secundum rationem kann weder wahr noch falsch sein, so dass solche Sätze weder selbst zur Wissenschaft gehören können, noch andere aus ihnen abgeleitet werden können, die man dann als wissenschaftlich begreifen kann.[629] Die Möglichkeit, die Mayronis hinsichtlich der Wissenschaftsfähigkeit der entia rationis in einem zweiten Schritt dennoch einräumt, besteht darin, die Gedankendinge insofern zum Gegenstand der Wissenschaft zu machen, als sie in ihrem Verhältnis realen Gegenständen gegenüber thematisiert werden (in habitudine ad realia).[630] Zweifellos drückt sich Mayronis diesbezüglich sehr vorsichtig und eher skeptisch aus. Doch von der Systematik seiner Gesamtinterpretation des Phänomens der entia rationis her betrachtet liegt diese Möglichkeit tatsächlich auf der Hand. Das Realistische an der von Mayronis vorgenommenen Interpretation der entia rationis besteht ja gerade darin, diese als realistisch zu begreifen, insofern sie sich auf Sachgehalte beziehen, die nicht vom Verstand verursacht sind, sondern dessen Tätigkeit vorausgehen. Diese intentionale Struktur ist es, die die Prädika-

---

quod novit theologus supra philosophum est rationis tantum. FRANCISCUS DE MAYRONIS, Quodl. q. VI (Ed. Venetiis 1520), f. 237va K.

[628] In diese Richtung weist auch die Argumentation des letzten Artikels der Quaestio, wo Mayronis die Möglichkeit ausschließt, dass die entia rationis formal in Gott sind, da alles, was in Gott ist, notwendig real ist. Vgl. FRANCISCUS DE MAYRONIS, Quodl. q. VI (Ed. Venetiis 1520), f. 238rb H-va K.

[629] Vgl. FRANCISCUS DE MAYRONIS, Quodl. q. VI (Ed. Venetiis 1520), f. 238ra A-C.

[630] Dicitur autem quod sicut contingit tractare de entibus prohibitis aut de nullo aut de homine irrationali cum tamen de istis nulla potest esse scientia ita forte de entibus rationis in habitudine ad realia nisi forte dicatur quod talis tractatus est frustra. FRANCISCUS DE MAYRONIS, Quodl. q. VI (Ed. Venetiis 1520), f. 238ra C.

tion von Gedankendingen wahrheitsfähig und damit zum möglichen Gegenstand wissenschaftlicher Erkenntnis macht.

Wie steht es um den Begriff des ens rationis selbst? Lassen sich vom Begriff des ens reale Begriffe wie „idem", „diversum", „prius" und „posterius" als dessen passiones unterscheiden, so muss das gleiche auch für den Begriff des ens rationis gelten. Die Frage, die sich hierbei stellt, zielt darauf, ob diese passiones selbst wieder als entia rationis oder doch als entia realia anzusehen sind. Die Antwort, die Mayronis hierauf gibt, stellt zunächst klar, dass die passiones des ens rationis auch selbst wieder dem Verstand und nicht der verstandesunabhängigen Wirklichkeit zugehören. Damit ist nicht in Zweifel gezogen, dass idem, diversum etc. auch in der Wirklichkeit vorkommen, doch als Bestimmungen des ens rationis werden sie eben auch secundum rationem verstanden.[631] Damit ist aber für einige Autoren (aliqui) keineswegs gesagt – und das ist der zweite von Mayronis diskutierte Aspekt dieses Problems –, dass diese passiones als entia rationis den Charakter, jeweils eine Bestimmung (passio) des Begriffs „ens rationis" zu sein, behalten.[632] Mayronis wendet sich gegen eine solche Auffassung und hält in Parallele zum Fall der entia realia daran fest, dass diese Bestimmungen, auch wenn sie jeweils selbst entia realia oder rationis sind, dennoch nicht den Charakter verlieren, als passiones des jeweiligen Begriffs „ens" zu fungieren. Ebenso wie hinsichtlich des Realseienden die Bestimmungen „idem" und „diversum" im Sinne eines propter-quid Beweises nachgewiesen werden, ist dies nach eben demselben Beweisverfahren auch hinsichtlich der Gedankendinge und ihrer passiones der Fall.[633] Grundsätzlich besteht keine strukturelle Differenz hinsichtlich des Verhältnisses des Realseienden und des Gedachtseienden gegenüber den jeweiligen passiones. Der ontologische Status, wirklich Seiendes oder nur Gedankending zu sein, ändert nichts daran, dass etwas als nähere Bestimmung eines Subjektes auftreten kann, dessen passio es dann jeweils ist. Die Konstitutionsverhältnisse zwischen subiectum und passio sind also jeweils unabhängig davon, ob Träger und Eigenschaft der extramentalen Wirklichkeit angehören, oder ob es sich nur um Gedankendinge handelt.

---

[631] Vgl. FRANCISCUS DE MAYRONIS, Quodl. q. VI (Ed. Venetiis 1520), f. 237va L-M.

[632] Dicunt tamen aliqui quod idem aut diversum aut prius et posterius non sunt passiones entis rationis cum sumitur secundum rationem, immo sunt ipsa entia rationis. FRANCISCUS DE MAYRONIS, Quodl. q. VI (Ed. Venetiis 1520), f. 237va M.

[633] Istud tamen dictum non est apparens. Tum quia, licet idem et diversum in re sint entia realia, propter hoc non negatur quin sint passiones entis rationis cum sumantur secundum rationem. Immo ipsa sunt entia rationis et ita, licet idem et diversum in ratione sint entia rationis, non debet tamen negari quin sint entis rationis passiones. Tum quia sicut de entibus realibus demonstrantur propter quid idem et diversum, ita de entibus rationis idem et diversum secundum rationem et demonstratur propter quid sicut propria passio. FRANCISCUS DE MAYRONIS, Quodl. q. VI (Ed. Venetiis 1520), f. 237va M-vb N.

2.7 Der ontologische Status der Entia Rationis

Was den ontologischen Status der entia rationis betrifft, so werden sie zunächst als entia diminuta gekennzeichnet. Hiermit sind sie gegen das schlechthin Seiende, die entia simpliciter, abgegrenzt. Nur diese Einschränkung erlaubt es, wie Mayronis in einem ersten Argument hervorhebt, Identitäts- und Differenzverhältnisse zu konstatieren, die eben nicht den Charakter schlechthinnigen Zusammenfalls oder Unterschiedenseins haben. Nur so ist es etwa möglich, Identität und Differenz von göttlicher Wesenheit und göttlichen Attributen zu denken, ohne diese uneingeschränkt in eins fallen zu lassen, bzw. eine vollständige Differenz zu konstatieren.[634] Zwar sind die Gedankendinge keine entia simpliciter, doch sie sind auch nicht schlechthin nichts. Die Vermutung, sie seien etwas Mittleres zwischen diesen Extremen, trifft aber auch nicht zu, wie Mayronis deutlich macht. Diese Argumentation zielt also auf die Ablehnung eines Verständnisses der entia rationis als eines Mittleren zwischen dem schlechthin Seienden und dem Nichts.[635] Doch wie ist der Status der entia rationis dann zu bestimmen, wenn diese weder mit einem der Extreme – ens simpliciter oder nihil – zusammenfallen, noch zwischen diesen beiden vermitteln? Mayronis selbst lässt diese Frage zunächst offen, da er sieht, dass dieses Problem offensichtlich aporetischen Charakter hat.[636]

Wenn dies ausgeschlossen ist, welchen Status haben die entia rationis dann sonst? Lassen sie sich einer der aristotelischen Kategorien zuordnen oder liegen sie außerhalb des hierdurch beschreibbaren Bereichs? Alles das, was außerhalb der Seele existiert, fällt unter einen der aristotelischen Gattungsbegriffe und ist in diesem Sinne real. Genau das trifft aber für die Gedankendinge nicht zu, denn sie sind gerade dadurch bestimmt, keine realia zu sein. Aus diesem Grund kann man sie auch keiner der aristotelischen Kategorien zuordnen. Dementsprechend können sie auch nicht als Substanzen oder Akzidenzien interpretiert werden.[637] Der scheinbaren Konsequenz, sie deshalb als entia prohibita zu interpretieren, von denen man keine Definition geben kann,[638] scheint Mayronis allerdings nicht zu folgen.

---

[634] Vgl. FRANCISCUS DE MAYRONIS, Quodl. q. VI (Ed. Venetiis 1520), f. 237ra A-B.

[635] Ideo dico quod entia rationis non mediant inter ens simpliciter quod est reale et illud nihil quod directe sibi opponitur, quia non est dare quod non sit ens aut nihil realiter cum de quolibet esse vel non esse simpliciter sicut accipit primum principium complexum. FRANCISCUS DE MAYRONIS, Quodl. q. VI (Ed. Venetiis 1520), f. 237ra C-rb E.

[636] Sed remanet dubium quia dicunt quod licet entia ista rationis sint nihil realiter; tamen sunt entia ratione, et istud videtur esse impossibile quod illud quod realiter habet esse positivum vel privativum per actum rationis fiat ens tantum rationis. FRANCISCUS DE MAYRONIS, Quodl. q. VI (Ed. Venetiis 1520), f. 237rb E.

[637] Ideo dico quod illi qui ponunt entia rationis non debent ipsa ponere in aliquo genere cum omnia genera sub ente extra animam sint contenta nec per consequens esse substantiam aut accidens. FRANCISCUS DE MAYRONIS, Quodl. q. VI (Ed. Venetiis 1520), f. 237vb Q.

[638] Et ideo videntur esse ut entia prohibita quorum nulla diffinitio potest dari. FRANCISCUS DE MAYRONIS, Quodl. q. VI (Ed. Venetiis 1520), f. 237vb Q.

Dies machen zwei Schwierigkeiten deutlich, die Mayronis im Folgenden diskutiert. Zum einen kann man von den entia rationis immerhin eine quasi Definition geben, denn die Bestimmung, Hinsichten zum Verstand darzustellen, trifft zumindest in einem gewissen Sinne zu (secundum quid), nämlich in einer eingeschränkten Bedeutung, wie man auch einen toten Menschen als Mensch und damit als rationales Lebewesen bezeichnet.[639]

Das zweite Argument, das Mayronis diskutiert, ist auf den ersten Blick dem Zusammenhang kaum zuzuordnen. Aus dem Gesagten ergibt sich nämlich, so lautet der Einwand, dass alle Allgemeinbegriffe, die Gattungs- oder Artcharakter haben, realia sein müssen, insofern Gattung und Art Einteilungsschemata sind, die dem ens reale als dem gemeinsamen Oberbegriff untergeordnet sind.[640] Die Schwierigkeit, die hiermit benannt ist, besteht darin, dass die Allgemeinbegriffe selbst entia rationis sind – wie die Diskussion von q. VII, a. 1 der *Quaestiones Quodlibetales* deutlich macht.[641] Es scheint deshalb der eigentlichen Antwort des Artikels zu widersprechen, wenn diese als realia verstanden werden. Um so erstaunlicher ist deshalb die Entgegnung, die Mayronis gibt. Er bestreitet nämlich keineswegs diese Behauptung und hält es tatsächlich für eine Konsequenz des Gesagten, dass die gattungshaften Allgemeinbegriffe real sind, genauso wie die Einheit dieser Begriffe real ist. Die Realität dieser Einheit entspricht dem Realsein der entitas.[642] Soll es sich bei dieser Antwort nicht um einen deutlichen Widerspruch zur Hauptthese des Artikels handeln, muss man eine gewisse Differenzierung hinsichtlich dessen vornehmen, was in diesem Zusammenhang „real" heißt. Gemeint ist wohl, dass der Sachgehalt, den diese Begriffe zum Ausdruck bringen, keine beliebige Hervorbringung des Verstandes ist, sondern in der Natur der Sache ein vorgegebenes Fundament hat. Worin Einzelgegenstände, z.B. Platon und Sokrates, übereinkommen, ist keine Erfindung des Verstandes, sondern die jeweils Platon und Sokrates zukommende Wesenheit des Menschseins. Humanitas ist selbst wiederum kein realer Einzelgegenstand und fällt deshalb nicht in eine der zehn aristotelischen Kategorien, aber die entitas des Menschseins ist eben doch in dem Sinne real, dass sie einer Vielheit von realen Gegenständen zukommen kann und sich dabei auf eine reale Gemeinsamkeit bezieht.

---

[639] Sed oritur difficultas quia respectibus rationis convenit tota diffinitio relationis quae est esse ad aliud cum sint ad aliud diffinitive, et sic sunt in illo praedicamento. Dicitur autem quod convenit eis illa diffinitio nisi secundum quid, sicut homo mortuus uti est homo, est animal rationale secundum quid. FRANCISCUS DE MAYRONIS, Quodl. q. VI (Ed. Venetiis 1520), f. 237vb Q.

[640] Secunda difficultas quia secundum praemissa oportet tenere quod omnia universalia quae sunt genera aut species sunt realia cum cadant sub ente reali secundum quod communia sunt. FRANCISCUS DE MAYRONIS, Quodl. q. VI (Ed. Venetiis 1520), f. 237vb Q.

[641] Vgl. FRANCISCUS DE MAYRONIS, Quodl. q. VII (Ed. Venetiis 1520), f. 238va L-vb N.

[642] Dicitur autem quod istud sequitur ex praemissis et per consequens quod unitas omnium talium est realis sicut entitas. FRANCISCUS DE MAYRONIS, Quodl. q. VI (Ed. Venetiis 1520), f. 237vb Q-238ra A.

Wie dieser Artikel deutlich macht, interpretiert Mayronis die entia rationis in einer Weise, dass der reale Charakter der Gedankendinge nicht an die Tatsache ihres Verursachtseins durch eine reale Ursache, nämlich den Verstand, geknüpft wird. Vielmehr entspricht die Realität der entia rationis der Realität des formalen Gehaltes, auf den diese Begriffe bezogen sind. Dass diese Begriffe als Begriffe entia rationis und nicht realia sind, widerspricht keineswegs der Annahme, dass das, was sie bezeichnen, etwas Reales und nicht etwas bloß Fingiertes ist. Mayronis liefert also eine realistische Interpretation der entia rationis. Diese Auffassung ist allerdings in zwei Richtungen abzugrenzen. Zum einen muss der Unterschied zu den entia realia deutlich sein. Dies führt zu dem Problem, die Hervorbringungsweise der Gedankendinge oder weitergefasst deren Verhältnis zum Verstand zu klären. In diesem Punkt bleibt Mayronis eine klare Antwort schuldig. Es ist im wesentlichen die Annahme, dass Wirkungen von realen Ursachen selbst wiederum realen Charakter haben müssen, die das Problem der Hervorbringung der entia rationis für Mayronis unlösbar macht.

Der zweite Abstoßungspunkt der von Mayronis vorgelegten Interpretation ist der, die entia rationis davor zu bewahren, zu willkürlichen, nicht durch extramentale Sachverhalte ausweisbaren Gebilden des Verstandes zu werden. Geschieht dies, dann ist das Wahrheitsproblem nicht mehr adäquat beschreibbar und der wissenschaftstheoretische Status der Theologie nicht mehr ausweisbar. Was diesen Aspekt betrifft, so scheint Mayronis eine durchaus kohärente Theorie zu vertreten. Insofern die entia rationis einen verstandesunabhängigen Sachgehalt haben, d.h. sich auf etwas richten, was nicht selbst von der ratio hervorgebracht ist, lassen sie sich realistisch interpretieren, auch wenn damit nicht in Frage gestellt wird, dass sie als Vergegenwärtigungen von Realem nicht aufhören, selbst bloße Gedankendinge zu sein. Die entia rationis sind demnach Reales im Medium des Verstandes. Wenn die entia rationis in diesem Sinne nicht als nur vom Verstand Gemachtes (facta a ratione) und bloße Hinsichten des Verstandes selbst (ut respectus rationis), sondern als die Washeiten, die durch den Verstand erkannt sind, begriffen werden (pro quidditate in esse cognito) – wie sich Mayronis im *Conflatus* d. 42 ausdrückt –, sind Realgegenstände und Gedankendinge in einem univok gemeinsamen Begriff zu erfassen.[643]

Mit der gleichen Entschiedenheit trifft Mayronis in einem anderen Zusammenhang eine Unterscheidung, die allein dem Zweck dient, eine realistische Interpretation der entia rationis zu geben, die es erlaubt, objektive Aussagen von diesen zu treffen und sie damit wahrheits- und wissenschaftsfähig zu machen. Diese Differenzierung entspricht der zu Beginn von *Quodl.* 6 getroffenen Abgrenzung zwischen einem ens rationis als einem derelictum

---

[643] Intelligendum tamen quando dividitur ens per ens reale et rationis non debet intelligi sicut ens rationis sic sunt facta a ratione ut respectus rationis et talia, quia talibus et enti reali nihil est commune univocum sed debet accipi ens rationis pro quidditate in esse cognito. FRANCISCUS DE MAYRONIS, Conflatus d. 42 q. 4 (Ed. Venetiis 1520), f. 121ra B.

bzw. einem confictum des Verstandes.[644] Man kann nämlich ein Gedankending einerseits als reine Hervorbringung des Verstandes interpretieren (fabricatum a ratione). In diesem Sinne besitzt das ens rationis dann keinerlei realen Gehalt (numquam salvatur aliquid reale). Andererseits kann man es als ein vom Verstand Hinterlassenes verstehen (a ratione derelictum). In diesem zweiten Sinn kann ein ens rationis als Bezugspunkt von objektiven Veränderungen und objektiv ausweisbaren Gegensätzen fungieren,[645] so dass man das Widerspruchsprinzip, wie Mayronis an anderer Stelle ausführt, zumindest secundum quid auf die entia rationis anwenden kann.[646] Der Unterschied eines fabricatum zu einem derelictum besteht demnach darin, dass es sich im ersten Fall um einen reinen Selbstbezug des Verstandes handelt, im zweiten hingegen um ein Verhältnis, das zwischen dem Verstand und einem realen Gegenstand hergestellt wird. Dass mit dieser Interpretation der Status der Gedankendinge als reine Verstandesmomente aufgegeben wird zugunsten eines realistischen Verständnisses, macht rückblickend die eingangs der Quaestio von Mayronis herausgestellte Abgrenzung gegenüber der Kennzeichnung der entia rationis als a ratione derelicta deutlich.[647] In diesem Zusammenhang hatte Mayronis diese Bestimmung gerade deshalb für die entia rationis im strengsten Sinne ausgeschlossen, weil sie hierdurch zu sehr den Charakter von realia gewinnen. Die Überlegungen der gesamten Quaestio machen jetzt aber deutlich, dass nur auf diese Weise die Möglichkeit besteht, die Gedankendinge in wahrheitsfähigen Urteilen und Satzzusammenhängen zum Gegenstand zu machen. Zudem sprengt der Begriff des ens rationis in dieser Deutung auch nicht den univoken Begriff des Seienden, der dann, wie *Conflatus* d. 42 q. 4 zeigt, ens rationis und ens reale umfassen kann. Insgesamt ist bei dieser Deutung von *Quodl.* VI aber nicht zu übersehen, dass sich Mayronis von der zu Beginn geäußerten Absicht, den Begriff des ens rationis im strengen Sinne als ein confictum des Verstandes behandeln zu wollen, entfernt.

Der metaphysische Ort der entia rationis ist für Mayronis innerhalb der Lehre der Modaldistinktion zu suchen. Als Gegenbegriff zum ens reale wird das ens rationis nicht als ein eigener washeitlicher Begriff verstanden, der dem formalen Gehalt des ens reale entgegengesetzt wird. Der Ort, dem die Disjunktion ens reale – ens rationis zuzuordnen ist, ist innerhalb der metaphysischen Grundgröße der inneren Modi anzunehmen. Ebenso wie die modalen Disjunktionspaare endlich-unendlich, kontingent-notwendig und

---

[644] Vgl. FRANCISCUS DE MAYRONIS, Quodl. q. VI (Ed. Venetiis 1520), f. 235rb E-F.

[645] Dico quod ens rationis quantum ad praesens spectat est in duplici differentia. Quodam enim est fabricatum a ratione, sicut respectus ad seipsum, et per tale ens rationis numquam salvatur aliquid reale. Aliud est ens rationis non a ratione fabricatum sed a ratione derelictum. Et huiusmodi sint respectus intellecti, voliti, dilecti et huiusmodi. Per talia autem rationis entia bene possunt salvari mutationes et contradictiones obiectivae. FRANCISCUS DE MAYRONIS, Conflatus d. 17 q. 1 (Ed. Venetiis 1520), f. 68vb Q.

[646] Vgl. FRANCISCUS DE MAYRONIS, Conflatus, Prol. q. 1 (Ed. Venetiis 1520), f. 2va L-M.

[647] Vgl. FRANCISCUS DE MAYRONIS, Quodl. q. VI (Ed. Venetiis 1520), f. 235rb E.

wirklich-möglich das Seiende im Allgemeinen einteilen, so teilt dies auch das disjunktive Begriffspaar real seiend - gedacht seiend ein. Alle vier Einteilungs-schemata sind solche, durch die der formale Begriff des Seienden hinsichtlich seiner modalen Bestimmung differenziert wird.[648] Diese Lehre ist die syste-matische Grundlage, unter Bezugnahme auf die These von der Unver-änderbarkeit der formalen Gehalte durch die hinzutretende Aussage der modalen Bestimmungen an dem einheitlichen Begriffsgehalt, der der Diffe-renzierung von real und gedacht Seiendem zugrunde liegt, festzuhalten.[649]

2.8 DER WISSENSCHAFTSTHEORETISCHE STATUS DER ENTIA RATIONIS

Wie wirkt sich diese realistische Interpretation der entia rationis in wissen-schaftstheoretischer Hinsicht aus? Dieser Frage geht Mayronis in Quaestio VII seines *Quodlibet* in bezug auf die Theologie nach. Er geht dabei so vor, dass jeweils von bestimmten Begriffsklassen, die zu den entia rationis zu rech-nen sind, im Einzelnen in einem Artikel diskutiert wird, inwiefern diese für die Theologie notwendig sind.[650] Die allgemeine Argumentationsstrategie, mit der sich Mayronis diesem Gegenstand nähert, zielt allerdings darauf, von den Begriffsklassen, die für die Theologie notwendig sind, zu zeigen, inwie-fern sie eben nicht den entia rationis angehören, bzw. in welcher Weise sie eben nicht die den Gedankendingen in einer nominalistischen Interpretation zugeschriebenen Eigenschaften besitzen, die er zu Beginn von Quaestio VI skizziert hat[651] und die sie aus dem Gegenstandsbereich der Theologie aus-schließen würden. Im Folgenden ist die Diskussion derjenigen Begriffsklassen näher zu betrachten, die für die im vorliegenden Zusammenhang übergeord-nete Fragestellung wesentlich sind.

2.8.1 UNIVERSALIA

Der erste Fall, der von Mayronis diskutiert wird, ist der der universalia. Zu-nächst scheint es so zu sein, dass die Universalien tatsächlich nur im Verstand bestehen können, so dass sie nichts in der Wirklichkeit Bestehendes an sich haben können. Der Grund hierfür ist der, dass außer Gott nichts in mehreren in Wirklichkeit existierenden supposita bestehen kann. Es gehört aber zur

---

[648]   Ista ultima divisio est per modos intrinsecos. Convenit enim ens dividi per modos intrinsecos quadrupliciter: Primo in finitum et in infinitum, secundo in contingens et necessarium, tertio in ens in actu et in potentia, quarto in ens reale et rationis. Istae enim divisiones
communiter solent dari. FRANCISCUS DE MAYRONIS, Conflatus d. 42 q. 4 (Ed. Venetiis
1520), f. 121ra A.

[649]   Hierzu vgl. unten Kap. 9.

[650]   Im Einzelnen hierzu vgl. KOBUSCH, TH., Sein und Sprache, 171-174.

[651]   Vgl. FRANCISCUS DE MAYRONIS, Quodl. q. VI (Ed. Venetiis 1520), f. 235rb E-G. Vgl.
Kap. 7 § 2.

Wesensbestimmung der Universalien, dass sie auf natürliche Weise dazu
geeignet sind, in einer Mehrzahl von wirklichen Dingen zu sein. Wenn dies
aber nicht im Modus eines in re esse möglich ist, dann ergibt sich zwangsläufig, dass sie allein durch den Verstand bestehen.[652] Als Folge hiervon ergibt sich für den Gesamtzusammenhang der Quaestio ein Ausschluss der
Allgemeinbegriffe aus dem Bereich der Theologie.

Mayronis stellt dieser Interpretation zwei Argumente in Form von
Schlussfolgerungen entgegen, die jeweils den realistischen Charakter der
Universalien hervorheben. Das erste besagt, dass die Universalien, wenn sie
sich auf reale Einzeldinge beziehen, selbst nicht dem Verstand zugehören
können.[653] Implizit wird in den sich anschließenden Erläuterungen deutlich,
dass das Verhältnis der Universalien zu den Einzeldingen nicht ontologisch
interpretiert wird, sondern als Prädikationsverhältnis verstanden wird. Denn,
so lautet das weitere Argument, kein Gedankending kann sich auf die Washeit eines realen Gegenstandes beziehen. Wenn z.B. ein allgemeiner Artbegriff von einem Individuum prädiziert wird, dann geschieht dies, indem er
von der Washeit dieses Einzeldinges, bzw. hinsichtlich eines Aspektes dieser
Washeit ausgesagt wird.[654] Die Voraussetzung für dieses Argument besteht
offensichtlich darin, dass die Washeiten selbst realistisch interpretiert werden,
so dass jedes Prädikat, das diese selbst oder einen Aspekt von diesen bezeichnet, einen realen Bezugspunkt hat. Mayronis bestreitet also nicht, dass die
Universalien Prädikate sind, sondern behauptet nur, dass sie als solche von
Realem ausgesagt werden und deshalb in diesem Sinne selbst real sind. Nur
unter dieser Voraussetzung lassen sich Urteile, die solche Prädikate enthalten,
verifizieren und falsifizieren.

Wie man von der Annahme der realen Gegenstände aus auf den realen
Gehalt der diese bezeichnenden Prädikate schließen kann, so kann man auch
in anderer Richtung vom Charakter der Prädikate auf den Status des Bezeichneten schließen. Dies führt Mayronis in einem zweiten Beleg für das
erste grundlegende Argument an. Unterstellt man nämlich, dass die Universalien entia rationis sind, dann muss man auch zugeben, dass das unter diesen
Enthaltene, nämlich die entsprechenden Einzelgegenstände, selbst bloße
Gedankendinge sind, was eine nicht akzeptable Annahme darstellt. Dies
ergibt sich nach dem Gesetz, dass sich der Charakter des untergeordneten
Begriffs nach dem des übergeordneten richtet, so dass man von der Annah-

---

652   Quorum primum est de universalibus quia universalia sunt quae sunt apta nata in pluribus
       esse. Nulla autem res una creata est apta nata esse in pluribus, cum istud sit proprium
       divinae naturae esse in pluribus suppositis ratione suae illimitationis; et ideo cum tale unum
       non possit poni in re, oportet ut ponatur in ratione. FRANCISCUS DE MAYRONIS, Quodl. q.
       VII (Ed. Venetiis 1520), f. 238va L-M.

653   Prima est quod universalia singularium non possunt esse rationis. FRANCISCUS DE
       MAYRONIS, Quodl. q. VII (Ed. Venetiis 1520), f. 238va M.

654   Tum quia nullum ens rationis potest esse de quiddidate entis realis, species autem aut est de
       quidditate individui aut dicit totam eius quidditatem. FRANCISCUS DE MAYRONIS, Quodl.
       q. VII (Ed. Venetiis 1520), f. 238va M.

men, dass die Universalien Unterbegriffe des Begriffs „ens rationis" sind, zu der offensichtlich unzutreffenden Identifizierung der durch sie bezeichneten Einzeldinge mit Gedankendingen gelangte.[655]

Streng genommen haben das erste Hauptargument und die es stützenden Erläuterungen lediglich der Widerlegung der These gegolten, dass die Universalien entia rationis sind. Das zweite Hauptargument, bzw. die zweite grundlegende Annahme, die Mayronis macht, spricht nun die positive Feststellung aus, dass die Universalien entia realia sind. Zusätzlich zu der ersten Annahme muss also zur Untermauerung dieser These gezeigt werden, dass ein dritter Weg ausgeschlossen ist und aus der negativen Feststellung, es handelte sich nicht um Gedankendinge, notwendig folgt, dass es sich um realia handelt. Genau dies ist der Fall, und das ist der entscheidende Grund für Mayronis, wenn die erste Einteilung alles Seienden unmittelbar die beiden Klassen der Gedankendinge und der Realgegenstände hervorbringt.[656]

Diese Annahme wird wiederum durch zwei Argumente gestützt. Geht man nämlich von der unmittelbaren Einteilung in die Klasse der entia rationis und der entia realia aus, so folgt unmittelbar eine weitere Gliederung der Realgegenstände in die zehn aristotelischen Gattungen. Einerseits ist es diesen dann selbstverständlich gemeinsam, entia realia zu sein, andererseits sind sie aber auch universalia, weil sie jeweils eine Vielzahl von Einzelgegenständen umfassen. Hieraus ergibt sich der Schluss, dass die universalia als real begriffen werden müssen.[657] Auch dieses Argument setzt immanent voraus, dass die aristotelischen Kategorien real sind, nicht weil sie selbst reale Einzelgegenstände sind, sondern weil sie sich als Begriffe auf einen realen Sachgehalt beziehen, der in realen Einzelgegenständen instantiiert ist.

Das zweite Argument nimmt wiederum auf die Wahrheitsfähigkeit von Urteilen, in denen Universalien prädiziert werden, bezug. Wird in einem solchen Urteil ein übergeordneter Begriff, nämlich die universale Bestimmung, von einem untergeordneten ausgesagt, dann bringt ein solches Urteil einen notwendigen Zusammenhang zum Ausdruck, wenn es sich um eine washeitliche Prädikation handelt. Etwas, was notwendig ist und in einem Urteil, das notwendig wahr ist, ausgedrückt wird, kann aber nicht allein von

---

[655]   Tum quia quando alterum de altero praedicatur et de subiecto. Et ideo si ens rationis est superius ad talia universalia, singularia sub talibus universalibus contenta erunt entia rationis. FRANCISCUS DE MAYRONIS, Quodl. q. VII (Ed. Venetiis 1520), f. 238va M.

[656]   Secunda conclusio quod universalia talia sunt entia realia et ista sequitur ex alia cum ens reale et rationis ponantur immediate. FRANCISCUS DE MAYRONIS, Quodl. q. VII (Ed. Venetiis 1520), f. 238va M.

[657]   Tum quia quando ens dividitur in ens reale et rationis, ens reale subdividitur in decem praedicamenta et sic est commune ad ipsa et constat quod ipsa sunt universalia. FRANCISCUS DE MAYRONIS, Quodl. q. VII (Ed. Venetiis 1520), f. 238va M.

der Seele hervorgebracht werden und deshalb kein Gedankending sein. Es muss sich also auch aus diesem Grund um ein ens reale handeln.[658]

Die sich aus den beiden grundlegenden Argumenten ergebende These, dass die Universalien keine bloßen Gedankendinge sein können, wird mit zwei erkenntnis- bzw. wissenschaftstheoretischen Annahmen gestützt. Geht man davon aus, dass der menschliche Verstand die Einzelgegenstände als Einzelgegenstände gar nicht erkennen kann, so hat man notwendig zuzugeben – so ist das Argument zu vervollständigen –, dass diese nur durch die universellen Prädikate, die von ihnen aussagbar sind, erkannt werden. Gibt man dies zu, dann scheint es aber eine absurde Annahme zu sein, der menschliche Verstand könne nichts außer den Gedankendingen erkennen.[659] Anders formuliert könnte man sagen: Wenn überhaupt eine Erkenntnis des Singulären möglich sein soll, dann nur durch die Universalien, die dann aber keine reinen entia rationis sein dürfen, da sie sich sonst nicht auf die Einzelgegenstände beziehen ließen, so dass deren Erkennbarkeit schließlich kein Fundament hätte.

In wissenschaftstheoretischer Perspektive lässt sich dieses Argument ähnlich konstruieren. Wenn alle Wissenschaft Wissenschaft vom Allgemeinen ist, ist es unangemessen, alle Wissenschaft auf die entia rationis zu beschränken.[660] Der Hintergrund für dieses Argument scheint nicht nur die Annahme zu sein, dass es neben der Wissenschaft von den entia rationis auch eine Wissenschaft von Realgegenständen geben müsse, denn hierfür wird kein augenscheinliches Argument gegeben. Offensichtlich ist es allerdings, dass es überhaupt Wissenschaft gibt, so dass die Unterstellung, alle Wissenschaft beziehe sich auf die Gedankendinge, deshalb absurd erscheint, weil damit nach den bisherigen Ausführungen des Mayronis jegliche Möglichkeit von Wissenschaft ausgeschlossen wäre. Diese Interpretation des Argumentes lässt dann allerdings das Problem entstehen, wie der wissenschaftliche Status der Logik zu sichern ist.

Spricht man den Universalien in dem Sinne Realität zu, wie Mayronis dies tut, dann stellt sich jetzt allerdings die Frage, wie man das Verhältnis der Universalien zu den Einzelgegenständen im Einzelnen zu verstehen hat. Interpretiert man nämlich beide Größen, das je Einzelne und das Allgemeine, als real, dann versteht man sie zugleich als geschaffen. Wie soll es aber möglich sein, so problematisiert Mayronis diese Annahme durch einen ersten Einwand, dass das reale Universale, das als geschaffenes – denn sonst wäre es

---

[658] Tum quia praedicatio superiorum de inferioribus est necessaria, cum sit quidditativa, nullum autem necessarium potest esse ab anima. FRANCISCUS DE MAYRONIS, Quodl. q. VII (Ed. Venetiis 1520), f. 238va M.

[659] Tum quia intellectus noster non potest intelligere singularia inquantum sunt singularia, secundum communia dicta, et tamen absurdum est quod non intelligat nisi entia rationis. FRANCISCUS DE MAYRONIS, Quodl. q. VII (Ed. Venetiis 1520), f. 238va M-238vb N.

[660] Tum quia omnis scientia est de universali et inconveniens est quod omnis scientia sit de entibus rationis. FRANCISCUS DE MAYRONIS, Quodl. q. VII (Ed. Venetiis 1520), f. 238vb N.

nicht real – eine einzige Natur darstellt, auf eine potentiell unendliche Menge von Einzelgegenständen bezogen werden kann? Anders gesagt: widerspricht nicht die Einheit des geschaffenen und deshalb realen Universale der Mitteilbarkeit an eine Mehrheit von Individuen? Diese Mitteilbarkeit scheint es nämlich nur im Bereich des Göttlichen zu geben, näherhin im Verhältnis der einen göttlichen Natur zu den drei göttlichen Personen.[661] Die Antwort, die Mayronis hierauf gibt, hält fest, dass die Einheit, die man für die geschaffene Natur des Universale annehmen muss, nur die der Gattung oder der Art ist. Anders als die numerische Einheit der göttlichen Natur ist diese nur in einem abgeschwächten Sinne Einheit und widerspricht deshalb auch im Kreatürlichen nicht der Mitteilbarkeit an eine Vielzahl von Individuen.[662]

Scheint mit der Lösung dieses ersten Einwandes die Einheit der realistisch interpretierten Universalien zunächst geklärt, so ergibt sich noch ein weiteres Problem, das von Mayronis an dieser Stelle unbeantwortet bleibt. Denn wie steht es um die Einheit derjenigen allgemeinen Begriffe, die nicht ausschließlich vom Geschaffenen ausgesagt werden, sondern gemeinsam von Gott und Kreatur prädizierbar sein sollen? Die Einheit dieser Begriffe kann natürlich nicht die einer Gattung oder einer Art sein, den Gott ist durch einen solchen Begriff nicht zu erfassen. Aus diesem Grund scheint ein univoker Begriff, der von Gott und Kreatur prädizierbar ist, ausgeschlossen zu sein. Es kann aber auch keinen durch eine Gattungs- oder Arteinheit bestimmten Begriff geben, der in einer Bedeutungseinheit vom ens reale und vom ens rationis ausgesagt wird, denn diese Art von Einheit kommt allein den unter das ens reale fallenden Begriffen zu.[663] Das hiermit aufgezeigte Problem fällt mit der von Mayronis an anderen Stellen ausführlich geführten Diskussion der univocatio entis zusammen. Der Sache nach sind hiervon natürlich auch alle anderen transzendentalen Begriffe betroffen, die univok von Gott und Kreatur prädiziert werden. Für den vorliegenden Zusammenhang ist es hinreichend, die communicabilitas der universalen Begriffe auf eine Einheit zugeführt zu haben, die geringer ist als die numerische und die Universalität dieser Begriffe garantiert.[664]

---

[661] Sed oritur difficultas quia tunc una natura creata erit illimitata in re ad infinita individua sicut natura divina ad tres personas. FRANCISCUS DE MAYRONIS, Quodl. q. VII (Ed. Venetiis 1520), f. 238vb N.

[662] Et dicitur quod non, quia divina natura una numero est in illis et nulla creatura nisi una secundum speciem aut genus quae est unitas minor. FRANCISCUS DE MAYRONIS, Quodl. q. VII (Ed. Venetiis 1520), f. 238vb N.

[663] Secunda difficultas quia licet istud forte sit tolerabile in universalibus specierum et generum, tamen in ente quod est commune deo et creaturae videtur intolerabile, tunc potest poni ens pure aequivocum ad deum et ad creaturam, sicut ad ens reale et rationis. Sed remanet dubium quid dicit universale secundum quod universale in rerum natura. FRANCISCUS DE MAYRONIS, Quodl. q. VII (Ed. Venetiis 1520), f. 238vb N.

[664] Dicitur autem quod sicut divina natura est communicabilis una numero tribus personis, ita natura creata una specie vel genere, et ista communicabilitas est eius universalitas quae dicit respectum aptitudinalem ad alia quibus communicatur. FRANCISCUS DE MAYRONIS, Quodl. q. VII (Ed. Venetiis 1520), f. 238vb N.

2.8.2 INTENTIONES SECUNDAE

Der zweite Fall, den Mayronis in der Diskussion des wissenschaftstheoretischen Status der Universalien erörtert, ist der der intentiones secundae. Die
Begriffe zweiter Stufe bilden eine untergeordnete Klasse der Universalien.
Denn es gibt Allgemeinbegriffe, die als intentiones primae aufzufassen sind,
und solche, die Begriffe zweiter Stufe sind. Was die erste Klasse betrifft,
scheint es keine Schwierigkeit zu sein, dass diese etwas in der Wirklichkeit
bezeichnen und in diesem Sinne etwas zur Wissenschaft der Theologie – so
die übergeordnete Frage – beitragen. Diese Annahme entspricht im Grunde
genommen der bisherigen Interpretation der Universalien, wie sie im ersten
Artikel der Quaestio dargelegt wird. Hinsichtlich der intentiones secundae, so
lautet die Eingangshypothese, scheint es hingegen absurd zu sein, einen unmittelbaren Realitätsbezug herstellen zu wollen. Anders als die Begriffe erster
Stufe, die bereits als entia rationis zu betrachten sind, muss man nämlich die
intentiones secundae als Begriffe des Verstandes (rationes rationis) verstehen,
die nicht direkt auf die Dinge der Wirklichkeit gerichtet sind.[665] Die besondere Problematik, die bezüglich dieser Begriffsgruppe besteht, wird vor allem
durch die bereits bei Duns Scotus hervortretende Interpretation deutlich,
wonach diese Begriffe als entia rationis im strengen Sinne verstanden werden.
Seiendes in diesem Sinne fällt für Scotus weder unter einen univoken Begriff
des Seienden, noch gehört es in den Gegenstandsbereich der Metaphysik.[666]
   Mayronis begegnet dieser Beurteilung der Begriffe zweiter Stufe mit einer Differenzierung dessen, was „intentio" bedeuten kann. Zum einen kann
hiermit nämlich die Handlung gemeint sein, mit der sich der Verstand auf
seine Gegenstände richtet (pro ipsa operatione intendente). Zum anderen
kann „intentio" aber auch den Gegenstand selbst meinen, auf den sich die
Verstandeshandlung bezieht (pro ipso obiecto a tali operatione intento). In
der ersten Bedeutung sind die intentiones, den Erkenntnisakten vergleichbar,
reale Formen. In der zweiten Bedeutng sind sie real, weil sie die realen Gegenstände bezeichnen. In der gleichen Weise, wie die Begriffe erster Stufe
„Mensch" und „Lebewesen" etwas in Wirklichkeit Gemeinsames bezeichnen,
so bezeichnen auch die Begriffe zweiter Stufe „Gattung" und „Art" etwas real
Gemeinsames, weil sie sich auf das Allgemeine richten, das in vielen realen
Einzelgegenständen instantiiert sein kann. Die intentiones secundae sind
demzufolge universalia in re.[667] Mit dieser Unterscheidung trägt Franciscus

---

[665] Quia licet forte non videatur aliquibus absurdum quod universalia ut significantur
       nominibus primarum intentionum sicut in rebus tamen importantur nominibus secun-
       darum intentionum videtur esse absurdum cum secundae intentiones sint rationes rationis
       sicut primae dicunt esse entia rationis. FRANCISCUS DE MAYRONIS, Quodl. q. VII (Ed.
       Venetiis 1520), f. 238vb O.

[666] Vgl. Kap. 7 § 1.2.

[667] Intelligendum tamen est quod intentio accipitur dupliciter aut pro ipsa operatione
       intendente et sic est actus rationis secundus aut pro ipso obiecto a tali operatione intento. Si
       primo modo accipitur sic est ens praedicabile [reale Mailand, Ambrosiana, I 148 INF] quia

eine Differenz innerhalb des Begriffs der intentio secunda ein, die üblicherweise, wie ein Blick auf einen Zeitgenossen des Franciscus, z.B. Johannes de
Bassolis, zeigt, zur Abgrenzung von Intentionen erster und zweiter Stufe
herangezogen wird. Der direkte Gegenstandsbezug, den etwa de Bassolis als
Kennzeichen der Erstintentionen anführt,[668] kommt für Mayronis als eine
Bestimmungsmöglichkeit in Frage, durch die auch die Zweitintentionen als
solche erfasst werden können.

Dieser Position werden vier Einwände gegenübergestellt, wobei die Entgegensetzung von Einwand und Antwort nicht immer deutlich ist.[669] Im Kern
zielen die Widerlegungen, mit denen Mayronis diesen Argumenten begegnet,
darauf ab, die Verankerung der intentiones secundae in einem realen Fundament zu betonen. Im ersten Fall führt er die Gemeinsamkeit verschiedener
Begriffe zweiter Stufe auf eine Gemeinsamkeit zurück, die in Wirklichkeit
einer Mitteilbarkeit an verschiedene Individuen entspricht.[670] Diese communicabilitas, so macht die Antwort auf das zweite Gegenargument deutlich,
lässt sich als die jeweilige Eignung (aptitudo) und damit als Eigenschaft (passio) verstehen, bzw. ist als fundamentale Hinsicht zu begreifen.[671] Dass eine
solche Verankerung der in den intentiones secundae zum Ausdruck gebrachten Gemeinsamkeit in der Natur der singulären Einzelgegenstände keinen

est sicut actus intelligendi qui est realis forma. Si secundo modo pro eo quod est obiectum
tunc dico quod est reale quia sicut homo et animal sunt in rerum natura communia, ut patuit, ita sunt genus et species quae dicuntur secundae intentiones quia ista dicuntur universalia; quia sunt apta nata in pluribus esse sunt autem in pluribus realiter, ut supponitur ex
praecedenti puncto. Ergo sunt universalia in re et universale est secunda intentio cum sit
superius ad genus et speciem. FRANCISCUS DE MAYRONIS, Quodl. q. VII (Ed. Venetiis
1520), f. 238vb O.

[668]   Quantum ad primum dico quod intentio prima dicitur res ipsa intellecta, etiam quicquid se
tenet ex parte obiecti et ex natura rei de re intellecta quicquid sit illud sive positivum sive
privatio sive negatio. Intentio vero secunda est ens rationis quod convenit rei ut intellecta et
est quaedam relatio rationis facta et fabricata circa rem intellectam per actum intellectus
comparantis, vel componentis vel dividentis; et est comparatio rationis seu habitudo unius
extremi ad rem seu ad aliquod extremum facta per intellectum. JOHANNES DE BASSOLIS,
In primum Sententiarum d. 25 q. un. (Ed. Parisiis 1517), f. 149rb.

[669]   Der erste Einwand ist im Wortlaut der Druckfassung von 1520 durch ein offensichtliches
Homoioteleuton entstellt.

[670]   Ergänzt man den Druck durch den Mailänder Codex Ambrosiana, I 148 INF f. 123va,
lautet der Text: Sed oritur difficultas quidam dicunt in re istae secundae intentiones generis
et speciei. Dicitur autem quod ideo natura a talis dicitur habere generis quia est communicabilis pluribus speciebus sicut natura divina eadem numero pluribus personis. Et ideo
natura hominis dicitur habere rationem speciei quia in re est communicabilis pluribus
individuis tantum communis enim dicitur a communicabilitate et rationes generis et
speciei sunt rationes quarundam communitatum. FRANCISCUS DE MAYRONIS, Quodl. q.
VII (Ed. Venetiis 1520), f. 238vb O-P.

[671]   Secunda difficultas, quidam dicunt istae communitates aut communicabilitates fundatae in
talibus naturis. Dicunt [dicitur Mailand, Ambrosiana, I 148 INF] autem quod sicut
divisibilitas dicit naturalem aptitudinem ad actum dividendi, ita communicabilitas ad actum communicandi; tales autem aptitudines sunt per se passiones et respectus fundamen-
tales, ut alibi fuit ostensum. FRANCISCUS DE MAYRONIS, Quodl. q. VII (Ed. Venetiis
1520), f. 238vb P.

Widerspruch zur nicht mitteilbaren individuierten Natur beinhaltet, macht
die Antwort auf den dritten Einwand deutlich. Mitteilbar ist nämlich nicht
die Natur cum haecceitate, sondern die Natur unter Absehung von den Individualeigenschaften.[672] Auch dass zum Begriffsgehalt von „Gattung" und
„Art" das Prädiziertwerden gehört, nimmt diesen nicht den realistischen
Charakter, so führt Mayronis in der Entgegnung auf den letzten Einwand
aus, weil jedes Urteil, versteht man es von der Zusammensetzung von Subjekt
und Prädikat her (complexio), oder versteht man es vom Akt des Verstandes
her (consideratio), jeweils auf ein reales Fundament rekurriert: im Fall des
Urteils auf eine reale Identität von Subjekt und Prädikat oder im Fall des
betrachtenden Verstandes auf den realen Akt der Betrachtung.[673]

Im Ergebnis steht fest, dass die intentiones secundae in zweierlei Hinsicht realen Charakter haben. Zum einen insofern, als ihnen jeweils ein tatsächlicher Akt des Verstandes zugrunde liegt, durch den der Verstand seine
Gegenstände betrachtet. Zum anderen sind aber auch die Gegenstände
selbst, zumindest in einem fundamentalen Sinne, als real zu betrachten. Allerdings ist die Realität, die etwa durch Begriffe wie „species" und „genus"
bezeichnet wird, nicht unmittelbar die eines singulären Gegenstandes, doch
bedeutet dies keineswegs, dass damit jede Möglichkeit einer realistischen
Interpretation ausgeschlossen wird. Die Realität, die den Begriffen zweiter
Stufe zu eigen ist, ist die von sachhaltigen Prädikaten, die auch in einer vermittelten Art und Weise nicht nach Belieben auf die extramentale Wirklichkeit angewendet werden können.

3 DIE MÖGLICHKEIT DER UNIVOKEN PRÄDIKATION

Diese Theorie der entia rationis bildet sachlich den Hintergrund für das erste
Teilproblem, das Mayronis zur Beantwortung der übergeordneten Frage
nach der Möglichkeit der univoken Prädikation des conceptus entis hinsichtlich des kategorial Seienden erörtert.

---

[672] Tertia difficultas, quia cum passio superioris inveniatur in quolibet eius inferiori sicut ipsum
superius, tunc talis communitas quae inest per se generi inerit speciei et communitas speciei
individuo. Dicitur autem quod sicut in individuo est natura speciei tota, ita est ibi communicabilitas illius naturae ut privet proprietatem individualem natura in individuo; prout
autem accipitur natura cum haecceitate, tunc est haec natura, et sic non est totum hoc
communicabile ratione haecceitatis. FRANCISCUS DE MAYRONIS, Quodl. q. VII (Ed.
Venetiis 1520), f. 238vb P-Q.

[673] Quarta difficultas, quia in diffinitionibus generis et speciei ut sunt secundae intentiones
ponitur ens rationis, scilicet actus praedicandi, cum utrumque dicatur quod praedicatur de
pluribus. Dicitur autem quod praedicari accipitur dupliciter: uno modo pro habitudine subiecti ad praedicatum quam denotat complexio, ut cum dicitur „homo est animal", et ista
habitudo est realis quia unus istorum terminorum est idem realiter cum alio; aut pro com-
paratione quae est unius ad alterum apud intellectum, et tunc ista comparatio est realis,
cum sit realis consideratio. FRANCISCUS DE MAYRONIS, Quodl. q. VII (Ed. Venetiis 1520),
f. 238vb Q.

3.1 DIE UNIVOKE AUSSAGE HINSICHTLICH DES REAL SEIENDEN UND DER GEDANKENDINGE

Die Frage nach der Möglichkeit, einen allgemeinen Begriff univok vom Real-seienden und vom Gedankending auszusagen, ist durch die These des Duns Scotus, dass dies ausgeschlossen sei,[674] in ihrer Brisanz vorgezeichnet. Um die Frage nach der univoken Anwendung des conceptus entis auf das real und das bloß gedanklich Seiende, wie sie sich im Prolog des *Conflatus* darstellt, angemessen zu klären, muss zunächst die Bedeutung des Begriffs eines in der Seele Seienden (ens in anima) näher bestimmt werden. Man muss nämlich unterscheiden, ob ein ens in anima ein solches Seiendes ist, das seinem ganzen Sein nach (se totum) von der Seele verursacht wird, oder ein solches, das nur hinsichtlich seines Erkanntseins (esse cognitum) von der Seele hervorgebracht wird.[675] Im Anschluss an diese Differenzierung ergeben sich zwei unterschiedliche Schlussfolgerungen. Zunächst ist festzustellen, dass der Begriff des Seienden vom Seienden in der Seele und außerhalb der Seele nicht univok prädiziert wird, wenn man das ens in anima auf die erste Weise interpretiert, es also als gänzlich von der Seele verursacht denkt.[676] Entsprechend zu dieser ersten Annahme besagt dann die zweite These des Franciscus, dass die univoke Prädikation aber dann durchaus einzuräumen ist, wenn man das ens in anima auf die zweite Weise versteht, es also nur hinsichtlich seines Erkanntseins als von der Seele hervorgebracht denkt.[677]

Für die erste Annahme, dass die univoke Prädikation ausgeschlossen ist, wenn man unter einem Gedankending ein in jeder Hinsicht von der Seele Verursachtes versteht, führt Mayronis vier Gründe an. Geht man davon aus, dass eine univoke Aussage dann auszuschließen ist, wenn ein gemeinsames Prädikat im einen Fall schlechthin, simpliciter, im anderen nur in gewisser

---

[674] Quia relationi reali et rationis non est unus conceptus eiusdem rationis, quia licet posset abstrahi unus conceptus univocus a Deo et creatura, non tamen a re rationis et a re reali, quia conceptus abstractus a deo et creatura esset ex utraque parte realis et ita eiusdem rationis, non sic autem ab ente rationis et ente reali quia ex una parte esset realis, et ex alia non, sed tantum rationis. Maior enim et prior est divisio entis in ens reale et rationis quam in ens creatum et increatum, quia ens reale, ut unum membrum alterius divisionis, est commune utrique membro secundae divisionis, ut enti creato et increato, quia utrumque est ens reale, et sic magis conveniunt sub ratione unius conceptus. JOHANNES DUNS SCOTUS, Rep. I A d. 29 q. un. Oxford, Merton College, MS 61, f. 139r. Vgl. Kap. 7 § 1.2.

[675] Circa primum est intelligendum quod ens in anima dupliciter accipitur. Uno modo pro illo quod secundum se totum est causatum ab anima. Alio modo pro illo quod secundum esse cognitum est productum ab anima. FRANCISCUS DE MAYRONIS, Conflatus, Prol. q. 10 (Ed. Venetiis 1520), f. 7ra C-D.

[676] Et secundum istam distinctionem sunt duae conclusiones. Prima conclusio est quod ens non dicitur univoce de ente in anima et extra animam accipiendo ens in anima primo modo. FRANCISCUS DE MAYRONIS, Conflatus, Prol. q. 10 (Ed. Venetiis 1520), f. 7ra D.

[677] Secunda conclusio quod accipiendo ens rationis secundo modo pro ente in anima solum producto in esse cognito dico quod illo modo univoce dicitur ens de ente extra animam et de ente in anima isto modo accipiendo ens in anima. FRANCISCUS DE MAYRONIS, Conflatus, Prol. q. 10 (Ed. Venetiis 1520), f. 7rb G.

Hinsicht, secundum quid, ausgesagt wird, dann muss hinsichtlich des real
Seienden und des bloß gedacht Seienden eine univoke Prädikation ausgeschlossen werden. Denn ein ens in anima im genannten Sinne ist nur ein
Seiendes secundum quid, wohingegen ein ens extra animam schlechthin ein
Seiendes zu nennen ist. Die univoke Aussage ist also nicht möglich, da diese
Prädikation eines formalen Begriffs die bezeichneten Gegenstände immer
schlechthin und nicht nur in gewisser Hinsicht betrifft.[678] Ein zweites Argument beruft sich darauf, dass der Begriff des Seienden von keinem Gegenstand ausgesagt werden kann, der in sich unvereinbare Gehalte einschließt. Genau das ist aber bei vielen Gedankendingen, wie den figmenta im
engeren Sinne, der Fall.[679] Schließlich ist es nicht möglich, so ein drittes Argument, dass die ratio entis vom Seienden und einem dem Seienden kontradiktorisch Entgegengesetzten univok ausgesagt wird. Insofern das Nichts ein
ens rationis ist, das dem Seienden kontradiktorisch entgegengesetzt ist, ist es
unmöglich, einen univoken Begriff hinsichtlich des ens reale und ens rationis
auszusagen.[680] Auch ein letzter Grund, den Mayronis gegen die Möglichkeit
der Univokation anführt, operiert mit der Annahme der kontradiktorischen
Entgegensetzung. Die implizite Voraussetzung besteht darin, dass ens reale
und ens rationis kontradiktorische Gegensätze darstellen. Jedes Seiende ist
nämlich entweder ein Gedankending oder etwas extramental Seiendes, wobei
kein Seiendes beides zugleich sein kann. Von einem solchen Gegensatzpaar,
so das eigentliche Argument, kann aber kein gemeinsamer univoker Begriff
abstrahiert werden, weil dies voraussetzen würde, dass es ein Mittleres zwischen den Gegensätzen gibt, was aber im Fall der Kontradiktion ausgeschlossen ist.[681]

Diesen Argumenten, die die Möglichkeit der univoken Aussage bestreiten, stehen aber andere entgegen, die die gegenteilige Annahme nahe
legen. Der erste Einwand gegen die These von der Unmöglichkeit der univo-

---

[678] Et istud probo quadrupliciter, primo sic, quandocumque est aliquid commune quod dicitur
de aliquibus, de uno simpliciter et de alio secundum quid, illud non dicitur de eis univoce
nec secundum rationem eandem formalem, sed sic est de ente respectu entis in anima et
extra animam quia ens in anima dicitur ens secundum quid et ens extra animam dicitur ens
simpliciter, ergo etc. Maior videtur manifesta quia quando aliqua ratio formalis dicitur de
duobus univoce et in primo modo dicendi per se dicitur de eis simpliciter et non secundum
quid. Minor etiam patet. FRANCISCUS DE MAYRONIS, Conflatus, Prol. q. 10 (Ed. Venetiis
1520), f. 7ra D.

[679] Secundo sic, ratio entis non potest dici de aliquo quod includit incompossibilia, sed multa
sunt entia rationis quae sunt huiusmodi, sicut figmenta et huiusmodi quae vere sunt entia
rationis, ergo etc. FRANCISCUS DE MAYRONIS, Conflatus, Prol. q. 10 (Ed. Venetiis 1520), f.
7ra D.

[680] Tertio sic, impossibile est quod ratio entis dicatur univoce de ente et de opposito enti contradictorie, sed contradictorium entis est ens rationis quia nihil est ens rationis, ergo etc.
FRANCISCUS DE MAYRONIS, Conflatus, Prol. q. 10 (Ed. Venetiis 1520), f. 7ra D.

[681] Quarto sic, ab extremis contradictionis formaliter sumptis non potest abstrahi communis
conceptus univocus quia tunc inter contradictoria simpliciter et formaliter sumpta esset
medium, sed alterum contradictorium est ens rationis, ergo etc. FRANCISCUS DE MAYRO-
NIS, Conflatus, Prol. q. 10 (Ed. Venetiis 1520), f. 7ra D-rb E.

ken Prädikation lehnt sich an das zentrale scotische Univokationsargument an. Ist man sich nämlich einerseits sicher, dass Relationen und Zahlen Seiendes sind, zweifelt man doch andererseits, ob es sich hierbei um real oder bloß gedacht Seiendes handelt. Da sich aber Zweifel und sicheres Wissen nicht auf ein und denselben Begriff beziehen können, ist der Begriff des Seienden von dem des ens rationis und des ens reale zu unterscheiden, so dass aus diesem Grund die univoke Aussage durchaus möglich ist, weil der univok auszusagende Begriff nicht mit den zu unterscheidenden Begriffen des ens rationis und des ens reale zusammenfällt.[682] Gegen diesen Einwand spricht aber, dass sich das sichere Wissen, auf das sich der Einwand beruft, nur auf die bloßen Wörter, nicht aber auf wirkliche Sachverhalte oder auf Begriffe, die einen formalen Gehalt zum Ausdruck bringen, bezieht. Im Kern scheitert der Einwand daran, dass die entia rationis in der unterstellten Interpretation keinen begreifbaren Inhalt haben, sondern diesen nur aufgrund einer äußeren Worthülse zu besitzen vorgeben.[683]

Für die Möglichkeit der Univokation scheint auch zu sprechen, dass ens reale und ens rationis unter dem gemeinsamen Gesichtspunkt des Seienden gezählt, d.h. als mehrere Exemplare einer Sorte aufgefasst werden.[684] Hiergegen spricht allerdings, so entgegnet Mayronis, dass sie im eigentlichen Sinne gar nicht gezählt werden, sondern lediglich als zwei Auffassungsweisen des Seienden zu verstehen sind. Vergleichbar sind diese acceptationes des Seienden den acceptationes des Menschen, wenn man den gemalten und den tatsächlichen Menschen als zwei Menschen begreift. Im eigentlichen Sinne handelt es sich aber weder um zwei Seiende noch um zwei Menschen, sondern lediglich um zwei mehr oder weniger willkürliche Auffassungsweisen des Seienden bzw. des Menschen.[685] Ein sachhaltiges Fundament für die Einheit eines univoken Begriffs gibt es in beiden Fällen nicht.

Ein dritter Einwand geht davon aus, dass ein signum distributivum, d.h. im vorliegende Fall der Allquantor „omne" nur auf ein im univoken Sinne Einheitliches angewendet werden kann. Jedes einzelne Element einer durch den Allquantor gegliederten Menge von Gegenständen muss letztlich auf ein

---

[682] Sed contra istud instatur quadrupliciter, primo sic, unus et idem conceptus non potest esse certus et dubius, sed multi sunt certi quod relatio est ens et quod numerus [respectus Vat. lat. 894] est ens et de multis similibus, dubitant tamen utrum sit ens rationis vel ens reale, ergo ens de eis dicitur univoce. FRANCISCUS DE MAYRONIS, Conflatus, Prol. q. 10 (Ed. Venetiis 1520), f. 7rb E.

[683] Ad illa quae sunt in oppositum per ordinem. Ad primum dico quod tales sunt certi de vocabulo et non de aliqua re nec aliqua ratione formali una. FRANCISCUS DE MAYRONIS, Conflatus, Prol. q. 10 (Ed. Venetiis 1520), f. 7rb F.

[684] Secundo sic, quandocumque aliqua numerantur in aliquo, in illo univocantur, sed ens reale et ens rationis numerantur in ente quia dicuntur plura entia, ergo etc. FRANCISCUS DE MAYRONIS, Conflatus, Prol. q. 10 (Ed. Venetiis 1520), f. 7rb E.

[685] Ad secundum dico quod proprie non numerantur nisi quia sunt diversae acceptationes entis, sicut homo non numeratur in homine vero et picto et tamen dicuntur duo homines, hoc est duae acceptationes hominis. FRANCISCUS DE MAYRONIS, Conflatus, Prol. q. 10 (Ed. Venetiis 1520), f. 7rb F.

Gemeinsames zurückbeziehbar sein, das in einem univoken Begriff zum Ausdruck kommt. Gliedernde Unterscheidung, wie sie z.b. der Satz „omne ens est intelligibile" vornimmt, setzt den univoken Begriff des Seienden, der die Bereiche des real und des gedacht Seienden umfasst, voraus.[686] Desgleichen, wie die distributio eine univoke Einheit voraussetzt, so gilt dies auch für die divisio, wie sie etwa vorliegt, wenn man das Seiende in Seiendes in und außerhalb der Seele einteilt. Weil diese Einteilung unmittelbar, d.h. ohne vorhergehende Einteilungsschritte geschieht, handelt es sich auch nicht nur um eine Einteilung bloßer Wortgebilde ohne wirkliches Fundament, so dass eine entsprechende sachhaltige Einheit angenommen werden muss.[687] In beiden Fällen, sowohl bei der distributio als auch der divisio, bestreitet Mayronis, dass es sich tatsächlich um eine wirkliche gliedernde Unterscheidung bzw. eine wirkliche Einteilung handelt. Wendet man die genannten Operationen auf das ens rationis an, so tut man dies eben nicht im eigentlichen Sinne, so dass man auch die entsprechende Voraussetzung, nämlich die univoke Einheit, nicht einklagen kann.[688]

Was gegen die Möglichkeit der univoken Aussage eines gemeinsamen Begriffs des Seienden hinsichtlich des ens rationis und des ens reale spricht, ist zudem das aus einer positiven Annahme resultierende Problem, welchen Charakter der so univok ausgesagte Begriff dann selbst haben soll. Wäre das so ausgesagte Prädikat selbst ein ens rationis, müsste man zugeben, dass ein Gedankending von etwas Realem ausgesagt würde, oder – unterstellt den Fall der ausgesagte Begriff wäre selbst etwas Reales – man müsste zugeben, etwas Wirkliches würde von einem Gedankending prädiziert, was beides nicht der Fall sein kann. Da eine dritte Möglichkeit nicht existiert, ist die Annahme der univoken Aussage auszuschließen.[689]

Schließt man aufgrund der genannten Argumente die univoke Aussage des conceptus entis aus, stellt sich allerdings in neues Problem. In welcher Weise nämlich soll das erste zusammengesetzte Prinzip auf die entia rationis anwendbar bleiben, wenn die Anwendung seines Subjektes, nämlich des

---

[686] Tertio sic, signum distributivum non videtur posse addi nisi univoco, sed ens distribuitur pro ente reali et ente rationis quia ista est vera "omne ens est intelligibile" ut ens pro utroque distribuitur, ergo etc. FRANCISCUS DE MAYRONIS, Conflatus, Prol. q. 10 (Ed. Venetiis 1520), f. 7rb E.

[687] Quarto sic, divisio entis in anima et extra animam non solum est vocis in significata quia est per immediata, ergo est univoci divisio, ergo etc. FRANCISCUS DE MAYRONIS, Conflatus, Prol. q. 10 (Ed. Venetiis 1520), f. 7rb E.

[688] Ad aliud dico quod nec proprie divisio; et ad aliud quod non est proprie distributio loquendo de ente rationis. FRANCISCUS DE MAYRONIS, Conflatus, Prol. q. 10 (Ed. Venetiis 1520), f. 7rb F.

[689] Confirmatur propositum quod ens non sit univocum his praedictis non obstantibus quia illa ratio entis quae esset praedicabilis de eis aut esset realis aut facta per intellectum. Si realis, ergo aliquid reale praedicaretur in quid de ente rationis. Si facta per intellectum, ergo ens rationis praedicaretur de ente reali vel oporteret dare medium, scilicet aliquam rationem quae nec esset ens in anima nec extra animam quod est impossibile. FRANCISCUS DE MAYRONIS, Conflatus, Prol. q. 10 (Ed. Venetiis 1520), f. 7rb E-F.

Seienden, nicht auf die entia rationis anwendbar ist, wie die Ablehnung der univoken Aussage des conceptus entis deutlich macht? Nur auf die Gegenstände, auf die der formale Begriff des Subjektes des ersten Prinzips anwendbar ist, ist das Prinzip selbst anwendbar, so dass die Ablehnung der univoken Aussage der ratio entis und damit die Ablehnung der Anwendbarkeit des entsprechenden Subjektes der Gültigkeit des ersten Prinzips in Bezug auf die Gedankendinge im Wege steht.[690] Zur Widerlegung dieses Einwandes hält Mayronis zunächst daran fest, dass die Anwendbarkeit des Subjektes und die Gültigkeit des ersten Prinzips korrelative Größen sind. Daraus folgt aber, dass das erste Prinzip genau in der Weise auf die entia rationis anwendbar ist, in der das Subjekt dieses Prinzips von diesen ausgesagt werden kann. In einem gewissen Sinne, secundum quid, werden aber die entia rationis auch als Seiende bezeichnet und insofern das Subjekt des ersten Prinzips und damit das primum principium selbst auf diese angewendet. Sowohl Subjekt als auch Prinzip selbst werden also diminutive auf die Gedankendinge appliziert. Vergleichbar ist dieser Fall der Anwendbarkeit der ratio animalis in Bezug auf die gemalten Lebewesen, die zumindest in einem verminderten Sinne Lebewesen genannt werden können, auch wenn sie nicht in dem Sinne Lebewesen sind wie die nicht nur gemalten.[691]

Im Ergebnis steht also fest, dass die Interpretation des ens rationis im Sinne eines in jeder Hinsicht vom Verstand Verursachten der univoken Aussage des conceptus entis entgegengesetzt ist. Das ist anders, wenn man die Gedankendinge nur in ihrem Erkanntsein als vom Intellekt hervorgebracht denkt.[692] Für diese These führt Mayronis vier Beweise an. Der erste Grund, den er nennt, geht von dem Prinzip aus, dass eine zu einem Begriff hinzugefügte weitere Bestimmung in keiner Weise den formalen Begriff der Washeit, welcher der Begriff ausdrückt, vermindert. Der formale Begriff bleibt ein und derselbe, unabhängig von hinzutretenden Kennzeichnungen, die diesen Begriff weiter charakterisieren. Dieses Prinzip trifft auch auf die dem Begriff des Seienden hinzugefügte Bestimmung zu, erkannt zu sein. Das cognitum esse, das nach der zweiten Veständnisweise des ens rationis zum Seienden hinzutritt, verringert den formalen Begriff dessen, was erkannt wird, also auch den Begriff des Seienden selbst, in keiner Hinsicht. Wäre dies nämlich der Fall,

---

690   Sed hic est una difficultas quia primum principium complexum non videtur salvari nisi in illis ad quae se extendit ratio formalis sui subiecti, sed ipsum salvatur in omnibus rationibus entis, ergo eius subiectum vel ratio subiecti se extendit ad entia rationis. FRANCISCUS DE MAYRONIS, Conflatus, Prol. q. 10 (Ed. Venetiis 1520), f. 7rb F.

691   Ad istud dico quod eodem modo quo subiectum suum se extendit ad ens rationis eodem modo salvatur primum principium, sed subiectum non se extendit nisi secundum quid et diminutive ergo sic accipitur in eis primum principium sicut ratio animalis salvatur in animali picto. Eodem modo primum principium salvatur et applicatur in istis diminutive. FRANCISCUS DE MAYRONIS, Conflatus, Prol. q. 10 (Ed. Venetiis 1520), f. 7rb F-G.

692   Secunda conclusio quod accipiendo ens secundo modo pro ente in anima solum producto in esse cognito dico quod illo modo univoce dicitur ens de ente extra animam et de ente in anima isto modo accipiendo ens in anima. FRANCISCUS DE MAYRONIS, Conflatus, Prol. q. 10 (Ed. Venetiis 1520), f. 7rb G.

könnte durch das Erkanntwerden alles, was von Gott als möglicher Gegenstand der Erkenntnis geschaffen wurde, auch wieder vernichtet werden, was offensichtlich nicht der Fall ist.[693]

Das zweite Argument, das Mayronis anführt, geht von der Annahme aus, dass keine Relation ihr eigenes Fundament zerstört, sondern lediglich im Relationsendpunkt die für sie formal zutreffende Wirkung setzt. Geht man davon aus, dass das Erkanntwerden eine Relation darstellt, die vom Verstand ausgeht und im Erkenntnisgegenstand ihren Zielpunkt hat, steht fest, dass der formale Begriff des Objektes nicht zerstört wird, sondern in diesem lediglich die formale Wirkung der Relation verwirklicht wird. Das ens rationis ist nach dieser Annahme das Objekt, in dem die Erkenntnisrelation, die vom Verstand ausgehend auf ein Seiendes zielt, verwirklicht wird.[694] Das bedeutet aber, dass der formale Begriff des Seienden selbst durch die Erkenntnisrelation nicht verändert wird, so dass die univoke Aussage durch das Erkanntwerden nicht in Frage gestellt wird.

Der dritte Beweis nimmt an, dass das Erkanntwerden keine numerische Veränderung hinsichtlich des Erkannten, also des Wirklichen darstellt. Was numerisch identisch ist, ist aber notwendig auch spezifisch identisch und fällt aus diesem Grund in ein und demselben formalen Begriff zusammen. Das wirklich Existierende (quod est in re) und das Erkannte, die numerisch dieselben sind, teilen also notwendig denselben formalen Begriff.[695] Das wirklich Seiende und das Erkanntseiende, das ens rationis, haben demnach denselben formalen Begriff, der univok von beiden prädizierbar ist.

Da der Übergang von Akt und Potenz den formalen Begriff dessen, was diesen Übergang vollzieht, nicht verändert, so das letzte Argument, bleibt auch der Begriff des Seienden unverändert, unabhängig davon, in welchem Modus dieses erscheint. Da sich der Unterschied von ens reale und ens rationis als ein Übergang eines hinsichtlich des Erkanntwerdens sich in Potenz Befindenden zu einem tatsächlich Erkannten verstehen lässt, kann keine Differenz in Bezug auf den jeweils zugrundeliegenden formalen Begriff vorliegen. Was zuvor ein intelligibile in potentia ist – das ens reale – ist später ein

---

[693] Hoc probo quadrupliciter, primo sic, quando aliqua determinatio addita alicui termino non diminuit de ratione formali quidditatis illa remanet sub eadem ratione, sed esse cognitum non diminuit de ratione formali eius quod cognoscitur quia tunc per cognosci possent omnia annihilari quae deus fecit, ergo etc. FRANCISCUS DE MAYRONIS, Conflatus, Prol. q. 10 (Ed. Venetiis 1520), f. 7rb G.

[694] Secundo sic, nulla relatio destruit proprium fundamentum, sed tantum ibi ponit suum effectum formalem, sed esse cognitum est respectus rationis in obiecto, ergo non destruit rationem formalem obiecti, sed tantum ponit in eo suum effectum formalem. FRANCISCUS DE MAYRONIS, Conflatus, Prol. q. 10 (Ed. Venetiis 1520), f. 7rb G.

[695] Tertio sic, quaecumque sunt idem numero videntur esse idem specie et videntur habere eandem rationem formalem, sed idem numero quod est in re est cognitum, igitur illud quod est in re et quod est cognitum sunt eiusdem rationis formalis. FRANCISCUS DE MAYRONIS, Conflatus, Prol. q. 10 (Ed. Venetiis 1520), f. 7rb G-H.

durch den Erkenntnisakt Verwirklichtes – ein ens rationis.[696] Beide werden durch ein und denselben formalen Begriff erfasst, so dass die Möglichkeit der univoken Aussage offensichtlich ist.

Zur Vergewisserung des bislang Bewiesenen soll folgende Überlegung, die Mayronis zur Bestärkung anführt, beitragen. Der Erkenntnisakt, durch den die entia rationis in ihrem gegenüber dem real Seienden abgehobenen Status gekennzeichnet sind, bezieht sich entweder auf einen Endpunkt, d.h. in diesem Fall ein Erkenntnisobjekt, das einen extramentalen Sachverhalt darstellt, oder – so die Alternative – es ist auf keinen extramentalen Endpunkt bezogen. Wenn die erste Annahme zutrifft, muss der formale Begriff des extramental Erkannten und des im actus intelligendi Erfassten, nämlich des ens rationis, jeweils derselbe sein. Dass der Erkenntnisakt zu einem Ende gelangt, bedeutet nämlich nichts anderes, als dass ein Gegenstand in den Status des Erkanntseins (esse cognitum) überführt wird. Dieser Übergang verändert aber nichts an der formalen Bestimmung, durch die der Gegenstand von sich her gekennzeichnet ist. Der andere Fall, dass der actus intelligendi sich nicht auf einem extramentalen Gegenstand bezieht, würde bedeuten, dass letztlich nichts erkannt wird, weil die Erkenntnis sich dann nur auf ein Erscheinungsbild ohne sachhaltiges Fundament bezieht.[697] In diesem Fall, so ist das Argument zu vervollständigen, liegt letztlich kein Gegenstand vor, der sich im Status des esse cognitum befindet.

Gegen die These von der Einheit des formalen Begriffs, durch den ens reale und ens rationis univok erfasst werden, sprechen aber andere Gründe, die Mayronis im Folgenden diskutiert. Zunächst ist festzustellen, dass Ursachen, die sich ihrer begrifflichen Bestimmung nach unterscheiden, nur Wirkungen hervorbringen, die jeweils einer anderen begrifflichen Bestimmung angehören. In der genannten Weise unterschiedene Ursachen können also keine Wirkungen haben, die in einem gemeinsamen Begriff übereinkommen. Es scheint nämlich, dass in dem Fall, dass sie nicht in irgendetwas übereinkommen, eine Ursache aufgrund eines Begriffs, zumindest einiger Wirkungen mächtig sein muss, die sie aufgrund eines anderen nicht vermag.[698] Geht man davon aus, dass sich das göttliche und das menschliche Vermögen grundle-

---

696   Quarto sic, quando aliquid transit de potentia ad actum numquam per hoc variatur eius ratio formalis, sed sic est de re quae est intelligibilis in potentia et postea reducitur ad actum per actum intelligendi, ergo etc. FRANCISCUS DE MAYRONIS, Conflatus, Prol. q. 10 (Ed. Venetiis 1520), f. 7rb H.

697   Confirmatur quia aut actus intelligendi terminatur ad rem quae est extra aut non. Si sic, cum terminare actum intelligendi non sit aliud quam accipere esse cognitum, sequitur quod idem erit et eiusdem rationis formalis. Si autem non terminatur ad rem sed ad speciem, nihil tunc intelligitur de re. FRANCISCUS DE MAYRONIS, Conflatus, Prol. q. 10 (Ed. Venetiis 1520), f. 7rb H.

698   Sed contra istud instatur quadrupliciter, primo sic, quia causae alterius rationis videntur effectus alterius rationis producere ita intelligendo quod omnem effectum eiusdem rationis non possunt habere. Videtur enim quod si non [non: Krakau, Jagell. 1306 om. Y] conveniant in aliquibus saltem in aliquos effectus poterit una ratio in quos non poterit altera. FRANCISCUS DE MAYRONIS, Conflatus, Prol. q. 10 (Ed. Venetiis 1520), f. 7rb H.

gend ihrer begrifflichen Bestimmung nach unterscheiden, so folgt aus der abzulehnenden Annahme, dass ens reale und ens in anima denselben formalen Begriff haben, dass wir nichts erkennen können, was Gott in ein Wirklichsein hervorbringt, weil wir sonst in unserem Verstand dieselben Wirkungen hätten, da alles, was jenes Vermögen hervorbringt, auch dieses, nämlich unser ein esse cognitum produzierendes Erkenntnisvermögen, hervorbrächte. Aber diese Feststellung ist eben falsch, denn alles, was Gott hervorbringen kann, können wir erkennen, bzw., was dasselbe bedeutet, können wir in ein esse cognitum hervorbringen. Es kann also nicht sein, dass das ens in anima und das ens extra animam denselben formalen Begriff haben.[699]

Mayronis begegnet diesem Einwand, indem er dessen Voraussetzungen relativiert. Was bei zwei Ursachen, die jeweils einer anderen begrifflichen Bestimmung entsprechen, ausgeschlossen ist, ist lediglich, dass sie hinsichtlich des schlechthinnigen Seins (quantum ad esse simpliciter) nicht dieselben Wirkungen haben können. Dass aber eine Ursache eine Wirkung schlechthin hervorbringt und eine andere dieselbe Wirkung in einem eingeschränkten Sinne verursacht, ist keineswegs problematisch, wie Mayronis unter Verweis auf ein Beispiel verdeutlicht. So stellt es keine Schwierigkeit dar, dass Gott den Mond in einer grundsätzlichen Weise hervorbringt, während die Sonne dies zwar nicht schlechthin, doch immerhin in einem gewissen Sinne auch tut, indem sie das fortwährende Leuchten des Mondes bewirkt. Das producere der Sonne ist insofern beschränkt, als es nur in Hinsicht auf ein erstes Sein, das nicht aus ihr selbst stammt, gedacht werden kann.[700] Für Mayronis können ens reale und ens rationis als Produkte einerseits des göttlichen und andererseits des menschlichen Wirkens deshalb in einem gemeinsamen Begriffsgehalt erfasst werden, weil der Mensch im Erkennen nicht schlechthin Seiendes hervorbringt, sondern mit dem ens in anima ein Seiendes hervorgebracht wird, dass nur in Hinsicht auf schlechthin Seiendes, nämlich das jeweils real Seiende, als solches möglich ist. Der Bezug zum real Seienden ist nach diesem Argument letztlich der Grund, worin die für die Aufrechterhaltung von göttlicher und endlicher Verursachung notwendige Differenz fundiert ist; denn nur aufgrund des Bezugs des gedacht Seienden zum real Sei-

---

[699] Potentia autem dei et nostra sunt alterius rationis patet. Igitur omne illud quod producitur a deo in esse reali non poterit cognosci ab intellectu nostro quia tunc haberet eosdem effectus quia quicquid illa produceret et ista. Sed constat quod istud est falsum quia quicquid deus potest producere et nos possumus intelligere quod est idem quod sic producere in esse cognito. Ergo ens in anima et ens extra animam non sunt eiusdem rationis formalis. FRANCISCUS DE MAYRONIS, Conflatus, Prol. q. 10 (Ed. Venetiis 1520), f. 7rb H-va [I].

[700] Ad ista respondeo, ad primum dicitur quod duae causae alterius rationis non possunt omnino habere eosdem effectus quantum ad esse simpliciter, sed tamen quantum ad esse simpliciter quantum ad unam et ad esse secundum quid quantum ad aliam non est inconveniens sicut deus produxit lunam quantum ad esse simpliciter, sol autem continue eam producit quantum ad esse lucidum quod est esse secundum quid respectu primi esse. FRANCISCUS DE MAYRONIS, Conflatus, Prol. q. 10 (Ed. Venetiis 1520), f. 7va [I].

enden wird das ens rationis als eine Hervorbringung im eingeschränkten Sinne, also secundum quid, verstanden.

Der zweite Einwand geht davon aus, dass alles das erkannt wird, was in ein esse cognitum hervorgebracht wird. Wenn es sich um eine abstraktive Erkenntnis handelt, so der Einwand, wird allerdings nur ein Erkenntnisbild, eine species, hervorgebracht. Also wird auch nur die species erkannt, was offensichtlich falsch ist. Vor allem ist aber die species von einer anderen begrifflichen Bestimmung als der eigentliche Gegenstand der Erkenntnis,[701] der als ein ens reale zu begreifen ist, was zur Vollständigkeit des Argumentes zu ergänzen ist. Die begriffliche Differenz von Realgegenstand und Erkenntnisbild zeigt demnach die Unmöglichkeit, einen gemeinsamen Begriffsgehalt von beiden auszusagen.

Die Erwiderung, die Mayronis dem entgegenhält, beruft sich auf die Unterscheidung von species und quidditas. Zwar ist zuzugeben, dass im Fall der abstraktiven Erkenntnis nur der Erkenntnisakt, bzw. das Erkenntnisbild hinsichtlich ihres esse simpliciter hervorgebracht werden, doch entscheidend ist, dass, was das Erkanntsein angeht, nicht die species, sondern die Washeit des Erkannten der Gegenstand der Hervorbringung ist. Dass ein Erkenntnisbild hervorgebracht wird, bedeutet noch nicht, dass eine Sache erkannt wird, sondern nur wenn die Washeit dieser Sache in ein esse cognitum hervorgebracht wird, heißt das auch, dass die Sache erkannt wird.[702] In diesem Sinne können dann aber sowohl die Sache außerhalb des Verstandes als auch die im Verstand univok durch denselben Begriff bezeichnet werden.

Ein weiterer Einwand ergibt sich aus der näheren Betrachtung der intuitiven Erkenntnis heraus, denn im Fall einer solchen Erkenntnis wird lediglich der Erkenntnisakt selbst hervorgebracht, denn dieser stellt unmittelbar die Erkenntnis dar. Der Erkenntnisakt selbst ist aber offensichtlich von einer ganz anderen begrifflichen Bestimmung als das extramentale Erkenntnisobjekt.[703]

Abgesehen vom Erkenntnisakt, der bei der intuitiven Erkenntnis hervorgebracht wird, findet auch eine Hervorbringung des esse cognitum statt, so hält Mayronis diesem Einwand entgegen. Dieses ist aber formal im Erkenntnisobjekt selbst und wird durch den Akt produziert, der selbst entsprechend

---

[701] Praeterea quicquid in esse cognito producitur cognoscitur, sed in cognitione abstractiva nihil producitur nisi species, ut videtur; igitur non cognoscitur nisi species quod est falsum et etiam habetur propositum quia ipsa est alterius rationis ab obiecto. FRANCISCUS DE MAYRONIS, Conflatus, Prol. q. 10 (Ed. Venetiis 1520), f. 7va [I].

[702] Ad secundum dico quod in cognitione abstractiva licet nihil producatur quantum ad esse simpliciter nisi actus vel species tamen quantum ad ipsum esse cognitum ipsa species non producitur sed quidditas. Principium autem producendi non est rem cognosci sed secundum principium tantum. FRANCISCUS DE MAYRONIS, Conflatus, Prol. q. 10 (Ed. Venetiis 1520), f. 7va [I]-K.

[703] Praeterea in cognitione intuitiva aliquid cognoscitur, sed nihil producitur nisi actus intelligendi igitur solus actus intelligendi cognoscitur, actus autem intelligendi est omnino alterius rationis ab obiecto extra. FRANCISCUS DE MAYRONIS, Conflatus, Prol. q. 10 (Ed. Venetiis 1520), f. 7va [I].

einem esse reale im Erkenntnisvorgang hervorgebracht wird.[704] Beide Erkenntnisweisen, die abstraktive und die intuitive, sind nicht auf die Produktion eines Elementes reduzierbar, das jeweils dem extramentalen Gegenstand formal entgegengesetzt ist. Sowohl die species im Fall der abstraktiven, als auch der Akt im Fall der intuitiven Erkenntnis sind zwar von einer grundlegend anderen begrifflichen Art als das jeweilige ens reale, doch der sachliche Bezug auf den Erkenntnisgegenstand ist bei beiden Erkenntnistypen der Grund, warum man doch von einem gemeinsamen begrifflichen Gehalt des erkannten Gegenstandes und des im Verstand aufgehobenen esse cognitum sprechen kann. Beide Erkenntnisweisen bringen eben nur dadurch wirklich Erkenntnisse hervor, dass sie auf dieses oder jenes Objekt bezogen sind; das allein können weder die species noch der Akt selbst für sich betrachtet leisten.

Ein letzter Einwand schließlich hält die Möglichkeit der univoken Aussage deshalb für ausgeschlossen, weil das esse cognitum letztlich ein esse secundum quid und damit ein gemindertes Seiendes, ein ens diminutum, ist. In Bezug auf das schlechthinnige und das geminderte Seiende kann es aber keine gemeinsame Bestimmung geben, die hiervon univok ausgesagt wird.[705]

Dieser Einwand nimmt noch einmal in grundsätzlicher Weise die ursprüngliche Fragestellung der quaestio auf. Aus diesem Grund bezieht sich Mayronis in seiner Widerlegung auch auf die zu Beginn getroffene Unterscheidung eines ens in anima, das gänzlich vom Verstand verursacht ist, und eines ens in anima, das nur hinsichtlich seines Erkanntseins vom Verstand abhängt. Während das erste durch keinen univok angewendeten Begriff zusammen mit dem ens reale erfasst werden kann, ist diese Möglichkeit im Rahmen der zweiten Interpretation durchaus gegeben.[706] Diese zu Anfang getroffene Differenzierung des ens in anima wird jetzt dahingehend präzisiert, dass der erste Fall eines ens in anima interpretiert wird als ein esse secundum quid, das sich dadurch auszeichnet, dass es gegenüber einem schlechthinnigen Sein eine Verminderung darstellt. Ein Seiendes, das in diesem Sinne den ursprünglichen, durch dieses selbst näher gekennzeichneten Begriffsgehalt, dem gegenüber es nur ein eingeschränktes Sein besitzt, vermindert (quod diminuit de ratione determinati), kann tatsächlich nicht, so

[704] Ad tertium dico quod in cognitione intuitiva aliquid producitur aliud ab actu quia esse cognitum et istud formaliter est in obiecto, producitur autem per actum et per consequens non est actus qui producitur secundum esse reale. FRANCISCUS DE MAYRONIS, Conflatus, Prol. q. 10 (Ed. Venetiis 1520), f. 7va K.

[705] Praeterea per te enti simpliciter et enti diminuto et secundum quid nihil videtur esse commune, sed esse reale est esse simpliciter, esse autem cognitum est esse secundum quid, ergo nihil est eis commune. FRANCISCUS DE MAYRONIS, Conflatus, Prol. q. 10 (Ed. Venetiis 1520), f. 7va [I].

[706] Vgl. FRANCISCUS DE MAYRONIS, Conflatus, Prol. q. 10 (Ed. Venetiis 1520), f. 7ra C-D; rb G.

gibt Franciscus gegenüber dem Einwand zu, in einem univoken Begriff mit diesem erfasst werden.[707] Diese Feststellung entspricht ganz der zu Beginn erläuterten These, wonach ein ganz von der Seele abhängendes Seiendes nichts mit einem ens reale gemeinsam hat.[708] Interpretiert man aber das ens diminutum, von dem der Einwand spricht, im Sinne eines Seienden, das zwar nur in gewisser Hinsicht Sein besitzt, aber doch keine Verminderung (non diminuit), sondern ein Loslösen von etwas darstellt (sed dimittit), so ist dadurch die Univokationsthese nicht in Frage gestellt. Das esse cognitum, das nach Mayronis eine solche Abstraktion und keine Minderung darstellt, sieht zwar einerseits vom Wirklichsein im Sinne des esse existentiae ab – insofern Erkanntsein nicht bedeutet, dass das, was erkannt ist, durch das Erkennen auch tatsächlich existiert – verändert aber eben in keiner Weise den formalen Begriff des Existierenden, wenn es dieses in seinem Erkenntnisinhalt erfasst.[709] Formal betrachtet, so ergänzt Mayronis seine Antwort, kann man das esse cognitum vielleicht ein ens rationis und damit ein ens diminutum nennen, doch fundamental gesehen ist es letztlich auf ein Substrat, nämlich den erkannten Gegenstand, bezogen und stellt in diesem Sinne dieselbe Washeit dar, die dem extramentalen Gegenstand entspricht.[710] Insofern sich die Univokationsthese hinsichtlich des ens reale und des ens rationis, die Mayronis in diesem Zusammenhang vertritt, in dieser fundamentalen Hinsicht auf die gemeinsame in der Erkenntnis erfasste Washeit bezieht, ist die in formaler Hinsicht bestehende Differenz, dass es sich im einen Fall um ein ens simpliciter, im anderen um ein ens diminutum handelt, bedeutungslos. Voraussetzung für eine solche Betrachtung ist allerdings die im Terminus „dimittere" anklingende abstrahierende Betrachtungsweise, die Mayronis in den Vordergrund seiner Argumentation stellt.

---

[707] Ad quartum dico quod duplex est esse secundum quid: Unum quod diminuit de ratione determinati; et illud est de quo dixi conclusionem negativam prius in prima conclusione. FRANCISCUS DE MAYRONIS, Conflatus, Prol. q. 10 (Ed. Venetiis 1520), f. 7va K.

[708] Circa primum est intelligendum quod ens in anima dupliciter accipitur. Uno modo pro illo quod secundum se totum est causatum ab anima. Alio modo pro illo quod secundum esse cognitum est productum ab anima. Et secundum istam distinctionem sunt duae conclusiones. Prima conclusio est quod ens non dicitur univoce de ente in anima et extra animam accipiendo ens in anima primo modo. FRANCISCUS DE MAYRONIS, Conflatus, Prol. q. 10 (Ed. Venetiis 1520), f. 7ra C-D.

[709] Aliud est esse secundum quid quod non diminuit, sed dimittit; et huiusmodi esse est esse cognitum. Non enim diminuit de ratione eius cuius est, licet enim non ponat esse quantum ad esse existentiae quia non sequitur "est cognitum, ergo est", tamen rationem formalem non diminuit, sed dimittit. FRANCISCUS DE MAYRONIS, Conflatus, Prol. q. 10 (Ed. Venetiis 1520), f. 7va K.

[710] Aliter potest dici quod esse cognitum potest accipi dupliciter: vel formaliter; et sic dico quod forte non est nisi ens rationis et diminutum. Alio modo fundamentaliter, ab substrato vel obiecto; et isto modo est eadem quidditas quae est in re. FRANCISCUS DE MAYRONIS, Conflatus, Prol. q. 10 (Ed. Venetiis 1520), f. 7va K.

3.1.1 DIE ENTIA RATIONIS ALS GEGENSTAND DER UNIVOCATIO ENTIS

Das Ergebnis dieser Diskussion der Möglichkeit eines von ens reale und ens rationis univok ausgesagten Begriffs zeigt eine deutliche Akzentverschiebung gegenüber der von Duns Scotus vertretenen Position. Die insbesondere in *Rep. I A* vertretene These von der Unmöglichkeit, einen allgemeinen Begriff des Seienden von ens rationis und ens reale auszusagen,[711] wird von Mayronis zwar nicht kategorisch zurückgewiesen, aber signifikant differenziert. Die ausschlaggebende Unterscheidung rekurriert auf die Differenz eines vom Erkenntnisakt her gedachten auf der einen und eines vom Erkenntnisgegenstand her gedeuteten Verständnisses des ens rationis auf der anderen Seite. In diesem Interpretationsansatz kommt Franciscus de Mayronis der Sache nach weitgehend mit einem Denker wie Nicolaus Bonetus, der im Anschluss an diese Differenz ebenso wie Mayronis die These der univoken Prädikation vertritt,[712] überein. Geht man davon aus, dass Bonetus erst in den zwanziger Jahren in Paris gelehrt hat,[713] ist die Anlehnung von Bonetus an Mayronis wahrscheinlicher als umgekehrt, wenn auch das Wissen über Leben und Werk des Nicolaus Bonetus sehr lückenhaft ist.[714] Festzustehen scheint immerhin, dass Bonetus seine Metaphysik vor dem *Liber Physicorum*,[715] vor dem *Liber praedicamentorum*[716] und vor der *Theologia naturalis*[717] verfasst hat.

Für eine angemessene Deutung der Metaphysik und ihres Gegenstandes bei Bonetus ist es allerdings in diesem Zusammenhang unverzichtbar, die Univokationsthese des Bonetus im Detail zu betrachten. Die zentrale Stelle, die die Univokationsthese zum Ausdruck bringt und die in der Forschung aus diesem Grund eine besondere Beachtung gefunden hat, lautet:

---

[711] Vgl. JOHANNES DUNS SCOTUS, Rep. I A d. 29 q. un. Oxford, Merton College, MS 61, f. 139r. Hierzu vgl. Kap. 7 § 1.2.

[712] Vgl. KOBUSCH, TH., Das Seiende, 361; DERS., Das Seiende als transzendentaler oder supertranszendentaler Begriff. Deutungen der Univozität des Begriffs bei Scotus und den Scotisten, in: John Duns Scotus. Metaphysics and Ethics, Honnefelder L., Wood R., Dreyer M. (Hg.), Leiden 1996, 345-366, 360-361.

[713] Vgl. SCHABEL, CH., Theology at Paris, 1316-1345. Peter Auriol and the Problem of Divine Foreknowledge and Future Contingents, Aldershot/Burlington/Singapore/Sydney 2000, 163.

[714] Einige Hinweise gibt BOLLIGER, D., Infiniti contemplatio. Grundzüge der Scotus- und Scotismusrezeption im Werk Huldrych Zwinglis (Studies in the History of Christian Thought 107), Leiden/Boston 2003, 281-290. Bei den Daten, die Bolliger bietet, wird Nicolaus Bonetus versehentlich ins 15. statt ins 14. Jahrhundert versetzt.

[715] Post ergo metaphysicalia principia omnibus communia ad principia physicalia magis specialia accedamus. NICOLAUS BONETUS, Liber physicorum I c. 1 (Ed. Venetiis 1505), f. 45ra.

[716] De ente autem inquantum ens est prima philosophia quae metaphysica est vocata. De natura autem est philosophia naturalis et haec duo in prioribus a nobis, sicut potuimus, sunt tradita. NICOLAUS BONETUS, Liber praedicamentorum I (Ed. Venetiis 1505), f. 77ra.

[717] Et fertur quod ista fuit positio platonica sicut in nostra metaphysica prolixius fuit dictum in tractatu 7 de ideis. NICOLAUS BONETUS, Theologia naturalis I c. 1 (Ed. Venetiis 1505), f. 91rb.

„Das Seiende als Seiendes ist eine univoke Washeit hinsichtlich des Realseienden und des Gedachtseienden. Und unter dem Gedachtseienden
verstehe ich nicht ein Seiendes in der Seele, sondern ein Sein, das das
Erkannte im Erkennenden hat bzw. etwas Zurückgelassenes und etwas,
was einem solchen Sein folgt. Das wird bewiesen, weil das erste Prinzip
auf diese Weise unter dieser Unterscheidung sowohl hinsichtlich des
Gedachtseienden als auch des Realseienden verifiziert wird. Der Gegenstand des ersten Prinzips, der das Seiende als Seiendes ist, ist also
gleichförmig im Realseienden und im Gedachtseienden auszumachen,
weil keine eigentümliche Eigenschaft ohne ihren Gegenstand auszumachen ist."[718]

Entscheidend für die Bedeutung, die die These von der univoken Prädikation für das Metaphysikverständnis des Nicolaus Bonetus hat, ist die Beschränkung der Univokation auf den Begriff des ens inquantum ens, insofern
dieser der Gegenstand des ersten Prinzips ist. Allerdings gilt es zu beachten:
Wenn der Gegenstand des ersten Prinzips nicht identisch ist mit dem Gegenstand der Metaphysik, dann kann die Univokationsthese eben nicht auf
den Gegenstand der Metaphysik übertragen werden. Selbst wenn man sich
des Ausdruckes supertranszendental bedienen wollte, trifft die Deutung der
Metaphysik als einer solchen „Supertranszendentalwissenschaft" auf Nicolaus
Bonetus keinsfalls zu. Denn Bonetus bestreitet ausdrücklich die Identität des
Gegenstandes des ersten zusammengesetzen Prinzips, auf den die Univokationsthese zutrifft, mit dem Gegenstand der Metaphysik.[719] „Unerschütterlich
ist daran festzuhalten," so formuliert Bonetus nicht ohne ein gewisses Pathos,
„dass der erste angemessene Gegenstand des ersten Prinzips nicht der Gegenstand dieser Metaphysik ist, nämlich das Seiende insofern es Seiendes ist,
wie es absieht von jedem anderen, sowie das Dreieck der erste angemessene
Gegenstand in Bezug auf das Drei-Winkel-Haben ist".[720] Es gibt keinen hin-

---

[718] Ens autem inquantum ens est quidditas univoca enti reali et enti rationis et per ens rationis
non intelligo ens in anima, sed esse quod habet cognitum in cognoscente vel aliquid derelictum et sequela talis esse. Hoc probatur quia primum principium ita verificatur sub disiunctione de ente rationis sicut de ente reali. Ergo subiectum primi principii quod est ens
inquantum ens uniformiter reperitur in ente reali et rationis, quia non reperitur propria
passio sine suo subiecto. NICOLAUS BONETUS, Metaphysica I c. 6 (Ed. Venetiis 1505), f.
8vb.

[719] Quintum dictum quod subiectum metaphysicae quod est ens inquantum ens non est primum subiectum adaequatum primi principii, quia primum principium dicitur de passionibus entis inquantum ens et de eius differentiis contrahentibus ipsum ut praescindunt a
quidditate entis inquantum ens. Dato enim per impossibile quod passiones entis inquantum
ens per se possent existere perseitate tertii modo adhuc fundarent primum principium sicut
nunc, ergo non per rationem entis inest eis, quia illa sublata adhuc fundant, ergo subiectum
huius metaphysicae non est subiectum primi principii. NICOLAUS BONETUS, Metaphysica
IV c. 1 (Ed. Venetiis 1505), f. 24rb.

[720] Inconcusse tenendum est quod subiectum primum adaequatum primi principii non est
subiectum huius metaphysicae, scilicet ens inquantum ens ut praescindit ab omni alio, sicut
triangulus est primum subiectum adaequatum de habere tres angulos. NICOLAUS BONE-
TUS, Metaphysica IV c. 1 (Ed. Venetiis 1505), f. 24va.

reichenden Grund von der Univokation des ersten Prinzips auf die Univokation des ersten Gegenstandes der Metaphysik zu schließen.[721]

Ausdrücklich schließt Bonetus das ens rationis aus dem Gegenstandsbereich der Metaphysik aus, allerdings nicht aufgrund der nicht vorhandenen
Univokation des Begriffs des Seienden gegenüber ens reale und ens rationis –
diese Univokation räumt Bonetus durchaus ein –, sondern aufgrund der Deutung der Metaphysik als einer ars universalis et transcendens. Es ist nicht die
Aufgabe des Metaphysikers, so argumentiert Bonetus, Betrachtungen anzustellen, die die eigentümlichen Eigenschaften des dem Seienden Untergeordneten (passiones proprias inferiorum sub ente) betreffen, aus diesem
Grund scheidet das ens rationis aus der Metaphysik aus.[722] In diesen kurzen
Umrissen betrachtet ist die Position des Nicolaus Bonetus sicherlich weiterer
Erläuterungen bedürftig. Insbesondere welche Bedeutung für Bonetus die
Zuordnung der entia rationis zu den passiones inferiorum hat, bedarf weiterer Aufklärung. Andeutungsweise soll nur darauf verwiesen werden, dass
dieses Lehrstück und damit der Ausschluss des Gedachtseienden aus dem
primären Gegenstandsbereich der Metaphysik wohl damit zusammenhängt,
das Bonetus die Disjunktion von ens reale und ens rationis nicht mehr als eine
primäre Unterscheidung des ens inquantum ens ansieht. Als prima divisio
bezeichnet Bonetus nach einer eingehenden Diskussion im neunten Buch
seiner Metaphysik die Einteilung in ens limitatum und ens illimitatum, wobei
letzteres Seiendes mit der prima intelligentia gleichgesetzt wird.[723] Offensichtlich rückt aus diesem Grund die Gliederung in Gedacht- und Realseiendes
aus dem Status einer grundlegenden Differenz heraus, weil sie der zuvor
genannten insofern nachgeordnet ist, als sie nur auf das ens limitatum anwendbar ist. Zwar gilt in bezug auf das Gedacht- und das Realseiende die
Univokationsthese, aber es handelt sich eben nicht mehr um Begriffe, mit
denen sich ein Metaphysiker, insofern er „artifex universalis et transcendens
atque primus philosophus" ist, zu beschäftigen hat.[724]

---

[721] Ergo ista ratio de univocatione primi principii non concludit sufficienter univocationem
       primi subiecti. NICOLAUS BONETUS, Metaphysica I c. 6 (Ed. Venetiis 1505), f. 8vb.
[722] Ad tertium dubium cum dicitur quod ens rationis abiicitur a consideratione metaphysici
       respondetur quod hoc non est propter defectum univocationis entis ad ens reale et ens
       rationis, sed quia metaphysicus est artifex universalis et transcendens atque primus philo-
       sophus per se passiones entis inquantum ens inquirens abiicit a sua consideratione et bene
       omnia a se contenta sub ente quantum ad eorum passiones proprias quia ad ipsum non
       pertinet inquantum metaphysicus quia demonstrare per se passiones entis inquantum ens et
       demonstrare per se passiones proprias inferiorum sub ente non pertinet ad eandem
       scientiam ut dicetur inferius libro secundo huius metaphysicae capitolo de subalternatione
       scientarum. Ergo abiicit a sua consideratione et bene ens rationis quantum ad suas passio-
       nes proprias non autem quantum ad passiones entis inquantum ens quae insunt enti ratio-
       nis per se licet non primo. NICOLAUS BONETUS, Metaphysica I c. 6 (Ed. Venetiis 1505), f.
       9ra.
[723] Vgl. NICOLAUS BONETUS, Metaphysica IX c. 1-2 (Ed. Venetiis 1505), f. 43ra-44va.
[724] Vgl. NICOLAUS BONETUS, Metaphysica I c. 6 (Ed. Venetiis 1505), f. 9ra.

Neben Bonetus werden Mitte des 17. Jahrhunderts von Johannes Poncius noch Mauritius Hibernicus und Johannes Canonicus als Vertreter dieser gegen die ursprüngliche Lehre des Duns Scotus gerichteten These genannt.[725] Allerdings scheinen auch diese Angaben eben nicht sonderlich zuverlässig zu sein. Denn auch was Johannes Canonicus betrifft, scheint die Darlegung in dessen Physikkommentar eher eine Poncius entgegengesetzte Deutung nahe zu legen. Im ersten Buch seines Kommentars lehnt Johannes Canonicus ausdrücklich die Möglichkeit eines solchen univoken Begriffes ab, wenn es dort in q. 5 heißt, dass das Seiende als ein univoker Begriff nichts dem Realseienden und dem Gedachtseienden Gemeinsames zum Ausdruck bringt.[726] Mayronis selbst wird von Poncius in diesem Kontext nicht erwähnt. Allerdings referiert Antonius Syrectus in seinem *Tractatus formalitatum* die Lehre, dass der Begriff des Seienden, wenn er „modo transcendentissime" verstanden wird, univok auf ens rationis und ens reale anwendbar sei. Diese Lehre habe Franciscus de Mayronis vertreten, wobei er, Syrectus, nicht glaube, dass die sich hieraus ergebenden Widersprüche auflösbar seien, auch wenn Mayronis dies offensichtlich für möglich gehalten habe.[727] Mauritius de Portu verweist in seinen *Adnotiones* zu dieser Stelle lediglich auf die entsprechenden Texte des Franciscus de Mayronis, enthält sich selbst allerdings einer eigenen Stellungnahme.[728]

Was Mayronis selbst betrifft, so liegen hinsichtlich der Entwicklungsgeschichte seiner Lehre bislang auch nur vereinzelt Erkenntnisse vor. In Bezug auf die Frage nach der Möglichkeit der univoken Prädikation des conceptus entis hinsichtlich des real und des gedacht Seienden scheint allerdings zumindest eine Differenzierung feststellbar zu sein. Anders als die abwägende und perspektivisch reflektierende spätere Position des Franciscus scheint die Erst-

---

[725] Vgl. JOHANNES PONCIUS, Philosophiae ad mentem Scoti cursus integer, Tractatus in Metaphysicam, disp. 2, q. 1 (Ed. Lugduni 1659), 879.

[726] Quinta conclusio est ista quod ens ut est univocum non est commune enti reali et rationis. JOHANNES CANONICUS, Super octo libros Physicorum, lib. I q. 5 (Ed. Venetiis 1520), f. 10vb L-M.

[727] Advertendum ulterius quod ens capitur dupliciter: uno modo transcendenter, alio modo transcendentissime. Ens transcendentissime captum est aequivocum quacumque aequivocatione, quia ut sic capitur ens est commune ad ens reale et ens rationis et clarum est quod ut sic non dicit aliquem conceptum unum, quia vel ille conceptus esset secluso opere intellectus vel non; si sic, ergo aliquod quod esset praeter opus intellectus includeretur quidditative in illo quod non esset praeter opus intellectus, cuiusmodi est ens rationis. Si non esset praeter opus intellectus, sed per opus intellectus, ergo aliquid quod est per opus intellectus includeretur quidditative in illo quod esset praeter opus intellectus, quod videtur falsum et sic relinquitur quod ens ut sic captum non est univocum. Praedicta ratio facit mihi fidem et credo illam esse insolubilem, licet Franciscus de Mayronis nitatur eam solvere sed iudicio meo non solvit. SYRECTUS, ANTONIUS, Tractatus Formalitatum Moderniorum de mente Doct. Subt. Scoti. In: Quinque illustrium auctorum Formalitatum Libelli. Venedig 1588, 16.

[728] Vgl. MAURITIUS DE PORTU, Adnotationes ad tractatum formalitatum moderniorum Sirecti, in: SYRECTUS, ANTONIUS, Tractatus Formalitatum Moderniorum de mente Doct. Subt. Scoti, in: Quinque illustrium auctorum Formalitatum Libelli, Venedig 1588, 17.

fassung des Sentenzenkommentars die Möglichkeit der Univokation durchweg auszuschließen. In d. 22 der *Ab oriente* Fassung schließt conclusio 13 die univoke Aussage des conceptus entis explizit aus; conclusio 14 behauptet statt dessen, dass der Begriff des Seienden von real und gedacht Seiendem äquivok ausgesagt wird; conclusio 15 schließlich betont die Unmöglichkeit, dass unser Verstand einen gemeinsamen Begriff hinsichtlich der genannten Bereiche bilden kann.[729] Im Verhältnis zu dieser deutlichen und nicht differenzierenden Zurückweisung der Univokationsthese setzen der *Conflatus* und von den sachlichen Voraussetzungen her auch *Quodlibet* q. 6-7 deutlich andere Akzente. Eine möglich Erklärung für diese Verschiebung im Werk des Franciscus de Mayronis könnte, so legen zumindest die polemischen Bemerkungen insbesondere im *Quodlibet* nahe, tatsächlich einen Grund in der konkreten Auseinandersetzung mit zeitgenössischen Autoren wie etwa Wilhelm von Ockham haben.[730]

Ohne die grundlegende Differenz der Gedankendinge gegenüber dem wirklich Seienden zu leugnen, was ihren Zusammenhang mit der Hervorbringung durch den Verstand betrifft, so bleibt doch die grundlegende Übereinstimmung mit dem Wirklichen bestehen, sobald man die entia rationis auf ihren formalen Gehalt, d.h. ihr im Abstraktionsprozess freizulegendes sachliches Fundament hin befragt. Da alles Erkennen bei aller Abhängigkeit vom Wirksamwerden des Verstandes doch letztlich ein Erkennen von etwas ist, so ist es gerade dieser formal zu abstrahierende Gegenstandsbezug, der als real zu betrachten ist und dadurch als Fundament der von Mayronis vertretenen Univokationsthese fungieren kann.

Wie insbesondere in *Quodl.* q. 6-7 deutlich wird, trifft diese den realistischen Charakter hervorhebende Interpretation der entia rationis auch auf die Universalien und insbesondere auch auf die intentiones secundae zu.[731] Gerade diese letzte Begriffsklasse, deren Elemente für Duns Scotus nur im allerweitesten Sinne überhaupt als Seiendes interpretierbar sind, wird aber von Mayronis ausdrücklich in ihrem Realitätsstatus hervorgehoben. Das hat zur Folge, dass man nach der differenzierten Lehre von *Conflatus* Prol. q. 10 die Begriffe zweiter Intention, insofern sie von ihrem Sachgehalt her verstanden werden, durchaus mit allen Konsequenzen, die sich daraus ergeben, dem univok aussagbaren Begriff des Seienden zuordnen kann. Der entscheidende Schritt, den Mayronis über Scotus hinaus tut, besteht demnach nicht darin, dass er die scotische Ablehnung der Univokationsthese widerruft, sondern

---

[729] Tertiadecima conclusio quod ens non dicitur univoce de ente reali et rationis quia unum illorum est ens simpliciter et aliud secundum quid. [...] Quartadecima conclusio est quod ens dicitur aequivoce de ente reali et rationis quia omne commune non univocum est aequivocum. [...] Quintadecima conclusio est quod intellectus noster non potest formare unum conceptum communem enti reali et rationis quia illud commune esset ens rationis et sic ens rationis diceretur in quid de reali. FRANCISCUS DE MAYRONIS, Ab Oriente, d. 22, Vat. lat. 896 f. 94vb - 95ra. Vgl. ibidem, Vat. lat. 896 f. 97rb.

[730] Vgl. Kap. 7 § 2-2.1.

[731] Vgl. Kap. 7 § 2.2-2.8.2.

dass er eine entscheidende Akzentverschiebung in der Deutung dessen vornimmt, was den Realitätsstatus der entia rationis, vor allem der intentiones secundae angeht. Historisch mag dieser Schritt, so wie die vermeintliche Auseinandersetzung mit Wilhelm von Ockham zeigt, durch die Herausforderung einer gewissen nominalistischen Zuspitzung ontologischer Restriktionen beeinflusst sein, doch systematisch getragen wird er sicherlich durch den formalistischen Grundzug, der die Metaphysik des Franciscus de Mayronis im Kern kennzeichnet.

3.2 DIE UNIVOKE AUSSAGE HINSICHTLICH DES ABSOLUTEN UND DES RELATIONALEN

Mit dem bisherigen Ergebnis hat Mayronis zwar die univoke Aussage des conceptus entis hinsichtlich des real Seienden und des gedacht Seienden, insofern dieses vom Erkenntnisgegenstand her gedacht wird, begründet, doch ist damit der begriffslogische Ort des Seienden noch nicht abschließend geklärt. Es gibt weitere Differenzierungsmomente, in Bezug auf die die univoke Prädizierbarkeit der ratio entis erst noch zu erörtern ist. Das trifft insbesondere auf das disjunktive Einteilungsschema zu, das durch die Begriffe des Absoluten und des Relationalen bezeichnet wird. Die These, die Mayronis diesbezüglich vertritt, besteht darin, dass eine solche univoke Aussage von den Begriffen des Absoluten und des Relationalen möglich ist.[732] Das Hauptargument, das für diese Annahme angeführt wird, stellt eine Anwendung des ersten scotischen Univokationsbeweises dar. Demnach ist der Begriff des Seienden nicht mit dem des Absoluten und des Relationalen identisch, was sich daraus ergibt, dass der Verstand hinsichtlich des einen sicher und gleichzeitig hinsichtlich des anderen zweifelhaft sein kann. So besteht einerseits kein Zweifel darüber, dass die göttlichen Personen Seiendes sind, wohingegen andererseits durchaus umstritten ist, ob es sich hierbei um ein ens absolutum oder ein ens respectivum handelt. Der unspezifizierte Begriff des Seienden muss also von den näher bestimmten Begriffen des ens absolutum und des ens respectivum unterschieden werden.[733] Aus diesem Grund ist die Differenz der spezifischen Begriffe kein Hinderungsgrund für die Einheit des nicht spezifizierten Begriffs des Seienden.

---

[732] Secunda conclusio principalis quantum ad aliud dubium, utrum scilicet dicatur secundum eandem rationem formalem de absoluto et respectivo. Et dico quod sic; et ad hoc multae rationes prius factae sunt, maxime ratio fundamentalis. FRANCISCUS DE MAYRONIS, Conflatus, Prol. q. 10 (Ed. Venetiis 1520), f. 7va L.

[733] Arguo enim sic, de eodem et sub eadem ratione formali impossibile est intellectum esse certum et dubium, sed intellectus est certus de divina persona quod sit ens, dubitat tamen utrum sit absolutum vel respectivum, ergo videtur quod alium conceptum habeat ens quam de absoluto et respectivo. FRANCISCUS DE MAYRONIS, Conflatus, Prol. q. 10 (Ed. Venetiis 1520), f. 7va K.

Doch erhebt sich gegenüber dieser Annahme eines Begriffs, der den Bestimmungen des Absoluten und des Relationalen vorgeordnet ist, die Frage,
wie es möglich ist, dass es etwas gibt, das weder ad se, im Sinne des Absoluten, noch ad aliud, im Sinne des Relationalen, ist. Offensichtlich, so der Einwand, besteht doch ein Verstoß gegen das Widerspruchsprinzip, bzw. gegen
das Prinzip vom ausgeschlossenen Dritten darin, dass man vom Seienden
behauptet, es sei weder das eine noch das andere.[734] Mayronis bestreitet in
seiner Erwiderung keineswegs die Tatsache, dass es keinen Gegenstand geben
kann, der ein Seiendes ist, ohne dass er entweder ein absolutum oder ein
respectivum wäre. Dies ist eine Konsequenz daraus, dass das genannte Einteilungsschema unmittelbar, d.h. ohne die Möglichkeit eines Dritten außerhalb der Disjunktion, den Begriff des Seienden differenziert. Doch heißt das
eben nur, dass der Begriff des Seienden keinen Gegenstand bezeichnet, der
nicht unter die genannte Disjunktion fällt. Dies bedeutet aber auf der anderen Seite nicht, dass der Begriff des Seienden selbst ein solches Seiendes ist,
das notwendig ein absolutum oder ein respectivum ist. Die ratio entis selbst ist
eine formale Bestimmung, die eben nur diesen einen Begriffsgehalt umfasst
und von allen weiteren Kennzeichnungen abstrahiert. Das gleiche Verhältnis
besteht auch bei anderen Begriffen als dem des Seienden. So ist zwar z.B.
jede Zahl entweder gerade oder ungerade, jedes Lebewesen entweder vernunftbegabt oder unvernünftig, doch bedeutet dies eben nicht, dass der formale Gehalt der Zahl oder des Lebewesens selbst unter diese Differenzen
fallen. Gegenüber der jeweiligen ratio formalis stellen die genannten Unterscheidungsmerkmale hinzutretende Bestimmungen dar, von denen der ursprüngliche Begriffsgehalt abstrahiert.[735]

Ein modifizierter Einwand ergibt sich aber zudem, wenn man den Satz
vom Widerspruch nicht im Sinne des ausgeschlossenen Dritten, sondern im
engeren Verständnis als Ausschluss des Widerspruchs interpretiert. Insofern
nämlich die Bestimmungen „ad se" und „non ad se" kontradiktorisch entgegengesetzt sind, lässt sich darauf schließen, dass alles das, was kein „ad se" ist,
ein „ad aliud", also eben kein „ad se", ist, wenn man die Aussage zugrunde
legt, dass Seiendes nicht „ad se" ist, weil es von dieser Bestimmung – ebenso
wie von der des „ad aliud" – abstrahiert.[736] Der Einwand verfährt so, dass er

---

[734] Sed hic videtur una difficultas, quia tunc erit dare aliquam rem quae non erit ad se nec ad
       aliud, quod est contradictio. FRANCISCUS DE MAYRONIS, Conflatus, Prol. q. 10 (Ed. Vene-
       tiis 1520), f. 7va K.

[735] Ad hoc dico sicut dicendum est de quibusdam dividentibus aliquod commune quantum-
       cumque sint immediata quod scilicet non est dare mediam rationem aliquam, sed est dare
       solam rationem abstrahentem ab utroque dividentium, sicut numerus vel est par vel impar.
       Nec est possibile imaginari unum numerum qui non est par vel impar, et tamen ratio
       formalis numeri abstrahit ab utroque. Similiter de animali respectu rationalis et irrationalis
       quia ab utroque abstrahit. FRANCISCUS DE MAYRONIS, Conflatus, Prol. q. 10 (Ed. Venetiis
       1520), f. 7va K - M.

[736] Sed contra, quia omne quod est vel est ad se vel non ad se, haec sunt extrema contradic-
       tionis, ens ergo per te non est ad se quia abstrahit et ab esse ad se et ab esse ad aliud, ergo

aus der Abstraktion von beiden Bestimmungen – des „ad se" und des „ad aliud" – den ersten Aspekt herausgreift und mittels des Widerspruchsprinzips auf die Gültigkeit des zweiten schließt. Mayronis widerlegt diesen Einwand, indem er die Prädikationsweisen unterscheidet, in denen kontradiktorisch Entgegengesetztes von einer einzelnen Bestimmung ausgesagt wird und in denen solches von einer allgemeinen Bestimmung prädiziert wird, die erst durch das entsprechende Gegensatzpaar differenziert wird. Es ist demnach ein Unterschied, ob die Kennzeichnung des ad se vom Absoluten und die Kennzeichnung des ad aliud vom Relationalen ausgesagt wird, oder ob eine der beiden vom allgemeinen Begriff des Seienden prädiziert wird, der seinerseits erst durch das disjunktive Begriffspaar absolutum/respectivum unterschieden wird (aliter de communi diviso).[737] Zwar ist jedes Seiende, das entweder ein absolutes oder ein relationales ist, deswegen auch notwendig entweder ein ad se oder ein ad aliud. Das bedeutet aber nicht, dass der Begriff des Seienden vor seiner Differenzierung in absolutum und respectivum unter die Disjunktion von ad se und ad aliud fällt.

Die Diskussion der genannten Einwände macht also deutlich, dass eine univoke Aussage der ratio entis hinsichtlich des Absoluten und des Relationalen durchaus möglich ist, wenn man die notwendige Einheit, die dem Begriff des Seienden dann zukommen muss, im abstrakten formalen Gehalt der ratio entis sucht, der der in Frage stehenden Differenz vorausliegt. Anders lässt sich diese grundlegende Differenz von Absolutem und Relationalem auch gar nicht denken, wenn man sie nicht auf die ursprüngliche Einheit eines gemeinsamen Gehaltes anwendet, der eben noch nicht in der genannten Weise unterschieden ist.

3.3 Die univoke Aussage in Bezug auf Substanz und Akzidens

Ein drittes Problemfeld, was die univoke Prädizierbarkeit der ratio entis betrifft, wird durch die Begriffe der Substanz und des Akzidens markiert. Auch diesbezüglich behauptet Mayronis die Möglichkeit der univoken Aussage des Begriffs des Seienden. Dies geht, so die zusammenfassende Begründung, die Mayronis gibt, aus den bisher für die Univokation angeführten Argumenten hervor. In erster Linie spricht aber das erste scotische Univokationsargument für diese Annahme, wonach man die Differenz von Substanz und Akzidens

---

non est ad se, sed omne quod non est ad se est ad aliud, ergo ens est ad aliud. FRANCISCUS DE MAYRONIS, Conflatus, Prol. q. 10 (Ed. Venetiis 1520), f. 7va M.

[737] Respondeo, quandocumque extrema contradictionis applicantur ad aliqua immediata contraria, oportet semper illa distinguere quia unum contradictoriorum dicitur de uno contradictoriorum ad quae applicantur contradictoria. Et dicitur de communi abstracto ab illis contrariis et diviso per contraria sed aliter et aliter. Sicut non ad se vel non ad aliud aliter dicuntur de respectivo quia non est ad se et absoluto quia non est ad aliud; et aliter de communi diviso. FRANCISCUS DE MAYRONIS, Conflatus, Prol. q. 10 (Ed. Venetiis 1520), f. 7va M.

eben nicht auf den Begriff des Seienden selbst übertragen kann, da der Begriff des Seienden nicht mit den Begriffen der Substanz und des Akzidens selbst zusammenfällt.[738]

Das Eigentümliche im Verhältnis von Substanz und Akzidens besteht darin, dass die Seiendheit des einen, nämlich des Akzidens, sich in der Zuschreibung zum anderen, der Substanz, erschöpft. Was der formale Begriff des Akzidens zum Ausdruck bringt, ist es eben, etwas zu sein, das ausschließlich an einem anderen, nämlich einer Substanz existiert. Wenn das so ist, ergibt sich aber eine Schwierigkeit, die These von der Univokation aufrecht zu erhalten. Denn wie soll ein und derselbe formale Begriff von Substanz und Akzidens ausgesagt werden können, wenn der grundlegende Sinngehalt, den der Begriff des Akzidens umfasst, in einer Zuschreibung an die Substanz besteht?[739] Offensichtlich beruft sich dieser Einwand darauf, dass die vollständige Abkünftigkeit, die den Begriff des Akzidens hinsichtlich desjenigen der Substanz kennzeichnet, die univoke Aussage nicht zulässt.

Mayronis erwidert diesen Einwand unter Hinweis auf Augustinus, der die fundamentale These vertreten hat, dass alles Relationale vor der Bezugnahme auf anderes etwas voraussetzt, das nicht selbst relational ist, sondern ein aliquid ad se darstellt.[740] Unter dieser Voraussetzung führt die These vom Sinngehalt des Akzidens als einer attributio ad aliud gerade zum entgegengesetzten Schluss. Da die Zuschreibung zu einem anderen ein aliquid ad se voraussetzt, was unter Berufung auf De Trinitate V offensichtlich ist, ist die Aussage des formalen Begriffs des Seienden, anders als das Gegenargument behauptet, nicht nur möglich, sondern sogar notwendig, um das in Bezug auf anderes Ausgesagte, gerade aufgrund dieser Verwiesenheit, erfassen zu können, so dass das genannte Abhängigkeitsverhältnis keinen Einwand gegen die univoke Prädikation des conceptus entis ergibt.[741] Der Begriffsgehalt des Akzidentiellen selbst enthält den in einer möglichen Begriffsresolution offenzulegenden Bedeutungsgehalt des Seienden, nämlich gerade den eines Seien-

---

[738] Tertia conclusio principalis est quantum ad tertium dubium utrum secundum rationem eandem formalem dicatur de substantia et accidente. Et hoc breviter dico quod sic et hoc per easdem rationes quas feci superius, maxime per rationem fundamentalem de conceptu certo et dubio. FRANCISCUS DE MAYRONIS, Conflatus, Prol. q. 10 (Ed. Venetiis 1520), f. 7va M - 7vb N.

[739] Sed hic est una difficultas quia quandocumque aliqua duo sic se habent quod tota entitas unius est in attributione ad aliud de illis, non videtur dici ens secundum eandem rationem formalem, sed huiusmodi sunt substantia et accidens, igitur etc. FRANCISCUS DE MAYRONIS, Conflatus, Prol. q. 10 (Ed. Venetiis 1520), f. 7vb N.

[740] Vgl. AUGUSTINUS, De Trinitate V, 5-6, (CCSL 50), 210-212.

[741] Respondeo dico quod ratio est ad oppositum quia quandocumque aliqua duo sic se habent quod tota entitas unius est in attributione ad aliud, ens dicitur de eis secundum eandem rationem formalem, huiusmodi sunt substantia et accidens, ergo etc. Maiorem acceptam ego probo sic quia secundum intentionem beati Augustini V De trinitate omne quod relative dicitur est aliquid ad se, igitur quod est aliquid in attributione ad alterum est aliquid ad se et ita sequitur quod erit ens formaliter. FRANCISCUS DE MAYRONIS, Conflatus, Prol. q. 10 (Ed. Venetiis 1520), f. 7vb N.

den in seiner Indifferenz gegenüber substanzhafter Selbständigkeit und akzidentieller Inhärenz.

3.4 Die univoke Aussage in Bezug auf Akt und Potenz

Ein letztes Diskussionsfeld, an dem sich die These von der univoken Aussage der ratio entis bewähren muss, ist durch die Begriffe „Akt" und „Potenz" abgesteckt. Versteht man unter „potentia" das subjektive Vermögen, das in den Akt übergehen kann, so besteht diesbezüglich keine große Schwierigkeit, an der Univokationsthese festzuhalten. Gravierender werden die Probleme, wenn man „potentia" im Sinne von „potentia obiectiva" versteht, also einen Begriff des Vermögens zugrunde legt, der zusammen mit dem Begriff des Aktes ein in Bezug auf das Seiende disjunktives Begriffspaar darstellt. Doch auch diesem Verständnis nach hält Mayronis daran fest, dass die univoke Prädikation des conceptus entis möglich ist.[742]

Hierfür werden zunächst vier Argumente angeführt. Erstens trifft diese These zu, weil die Bestimmungen von Akt und Potenz nicht den Wesensbegriff dessen verändern, von dem sie ausgesagt werden. Dies wird etwa dadurch deutlich, dass die das Wesen des Menschen aussagende Definition nicht dadurch verändert wird, dass es sich im einen Fall um einen wirklichen, im anderen um einen möglichen Menschen handelt. Die Definition des Menschen ist jeweils dieselbe.[743] Ein zweites Argument beruft sich darauf, dass die Differenzbegriffe, durch die etwas in entsprechende Unterarten eingeteilt wird, nicht den formalen Begriff des Eingeteilten selbst verändern. Akt und Potenz sind aber gegenüber dem Seienden im Allgemeinen solche differentiae divisivae, die folglich die Einheit des formalen Begriffs des Seienden selbst nicht verändern.[744] Ein drittes Argument geht davon aus, dass alles, was numerisch identisch ist, auch denselben formalen Begriff hat. Was sich im Status der Potentialität – versinnbildlicht durch die Metapher des Saatkornes (granum) – befindet, ist aber numerisch mit dem identisch, was sich im Status der Wirklichkeit befindet, in die das ursprüngliche Saatkorn übergegangen ist. Die numerische Identität und damit der formale Begriff selbst werden also durch die hinzutretenden Bestimmungen der Potentialität und der Aktualität

---

[742] Quarta conclusio principalis est de ente in potentia et de ente in actu, utrum dicatur ens univoce de eis. Respondeo dico quod duplex est potentia ad praesens consideranda, scilicet potentia subiectiva et potentia obiectiva. De potentia subiectiva non est difficultas magna quia eaedem rationes quae factae sunt prius probarent hoc. Sed de potentia obiectiva de qua est maior difficultas dico quod sic. Franciscus de Mayronis, Conflatus, Prol. q. 10 (Ed. Venetiis 1520), f. 7vb N-O.

[743] Quod probo primo sic, actus et potentia non diversificant essentiam. Nam eadem est diffinitio hominis in potentia et in actu, ergo etc. Franciscus de Mayronis, Conflatus, Prol. q. 10 (Ed. Venetiis 1520), f. 7vb O.

[744] Secundo sic, differentiae divisivae non variant rationem formalem divisi, sed ens dividitur per potentiam et actum, ergo etc. Franciscus de Mayronis, Conflatus, Prol. q. 10 (Ed. Venetiis 1520), f. 7vb O.

nicht verändert.[745] Ein vierter und letzter Grund für die Annahme der Univokationsthese besteht darin, dass Akt und Potenz als innere Modi aufzufassen sind. Ein modus intrinsecus, der die jeweilige Art und Weise darstellt, in
der ein formaler Gehalt näherhin gegeben ist, verändert die ratio formalis
dessen nicht, dessen Modus er jeweils ist. Eine modale Bestimmung tritt zu
einer formalen hinzu, ohne den ursprünglichen Gehalt, der von der modalen
Bestimmung abstrahiert, zu verändern. Aus diesem Grund bleibt der formale
Begriff des Seienden jeweils derselbe, unabhängig davon, ob es sich um ein
Seiendes im Modus der Aktualität oder der Potentialität handelt.[746]

Mit diesen Argumenten ist die vorliegende Frage noch nicht endgültig
geklärt, denn es ergeben sich weitere Einwände, die die Univokation des
conceptus entis hinsichtlich actus und potentia weiter problematisieren. Zunächst betrifft das den Charakter der Einteilung, die durch die Begriffe von
Akt und Potenz erfolgt. Wenn es sich hierbei nämlich um eine quidditative
Einteilung handelt, kann der Begriff des Seienden nicht hinsichtlich desselben
quidditativen Gehaltes von den Einteilungsmomenten Akt und Potenz ausgesagt werden, wodurch die Univokationsthese widerlegt wäre.[747]

Mayronis erwidert diesen Einwand mit einer differenzierenden Antwort.
Interpretiert man zunächst den Begriff der Potentialität im Sinne eines subjektiven Vermögens, trifft der Einwand nicht zu, weil es sich nicht um eine
quidditative Einteilung der ratio entis handelt, die durch das Begriffspaar
potentia subiectiva und actus bezeichnet wird. Eine washeitliche Einteilung
schöpft nämlich das Einzuteilende durch die Glieder der Division vollständig
aus. Genau das ist aber hier nicht der Fall, weil nicht jedes Seiende entweder
in actu oder in potentia subiectiva ist.[748] Der Grund hierfür besteht darin,
dass der Begriff eines subjektiven Vermögens zu eng ist, als dass er zusammen
mit dem Begriff der Aktualität vollständig die Extension des conceptus entis
beschreiben könnte.

Interpretiert man das Moment der Potentialität im Sinne der potentia
obiectiva, ist zunächst einzuräumen, dass es sich insofern um eine washeitliche Einteilung handelt, als dass jede quidditas vollständig durch Akt und

---

745 Tertio sic, quae sunt idem numero habent eandem rationem formalem, sed granum vel
aliquid aliud est idem numero in potentia et in actu, ergo habent eandem rationem formalem et sic patet de omnibus. FRANCISCUS DE MAYRONIS, Conflatus, Prol. q. 10 (Ed.
Venetiis 1520), f. 7vb O.

746 Quarto sic, modus intrinsecus non variat rationem formalem illius cuius est modus. Hoc
patet quia tota ratio quidditativa abstrahit a modo, sed actus et potentia sunt modi intrinseci, ergo etc. FRANCISCUS DE MAYRONIS, Conflatus, Prol. q. 10 (Ed. Venetiis 1520), f.
7vb O.

747 Hic occurrunt aliquae difficultates, prima, utrum haec divisio qua ens dividitur in
potentiam et actum sit quidditativa. FRANCISCUS DE MAYRONIS, Conflatus, Prol. q. 10
(Ed. Venetiis 1520), f. 7vb O.

748 Ad istud dico quod non, intelligendo de potentia subiectiva [obiectiva Vat. lat. 894] et ratio
est quia divisio quidditativa videtur evacuare totum divisum, quicquid autem est non est
tantum vel in potentia subiectiva vel in actu. FRANCISCUS DE MAYRONIS, Conflatus, Prol.
q. 10 (Ed. Venetiis 1520), f. 7vb O.

Potenz beschrieben wird, da jede Washeit entweder unter den einen oder den anderen Aspekt fällt. Allerdings wird bei dieser Interpretation der Begriff der divisio quidditativa auf einen Einteilungstyp hin erweitert, dementsprechend eine Washeit durch die Angabe eines disjunktiven Paares innerer Modi differenziert wird.[749] Diesbezüglich hat Mayronis aber bereits darauf hingewiesen, dass die modi intrinseci den formalen Begriff des modal Bestimmten in keiner Weise verändern, so dass aus diesem Grund eine so verstandene divisio quidditativa die Einheit des übergeordneten Begriffs nicht in Frage stellt.

Eine andere Schwierigkeit betrifft die Frage, ob es sich im vorliegenden Fall insofern um eine formale Einteilung handelt, als dass der Begriffsgehalt des Einzuteilenden, also die ratio entis, in den Einteilungsmomenten als derselbe erhalten bleibt.[750] Das ist offensichtlich der Fall, so entgegnet Mayronis, da die ratio entis entsprechend demselben formalen Sinngehalt sowohl vom aktuell als auch vom potentiell Seienden ausgesagt wird.[751]

Doch ist mit dieser Antwort das Problem noch nicht wirklich gelöst. Es steht nämlich noch offen zu klären, ob es wirklich eine einzige ratio formalis ist, die ausgesagt wird. Ein formaler Begriff kann nämlich im einen Fall schlechthin und im anderen Fall nur in gewisser Hinsicht ausgesagt werden, was dann dazu führt, dass es sich nicht wirklich um ein und denselben formalen Begriff handeln kann. Aber genau dieses Verhältnis liegt im Fall von Akt und Potenz vor, so behauptet der weitergehende Einwand, denn die ratio entis wird nur vom aktuell Seienden, nicht aber vom ens in potentia schlechthin ausgesagt.[752]

Dieser Einwand trifft durchaus zu, was seinen Obersatz betrifft, nämlich die These, dass die Prädikation eines Begriffs simpliciter und secundum quid nicht entsprechend ein und demselben formalen Begriff erfolgen kann. Was Mayronis aber nicht einräumt, ist die Behauptung, dass der formale Begriff des Seienden nur secundum quid vom ens in potentia ausgesagt wird. Als Begründung für seine eigene Auffassung greift Mayronis auf eine grundlegende Differenzierung von Prädikationstypen zurück. Das Prädikat „Sein" wird demnach auf zwei Weisen ausgesagt: zum einen als secundum adiacens, zum anderen als tertium adiacens. Im ersten Fall drückt es die Existenz des

---

[749]   Sed intelligendo de potentia obiectiva et de actu opposito, potest dici quod sic ut divisio quidditativa potest extendi ad divisionem per modos intrinsecos quidditatis. Omnis enim quidditas vel est in actu vel in potentia sic intelligendo potentiam. FRANCISCUS DE MAYRONIS, Conflatus, Prol. q. 10 (Ed. Venetiis 1520), f. 7vb O.

[750]   Secunda difficultas est, si sit formalis divisio intelligendo per formalem divisionem illam qua dividitur aliqua ratio formalis manens eadem sub utroque dividentium. FRANCISCUS DE MAYRONIS, Conflatus, Prol. q. 10 (Ed. Venetiis 1520), f. 7vb O-P.

[751]   Dico quod sic, quia ens secundum eandem rationem formalem dicitur de ente in actu et in potentia. FRANCISCUS DE MAYRONIS, Conflatus, Prol. q. 10 (Ed. Venetiis 1520), f. 7vb P.

[752]   Sed contra, quandocumque aliqua ratio formalis dicitur de duobus, de uno simpliciter et de alio secundum quid, illa non est de eis secundum eandem rationem formalem, sed sic est de ente in potentia et de ente in actu quia de ente in actu dicitur quod est ens simpliciter, non autem de ente in potentia, ergo etc. FRANCISCUS DE MAYRONIS, Conflatus, Prol. q. 10 (Ed. Venetiis 1520), f. 7vb P.

Kapitel 7

jeweiligen Subjektes aus. Ein entsprechender Satz besteht aus einem Subjektterminus und als zweitem Glied dem Prädikat „Sein". Im anderen Fall wird „Sein" als ein Drittes im Sinne einer Kopula zwischen Subjekt und dem eigentlichen Prädikat verwendet. Dieses auf Aristoteles[753] zurückgehende und von Boethius[754] eingehend ausgearbeitete Lehrstück wendet Mayronis auf den vorliegenden Problemfall an.

Legt man diese Unterscheidung zugrunde, zeigt sich ein deutlicher Unterschied in der Auffassung des ens in potentia und des ens in actu. In der ersten Interpretation des Prädikationsmodus, nach dem „Seiendes" bzw. „Sein" als secundum adiacens verstanden wird, gilt die entsprechende Aussage, wenn sie vom Subjekt „ens in potentia" geäußert wird, nur secundum quid. Trifft man dieselbe Aussage vom Subjekt „ens in actu", gilt sie hingegen schlechthin. Im Sinne einer Existenzaussage, so das vorläufige Ergebnis, wird das nur Mögliche, das ens in potentia, nur eingeschränkt ein Seiendes genannt, wohingegen das aktuell Seiende dies schlechthin ist.[755]

Legt man aber die andere Interpretation des Prädikationsmodus im Sinne einer Aussage eines tertium adiacens zugrunde, gibt es keinen Unterschied in Bezug auf aktuell und potentiell Seiendes. Sowohl das ens in actu als auch das ens in potentia sind nach diesem Verständnis schlechthin Seiendes. Die prädikativen Aussagen „ens in potentia est ens vel substantia" und „ens in actu est ens vel substantia", in denen der Terminus „est" als Kopula fungiert, gelten beide uneingeschränkt. Genauso wenig, wie ein möglicher Mensch nur eingeschränkt (secundum quid) ein Mensch ist, genauso wenig ist ein ens in potentia nur ein eingeschränkt Seiendes.[756] Die Pointe der Widerlegung des ursprünglichen Einwandes besteht also darin, die univoke Aussage des conceptus entis vom aktuell und vom potentiell Seienden nicht auf die bloße Existenz des jeweiligen Seienden zu beziehen. Vielmehr geht es bei dieser Aussage in einem formalen Sinne um die Angabe des Sinngehaltes, unter dem sowohl das potentiell als auch das aktuell Seiende begriffen werden. Seiendes bezeichnet demnach den gemeinsamen Gehalt, durch den Aktuali-

---

[753] ARISTOTELES, De interpretatione c. 10 (19 b20 - 20 a16) (Arist. Lat. II 1-2), ed. L. Minio-Paluello et G. Verbeke, Brügge/Paris 1965, 19-20.

[754] BOETHIUS, A.M.S, Commentarium in librum Aristotelis Peri Hermeneias. Secunda editio, l. 4, c. 10 (Ed. Meisser), 263-324.

[755] Ad istud dico concedendo maiorem, sed nego minorem. Ad quod intelligendum est sciendum quod aliud est dicere de aliquo quod sit, prout esse dicit secundum adiacens; aliud dicere quod est ens vel substantia, prout dicit tertium adiacens. Dico igitur quod licet de ente in potentia dicatur quod non sit simpliciter et de ente in actu quod sit simpliciter, secundum quod esse dicit secundum adiacens. FRANCISCUS DE MAYRONIS, Conflatus, Prol. q. 10 (Ed. Venetiis 1520), f. 7vb P-Q.

[756] Tamen accipiendo esse prout est tertium adiacens non sic dicitur secundum quod est copula respectu entis vel substantiae vel aliorum praedicatorum essentialium. Unde dico quod ens in potentia est simpliciter ens et simpliciter substantia sicut ens in actu. Et ista est vera "homo in potentia est simplicter homo" et ista est falsa "homo in potentia secundum quid est homo". Et sic de aliis. FRANCISCUS DE MAYRONIS, Conflatus, Prol. q. 10 (Ed. Venetiis 1520), f. 7vb Q.

tät und Potentialität überhaupt erst als korrelative Bestimmungen erkennbar werden. Nur dadurch, dass sie sich auf dasselbe formale Prädikat beziehen, wird deutlich, dass es ein Unterschied „am selben" ist, ob dieses im Modus der Aktualität oder der Potentialität gedacht wird. Diese Zuordnung von Einheit und Differenz, wonach Unterscheidungsmomente nur als Differenzen einer ursprünglichen Einheit zu denken sind, ist das Grundmotiv, von dem die von Mayronis vertretene Univokationsthese in Bezug auf die genannten disjunktiven Begriffspaare getragen wird.

Achtes Kapitel

Gattungscharakter, Analogie und Transzendentalität

1 DAS PROBLEM DES GATTUNGSCHARAKTERS DER RATIO ENTIS

Hat sich in q. 10 die Einheit der ratio entis hinsichtlich aller kategorial erfassbaren Gegenstände gezeigt, so führt dieses Ergebnis doch unmittelbar zu dem
Folgeproblem, nämlich ob es zu vermeiden ist, die ratio entis im Sinne einer
obersten Gattung zu interpretieren. Diese Frage stellt sich nicht erst im Anschluss an q. 10, doch wird sie im vorliegenden Kontext erneut virulent. Im
Zentrum der Diskussion von q. 11 steht deshalb auch nicht primär die unmittelbare Beantwortung der Frage – dass der Begriff des Seienden kein Gattungsbegriff ist, ist bereits deutlich ausgesprochen –, sondern die Art der Begründung dieser These. Eine besondere Auseinandersetzung bedarf darüber
hinaus die Annahme, dass Gott nicht in einer Gattung zu erfassen ist. Auch
in diesem Fall geht es vor allem um die Diskussion verschiedener Be-
gründungsmöglichkeiten dieser These.

Was die erste Annahme, dass „Seiendes" kein Gattungsbegriff ist, betrifft, lautet eine erste Begründung, dass dies so ist, weil Seiendes unbegrenzt
ist und deshalb nicht durch einen Begriff erfasst werden kann, der wie ein
Gattungsbegriff notwendig Begrenzung impliziert.[757] Dieses Argument kann
aber für Mayronis nicht wirklich ausschlaggebend sein, denn die Unbegrenztheit der Gegenstände, die durch einen Gattungsbegriff erfasst werden,
ist eben kein hinreichender Grund dafür, dass es sich nicht tatsächlich um
einen Gattungsbegriff handelt. Das wird deutlich, wenn man sich vorstellt, es
gäbe unendlich viele Arten oder Individuen, die alle gemeinsam als Lebewesen bezeichnet werden können. Aus der unendlichen Anzahl von Lebewesen
folgt dann aber nicht, dass der Begriff „animal" selbst kein Gattungsbegriff
ist.[758] Die extensionale Unbegrenztheit eines Begriffsumfanges entscheidet
nach Mayronis nicht über den generischen oder nicht-generischen Charakter
eines Begriffs.

---

[757] Circa istam quaestionem sunt duae veritates determinandae. Prima est quod ens non est
genus. Ad hoc autem inducuntur multae rationes. Prima est illimitatio. FRANCISCUS DE
MAYRONIS, Conflatus, Prol. q. 11 (Ed. Venetiis 1520), f. 7vb Q.

[758] Sed ista non valet quia si essent infinita obiecta vel infinitae species animalis, adhuc animal
esset genus. FRANCISCUS DE MAYRONIS, Conflatus, Prol. q. 11 (Ed. Venetiis 1520), f. 7vb
Q - 8ra A.

Man kann das ursprüngliche Argument aber dahingehend verstehen, so lautet ein weiterer Einwand, dass die Unbegrenztheit als Kriterium für den nicht-generischen Charakter der ratio entis die Tatsache zum Ausdruck bringt, dass ein Gattungsbegriff notwendig nicht in quid von den Differenzen ausgesagt wird, die ihn zum Artbegriff kontrahieren. Der Begriff des Seienden ist dann deshalb kein Gattungsbegriff, weil er in quid von allem ausgesagt wird, also auch von den Differenzen, von denen er als Gattungsbegriff eben nicht in quid prädizierbar sein darf. Doch genau diese Annahme, dass der Begriff des Seienden in quid von allem ausgesagt wird, so entgegnet Mayronis, ist in den vorhergehenden Ausführungen widerlegt worden, so dass auch diese modifizierte Interpretation des ursprünglichen Argumentes zu verwerfen ist.[759]

Auch ein anderes Argument, nämlich dass Seiendes durch die inneren Modi des Endlichen und des Unendlichen eingeteilt wird und deshalb kein Gattungsbegriff sein kann, hat für Mayronis keine Gültigkeit. Die Einteilung durch die inneren Modi schließt nämlich den Gattungscharakter der ratio entis deshalb nicht aus, weil hiermit nicht die washeitliche Prädikation des Begriffs des Seienden ausgeschlossen wird.[760] Mit dieser kurzen Entgegnung bezieht sich Mayronis implizit auf q. 6, wo ausdrücklich betont wird, dass die Aussage des Begriffs des Seienden hinsichtlich der modi intrinseci nicht grundsätzlich die Form einer praedicatio quidditativa ausschließt.[761]

Das entscheidende Argument für die Ablehnung des Gattungscharakters der ratio entis besteht nach Mayronis deshalb darin, dass der Begriff des Seienden nicht in quid ausgesagt wird. Allerdings wird nicht einfachhin ausgeschlossen, die ratio entis in quid auszusagen, sondern es wird der Fall ausgeschlossen, dass dieser Begriff in quid und zwar im Sinne eines essentiellen Teiles prädiziert wird. Das, was den Gattungscharakter eines Begriffs in einer grundlegenden Weise bestimmt, ist die Aussage per modum partis essentialis. Aber gerade diese Form der Prädikation wurde bereits im Vorangehenden[762] für den Begriff des Seienden ausgeschlossen, so dass hier das eigentliche Argument gegen dessen generischen Charakter liegt.[763]

---

[759] Si dicas quod intelligis illimitationem quia ad rationem generis requiritur quod non praedicetur in quid de differentia, sed ens dicitur in quid de omnibus. Hoc non valet quia ostensum est superius esse falsum. FRANCISCUS DE MAYRONIS, Conflatus, Prol. q. 11 (Ed. Venetiis 1520), f. 8ra I.

[760] Ideo introducitur alia ratio quia dividitur per modos intrinsecos, scilicet per finitum et infinitum. Sed istud non impedit quia talia non impediunt praedicationem quidditativam. FRANCISCUS DE MAYRONIS, Conflatus, Prol. q. 11 (Ed. Venetiis 1520), f. 8ra A.

[761] Vgl. FRANCISCUS DE MAYRONIS, Conflatus, Prol. q. 6 (Ed. Venetiis 1520), f. 6rb E-F.

[762] Ad primam patet quia si ens esset genus, esset pars essentialis; hoc autem sibi non convenit. FRANCISCUS DE MAYRONIS, Conflatus, Prol. q. 5 (Ed. Venetiis 1520), f. 5rb G. Vgl. auch q. 6 (Ed. Venetiis 1520), f. 6ra B - rb F.

[763] Dico igitur quod tota ratio [ratio: Krakau, Jagell. 1306 supra lin. Vat. lat. 894 relatio Y], quare ens non est genus, est quia non praedicatur in quid sicut pars essentialis. Illud igitur quod primo respicit ratio generis est praedicatio per modum partis essentialis, sed istud non

Die zweite grundlegende Annahme, die in q. 11 diskutiert wird, betrifft die begriffliche Erfassbarkeit Gottes, denn diesbezüglich stellt sich die Frage, ob Gott unter irgendeinem Gattungsbegriff erfasst werden kann. Dass das nicht der Fall ist, ist von Mayronis bereits erörtert worden. Deshalb geht es auch in dieser Hinsicht nicht primär um die eigentliche Antwort auf diese Frage, sondern um die Begründung, die für diese Annahme entscheidend ist. Mayronis diskutiert drei mögliche Gründe dafür, dass Gott nicht durch einen Gattungsbegriff erfasst werden kann: erstens, weil nichts, was unendlich ist, in eine Gattung fällt; zweitens, weil Gott als actus purus nicht kategorial erfasst werden kann; drittens, weil Gott, wenn er in das Kategorienschema fallen würde, zusammengesetzt sein müsste, was nicht der Fall sein kann.[764]

Alle drei Argumente sind für Mayronis aber nicht wirklich stichhaltig. Das erste nicht, weil Gott nicht in jeder Hinsicht unendlich genannt werden kann. Die göttlichen Relationen, wie die Vaterschaft z.B., sind nicht formal unendlich, da nichts Relationales in diesem Sinne unendlich genannt werden kann. Das zweite Argument trifft nicht zu, weil die Bestimmung Gottes als actus purus erst aufgrund der modalen Kennzeichnung, entweder actus oder potentia zu sein, zutrifft. Akt und Potenz sind aber Bestimmungen, die einer Washeit zukommen, der es bereits von sich aus widerspricht, in genere zu sein oder nicht zu sein. Der Washeit Gottes kommt die Unvereinbarkeit mit dem Kategorienschema bereits vor der weiteren Kennzeichnung durch den actus purus zu, so dass in diesem Späteren nicht der eigentliche Grund bestehen kann. Die letzte der genannten Begründungen ist schließlich deshalb nicht signifikant, weil nicht alles, was in genere ist, deshalb notwendig zusammengesetzt sein muss. Es ist nämlich hinreichend, dass das kategorial Bestimmte durch mehrere formale Begriffe bestimmt ist. Diese Mehrheit von rationes formales muss aber nicht notwendig eine Zusammensetzung im engeren Sinne einer compositio bedeuten, so dass hieraus kein stichhaltiges Argument hervorgeht.[765]

Der eigentliche Grund, den Mayronis für den nicht-generischen Charakter Gottes anführt, lehnt sich an das entscheidende Argument für die zuerst diskutierte Annahme an. Gott kann deshalb nicht in genere sein – so das von Mayronis ausgezeichnete Argument –, weil alles das, was durch das Ka-

---

est in ente, ergo ens non est genus. Maior fuit satis probata superius. FRANCISCUS DE MAYRONIS, Conflatus, Prol. q. 11 (Ed. Venetiis 1520), f. 8ra A.

[764] Secunda veritas declaranda est quod deus non est in genere declaratur autem ab aliquibus, quia nullum infinitum potest esse in genere; ab aliis autem quia actus purus non potest esse in genere et; ab aliis quia deus esset compositus. FRANCISCUS DE MAYRONIS, Conflatus, Prol. q. 11 (Ed. Venetiis 1520), f. 8ra A.

[765] Prima ratio non concludit quia non salvat quin paternitas possit esse in genere quia ipsa non est formaliter infinita. Nec secunda valet quia prius repugnat quidditati esse in genere vel convenit antequam intelligatur esse actus vel potentia. Nec tertia valet quia non oportet quod sit compositum illud quod est in genere, sed sufficit quod habeat plures rationes formales, licet non componant. FRANCISCUS DE MAYRONIS, Conflatus, Prol. q. 11 (Ed. Venetiis 1520), f. 8ra A-B.

tegorienschema bestimmt ist, eine gattungshafte Bestimmung wie einen essentiellen Teil enthält, eine Bestimmung nämlich, die auf ein Übergeordnetes verweist, dem das so Bestimmte selbst untergeordnet ist. Genau das kann aber auf Gott nicht zutreffen. Gott ist schlechthin einfach und deshalb nicht in Teile auflösbar, so dass er aufgrund des im Kategorienschema implizierten Verhältnisses von essentieller Über- und Unterordnung nicht selbst in genere sein kann.[766]

1.1 Der Zusammenhang der quasi-generischen Prädikation der ratio entis mit der Modaldistinktion

An diese Erörterungen des Verhältnisses der ratio entis und der ratio dei zum Kategorienschema schließen sich weitergehende Fragen an, die einer differenzierten Analyse bedürfen. Zunächst ist zu klären, wie die Prädikationsweise des Begriffs des Seienden näherhin zu verstehen ist. Wenn nämlich „Seiendes" wie ein Übergeordnetes ausgesagt wird, dann stellt sich die Frage, ob dieser Aussagemodus mehr dem eines Gattungs- oder dem eines Artbegriffs entspricht.[767]

Wie Mayronis in der sich anschließenden Diskussion deutlich macht, geht es im Folgenden nicht darum, den Begriff des Seienden mit einem Gattungs- oder Artbegriff zu identifizieren, sondern es soll lediglich ein Ähnlichkeitsverhältnis aufgezeigt werden, durch das die ratio entis mehr oder weniger zutreffend gekennzeichnet werden kann. In diesem Sinne, so die Antwort, die Mayronis gibt, ähnelt der conceptus entis mehr einem Art- als einem Gattungsbegriff. Der Unterschied von Art und Gattung, auf den sich Mayronis zur Begründung seiner These beruft, besteht darin, dass der Gattungsbegriff in quid von einem Komplex ausgesagt wird, der aus Art und spezifischer Differenz konstituiert ist. Dieser Komplex stellt eine Hinzufügung, d.h. eine inhaltliche Weiterbestimmung des durch den Gattungsbegriff Ausgesagten dar. Das ist bei einem Artbegriff so nicht der Fall. Der Artbegriff, offensichtlich verstanden als species specialissima, wird von einem Individuum ausgesagt. Ein Individuum fügt aber einem Artbegriff keinen weiteren washeitlichen Gehalt hinzu, sondern lediglich die individuelle Eigentümlichkeit (proprietas individualis).[768] Der Unterschied von Gattungs- und Artbegriff

---

[766] Dico ergo quod deus non est in genere quia omne illud quod est in genere includit genus tamquam partem essentialem, sed deo repugnat includere aliquid superius tamquam partem essentialem quia est simpliciter simplex et per consequens irresolubilis, ergo etc. FRANCISCUS DE MAYRONIS, Conflatus, Prol. q. 11 (Ed. Venetiis 1520), f. 8ra B.

[767] Sed hic sunt quattuor difficultates. Prima est, cum ens praedicetur ut superius cuius proprietatem magis habet vel generis vel speciei. FRANCISCUS DE MAYRONIS, Conflatus, Prol. q. 11 (Ed. Venetiis 1520), f. 8ra B.

[768] Dico ad hoc quod magis assimilatur speciei. Et ratio est ista, quia genus praedicatur in quid de eo quod addit species supra genus sic intelligendo quod praedicatur de specie quae habet unam rationem formalem constitutam ex genere et ex addito quod est differentia sive ratio formalis. Species autem non sic. Non enim individuum addit ad speciem nisi proprie-

besteht also vor allem darin, dass ersterer von etwas ausgesagt wird, was selbst
einen washeitlichen Gehalt darstellt, wohingegen letzterer nicht durch eine
weitere Washeit, sondern durch eine modale Kennzeichnung, nämlich die
proprietas individualis näher bestimmt wird. Das gleiche, was für den Artbegriff gilt, trifft auch auf den Begriff des Seienden zu, so die grundlegende
Behauptung des Franciscus. Denn wenn dieser in quid von etwas ausgesagt
wird, dann handelt es sich dabei um einen Gegenstand, der in seiner Bestimmung dem Seienden nichts außer einer individuellen Eigentümlichkeit
hinzufügt. Der Begriff des Seienden, so heißt es in der entsprechenden Begründung, wird nämlich in quid nur jeweils von diesem besonderen Seienden
(de hoc ente) ausgesagt, das selbst keinen weiteren formalen Begriff ausdrückt,
da es sich bei einer individuellen Kennzeichnung gegenüber der Artnatur
nicht um eine weitere Washeit, sondern lediglich um modale Hinzufügungen
handelt.[769] Die Annahme, die der Ähnlichkeit des conceptus entis mit einem
Artbegriff zugrunde liegt, besteht demnach darin, dass der Begriff des Seienden im engeren Sinne einer in quid-Prädikation nur von individuierten Einzelgegenständen ausgesagt wird, nicht aber von Bestimmungen, die selbst den
Charakter einer Washeit haben.

Ein weitere Differenzierung wird im Ausgang von der Frage deutlich, ob
der Begriff des Seienden in allem, wovon er ausgesagt wird, ein Individuum
hat.[770] Mit der Erörterung dieses Problems schließt Mayronis an die zuvor
getroffene Feststellung an, der Begriff des Seienden würde eher einem Art- als
einem Gattungsbegriff entsprechen. Wenn dies der Fall ist, rückt natürlich
sogleich die Frage nach dem Verhältnis des Begriffs des Seienden und den je
individuellen Seienden, die unter den quasi-Artbegriff fallen, ins Zentrum des
Interesses. Die These, die Mayronis vertritt, lautet, dass nicht nur der Begriff
des Seienden, sondern alle transzendentalen Prädikate, wie „unum", „verum"
und „bonum", wenn sie von etwas ausgesagt werden, von diesem wie von
einem Individuum prädiziert werden. Diese Feststellung ergibt sich aus der
Annahme, dass distinkte formale Gehalte unabhängig davon distinkt bleiben,
ob sie in übergeordneten oder in untergeordneten Begriffen enthalten sind.
Die formalen Begriffe, die für sich betrachtet, d.h. in einer abstrakten Betrachtungsweise distinkt sind, bleiben auch als solche distinkt, wenn sie als
Teilbestimmungen einem je individuellen Gegenstand zukommen. Das geht
aus der allgemeinen Regel hervor, dass alles, was in übergeordneten Begriffen

tatem individualem. FRANCISCUS DE MAYRONIS, Conflatus, Prol. q. 11 (Ed. Venetiis
1520), f. 8ra B-C.

[769] Sic nec illud de quo praedicatur ens in quid, non addit ad ens nisi proprietatem individualem, quia ens non praedicatur in quid proprie nisi de hoc ente quod non addit rationem formalem ad ens. FRANCISCUS DE MAYRONIS, Conflatus, Prol. q. 11 (Ed. Venetiis
1520), f. 8ra C.

[770] Secunda difficultas, utrum ens in quolibet habeat suum individuum. FRANCISCUS DE
MAYRONIS, Conflatus, Prol. q. 11 (Ed. Venetiis 1520), f. 8ra C.

als je distinkte ratio formalis unterschieden ist, dies auch in den untergeordneten Begriffen bleibt.[771]

Um diesen Zusammenhang an einem Beispiel der kategorialen Rede zu verdeutlichen, mag man folgenden Fall betrachten: Wenn zwei Bäume dadurch unterschieden sind, dass der eine ein Nadel- und der andere ein Laubbaum ist, so wird dieser Unterschied nicht dadurch aufgehoben, dass der eine eine Kiefer, der andere eine Eiche ist. Um so mehr trifft dieses Verfahren zu, wenn es sich um Begriffe handelt, die nicht vermittels anderer Gehalte auf individuelle Gegenstände angewendet werden. Genau um solche Begriffe handelt sich bei Artbegriffen im kategorialen System oder bei den genannten transzendentalen Prädikaten, die in dieser Hinsicht den kategorialen Artbegriffen entsprechen.

Diese unmittelbare Anwendung auf die individuellen Objekte ist Gegenstand der dritten von Mayronis in diesem Kontext diskutierten Frage. Wenn nämlich der Begriff des Seienden als quasi-Artbegriff unter Wahrung seines formalen Gehaltes von jeweils individuell Seiendem ausgesagt wird, dann fragt sich, ob diese Aussage des conceptus entis von seinen jeweils untergeordneten Gegenständen (de suis inferioribus) unmittelbar oder vermittels eines anderen formalen Gehaltes erfolgt.[772] Mayronis räumt in seiner Antwort eine solche unmittelbare Aussage des conceptus entis ein. Das ist der Fall, weil die Gegenstände, d.h. die Bestimmungen, von denen die ratio entis ausgesagt wird, keinen eigenen formalen Gehalt zum Begriff des Seienden hinzufügen. Der Hintergrund für diese Annahme ist die Feststellung, dass der Begriff des Seienden in quid von jeweils individuell Seiendem ausgesagt wird. Die Kennzeichnung der Individualität stellt aber selbst keinen eigenen formalen Gehalt dar, der als Hinzufügung zum allgemeinen Begriff des Seienden zu verstehen wäre. Als innerer Modus fungiert die Individualität – denn jede haecceitas ist ein innerer Modus – als nicht formale Bezeichnung in Bezug auf einen formalen Gehalt. Die Bestimmung einer ratio formalis durch einen modus intrinsecus geht aber jeder anderen Bestimmung durch einen weiteren formalen Gehalt voraus.[773]

---

[771] Dico quod sic, et non solum ens, sed omnia transcendentia, scilicet unum, verum, bonum. Et hoc probatur sic: quaecumque habent distinctas rationes formales ex se, ubicumque inveniuntur illae rationes formales eodem modo distinguuntur in inferioribus, sed transcendentia sunt huiusmodi, ergo sicut in abstracto distinguuntur, ita in quolibet individuo distinguuntur. Nam quae in superioribus secundum rationes formales distinguuntur et in inferioribus similiter. FRANCISCUS DE MAYRONIS, Conflatus, Prol. q. 11 (Ed. Venetiis 1520), f. 8ra C.

[772] Tertia difficultas est, utrum ens dicatur immediate de suis inferioribus. FRANCISCUS DE MAYRONIS, Conflatus, Prol. q. 11 (Ed. Venetiis 1520), f. 8ra C.

[773] Et ad hoc dico quod sic, quia inferius ad ens non videtur addere ad ens nisi modum intrinsecum, sed prior est comparatio rationis formalis ad modum suum intrinsecum quam ad quamcumque rationem formalem aliam. Maior patet quia haecceitas non videtur esse nisi modus intrinsecus illius cuius est haecceitas vel cuius dicitur haecceitas. FRANCISCUS DE MAYRONIS, Conflatus, Prol. q. 11 (Ed. Venetiis 1520), f. 8ra C-D.

Der Begriff des Seienden wird anders als z.b. der Gattungsbegriff des Lebewesens von einem Individuum, etwa diesem bestimmten Menschen Sokrates ausgesagt. Sokrates wird ein Lebewesen genannt, insofern er ein Mensch ist. Vermittels der Bestimmung, Mensch zu sein, wird Sokrates dann auch ein Lebewesen genannt. Die Bestimmung „animalitas" stellt einen essentiellen Teil der Washeit des Menschen dar. Diese Form von vermittelter Prädikation aufgrund eines Inklusionsverhältnisses von Begriffsgehalten liegt in Bezug auf den conceptus entis nicht vor. Ein Seiendes wird jedes individuell Seiende unmittelbar genannt. Der formale Gehalt des Seienden kommt einem einzelnen Gegenstand nicht erst aufgrund einer anderen Bestimmung zu, die die des Seienden einschließt, sondern als hoc ens fällt jeder Gegenstand unmittelbar unter die Bestimmung des Seienden. In diesem Sinne wird die ratio entis eben nicht wie ein essentieller Teil von etwas ausgesagt. Der Bedeutungsgehalt des Seienden wird als solcher nicht durch andere formale Gehalte, sondern nur durch modale Kennzeichnungen weiter bestimmt.

Nachdem bislang die Tatsache der unmittelbaren Prädikation der ratio entis hinsichtlich des individuell Seienden von Mayronis herausgestellt wurde, kehrt der Gang der Überlegungen zum Ausgangspunkt, nämlich der Frage nach dem Gattungscharakter des Begriffs des Seienden, zurück. Doch stellt sich diese Frage jetzt in differenzierter Weise als die Frage danach, ob ein solches Individuum, von dem der Begriff des Seienden ausgesagt wird, unter irgendeinen der Gattungsbegriffe fällt.[774] Die Antwort, die Mayronis gibt, schließt diese Möglichkeit aus, denn von allem, was in einer Gattung ist, wird der Begriff der Gattung primo modo dicendi per se ausgesagt. Da die allgemeine Bestimmung „Seiendes" und dieses individuelle Seiende denselben formalen Begriff haben, würde die Gattung unter der Voraussetzung, dass dieses individuelle Seiende unter die Gattung fällt, auch vom allgemeinen Seienden ausgesagt, was aber nicht zutrifft.[775]

Für die von Mayronis für dieses Argument zugrunde gelegte Voraussetzung, dass von der Aussage der Gattung hinsichtlich des Individuums auf die Aussage der Gattung in Bezug auf den allgemeinen Begriff geschlossen werden kann, wird ein eigener Beweis angeschlossen. Der Angelpunkt dieses Argumentes ist der identische formale Begriff, der auf das individuelle und das allgemeine Seiende angewendet wird. Alles nämlich, was denselben formalen Begriff hat, lässt dieselben primo modo per se getroffenen Aussagen zu. Unter der Voraussetzung desselben formalen Begriffs von „ens" und „hoc ens" lässt sich also von der Annahme, dass die Gattung primo modo per se von diesem Seienden ausgesagt wird, darauf schließen, dass dieselbe Prädika-

---

[774] Quarta difficultas, utrum tale individuum entis sit in aliquo praedicamento. FRANCISCUS DE MAYRONIS, Conflatus, Prol. q. 11 (Ed. Venetiis 1520), f. 8ra D.

[775] Dico quod non, quia omne quod est in genere genus dicitur in primo modo dicendi per se de illo. Si ergo hoc ens esset in genere cum ens et hoc ens sit eiusdem rationis, genus diceretur in quid per se de illo. Hoc autem est falsum. FRANCISCUS DE MAYRONIS, Conflatus, Prol. q. 11 (Ed. Venetiis 1520), f. 8ra D.

tion auch vom Seienden gilt. Da dieser letzte Schluss aber falsch ist, muss auch die Prämisse falsch sein, nämlich die Annahme, die Gattung würde primo modo per se vom individuell Seienden ausgesagt.[776]

Eine letzte Frage, die Mayronis in diesem Kontext diskutiert, bezieht sich schließlich darauf, ob die für den Begriff des Seienden und die anderen transzendentalen Begriffe getroffene Feststellung, dass diese Prädikate ihre eigentümlichen Individuen haben, auch auf solche Begriffe zutreffen, die im Rahmen der kategorialen Ordnung ausgesagt werden.[777] Im Unterschied zu den kategorialen Prädikaten besitzen die transzendentalen allerdings in einem jeden ein Individuum (in quolibet habeat suum individumm). Die genannten Transzendentalien werden also in jedem Fall ihrer Prädikation immer von einem Einzelgegenstand ausgesagt. Grundsätzlich trifft zwar auch auf die Prädikate, die als kategoriale Begriffe verwendet werden, zu, dass sie je eigentümliche Individuen haben, doch ist das nicht in jeder Verwendung dieser kategorialen Begriffe in gleichem Maße der Fall. Denn man hat zur Differenzierung eine allgemeine Regel zu beachten, wonach in der Ordnung von übergeordneten Gattungs- und untergeordneten Artbegriffen die letzteren eher als solche Prädikate mit je eigenen Individuen zu betrachten sind. Als Beleg seiner These verweist Mayronis auf ein bereits bei der zweiten Frage ausgeführtes Argument, wonach sich die Unterscheidung von Gegenständen, die ihnen aufgrund der formalen Differenz von übergeordneten Begriffen zukommt, auch als eine Unterscheidung aufgrund von untergeordneten Begriffen durchhält.[778]

Im Ergebnis zeigt sich ein sehr differenziertes Bild, das Mayronis hinsichtlich der Frage nach dem Gattungscharakter der ratio entis entwirft. Auf der einen Seite steht die Annahme, dass der Begriff des Seienden eben kein genus ist, auf der anderen Seite die Annahme, dass der conceptus entis mehr dem Art- als dem Gattungsbegriff entspricht. Den beiden auf den ersten Blick nicht ganz spannungsfreien Feststellungen unterliegt allerdings eine Interpretation – die Mayronis nicht nur in q. 11, sondern vor allem auch in q. 6 entfaltet –, die ein kohärentes, aber differenziertes Bild ergibt. Zum einen ist die These zentral, dass der Begriff des Seienden nicht als pars essentialis von etwas ausgesagt wird. Diese These ist auf das Engste mit der Annahme verbunden, dass die ratio entis unmittelbar von ihren Gegenständen, nämlich

---

[776] Probo, quia quando aliqua duo sunt eiusdem rationis formalis, quicquid dicitur per se primo modo de uno et de reliquo, sed ens et hoc ens sunt eiusdem rationis formalis, ergo si genus diceretur in quid in primo modo de hoc ente et similiter de ente. Hoc autem est falsum. FRANCISCUS DE MAYRONIS, Conflatus, Prol. q. 11 (Ed. Venetiis 1520), f. 8ra D.

[777] Sed hic est unum dubium, utrum omnia quae sunt in linea praedicamentali habeant propria individua. FRANCISCUS DE MAYRONIS, Conflatus, Prol. q. 11 (Ed. Venetiis 1520), f. 8ra D.

[778] Dico quod sic. Et hoc per eandem rationem per quam probatum est de ente, scilicet "quaecumque distinguuntur etc." Et ex hoc apparet unum dictum logicorum quod unumquodque quando praedicatur de suo individuo magis habet rationem speciei quam generis. FRANCISCUS DE MAYRONIS, Conflatus, Prol. q. 11 (Ed. Venetiis 1520), f. 8ra D.

dem individuell Seienden ausgesagt wird. Der formale Gehalt des Seienden kommt damit den betroffenen Gegenständen nicht aufgrund eines untergeordneten Begriffs zu, der den Begriffsgehalt des Seienden als Teilbestimmung enthielte. Diese Möglichkeit ist durch die Aussage ausgeschlossen, dass die ratio entis kein genus ist, weil sie eben nicht als pars essentialis prädiziert wird.

Die zweite zentrale These, die Mayronis in diesem Kontext vertritt, besteht demnach darin, dass die ratio entis deshalb auf eine gewisse Weise einem Artbegriff entspricht, weil „Seiendes" unmittelbar – d.h. nicht als ein in anderem implizit enthaltener Begriffsgehalt – vom nicht weiter formal explizierbaren individuell Seienden ausgesagt wird. Zum Seienden tritt nichts anderes als die modal aufgefasste Individuation hinzu.

Eine dritte zentrale These, die Mayronis vor allem in q. 6 entfaltet, lautet schließlich, dass „Seiendes" in Bezug auf Gott, nicht wie ein genus von der species, sondern wie ein genus von der Differenz ausgesagt wird.[779] Auch dieser Fall der Aussage der ratio entis lässt sich so verstehen, dass der Begriff des Seienden von der Differenz des Unendlichen ausgesagt wird, in dem Sinne nämlich, dass Gott als ens infinitum, d.h. wiederum durch einen lediglich modal explizierten Begriff des Seienden bezeichnet wird.

Die Theorie des Franciscus vom quasi-generischen Charakter des conceptus entis besagt demnach, dass insofern eine Ähnlichkeit zur Prädikation eines Artbegriffs besteht, als dass der Begriff des Seienden unmittelbar vom individuell Seienden ausgesagt wird. Den entsprechenden Sachverhalt spiegelt auch die Annahme wider, dass der Begriff des Seienden unmittelbar in Bezug auf die Differenz des Unendlichen prädiziert wird. In beiden Fällen geht es darum, dass der Begriff des Seienden nur noch durch die Angabe entsprechender modaler Bestimmungen, sei es der des Unendlichen, sei es der des Individuellen, gekennzeichnet werden kann. Dass es sich allerdings nur um einen quasi, also nicht um einen tatsächlich generischen Charakter des Seienden handelt, bringt die Feststellung zum Ausdruck, dass der conceptus entis in keiner Weise als essentieller Teil eines weiterhin formal explizierbaren Begriffs fungiert.

Der quasi-generische Charakters des conceptus entis erweist sich in q. 11 näherhin als die Eigenschaft des Begriffs des Seienden, im Sinne eines Artbegriffs vom Individuellen ausgesagt zu werden. Der Hintergrund dieser These ist die unmittelbare Prädikationsweise der ratio entis, nämlich dergestalt, dass diese Aussage keines vermittelnden washeitlichen Prädikates bedarf. Die Voraussetzung für die unmittelbare Prädikation des conceptus entis ist die Unterscheidung der washeitlichen Begriffe und ihrer modalen Fortbestimmung. Der quasi-generische Charakter der ratio entis und die Lehre von

---

[779] Ad quaestionem igitur dico quod ens non dicitur in quid de divina essentia sicut pars essentialis vel sicut genus de specie, sed dicitur tali modo de divina essentia sicut dicitur genus de differentia. FRANCISCUS DE MAYRONIS, Conflatus, Prol. q. 6 (Ed. Venetiis 1520), f. 6ra B.

der Modaldistinktion sind aufgrund des genannten Zusammenhanges unmittelbar verknüpft.

2 DAS PROBLEM DER ANALOGEN PRÄDIKATION DER RATIO ENTIS

Wenn es aber zutrifft, dass der Begriff des Seienden zwar in einem modifizierten, nicht aber im eigentlichen Sinne wie ein Gattungsbegriff ausgesagt wird, was q. 11 bestätigt, dann ergibt sich daraus sogleich wieder die kritische Frage nach der Möglichkeit der univoken Prädikation der ratio entis, wo doch die univoke Prädikation der eigentliche Aussagemodus von Art- und Gattungsbegriffen ist. Wenn diese Möglichkeit durch den nicht generischen Charakter des Begriffs des Seienden zumindest in Frage gestellt zu sein scheint, tritt die andere Möglichkeit, nämlich die einer analogen Aussage, erneut in den Vordergrund der Betrachtung.

Bevor die eigentliche Frage diskutiert wird, ist es aber notwendig die verschiedenen Prädikationsformen begrifflich von einander abzugrenzen. Mayronis unterscheidet in diesem Zusammenhang vier Modi der Aussage: die univoke, die äquivoke, die analoge und die im Sinne einer Ambiguität. Die univoke Aussage eines Begriffs liegt dann vor, wenn dieser Begriff aufgrund eines identischen Bedeutungsgehaltes (secundum unam rationem) ausgesagt wird; die äquivoke, wenn die Aussage aufgrund verschiedener Gehalte (secundum diversas rationes) erfolgt; die analoge, wenn ein Begriff in einer vorgeordneten Bedeutung von dem einen und in einer nachgeordneten von dem anderen prädiziert wird; und die Aussage im Sinne der Ambiguität schließlich ist gemeint, wenn als eine Sonderform der Analogie der Begriffsgehalt auf den einen Gegenstand vollkommener zutrifft als auf den anderen. In einer weiteren Bedeutung schließlich liegt eine weitere Sonderform der Analogie dann vor, wenn der entsprechende Gehalt eines Begriffs einen einzigen Gegenstand im eigentümlichen Sinne (proprie) bezeichnet und die anderen nur dadurch, dass sie auf dieses eine ausgezeichnete Objekt hin (per attributionem ad illud) benannt werden.[780]

Diese Differenzierung der Prädikationstypen wird von Mayronis dahingehend verworfen, dass es im eigentlichen Sinne nur zwei Formen der Aussage gibt, nämlich die univoke und die äquivoke. Damit folgt Mayronis in

---

[780] Utrum ens analogice dicatur de illis de quibus dicitur? Dico quod hic sunt quattuor modi dicendi. Quidam dicunt quod univoce quia secundum unam rationem. Alii dicunt quod aequivoce quia secundum diversas ratones. Alii dicunt quod analogice quia per prius de uno et per posterius de aliis. Alii dicunt quod ambigue distinguendo de analogo quia quoddam est quod secundum rationem unam dicitur de duobus, perfectius tamen de uno quam de alio. Ad aliud analogum est quod dicitur de uno proprie et de aliis per attributionem ad illud, et istud reducitur ad aequivoca. FRANCISCUS DE MAYRONIS, Conflatus, Prol. q. 12 (Ed. Venetiis 1520), f. 8rb E.

dieser Frage der Grundausrichtung, die von Duns Scotus vertreten wird,[781] wonach Äquivokation und Univokation kontradiktorisch entgegengesetzt sind, so dass ein Mittleres zwischen univocatio und äquivocatio ausgeschlossen ist.[782] Nach den von Mayronis genannten Definitionen der Analogie und Ambiguität sind nämlich diese beiden Prädikationsformen der Äquivokation zuzuordnen.

Mit Bezug auf den Begriff des Seienden stellt sich jetzt die Frage, ob dieser von den Gegenständen, von denen er ausgesagt wird, aequaliter oder inaequaliter, d.h. in derselben oder in einer je verschiedenen Weise prädiziert wird.[783] Mayronis nennt vier Negativ-Kennzeichnungen, die den Aussagemodus des conceptus entis bestimmen. „Seiendes" wird weder im Sinne eines Mehr oder Weniger, noch im Sinne eines Früher oder Später ausgesagt. Zudem erfolgt die Aussage der ratio entis weder inaequaliter noch dissimiliter.[784] Alle genannten Bestimmungen zeichnen sich gemeinsam dadurch aus, dass sie eine gewisse Skala von Perfektionsgraden zulassen. Mayronis nennt in seiner Begründung für die vier Teilthesen als gemeinsame Struktur dieser Prädikationstypen die Steigerungsform im Sinne einer quantitas virtutis. Eine im Sinne einer solchen graduellen Abstufung modifizierte Aussage, so die entscheidende Annahme, die Mayronis macht, verändert aber nicht eine vorhergehende Aussage, die etwas zum Wesen gehörendes zum Ausdruck bringt. Änderungen der quantitas virtutis sind den Wesensaussagen nachgeordnet und können diese deshalb nicht verändern. Die genannten vier Hinsichten lassen als nachgeordnete Kennzeichnung der jeweiligen Vollkommenheitsstufe den Begriff des Seienden selbst unverändert. Alle Anwendungen eines jeweils bestimmten Intensitätsgrades, die hinsichtlich der quantitas virtutis eines Seienden getroffen werden, setzen einen uniformen und damit bedeutungsgleichen Grundbestand des Begriff des Seienden voraus.[785]

---

[781] Inter idem et diversum non cadit medium; ergo omne quod concipitur, concipitur sub eadem ratione vel diversa. Sed illa quae concipiuntur sub eadem ratione, in illa ratione univocantur. Quae autem sub ratione diversa concipiuntur, sub illis rationibus diversis aequivocantur. Cum igitur inter idem et diversum non cadit medium, omne nomen vel erit simpliciter aequivocum vel univocum. JOHANNES DUNS SCOTUS, Quaestiones super librum Elenchorum Aristotelis q. 15 n. 6 (OPh II), 333. Hierzu auch cf.. JOHANNES DUNS SCOTUS, Ord. I d. 3 p. 1 q. 1-2 n. 26 (Ed. Vat. III), 18.

[782] Istis autem praemissis dicitur quod omnis terminus vel est aequivocus vel univocus, quia quandocumque aliquorum dantur diffinitiones per contraria immediata, ipsa sunt contraria immediata; sed huiusmodi sunt aequivocum et univocum. FRANCISCUS DE MAYRONIS, Conflatus, Prol. q. 12 (Ed. Venetiis 1520), f. 8rb E-F.

[783] Sed hic est difficultas, si ens dicatur aequaliter de suis inferioribus vel inaequaliter. FRANCISCUS DE MAYRONIS, Conflatus, Prol. q. 12 (Ed. Venetiis 1520), f. 8rb F.

[784] Ad istud respondetur per quattuor. Primum est quod ens non praedicatur secundum magis et minus. Secundum quod non praedicatur secundum prius et posterius. Tertium quod non praedicatur inaequaliter. Quartum quod non praedicatur dissimiliter. FRANCISCUS DE MAYRONIS, Conflatus, Prol. q. 12 (Ed. Venetiis 1520), f. 8rb F.

[785] Omnes istae conclusiones unica ratione probantur, quia quandocumque est aliqua praedicatio essentialis non potest variari per posterius, sed quantitas virtutis secundum quam attenditur magis et minus, prius et posterius, aequale et inaequale, simile et dissimile, haec

Die Lösung, die Franciscus de Mayronis hinsichtlich der Frage nach der univoken oder der analogen Prädikation des conceptus entis entwirft, erfolgt in zwei Schritten. Zunächst ist die Reduktion der Aussagen auf univoke und äquivoke und die damit verbundene Subsumption der Analogie unter die Äquivokation wesentlich. Doch behalten für Mayronis die im weitesten Sinne analogen Aussagen, die gemeinsam auf die Struktur von Intensitätsgraden im Sinne einer quantitas virtutis zurückgreifen, ihr Recht. Denn die Tatsache, dass Vollkommenheitsstufen und damit graduelle Abgrenzungen eines Mehr oder Weniger bzw. Früher oder Später in einer Aussage vorgenommen werden, ist ein offensichtlich legitimes Phänomen. Entscheidend ist hierbei nur, so der zweite wesentliche Aspekt der Auffassung des Franciscus, dass diese Graduierungen immer in Bezug auf einen identischen und als solchen vorausgehenden Begriffsgehalt vorgenommen werden. Nach diesem Verständnis ist die analoge Prädikation ein wesentlicher Bestandteil unserer Rede, wobei allerdings deutlich sein muss, dass in einer solchen Aussage, die univoke Anwendung eines Begriffs immer schon vorausgesetzt ist. Das entscheidende Interpretament, von dem die vorliegende Argumentation des Franciscus Gebrauch macht, nämlich die quantitas virtutis, setzt von der Sache her wiederum die Modaldistinktion voraus. Ohne die Annahme einer möglichen Differenz washeitlicher Gehalte von bestimmten Realisierungsstufen, die als modale Bestimmungen interpretierbar sind,[786] lässt sich die Unabhängigkeit und Vorordnung der quidditativen Gehalte vor der jeweiligen modalen Kennzeichnung nicht denken.

3 Der Begriff des Seienden im Kontext der transzendentalen Prädikation

Die Erörterung des Begriffs des Seienden erfährt im Prolog des *Conflatus*, nachdem in den vorausgehenden Quaestiones der Zusammenhang der ratio entis mit der kategorialen Prädikation im Vordergrund stand, in der Diskussion des Verhältnis gegenüber den transzendentalen Prädikaten einen gewissen Abschluss. Die zentrale Frage, um die es vor allem geht, betrifft das Problem, das sich aus der Annahme der größten Allgemeinheit der ratio entis ergibt. Gegenüber den kategorialen Prädikaten folgt die größere Allgemeinheit des Begriffs des Seienden allein schon aus dem Hinweis auf dessen Transkategorialität. Im Rahmen der transzendentalen Prädikate ist dieses Verhältnis differenzierter zu betrachten. Das machen die gleich zu Anfang der Quaestio angeführten difficultates deutlich, die auf die Konsequenz hi-

---

omnia sunt posterius ente et illis de quibus praedicatur ens, ergo non variant praedicationem entis quae est essentialis. Quando igitur aliquid dicitur perfectius ens, illud est per aliquid posterius ente et per consequens in illo priori in quo fit praedicatio entis ipsa erit uniformis. FRANCISCUS DE MAYRONIS, Conflatus, Prol. q. 12 (Ed. Venetiis 1520), f. 8rb F.

[786] Vgl. Kap. 9 § 2.3.

nauszulaufen scheinen, allgemeinere Begriffe als den des Seienden annehmen zu müssen.

Eine erste Schwierigkeit ergibt sich aus dem Phänomen der Zuteilung (distributio). Alles das nämlich, was anderem zugeteilt wird, ist selbst allgemeiner als dasjenige, dem es – aufgrund einer hinzugefügten begriffslogischen Differenzierung – zugeteilt wird.[787] Unter distributio wird nach der klassischen Lehre des Petrus Hispanus die Vervielfältigung eines allgemeinen Begriffs durch Hinzufügung eines im weitesten Sinne als Allquantor zu begreifenden Zeichens verstanden. Ein allgemeiner Begriff wird auf diese Weise den unter ihn fallenden Gegenständen zugewiesen, so wie durch die Aussage „omnis homo" das Prädikat „homo" jedem einzelnen Menschen zugesprochen wird.[788] Wendet man das Verfahren der distributio auf den allgemeinen Begriff „positivum" an, zeigt sich eine Zuweisung dieses Begriffs zum Seienden und zu den anderen transzendentalen Prädikaten, für die stellvertretend Mayronis „veritas" und „bonitas" nennt. Als Folge der distributio, so das eigentliche Argument, muss der Begriff des Positiven als ein allgemeineres Prädikat verstanden werden, als es die Begriffe des Seienden, des Wahren und des Guten sind, auf die hin der Begriff „positivum" vervielfältigt wird.[789]

Eine zweite Schwierigkeit ergibt sich aus dem Phänomen der Aufzählung. Alles das nämlich, was gezählt wird, wird unter einem gewissen Gesichtspunkt erfasst, denn sonst könnte man das zu Zählende nicht als solches identifizieren und von anderem abgrenzen. Dieses Verfahren erfordert aber die Angabe eines allgemeinen Gesichtspunktes bzw. eines allgemeinen Begriffs, unter den die zu zählenden Gegenstände subsumiert werden können. Der entsprechende Begriff, der der jeweiligen Aufzählung zugrunde liegt, muss dann aber notwendig eine größere Allgemeinheit besitzen als die zu zählenden Gegenstände selbst. Unterwirft man die Begriffe des Guten, Wahren und Seienden einer Aufzählung, indem man sagt, dass es sich hierbei um drei Begriffe (rationes) handelt, dann muss der Begriff „ratio" notwendig von einer größeren Allgemeinheit sein als das Gute, Wahre und Seiende selbst.[790]

---

[787]   Utrum sit aliqua ratio transcedens communior ente? Circa istam quaestionem duo sunt quae faciunt difficultatem. Primum est distributio, omne enim quod distribuitur pro aliquibus est communius eius. FRANCISCUS DE MAYRONIS, Conflatus, Prol. q. 13 (Ed. Venetiis 1520), f. 8rb G. Vgl. PETRUS HISPANUS, Tractatus, t. 12 n. 24 (Ed. de Rijk), 225: Ubicumque est distributio, ibi est terminus communis sumptus quoniam universaliter.

[788]   Distributio est multiplicatio termini communis per signum unversale facta. Ut cum dico dicitur „omnis homo", iste terminus „homo" distribuitur sive confunditur pro quolibet suo inferiori per hoc signum „omnis"; et sic est ibi multiplicatio termini communis. PETRUS HISPANUS, Tractatus, t. 12 n. 1 (Ed. de Rijk), 209.

[789]   Sed hoc quod dico positivum distribuitur pro ente et pro aliis ab ente, scilicet pro veritate bonitate etc. Dicimus enim quod omne positivum distribuitur pro ente et pro aliis praedictis, ergo etc. FRANCISCUS DE MAYRONIS, Conflatus, Prol. q. 13 (Ed. Venetiis 1520), f. 8rb G.

[790]   Secundum faciens difficultatem est numeratio. Omnia enim quae numerantur in aliquo termino oportet quod terminus ille communis sit eis, sed nos numeramus rationem boni et

Beide Phänomene, das der distributio und das der numeratio, legen also die Vermutung nahe, dass es allgemeinere Begriff gibt als den des Seienden. Wie sind diese Schwierigkeiten, die sich aus den Phänomenen der distributio und der numeratio ergeben, zu interpretieren? Mayronis führt keine unmittelbare Auseinandersetzung mit den genannten Argumenten, vielmehr entfaltet er seine eigene Position zunächst in vier Thesen, in denen er jeweils Begriffe bzw. Begriffsklassen diskutiert, die allgemeiner sind als die ratio entis selbst. Die erste Klasse von Begriffen, die Franciscus nennt, sind die intentiones secundae, von denen einige allgemeiner sind als der Begriff des Seienden. Dies trifft zu, auch wenn es keine Begriffe erster Stufe gibt, die allgemeiner sind als der conceptus entis.[791]

Als Beleg seiner ersten These verweist Mayronis auf den Begriff „perfectio simpliciter". Dieser ist als Bezeichnung einer bestimmten Klasse von Begriffen ein Begriff zweiter Stufe und damit allgemeiner als jeder einzelne Begriff, der in diese Klasse hineingehört. Der Gehalt, der in diesem Begriff zweiter Stufe enthalten ist, seine Definition, ist z.B. sowohl auf den Begriff des Seienden wie auch auf den der Wahrheit anwendbar. Als Bestimmungen, von denen gilt, dass es besser ist, wenn sie diesem Gegenstand zukommen, als wenn sie ihm nicht zukommen, fallen „ens" und „verum" in die Klasse der reinen Vollkommenheiten. Deshalb wird die intentio secunda „perfectio simpliciter" zu Recht von ihnen ausgesagt und aus diesem Grunde besitzt dieser Begriff eine größere Allgemeinheit als „Seiendes" und „Wahres".[792] Desgleichen werden die Begriffe „ratio formalis" und „universale" gleichermaßen vom Seienden und vom Wahren ausgesagt, die deshalb als allgemeinere Prädikate zu gelten haben. Dies ist erstens der Fall, weil Seiendheit und Wahrheit zwei formal distinkte Begriffe sind, so dass man beide unter den Begriff der ratio formalis subsumieren kann. Zweitens entspricht es der jeweiligen ratio formalis von „ens „ und „verum", dass beide Begriffe jeweils ein universale darstellen, weswegen auch dieser Begriff des Allgemeinen selbst allgemeiner ist als die Prädikate „Seiendes" und „Wahres".[793]

veri et entis dicendo quod tres sunt rationes, ergo etc. FRANCISCUS DE MAYRONIS, Conflatus, Prol. q. 13 (Ed. Venetiis 1520), f. 8rb G.

[791] Pono igitur quattuor conclusiones. Prima est quod licet nulla ratio intentionis primae sit communior, tamen ratio aliqua secundae intentionis est communior ente. FRANCISCUS DE MAYRONIS, Conflatus, Prol. q. 13 (Ed. Venetiis 1520), f. 8rb G.

[792] Hoc probo, accipio enim perfectionem simpliciter et diffinitionem eius. Ille conceptus vel illa ratio est communior ente et veritate quae dicitur de ente et veritate secundum idem nomen et eandem diffinitionem, sed perfectio simpliciter est huiusmodi, ergo etc. Quodlibet enim illorum in quolibet est melius ipsum quam non ipsum [ista est diffinitio perfectionis simpliciter quae convenit enti et veritati similiter nomen convenit eis quia est perfectio simpliciter similiter et veritas add. Y]. FRANCISCUS DE MAYRONIS, Conflatus, Prol. q. 13 (Ed. Venetiis 1520), f. 8rb G-H.

[793] Secundo probo idem sic, quaecumque distinguuntur formaliter, quodlibet illorum habet rationem formalem, sed entitas et veritas sunt huiusmodi, ergo ratio formalis dicitur de eis. Item tertio quod dicitur de duobus secundum eandem rationem formalem est communius quolibet illorum, sed universale dicitur de ente et veritate secundum eandem rationem

Insofern „Seiendes" und „Wahres" jeweils eine eigene ratio formalis zum Ausdruck bringen, sind diese Begriffe auch als distinkte Bestimmungen zu betrachten. Darüber hinaus weisen sie auch eine bestimmte Ordnung untereinander und gegenüber anderen Begriffen auf, so dass sie sowohl unter die Kennzeichnung der distinctio als auch die der ordinatio fallen. Die Begriffe „ordinatio" und „distinctio" sind also den Bestimmungen des Seienden und des Wahren gemeinsam und müssen deshalb allgemeiner sein als beide Bestimmungen für sich betrachtet.[794]

Allgemeiner als der Begriff des Seienden sind auch Eignungen (aptitudines), die nicht nur aufgrund der Kennzeichnung des Seienden, sondern auch aufgrund anderer Bestimmungen ausgesagt werden. Das trifft etwa auf die Eignungen der Einsehbarkeit und der Wollbarkeit zu (intelligibilitas, volibilitas), die von einem Gegenstand aufgrund der Bestimmungen des Wahren und des Guten prädiziert werden. Solche aptitudines haben deshalb einen allgemeineren Charakter als der Begriff des Seienden selbst.[795]

Ein letztes Beispiel solcher allgemeineren Begriffe, das Mayronis anführt, sind privative Kennzeichnungen wie z.B. der Begriff der Einheit, der auf die Bestimmung der Seiendheit, aber auch auf diejenigen der Wahrheit und Gutheit angewendet wird. Das ist der Fall, insofern nämlich der Begriff des Seienden und seine passiones selbst immer einen ungeteilt einheitlichen Sinngehalt ausdrücken. Demnach besitzen solche Begriffe wie der der unitas eine größere Allgemeinheit als der Begriff des Seienden.[796]

Die These von der größeren Allgemeinheit der genannten Begriffsklassen gegenüber dem Begriff des Seienden bedarf der weiteren Präzisierung, denn es lassen sich jeweils Einwände formulieren, die nur durch eine Differenzierung des Gemeinten ausgeräumt werden können. Im ersten Fall der intentiones secundae scheint nämlich die These des Franciscus deshalb Schwierigkeiten zu bereiten, weil die Begriffe zweiter Stufe grundsätzlich keine Bestimmungen darstellen, die einem Begriff wie dem des Seienden vorausgehen. Begriffe, die hinsichtlich anderer allgemeiner sein sollen, sind

---

formalem, ergo etc., et similiter secunda intentio. Et sic de multis aliis. FRANCISCUS DE MAYRONIS, Conflatus, Prol. q. 13 (Ed. Venetiis 1520), f. 8rb H.

[794] Secunda conclusio quod in respectibus transcendentibus aliquid est communius ente quia quaecumque sunt distincta, distinctio est eis communis et communior quolibet illorum. Quaecumque etiam sunt ordinata, ordinatio etiam est eis communior, huiusmodi sunt ista ens, verum, bonum; omnia enim sunt distincta et ordinata, ergo etc. FRANCISCUS DE MAYRONIS, Conflatus, Prol. q. 13 (Ed. Venetiis 1520), f. 8rb H.

[795] Tertia conclusio quod in aptitudinibus est aliquid communius ente. Nam quod dicitur de ente et de aliis ab ente est communius ente. Huiusmodi sunt istae aptitudines, scilicet intelligibilitas, volibilitas, etc. FRANCISCUS DE MAYRONIS, Conflatus, Prol. q. 13 (Ed. Venetiis 1520), f. 8rb H.

[796] Quarta conclusio quod in privativis est aliquid communius ente. Nam privatio est communior quae dicitur de ente et de aliis ab ente, sed non solum ens, sed alia ab entitate, scilicet passiones, quodlibet istorum est unum; veritas est una, bonitas est una et sic de aliis, ergo etc. FRANCISCUS DE MAYRONIS, Conflatus, Prol. q. 13 (Ed. Venetiis 1520), f. 8rb H - 8va I.

aber immer solche, die diesen weniger allgemeinen vorausgehen. Diese Annahme trifft aber auf die intentiones secundae gerade nicht zu, weshalb es fraglich ist, ob diese tatsächlich gegenüber dem Seienden communiores sein können.[797] Grundsätzlich trifft diese Korrelation von Allgemeinheit und Vorhergängigkeit zu, doch ist dies nur im Bereich washeitlicher Aussagen der Fall. Bei den nicht quidditativen Prädikaten, wozu die Begriffe zweiter Stufe gehören, ist es gerade umgekehrt, nämlich dass die allgemeineren Bestimmungen die späteren sind. Das ist offensichtlich im Fall des Begriffs „genus". Der Terminus „genus" ist ein Begriff zweiter Stufe und als solcher allgemeiner als z.b. der Begriff „animal". Doch es liegt auf der Hand, dass der Begriff der Gattung nicht dem Begriff des Lebewesens in quidditativer, d.h. in einer Washeit konstituierenden Bedeutung vorausgeht.[798]

Ein zweiter von Mayronis diskutierter Einwand richtet sich gegen die Annahme einer größeren Allgemeinheit der Bestimmungen der Unterscheidung und der Ordnung. Eine Unterscheidung des Seienden findet z.b. durch die Bestimmungen des Absoluten und des Relationalen statt. Da beide Kennzeichnungen Teilbereiche des Seienden bezeichnen, ist keine von ihnen allgemeiner als das Seiende selbst. Die Unterscheidung und die Ordnung dieser Teilbestimmungen können also das Seiende selbst nicht an Allgemeinheit übertreffen.[799] Mayronis begegnet diesem Einwand, indem er den Unterschied der ratio formalis des Seienden, wie sie im abstrakten Begriff „entitas" ausgedrückt ist, vom Seienden als Ausdruck für die Gesamtheit des Seienden unterstreicht. Seiendes wird nämlich nur insofern durch die Bestimmungen des Absoluten und des Relationalen eingeteilt, als es als quasi konkrete Bezeichnung alles Einzelseienden interpretiert wird. Dieses Verhältnis entspricht etwa dem des abstrakten Begriffs „animalitas" und des konkreten Begriffs „animal". Nur der zweite wird sinnvollerweise durch die Distinktion von rationale und irrationale näher bestimmt. Insofern die in diesem Kontext diskutierte distinctio sich auf die Unterscheidung formaler Gehalte bezieht, sind diese rationes formales selbst nicht hinsichtlich der möglichen Differenzierung des im konkreten Begriff Ausgesagten betroffen. Ein abstrakter Begriff wie „entitas", der nur die ratio formalis ausdrückt und in diesem Sinne einen verengten (magis artata) Sinngehalt besitzt, wird selbst nicht unterteilt.

---

[797] Contra ista arguitur quadrupliciter. Primo sic, omnis ratio communior est prior, sed secundae intentiones non sunt priores, ergo non sunt communiores. FRANCISCUS DE MAYRONIS, Conflatus, Prol. q. 13 (Ed. Venetiis 1520), f. 8va I.

[798] Ad primum illorum dico quod in communioribus quidditativis verum est quod ipsa sunt priora, sed in aliis talibus non, immo simpliciter communiora sunt posteriora, sicut apparet manifeste quod genus, quod est secunda intentio, est communius [quam animal non tamen est prius add. Y]. FRANCISCUS DE MAYRONIS, Conflatus, Prol. q. 13 (Ed. Venetiis 1520), f. 8va I-K.

[799] Secundo sic, omne divisum per aliqua est communius quolibet illorum, sed ens dividitur per absolutum et respectivum, ergo nec absolutum nec respectivum cuiusmodi sunt distinctio et ordo, nullum illorum erit communius ente. FRANCISCUS DE MAYRONIS, Conflatus, Prol. q. 13 (Ed. Venetiis 1520), f. 8va I.

Das gleiche gilt für den abstrakten Begriff „animalitas", der ebenfalls nicht selbst unterteilt wird, obwohl die einzelnen Lebewesen, die durch den Begriff „animal" bezeichnet werden, durchaus in rationale und irrationale eingeteilt werden.[800] In diesem Sinne sind „distinctio" und „ordo" Begriffe für die Eigenschaft von Begriffen, zu denen auch die abstrakten Kennzeichnungen „entitas" „veritas" oder „bonitas" gehören, auch wenn diese abstrakten Begriffe mitunter durch die konkreten Namen „ens", „verum" und „bonum" bezeichnet werden.

Die in der dritten These von Mayronis genannten Eignungen der Erkennbarkeit und der Wollbarkeit, die dem Seienden aufgrund seiner Eigenschaften des Wahren und des Guten zukommen, scheinen deshalb keine größere Allgemeinheit zu besitzen, weil man sonst annehmen müsste, so der kritische Einwand, dass die einem Subjekt adäquaten Eigenschaften, über das Subjekt selbst hinausgingen, was nicht der Fall sein kann.[801] Doch auch diesem Argument, so entgegnet Mayronis, liegt der Fehler zugrunde, als Subjekt dieser passiones das Seiende schlechthin, d.h. den für die Gesamtheit des Einzelseienden supponierenden Begriff zu unterstellen. Tatsächlich bezieht sich aber die These des Franciscus auf den in begrifflicher Abstraktion verstandenen Begriff der entitas (sub sua praecisione), wo das Problem der Zuordnung von subiectum und passio so nicht besteht.[802]

Der Sache nach ist hiermit auch eine Antwort auf den letzten Einwand gegeben. Dieser Einwand führt die Schwierigkeit an, dass der Begriff der unitas, verstanden als eine passio entis, aufgrund seiner Prädizierbarkeit vom Seienden allgemeiner als dieses ist und damit das bereits genannte Problem im Verhältnis von Subjekt und Eigenschaft hervorruft.[803] Doch auch dieser Einwand lässt sich unter Hinweis auf den abstrakten Charakter der ratio entitatis beantworten.[804]

---

[800] Ad secundum dico quod sicut animal non dividitur per rationabilitate sed per rationale, non sic autem animalitas dividitur. Ita dicitur quod ens in sua communitate acceptum et denominative dividitur in absolutum et respectivum, sicut animal in rationale et irrationale. Entitas autem vel ratio formalis entis praecisa est magis artata et non sic dividitur sicut nec animalitas. FRANCISCUS DE MAYRONIS, Conflatus, Prol. q. 13 (Ed. Venetiis 1520), f. 8va I-K.

[801] Tertio sic, nulla passio adaequata subiecto excedit subiectum. Verum et bonum sunt passiones adaequatae enti, ergo etc. . FRANCISCUS DE MAYRONIS, Conflatus, Prol. q. 13 (Ed. Venetiis 1520), f. 8va I.

[802] Ad aliud de aptitudinibus et unitate dico quod ista non sunt passiones entis adaequatae vel entitatis sub sua praecisione acceptae, sed entis simpliciter accepti. FRANCISCUS DE MAYRONIS, Conflatus, Prol. q. 13 (Ed. Venetiis 1520), f. 8va K.

[803] Quarto, quandocumque aliquid praescindit ab aliquo vel distinguitur formaliter ab eo, illud est unum et ut sic praescindit (et distinguitur ab ente eo, sed bonitas praescindit et distinguitur formaliter ab ente, ergo ut sic una est; sed unitas dicitur de ente, igitur communior ente. FRANCISCUS DE MAYRONIS, Conflatus, Prol. q. 13 (Ed. Venetiis 1520), f. 8va I.

[804] Vgl. FRANCISCUS DE MAYRONIS, Conflatus, Prol. q. 13 (Ed. Venetiis 1520), f. 8va K.

3.1 DER ABSTRAKTE UND DER KONKRETE BEGRIFF DES SEIENDEN

Diese Lösungen, die den abstrakten Begriff des Seienden in den Vordergrund stellen, ziehen allerdings ein weiteres Problem nach sich. Wie ist denn überhaupt der Begriff des Seienden zu verstehen, wenn er in der ganzen Weite seiner Bedeutung erfasst werden soll (secundum totam suam latitudinem)? Insgesamt kommen drei Interpretationen in Frage: Erstens kann „Seiendes" für den abstrakten Begriff der Seiendheit supponieren (pro ratione entitatis praecisa). Doch scheint diese Möglichkeit nicht adäquat zu sein, weil ein solcher Begriff des Seienden nicht etwas Konkretes bezeichnet und allein unter dem abstrakten Begriffsgehalt der Seiendheit nicht von allem ausgesagt wird.[805] Die zweite Möglichkeit besteht darin, den Begriff des Seienden so zu interpretieren, dass er als Bezeichnung des zugrundeliegenden Einzelnen fungiert (pro substratis). Doch hier besteht die Schwierigkeit, dass der Begriff seine Einheit verliert, wie die Begriffe „deitas" und „humanitas" keine begriffliche Einheit darstellen, insofern die ratio entis von diesen absieht.[806] Die dritte Möglichkeit der Interpretation besteht darin, den Begriff des Seienden als Bezeichnung einer unstrukturierten Menge (pro aggregato) von Seienden zu verstehen. Doch auch hier entsteht eine Schwierigkeit, denn, da es nicht möglich ist, einen Teil des Aggregates washeitlich vom Ganzen auszusagen, kann auch das Seiende nicht washeitlich von den im Aggregat versammelten Gegenständen (de illis aggregatis) prädiziert werden.[807]

Der Sache nach bestreitet Mayronis die durch den Einwand unterstellte strenge Differenzierung der genannten Interpretationsmodelle hinsichtlich der ratio entis. Mayronis geht in seiner Erwiderung von einem Begriff des Seienden aus, der einerseits für die einzelnen Substrate supponiert, andererseits aber auch den allgemeinen Begriff des Seienden als eine erste Bestimmung des Substrates jeweils mitbegreift. Das Prädikat „seiend" supponiert für des Einzelseiende in einer gewissen Hinordnung zum Begriffsgehalt der Seiendheit, wie der Terminus „weiß" für die einzelnen weißen Gegenstände in Hinsicht auf das Weißsein supponiert.[808]

---

[805]   Sed hic est unum dubium, quomodo ens secundum totam suam latitudinem accipiatur, aut enim accipitur pro ratione entitatis praecisa, et hoc non quia non est concretum ut sic nec de omnibus dicitur ut sic, scilicet sub ratione praecisa. FRANCISCUS DE MAYRONIS, Conflatus, Prol. q. 13 (Ed. Venetiis 1520), f. 8va K.

[806]   Aut accipitur pro substratis, et hoc non quia illa non habent unitatem, sicut sunt deitas et humanitas quae non habent unitatem alicuius rationis ut ab eis praescindit ratio entis. FRANCISCUS DE MAYRONIS, Conflatus, Prol. q. 13 (Ed. Venetiis 1520), f. 8va K.

[807]   Oportet ergo dicere quod accipiatur pro aggregato, sed hoc non valet quia numquam pars praedicatur in quid de toto. Et sic ens non diceretur in quid de illis aggregatis. FRANCISCUS DE MAYRONIS, Conflatus, Prol. q. 13 (Ed. Venetiis 1520), f. 8va K-L.

[808]   Ad istud primo dico quod ens supponit pro substratis non sic intelligendo quod ratio entis non cointelligatur scilicet cum ratione illa ut prima. In ordine enim ad rationem entis ens praedicatur sicut album supponit pro substratis in ordine tamen ad albedinem. FRANCISCUS DE MAYRONIS, Conflatus, Prol. q. 13 (Ed. Venetiis 1520), f. 8va L.

Doch scheint diese Lösung, die Mayronis vorschlägt, zu einem weiteren
Problem zu führen. Denn geht man von der allgemeinen Regel aus, dass
überall da, wo wesentlich geordnete Bestimmungen vorliegen, auch eine
Ordnung von Früherem und Späterem zu finden ist, dann führt dies z.b.
bezogen auf das Verhältnis der Bestimmungen „album" und „albedo" dazu,
das Weißsein selbst als etwas zu begreifen, was dem weißen, d.h. dem jeweils
weißen Gegenstand vorausgeht. Für das Verhältnis von „ens" und „entitas"
würde dann die entsprechende Annahme gelten, nämlich dass überall da, wo
Seiendes ist, die ratio entitatis als ein Früheres gegeben sein muss.[809] Zu der
gleichen Schlussfolgerung führt auch eine andere kritische Überlegung, nämlich die, dass überall da, wo Seiendes vorkommt, auch Seiendheit anzunehmen ist, da Seiendes als formale Wirkung der Seiendheit zu begreifen ist und
ens als effectus formalis nicht einen größeren Umfang besitzen kann als die
entsprechende Form der Seiendheit.[810]

Mayronis begegnet diesen Einwänden, indem er auf die Unterscheidung
der Konstitutionsordnung wesentlicher Bestimmungen auf der einen Seite
und der entsprechenden Verhältnisse der Prädikation auf der anderen Seite
verweist. Einerseits räumt Mayronis ein, dass die wesentliche Ordnung den
Schluss von einem Späteren auf ein Früheres impliziert, bestreitet aber andererseits, dass daraus die Konsequenz folgt, von der Aussage einer nachgeordneten Bestimmung auf die Aussage einer vorgeordneten Bestimmung schließen zu müssen. Dieser Sachverhalt wird mit einem Beispiel erläutert. So trifft
es auf der einen Seite – nämlich hinsichtlich der Konstitutionsordnung – zu,
dass überall da, wo Weißes (album) ist, auch Weißsein (albedo) ist, doch ist es
auf der anderen Seite – nämlich hinsichtlich der Prädikation – nicht richtig,
dass ein Holz, das weiß genannt wird, deshalb auch Weißsein genannt wird.
Im vorliegenden Fall, wo es um das Verhältnis der Begriffe „ens" und „entitas" geht, verhält es sich in derselben Weise. Denn einerseits ist es richtig,
dass da, wo Seiendes ist, auch Seiendheit ist, diese geht nämlich jenem voraus; doch trifft es deshalb eben nicht zu, dass alles, was Seiendes genannt
wird, deshalb auch Seiendheit genannt wird, denn der Begriff des Seienden
wird auch von Gegenständen prädiziert, von denen der Begriff der Seiendheit
nicht ausgesagt wird. Das gleiche Argument trifft auch auf den Einwand
hinsichtlich der formalen Wirkung zu, denn auch in diesem Fall sind Konsti-
tutions- und Prädikationsordnung deutlich zu unterscheiden.[811]

---

[809]   Sed hic est unum dubium, quia in essentialiter ordinatis ubicumque invenitur posterius et
        prius. Exemplum, ubicumque invenitur album quod est posterius, invenitur albedo quae est
        prior, sed ratio entis est prior ente, ergo ubicumque invenitur ens, invenitur ratio entitatis.
        FRANCISCUS DE MAYRONIS, Conflatus, Prol. q. 13 (Ed. Venetiis 1520), f. 8va L.

[810]   Praeterea, effectus formalis non videtur esse maioris latitudinis quam sit forma, sed ens est
        effectus formalis entitatis, ergo etc. [item ubicumque invenitur ens invenitur entitas *add.* Y].
        FRANCISCUS DE MAYRONIS, Conflatus, Prol. q. 13 (Ed. Venetiis 1520), f. 8va L.

[811]   Ad istud quod licet in essentialiter ordinatis invenitur prius, ubi invenitur posterius, non
        tamen de omnibus praedicatur de quibus praedicatur posterius. Exemplum, ubi est album
        ibi est albedo, et tamen de ligno dicitur album et non albedo. Eodem modo in proposito

Im Ergebnis dieser kritischen Diskussion verbindet Mayronis in seiner Interpretation der ratio entis zwei Perspektiven miteinander, die sich aus dem Verhältnis des abstrakten Begriffs „entitas" und des konkreten Terminus „ens" ergeben. Einerseits steht es fest, dass der konkrete Begriff des Seienden, derjenige ist, der von den Einzelgegenständen ausgesagt wird, ohne dass es möglich ist, jeweils das abstrakte Prädikat der Seiendheit anzuwenden. Bei einer jeden Aussage des Terminus „ens" steht allerdings der Sinngehalt des Seienden im Hintergrund, der im abstrakten „entitas" ausgedrückt wird und von dem her die Anwendung der konkreten Bezeichnung zu begreifen ist. Wenn etwas als ein Seiendes bezeichnet wird, geschieht dies in ordine ad rationem entis bzw. in ordine ad entitatem. Damit entgeht Mayronis zwei Problemen. Zum einen verhindert er, dass die Einheit des Begriffs des Seienden dadurch zerstört wird, dass eine Reduktion des Bedeutungsgehaltes hinsichtlich der bloßen Substrate stattfindet und der gemeinsame Gehalt, der die Aussage des Begriffs von diesen erst erlaubt, nicht in den Blick kommt. Die andere Schwierigkeit, der Mayronis auf diese Weise entgeht, besteht darin, dass bei einer anderen Konzeption nicht erklärbar wäre, wie der allgemeine Sinngehalt des Begriffs auf die einzelnen Substrate, d.h. die jeweils als Seiendes bezeichneten Gegenstände, angewendet werden kann. Die Anwendung auf die Vielheit der Gegenstände findet für den abstrakten Begriff nur durch die konkrete Bezeichnung „ens" statt; die Einheit der Bedeutung resultiert nur aus dem abstrakten und als ein prius verstandenen Sinngehalt der entitas, auf den hin die Bezeichnung der vielen Gegenstände geschieht.

---

quia ubi est ens ibi est entitas, sed ens de aliquibus praedicatur de quibus non praedicatur entitas. Eodem modo dicendum est de formali effectu. FRANCISCUS DE MAYRONIS, Conflatus, Prol. q. 13 (Ed. Venetiis 1520), f. 8va L-M.

Neuntes Kapitel

Formaler Gehalt und innerer Modus

1 FORMALITAS UND MODUS INTRINSECUS

Wie bislang deutlich geworden ist, ist die Metaphysik des Franciscus de Mayronis durch zwei grundlegende Momente bzw. durch zwei fundamentale ontologische Bestimmungen gekennzeichnet: zum einen die Formalitäten, zum anderen die inneren Modi. Die hiermit verbundene Einteilung wird von Mayronis als vollständig disjunkt verstanden, wenn er sagt, „dass es außer der Washeit nichts anderes gebe als den Modus"[812] bzw. „das extramentale Seiende in Washeit und den Modus der Washeit eingeteilt wird".[813] Die Unterscheidung zwischen den formalen Gehalten und den inneren Modi kann aus diesem Grund nicht selbst eine formale Unterscheidung sein, weil sie eben keine Differenz zwischen formalitas und formalitas meint, sondern eine solche zwischen formalitas und modus intrinsecus bzw. auch die zwischen zwei modalen Bestimmungen. Bleibt dieser Gesichtspunkt unberücksichtigt, so würde die Position des Franciscus de Mayronis den Vorwürfen ausgesetzt, wie sie in ausgeprägter Form von Stephan Brulefer in seinem Formalitätentraktat im 15. Jahrhundert vorgetragen wird. Ziel dieser Kritik ist es, wie D. Bolliger in einer Untersuchung hervorhebt, die nicht zuletzt durch Mayronis in der Formalitätenliteratur weit verbeitete Auffassung zu widerlegen, dass es neben der distinctio formalis weitere Unterscheidungformen gibt, die zurecht als dinstinctio ex natura rei gelten können, ohne allerdings deshalb im engeren Sinne den Status einer Formaldistinktion zu besitzen.[814] Die Kritik Brulefers beruht allerdings von Anfang an auf der Annahme, jegliche

---

[812] [...] nihil autem aliud est a quidditate nisi modus. FRANCISCUS DE MAYRONIS, Conflatus, d. 42. q. 4 (Ed. Venetiis 1520), f. 121va K. Ibidem, [...] cum praeter quidditatem nihil sit aliud nisi modus.

[813] [...] dico quod ens extra animam dividitur in quidditatem et modum quidditatis. FRANCISCUS DE MAYRONIS, Conflatus, d. 8 q. 5 (Ed. Venetiis 1520), f. 50ra B. Vgl. MAURER, A., CAIRD, A.P., The Role of Infinity in the Thought of Francis of Meyronnes, in: Mediaeval Studies 33 (1971), 201-227, 207-211.

[814] Vgl. BOLLIGER, D., Infiniti contemplatio. Grundzüge der Scotus- und Scotismusrezeption im Werk Huldrych Zwinglis (Studies in the History of Christian Thought 107), Leiden/Boston 2003, 334-338.

sachliche (ex natura rei) Unterscheidung sei eine formale Unterscheidung.[815] Das hiermit eine für die scotistische Position ruinöse Grundannahme, gleichsam als petitio principii vorausgesetzt wird, hat bereits Mauritius de Portu in seinen *Adnotationes* zu der zentralen These Brulefer festgestellt.[816] Die mit der Abgrenzung von formalem Gehalt und modaler Bestimmung verbundene Differenz erlaubt es Mayronis, das zentrale Problem zu lösen, das mit der These von der univoken Aussage des conceptus entis verbunden ist. Die Annahme, von der Mayronis in deutlicher Absetzung vor allem gegenüber Johannes Duns Scotus ausgeht, besteht darin, dass der Begriff des Seienden wie ein quasi generisches Prädikat ausgesagt wird. Wie sich bislang gezeigt hat,[817] beruht diese Lehre vom quasi generischen Charakter der ratio entis wesentlich auf der Differenz washeitlicher Prädikate einerseits und modaler Bestimmungen andererseits. Die in der Univokationsthese implizierte und ausführlich begründete Aussage des Franciscus, dass der Begriff des Seienden zwar nicht quidditativ gleichwohl aber auch nicht akzidentiell von Gott ausgesagt wird, beruht der Sache nach darauf, Gott im Sinne des metaphysischen Begriffs des ens infinitum zu deuten. Der Begriff des Seienden wird nach diesem Verständnis zwar wie eine Gattung ausgesagt, allerdings nicht wie im Kategorienschema von einer Art, sondern von einer Differenz. Diese Deutung beruht darauf, dass die in diesem Kontext zum Gegenstand der Prädikation gemachte Differenz eine solche ist, die allein durch einen inneren Modus, nämlich den der Unendlichkeit, konstituiert wird. Da die modale Kennzeichnung des Unendlichen Gott notwendig zukommt und keine washeitliche Zusammensetzung impliziert, kann Mayronis unter Rückgriff auf die Modalitätenlehre eine univoke Aussage des conceptus entis annehmen, die einerseits nicht akzidentiell ist, die aber andererseits auch nicht in die von Aristoteles vorgezeichnete Gattungsaporie verfällt.

Mayronis diskutiert die Begriffe der formalitas und des modus intrinsecus sowie die korrespondierenden Unterscheidungsweisen, nämlich die Formal- und die Modaldistinktion, in verschiedenen Zusammenhängen seines Gesamtwerkes. Der Ausdruck „Modaldistinktion" als Äquivalent zum Ausdruck „distinctio modalis" findet sich in dieser terminologischen Form weder in den Werken des Duns Scotus selbst noch in der sich unmittelbar an ihn anschließenden Schultradition. Bemerkenswert ist immerhin, dass der Begriff der distinctio modalis selbst in jenem in Anschluss an Franciscus de Mayronis

---

[815]   Sed omnia illa quae distinguuntur ex natura rei important aliam et aliam quidditatem, ergo omnia quae distinguuntur ex natura rei distinguuntur quidditative et formaiter, igitur distinctio ex natura rei non potest stare cum identitate formali nec est minor ista. BRULEFER STEPHAN, Tractatus formalitatum, in: Quinque illustrium auctorum Formalitatum Libelli, Venedig 1588, 99.

[816]   Totum hoc est fundamentum ruinosum, quia modi intrinseci ab ipsa quidditate non distinguuntur formaliter, neque superius et inferius, ut diximus. MAURITIUS DE PORTU, Adnotationes marginales, in: BRULEFER STEPHAN, Tractatus formalitatum, in: Quinque illustrium auctorum Formalitatum Libelli, Venedig 1588, 102.

[817]   Zusammenfassend vgl. Kap. 5 § 2.3.1.

verfassten *Tractatus formalitatum*, dem wirkungsgeschichtlich eine so herausra-
gende Bedeutung zukommen sollte, an keiner Stelle erwähnt wird, obwohl
gerade diese Abhandlung eine systematische Kompilation der frühen scotistischen Lehren darstellt.

Zwar verweist Mastrius de Meldula im 17. Jahrhundert ausdrücklich auf
Franciscus de Mayronis als Quelle für diese Ausdrucksweise,[818] doch scheint
sich Mastrius bei dieser Zitation nicht auf den Wortlaut des Franciscus de
Mayronis selbst zu beziehen. Vielmehr wird er eine Marginalie der von Mauritius Hibernicus besorgten Druckausgabe im Blick gehabt haben, die zur
Erläuterung von distinctio 8 des *Conflatus* diesen Terminus „distinctio modalis" anführt.[819] Für Mauritius scheint der Ausdruck tatsächlich zum gängigen
terminus technicus geworden zu sein, wie aus der Verwendung in den *Epito-
mata* des Mauritius hervorgeht.[820] Zum Gemeinplatz scheint dieser Begriff
aber auf jeden Fall bereits in den ersten Jahrzehnten des 15. Jahrhunderts
geworden zu sein. Heinrich von Werla verwendet diesen Ausdruck als terminus technicus in seinem *Tractatus de formalitatibus*, der vermutlich vor 1430
verfasst wurde.[821] Bezeichnenderweise stellt Heinrich diesen Begriff in den
Kontext der von Mayronis geprägten Definition des inneren Modus durch
die Bezugnahme auf die Invarianzthese, wenn er den Begriff „distinctio modalis" erst im Ausgang vom Begriff des modus intrinsecus glaubt bestimmen
zu können. Als innerer Modus ist aber eben das zu begreifen, so führt Heinrich in sachlicher Anlehnung an Mayronis aus, was den formalen Begriff
dessen, dem er zukommt, nicht verändert.[822]

---

818   Circa aliam distinctionem modalem scilicet modi intrinseci a re, cuius est modus, ut exis-
      tentia ab essentia, infinitatis a Deitate, etc. aut plurium modorum inter se, ut existentiae,
      actus et potentiae, et huiusmodi, nonnulli Scotistae eam constituent speciem distinctionis ab
      aliis condistinctam et disparatam, quibus praeivisse videtur Maironis I distinctio 8 quaestio
      1 articulus 2 ubi quatuor species distinctionis praetor opus intellectus proponit ab invicem
      distinctas, inter quas distinctionem praesertim modalem enumerate. MASTRIUS DE MEL-
      DULA, BARTHOLOMAEUS; BELLUTUS, BONAVENTURA, Philosophiae ad mentem Scoti cur-
      sus integer, Tomus quartus continens disputationes ad mentem Scoti in duodecim Aristo-
      telis Stagiritae libros Metaphysicorum, pars prior, Disp. VI q. 10 n. 204 (Ed. Venetiis
      1708), 292. Diesen Hinweis verdanke ich Herrn C.A. Andersen.
819   Vgl. FRANCISCUS DE MAYRONIS, Conflatus, d. 8. q. 1 (Ed. Venetiis 1520), f. 43vb O.
820   Distinctio modalis est alietas vel diversitas quae oritur inter quidditatem et modum intrin-
      secum vel inter modum et alterum modum eiusdem vel alterius quidditatis, cum aliis condi-
      tionibus additis supra in descriptione distinctionis ex natura rei. MAURITIUS DE PORTU,
      Epitomata, MAURITIUS DE PORTU, Epitomata, in: Quinque illustrium auctorum Forma-
      litatum Libelli, Venedig 1588, 131.
821   Vgl. CLASEN, S., Henrici de Werla, O.F.M. Tractatus de formalitatibus, Franciscan Studies
      14 (1954), 311-322 u. 413-442, 320.
822   Nunc videndum est, quid sit distinctio modalis seu modi intrinseci. Et primum videndum
      est, quid sit modus intrinsecus. Et dicitur, quod modus intrinsecus est ille, qui adveniens ali-
      cui non variat rationem formalem eius, hoc est, quia de se nullam dicit rationem formalem,
      sed ex opposito distinguitur a quidditate et ultima ratione praecisa. Unum non includit ali-
      ud, quod non variat rationem formalem. HEINRICH VON WERLA, Tractatus de formalita-
      tibus (Ed. Clasen), in: CLASEN, S., Henrici de Werla, O.F.M. Tractatus de formalitatibus,
      Franciscan Studies 14 (1954), 311-322 u. 413-442, 417,130-134.

Sieht man von dem pseudo-mayronistischen *Tractatus formalitatum* ab, findet sich die ausführlichste und systematisch geschlossenste Auseinandersetzung mit der Lehre von den Formalitäten bzw. den Modi im *Conflatus* in d. 8 q. 5.[823] Diese quaestio ist konkret der Frage gewidmet, in welcher Weise die göttlichen Vollkommenheiten unterschieden werden können, ohne dass die Einheit Gottes hierdurch in Frage gestellt wird.[824] Für Mayronis ist mit diesem Problem die Frage verbunden, ob es eine Form der Unterscheidung gibt, die einerseits nicht nur auf einem Urteil des erkennenden Verstandes beruht, und die andererseits aber auch nicht eine Differenz in Gott hineinträgt, die dessen Einheit aufheben würde. Die Antwort, die Mayronis gibt, ist in den Grundzügen bekannt. Eine solche Unterscheidung gibt es; es handelt sich um die Formaldistinktion, die sowohl einen sachhaltigen Unterschied als auch eine dinghafte Einheit zum Ausdruck bringt.

1.1 DER TRANSZENDENTALE BEGRIFF „RES"

Dieser doppelte Charakter der Formaldistinktion entspricht einer zweifachen Interpretation des Begriffs „res".[825] Der Terminus „res" kann nämlich in zweifacher Weise verstanden werden. In seiner allgemeinsten Bedeutung steht er für alles, was außerhalb der Seele besteht, also unabhängig ist vom Wirken des Intellektes. Nach diesem Verständnis gibt es dann ebenso viele res, wie es formalitates gibt. Nach dem eigentlichen Verständnis des Terminus bezeichnet „res" eine dinghafte Einheit, die durch eine formale Differenz nicht aufgehoben wird. In diesem zweiten Sinne bleibt die Einheit Gottes auch durch die formale Distinktheit der einzelnen Vollkommenheiten gewahrt.[826] Diese begriffliche Differenz führt Mayronis im Zusammenhang der Erläuterung des transzendentalen Begriffs „res", die er in einer allein der Transzendentaliendiskussion gewidmeten Abhandlung, dem sogenannten

---

[823] Vgl. ROTH, B., Franz von Mayronis O.F.M. Sein Leben, seine Werke, seine Lehre vom Formalunterschied in Gott (Franziskanische Forschungen III), Werl 1936, 514-535; eine vergleichende Analyse beider Schriften bietet BOLLIGER, D., Infiniti contemplatio. Grundzüge der Scotus- und Scotismusrezeption im Werk Huldrych Zwinglis (Studies in the History of Christian Thought 107), Leiden/Boston 2003, 290-302.

[824] Utrum omnes illae perfectiones quae sunt in deo possunt esse una res, supposita aliqua non identitate vel distinctione ex natura rei inter illas? FRANCISCUS DE MAYRONIS, Conflatus, d. 8 q. 5 (Ed. Venetiis 1520), f. 48rb G.

[825] Zur Entwicklung des transzendentalen Begriffs „res" vgl. AERTSEN, J.A., „Res" as Transcendental. Its Introduction and significance, in: Frederici Vescovini G. (Hg.), Le problème des transcendantaux du XIVe au XVIIe siècle, Paris 2002, 139-156.

[826] Si dicitur quod res potest accipi dupliciter: uno modo communissime et isto modo dicitur de omnibus quae sunt extra animam, et tunc tot sunt res quot sunt formalitates; alio modo potest accipi proprie, et tunc dicitur quod in divinis perfectionibus est ibi sola una res cum distinctione rationis formali. FRANCISCUS DE MAYRONIS, Conflatus, d. 8 q. 5 (Ed. Venetiis 1520), f. 48vb N.

Tractatus de Transcendentibus durchführt, auf die ursprüngliche Unterscheidung einer Sache „a reor, reris" und „a ratus, rata, ratum" zurück.[827] Diese bereits durch Duns Scotus von Heinrich von Gent[828] übernommene Differenzierung[829] wird durch Mayronis im *Tractatus* dahingehend weiter erläutert, dass der Begriff „res" einen zusätzlichen Bedeutungsgehalt zu dem der ratio entis hinzufügt. Dies trifft auch auf alle anderen transzendentalen Prädikate zu, die mit dem Begriff des Seienden konvertibel sind. Die Theorie der konvertiblen Transzendentalien wird von Mayronis am ausführlichsten im achten Artikel des *Tractatus* erläutert.[830] Er geht hierbei von der durch die klassische Transzendentalienlehre vorgegebenen Klasse der konvertiblen transzendentalen Begriffe aus. Nach Thomas von Aquin sind dies die Prädikate „ens", „unum", „res", „aliquid", „bonum" und „verum".[831] Mit dieser Aufzählung von sechs transzendentalen Begriffen geht Thomas über die maßgeblich von Philipp dem Kanzler geprägte Tradition hinaus, die als communissima, wie Philipp sagt,[832] zunächst nur die Begriffe „ens", „unum", „verum" und „bonum" betrachtet. Albertus Magnus verwendet in seinen logischen Schriften den terminus technicus „transcendentia" und zählt über Philipp hinausgehend auch die Begriffe „res" und „aliquid" zu den transzendentalen Prädikaten.[833] Diese Klasse von Begriffen wird durch die systemati-

---

[827] Res autem accipitur uno modo ut dicitur a „reor", alio modo prout dicitur a „ratus" et sic accipitur in proposito. Et tunc ratio realitatis non est nisi ratio ratitudinis secundum quam unumquodque dicitur in rerum natura. FRANCISCUS DE MAYRONIS, Tractatus de Transcendentibus, a. 8 (Ed. Möhle), 152-153.

[828] HEINRICH VON GENT, Summa Quaestionum Ordinariarum a. 75 q. 6 (Ed. Badius II), Paris 1520, fol. 312r E: [...] res, quod significat analogice rem dictam a ratitudine, quae significatur nomine entis veri, continentis omne ens existens in rerum natura extra intellectum, vel ratum existere, scilicet deum et creaturam, et etiam rem dictam a reor reris, quae significatur nomine entis diminuti [...]; DERS., Quodlibeta 5 q. 2 (Ed. Badius II), Paris 1518, fol. 154r - 154v: Res enim quaecumque sive existens sive non existens, si habet esse in deo secundum exemplarem rationem, non solum dicitur quod est res dicta a reor reris: sed etiam quod sit natura et essentia aliqua. Et ideo dicitur res a ratitudine. Et haec res est super quam fundatur prima ratio praedicamenti.

[829] Vgl. HONNEFELDER, L., Die Lehre von der doppelten ratitudo entis und ihre Bedeutung für die Metaphysik des Johannes Duns Scotus, in: Deus et homo ad mentem I. Duns Scoti, Societas Internationalis Scotistica, Rom 1972, 661-671.

[830] Vgl. MÖHLE, H., Der Tractatus de Transcendentibus des Franciscus de Mayronis (Recherches de Théologie et Philosophie médiévales. Biblioteca 7), Leuven 2004, 60-65.

[831] Vgl. THOMAS VON AQUIN, Quaestiones disputatae de veritate q. 1 a. 1 (Ed. Leon. XXII,1), 3-8. Hierzu im Allgemeinen AERTSEN, J.A., Medieval Philosophy and the Transcendentals. The Case of Thomas Aquinas (Studien und Texte zur Geistesgeschichte des Mittelalters 52), Leiden 1996

[832] Communissima autem hec sunt: ens, unum, verum, bonum, de quibus quantum ad speculationem theologie pertinet disserendum est. Ens enim communiter modo dicitur de omnibus, modo appropriatur. PHILIPPUS CANCELLARIUS, Summa de Bono, Prologus (Ed. Wicki I), 4.

[833] Attendendum tamen est quod nomina transcendentia infinitari non possunt, sicut res, ens, et aliquid [...] ALBERTUS MAGNUS, Peri hermenias I tr. 2 c. 5 (Ed. Borgnet I), 393. Vgl. DERS., De quinque universalibus tr. 4 c. 3 (Ed. Colon. 1.1), 74.

sche Auslegung, die ihr Thomas in *De veritate* gegeben hat, zum integralen Bestandteil der Lehre von den konvertiblen Transzendentalien.

In der Interpretation des Franciscus Mayronis ist es, offensichtlich in Anlehnung an Heinrich von Gent und Duns Scotus, der Begriff „res", der das Konvertibilitätsschema sprengt. Denn der Bedeutungsgehalt, den der Begriff „res" zur ratio entis hinzufügt, ist das Moment der realitas, das von Mayronis im Sinne der Aktualität, d.h. als tatsächliche Existenz im Gegensatz zur bloß möglichen Existenz interpretiert wird.[834] So verstanden ist der Begriff „res" – wie Mayronis explizit betont – nicht mehr mit dem des Seienden konvertibel, insofern „ens" nämlich nicht nur das aktuell Existierende, sondern auch das bloß Mögliche bezeichnet. Anders als für Thomas, nach dessen Interpretation „res" einen washeitlichen Gehalt, nämlich das Wesen eines Seienden zum Ausdruck bringt,[835] liegt für Franciscus die Betonung von „res" auf dem Aspekt der Existenz, die zu einem washeitlichen Gehalt als eine mögliche weitere Spezifizierung hinzutritt. Nicht allem, was als ein Seiendes im weitesten Sinne angesprochen werden kann, kommt im genannten Sinne Realität zu, denn nicht jedes ens ist ein aktuell Existierendes. Damit fällt der auf den Bedeutungsgehalt der realitas verweisende Begriff „res" aus dem Konvertibilitätsparadigma, das für die klassische Transzendentalienlehre konstitutiv ist, heraus. Gleiches gilt auch für den Begriff „aliquid".[836]

In welcher Weise ist es zu verstehen, dass die realitas im Sinne der aktuellen Existenz als eine nähere Bestimmung zum Seienden hinzutritt? Der Begriff „res" ist für Mayronis kein washeitliches Prädikat mehr, das quidditative von etwas ausgesagt wird, sondern als Bezeichnung der tatsächlichen Existenz wird dieser Begriff nur noch denominativ prädiziert.[837] Zu beachten ist zunächst, dass der transzendentale Begriff des Seienden für Mayronis nicht mehr wie bei Thomas von Aquin, der sich in dieser Frage auf Avicenna be-

---

[834] Tertium difficile est: quid addit realitas ad ens? Dicitur quod est modus intrinsecus eius sicut existentia quidditatis quia sicut quidditas existens et non-existens sunt eiusdem rationis ita entitas realis et non-realis ut quando est in actu et in potentia obiectiva. Et modus intrinsecus est qui non variat rationem formalem. Et secundum hoc ista realitas non convertitur cum ente secundum totam suam latitudinem, sed solum cum ente in actu quia in potentia nulla ponitur realitas extra deum ab aeterno. Unde, si modus intrinsecus Sortis annihilaretur, tota eius realitas destrueretur. Non sic autem est de aliis transcendentibus quae conveniunt enti tam in actu quam in potentia. Et ratio huius est quia secundum Doctorem Solemnem ratitudo a qua realitas dicitur non competit nisi rebus existentibus in actu vel in effectu. FRANCISCUS DE MAYRONIS, Tractatus de Transcendentibus, a. 8 (Ed. Möhle), 158-159; vgl. DERS., Conflatus, d. 8 q. 5 (Ed. Venetiis 1520), f. 49rb H.

[835] [...] non autem invenitur aliquid affirmative dictum absolute quod possit accipi in omni ente nisi essentia eius secundum quam esse dicitur, et sic imponitur hoc nomen res, quod in hoc differt ab ente, secundum Avicennam in principio Metaphysicae, quod ens sumitur ab actu essendi sed nomen rei exprimit quidditatem vel essentiam entis [...]. THOMAS VON AQUIN, Quaestiones disputatae de veritate q. 1 a. 1 (Ed. Leon. XXII,1), 5.

[836] Vgl. FRANCISCUS DE MAYRONIS, Tractatus de Transcendentibus, a. 8 (Ed. Möhle), 161-162; vgl. DERS., Conflatus, d. 8 q. 5 (Ed. Venetiis 1520), f. 50rb E-F.

[837] [...] res non dicitur de eis quidditative, sed denominative. FRANCISCUS DE MAYRONIS, Conflatus, d. 8 q. 5 (Ed. Venetiis 1520), f. 50ra D.

ruft, „ab actu essendi" verstanden wird. Die Konvertibilitätsthese kann Thomas unter dieser Voraussetzung nur im Rahmen einer Partizipationsmetaphysik aufrecht erhalten, insofern „ens" immer von einem Ersten her gedacht wird, das als actus purus uneingeschränkte Aktualität besitzt, an der alles andere in einem bestimmten Grad teilhat. Mag das Moment der Aktualität noch so gering sein, ein gewisses Maß an Seiendheit kommt jedem Gegenstand zu, so dass eine Einschränkung der Konvertibilitätsthese wie bei Franciscus für Thomas nicht in Frage kommt. Für Franciscus bezeichnet der Begriff des Seienden einen washeitlichen Gehalt, der keine Bestimmung hinsichtlich aktueller oder potentieller Existenz beinhaltet. Wenn die Rede davon ist, dass der Begriff „res" als Bezeichnung der Realität eines Seienden eine Kennzeichnung betreffs der Existenz oder Nicht-Existenz einer Washeit enthält, dann wird damit kein weiterer quidditativer Gehalt zu dem des Seienden hinzugefügt. Vielmehr bringt realitas einen inneren Modus zum Ausdruck, der den formalen Begriff, auf den er jeweils angewendet wird, nicht verändert. Die Interpretation des Begriffs „res" als realitas trägt auf diese Weise eine Differenz in den Bereich der transzendentalen Begrifflichkeit ein, die den Rahmen der klassischen Transzendentalienlehre sprengt und auch gegenüber der scotischen Metaphysik als einer scientia transcendens eine gewisse Akzentverschiebung bedeutet.[838] Insgesamt stellt Mayronis die sich abzeichnende Modaldistinktion auf diese Weise auf ein transzendentales Fundament.

1.2 DER BEGRIFF DER FORMALITAS

Als Ergebnis der von Mayronis vorgeschlagenen Interpretation des Begriffs „res" tritt eine Unterscheidung hervor, die nicht allein eine Differenz einer Washeit gegenüber einer anderen Washeit ist, sondern die eine quidditas von weiteren hinzutretenden modalen Bestimmungen abhebt. Auf diese Weise tritt neben die Unterscheidung formaler Begriffe eine Unterscheidung formaler Begriffe und innerer Modi. Als Paradigma eines inneren Modus diskutiert Mayronis in diesem Kontext vor allem den Begriff der realitas.[839] Diese Akzentuierung hat nicht nur einen sachlichen Grund, sondern hat auch einen historischen Bezug. Denn das erste Quodlibet, das Petrus Aureoli diskutiert, behandelt genau diese Frage, ob in irgendeiner Sache die formalitas von der realitas unterschieden ist. Im Ergebnis vertritt Aureoli in seinem vermutlich

---

[838] Vgl. MÖHLE, H., Der Tractatus de Transcendentibus, 5-69; DERS., Zur Metaphysik des Johannes Duns Scotus. Ein Beitrag zur Vor- und Wirkungsgeschichte seiner Transzendentalienlehre, in: Zwischen Weisheit und Wissenschaft. Johannes Duns Scotus im Gespräch, Lackner F. (Hg.), Franziskanische Forschungen 45 (2003), 114-129.

[839] Ideo dico quod necessario est ponenda aliqua distinctio inter rationes formales sive formalitates et realitates; et non sicut inter formalitatem et formalitatem sed sicut inter formalitatem et modum intrinsecum. FRANCISCUS DE MAYRONIS, Conflatus, d. 8 q. 5 (Ed. Venetiis 1520), f. 48vb O.

1320 entstandenen Quodlibet[840] eine Position, die der von Mayronis eingenommenen geradewegs entgegengesetzt ist. Er betont nämlich, dass jede formalitas außerhalb des Verstandes eine Realität und ein Wesen ist, so dass es keinen sachlichen Unterschied (non differunt in aliqua re) zwischen realitas und formalitas geben kann.[841]

1.2.1 DIE ZU WIDERLEGENDEN INTERPRETATIONEN DER FORMALITÄTEN

Mayronis untersucht in einem ersten Schritt den Begriff der formalitas[842] und in einem zweiten den des modus intrinsecus.[843] Die eigene Auffassung dessen, was eine formalitas ist, muss zunächst abgegrenzt werden gegen die Interpretation dieses Begriffs durch andere Autoren. Insgesamt diskutiert Mayronis vier Thesen anderer Gelehrter, bevor er sein eigenes Verständnis darlegt. Die Auffassung, die Mayronis mit den schärfsten Worten ablehnt, ist die, dass eine formalitas eine Form ist, so wie man von der Materialität in bezug auf die Materie spricht. Eine solche Identifizierung von Form und Formalität würde bedeuten, dass eine Mehrheit von formalitates eine Mehrheit von Formen voraussetzen würde, wie auch eine pluralitas der Materialitäten eine pluralitas der Materie voraussetzt.[844] Diese Auffassung kritisiert Mayronis in einer deutlichen Schärfe mit Argumenten, die vor allem die innertrinitarischen Verhältnisse betreffen. Es entspricht nämlich einer überaus groben und eselhaften Vorstellung – wie Mayronis bemerkt –, eine Vielheit von Formalitäten auf eine Vielheit von Formen zurückzuführen. Dies würde nämlich bedeuten, eine Vielheit von wesentlichen Bestimmungen in eine Vielheit von Wesen zu überführen, bzw. eine Vielheit von Bestimmungen, die die göttlichen Personen im Einzelnen betreffen, zu einer ebenso großen Vielheit von Personen auszuweiten. Im ersten Fall müsste man dann für jedes Gottesattribut, das als Wesensaussage allen göttlichen Personen gleichermaßen zukommt, ein eigenes Wesen annehmen. Weisheit, Allmacht usw. würden dann jeweils ein eigenes göttliches Wesen konstituieren. Im zweiten Fall würde jede Bestimmung, die eine der göttlichen Personen betrifft, – wie z.B. ungezeugt

---

840 Vgl. TEETAERT, A., Pierre Auriol, in: Dictionnaire de Théologie Catholique 12, Paris 1935, col. 1810-1881, 1814.

841 Ex praedictis igitur patet quod omnis formalitas extra intellectum est aliqua realitas et aliqua essentia, et ita non differunt in aliqua re formalitas et realitas quod quaestio quaerebat. PETRUS AUREOLI, Quodlibeta sexdecim q. 1 a. 2 (Ed. Romae 1605), 8a E. Der Text stimmt mit Vat. lat. Borgh. 123, f. 202ra überein.

842 Vgl. FRANCISCUS DE MAYRONIS, Conflatus, d. 8 q. 5 (Ed. Venetiis 1520), f. 48vb O - 49ra D.

843 Vgl. FRANCISCUS DE MAYRONIS, Conflatus, d. 8 q. 5 (Ed. Venetiis 1520), f. 49ra D - 49va I.

844 Quantum ad primum, quid sit formalitas, dicunt aliqui quod formalitas dicitur a forma, sicut materialitas a materia. Et ideo dicunt aliqui quod plures formalitates sine pluribus formis esse non possunt, sicut nec plures materialitates sine pluribus materiis. FRANCISCUS DE MAYRONIS, Conflatus, d. 8 q. 5 (Ed. Venetiis 1520), f. 48vb O.

zu sein, Vater zu sein oder die aktive Hauchung hervorzubringen, was jeweils allein dem Vater zukommt –, zu einer Vervielfältigung der göttlichen Person des Vaters führen, was eine gänzlich abwegige Vorstellung ist.[845]

Eine zweite von Mayronis abgelehnte These besagt, dass die formalitates reale Begriffe sind, die in ein und demselben Ding, das selbst einfach ist, angenommen werden.[846] Nach dieser Auffassung wird der Begriff der Formalität in zwei Richtungen eingeschränkt. Erstens entsprechen nur reale Begriffe einer Formalität und zweitens werden Formalitäten nur in einfachen Gegenständen angenommen. Gerade gegen diese beiden Restriktionen wendet sich Mayronis in seiner Widerlegung dieser These. Denn auch in Gegenständen, die zusammengesetzt sind, werden von denjenigen Formalitäten angenommen, die überhaupt mit diesen Begriffen operieren. Dieser Tatsache hat eine Beschreibung dessen, was eine Formalität ist, Rechnung zu tragen. Die Einschränkung der Formalitäten auf die realen Begriffe trifft ebenfalls nicht zu, denn formale Gehalte müssen nicht notwendig etwas real Existierendes bezeichnen. So entspricht einem möglichen Menschen sicherlich ein bestimmter formaler Gehalt, ohne dass ihm deshalb eine Realität im Sinne der aktuellen Existenz entspricht. Das gleiche gilt für die entia rationis, die auch einen formalen Gehalt besitzen, ohne dass deshalb das jeweils Gemeinte aktuell existieren müsste.[847]

Eine weitere Auffassung besteht darin, dass die Formalitäten lediglich gewisse Modalitäten (quaedam modalitates) sind.[848] Diese Interpretation wird aber nicht der Verwendungsweise gerecht, die bei denen üblich ist, die solche Formalitäten annehmen. Diejenigen nämlich, die diese unterstellen, grenzen sie gerade gegen Modalitäten bzw., was synonym zu sein scheint, gegen Modi ab. Abgesehen von der unüblichen Verwendungsweise des Begriffs spricht sachlich dagegen, sie mit entsprechenden Modi zu identifizieren, dass modale Bestimmungen in dem Sinne sekundär sind, dass sie immer in Bezug auf dasjenige ausgesagt werden, dessen Modus sie sind. Eine modale Bestimmung setzt also immer eine nicht-modale voraus. Bei formalen Begriffen ist dies

---

[845] Contra ista est nimis grossa et asinina imaginatio quod patet ex duobus. Primo sic, quia sicut formalitas dicitur a forma ita essentiale ab essentia. Nos autem ponimus in divinis multa essentialia, et tamen non sunt ibi multae essentiae. [...] Ergo nec ad positionem multarum rationum formalium sequitur multitudo formarum quod tu dicis. Secundo quia in persona patris in divinis ponuntur multa personalia, scilicet ingenitum, perternitas, spiratio activa quae omnia sunt personalia, et tamen persona patris non est nisi unica, ergo etc. FRANCISCUS DE MAYRONIS, Conflatus, d. 8 q. 5 (Ed. Venetiis 1520), f. 48vb O-P.

[846] Ideo dicunt aliqui quod formalitates sunt rationes reales quae ponuntur in eadem re simplici. FRANCISCUS DE MAYRONIS, Conflatus, d. 8 q. 5 (Ed. Venetiis 1520), f. 48vb P.

[847] Contra primo, quia formalitates non solum ponuntur in simplicibus sed in compositis secundum ponentes formalitates, ideo ista non est bona descriptio. Secundo quia non omnes formalitates sunt reales, nam homo in potentia habet formalitatem, tamen non realitatem; similiter entia rationis habent formalitates et non realitates. FRANCISCUS DE MAYRONIS, Conflatus, d. 8 q. 5 (Ed. Venetiis 1520), f. 48vb P.

[848] Ideo dicunt alii quod istae formalitates non sunt nisi quaedam modalitates. FRANCISCUS DE MAYRONIS, Conflatus, d. 8 q. 5 (Ed. Venetiis 1520), f. 48vb P.

anders, denn formale Termini, wie z.B. die ratio entitatis oder die ratio deitatis, werden primär, d.h. ohne Vermittlung vorhergehender Begriffe von den Gegenständen ausgesagt, von denen sie prädiziert werden.[849] Eine letzte Interpretation geht schließlich dahin, die formalitates als definitorische Begriffe, als rationes diffinitivae, zu verstehen, insofern nämlich jeder Begriff, der eine Definition zum Ausdruck bringt, ein formaler Begriff und in diesem Sinne eine Formalität genannt wird.[850] Diese Position entspricht der Sache nach der in Anschluss an Thomas von Aquin vertretenen Auffassung[851] des socius, der als zweiter Gesprächspartner in der Disputatio collativa des Franciscus de Mayronis in Erscheinung tritt.[852] Diese Beschränkung der Formalitäten auf Begriffsgehalte, die einen Gegenstand definieren, ist zu eng, um als exakte Kennzeichnung der formalitates dienen zu können. Dies wird an zwei Beispielen deutlich, die Mayronis zur Erläuterung anführt. Zum einen muss man den obersten Gattungsbegriffen, die Mayronis in einem ersten Argument anführt, jeweils einen formalen Gehalt zuweisen, durch den sie sich voneinander unterscheiden, doch handelt es sich bei den aristotelischen Kategorien eben nicht um Begriffe, die ihrerseits definiert werden können. Als oberste Begriffe sind die praedicamenta schlechthin einfach und können deshalb nicht in Form einer Zusammensetzung von Gattungs- und Differenzbegriff definiert werden. Einen formalen Gehalt zu besitzen, kann also nicht gleichbedeutend sein mit der Zuschreibung einer definitorischen Bestimmung. Aus dem gleichen Grund, nämlich wegen ihrer Nichtdefinierbarkeit, gilt auch für die ratio entis und die ratio deitatis, dass ihr jeweiliger formaler Gehalt, der diesen Begriffen zweifelsohne zukommt, nicht mit einer ratio diffinitiva identisch sein kann. Der Grund für die Nichtdefinierbarkeit liegt in beiden Fällen darin, dass es sich um jeweils erste Bestimmungen handelt, die durch nichts Früheres erfasst werden können, was im Fall einer Definition möglich sein müsste.[853]

---

[849] Contra nam ponentes eas dividunt eas contra modos. Secundo quia modi non possunt esse prima in entibus quia modus semper est posterior eo cuius modus est, sed formalitates ponuntur simpliciter prima in entibus nam ratio entitatis est quaedam formalitas et ratio deitatis quae simpliciter sunt priora omnibus. FRANCISCUS DE MAYRONIS, Conflatus, d. 8 q. 5 (Ed. Venetiis 1520), f. 48vb P-Q.

[850] Ideo dicunt alii quod formalitates sunt rationes diffinitivae. Uniuscuiusque enim ratio diffinitiva dicitur formalis et constat quod est formalitas. FRANCISCUS DE MAYRONIS, Conflatus, d. 8 q. 5 (Ed. Venetiis 1520), f. 48vb Q.

[851] Vgl. THOMAS VON AQUIN, Scriptum super libros Sententiarum I d. 33 q. 1 a. 1 (Ed. Mandonnet), 767. Vgl. RUELLO, F., La notion „thomiste" de „ratio in divinis" dans la Disputatio de François de Meyronnes et de Pierre Roger (1320-1321), in: Recherches de Théologie ancienne et médiévale 32 (1965), 54-75, 63-75.

[852] Vgl. Kap. 3 § 1-1.1.2.1.

[853] Contra dupliciter, primo quia praedicamenta non sunt diffinibilia quia simpliciter simplicia, et tamen habent formalitates per quas formaliter distinguuntur. Secundo quia ratio entis et ratio deitatis ponuntur formalitates, et tamen non possunt diffiniri eo quod omnis diffinitio datur per priora, sed his nihil est prius. FRANCISCUS DE MAYRONIS, Conflatus, d. 8 q. 5 (Ed. Venetiis 1520), f. 48vb Q.

1.2.2 Die Auffassung des Franciscus de Mayronis

Nachdem Mayronis im Vorhergehenden vier mögliche Thesen zur Interpretation dessen, was der Begriff der formalitas besagt, widerlegt hat, entwickelt er seine eigene Auffassung. Demnach ist eine formalitas eine quidditas, wobei diese nicht notwendig in einer Definition erfassbar sein muss. Formalitäten stellen washeitliche Gehalte dar, die primo modo dicendi per se, d.h. im Sinne von Gattungs- und Artbegriffen ausgesagt werden. Alles das nämlich, was in einer per se Prädikation primo modo ausgesagt wird, ist ein washeitlicher Gehalt.[854] Wie die Struktur dieses Argumentes deutlich macht, definiert Franciscus die Formalitäten von einem bestimmten Aussagemodus her. Die Aussageform einer per se Prädikation primo modo ist ein Kennzeichen dafür, dass notwendig ein washeitlicher Gehalt ausgesagt wird. Diesem prädizierbaren Gehalt entspricht jeweils eine formalitas. In *Conflatus* d. 42 q. 1 definiert Mayronis umgekehrt eine Washeit unter Bezugnahme auf die rationes formales, indem er ausführt, dass die quidditates verstanden werden als die washeitlichen rationes formales der Dinge, die an sich betrachtet werden.[855]

Diese Begriffsbestimmung der Formalitäten scheint auf den ersten Blick nicht ganz unproblematisch zu sein. Wenn die formalitates nämlich über das Kriterium der per se Prädikation primo modo definiert werden, dann scheinen alle die Begriffe ausgeschlossen zu sein, die einen qualifizierenden Charakter haben, wie z.b. die eigentümlichen Eigenschaften, die passiones propriae, die zwar per se, aber nicht primo, sondern secundo modo ausgesagt werden. Darüber hinaus sind aber auch die Prädikate ausgeschlossen, die lediglich eine akzidentielle Bestimmung zum Ausdruck bringen und deshalb nicht per se, sondern per accidens prädiziert werden. Solchen Begriffen – so das eigentliche Problem – würde dann kein eigener formaler Gehalt entsprechen. Ein proprium, wie „risibile", oder ein accidens, wie „album", hätten demnach keinen formalen Gehalt.

Streng genommen, so könnte man versuchen, diese Schwierigkeit zu beseitigen, sind die Prädikate „risibile" und „album" auch keine Formalitäten. Allerdings lassen sie sich durch eine begriffliche Abstraktion auf die entsprechenden formalen Gehalte zurückführen. Denn „risibilitas" oder „albedo", als durch Abstraktion gewonnene Bezeichnungen, drücken jeweils einen formalen Gehalt aus. In dieser abstrakten Form, so könnte man sagen, wer-

---

[854] Dico ergo quod formalitas est quidditas uniuscuiusque habentis quidditatem, sive diffinibile sit sive non, quia ratio formalis uniuscuiusque est illud quod inest sibi primo modo dicendi per se, talia autem sunt omnia quidditativa. FRANCISCUS DE MAYRONIS, Conflatus, d. 8 q. 5 (Ed. Venetiis 1520), f. 48vb Q-49ra A; Ideo dico addendo ad priorem modum quod formalitas nihil aliud est nisi ratio quidditativa cuiuscumque quidditatem habentis, sive illa sit diffinibilis sive non, sicut est in simpliciter simplicibus et primo diversis. FRANCISCUS DE MAYRONIS, Conflatus, d. 33 q. 5 (Ed. Venetiis 1520), f. 103rb G.

[855] Quantum ad primum quid intelligitur nomine quidditatis saepe intelliguntur nisi rationes formales quidditativae rerum in se. FRANCISCUS DE MAYRONIS, Conflatus, d. 42 q. 1 (Ed. Venetiis 1520), f. 117va I.

den diese Prädikate dann auch per se primo modo von dem ausgesagt, was durch das jeweilige nomen concretum bezeichnet wird. Ein Satz wie z.b. „albedo est quidditas albi" könnte dann in diesem Sinne als eine per se Aussage primo modo interpretiert werden. Die Prädikate, die secundo modo oder akzidentiell ausgesagt werden, können also selbst keine Washeit oder Formalität darstellen, doch liegt ihrer Aussage die Annahme des jeweiligen formalen Gehaltes zugrunde, auf den sie durch Abstraktion zurückführbar sind. Zwar drückt der formale Gehalt „albedo" nicht im Sinne eines Gattungs- oder Artbegriffs eine Wesensbestimmung z.b. des Menschen aus, doch tut er dies in gewisser Weise hinsichtlich des Gegenstandes, dessen Washeit er ist, nämlich in Bezug auf „album". Nichts anderes fordert die Definition, die Mayronis gibt, wenn er Formalität als die Washeit eines jeden – was auch immer es ist –, das eine Washeit besitzt, interpretiert (formalitas est quidditas uniuscuiusque habentis quidditatem). Im Ergebnis kann festgehalten werden, dass alle Aussagen, die nicht von vornherein primo modo per se zu interpretieren sind, letztlich doch auf Aussagen verweisen, in denen formale Gehalte als solche im geforderten Aussagemodus prädiziert werden. Die von Mayronis vorgeschlagene Definition der Formalitäten als quidditates hätte dann den Sinn, den abstrakten Charakter der rationes formales zu betonen, der der geforderten per se Prädikation zugrunde liegen muss.

Doch formuliert Mayronis gegen seine eigene These, dass die formalitates den washeitlichen Gehalten entsprechen, weitere Einwände. Die ersten drei Einwände betreffen das Verhältnis von formalitas, quidditas und realitas, der letzte das Verhältnis von formalitas und essentia. Zunächst ist zu klären, ob und in welcher Weise formalitas und realitas dasselbe sind. Schließlich wäre es sachlich bedenklich und auch mit den Autoritäten (Augustinus) nicht zu vereinbaren, wollte man den quidditates bzw. formalitates jegliche Realität, d.h. jeglichen ontologischen Status eines Realen absprechen. Wenn also Formalitäten, so erläutert Mayronis seine eigene Position, nicht ein reines Nichts sind, so müssen sie insofern Realität besitzen, als sie in rerum natura existieren. In diesem Sinne besitzen sie eine gewisse Realität (aliqua realitas) und können zumindest denominative real genannt werden.[856] „Real" bedeutet, wie aus diesem Kontext ersichtlich wird, lediglich eine Instantiierung in rerum natura, d.h. eine Abhebung gegenüber einer bloßen Hervorbringung durch den Verstand.

Wenn man diese Annahme einräumt, so ist dann aber zu erklären, wie in einem einzigen Gegenstand mehrere Formalitäten angenommen werden können, ohne dass man deshalb eine Mehrheit von Realitäten unterstellen

---

[856] Sed contra istam declarationem occurrunt quattuor dubia. Primum est, si ista quidditas quae ponitur formalitas est aliqua realitas. Dico ad istud quod omnis quidditas existens in rerum natura necessario est aliqua realitas et per consequens denominative realis quia secundum Augustinum primo De trinitate quod nulla res est omnino nihil. Ideo oportet quod omnis formalitas existens in rerum natura necessario est aliqua realitas et per consequens realis denominative cum non sit nihil. FRANCISCUS DE MAYRONIS, Conflatus, d. 8 q. 5 (Ed. Venetiis 1520), f. 49ra A.

müsste. Um die Möglichkeit einer gleichzeitigen Annahme mehrerer Formalitäten und einer einzigen Realität zu belegen, verweist Franciscus auf die
innertrinitarischen Verhältnisse. In einem ersten Beispiel parallelisiert er das
Verhältnis der einen Realität und der vielen Formalitäten mit der Annahme,
dass es in Gott ein einziges göttliches Wesen und eine Dreiheit von göttlichen
Personen gibt. In die gleiche Richtung zielt auch ein zweites Beispiel, das
Franciscus anführt, denn die eine Realität, die dem einen göttlichen Wesen
entspricht, wird durch die Vielheit der Formalitäten genau so wenig in Frage
gestellt, wie die Einheit des Wesens durch die Vierheit der göttlichen Relationen, d.h. durch die Vierheit von aktiver und passiver Zeugung, sowie aktiver
und passiver Hauchung, in Frage gestellt wird.[857] Diese Argumente setzen
implizit voraus, dass die Möglichkeit der Formaldistinktion, wie sie in den
von Mayronis angeführten Beispielen zum Tragen kommt, die Möglichkeit
der Unterscheidung von einer beliebigen Formalität und der Realität, um die
es in den Einwänden geht, mit einschließt. Wie sich im Weiteren zeigen wird,
handelt es sich in diesem Fall nämlich keineswegs um eine distinctio formalis,
sondern lediglich um eine Modaldistinktion.

Ein dritter Einwand geht von der Geltung des Satzes vom ausgeschlossenen Widerspruch aus und schließt von der Tatsache, dass eine Vielheit und
eine Nicht-Vielheit nicht auf ein und dasselbe beziehbar sind, darauf, dass
man eine Nichtidentität annehmen muss, wenn eine Vielheit, z.B. der göttlichen Personen, und eine Nicht-Vielheit, nämlich der göttlichen Wesenheit,
vorliegt. Mit dem gleichen Argument, so der vermeintliche Einwand, kann
auch eine Nichtidentität von formalitas und realitas begründet werden. Mayronis räumt dieses Argument durchaus ein, lässt aber zunächst offen, in welcher Weise diese Nichtidentiät von Formalität und Realität verstanden werden muss. Fest steht für ihn lediglich, dass beide Bestimmungen identice und
simpliciter dasselbe sind, wohingegen in quidditativer Hinsicht eine Differenz
bestehen muss.[858]

Ein letzter Einwand schließlich betrifft das Problem, dass eine Formaldistinktion offensichtlich eine Vervielfältigung zu unterscheidender Wesen-

---

[857]   Secundum dubium est, si formalitas est realitas, quomodo potest intelligi quod in aliquo sint
        plures formalitates quin sint plures realitates vel res. Dico quod patet duplici exemplo in
        divinis, primo quia quaelibet persona est divina essentia; et tamen tres personae non sunt
        tres essentiae. Secundo, quattuor relationes sunt vere essentia divina; et tamen non sunt in
        divinis quattuor essentiae, eodem modo in proposito. FRANCISCUS DE MAYRONIS, Confla-
        tus, d. 8 q. 5 (Ed. Venetiis 1520), f. 49ra A.

[858]   Tertium dubium est quia idem non potest esse multiplicatum et non multiplicatum per
        extrema contradictionis; et ideo quia personae sunt plures et non essentia, ponitur aliqua
        non identitas inter ea, tunc eadem ratione oportebit dicere de formalitate et realitate.
        Concedo, et hoc superius probavi, nec video quod possit teneri oppositum, sed quomodo
        hoc sit inferius declarabitur. Ideo dico quod formalitas est realitas identice et simpliciter
        sunt idem, non tamen quidditative, quaecumque autem se sic habent quod unum potest
        multiplicari alio non multiplicato, sicut patet de esssentia et relationibus et personis, non
        potest esse unum omnibus modis idem alteri. FRANCISCUS DE MAYRONIS, Conflatus, d. 8
        q. 5 (Ed. Venetiis 1520), f. 49ra A-B.

heiten mit sich bringt. Wenn nämlich formalitas und quidditas dasselbe sind, was Mayronis in seiner grundlegenden Begriffsbestimmung festgestellt hat, scheint jede Formaldistinktion notwendig eine Wesensdistinktion zu sein, da quidditas und essentia dasselbe sind. Dies würde z.B. zu der absurden Feststellung führen, dass es in Gott mehrere Wesenheiten gäbe. Dieser Einwand macht allerdings von einer Voraussetzung Gebrauch, die Mayronis nicht teilt. Es trifft nämlich keineswegs zu, dass quidditas und essentia dasselbe sind, vielmehr abstrahiert die quidditas vom Wesen, ebenso wie die entitas von der Substanz absieht. In Folge davon impliziert eine washeitliche, quidditative Unterscheidung keineswegs eine essentielle Differenzierung und somit die Vervielfältigung der quidditates eine Mehrheit von Wesenheiten.[859]

Das gemeinsame Ergebnis der Diskussion der vier Einwände besteht in einer differenzierten Interpretation des Verhältnisses von Formalität und Realität. Einerseits sind formalitas und realitas unterschieden, was vor allem dadurch deutlich wird, dass eine Vielheit von formalen Gehalten durchaus mit einer einzigen Realität zusammen bestehen kann. Doch sind formalitas und realitas andererseits auch dasselbe, was Mayronis explizit einräumt, allerdings sind sie dies nicht in quidditativer Hinsicht, sondern lediglich identice und simpliciter. Dieses differenzierte Verhältnis spiegelt sich in einer subtilen Unterscheidung von Prädikationstypen wider, die dieses Geflecht von Einheit und Differenz zum Ausdruck bringen. Der Ausgangspunkt der Überlegung ist der von Mayronis und den ihm hierin Folgenden zugestandene (nos concedimus) Satz, dass „in divinis formalitatem esse realitatem in abstracto", der eine propositio identica darstellt, die auch vorliegt, wenn man sagt „pater est essentia".[860] Was ist aber näherhin mit einer solchen propositio identica gemeint? Wie bereits deutlich geworden, ist eine propositio identica grundsätzlich von einer quidditativen Aussage zu unterscheiden, die eine formale, d.h. inhaltliche Kennzeichnung des Subjektterminus durch ein entsprechendes Prädikat darstellt. Eine quidditative Aussage stellt eine inhaltliche Explikation des im Subjektterminus implizierten Gehaltes dar. Eine propositio identica bringt hingegen ein bloßes Identitätsverhältnis zum Ausdruck, ohne eine inhaltliche Implikation der Begriffe zu behaupten, die in einem solchen Urteil identifiziert werden. „Pater est essentia" besagt demnach die reale Identität von Wesen und Person in Gott, ohne dass deshalb die Eigentümlichkeiten der formalen Bestimmungen des Wesens und der Person aufgehoben werden.

---

[859]   Quartum dubium est quod, si formalitas est quidditas, ut dictum est, tunc distinctio formalis erit quidditativa. Quia quidditas et essentia sunt idem, ergo sequitur quod distinctio formalis erit essentialis, et sic in divinis essent multae essentiae. Dico quod quidditas abstrahit ab essentia, sicut entitas a substantia et per consequens distinctio quidditativa abstrahit ab essentiali, et sic multae quidditates stant cum unitate essentiae. FRANCISCUS DE MAYRONIS, Conflatus, d. 8 q. 5 (Ed. Venetiis 1520), f. 49ra B.

[860]   FRANCISCUS DE MAYRONIS, Conflatus, d. 8 q. 5 (Ed. Venetiis 1520), f. 49ra C.

Wie Mayronis im Weiteren ausführt, sind zwei Weisen zu unterscheiden, wie eine solche propositio identica zustande kommen kann. Die in einem solchen Urteil behauptete Identität kann nämlich einmal aufgrund der
Unendlichkeit der zu identifizierenden Bedeutungsmomente oder wegen
deren Allgemeinheit bestehen. In beiden Fällen kann die Unendlichkeit bzw.
die Allgemeinheit nur ein oder auch beide im Urteil verbundenen Elemente
betreffen. Eine Identitätsaussage aufgrund von Unendlichkeit kann es allerdings nur im Bereich des Göttlichen, nicht in bezug auf das Geschaffene
geben, denn nur hier kann es die geforderte Unendlichkeit, z.B. die der göttlichen Attribute,[861] geben. Identitätsaussagen aufgrund von Allgemeinheit
kommen hingegen auch im Bereich des Endlichen vor. Eine solche Allgemeinheit, die eine propositio identica voraussetzt, findet sich z.B. bei den
transzendentalen Begriffen. Diese können im Modus einer solchen eine Identität behauptenden Aussage prädiziert werden, wenn der eine abstrakte Begriff vom anderen behauptet wird. Als Beispiel führt Mayronis den Satz an
„unitas est entitas", der deshalb gilt, weil beide Begriffe eine transzendentale
Allgemeinheit besitzen. Dass der abstrakte Begriff der Einheit seinerseits auch
eine Seiendheit darstellt, bedeutet in diesem Fall keineswegs, dass der Inhalt
dessen, was der Begriff „unitas" ausdrückt, den formalen Gehalt des Begriffs
„entitas" impliziert, vielmehr hat der Begriff „unitas" als solcher den Status
einer entitas. Unitas und entitas können jeweils unter Absehung vom jeweils
anderen Begriff für sich betrachtet werden, sind also formal distinkt.[862] Der
transzendentale Charakter, der dem Begriff der realitas zu eigen ist, erlaubt
es, den für den vorliegenden Kontext entscheidenden Satz „formalitas est
realitas" im Sinne einer propositio identica zu interpretieren. Damit wird
zum Ausdruck gebracht, dass ein formaler Gehalt in einem gewissen Sinne
etwas Reales ist, ohne dass deshalb die Realität selbst zum formalen Gehalt
hinzugehört. Dies ist der Sinn der von Mayronis gewählten Formulierung
„formalitas est realitas in abstracto", denn ein formaler Gehalt kann unter
Absehung seiner tatsächlichen Instantiierung betrachtet werden, ohne deshalb selbst aufzuhören, etwas Reales zu sein.[863]

---

[861]   Vgl. FRANCISCUS DE MAYRONIS, Conflatus, d. 8 q. 5 (Ed. Venetiis 1520), f. 49vb P.

[862]   Vgl. FRANCISCUS DE MAYRONIS, Tractatus de Transcendentibus a. 8 (Ed. Möhle), 160-
        161.

[863]   Attendendum est tamen quod praedicatio indentica contingit duobus modis. Uno modo
        propter infinitatem utriusque extremi vel saltem alterius, sicut patet in divinis, quando
        aliqua attributa praedicantur de se invicem vel quando attributa praedicantur in abstracto
        de relatione. Et totum illud est propter infinitatem utriusque vel alterius extremi. Alio modo
        contingit propter communitatem unius vel amborum extremorum, quando scilicet sunt
        transcendentia et hoc quando alterum vel utrumque est transcendens. Et [est-Et: om. Vat.
        lat. 894] isto modo conceditur in creaturis praedicatio identica et unius abstracti de alio.
        Conceditur enim quod unitas est entitas numquam autem invenitur praedicatio identica
        quae sit in abstracto in creaturis nisi secundo modo. Primus modus non invenitur sine
        infinitate quae repugnat creaturis. Isto secundo modo conceditur quod formalitas est rea-
        litas in abstracto propter communitatem et transcendentiam utriusque vel saltem alterius

Mit dieser Lehre von den formalitates knüpft Mayronis nach eigenem Verständnis an die platonische Ideenlehre an.[864] Versteht man diese platonische Lehre richtig und missdeutet sie nicht, wie dies nach Auffassung des Mayronis offensichtlich Aristoteles getan hat,[865] dann zeigt sich, dass die platonischen Ideen den formalen Begriffen entsprechen. Diese zeichnen sich nämlich durch eine Abstraktion in vierfacher Hinsicht aus. Betrachtet man nämlich die platonischen Ideen bzw. formalen Gehalte losgelöst von ihrer individuellen Instantiierung, unabhängig von Raum und Zeit, abgehoben von Existenz und Aktualität und schließlich unter Abstraktion von Subsistenz und Realität, dann begreift man sie richtig und nicht in der von Aristoteles unterstellten Weise. Der von Mayronis eingeforderte Abstraktionsvorgang erstreckt sich, wie er selbst im Kontext dieser Diskussion der platonischen Ideenlehre andeutet, auf alle die Bestimmungen, die den formalen Gehalten in Form von hinzutretenden modalen Bestimmungen zukommen.[866] Das, was eine formalitas oder eine quidditas ausmacht, ist nur unter Abhebung von dem zu begreifen, was durch die jeweiligen inneren Modi einem konkreten

---

scilicet realitatis vel secundum aliquos formalitatis. FRANCISCUS DE MAYRONIS, Conflatus, d. 8 q. 5 (Ed. Venetiis 1520), f. 49ra C-D.

[864] Dieses Verhältnis von Franciscus de Mayronis zu Platon, insbesondere was die Interpretation der platonischen Ideenlehre durch Mayronis angeht, ist vielfach Gegenstand der Forschung gewesen. Vgl. HOFFMANN, T., Creatura intellecta. Die Ideen und Possibilien bei Duns Scotus mit Ausblick auf Franz von Mayronis, Poncius und Mastrius (Beiträge zur Geschichte der Philosophie und Theologie des Mittelalters NF Bd. 60), Münster 2002, 217-236; HAUSE, J., Francis of Meyronnes, in: Routledge Encyclopedia of Philosophy 3, London/New York 1998, 723-725; HOENEN, M.J.F.M., Propter dicta Augustini, in: Rechereches de Théologie et Philosophie Médiévales 64,1 (1997), 245-262; DERS.., Marsilius of Inghen. Divine Knowledge in Late Medieval Thought (Studies in the History of Christian Thought 50), Leiden/New York/Köln 1993, 132-135; BOS, E.P., The Theory of Ideas according to Francis of Meyronnes, in: Néoplatonisme et Philosophie Médiévale. Actes du Colloque international de Corfou 6-8 octobre 1995, organisé par la Societé Intenationale por l'Ètude de la Philosophie Médiévale, Benakis, L.G. (Hg.), Turnhout 1997, 211-227; VIGNAUX, P., L'Etre comme perception selon François de Meyronnes, in: Études d'histoire littéraire et doctrinale 17 (1962), 259-318, 271-284.

[865] Vgl. MÖHLE, H., Aristoteles, pessimus metaphysicus. Zu einem Aspekt der Aristotelesrezeption im 14. Jahrhundert, in: Die Anfänge der Aristotelesrezeption im lateinischen Mittelalter, Aris M.-A., Dreyer M., Honnefelder L., Wood R. (Hg.), Münster 2005, 727-774.

[866] Intelligendum autem ad declarationem eorum quae concedit Plato de istis ideis quod illae a quattuor abstrahunt illo modo quo dictum est. Primo ab haecceitate quae ponitur individualis proprietas quia omne inferius accidit superiori suo. Ratio autem formalis est communis ad individua. Quidditas autem communis ab eo quod sibi per accidens convenit abstrahit. Secundo abstrahit ab hic et nunc hoc est a loco et duratione haec enim consequuntur individua. Tertio abstrahit ab omni existentia et actualitate quia actus et potentia existere et non existere non diversificant essentiam et sic cum eadem quidditas possit esse in potentia et in actu abstrahit ab utroque. Quarto abstrahit a subsistentia et realitate quia realitas cum existentia ponuntur et actualitate ponuntur modo intrinsici a quibus abstrahit quidditas. FRANCISCUS DE MAYRONIS, Conflatus d. 47. q. 3 a. 2 (Ed. Venetiis 1520), f 134 va K-L.

Gegenstand an Bestimmtheit hinzugefügt wird. Damit rückt der zweite Grundbegriff der Metaphysik des Franciscus ins Zentrum des Interesses.

2 DER BEGRIFF DES MODUS INTRINSECUS

Nachdem Mayronis in einem ersten Schritt den Begriff der formalitas erläutert hat, ist in einem nächsten der Begriff des inneren Modus zu untersuchen. Der Ausgangspunkt für die Auslegung des inneren Modus, die Mayronis gibt, stellt die Lehre des Duns Scotus dar. Franciscus erwähnt Scotus in diesem Kontext zwar nicht explizit, aber gleichwohl stellt dessen Lehre auch für die kritische Auseinandersetzung, die Mayronis mit einem nicht namentlich identifizierten Gesprächspartner führt, sachlich den Hintergrund dar.

2.1 DIE LEHRE VON DEN INNEREN MODI BEI DUNS SCOTUS

Die zentrale Auseinandersetzung mit der Lehre von den inneren Modi findet bei Duns Scotus in Ord. I d. 8 p.1 q. 3 im Rahmen der Darstellung der Transzendentalienlehre statt.[867] Die zentrale Fragestellung, die Scotus behandelt, ist dem Problem gewidmet, wie ein für den endlichen Verstand des Menschen auf natürliche Weise erfassbarer Begriff Gottes konzipiert sein muss. Die These, die Scotus in diesem Zusammenhang vertritt, lautet, dass Gott für den endlichen Verstand natürlicher Weise durch den Begriff des unendlichen Seienden erfasst wird. Die Möglichkeit und Struktur diese Konzepts wird von Scotus weiter erläutert. Er macht zunächst deutlich, wie der univoke Begriff des Seienden als solchen durch die weiteren Bestimmungen, die den jeweils vollkommeneren Teilbegriffen transzendentaler disjunktiver Begriffspaare entsprechen, so in seiner Bedeutung eingeschränkt wird, dass er als auf natürliche Weise gewinnbarer Ausdruck Gottes fungieren kann.[868] Auf diese Weise wird der von Gott und Kreatur univok prädizierbare Begriff des Seienden durch Hinzufügung der transzendentalen Bestimmung des Unendlichen zu dem von Gott allein aussagbaren Begriff des unendlich Seienden kontrahiert.

[867] Zum Folgenden vgl. HONNEFELDER, L., Ens inquantum ens. Der Begriff des Seienden als solchen als Gegenstand der Metaphysik nach der Lehre des Johannes Duns Scotus (Beiträge zur Geschichte der Philosophie und Theologie des Mittelalters N.F. 16), Münster ²1989, 365-395; WOLTER, A.B., The Formal Distinction, in: John Duns Scotus, 1265-1965, Ryan J.K., Bonansea B.M. (Hg.) (Studies in Philosophy and the History of Philosophy 3), Washington 1965, 45-60, 54-60; HOERES, W., Der Wille als reine Vollkommenheit nach Duns Scotus (Salzburger Studien zur Philosophie 1), München 1962, 25-60.
[868] Vgl. WOLTER, A.B., The Transcendentals and their Function in the Metaphysics of Duns Scotus (Franciscan Institute Publications 3), St. Bonaventure N.Y. 1946, 24-27.

2.1.1 DAS PROBLEM DES VON SCOTUS KONZIPIERTEN BEGRIFFS EINES ENS INFINITUM

Doch dieser Gedanke enthält eine Schwierigkeit. Es stellt sich nämlich erneut die Frage, auf welche Weise der univoke Begriff des Seienden als solchen vor dem Hintergrund der These, dass dieser Begriff durch die hinzutretende Bestimmung des Unendlichen zu einem möglichen Gottesprädikat kontrahiert wird, noch als ein realer Begriff aufgefasst werden kann, ohne dass der reale Bezugspunkt dieses Begriffs der einer gemeinsamen Gattung ist. Das Problem, mit dem sich Scotus konfrontiert sieht, besteht darin, dass die disjunktiven Transzendentalien als Differenzen zu dem umfassenderen Begriff des Seienden als solchen hinzutreten und so aus der Verbindung beider Begriffsgehalte scheinbar ein durch Angabe von Gattungs- und Differenzbegriff gebildeter Artbegriff entsteht.[869]

Gerade hierin besteht der Vorwurf, den Francisco Suárez, der für die Wirkungsgeschichte des Scotismus so bedeutsame Jesuit, gegenüber Scotus erhebt, nämlich dahingehend, dass die scotische Deutung der den Begriff des Seienden zum göttlichen und kreatürlichen Seienden kontrahierenden Differenzen als inneren Modi letztlich doch auf die von Aristoteles aufgezeigte Gattungsaporie hinausläuft. Das Hauptargument, das Suárez für diese Deutung der Auffassung des Duns Scotus anführt, besteht darin, dass die inneren Modi, insofern sie eine reale Essenz konstituieren (essentiam realem constituere), selbst etwas Positives und Reales sein müssen, was nur dadurch möglich ist, dass sie real sind und in diesem Sinne Seiendes als washeitliche Bestimmung einschließen.[870] Ob es sich bei der Deutung des Suárez tatsächlich primär um ein Missverständnis der scotischen Position handelt – wie L. Honnefelder hervorhebt –, oder um einen grundlegend anderen systematischen Ansatzpunkt des Suárez – wie R. Darge betont –, auf jeden Fall macht die Kritik des Suárez deutlich, dass die Annahme von Differenzbegriffen, die letztlich doch auf die spezifischen Differenzen zurückgeführt werden können, tatsächlich die drohende Gattungsaporie nicht vermeiden kann.[871]

Entscheidend für eine Auseinandersetzung mit diesem Einwand, der sich, worauf Suárez zu Recht verweist, von der Sache her stellt, ist es, den Status des differenzierenden Momentes zu bestimmen, durch das der allgemeine Begriff des Seienden zu einem jeweils nur von Gott und Kreatur aus-

---

[869] Sed hic est dubium, quomodo potest conceptus communis Deo et creaturae ,realis' accipi, nisi ab aliqua realitate eiusdem generis [...]. JOHANNES DUNS SCOTUS, Ord. I d. 8 p. 1 q. 3 n. 137 (Ed. Vat. IV), 221.

[870] Vgl. SUÁREZ, F., Disputationes Metaphysicae, disp. II, sec. 5.8-15 (Ed. Viv. XXV), 95a-97b.

[871] Hierzu vgl. HONNEFELDER, L., Scientia transcendens. Die formale Bestimmung der Seiendheit und Realität in der Metaphysik des Mittelalters und der Neuzeit (Duns Scotus – Suárez – Wolff – Kant – Peirce), Hamburg 1990, 240-247; DARGE, R., Suárez' transzendentale Seinsauslegung und die Metaphysiktradition (Studien und Texte zur Geistesgeschichte des Mittelalters 80), Leiden/Boston 2004, 96-102.

sagbaren Prädikat kontrahiert wird. Die Gefahr, die für den scotischen Ansatz mit diesem Problem verbunden ist, besteht darin, dass eine Interpretation, die es vermeidet, den aus dem Begriff des Seienden als solchen und der
disjunktiven Eigenschaft zusammengesetzten Begriff als Gattungsbegriff auszulegen, damit die Möglichkeit zerstört, diesen Begriff als realen Begriff zu
verstehen. Einen realen Begriff kann es nämlich nur dann geben, wenn diesem Begriff außerhalb des erkennenden Verstandes, wenn nicht eine eigene
Sache (res), so doch zumindest ein eigener Sachgehalt entspricht. Die Unterscheidung solcher Sachgehalte oder Formalitäten – von Scotus auch als Entitäten oder Realitäten bezeichnet – erfordert keine reale Unterschiedenheit
mehrerer Dinge, sondern, wie bereits erläutert, lediglich die formale Distinktion der durch reale Begriffe erfassbaren Gehalte. Wenn nun – so der Grundgedanke des kritischen Einwandes, den Scotus sich selbst macht – der Bestimmung des Unendlichen im zusammengesetzten Begriff des ens infinitum
eine eigene Realität entspricht, dann läuft die Behauptung, dass auch der
allgemeine Begriff des Seienden als solchen ein realer Begriff mit einem eigenen Sachgehalt ist, darauf hinaus, diesen Begriff als einen Gattungsbegriff zu
interpretieren, der durch das differenzierende Moment „unendlich" zum
Artbegriff des unendlich Seienden kontrahiert wird. Auf diese Weise wird in
Gott eine Zusammensetzung von Aktualität und Potentialität hineingetragen,
die mit der unterstellten Einfachheit Gottes unvereinbar ist. Außerdem wäre
ein solcher Begriff nicht mehr transkategorial bzw. transzendental.

Während Scotus also für die Begriffe der konvertiblen Transzendentalien und der reinen Vollkommenheiten jeweils eine eigene Realität als Bezugspunkt ihres jeweiligen Sinngehaltes zugelassen hat und ihnen damit frag-
los den Charakter realer Begriffe hat zukommen lassen, wird diese Möglichkeit für die disjunktiven Transzendentalien ausgeschlossen. Der Hintergrund für diesen Unterschied innerhalb der drei Klassen transzendentaler
Begriffe scheint der zu sein, dass die disjunktiven Transzendentalien, da sie
nicht koextensiv sind wie die konvertiblen, immer eine ausgrenzende, differenzierende Funktion in bezug auf den allgemeinen Begriff des Seienden als
solchen haben. Während die konvertiblen Transzendentalien grundsätzlich,
d.h. unter Absehung von den in der begrenzten Natur einiger Seienden begründeten Einschränkungen, von allen Seienden ausgesagt werden, sind die
disjunktiven Bestimmungen prinzipiell nur begrenzt, d.h. den Bereich des
gesamten Seienden selbst differenzierend, prädizierbar. Wenn eine disjunktive transzendentale Bestimmung ausgesagt wird, findet jeweils eine Ausgren-
zung statt, ob es sich bei dem hierdurch näher bestimmten Subjekt um ein
geschaffenes oder ein ungeschaffenes Seiendes handelt, was bei einer Prädikation konvertibler Transzendentalien nicht der Fall ist. Dieser Unterschied
lässt darauf schließen, dass die differenzierende Funktion der disjunktiven
Transzendentalien von anderer Art ist als die der konvertiblen. Die Alternative, vor der Scotus als Konsequenz dieses Einwandes steht, scheint die zu
sein, dass er entweder – gezwungen durch die Annahme der quasi kategorialen Differenzbegriffe, als die dann die disjunktiven Transzendentalien er-

scheinen – den Begriff des Seienden als solchen als Gattungsbegriff interpretieren muss, oder dass der Realitätsbezug der differenzierenden Transzendentalien so weit eingeschränkt wird, dass die solche disjunktive Momente enthaltenden Begriffe den Status realer Begriffe, d.h. die Referenz auf etwas Reales verlieren. Anders formuliert scheint sich das Dilemma abzuzeichnen, dass der transzendentale Charakter des Seienden als solchen nur um den Preis aufrecht zu erhalten ist, dass dem Begriff des unendlichen Seienden kein realer Gehalt mehr entspricht.

2.1.2 DIE LÖSUNG DES DILEMMAS VON GATTUNGSAPORIE UND REALITÄTSVERLUST

Die von Scotus vorgetragene Lösung vermeidet die drohende Aporie, indem dem in den disjunktiven Transzendentalien ausgesprochenen Differenzierungsmoment zwar nicht der Status einer je eigenen Realität zugesprochen wird – dies, um den Rückfall in das kategoriale Prädikationsschema zu vermeiden, – gleichwohl aber nicht jeglicher Realitätsbezug genommen wird, um an der Interpretation des ens inquantum ens als eines realen Begriffs festhalten zu können. Der Begriff des Seienden als solchen – so die scotische Antwort – drückt eine eigene Realität aus, der das differenzierende Moment, z.B. des Unendlichen, wie ein innerer Modus (modus intrinsecus) zukommt. Einem jeden Seienden wohnt die Bestimmung, endlich oder unendlich zu sein, inne, ohne dass dadurch eine zweite Realität des Endlichen oder des Unendlichen neben der des Seienden angenommen werden müsste. Die Tatsache, dass es auf der begrifflichen Ebene einen Unterschied gibt zwischen dem allgemeinen und schlechthin einfachen Begriff des Seienden als solchen und z.B. dem nicht mehr schlechthin einfachen des unendlichen Seienden, beruht darauf, dass im ersten Fall in einer durch den Verstand vorgenommenen Abstraktion ein Begriff gebildet wird, der allein den Sachgehalt des Seienden zum Ausdruck bringt, ohne den jeweiligen Modus mitzubezeichnen, der jedem Seienden, von dem dieser Abstraktionsvorgang seinen Ausgang nehmen kann, innerlich ist. Aus diesem Grund handelt es sich bei einem solchen Begriff, der den jeweiligen Modus nicht mitbezeichnet, nur um einen defizitären, unvollkommenen Begriff (conceptus imperfectus). Enthält der Begriff eines bestimmten Sachgehaltes jeweils den inneren Modus, in dem dieser Gehalt verwirklicht ist, handelt es sich um einen vollkommenen Begriff (conceptus perfectus).[872]

Zur Verdeutlichung dieses Verhältnisses von Realität und innerem Modus hebt Scotus hervor, dass man den inneren Modus z.B. einer Farbe als

---

[872] Respondeo quod quando intelligitur aliqua realitas cum modo suo intrinseco, ille conceptus non est ita simpliciter simplex quin possit concipi illa realitas absque modo illo, sed tunc est conceptus imperfectus illius rei; potest etiam concipi sub illo modo, et tunc est conceptus perfectus illius rei. JOHANNES DUNS SCOTUS, Ord. I d. 8 p. 1 q. 3 n. 138 (Ed. Vat. IV), 222.

einen Intensitätsgrad des die bezeichnete Sache ausmachenden Gehaltes zu begreifen hat. Es kann von der Farbe Weiß verschieden intensive Ausprägungen geben, die in einem die jeweilige Intensität mitbezeichnenden Begriff ausgedrückt werden können. Ein solcher Begriff ist dann in dem Sinn vollkommen, dass er die bezeichnete Sache in ihrer jeweiligen Ausprägung adäquat wiedergibt. Er ist ein der jeweiligen Sache eigentümlicher Begriff (conceptus proprius). Sieht ein Begriff vom jeweiligen Intensitätsgrad der Sache ab, ist er unvollkommen und kann deshalb von diesem und jenem Weißen als ein allgemeiner Begriff (conceptus communis) prädiziert werden.[873]

Die Lösung, mit der Duns Scotus dem genannten Einwand begegnet, geht also dahin, für die Unterscheidung des Begriffs des Seienden als solchen durch die disjunktiven Transzendentalien keine im Sinne einer strengen Formaldistinktion verstandene Unterschiedenheit zweier Realitäten zu unterstellen. Vielmehr ist für die in Frage stehende Differenzierung des allgemeinen, aber unvollkommenen Begriffs des Seienden als solchen und des eigentümlichen und vollkommenen des unendlich bzw. endlich Seienden eine Unterscheidung einer Realität und des ihr jeweils innewohnenden Modus hinreichend. Diese Unterschiedenheit setzt keine den transzendentalen Charakter aufhebende Differenzierung kategorial getrennter Teile voraus, wie dies bei der näheren Bestimmung eines Gattungsbegriffs durch eine spezifische Differenz der Fall ist.[874]

Scotus erläutert näherhin den fundamentalen Unterschied des Verhältnisses von Gattung und Differenz auf der einen Seite und von transzendentalem Begriff und disjunktiver Bestimmung auf der anderen Seite. Der Leitfaden der scotischen Gegenüberstellung beider Bereiche ist ein jeweils unterschiedliches Verhalten der Begriffe, mit denen man auf kategorial Bestimmtes und auf transzendentale Inhalte referiert. Im kategorialen Bereich verhält es sich so, dass man, wenn man eine Realität in einem vollkommenen Begriff erfasst hat – z.B. die Realität der Farbe –, in keiner Weise etwas von der diese Realität weiter differenzierenden Bestimmung – z.B. des Rot- oder des Weißseins – mitbegreift. Der allgemeine Begriff der Farbe und der speziellere des Rotseins referieren jeweils auf zwei getrennte Formalobjekte (obiecta formalia), insofern der Gegenstand der Farbe ebenso wie der des Rotseins als Be-

---

[873] Exemplum: si esset albedo in decimo gradu intensionis, quantumcumque esset simplex omni modo in re, posset tamen concipi sub ratione albedinis tantae, et tunc perfecte conciperetur conceptu adaequato ipsi rei, - vel posset concipi praecise sub ratione albedinis, et tunc conciperetur conceptu imperfecto et deficiente a perfectione rei; conceptus autem imperfectus posset esse communis albedini illi et alii, et conceptus perfectus proprius esset. JOHANNES DUNS SCOTUS, Ord. I d. 8 p. 1 q. 3 n. 138 (Ed. Vat. IV), 222.

[874] Requiritur ergo distinctio, inter illud a quo accipitur conceptus communis et inter illud a quo accipitur conceptus proprius, non ut distinctio realitatis et realitatis sed ut distinctio realitatis et modi proprii et intrinseci eiusdem, - quae distinctio sufficit ad habendum conceptum perfectum vel imperfectum de eodem, quorum imperfectus sit communis et perfectus sit proprius. Sed conceptus generis et differentiae requirunt distinctionem realitatum, non tantum eiusdem realitatis perfecte et imperfecte conceptae. JOHANNES DUNS SCOTUS, Ord. I d. 8 p. 1 q. 3 n. 139 (Ed. Vat. IV), 222-223.

zugspunkt zweier distinkter und eigentümlicher Begriffe in Frage kommt. Dass es sich in diesem Fall um zwei unterschiedliche Begriffe handelt, geht auch daraus hervor, dass die beiden von ihrem Formalgehalt her unterschiedenen Gegenstände nur durch zwei unterschiedliche Definitionen erfasst werden.[875]

Im Bereich transzendentaler Begriffe, d.h. wenn es um die Differenz von washeitlichen Gehalten und modalen Bestimmungen geht, wie im Fall der Unterscheidung des allgemeinen Begriffs des Seienden und dessen Verbindung mit dem disjunktiven Prädikat der Unendlichkeit, verhält es sich anders. Ein vollkommener und eigentümlicher Begriff einer Realität, z.B. des Seienden, impliziert immer ein Miterfassen des jeweiligen Modus, z.B. des Endlichen oder des Unendlichen. Ein eigentümlicher Begriff erfasst eine Sache immer unter einem Modus (res sub modo), so dass man eben nicht von zwei unterschiedlichen Formalobjekten sprechen kann.[876]

2.1.3 DIE FOLGEPROBLEME DER SCOTISCHEN LÖSUNG

Als Ergebnis dieser Diskussion wird deutlich, dass Scotus in der Lösung des Problems an den beiden scheinbar konfligierenden Teilthesen festhält. Sowohl der transkategoriale Charakter des Seienden als solchen wird aufrecht erhalten, als auch die Annahme, dass es sich bei diesem Konzept um einen realen Begriff handelt. Möglich wird diese Lösung dadurch, dass Scotus eine Differenzierung einführt, die das begriffliche Erfassen ein und desselben Sachgehaltes betrifft, ohne dass damit auf Seiten des Erfassten die Annahme getrennter Realitäten notwendig wird. Ein Seiendes – so lautet die scotische Antwort – kann entweder in einem unvollkommenen oder in einem vollkommenen Begriff erfasst werden, ohne dass beiden Begriffen jeweils ein anderer Sachgehalt zugrunde liegen muss. Als hinreichende Grundlage dieser zwei Begriffe genügt auf Seiten des Erfassten die Unterscheidung des erkannten Sachgehaltes von dem Modus, der diesem jeweils innewohnt. Beide Begriffe unterscheiden sich also durchaus der Sache nach – was die Voraussetzung ihres Status als reale Begriffe ist –, gleichwohl zerfallen diese Begriffe nicht nach der Art der aus Gattungs- und Differenzmomenten zusammenge-

---

[875]   Istud potest declarari. Si ponamus aliquem intellectum perfecte moveri a colore ad intelligendum realitatem coloris et realitatem differentiae, quantumcumque habeat perfectum conceptum adaequatum conceptui primae realitatis, non habet in hoc conceptum realitatis a quo accipitur differentia, nec e converso, - sed habet ibi duo obiecta formalia, quae nata sunt terminare distinctos conceptus proprios. JOHANNES DUNS SCOTUS, Ord. I d. 8 p. 1 q. 3 n. 140 (Ed. Vat. IV), 223.

[876]   Si autem tantum esset distinctio in re sicut realitatis et sui modi intrinseci, non potest intellectus habere proprium conceptum illius realitatis et non habere conceptum illius modi intrinseci rei [...], sed in illo perfecto conceptu haberet unum obiectum adaequatum illi, scilicet rem sub modo. JOHANNES DUNS SCOTUS, Ord. I d. 8 p. 1 q. 3 n. 140 (Ed. Vat. IV), 223.

setzten Begriffe, die in sich jeweils eine Mehrheit formal unterscheidbarer Gehalte enthalten.

Doch scheint die scotische Lösung, zwischen realitas bzw. formalitas auf der einen Seite und modus intrinsecus auf der anderen Seite zu unterscheiden, nicht in jeder Hinsicht unproblematisch. Offensichtlich gibt es für Scotus nämlich einen Unterschied, wenn diese Differenz von washeitlichen Prädikaten und modalen Bestimmungen jeweils auf den Bereich des Geschaffenen oder des Ungeschaffenen angewendet wird. So betont Scotus einerseits, dass in creaturis die Differenz von essentia und existentia durchaus der Differenz von Washeit und modaler Bestimmung, von quidditas und modus intrinsecus, entspricht. Doch gibt es hierzu offensichtlich einen Unterschied im Bereich des Göttlichen. Denn in divinis wird die Bestimmung der Existenz vom Wesensbegriff hergenommen (existentia est de conceptu essentiae). Dies bedeutet, so erläutert Scotus diese Feststellung, dass das Prädikat der Existenz primo modo dicendi per se vom göttlichen Wesen ausgesagt wird, also zum washeitlichen Gehalt der essentia selbst gehört.[877]

Dieser Gedanke, der als additio zum *Quodlibet* q. 1 überliefert ist, scheint einer zentralen These der Scotusinterpratation, wie sie E. Gilson in *L'Être et l'essence* vertritt, zu widersprechen. Gilson ist der Auffassung, dass der Begriff der Existenz bzw. des Seins bei Duns Scotus einer vollständigen „Essentialisierung" (essentialisation intégrale de l'être) unterworfen wird. Der Grund hierfür besteht darin, dass die Existenz als Modus begriffen wird, der nicht mehr im Wesen, d.h. der jeweiligen Quiddität eingeschlossen ist. Wer das göttliche Wesen begreift, begreift zwar auch den Modus der Existenz, so führt Gilson aus, aber er begreift die Existenz eben nur im Status eines Modus, der als bloßer Anhang des Wesens, aber nicht als diesem zugehörige Bestimmung, begriffen wird.[878] Zu diesem Urteil Gilsons scheint allerdings der

---

[877] Ad secundum dici potest quod essentia et eius existentia in creaturis se habent sicut quidditas et modus, ideo distinguuntur. In divinis autem existentia est de conceptu essentiae et praedicatur in primo modo dicendi per se, sic quod propositio illa per se est prima et immediata, ad quam omnes alia resolvuntur [...] JOHANNES DUNS SCOTUS, Quodl. q. 1 a. 1 n. 4 (Ed. Viv. XXV), 9-10. Dieser Text ist als additio ausgezeichnet. Vgl. HONNEFELDER, L., Scientia transcendens, 154-155; O'BRIEN, A.J., Duns Scotus` Teaching on the Distinction Between Essence and Existence, The New Scholasticism 38 (1964), 61-77.

[878] Ceux qui voient Dieu, voient bien que la modalité de l'existence appartient à son essence, mais à titre de modalité seulment. Le concept de l'essence divine comme tel, d'où cette modalité decoule, ne l'inclut pourtant pas dans sa quiddité. Voilà quelle semble bien être la conclusion dernière à laquelle conduit l'essentialisation intégrale de l'être. L'existence y est si bien un simple appendice de l'essence, que l'essence de l'Être par soi lui-même n'inclut plus immédiatement dans sa notion son propre acte d'exister. GILSON, E., L'Être et l'essence, Paris 1948, 140.
In der englischen Ausgabe fehlt der zitierte Absatz. Statt dessen deutet Gilson dort das gleiche Phänomen als einen an Avicenna orientierten Einfall des Wesens in das Sein, so dass die (Wesens)begriffe anstatt zur Darstellung der Wirklichkeit gemacht zu sein, selbst Wirklichkeit in ihrer eigenen Darstellungsfunktion hervorbringen. Wenn ein solcher Zustand erreicht ist, so führt Gilson aus, „there is something rotten in the kingdom of metaphysics". GILSON, E., Being and Some Philosophers, Toronto ²1952, 96.

Wortlaut von *Quodlibet* q. 1 in einer deutlichen Spannung zu stehen. Dies ist
der Fall, auch wenn Gilson selbst glaubt, dass die von Scotus gebrauchte
Formulierung aufgrund der Kennzeichnung der Existenz als Modus und
aufgrund der Einschränkung, dass die Existenz dem Wesen nur insofern
zugehört, als es dieses bestimmte Wesen ist, das durch weitere Bestimmungen
gekennzeichnet ist, keinen Anhaltspunkt bietet, die scotische Position der
klassischen Auffassung, wonach die Existenz im Wesen unmittelbar eingeschlossen ist, anzunähern.[879] Offensichtlich ist die Scotuslektüre in diesem
Punkt deutlich von der Perspektive gekennzeichnet, die durch die frühen
Scotisten, vor allem Franciscus de Mayronis, bestimmt ist. Gilson selbst hebt
in diesem Zusammenhang die Lehre des scotistarum princeps hervor, der die
scotische Auffassung, insbesondere was die Lehre von den Modalitäten betrifft, aufgegriffen und in ihren Konsequenzen ausgeführt hat.[880]

Deutlich ist auf jeden Fall, dass Mayronis die Konsequenzen der Modalitätenlehre, anders als Scotus dies im Zusammenhang von *Quodl.* q. 1 tut,
auch in Bezug auf das göttliche Seiende gezogen hat, und die These von der
nicht im Wesensbegriff enthaltenen modalen Bestimmung der Existenz und
die Ablehnung der entsprechenden Prädikationsweise primo modo dicendi
per se konsequent durchführt.[881] Ob man diese Haltung des Franciscus deshalb eine „ vollständige Essentialisierung der Seins" nennt, scheint eher fraglich, da die Interpretation der Existenz als Modus, wenn sie konsequent
durchgeführt wird, gerade die Differenz von Modus und quidditas betont,
auch wenn sie weder im Sinne der distinctio realis noch der distinctio formalis zu verstehen ist.

Für Scotus hingegen scheint sich in der Anwendung des modal interpretierten Existenzbegriffs auf den Bereich des Göttlichen an dieser Stelle eine
Unzulänglichkeit der Lehre von den modalen Begriffen zu ergeben, die für
das Kreatürliche so nicht besteht. Die Trennung von Washeit und Modus
scheint entsprechend der Auffassung von *Quodl.* q. 1 letztlich als metaphysisches Grundkonzept nicht geeignet zu sein, den gesamten Bereich des Seienden, also des geschaffenen wie des ungeschaffenen Seienden, in einer einheitlichen Weise zu beschreiben. Dies wird deutlich, wenn Scotus ausdrücklich
den Unterschied des Verhältnisses von modus und quidditas in creaturis und
in divinis hervorhebt.

2.2 DIE AUFFASSUNG DES PETRUS THOMAE

Was ein innerer Modus ist, wird von Franciscus de Mayronis ausdrücklich in
Abgrenzung zu einer Auffassung erläutert, die namentlich nicht verankert ist.
Nach dieser Interpretation ist ein modus intrinsecus in einer solchen Weise

---

[879]   Vgl. GILSON, E., L'Être et l'essence, 136-137.
[880]   Vgl. GILSON, E., L'Être et l'essence, 138-139.
[881]   Hierzu auch vgl. MAURER, A., CAIRD, A.P., The Role of Infinity, 201-202.

mit der Washeit eines Dinges verbunden, dass dieser im Sinne einer per se Prädikation primo modo ausgesagt wird und damit den Status einer Gattung oder einer Art besitzt. Was nicht auf diese Weise prädiziert wird, muss nämlich notwendig etwas Äußerliches sein und kann deshalb nicht einen inneren Modus darstellen.[882]

Der Sache nach entspricht diese Auffassung, die für Franciscus de Mayronis die Gegenfolie seiner eigenen Interpretation darstellt, der Theorie des modus intrinsecus, wie sie Petrus Thomae vor allem in q. 11 der Schrift *De modis distinctionis* bzw. *Formalitates* entwirft, die bislang nicht ediert ist.[883] Die Textgrundlage für das Folgende bilden deshalb drei Manuskripte, die den entscheidenden Text enthalten:[884] Wien, Staatsbibliothek, cod. 1494, f. 63va-67rb [W]; Neapel, bibl. naz. VIII-F-17, 83vb-87vb [N]; Oxford, Magdalen, lat. 80, f. 60rb-63rb. Die Wiener und die Neapeler Handschrift sind vollständig dokumentiert; die Oxforder lediglich verglichen und in den Abweichungen nicht verzeichnet.

Die quaestio 11 der *Formalitates* ist der Frage gewidmet, ob der innere Modus einer Sache im Sinne einer distinctio ex natura rei von der Sache selbst unterschieden ist. Petrus entwickelt seine Auffassung zunächst in zwölf Thesen, die er um sechs Schlussfolgerungen erweitert, die sich aus den ursprünglichen Thesen ergeben. Die letzte dieser Schlussfolgerungen setzt sich mit einer Auffassung anderer nicht genannter Gelehrter auseinander. Die hier von Petrus Thomae kritisierte Position entspricht exakt der Auffassung, die, wie sich zeigen wird, diejenige des Franciscus de Mayronis ist.

Ob diese sachliche Korrespondenz ein historisches Fundament hat, also ob Petrus tatsächlich Franciscus de Mayronis in seiner Diskussion im Auge hat, lässt sich aufgrund der üblichen anonymen Zitationsweise nicht zwingend beweisen. Der vermutete Entstehungszeitraum der *Formalitates*, der sich einerseits aus der Zitation der *Quaestiones de ente*[885] und andererseits aus einigen

[882] Viso quid sit formalitas videndum est quid sit modus intrinsecus. Dicunt aliqui quod modus est ille qui ingreditur quidditatem alicuius et per consequens pertinet ad primum modum dicendi per se, quia omnia alia ab illis de primo modo sunt cuilibet extranea et extrinseca. FRANCISCUS DE MAYRONIS, Conflatus, d. 8 q. 5 (Ed. Venetiis 1520), f. 49ra D.

[883] Vgl. BRIDGES, G.G., Identity and Distinction in Petrus Thomae, O.F.M., Louvain/Paderborn 1959, 117-132. Wichtige Hinweise zu dieser Schrift enthält auch HÜBENER, W., Robertus Anglicus OFM und die formalistische Tradition, in: Philosophie im Mittelalter. Entwicklungslinien und Paradigmen, Beckmann J.P., Honnefelder L., Schrimpf G., Wieland G. (Hg.), Hamburg 1987, 329-353. Zu Leben und Werk neuerdings BOS, E. P., The Tract De Unitate Minori of Petrus Thome (Recherches de Théologie et Philosophie médiévales. Biblioteca 5), Leuven 2002, 1-11.

[884] Eine umfassende Darstellung der Handschriften bietet BRIDGES, G.G., Identity and Distinction, 178-179.

[885] Vgl. Neapel, bibl. naz. VIII-F-17, f. 84va; Wien, Staatsbibliothek, cod. 1494, f. 64rb. Zur Schrift De ente vgl. DUMONT, St.D., The Univocity of the Concept of Being in the Fourteenth Century: II. The De Ente of Peter Thomae, in: Medieval Studies 50 (1988), 186-255, 186-217.

Rückverweisen aus dem *Quodlibet* auf die *Formalitates* ergibt,[886] lässt zumindest die Möglichkeit einer direkten Bezugnahme von Petrus Thomae und Franciscus de Mayronis zu. Diese Rückverweise aus dem *Quodlibet* beziehen sich vermutlich auf die ersten Quaestiones der *Formalitates*, bzw. der von Petrus meist *De modis distinctionis* genannten Schrift. Die Editoren des *Quodlibet* führen im kritischen Apparat einen weiteren möglichen (forsan) Verweis auf *De modis distinctionis* an. In Quaestio 7 des *Quodlibet* erläutert Petrus die These, dass ein innerer Modus zwar nicht gänzlich dasselbe ist wie ein gradus, doch dass dieser immerhin eine große Affinität gegenüber einem solchen Grad besitzt. Dies, so fährt Petrus Thomae fort, wolle er später erläutern (post dicetur). Hooper/Buytaert halten es für möglich, dass dieser Hinweis auf die Schrift *De modis distinctionis* zu beziehen ist.[887] Der Sache nach würde dieser Hinweis auf die in q. 11 diskutierte Lehre von den inneren Modi zutreffen. Die q. 11 der *Formalitates* müsste dann nach q. 7 des *Quodlibet* entstanden sein. Obwohl sicher die ersten Quaestiones der *Formalitates* dem *Quodlibet* vorausgehen, ist es durchaus möglich, dass diese letzte Quaestio erst nach q. 7 des *Quodlibet* entstanden ist. Da das *Quodlibet* vermutlich in den Jahren 1319-1322 entsteht,[888] ist die Abfassung von q. 11 der *Formalitates* zu einem Zeitpunkt anzunehmen, da man die Bekanntschaft mit der in Rede stehenden These des Franciscus de Mayronis für durchaus möglich halten kann. Auf der anderen Seite ist die Entstehung der *Formalitates* deshalb nicht so spät anzusetzen, dass eine Kenntnis dieses Textes für den späteren Überarbeitungszeitraum des *Conflatus* ausgeschlossen wäre. Also ist auch die Bezugnahme des Franciscus de Mayronis auf q. 11 der *Formalitates* nicht ausgeschlossen.

Was Petrus Thomae in seiner Schrift bestreitet, ist die Annahme, dass sich ein innerer Modus dadurch auszeichnet, dass er, wenn er zu einer Sache hinzutritt, den formalen Gehalt dieser Sache nicht verändert. Ein innerer Modus kommt nämlich einer Sache nur insofern zu, als er ihr zumindest gemäß der Art des Begreifens vorausgeht, da er selbst einen kontrahierten Bedeutungsgehalt, der gegenüber dem formalen Begriff der Sache zusätzlich bestimmt ist, zum Ausdruck bringt. Darüber hinaus kann nur ein solcher Modus ein in Bezug auf eine Sache innerer genannt werden, der diese Sache nicht nur akzidentiell betrifft, so dass man aus Sicht des Petrus die These von der formalen Invarianz des modus intrinsecus nicht aufrecht erhalten kann.[889]

---

[886]   Vgl. PETRUS THOMAE, Quodlibet (Ed. Hooper/Buytaert), 13; 184; 191; 193; 199-200.

[887]   Vgl. PETRUS THOMAE, Quodlibet (Ed. Hooper/Buytaert), 122, nota.

[888]   Vgl. HOOPER, M.R./BUYTAERT, E.M., Petrus Thomae O.F.M. Quodlibet, Introduction, Louvain/Paderborn 1957, XIII; weitere Angaben zu Leben und Werk des Petrus Thomae bietet auch GOODE, P.O., De esse intelligibili quiditatum creabilium in deo apud aliquos scotistas, principaliter apud Petrum Thomae (Dissertatio ad consequendum gradum Laureae in Philosophia exhibita), Rom 1962, hierzu auch BOLLIGER, D., Infiniti contemplatio. Grundzüge der Scotus- und Scotismusrezeption im Werk Huldrych Zwinglis (Studies in the History of Christian Thought 107), Leiden/Boston 2003, 274-281.

[889]   Sexto [sextum W] quod non est verum dictum aliquorum dicentium quod modus intrinsecus est qui adveniens alicui non variat [varians W] eius rationem formalem. Modus

In Abhebung zu dieser Auffassung, die die Trennung von innerem Modus und formalem Gehalt der jeweils bestimmten Sache akzentuiert, interpretiert Petrus Thomae dieses Verhältnis im Sinne einer Zugehörigkeit des Modus zur jeweiligen Washeit der Sache selbst. Das Kennzeichen, dass die in Frage stehenden Modi einer Sache jeweils innerlich zukommen, lässt sich nach Petrus nur dadurch erklären, dass die Modi zur Washeit desjenigen gehören, was durch die Modi bestimmt wird. Die Charakterisierung, dass die inneren Modi jeweils eine ratio contrahendi darstellen, weist für Petrus darauf hin, dass die Modi demjenigen, dem sie zukommen, innerlich und d.h. in Bezug auf die Washeit zukommen; denn, was in einer solchen ratio contrahendi zusammengezogen wird, ist zunächst dasjenige, dem der Modus anhaftet.[890] Die inneren Modi gehören zur Washeit der von ihnen bestimmten Dinge und sind auf diese Weise formal mit diesen identisch. Dies begründet Petrus damit, dass alles das, was zur perseitas primi modi gehört, formal mit dem identisch zu sein scheint, dem es formal innewohnt. Alles das, was zur quiddditas eines Dinges innerlich dazugehört, scheint aber, so das Argument, zur perseitas primi modi zu gehören.[891]

Was mit einer perseitas primi modi gemeint ist, ergibt sich aus dem sich anschließenden Argument, das Petrus zur Vergewisserung anführt. Demnach wohnt alles das, was innerlich zur Washeit gehört und nicht den Status einer passio hat, demjenigen, dem es zukommt, per se inne. Und zwar ist dieses an sich (per se) nicht secundo modo oder auf eine der anderen Weisen zu verstehen, sondern als ein primo modo zu begreifen, wie Petrus Thomae differenzierend hinzufügt.[892] Offensichtlich geht es für Petrus Thomae darum,

---

enim intrinsecus non est rei cuius est adveniens, immo qui praeveniens saltem secundum modum concipiendi, cum habeat rationem contractam [contractivi W]. Secundo quia si sic tunc ille modus non esset intrinsecus sed accidentalis et ita nullus [illius N] modus esset intrinsecus, quod falsum est. PETRUS THOMAE, Formalitates q. 11, Neapel, bibl. naz. VIII-F-17, f. 84va; Wien, Staatsbibliothek, cod. 1494, f. 64rb.

[890]   Quantum ad secundum articulum declaro ista. Primum est quod modus intrinsecus pertinet ad quidditatem eius cuius est intrinsece; nam illud quod est ratio [om. W] contrahendi pertinet intrinsece ad quidditatem eius cuius est quod est per se primus terminus contractionis [primus-contractionis: posterius contradictionis W]. Sed modus intrinsecus est ratio contrahendi ens, ut patuit [patet W] in quaestionibus de ente; ergo pertinet ad quidditatem cuiuslibet contenti [contenta W] sub ente. PETRUS THOMAE, Formalitates q. 11, Neapel, bibl. naz. VIII-F-17, f. 84va; Wien, Staatsbibliothek, cod. 1494, f. 64rb.

[891]   Quintum est quod modus intrinsecus est idem aliqualiter formaliter [om. N] rei cuius est. Hoc sic ostendo, quicquid pertinet intrinsece ad quidditatem alicuius videtur esse formaliter idem saltem aliqualiter cum ipso; sed modus intrinsecus pertinet intrinsece ad quidditatem rei cuius est, ergo etc. Maior [minor N] patet esse enim, quod aliquo modo pertinet ad perseitatem primi modi, videtur esse idem formaliter cum eo cui illo modo formaliter [om. W] inexistit; sed omne quod ad quidditatem intrinsece pertinet videtur pertinere ad perseitatem primi modi, ergo etc. PETRUS THOMAE, Formalitates q. 11, Neapel, bibl. naz. VIII-F-17, f. 85ra; Wien, Staatsbibliothek, cod. 1494, f. 64vb.

[892]   Confirmatur quia illud quod pertinet intrinsece ad quidditatem et non sicut passio, oportet quod per se illi inexistat; per se dico non secundo modo nec aliquo aliquorum, ergo primo modo. PETRUS THOMAE, Formalitates q. 11, Neapel, bibl. naz. VIII-F-17, f. 85ra; Wien, Staatsbibliothek, cod. 1494, f. 64vb.

festzustellen entsprechend welcher Prädikationsweise die inneren Modi von dem ausgesagt werden, dem sie innewohnen. In Anlehnung an die aristotelische Differenzierung behauptet Petrus eine Aussage der inneren Modi im Sinne einer per se Prädikation primo modi dicendi, also eine Aussage im Sinne von Gattungs- und Artbegriffen. Damit vertritt Petrus Thomae exakt die Theorie, die Franciscus im *Conflatus* im Detail kritisiert und verwirft.[893]

Der entscheidende Grund dafür, dass ein innerer Modus in der genannten Weise, d.h. primo modo ausgesagt wird, besteht für Petrus darin, dass ein modus intrinsecus nicht secundo modo prädiziert wird, da er keine passio ist, d.h. im Status einer Eigenschaft einem Ding zukommt. Als Beleg für die These, dass ein Modus keine passio ist, verweist Petrus auf die Unmöglichkeit, eine Sache durch einen eigentümlichen Begriffsgehalt (conceptione propria) zu erfassen, ohne dass der Modus selbst miterfasst wird. Das ist im Verhältnis von subiectum und passio anders, denn ein Subjekt lässt sich erfassen unter Absehung von den eigentümlichen Eigenschaften. Diese epistemologischen Verhältnisse spiegeln die Tatsache wider, dass die Identität von res und modus intrinsecus eine solche ist, wie sie in einer Aussage primo modo dicendi per se ausgedrückt wird.[894]

2.2.1 DIE WIDERLEGUNG DER VON PETRUS THOMAE VERTRETENEN AUF-FASSUNG

Gegen eine solche Interpretation, wie sie Petrus Thomae in q. 11 der *Formalitates* entwirft, sprechen aus der Perspektive, die Franciscus de Mayronis einnimmt, eine Reihe von möglichen Einwänden. Ein erster Grund, der gegen die Anwendung des genannten Prädikationsmodus spricht, besteht darin, dass ein Modus immer eine zusätzliche Bestimmung darstellt, die zu dem hinzutritt, welchem der Modus als eine sekundäre Kennzeichnung anhaftet. Alle washeitlichen Prädikate, die primo modo ausgesagt werden, sind aber keine nachgeordneten, sondern primäre Bestimmungen, also keine „posteriora", sondern „priora", wie Mayronis sich ausdrückt. Da der Modus also immer eine zugrundeliegende Washeit voraussetzt, die durch ihn näher

---

[893] Vgl. unten Kap. 9 § 2.2.1.

[894] Quod autem modus intrinsecus pertinet [pertineat W] ad perseitatem primi modi [*primi modi*: om. W] videtur evidens, cum enim [eius N] modus intrinsecus non pertineat ad secundum modum quia non est passio saltem eius cuius est licet forte alterius, sicut infinitas ponitur ab aliquibus passio entis, nec ad aliquem aliorum modorum, sequitur quod pertineat ad primum modum. Quod autem modus intrinsecus non sit passio eius cuius est patet quia constat quod subiectum potest concipi abstractione sua [*abstractione sua*: conceptione N] propria passione circumscripta [non concepta N], sed impossibile est rem concipi conceptione propria suo modo intrinseco non concepto, ergo etc. Patet quod modus intrinsecus est idem cum eo cuius est identitate primi modi per se non tamen ita perfecte sicut pars quidditativa. PETRUS THOMAE, Formalitates q. 11, Neapel, bibl. naz. VIII-F-17, f. 87rb; Wien, Staatsbibliothek, cod. 1494, f. 66vb.

gekennzeichnet wird, scheidet der auf die primären Prädikate beschränkte Aussagemodus aus.[895]

Ein zweites Argument geht davon aus, dass keine eigentümliche Bestimmung die Washeit eines allgemeinen Begriffs betreffen kann. Ein innerer Modus muss aber als ein solches proprium verstanden werden, was deutlich wird, wenn man sich folgenden Fall vor Augen hält. Der innere Modus der Unendlichkeit ist eine eigentümliche Bestimmung, durch die der allgemeine Begriff des Seienden in einer Weise näher gekennzeichnet wird, so dass der modal bestimmte Begriff des ens infinitum nur noch einen Teilbereich der durch den allgemeinen Begriff „ens" ausgedrückten Bedeutung umfasst. Das wird evident, wenn man sieht, dass die der Unendlichkeit entgegengesetzte Bestimmung „finitas" auch auf den allgemeinen Begriff des Seienden angewendet werden kann, ohne dass dadurch der Bedeutungsgehalt des ens infinitum tangiert wird. Insofern modale Bestimmungen die Form eines disjunktiven Begriffspaars annehmen können, muss also ausgeschlossen werden, dass ein solcher potentiell disjunktiver Begriff in Bezug auf die Washeit eines allgemeinen Prädikates ausgesagt wird. Andernfalls wäre die Washeit dieses allgemeinen Begriff, nicht disjunktiv differenzierbar, wie das z.B. im Fall der Einteilung des Seienden in endlich und unendlich Seiendes geschieht.[896]

Ein drittes Argument geht davon aus, dass eine Abgrenzung gegenüber einem einfachen formalen Begriffsgehalt keinesfalls durch einen Begriff geschehen kann, der seinem Inhalt nach in eben dieser Sache eingeschlossen und deshalb primo modo per se aussagbar ist. Ein innerer Modus, der gegenüber der göttlichen Wesenheit abgrenzbar ist, insofern die Begriffe „essentia divina" und z.B. „infinitas" etwas je anderes bedeuten – die göttliche Wesenheit ist der Träger, dem der innere Modus der Unendlichkeit anhaftet –, kann deshalb nicht washeitlich im Begriff der Wesenheit selbst eingeschlossen sein.[897] Die Abgrenzung von Modus und Washeit, die der Ausgangspunkt der Überlegung ist, bedingt es, dass der Modus seinerseits nicht auf die Weise eines Gattungs- oder Artbegriffs prädizierbar ist.

---

[895]　Contra illud arguitur quadrupliciter. Primo sic, modus cuiuslibet rei intelligitur posterior eo cuius est modus quia fundatur in re cuius est modus; sed omnia quidditativa et pertinentia ad primum modum sunt priora vel saltem nullum est posterius; ergo modus non pertinet ad primum modum et per consequens non est de quidditate rei cuius est modus. FRANCISCUS DE MAYRONIS, Conflatus, d. 8 q. 5 (Ed. Venetiis 1520), f. 49ra D.

[896]　Secundo sic, nullum proprium est de quidditate alicuius communis, maxime si illud commune posset stare cum opposito illius proprii; sed ratio entis est ratio communis respectu infinitatis quae est modus intrinsecus entis et etiam eadem ratio formalis entis stat cum opposito infinitatis, scilicet cum finitate; ergo nec infinitum nec finitum qui sunt modi intrinseci entis sunt de quidditate entis. FRANCISCUS DE MAYRONIS, Conflatus, d. 8 q. 5 (Ed. Venetiis 1520), f. 49ra D-49 rb E.

[897]　Tertio sic, nihil dividitur contra rationem formalem simplicem quae est intra rem et est de primo modo respectu illius; sed infinitas dividitur contra illud cuius est infinitas, nam et ipsa est modus divinae essentiae non ratio formalis. FRANCISCUS DE MAYRONIS, Conflatus, d. 8 q. 5 (Ed. Venetiis 1520), f. 49rb E.

Ein letztes Argument nimmt die Prämisse an, dass dasjenige, was zur Washeit irgendeines Dinges gehört, sich dadurch auszeichnet, dass ohne dieses die Washeit nicht bestehen kann. Nimmt man etwas zur Washeit Gehöriges weg, wird letztlich die Washeit als solche beseitigt. Genau das ist aber bei einem modus intrinsecus nicht der Fall, wie Mayronis am Beispiel der albedo zeigt. Nimmt man nämlich einen bestimmten Grad der Weißheit, der einem inneren Modus entspricht, weg, so wird die Weißheit als solche, d.h. wie sie in der ratio formalis ausgedrückt wird, nicht beseitigt. Aus diesem Grund können innere Modi nicht zur Washeit eines Dinges gehören und folglich nicht in der behaupteten Weise ausgesagt werden.[898]

Anders als Petrus Thomae geht Franciscus bei seiner Interpretation des Verhältnisses von Washeit und innerem Modus von einem Begriff der Washeit aus, der auf ein Minimalmoment des formalen Gehaltes reduziert ist. Durch einen solchen Begriff wird ein Gegenstand selbstverständlich nicht in seiner konkreten Bestimmtheit erfasst. Dies leistet nur der eigentümliche Begriff eines Dinges, der die hinzukommenden modalen Bestimmungen enthält. Von einem solchen conceptus proprius geht Petrus Thomae aus, wenn er betont, dass der innere Modus zur Washeit einer Sache dazugehört und entsprechend im Sinne einer per se Prädikation primo modo ausgesagt wird. Diese je unterschiedlichen Ausgangspunkte führen dazu, dass im einen Fall – bei Petrus Thomae – das Verhältnis von Washeit und Modus sehr viel enger gefasst wird als im anderen, nämlich in der Interpretation des Franciscus de Mayronis. Für Franciscus sind Washeit und Modus in jeweils eigentümlichen Begriffen erfassbar, die auf keine gemeinsame konzeptionelle Grundstruktur zurückführbar sind. Washeit und Modus stellen für Franciscus jeweils irreduzible metaphysische Grundgrößen dar. Beide Denker nehmen damit Elemente des metaphysischen Ansatzes des Duns Scotus auf – Petrus Thomae die Lehre vom conceptus perfectus et proprius, Franciscus de Mayronis die Lehre von der Unterscheidung washeitlicher und modaler Prädikate –; beide Gelehrte akzentuieren diese allerdings in unterschiedlicher Weise.

2.3 Die These des Franciscus de Mayronis von der begrifflichen Invarianz der inneren Modi

Nachdem mit der Widerlegung der These von der per se Prädikation primo modo ein Vorverständnis dessen, was ein innerer Modus ist, entworfen wurde, formuliert Franciscus de Mayronis seine eigene Auffassung. Die zentrale Aussage, die auch wirkungsgeschichtlich von fundamentaler Bedeutung ist,[899]

---

[898]   Quarto sic, ablato aliquo quod est de quidditate alicuius aufertur eius quidditas; ablato ergo gradu albedinis qui est modus intrinsecus eius non aufertur albedo vel ratio formalis eius; ergo modus non est de quidditate. FRANCISCUS DE MAYRONIS, Conflatus, d. 8 q. 5 (Ed. Venetiis 1520), f. 49rb E.

[899]   A. Poppi hält diese Definition des Franciscus für wirkungsgeschichtlich so bedeutsam, dass alle folgenden „formalisti" hiervon abhängen. Vgl. POPPI, A., Il contributo dei formalisti

lautet: „Deshalb sage ich, dass ein innerer Modus ein solcher ist, der, wenn er zu etwas hinzukommt, nicht dessen formalen Begriff verändert, oder, wenn er von diesem zurücktritt, dessen Begriff verändert wird, so wie es offensichtlich bei der Weißheit und ihren Gradabstufungen der Fall ist".[900]

Nicolaus Bonetus verwendet exakt diese von Mayronis angeführte Definition in der entsprechenden Auseinandersetzung im dritten Buch seiner *Metaphysica*.[901] Offensichtlich handelt es sich auch exakt um die These, die Petrus Thomae in den *Formalitates* ausdrücklich verwirft. Mastrius de Meldula versteht diese Invarianzthese, wonach es das Kennzeichen des inneren Modus ist, nicht in den washeitlichen Gehalt einer Sache einzutreten (non intrare quidditatem rei), sondern diesen zu umstehen (circumstare), die Mayronis ebenso wie Antonius Trombeta ausdrücklich gelehrt haben, als die allgemein anerkannte Lehre der Scotisten.[902] Ohne im Einzelnen klären zu wollen, welche Scotisten diese These tatsächlich vertreten haben, hält Johannes Poncius hingegen, wie er in unmittelbarer Auseinandersetzung mit den Aussagen des Mastrius de Meldula hervorhebt, diese Auffassung aus sachlichen Gründen für unhaltbar.[903] Wirkungsgeschichtlich erstaunlich ist es, dass die These von der inhaltlichen Bestimmung der inneren Modi durch das Definiens der Invarianz im 17. Jahrhundert nicht mehr allein Mayronis selbst, sondern gelegentlich Duns Scotus zugesprochen wird.[904] Dies gilt für Autoren wie: Johannes Dovetus[905] und Antonius Syrectus[906] im 16., Antonius Broudin,[907]

Padovani al problema delle distinzioni, in: Problemi e figure della Scuola scotista del santo (Pubblicazioni della provincia Patavani dei fratri Minori conventuali 5), Padova 1966, 601-790, 617.

[900] Ideo dico quod modus intrinsecus est qui adveniens alicui non variat rationem formalem eius vel recedens ab eo non variatur ratio, sicut patet in albedine et eius gradibus. FRANCISCUS DE MAYRONIS, Conflatus, d. 8 q. 5 (Ed. Venetiis 1520), f. 49rb E.

[901] Modi intrinseci dicuntur qui non variant rationem formalem, quid intelligo sic. Quod modus intrinsecus additus alicui quiditati contrahibili non variat rationem constituti ex illo modo et ex illa quiditate contrahibili. NICOLAUS BONETUS, Metaphysica III, c. 7 (Ed. Venetiis 1505), f. 20vb.

[902] Vgl. MASTRIUS DE MELDULA, BARTHOLOMAEUS; BELLUTUS, BONAVENTURA, Philosophiae ad mentem Scoti cursus integer, Tomus quartus continens disputationes ad mentem Scoti in duodecim Aristotelis Stagiritae libros Metaphysicorum, pars prior, Disp. II q. 6 n. 147 (Ed. Venetiis 1708), 68.

[903] Vgl. JOHANNES PONCIUS, Philosophiae ad mentem Scoti cursus integer (Ed. Lugduni 1659), 896-900, insbesondere 897.

[904] Auf diese Tatsache und die folgenden Belegstellen hat mich C.A. Andersen aufmerksam gemacht, der in seiner in Vorbereitung befindlichen Untersuchung zur Metaphysik des Barockscotismus hierauf im Einzelnen eingehen wird.

[905] DOVETUS, JOHANNES, Formalitatum doctoris subtilis Scoti, Ant. Sirecti, Antonii Trombetae, et Stephani Bruliferi Monotessera, Venedig 1587, l. I c. 25, 68: At vero modus intrinsecus ex Scoto 1. Sent. dist. 8. q. 4. est, qui additus alteri, non variat rationem formalem constituti per ipsum, nec est remotus ab eo, quia de se nullam formalem rationem dicit: propter quod intrinsecus dicitur, ad differentiam aliorum accidentium, qui possunt removeri.

[906] SYRECTUS, ANTONIUS, Tractatus Formalitatum Moderniorum de mente Doct. Subt. Scoti. In: Quinque illustrium auctorum Formalitatum Libelli, Venedig 1588, a. 2, 35: Est

Claudius Frassen[908] und Wilhelm Herincx[909] im 17. und Sebastian Dupasquier[910] zu Beginn des 18. Jahrhunderts. Allerdings verweist Mauritius de Portu bereits in seinen *Adnotationes* zu der von Antonius Syrectus geäußerten Zuschreibung der Invarianzthese an Duns Scotus ausdrücklich neben Scotus selbst auf Franciscus de Mayronis und Nicolaus Bonetus als Gewährsmänner für diese These.[911] Bei Scotus selbst ist zwar von der Invarianz der modi die Rede, so z.b. in seinem Kommentar zu aristotelischen Kategorienschrift, allerdings schränkt Scotus diese Invarianz ausdrücklich auf die essentiellen Qualitäten ein. Demgegenüber gilt diese Invarianz nicht, insofern es sich um akzidentielle Differenzen handelt.[912] René Descartes verwendet dieser Tradition geradezu entgegengesetzt das Varianzkriterium als Bestimmungsmoment des Modus. Er kehrt die These des Franciscus de Mayronis also in gewisser Weise um, indem er ausdrücklich feststellt, dass sich die Modi im Gegensatz zu den Qualitäten und den Attributen gerade dadurch auszeichnen, dass sie

autem modus intrinsecus secundum Sco. 8. di. pri. q. 4. qui additus alteri non variat rationem formalem constituti per ipsum, vel remotus ab illo, idest qui de se nullam rationem formalem dicit.

[907] BROUDIN, ANTONIUS, Armamentarium Theologicum Ad mentem Doctoris Subtilis in quatuor Deambulacra distinctum, Prag 1676, 48: Adverte ex Doctore citato [id est: Scoto], quod modus intrinsecus sit ille, qui non variat rationem rei cujus est modus, nec etiam est proprietas sequens ad ipsam.

[908] FRASSEN, CLAUDIUS, Philosophia academica, quam ex selectissimis Aristotelis et Doctoris Subtilis Scoti rationibus ac sententiis. Secunda pars philosophiae, quae est Metaphysica, Tolosa 1676, disp. 1 sect. 2 q. 3, 22: Modum magis proprie definiri a Scotistis, Id quod additum rei vel ab ea detractum non variat rationem formalem ejus: sed sine quo ipsa perfecte concipi nequit. Colligitur ex Doctore I. d. 8. q. 3. n. 26.

[909] HERINCX, GUILIELMUS, Summa Theologicae Scholasticae et Moralis in quatuor partes distributae pars prima, Antverpen 1660, tr. I disp. II q 1 n. 3, 32: Describitur autem modus intrinsecus ex iis quae habet Doctor d. 8. q. 3. n. 26. qui non variat rationem formalem ejus cujus est modus; id est qui non addit essentiae seu quidditati, cujus est modus, novam formalitatem, sive rationem, quae essentiam faciat formaliter aliam, sed solum adaequationem.

[910] DUPASQUIER, SEBASTIAN, Summa philosophiae scholasticae et scotisticae in quatuor partes scripta, et digesta breviter, et clare. Tomus II. Metaphysica, Patavia 1705, disp. 5 q. 2 concl.. 1, 199: Modus intrinsecus est entitas realis, quae non variat rem, sed modificat illam, estque inseparabilis ab ea, et quasi eam complet.

[911] Vgl. MAURITIUS DE PORTU, Adnotationes ad tractatum formalitatum moderniorum Sirecti, in: SYRECTUS, ANTONIUS, Tractatus Formalitatum Moderniorum de mente Doct. Subt. Scoti. In: Quinque illustrium auctorum Formalitatum Libelli, Venedig 1588, a. 2, 36-37.

[912] Est autem differentia inter speciem et modum. Quia species, super illud cuius est, addit differentiam essentialem; modus differentiam accidentalem. Et ita isti modi dicunt diversam habitudinem qualitatis ad subiectum penes hoc quod est 'esse permanens' vel non, 'a natura' vel non, 'sensibile' vel non. Quae tamen omnia non variant qualitatem essentialiter, quia omnes istae habitudines, vel plures possunt esse in eadem qualitate secundum essentiam. JOHANNES DUNS SCOTUS, Quaestiones super Praedicamenta Aristotelis (OPh I), ed. R. Andrews, G. Etzkorn, G. Gál, R. Green, T. Noone, R. Wood, St. Bonaventure 1999 [Super Praed.], qq. 30-36, n. 36, 483.

die Substanzen affizieren bzw. variieren, also verändern.[913] Descaretes folgt damit dem scotistischen Einteilungsschema, auch wenn er es in entgegengesetzter Weise zur Anwendung bringt.

Der systematische Zusammenhang, in dem diese Invarianzthese im Scotismus insbesondere von Bedeutung ist, so macht vor allem die Auseinandersetzung zwischen Mastrius de Meldula und Johannes Poncius deutlich, besteht in der Diskussion der Frage nach dem Gattungscharakter des conceptus entis. Die Scotisten, die die Invarianzthese affirmativ vertreten, tun dies vor allem mit der Absicht, die drohende Gattungsaporie hinsichtlich der ratio entis zu vermeiden. Sollten nämlich die das Seiende als solches einteilenden Differenzen, etwa des Endlichen und des Unendlichen, im Sinne der spezifischen Differenzen unmittelbar einteilen, so müsste man als Gegenstück zu diesen differentiae specificae den übergeordneten Begriff des Seienden selbst als Gattungsbegriff interpretieren. Versteht man hingegen die Differenzmomente des Endlichen und des Unendlichen, um bei diesem Beispiel zu bleiben, in der vorgeschlagenen Weise als innere Modi, so liegt diese Differenzierung, da sie entsprechend der Invarianzthese keine Veränderung der formalen Gehalte nach sich zieht, außerhalb der prädikamentalen Ordnung, was die drohende Annahme des Gattungscharakters des conceptus entis vermeidet.

Für diese im Scotismus überaus wirksame Deutung der inneren Modi scheint Franciscus de Mayronis die entscheidende Quelle zu sein. Nach der Auffassung des Franciscus stellt die begriffslogische Differenz eines washeitlichen Gehaltes gegenüber einer modalen Explikation das Definiens dar, durch das Mayronis einen inneren Modus bestimmt. Dasjenige, das von einem washeitlichen Gehalt ausgesagt werden kann, ohne dass dieser als solcher, d.h. in seinem formalen Inhalt betroffen ist, dieses kann nicht selbst eine ratio formalis sein. Eine solche nicht formale Bestimmung eines quidditativen Begriffs kann nur den Status eines Modus haben, der notwendig einem anderen Gesetz der Prädikation gehorcht als dies grundsätzlich für Formalitäten gilt. Aus diesem Grund ist die Unterscheidung eines Modus und einer Formalität eine andere als die Unterscheidung mehrerer Formalitäten untereinander. Die begriffliche Invarianz, die jeden formalen Gehalt im Verhältnis zu einer beliebigen modalen Bestimmung auszeichnet, ist somit ein hinreichendes Kriterium dafür, dass ein Prädikat einen modus intrinsecus und keine ratio formalis ausdrückt.

Diese Invarianzthese des Mayronis geht über das vergleichbare Konzept, das Duns Scotus vertritt, hinaus. Für Scotus zeichnet sich die Unendlichkeit, die stellvertretend für die inneren Modi betrachtet werden kann,

---

[913] Et quidem hic per modos plane idem Intelligimus, quod alibi per attributa, vel qualitates. Sed cum consideramus substantiam ab illis affici, vel variari, vocamus modos; cum ab ista variatione talem posse denominari, vocamus qualitates; ac denique, cum generalius spectamus tantum ea substantiae inesse, vocamus attributa. DESCARTES, RENÉ, Principia philosophiae p.1 n. 56 (Œuvres, ed. Adam et Tannery VIII), 26.

dadurch aus, dass sie den formalen Begriff dessen, von dem sie in einer Hinzufügung ausgesagt wird, nicht zerstört (non destruit formalem rationem), bzw. dessen formalen Gehalt sie nicht aufhebt (non tollitur).[914] Veränderung ist nach dieser Formulierung des Duns Scotus nicht ausgeschlossen. Offensichtlich besteht der systematische Grund für Scotus darin, die Differenz erklärbar zu machen, die zwischen einem conceptus perfectus und einem conceptus imperfectus besteht. Im einen Fall wird der formale Gehalt unter Einschluss des jeweiligen Modus, im anderen unter Ausblendung desselben verstanden.[915] Soll zwischen beiden Begriffen eine Differenz, also eine Varianz bestehen, ist es aus dieser Perspektive durchaus konsistent, dass Scotus nicht von der Invarianz, sondern der Nicht-Zerstörung bzw. Nicht-Aufhebung des formalen Gehaltes spricht.

Bevor Mayronis einige innere Modi im Einzelnen diskutiert, hat er sich zunächst mit vier möglichen Einwänden hinsichtlich seiner eigenen Lehre auseinanderzusetzen. Ein erstes Argument bestreitet, dass das von Mayronis angeführte Moment der Invarianz der modalen Bestimmungen tatsächlich ein hinreichendes Definiens der inneren Modi darstellt. Denn offensichtlich trifft es nicht nur auf die inneren Modi, sondern auch auf die Differenzbegriffe, die von den Gattungen ausgesagt werden, zu, dass sie keine Veränderung des formalen Gehaltes mit sich bringen.[916] Ein innerer Modus kann aber nicht zutreffend durch ein Definiens bestimmt werden, was auch auf andere Begriffe, nämlich Differenzen zutrifft. Mayronis räumt zunächst ein, dass der formale Gehalt des Gattungsbegriffs nicht durch die Hinzufügung der spezifischen Differenz verändert wird, doch gilt dies nicht für den Begriff, der durch die Zusammenfügung von Gattung und Differenz konstituiert wird. Denn dieser, nämlich der Artbegriff, wird durch die Angabe des Differenzbegriffs formal bestimmt. Eine solche formale Bestimmung bzw. Veränderung – um die Terminologie des Franciscus zu verwenden –, kann aber nur stattfinden, wenn der Differenzbegriff selbst eine formalitas ist, was für den Begriff eines inneren Modus ausgeschlossen ist.[917]

---

[914]   Quod probatur, quia si infinita sapientia esset formaliter infinita bonitas, et sapientia in communi esset formaliter bonitas in communi. Infinitas enim non destruit formalem rationem illius cui additur, quia in quocumque gradu intelligatur esse aliqua perfectio (qui tamen ‚gradus‘ est gradus illius perfectionis), non tollitur formalis ratio illius perfectionis propter istum gradum, et ita si non includit formaliter ‚ut in communi, in communi‘, nec ‚ut infinitum, infinitum‘. JOHANNES DUNS SCOTUS, Ord. I d. 8 p. 1 q. 4 n. 192 (Ed. Vat. IV), 261.

[915]   Vgl. JOHANNES DUNS SCOTUS, Ord. I d. 8 p. 1 q. 3 n. 138-140 (Ed. Vat. IV), 222-223.

[916]   Sed contra hoc instatur quadrupliciter. Primo sic, nam differentia adveniens generi non variat eius rationem formalem; et tamen non ponitur eius modus intrinsecus. FRANCISCUS DE MAYRONIS, Conflatus, d. 8 q. 5 (Ed. Venetiis 1520), f. 49rb E-F.

[917]   Ad primum dico quod licet differentia non variet rationem formalem generis, variat tamen formaliter rationem constituti ex genere et differentia. Et ideo ponitur formalitas quia non faceret differre formaliter nisi esset formalitas. FRANCISCUS DE MAYRONIS, Conflatus, d. 8 q. 5 (Ed. Venetiis 1520), f. 49rb F.

In die gleiche Richtung wie der erste Einwand zielt auch der zweite, denn auch ein accidens, das einer Substanz hinzugefügt wird, verändert nicht den formalen Begriff der Substanz, ohne dass man deswegen das Akzidens für einen inneren Modus der Substanz halten würde.[918] Die Antwort, die Mayronis diesem Einwand gegenüber findet, fällt deshalb auch parallel der Erwiderung auf den ersten Einwand aus. Zwar trifft es zu, dass die akzidentielle Bestimmung des Weißen, so argumentiert Franciscus, nicht den formalen Begriff der Substanz, der dieses Akzidens zugesprochen wird, verändert, doch verändert es den Begriff des aus substanzieller und akzidentieller Bestimmung Zusammengesetzten. Das ist der Fall, weil die Akzidenzien des Weißen und des Schwarzen formal in Hinblick auf die sekundären Vollkommenheiten, die für den Begriff eines solchen Konstituierten relevant sind, unterschieden sind.[919]

Ein weiterer Einwand geht von der Annahme aus, dass Endliches und Unendliches den formalen Begriff des Seienden, von dem sie ausgesagt werden, nicht verändern. Dennoch, so der Einwand, verändern sie aber den formalen Begriff der quantitas virtutis, denn der Begriffsgehalt der virtuellen Quantität wird durch die Bestimmungen des Endlichen und des Unendlichen eingeteilt.[920] In seiner Entgegnung auf diesen Einwand hebt Mayronis hervor, dass die quantitas virtutis selbst gar keinen formalen Gehalt beinhaltet. Der Intensitätsgrad, den der Begriff „quantitas virtutis" ausdrückt, ist selbst keine eigene Washeit, sondern lediglich die Intensität, die in Bezug auf eine Washeit ausgesagt wird. Die Quantität des Vermögens besagt lediglich eine modale Bestimmung, die auf irgendeine Washeit angewendet werden kann. Insofern ein solcher Intensitätsgrad endlich oder auch unendlich sein kann – man kann etwa von der endlichen Güte des Geschaffenen oder der unendlichen Güte des Ungeschaffenen sprechen –, ist es zwar einerseits möglich, finitum und infinitum als Einteilungsglieder der quantitas virtutis zu verstehen. Das besagt aber andererseits nicht, dass die virtuelle Quantität deshalb selbst einen washeitlichen Begriff darstellt. Aus diesem Grund findet durch die Differenzierung, die die Begriffe „endlich" und „unendlich" mit sich bringen, in der Anwendung auf die virtuelle Quantität keine formale Kennzeichnung statt. Nicht nur, dass die Begriffe des Endlichen und des Unendlichen selbst innere Modi und d.h. keine formalen Begriffe darstellen, auch der Beg-

---

[918]   Secundo quia accidens adveniens substantiae non variat rationem formalem eius; et tamen non dicitur modus intrinsecus substantiae. FRANCISCUS DE MAYRONIS, Conflatus, d. 8 q. 5 (Ed. Venetiis 1520), f. 49rb F.

[919]   Ad secundum dico quod licet albedo non variat rationem formalem substantiae, tamen rationem constituti per ipsam; nam album et nigrum bene distinguuntur formaliter quantum ad genus secundarum perfectionum. FRANCISCUS DE MAYRONIS, Conflatus, d. 8 q. 5 (Ed. Venetiis 1520), f. 49rb F.

[920]   Tertio licet finitum et infinitum non variant rationem entis cui adveniunt; tamen bene variant rationem formalem quantitatis virtutis quam dividunt per se. FRANCISCUS DE MAYRONIS, Conflatus, d. 8 q. 5 (Ed. Venetiis 1520), f. 49rb F.

riff der quantitas virtutis selbst besagt lediglich eine modale und keine formale Kennzeichnung, wie Mayronis bereits im Prolog zum *Conflatus* ausführt.[921]

Wie diese Diskussion deutlich macht, bestimmen die modi intrinseci nicht grundsätzlich unmittelbar formale Gehalte, sondern tun dies in einer gewissen Verschränkung mit jeweils anderen modalen Kennzeichnungen. Wie das vorliegende Gegenargument, das Franciscus anführt, deutlich macht, teilen die modalen Bestimmungen „endlich" und „unendlich" einen washeitlichen Gehalt nicht unmittelbar ein, sondern tun dies in einer ganz bestimmten Hinsicht, nämlich in Bezug auf die jeweilige quantitas virtutis, die einer Washeit zukommt. Wenn also z.B. der Begriff des Seienden durch die hinzutretende Angabe des Endlichen und des Unendlichen eingeteilt wird, so geschieht dies genau besehen in der Weise, dass der Begriff des Seienden in Hinsicht auf die mögliche quantitas virtutis interpretiert wird. Die quantitas virtutis ist auf diese Weise als innerer Modus nicht einfach neben die Modi des Endlichen und des Unendlichen gestellt, sondern ist diesen Bestimmungen in der Weise vorgeordnet, dass er die gemeinsame Perspektive ausdrückt, in der „Endliches" und „Unendliches" ausgesagt werden.

Ein letztes Gegenargument, das Mayronis diskutiert, knüpft unmittelbar an die ursprüngliche Auseinandersetzung mit der durch Petrus Thomae vertretenen Position an. Die zentrale Frage diesbezüglich ist, wie die inneren Modi auf die formalen Begriffe, d.h. auf die washeitlichen Bestimmungen einer Sache, bezogen werden können. Das Problem, das sich in dieser Hinsicht für Mayronis stellt, besteht darin, dass seine Interpretation der inneren Modi diese grundsätzlich von den formalen Begriffen der Dinge abgrenzt. Alles das aber, so lautet der Einwand, was außerhalb des formalen Begriffs einer beliebigen Sache steht, scheint deshalb der Sache selbst äußerlich zu sein, so dass es nicht erklärbar ist, wie die modalen Bestimmungen, als innere Kennzeichen der durch sie spezifizierten Dinge gelten können.[922]

Franciscus versteht die inneren Modi nicht als Begriffe, die der jeweiligen Washeit untergeordnet sind, so dass die Modi hiervon auf die erste Weise, d.h. im Sinne von Gattungs- oder Artbegriffen aussagbar sind. Gleichwohl, so räumt Franciscus ein, lassen sich die inneren Modi auf dieselbe Gattung zurückführen, auf die der formale Begriff des Dinges zurückgeführt wird, das durch den Modus jeweils bestimmt wird.[923] Da die inneren Modi

---

[921] Ad tertium dico quod sicut finitum et infinitum dicunt nullam rationem formalem, ita nec quantitas virtutis quae per ea dividitur. Et ideo dico quod finitum et infinitum non differunt nisi sicut modi oppositi. FRANCISCUS DE MAYRONIS, Conflatus, d. 8 q. 5 (Ed. Venetiis 1520), f. 49rb F-G. Vgl. DERS., Conflatus, Prol. q. 5 (Ed. Venetiis 1520), f. 5va K. Hierzu vgl. Kap. 4, § 1.1.4.

[922] Quarto sic, quia omne quod est extra rationem formalem alicuius videtur esse ei extrinsecum; sed iste modus ponitur praeter rationem formalem quidditatis, ergo etc. FRANCISCUS DE MAYRONIS, Conflatus, d. 8 q. 5 (Ed. Venetiis 1520), f. 49rb F.

[923] Ad quartum dico quod modus intrinsecus non ponitur infra quidditatem, ita quod intret primum modum. Sed dicitur modus intrinsecus, quia reducitur ad idem genus ad quod

selbst keine formalen Begriffe sind, können sie auch nicht einem bestimmten Gattungsbegriff angehören. Dennoch lassen sie sich in einer gewissen Weise jeweils einem Gattungsbegriff zuordnen, nämlich vermittelt über den Gegenstand, von dem sie ausgesagt werden. Die inneren Modi werden so auf diejenige Gattung „zurückgeführt", unter die der jeweils betroffene Gegenstand selbst fällt. Aus diesem Grund, so hat man Mayronis wohl an dieser Stelle zu verstehen, ist das Verhältnis von Gegenstand und modaler Bestimmung nicht äußerlich, weil es jeweils durch den Gegenstand bestimmt wird, ohne dass deshalb der Modus von sich aus formal bestimmt sein muss. Gerade diese formale Unbestimmtheit konstituiert die Möglichkeit, dass der jeweilige Modus dem washeitlichen Begriff der Sache, der er zugehört, nachfolgt, bzw. auf diesen zurückführbar ist.

2.4 Die Einheit der inneren Modi

Die allgemeine Kennzeichnung dessen, was ein innerer Modus ist, wie sie bisher von Mayronis erläutert wurde, bedarf einer Ergänzung durch die detaillierte Analyse einzelner modaler Bestimmungen.[924] Das Beweisziel besteht darin, zu zeigen, dass eine Vielheit formaler Begriffe mit einem einzigen inneren Modus zusammen bestehen kann; dies soll vor allem hinsichtlich des inneren Modus der Realität gezeigt werden. Um dies zu leisten, diskutiert Mayronis zunächst vier Beispiele innerer Modi. Die folgende Auswahl repräsentiert allerdings nicht eine vollständige, sondern eher eine offene Liste von Begriffen, die unter die gemeinsame Kennzeichnung eines modus intrinsecus fallen.

2.4.1 Haecceitas

Der erste Fall, den Mayronis anführt und der für die Grundstruktur modaler Prädikate besonders aufschlussreich ist, ist der Begriff der haecceitas bzw. der der proprietas individualis. Wie ist es möglich, dass die Individualeigenschaft ein innerer Modus ist, d.h. wie ist es zu denken, dass die haecceitas gegenüber den formalen Begriffen keine Veränderung bewirkt? Wie Franciscus zeigt, ist ein Individuum genau ein solches, das durch den inneren Modus der haecceitas bestimmt ist, aber dennoch neben anderen Individuen unter ein und denselben Artbegriff fällt. Die Differenz der Individuen untereinander kann deshalb nicht durch eine Differenz, und das bedeutet durch eine Varianz, des Artbegriffs erfolgen, der ist nämlich für alle Individuen derselbe. Der Artbegriff entspricht genau demjenigen formalen Begriff, in dem die Individuen

---

reducitur ratio formalis cuius est modus. FRANCISCUS DE MAYRONIS, Conflatus, d. 8 q. 5 (Ed. Venetiis 1520), f. 49rb G.

[924]   Zur Frage nach der inneren Ordnung der modalen Bestimmungen in Bezug auf Gott vgl. MAURER, A., CAIRD, A.P., The Role of Infinity, 211-215.

übereinkommen. Aus diesem Grund muss die jeweilige haecceitas außerhalb der formalen Bestimmung gesucht werden. Franciscus spricht in diesem Kontext tatsächlich im Plural von den haecceitates, die die species individuieren. Offensichtlich weist diese Verwendung des Plurals darauf hin, dass bezogen auf einen Träger von modalen Bestimmungen jeweils ein modus der haecceitas vorliegt, wobei bezogen auf die Vielheit der zu individuierenden formalen Bestimmungen lediglich eine einzige proprietas individualis anzunehmen ist, die auf die Totalität der zu individuierenden Eigenschaften bezogen ist (una haecceitas totalis).[925] Die haecceitas selbst ist nämlich in allen Individuen nur eine einzige, sowie die Weißheit und jeder andere Allgemeinbegriff nur durch eine einzige Eigenschaft, von der sie zwar als universalia abstrahieren, individuiert werden. Es ist eine einzige und einfache haecceitas, in der die universalen Begriffe als abstrahierbare formaliter, d.h. als solche, innewohnen. In der gleichen Weise kann auch von einer Vielheit formaler Begriffe gesprochen werden, die aufgrund einer einzigen unveränderten und nicht vervielfältigten Realität selbst als reale bezeichnet werden können.[926]

Das Problem, das hinsichtlich dieser These von der Einheit und Einfachheit des inneren Modus der haecceitas besteht, ist nicht von der Hand zu weisen. Denn es ist keineswegs klar, wie die haecceitas selbst nur eine einzige sein soll, wo es doch gerade die haecceitas eines jeden Individuums sein soll, durch die die Vielheit der in den formalen Begriffen Übereinstimmenden eben eine Vielheit distinkter Einheiten ist. Muss man nicht, um diese Vielheit zu begründen, letztlich eine Vielheit von proprietates individuales annehmen und die These von der einen haecceitas aufgeben?

So naheliegend diese Lösung auch zu sein scheint, sie würde unmittelbar ein Folgeproblem nach sich ziehen, das letztlich eine Iterierung des ursprünglichen verursachen würde. Es stellt sich nämlich dann die Frage, wodurch diese haecceitates wiederum nicht nur eine, sondern viele sind. Man wäre gezwungen, ein zusätzliches Prinzip anzugeben und letztlich eine unendliche Reihe weiterer. Man hätte zwar zunächst erklärt, wodurch die eine albedo, um bei dem von Mayronis genannten Beispiel zu bleiben, eine Vielheit von weißen Gegenständen bilden kann, nämlich durch die jeweilige Besonderheit jedes einzelnen Weißen, die auf eine Vielheit der haecceitates

---

[925] Ex praemissis declaratis ad propositum descendendo introducuntur quattuor modi intrinseci ex quibus declaratur quod plures formalitates possunt esse cum una realitate, quod est propositum. Primus est haecceitas vel proprietas individualis, nam haecceitas est modus intrinsecus quia non variat rationem formalem, nam individua sub eadem specie differunt per haecceitates; et tamen eiusdem rationis formalis sunt. FRANCISCUS DE MAYRONIS, Conflatus, d. 8 q. 5 (Ed. Venetiis 1520), f. 49rb G.

[926] Albedo ergo individuatur per unam proprietatem, et non solum albedo, sed etiam omnia universalia quae abstrahunt ab ea et sunt formaliter in ea sunt haec una simplici haecceitate, nec eis respondet nisi una haecceitas totalis. Eodem modo dico de realitate quae, ut probabitur, est modus intrinsecus et potest esse illud quo multae rationes formales dicuntur reales ea nullatenus variata vel multiplicata. FRANCISCUS DE MAYRONIS, Conflatus, d. 8 q. 5 (Ed. Venetiis 1520), f. 49rb G-H.

zurückgeht. Doch stünde es dann an, zu erklären, wodurch diese Vielheit der haecceitates zustande kommt, usw. Ein solcher Iterierungsprozess kommt letztlich dadurch zustande, dass man das Phänomen am Leitfaden kategorialer Begriffe interpretiert. Allgemeine Begriffe können nach diesem Schema nur dadurch differenziert werden, dass die ihnen eigene Gemeinsamkeit der Bedeutung durch die zusätzliche Angabe weiterer Bestimmungsmomente aufgespalten wird. Unter Anwendung eines solchen Prädikationsschemas wird man aber niemals zu ersten, nicht mehr differenzierbaren Begriffsinhalten gelangen, die zur Kennzeichnung der Individuen in Frage kommen.

Dieses Problem entsteht aber nicht nur im Rahmen der kategorialen Prädikate, also da, wo eine Über- und Unterordnung von Gattungs- und Artbegriffen vorliegt. Auch die nicht-kategorialen Begriffe, d.h. die transzendentalen Prädikate, lösen dieses Problem nicht ohne weiteres. Vielmehr erstreckt sich diese Schwierigkeit ohne Einschränkung auch auf die allgemeinsten Begriffe, wie die des Seienden, des Wahren, des Guten usw. Denn auch hier stellt sich jeweils die Frage, wodurch die allgemeine Bestimmung, z.B. des Seienden, kontrahiert wird zur Kennzeichnung dieses individuellen Seienden.

Für die Lösung des angesprochenen Problems ist deshalb auch nicht die Unterscheidung kategorialer und transzendentaler Prädikate die grundlegende, sondern die, die mit der Theorie der inneren Modi selbst zum Ausdruck kommt: nämlich die Unterscheidung formaler und nicht-formaler, d.h. modaler Begriffe.

2.4.1.1 ZUR DIFFERENZ VON FORMALER UND MODALER PRÄDIKATION

Dass diese Differenz von formalen und modalen Prädikaten eine grundlegende ist, bringt die Definition der inneren Modi, die Franciscus de Mayronis an zentraler Stelle anführt, in aller Deutlichkeit zum Ausdruck. Es ist das entscheidende Definiens des modus intrinsecus, keine begriffliche Kontamination mit formalen Prädikaten einzugehen. Das ist der Sinn der Invarianzthese, die für das Verständnis der inneren Modi zentral ist. Diese Annahme führt u.a. dazu, dass Mayronis innerhalb der Transzendentalienlehre die These von der Konvertibilität der Begriffe „res" und „aliquid" mit den anderen traditionell für extensional austauschbar gehaltenen transzendentalen Prädikaten aufgibt.[927]

Etwas durch einen formalen Begriff zu bezeichnen, bedeutet, dass etwas als etwas erfasst wird: das Lebewesen als Esel und nicht als Mensch; diese Farbe als weiß und nicht als schwarz etc. Das Zusammenbestehen einer Vielheit formaler Kennzeichnungen entspricht letztlich einer Über- und Unterordnung von formalen Prädikaten, die einen Gegenstand auf jeweils einer

---

[927] Vgl. Kap. § 1.1; FRANCISCUS DE MAYRONIS, Conflatus, d. 8 q. 5 (Ed. Venetiis 1520), f. 50ra D-50rb G.

anderen Ebene der Bestimmung erfassen: auf der Ebene der Gattungs- und Artbegriffe oder hinsichtlich einer Vielheit von jeweils dann auch geordneten Eigenschaften – z.b. allgemeinsten, wie wahr und gut; mittleren, wie farbig oder lebendig zu sein; oder speziellen, wie weiß oder vernunftbegabt zu sein usw. Betrachtet man eine solche Ordnung als ein kohärentes System, dann kommen an einer ganz bestimmten Systemstelle nur ganz bestimmte formale Bestimmungen in Frage, vor allem sind an ein und derselben Stelle sich widersprechende Formalitäten ausgeschlossen. Als nähere Kennzeichnung und damit Differenzierung z.b. der Formalität der Farbe kommen nur bestimmte Farbtöne in Frage, wobei sich ausschließende Bestimmungen wie Weiß und Schwarz ausgeschlossen sind. Dieses Grundprinzip der Prädikation formaler Ausdrücke geht letztlich auf die Grundstruktur eines Urteils zurück, das etwas als etwas klassifiziert, und fußt damit letztlich in der Perspektive des Franciscus im primum principium complexum.[928]

Als Konsequenz dieser Grundstruktur sind Gegenstände, die unter ein gemeinsames formales Prädikat fallen, nur bis zu einem gewissen Grad differenzierbar, nämlich gerade soweit, wie die Differenzierungskraft des untergeordneten formalen Begriffs gegenüber dem übergeordneten reicht. Damit ist aber immer die Möglichkeit gegeben, den zunächst differenzierenden Begriff seinerseits durch andere formale Gehalte einer weiteren Einteilung zu unterziehen. Dieser Mechanismus führt dazu, dass ein endgültiges Individuationsprinzip, d.h. ein solches, das tatsächlich individuierend und nicht nur bis zu einem gewissen Punkt differenzierend wirkt, im Bereich formaler Prädikate nicht gefunden werden kann. Soll Individuierung dennoch möglich sein, dann nur auf dem Wege einer nicht formalen Interpretation des Individuationsprinzips. Genau das ist der Hintergrund für die These, die Franciscus de Mayronis mit der Auslegung der haecceitas als eines modus intrinsecus verfolgt.

Dass ein innerer Modus die formalen Gehalte desjenigen Gegenstandes, dem er innewohnt, nicht verändert, bedeutet demnach, dass auf diese Weise ein Gegenstand nicht im engeren Sinne „als etwas" bestimmt wird. Vielmehr bedeutet die Aussage eines inneren Modus von einem Gegenstand, dass dieser Gegenstand als unter einem bestimmten Modus stehend begriffen wird. So formuliert Mayronis z.B. in Bezug auf den nur gedachten und den extramental existierenden Menschen, dass in beiden Fällen zwar ein und derselbe formale Gehalt vorliegt, dieser aber unter einem je anderen Modus begriffen wird (sub alio et alio modo).[929] Während die formalen Gehalte also im Sinne einer Kennzeichnung von etwas „als etwas" ausgesagt werden, werden die inneren Modi im Sinne einer Kennzeichnung von etwas „als unter einer

---

[928] Vgl. Kap. 2 § 2.3-2.3.2.

[929] Minorem ostendo dupliciter, quia homo in anima et extra animam habet eandem rationem formalem, tamen sub alio et alio modo; cum ergo hominem esse extra animam sit hominem esse realem, sequitur quod realitas non variat rationem formalem. FRANCISCUS DE MAYRONIS, Conflatus, d. 8 q. 5 (Ed. Venetiis 1520), f. 49va I.

Bestimmung stehend" prädiziert. Duns Scotus verwendet zur Kennzeichnung
der Prädikationsweise der inneren Modi den Ausdruck „conceptus dicentes
quale contrahentes" bzw. kurz „conceptus contrahentes".[930] Diese ist eine
Ausdrucksweise, der sich Mayronis nicht mehr anschließt, da im engeren
Sinne keine Kontraktion stattfindet. Bartholomaeus Mastrius nimmt diese
Differenz im 17. Jahrhundert auf, wenn er von der Kontraktion der formalen
Prädikate in Hinsicht auf den jeweils untergeordneten washeitlichen Begriff
spricht und die Prädikationsweise der inneren Modi in Absetzung hierzu als
eine Modifikation begreift.[931] Er führt diese Unterscheidung der Prädikationsweisen direkt auf Franciscus de Mayronis und dessen These von der in formaler Hinsicht geltenden Invarianz der modalen Begriffe zurück.[932]

Die Aussage, dass nicht der Mensch im Allgemeinen, sondern dieser individuelle Mensch gemeint ist, fügt nicht eine Formalität zu all den formalen
Inhalten, die der komplexe Begriff „Mensch" in sich einschließt, hinzu, sondern bedeutet, dass die formale Bestimmung des Menschen unter der Perspektive der Individualität betrachtet wird. Unter derselben Perspektive der
Individualität werden aber auch alle anderen formalen Gehalte, das Weißsein, das Lachenkönnen etc., betrachtet. Es handelt sich hierbei, wie Mayronis ausdrücklich betont, um eine einzige einfache Individualtität (una simplici
haecceitate). Indem etwas unter einem inneren Modus stehend begriffen

---

[930]   Ad primum principale concedo quod iste conceptus dictus de Deo et creatura in ‚quid‘ contrahitur per aliquos conceptus dicentes ‚quale‘ contrahentes, sed nec iste conceptus dictus in
‚quid‘ est conceptus generis, nec illi conceptus dicentes ‚quale‘ sunt conceptus differentiarum, quia iste conceptus ‚quiditativus‘ est communis ad finitum et infinitum, quae communitas non potest esse in conceptu generis, - isti conceptus contrahentes dicunt modum
intrinsecum ipsius contracti, et non aliquam realitatem perficientem illum. JOHANNES
DUNS SCOTUS, Ord. I d. 8 p. 1 q. 3 n. 136 (Ed. Vat. IV), 221.

[931]   [...] dicitur itaque differentia variare rationem illius, cui additur, quia illud removet a statu
suo contrahendo ipsum ad inferiorem quidditatem, ut constat de rationali cum advenit
animali; modus autem non sic variat illud, quia cum non sit gradus quidditativus, non trahit
ipsum ad inferiorem quidditatem, sed tantum quidditatem, cui additur, modificat. MASTRI-
US DE MELDULA, BARTHOLOMAEUS; BELLUTUS, BONAVENTURA, Philosophiae ad mentem Scoti cursus integer, Tomus quartus continens disputationes ad mentem Scoti in
duodecim Aristotelis Stagiritae libros Metaphysicorum, pars prior, Disp. II q. 6 n. 153 (Ed.
Venetiis 1708), 69.

[932]   [...] sic pariter in Metaphysicis modus non dicitur variare quidditatem, nec cui additur, nec
quam constituit, quia non novam quidditatem secum affert, vel gradum quidditativum, sed
praecedentem magis modificat ac determinat; et hoc est, quod ajebat Mair. cit. I. d. 42. q.
4. quod modus intrinsecus est ille, qui adveniens alicui non variat quidditatem, eo quod de
se nullam quidditatem, vel rationem formalem dicit, quod quidem intelligi debet servata
proportione, sicut de modo extrinseco dicimus, quod non habet propriam entitatem; unde
his sic stantibus definitio modi sic debet intelligi modus interinsecus est ille, qui additus
alteri, idest ei, cuius est modus, non variat rationem eius formalem, idest non facit aliam
quidditatem nec destruendo priorem, nec contrahendo ad inferius, sed est praecise modus
eius inseparabilis omnimode ab illa quidditate; et sic ad verbum eam definitionem explicat
I. d. 13. qu. 1 in corpore quaestionis. MASTRIUS DE MELDULA, BARTHOLOMAEUS; BEL-
LUTUS, BONAVENTURA, Philosophiae ad mentem Scoti cursus integer, Tomus quartus
continens disputationes ad mentem Scoti in duodecim Aristotelis Stagiritae libros Metaphysicorum, pars prior, Disp. II q. 6 n. 153 (Ed. Venetiis 1708), 69-70.

wird, wird keine weitere Differenz gegenüber irgendeinem anderen formalen Gehalt geschaffen.

Differenzierung findet hierbei lediglich innerhalb der modalen Bestimmungen selbst statt. Denn etwas als endlich zu begreifen, schließt aus, es gleichzeitig als unendlich zu erfassen. Doch bleibt diese Differenzierung nur auf der Ebene der modalen Kennzeichnungen selbst und wirkt nicht in den Bereich der formalen Begriffe hinein. Diese Grundstruktur gilt vor allem auch für den inneren Modus der realitas, der für Mayronis in Abgrenzung zu Petrus Thomae, aber auch zu Petrus Aureoli vor allem im Vordergrund steht.

2.4.2 REALITAS

Die übergeordnete These hinsichtlich des Modus der realitas besagt, dass eine Mehrheit von formalitates mit einer einzigen Realität zusammen bestehen kann (plures formalitates possunt esse cum una realitas).[933] Diese Annahme ist – ohne dass dies explizit hervorgehoben wird – der Grundthese entgegengesetzt, die Petrus Aureoli in *Quodlibet* 1 vertritt. Im Ergebnis seiner Untersuchung im ersten *Quodlibet* hält Petrus nämlich fest, dass formalitas und realitas keinen sachhaltigen Unterschied aufweisen.[934] Eine Mehrheit von formalitates, die außerhalb des Verstandes besteht, kann deshalb niemals ohne eine Mehrheit von realitates gegeben sein.[935] Die Einheit des Modus der Realität bei gleichzeitiger Annahme einer Mehrheit von formalen Gehalten ergibt sich für Mayronis einerseits aus der in dieser Hinsicht bestehenden Analogie der realitas zu den modalen Bestimmungen der haecceitas, der existentia, der aeternitas und der infinitas;[936] andererseits aber auch aufgrund der besonderen aussagenlogischen Struktur modaler Ausdrücke sowie aufgrund der von Mayronis unterstellten ontologischen Grundstruktur, die vor allem am Begriff der Realität deutlich wird.

Die Gegenüberstellung modaler und nicht-modaler Prädikate ist für Franciscus de Mayronis nämlich nicht nur die grundlegende Einteilung in prädikationslogischer Hinsicht. Vielmehr stellt die Einteilung in Washeit und

---

[933] Ex praemissis declaratis ad propositum descendendo introducuntur quattuor modi intrinseci ex quibus declaratur quod plures formalitates possunt esse cum una realitate, quod est propositum. FRANCISCUS DE MAYRONIS, Conflatus, d. 8 q. 5 (Ed. Venetiis 1520), f. 49rb G. Ex hoc patet quomodo ratio formalis potest plurificari sine plurificatione realitatis; DERS., Conflatus, d. 8 q. 5 (Ed. Venetiis 1520), f. 49va K.

[934] Ex praedictis igitur patet quod omnis formalitas extra intellectum est aliqua realitas et aliqua essentia, et ita non differunt in aliqua re formalitas et realitas quod quaestio quaerebat. PETRUS AUREOLI, Quodlibeta sexdecim q. 1 a. 2 (Ed. Romae 1605), 8a E. Der Text stimmt mit Vat. lat. Borgh. 123, f. 202ra überein.

[935] Ad argumentum vero principale dicendum quod nunquam multiplicatur extra intellectum formalitas quin multiplicetur realitas. PETRUS AUREOLI, Quodlibeta sexdecim q. 1 a. 2 (Ed. Romae 1605), 8a F. Der Text stimmt mit Vat. lat. Borgh. 123, f. 202ra überein.

[936] Vgl. FRANCISCUS DE MAYRONIS, Conflatus, d. 8 q. 5 (Ed. Venetiis 1520), f. 49rb G-49va I.

inneren Modus auch in ontologischer Perspektive die fundamentale Grundstruktur dar. Dies wird insbesondere in der Diskussion deutlich, die Mayronis
hinsichtlich des Begriffs der realitas führt. Geht man von der traditionellen
Differenz von ens in anima und ens extra animam aus, dann folgt Mayronis
nicht mehr der klassischen Auffassung, wonach das extramental Seiende mit
dem real Seienden identifiziert wird.[937] Dieses Ergebnis geht in aller Deutlichkeit aus der Diskussion eines Einwandes hervor, der die Formaldistinktion
als distinctio realis auffasst, weil diese Unterscheidung als nicht vom Verstand
verursachte aufgrund der vollständigen Disjunktion des Seienden in ens in
anima und ens extra animam sowie der Gleichsetzung des extramental Seienden mit dem real Seienden keine andere Möglichkeit der Interpretation
zulässt.[938]

In der Entgegnung auf diesen Einwand bezweifelt Mayronis die These,
dass der Bereich des extramental Seienden adäquat mit dem real Seienden zu
identifizieren ist. Die implizierte Gegenüberstellung des gedacht Seienden
und des real Seienden ist für Franciscus nicht die grundlegende divisio entis.
Fundamental ist hingegen die Einteilung des extramental Seienden – der
Bereich des Innerseelischen wird in diesem Kontext nicht weiter thematisiert
– in quidditates und modi intrinseci. Da Washeiten und innere Modi grundsätzlich distinkt sind, werden die Washeiten als solche in ihrer Indifferenz
gegenüber den modalen Bestimmungen betrachtet. Washeitliche Gehalte
sind grundsätzlich, wie auch in anderem Kontext deutlich wird, von einem
Sein in anima oder ex animam bzw. einem esse reale abstrahiert.[939] Dies
bedeutet für die Auseinandersetzung mit dem genannten Einwand, dass nicht
notwendig alles das, was nicht innerhalb der Seele ist, deshalb real sein muss.
Vielmehr kommt die Bestimmung der Realität einer Washeit nur dann zu,
wenn sie nicht bloß im Status der potentia obiectiva gedacht wird, sondern
als actu existens, d.h. im Status der realitas, aufgefasst wird.[940] Im Ergebnis ist

---

[937]   Hic antiquitus et communiter dicebatur quod omnis distinctio non facta ab anima est realis,
         quia sicut ens dividitur in ens in anima et extra animam, ita distinctio quae consequitur ens.
         Constat autem quod illud ens quod est extra animam est res, ergo etc. FRANCISCUS DE
         MAYRONIS, Conflatus, d. 8 q. 5 (Ed. Venetiis 1520), f. 48rb G-H.

[938]   Sexta difficultas est quia sicut ens prima sui divisione dividitur in ens in anima et ens extra ani-
         mam; et ens extra animam est reale. Et ideo oportet quod omnis distinctio extra animam sit
         realis qualis ponitur distinctio istarum formalitatum. FRANCISCUS DE MAYRONIS, Confla-
         tus, d. 8 q. 5 (Ed. Venetiis 1520), f. 49vb Q.

[939]   Nam quidditates et esse quidditativum ab omni esse in anima et reali sunt abstractae.
         FRANCISCUS DE MAYRONIS, Conflatus, d. 3 q. 5 (Ed. Venetiis 1520), f. 25va M.

[940]   His visis dico ad difficultatem quod ens in prima sui divisione dividitur in ens in anima et
         ens extra animam. Et quando dicitur quod omne quod est extra animam est reale. Dico
         quod falsum est, nam quidditates in potentia obiectiva sunt extra animam et non sunt fa-
         bricatae ab anima, alioquin, cum sint eiusdem rationis in potentia et in actu, quidditates in
         actu forent entia rationis, quod est falsum, constat autem quod tales quidditates non sunt
         reales. Ideo dico quod non omne ens extra animam est reale, sed dico quod ens extra ani-
         mam dividitur in quidditatem et modum quidditatis. Secundum autem, quod patuit superi-
         us, realitas est modus quidditatis. Et ideo formalis distinctio quae fundatur super quiddita-

mit dieser Deutung die Dichotomie von ens in anima und ens extra animam bzw. von ens rationis und ens reale durch eine ontologische Differenzierung von washeitlichen Gehalten und modalen Bestimmungen ersetzt. Doch der Begriff der realitas wirft weitere Schwierigkeiten auf. Denn offensichtlich, so ein weiterer Einwand, ist es nicht möglich, an der Einheit der realitas festzuhalten, wenn eine Vielheit von untergeordneten Begriffen, nämlich eine Vielheit von rationes formales angenommen wird. Aufgrund der topischen Argumentationsfigur ex parte subiectiva ergibt sich die Vielheit des übergeordneten Begriffs aus der Vielheit der untergeordneten Begriffe. Denn der Begriff der Realität scheint als eine den transzendentalen Begriffen gemeinsame Bestimmung den Begriff der formalitas zu übersteigen (superius). Die Vielheit, die dann von den untergeordneten Begriffen prädiziert wird, ist aufgrund des locus a specie sive a parte subiectiva,[941] auf den übergeordneten Begriff, in diesem Fall den der realitas, übertragbar.[942]

Dieser Einwand, so erwidert Franciscus, geht von der falschen Voraussetzung aus, dass der Begriff der realitas allgemeiner ist als der des formalen Begriffs. Es ist nicht der Fall, dass dem Modus der Realität eine größere Allgemeinheit im Sinne einer größeren communitas universalis, d.h. im Sinne eines extensional umfassenderen Bedeutungsgehaltes zukommt. Denn der Ausdruck eines formalen Begriffs trifft auf washeitliche Bestimmungen zu, auch wenn diese Washeiten keine Realität besitzen, sondern sich lediglich im Status der potentia obiectiva befinden. Umgekehrt findet sich Realität immer nur in Bezug auf washeitliche Bestimmungen, nicht aber ohne die Unterstellung eines formalen Begriffs, als dessen innerer Modus die realitas zu betrachten ist.[943] Geht man von dieser kritischen Annahme aus, dann wird deutlich, dass Realität in diesem Sinne nicht austauschbar ist mit dem Begriff des Seienden – und ebenso nicht mit den anderen konvertiblen Transzendentalien, wird man hinzufügen müssen. Die Konvertibilitätsthese gilt für den vom Begriff „res" abgeleiteten Terminus „realitas" nur noch eingeschränkt,

tem non est de se realis, sed illa quae fundatur super modum realitatis et ratitudinis. FRANCISCUS DE MAYRONIS, Conflatus, d. 8 q. 5 (Ed. Venetiis 1520), f. 49vb Q-50ra B.

941 Vgl. PETRUS HISPANUS, Tractatus, t. 5 n. 13 (Ed. de Rijk), 64.

942 Octava difficultas est quia formalitas videtur esse inferior ad realitatem; realitas est enim de omnibus [de omnibus: Krakau, Jagell. 1306; Paris, bibl. nat. 15871; de communibus Vat. lat. 894; communis Y] transcendentibus, cum ergo multiplicato inferiori multiplicatur superius; sequitur quod, si sint plures formales rationes vel formalitates, erunt plures res vel realitates per locum a parte subiectiva. FRANCISCUS DE MAYRONIS, Conflatus, d. 8 q. 5 (Ed. Venetiis 1520), f. 50rb G.

943 Dico quod suppositum est falsum, scilicet quod realitas est communior communitate universalis quam sit ratio formalis, nam ratio formalis invenitur sine realitate in quidditatibus, scilicet in entibus in potentia obiectiva tantum; numquam tamen realitas invenitur sine ratione formali. FRANCISCUS DE MAYRONIS, Conflatus, d. 8 q. 5 (Ed. Venetiis 1520), f. 50rb G.

nämlich nur noch hinsichtlich des aktuell Seienden (cum ente in actu solum).[944]

Allerdings ergibt sich aus dieser Annahme ein weiterer Einwand. Wenn
nämlich realitas und ens in actu auf diese Weise verknüpft werden, stellt sich
sogleich die Frage, wie Mayronis sich dann noch gegen den mehrfach formulierten Einspruch verteidigen kann, dass die distinctio formalis, insofern sie in
actu besteht, dann doch eine distinctio realis sein muss.[945] Mayronis begegnet
diesem Einwand mit einem Vergleich. Man kann nämlich sagen, dass die
Begriffe „risibile" und „homo" zwar konvertibel sind, denn, was ein Mensch
ist, ist auch des Lachens fähig und umgekehrt, was des Lachens fähig ist, ist
auch ein Mensch. Doch bedeutet diese Konvertibilität eben nicht, dass überall da, wo das Prädikat „homo" washeitlich ausgesagt wird, auch der Begriff
„risibile" auf die gleiche Weise prädizierbar ist. So stellt zwar der Begriff
„homo" ein Prädikat dar, was zur Washeit des Sokrates hinzugehört, wohingegen das Prädikat „risibile" nicht in der Washeit des Sokrates eingeschlossen
ist. Die selben Verhältnisse bestehen im vorliegenden Fall, so argumentiert
Mayronis, denn auch wenn existentia und realitas konvertible Begriffe sind,
so kann doch das Prädikat „existentia" denominativ etwas aufgrund eines
Modus aussagen, was der Begriff „realitas" nicht denominativ benennt.[946]

Damit ist aber der Einwand noch nicht beseitigt, denn es scheint so zu
sein, dass eine Vielheit von formalen Begriffen in einer einzigen realitas übereinkommen, so dass die realitas doch hinsichtlich der ratio formalis ein allgemeiner Begriff zu sein scheint.[947] Mayronis begegnet diesem Einwand,
indem er die bereits angedeutete Unterscheidung zweier Weisen von communitas wieder aufnimmt. Man hat nämlich zu unterscheiden, ob der realitas
eine communitas universalis oder eine communitas fundamentalis bzw. radi-
calis zukommt. Nur im ersten Fall hat nämlich der im Raume stehende Einwand eine Gültigkeit, im zweiten Fall trifft das gemachte Argument allerdings
nicht zu. Der erste Fall ist der einer Allgemeinheit, die einem Terminus aufgrund seiner extensionalen Weite zukommt. Diesbezüglich hat Mayronis
bereits hervorgehoben, dass der Begriff der realitas aufgrund seiner Beschränkung auf das aktuell Existierende nicht umfassender ist als die ratio

---

[944]   Tunc ad argumentum, realitas convertitur cum ente: Dico quod non convertitur cum ente
        secundum suam totam latitudinem, sed cum ente in actu solum. FRANCISCUS DE MAY-
        RONIS, Conflatus, d. 8 q. 5 (Ed. Venetiis 1520), f. 50rb G.

[945]   Sed contra hoc, distinctio formalis est in actu, ergo erit realis. FRANCISCUS DE MAYRONIS,
        Conflatus, d. 8 q. 5 (Ed. Venetiis 1520), f. 50rb H.

[946]   Dico quod licet risibile et homo convertantur, tamen homo invenitur quidditative ubi non
        invenitur risibile, puta infra quidditatem Sortis, infra quam non invenitur risibile. Ita dico
        quod licet existentia et realitas convertantur, tamen existentia potest aliquid denominare
        propter aliquem modum quem non denominabit realitas. FRANCISCUS DE MAYRONIS,
        Conflatus, d. 8 q. 5 (Ed. Venetiis 1520), f. 50rb H.

[947]   Sed adhuc stat dubium quia multae rationes formales videntur convenire in unica realitate;
        et sic realitas erit communis respectu rationis formalis. FRANCISCUS DE MAYRONIS, Con-
        flatus, d. 8 q. 5 (Ed. Venetiis 1520), f. 50rb H.

formalis selbst, die eben auch auf das in potentia obiectiva Existierende angewendet werden kann. Eine fundamentale oder wurzelhafte Allgemeinheit,
wie sie einem Subjekt bezüglich seiner passiones zu eigen ist, kommt hingegen dem Begriff der realitas durchaus zu. Auf diese Weise kann man z.b.
sagen, dass vieles aufgrund einer einzigen Existenz existiert (unica existentia
existunt). Dies ist etwa der Fall, wenn die verschiedenen Vermögen der Seele
aufgrund der einen Existenz der Seele als existierend bezeichnet werden. In
diesem Sinne, so stellt Franciscus abschließend fest, kann vieles durch die eine
Realität real genannt werden.[948]

2.4.3 MODALE ABSTRAKTION

Die Lehre des Franciscus de Mayronis von den inneren Modi scheint in einem wesentlichen Aspekt von der scotischen Theorie abzuweichen. Wie sich
gezeigt hat,[949] verbindet Scotus mit der Lehre von den inneren Modi eine
These bezüglich der Vollkommenheit der Begriffe, die einen formalen Gehalt
mit oder ohne die jeweiligen modalen Bestimmungen erfassen. Ein Begriff,
der eine realitas bzw. formalitas zusammen mit einem inneren Modus erfasst,
ist demnach ein conceptus perfectus bzw. proprius, während derjenige Begriff, der den formalen Gehalt ohne eine weitere modale Kennzeichnung erfasst, nur ein conceptus imperfectus ist. Aufgrund dieser These kann Scotus
den allgemeinen, modal nicht bestimmten Begriff des Seienden als unvollkommenen Begriff auffassen, während der eigentümliche, weil modal bestimmte Begriff des unendlich Seienden einen conceptus perfectus darstellt, in
dem Gott in der größtmöglichen Annäherung durch einen der natürlichen
Vernunft zugänglichen Begriff erfasst wird.

Diese Lehre findet sich bei Mayronis selbst in den signifikanten Kontexten offensichtlich nicht. Auch eine explizit geführte kritische Auseinandersetzung mit dieser scotischen These lässt sich nicht nachweisen. Allerdings
lässt sich eine Diskussion aus dem *Conflatus*, nämlich d. 33 q. 3, auf die Fragestellung anwenden, auf die sich Scotus mit seiner Lehre vom Unterschied des
conceptus perfectus vom conceptus imperfectus bezieht. Die Frage, mit der
sich Franciscus an genannter Stelle auseinanderzusetzen hat, betrifft die
Möglichkeit, Aussagen von Gott im Sinne einer zum äußersten geführten
Abstraktion (ultimata abstractio) zu machen.[950] Insgesamt diskutiert Mayronis

---

[948]   Dico quod duplex communitas invenitur. Una universalis, et illa non est hic. Alia potest dici
        fundamentalis vel radicalis, eo modo quo unum subiectum est commune multis passio-
        nibus. Hoc viso dico quod primo modo tenet argumentum quia realitas non est universalis,
        sed dico quod magis est communis ratio formalis quam ipsa realitas. Secundo autem modo,
        sicut dicimus quod multa unica existentia existunt – sicut anima et suae potentie –, sic pos-
        sumus dicere de realitate suo modo. FRANCISCUS DE MAYRONIS, Conflatus, d. 8 q. 5 (Ed.
        Venetiis 1520), f. 50rb H.

[949]   Vgl. Kap. 9 § 2.1.2.

[950]   Vgl. ROTH, B., Franz von Mayronis, 412-418.

zwei Problemfälle im Einzelnen. Zunächst geht es um die Möglichkeit, ob die göttlichen Relationen, also z.b. der Begriff „paternitas", vom göttlichen Wesen ausgesagt werden kann, wenn „Vaterschaft" in einer abstractio ultimata auf den ursprünglichsten Sinngehalt zurückgeführt wird. Der zweite Teil der Quaestio diskutiert die Möglichkeit einer solchen Aussage in Bezug auf eine wechselseitige Prädikation der göttlichen Attribute.

Was den ersten Aspekt der Frage betrifft, vertritt Mayronis im Ergebnis die These, dass ein Begriff wie „paternitas" dann nicht auf das göttliche Wesen anzuwenden ist, wenn man diesen Begriff auf seinen ursprünglichsten Sinngehalt zurückführt, ihn also in ultimata abstractione begreift.[951] Es gibt also eine Form der Abstraktion – so formuliert Mayronis seine affirmative These –, die dazu führt, dass die innertrinitarischen Relationen nicht vom göttlichen Wesen ausgesagt werden.[952] Diese Annahme ist erklärungsbedürftig, denn was ist im eigentlichen Sinne unter einer solchen ultimata abstractio zu verstehen?

Mayronis erläutert dieses Konzept im Rahmen einer Theorie von den vier signa. Ein solches signum entspricht jeweils einer bestimmten Betrachtungsweise, die durch eine eigentümliche Stufe der Abstraktion ausgezeichnet ist. Auf einer ersten Stufe wird die Relation, also z.B. der Begriff der paternitas, allein in Hinsicht auf ihre Washeit (secundum quidditatem suam) betrachtet. In dieser Perspektive geht es allein um den allgemeinen begrifflichen Grundbestand, der im Begriff „paternitas" zum Ausdruck kommt. Auf einer zweiten Stufe wird die Vaterschaft als diese besondere Vaterschaft betrachtet. Damit wird der begriffliche Gehalt in seiner individuellen Konkretion ins Auge gefasst und nicht allein von seinem allgemeinen Bestand her verstanden. Das dritte signum entspricht einem Begriff der paternitas, der nicht nur von seinem allgemeinen oder auch konkreten Fundament her verstanden wird, sondern als Bezeichnung des unendlichen Fundaments interpretiert wird. Die Bestimmung des Unendlichen ist auf diese Weise der Kennzeichnung des Individuellen nachgeordnet, weil sie dem eigentlichen Begriffsgehalt der paternitas in einem höheren Maße äußerlich ist als die Individualität selbst. Auf der letzten Stufe schließlich wird die paternitas nicht nur als diese oder als unendliche, sondern als real existierende Vaterschaft begriffen.[953]

---

[951] Ideo dico quod non oportet ponere necessario quod illa accepta in ultimata abstractione unum praedicetur de alio. FRANCISCUS DE MAYRONIS, Conflatus, d. 33 q. 3 (Ed. Venetiis 1520), f. 101rb H.

[952] Dico ergo quod aliqua abstractio est in qua unum non praedicatur de alio. FRANCISCUS DE MAYRONIS, Conflatus, d. 33 q. 3 (Ed. Venetiis 1520), f. 101rb H-101va I.

[953] Intelligendum tamen hic quod oportet imaginari quattuor signa. Primum in quo relatio est relatio secundum quidditatem suam, et sic respicit hoc fundamentum in communi. Secundum signum est in quo paternitas dicitur haec, et ut sic respicit hoc fundamentum. Tertium signum est in quo paternitas est non solum fundamentum, nec solum huius fundamenti, sed fundamenti infiniti. Nam haecceitas est magis intrinseca, infinitas autem extrinseca magis et per consequens posterior. Quartum signum est in quo relatio consideratur in fundamento hoc infinito existente et reali. FRANCISCUS DE MAYRONIS, Conflatus, d. 33 q. 3 (Ed. Venetiis 1520), f. 101va I.

In gleicher Weise, wie der Begriff der paternitas in der Perspektive dieser vier signa betrachtet werden kann, ist dies auch in Bezug auf das Wesen möglich, das dann in primo signo nur als Wesen, im zweiten als dieses Wesen, im dritten als dieses unendliche Wesen und im vierten schließlich als dieses unendliche und real existierende Wesen begriffen wird.[954]

Die Lehre von den vier signa kennt offensichtlich zwei strukturierende Elemente. Zum einen die Differenz zwischen rein washeitlichen Begriffen und solchen, die einen washeitlichen Gehalt mit weiteren modalen Bestimmungen verbindet. Entsprechend dieser Differenz zerfällt das Schema der vier signa in zwei Klassen: das erste signum, das allein ausschließlich washeitliche Begriffe umfasst, und schließlich die drei übrigen signa, die jeweils quidditative und modale Bestimmungen zusammen enthalten. Das zweite Strukturierungsmoment ist die Rangfolge der modalen Bestimmungen untereinander. Als Ordnungsprinzip, das diese Rangfolge bestimmt, verweist Mayronis auf die je unterschiedliche Innerlichkeit, mit der die Modi den Washeiten innewohnen. Diesem Kriterium der Innerlichkeit folgt dann eine entsprechende Vor- oder Nachgeordnetheit, mit der die inneren Modi ihre Gegenstände kennzeichnen. Die drei im Kontext der Lehre von den signa genannten inneren Modi sind nach der hier in Bezug auf das Göttliche konzipierten Auffassung des Franciscus in der Weise geordnet, dass die haecceitas die grundlegende Bestimmung ist, der die infinitas an zweiter und die existentia an dritter Stelle nachfolgt. Insgesamt kommt hier eine Nachgeordnetheit der Existenz zum Ausdruck, die bei Interpreten wie B. Roth und E. Gilson offensichtlich als Eigentümlichkeit des von Mayronis geprägten Essentialismus verstanden wird.[955]

Die Lehre von den vier signa beruht letztlich auf einer Theorie der Abstraktion, wonach komplexe Begriffe durch eine schrittweise Absonderung partieller Sinneinheiten einer Freilegung ihres ursprünglichen Sinngehaltes unterzogen werden. In einem letzten Schritt, nachdem alle modalen Kennzeichnungen isoliert wurden, bleibt schließlich der reine formale Gehalt übrig, der, weil er keiner weiteren Abstraktion unterzogen werden kann, ein letztes Fundament einer Begriffsresolution darstellt. Der letzte Schritt der Abstraktion, die ultimata abstractio, führt, so die weitergehende These des Franciscus, auch in Bezug auf die göttlichen Attribute zu Begriffsgehalten, die eine gegenseitige Prädikation – und das hieße eine entsprechende Gleichsetzung z.B. von Attributen wie Verstand und Wille – ausschließen.[956]

---

[954] Et ista secundum signa quae competunt essentiae colliguntur quia essentia est in primo signo essentia, in secundo essentia est haec, in tertio essentia est haec infinita, in quarto essentia est haec infinita existens et realis. Eodem modo est de relatione quattuor signa prius dicta secundum qua relatio alium et alium ordinem habet ad essentiam. FRANCISCUS DE MAYRONIS, Conflatus, d. 33 q. 3 (Ed. Venetiis 1520), f. 101va I.

[955] Vgl. ROTH, B., Franz von Mayronis, 413-414; GILSON, E., L'Être et l'essence, 138-139.

[956] Dico ergo quod si attributa ultimate abstrahuntur, nullo modo unum de alio praedicatur. FRANCISCUS DE MAYRONIS, Conflatus, d. 33 q. 3 (Ed. Venetiis 1520), f. 101va M.

Doch scheint diese Auffassung des Franciscus einer häufig gebrauchten Redeweise des Duns Scotus zu widersprechen. Denn, so formuliert Franciscus einen ersten Einwand gegen seine eigene These, dieser behauptet, dass immer dann, wenn eine solche, wie weit auch immer reichende, Abstraktion vorgenommen wird, die entsprechenden Prädikate im Sinne einer praedicatio identica übereinkommen.[957] Mayronis begegnet diesem Einwand mit einer Differenzierung dessen, was unter einer Abstraktion verstanden werden kann. Man hat nämlich zwei grundlegende Formen von Abstraktion zu unterscheiden. Eine erste, die, wenn sie angewendet wird, zu abstrakten Inhalten führt, die durch Namen von Begriffen erster Stufe (per nomina primarum intentionum) bezeichnet werden. Die Inhalte, die durch eine solche Abstraktion hervorgebracht werden und durch Prädikate erster Stufe benannt werden, werden tatsächlich, so räumt Mayronis ein, gegenseitig voneinander ausgesagt. Dies ist etwa der Fall, wenn man den Satz bildet „haec essentia est paternitas".[958]

Eine andere Form der Abstraktion liegt vor, wenn die Abstrakta durch Namen von Begriffen zweiter Stufe (nominibus secundarum intentionum) bezeichnet werden. Unterstellt man eine solche Form der Abstraktion, dann muss es keineswegs der Fall sein, dass die entsprechenden Prädikate de se invicem ausgesagt werden, was den im Raume stehenden Einwand beseitigen würde. Eine solche Abstraktion führt im Ergebnis zu Begriffen, die eine Definition, Washeit oder Formalität ausdrücken, die eben nicht mehr voneinander prädizierbar sind. Dies wird etwa deutlich, betrachtet man den Fall, dass man von der Weißheit zwar einerseits zu Recht sagt, sie sei eine Farbe, gleichwohl trifft es aber nicht zu, dass die Definition der Weißheit der Definition der Farbe entspricht. Genauso wenig entspricht nämlich die Washeit oder die Formalität des einen der des anderen.[959]

Diese beiden Formen der Abstraktion unterscheidet Mayronis auch in einem Paralleltext, wo dieses Lehrstück ausdrücklich als eine in diesem Jahr

---

[957]   Sed hic sunt aliquae difficultates. Prima est de eo quod doctor saepe dicit, scilicet quod quantacumque fiat abstractio, unum de alio praedicatur praedicatione identica. FRANCISCUS DE MAYRONIS, Conflatus, d. 33 q. 3 (Ed. Venetiis 1520), f. 101vb N.

[958]   Ideo dico sicut fuit dictum saepe superius quod duo sunt signa abstractionum. Quaedam enim abstractio fit et denotatur per nomina primarum intentionum. Et tunc concedo ibi quod sonatur verba doctoris quod quandocumque fiat talis abstractio stando semper in nominibus primarum intentionum semper unum de alio praedicatur, sicut haec essentia est paternitas. FRANCISCUS DE MAYRONIS, Conflatus, d. 33 q. 3 (Ed. Venetiis 1520), f. 101vb N-O.

[959]   Alia autem abstractio est quae denotatur nominibus secundarum intentionum. Et tunc dico quod talis abstractio potest fieri quod illa de se invicem non praedicantur. Unde haec diffinitio non est illa, nec haec quidditas est illa [nec haec formalitas illa vel ratio formalis est illa add. Y]. Unde doctor dicit quod licet albedo sit color, tamen diffinitio albedinis non est diffinitio coloris, vel quidditas vel ratio formalis unius non est ratio formalis alterius. FRANCISCUS DE MAYRONIS, Conflatus, d. 33 q. 3 (Ed. Venetiis 1520), f. 101vb O.

bereits zitierte Theorie bezeichnet wird.[960] Auch in diesem Kontext von d. 33 q. 2 begründet Mayronis mit dieser Unterscheidung der zwei Abstraktionsformen die These, dass nicht bei jeder Interpretation der Begriffe das göttliche Wesen und die göttlichen Relationen wechselseitig voneinander prädiziert werden. Im Fall der Abstraktion per nomina secundarum intentionum, welche gegenüber derjenigen Abstraktion, die zu Begriffen erster Stufe führt, die weitergehende ist, ist eine Identifikation des Wesens mit der Relation ausgeschlossen. Im Sinne dieser Abstraktionstheorie müsste nämlich sonst der Satz zutreffen „die Definition des Wesens ist die Definition der Relation", was offensichtlich genauso wenig der Fall sein kann, wie dass die Washeit des Wesens der Washeit der Relation entspricht.[961]

Was hat diese Lehre von den zwei Abstraktionsformen, die Mayronis zur Erläuterung der innertrinitarischen Prädikationsverhältnisse heranzieht, mit der scotischen Lehre von der Differenz zwischen einem conceptus perfectus und einem conceptus imperfectus zu tun? Der Zusammenhang dieser Lehren wird deutlich, wenn man sich klar macht, was für Mayronis im vorliegenden Kontext jeweils mit einem Begriff erster und zweiter Stufe gemeint ist. Eine abstractio ultimata, so erläutert Mayronis auf die Frage hin, warum eine solche fundamentale Abstraktion nicht zu Begriffen erster Intention führen kann, liegt nur dann vor, wenn ein Begriff ausschließlich in seinem washeitlichen Gehalt erfasst wird. Genau das ist aber bei Begriffen erster Intention nicht der Fall, weil diese immer den inneren Modus mitbezeichnen, der streng genommen außerhalb des für sich betrachteten formalen Gehaltes liegt. Wenn das göttliche Wesen durch einen Begriff erster Stufe erfasst wird, so führt Mayronis aus, dann wird es immer unter Beimischung der Unendlichkeit erfasst; denn ein Begriff erster Stufe enthält eben diese über den formalen Begriff hinausgehende modale Kennzeichnung.[962] Genau dieser Fall

---

[960] Die Vermutung, es könnte sich hierbei um die Disputatio collativa handeln, scheint sich nicht zu bestätigen. In den gedruckt vorliegenden Zeugnissen findet sich keine eingehende Debatte, die von einer Unterscheidung der beiden genannten Formen der Abstraktion Gebrauch macht.

[961] Intelligendum est ergo ad evidentiam istorum, sicut dictum fuit hoc anno [saepe *add.* Y], quod aliquando sit abstractio per nomina primarum intentionum. Et isto modo numquam sit tanta abstractio quod essentia negetur a relatione, immo semper essentia est relatio et e converso. Similiter stando infra illa nomina semper diffinitio dicitur de diffinito, sicut cum dico albedo est color. Aliquando sit abstractio per nomina secundarum intentionum, cuiusmodi sunt quidditas, diffinitio et talia. Et ista est maior quam prior abstractio; et ratione huius: quod prius non poterat negari nunc autem potest. Unde ista poterit negari: Diffinitio essentiae est diffinitio relationis et econverso; et similiter de quidditate, sicut patet in exemplo de diffinitione et diffinito. Nam licet albedo sit color, tamen diffinitio albedinis non est diffinitio coloris, nec quidditas albedinis est quidditas coloris, sic dico in proposito. FRANCISCUS DE MAYRONIS, Conflatus, d. 33 q. 2 (Ed. Venetiis 1520), f. 101ra C-D.

[962] Secunda difficultas, quare non potest fieri ultimata abstractio per nomina primarum intentionum? Dico quod huius ratio est quia stando semper in nominibus primarum intentionum, concernitur semper modus intrinsecus qui est extra rationem formalem. Unde non est aliquod nomen primae intentionis quod ita significat essentiam praecise quin sem-

eines Begriffs, der einen formalen Gehalt unter Einschluss der modalen Bestimmungen ausdrückt, entspricht der scotischen Interpretation eines conceptus perfectus. Denn ein solcher liegt unter exakt den Bedingungen vor, die
Mayronis als Kennzeichen eines Begriffs erster Intention interpretiert: Ein
formaler Gehalt ist zusammen mit seinen modalen Bestimmungen in einem
Begriff erfasst, der nicht im Sinne einer letzten Abstraktion auf seinen ursprünglichen Gehalt reduziert ist.

Wie diese Deutung zeigt, geht Mayronis von einem sehr weit gefassten
Begriff einer intentio secunda aus. Denn jeder Begriff, der nur einen formalen
Gehalt ausdrückt, so betont Mayronis an verschiedenen Stellen seines Werkes, stellt demnach eine intentio secunda dar,[963] weil aufgrund der metaphysischen Grundstruktur, die Mayronis zugrunde legt, jede formalitas, so sie denn
für sich allein betrachtet wird, grundsätzlich ohne modale Bestimmung zu
denken ist. Begriffe zweiter Stufe können in diesem Sinne als Reflexions-
begriffe verstanden werden, da sie einen Vorgang der Abstraktion voraussetzen, durch den sie als rein formale Prädikate erst hervorgebracht werden.

---

per concernat infinitatem quae est eius modus intrinsecus. FRANCISCUS DE MAYRONIS,
Conflatus, d. 33 q. 3 (Ed. Venetiis 1520), f. 101vb O.

[963] Ad tertium dico quod essentia est ultimate praecisa et etiam ultimate abstracta, intelligendo
de abstractione quae fit per nomina primae intentionis; ratio autem formalis fit per nomina
secundae intentionis, ideo non est simile. FRANCISCUS DE MAYRONIS, Conflatus, d. 10 q. 3
(Ed. Venetiis 1520), f. 57rb H.

Zehntes Kapitel

Das metaphysische Grundkonzept

1 DIE METAPHYSISCHE GRUNDAUSRICHTUNG DES FRANCISCUS DE MAYRONIS

Um die metaphysische Grundausrichtung des Franciscus de Mayronis als ganze in den Blick nehmen zu können, sind zwei Perspektiven zu unterscheiden. Zunächst ist der innere Zusammenhang der im Einzelnen dargelegten Lehrstücke aufzuzeigen und auf die zentralen Grundentscheidungen, von denen Mayronis ausgeht, zurückzuführen. In einem zweiten Schritt ist der übergeordnete Kontext zu vergegenwärtigen, der durch alternative Metaphysikentwürfe bestimmt ist. Diese Betrachtung liefert zugleich einen Ausblick auf die systematische Leistungsfähigkeit des von Mayronis vorgelegten Entwurfs der Metaphysik.

1.1 DER CONCEPTUS ENTIS ALS SUBJEKT DES ERSTEN ZUSAMMENGE- SETZTEN PRINZIPS

Die Metaphysik des Franciscus de Mayronis, so wie sie sich in den Grundzügen im Prolog des *Conflatus* entfaltet, teilt mit der Lehre des Johannes Duns Scotus die Grundoption, dass der ausgezeichnete Gegenstand dieser Wissenschaft, nämlich der Begriff des Seienden als Seiendes, ein univok auszusagendes Prädikat darstellt. Aus dieser grundsätzlichen Entscheidung, die sich für Mayronis aus einer breit angelegten erkenntnis- und wissenschaftstheoretischen Erörterung ergibt, die ihren Ausgang beim primum principium complexum nimmt, resultieren eine Reihe von Detailfragen, die sich allerdings auf zwei Grundprobleme zurückführen lassen: Zum einen die Frage, auf welche Weise sich der conceptus entis auf das unendliche Seiende, nämlich auf Gott, anwenden lässt; und zum anderen die Frage, wie weit die Applikation der ratio entis hinsichtlich der verschiedenen Seinsbereiche des Endlichen reicht. Während sich das erste Problem allein schon aus dem in der Konfrontation von Philosophie und Theologie resultierenden Anspruch an eine kritisch reflektierte Metaphysik ergibt,[964] kann das zweite Problem in der Dringlichkeit, wie es sich für Mayronis stellt, auf die Herausforderung zurückgeführt werden, die durch die von verschiedenen Seiten an der scotischen Position geübte Kritik herbeigeführt wird.

Mit beiden der genannten Problemstellungen sieht sich bereits Duns Scotus selbst konfrontiert, allerdings ziehen seine Lösungsansätze Folgeprobleme nach sich, mit denen sich dann vor allem die Schülergeneration auseinanderzusetzen hat. Auch die grundsätzliche Lösungsstrategie, deren sich Mayronis in erster Linie bedient, ist gegenüber der Lehre des Duns Scotus prinzipiell nicht neu, allerdings in einer bei Scotus selbst noch nicht zu findenden Anwendungsbreite durchgeführt. Sucht man ein einfaches Etikett für die Vorgehensweise des Franciscus de Mayronis, so findet man dies – bei allem Vorbehalt, den man gegenüber solchen Vereinfachungen walten lassen sollte,– am ehesten in der Apostrophierung seiner Methode als einer konsequent angewandten und mit neuen Akzenten versehenen Formalitäten- und Modallehre.

1.2 DIE ERFASSUNG DES ENS INFINITUM

Was das erste der angesprochenen Teilprobleme angeht, gelangt Mayronis in der Anwendung der modalen Interpretation des Gottesbegriffs als eines ens infinitum zu einer Deutung des hiervon univok auszusagenden allgemeinen Begriffs des Seienden als eines quasi generischen Prädikates. Quasi generisch kann der Begriff des Seienden deshalb genannt werden, weil er zwar wie ein Gattungsbegriff ausgesagt wird, und deshalb als generisch bezeichnet werden kann; da dies allerdings nicht im Sinne einer Aussage von einem Art-, sondern von einem Differenzbegriff der Fall ist, ist die Einschränkung auf einen quasi generischen Begriff notwendig.

Mit dieser Interpretation des Gottesbegriffs als eines Differenzbegriffs wendet sich Mayronis von der Möglichkeit ab, Gott primär im Sinne einer Steigerungsform zu denken, wie sie etwa die zusammengesetzten Prädikate eines ens perfectissimum oder eines summum bonum zum Ausdruck bringen. Auf diese Weise ist von vornherein die Möglichkeit ausgeschlossen, den Teilbegriff des Seienden, der in der komplexen Kennzeichnung solcher Steigerungsprädikate enthalten ist, im Sinne eines analog aussagbaren Begriffs zu deuten. Die in den Steigerungsformen enthaltenen Gradabstufungen scheinen nämlich den jeweils zugrundeliegenden Begriff – den des Seienden oder den des Guten – von einer Endgestalt her zu verstehen, so dass jede Verwendung des Begriffs auf einem geringeren Vollkommenheitsniveau, notwendig zu einem defizitären und abgeleiteten Anwendungsfall wird. Verbindet man

---

[964] Vgl. zusammenfassend ZIMMERMANN, A., Ontologie oder Metaphysik. Diskusion über den Gegenstand der Metaphysik im 13. und 14. Jahrhundert. Texte und Untersuchungen, (Recherches de Théologie et Philosophie médiévales. Biblioteca 1), Leuven ²1998, 413-421.

hingegen den Begriff des Seienden mit entsprechenden disjunktiven Differenzprädikaten – wie denen des Endlichen und des Unendlichen –, bleibt die Bedeutungseinheit des conceptus entis grundsätzlich von dieser Verknüpfung unberührt.

Wie im Weiteren dann allerdings deutlich wird, überträgt Mayronis im Rahmen seiner Modalitätenlehre dieses Grundprinzip formaler Invarianz, d.h. inhaltlicher Konstanz von washeitlichen Begriffen bei einer Verbindung mit modalen Prädikaten, von solchen Differenzprädikaten auch auf solche Steigerungsformen, die jeweils bestimmte Gradabstufungen zum Ausdruck bringen. Diese Interpretation erlaubt es Franciscus, dann auch solche Gradabstufungen unter Beibehaltung eines univok aussagbaren Grundbegriffs zu formulieren, so dass die analoge Aussage zwar nicht grundsätzlich ausgeschlossen wird, aber auf jeden Fall auf eine vorausgehende univoke Prädikation verwiesen bleibt. Franciscus rekurriert hierbei auf die scotische Lehre von der quantitas virtutis, die die Grundform abgibt, nach der solche Steigerungsformen unter Beibehaltung eines univoken Grundbegriffs gebildet werden können.

Im Kern ist diese Lösung, die Aussage des conceptus entis von Gott vor dem Hintergrund eines modal interpretierten Gottesprädikates – z.B. ens infinitum – zu deuten, bei Duns Scotus selbst angelegt. Allerdings versteht Scotus diese Aussage der ratio entis vom unendlich Seienden als eine washeitliche Prädikation.[965] Der hierdurch hervorgerufenen Gefahr, Gott als einen Gegenstand zu deuten, von dem der Begriff des Seienden als Gattungsbegriff ausgesagt wird, begegnet Scotus, indem er die Differenz, die der so interpretierte Gottesbegriff in den allgemeinen Begriff des Seienden einträgt, als einen inneren Modus versteht. Auf diese Weise vermeidet es Scotus, die Differenzierung, die durch die entscheidende Hinzufügung des Momentes der Unendlichkeit hervorgerufen wird, im Sinne einer Einteilung und damit Begrenzung der kategorial zu interpretierenden differentia specifica zu deuten. Allerdings bleibt bei Scotus der Begriff des Seienden ein washeitlicher Bestandteil des in dieser Form komplexen Gottesbegriffs.

Mayronis hingegen versteht die Aussage des conceptus entis von Gott als eine denominative, aber nicht akzidentielle Prädikation. Der zusammengesetzte Begriff bildet für Mayronis nicht eine einheitliche ratio formalis, sondern ist in einer letzten Abstraktion auf zwei distinkte Gehalte zurückführbar, die von ihrer prädikativen Struktur grundlegend verschieden sind: nämlich der washeitliche Gehalt des Seienden und die modale Bestimmung des Unendlichen. Beide Teilbestimmungen sind aber nicht wie essentielle Teile zusammengesetzt, so dass die Möglichkeit ausgeschlossen ist, den einen, nämlich den des Seienden, washeitlich vom Gesamtbegriff, nämlich dem eigentlichen Gottesbegriff „ens infinitum", auszusagen. Die metaphysische Grundstruktur, die sich in der grundlegenden Differenz von Formalität und Modus

965 Vgl. JOHANNES DUNS SCOTUS, Ord. I d. 3 p. 1 q. 3 nn. 137 (Ed. Vat. III), 85.

offenbart, führt für Mayronis, anders als für Scotus, in letzter Konsequenz dazu, die quidditative Prädikation des conceptus entis von Gott auszuschließen.

1.3 DIE ERFASSUNG DES ENS FINITUM

Das zweite grundlegende Problem, das sich aus der univoken Anwendung der ratio entis auf den Bereich des Endlichen ergibt, betrifft die Möglichkeit, einen einheitlichen Begriff des Seienden von den Teilbestimmungen auszusagen, die den Bereich des endlich Seienden im Sinne einer vollständigen Disjunktion einteilen. Hierbei zeichnen sich zwei Teilprobleme ab, deren Beantwortung wiederum im wesentlichen auf der von Mayronis entwickelten Formalitäten- und Modallehre beruht.

Das erste dieser Teilprobleme betrifft die Frage, inwieweit es möglich ist, die ratio entis univok vom real und gedacht Seienden auszusagen. Das Verdikt des Duns Scotus, das diese Möglichkeit ausschließt,[966] zusammen mit den ontologischen Restriktionen, wie sie die von Wilhelm von Ockham vertretene Beschränkung des Realen auf die Gattungen der Substanz und der Qualität bedeutet,[967] führt zusammen mit den sich aus der scotischen Transzendentalienlehre ergebenden Konsequenzen[968] zu einer Zuspitzung des Problems. In seiner allgemeinsten Form besteht dieses Problem in der Schwierigkeit, den Gegenstandsbereich der Metaphysik in Übereinstimmung zu bringen mit dem Umfang dessen, was als mögliches Erkenntnisobjekt des endlichen Verstandes in Betracht kommt. Insofern die Gedankendinge nicht nichts sind und deshalb unter einen weitgefassten Begriff des Seienden fallen, wird die Frage virulent, inwieweit die Metaphysik, die ihrem Anspruch nach die allgemeinen Bestimmungen alles vom Verstand Erkennbaren umfasst, ihren Status als Realwissenschaft wahren kann, ohne den Inhalt ihres eigentümlichen subiectum gegenüber dem ersten Gegenstand des Verstandes einschränken zu müssen. Während Mayronis in Übereinstimmung mit Scotus alle diejenigen entia rationis, die ausschließlich auf eine Tätigkeit des Verstandes zurückgehen, von den univok im Begriff des Seienden als solchen erfassbaren Gegenständen und damit aus dem Bereich der Metaphysik ausschließt, unterzieht er die intentiones secundae in ihrem Verhältnis zur Metaphysik einer ganz anderen Beurteilung.

Die Begriffe zweiter Stufe gehen zwar einerseits auf eine Tätigkeit des reflektierenden Verstandes zurück, zeichnen sich aber auf der anderen Seite durch einen objektivierbaren Inhalt aus, der als solcher vom abstrahierenden Verstand erfasst werden kann. In dieser zweiten Hinsicht, so das Ergebnis der eingehenden Untersuchung in *Quodl.* VII und *Conflatus* Prol. q. 10, fallen die

---

[966]   Vgl. Kap. 7 § 1.2.
[967]   Vgl. Kap. 7 § 2.1.
[968]   Vgl. Einleitung § 1.7.

entia rationis, vor allem die intentiones secundae, die Duns Scotus hiervon noch ausdrücklich ausgeschlossen hatte, unter einen univok aussagbaren Begriff des Seienden, so dass ihrer Subsumtion unter den Gegenstandsbereich der Metaphysik nichts im Wege steht. Der Hintergrund für diese Deutung der entia rationis, die Mayronis gibt, besteht darin, diese Begriffe auf ihren formalen Gehalt hin zu interpretieren. Dies bedeutet, dass von all dem abstrahiert wird, was nicht selbst zum formalen Gehalt solcher Begriffe gehört. Damit bedient sich Mayronis eines Verfahrens, zwischen formalem Gehalt und modaler Bestimmung zu unterscheiden, das ihm auch den Schlüssel in die Hand gibt, das zweite Teilproblem hinsichtlich der Univokationsthese in Bezug auf das endliche Seiende zu lösen.

Neben der Unterscheidung von real und gedacht Seiendem ist das Endliche durch die disjunktiven Differenzen von Absolutem und Relationalem; von Substanz und Akzidens oder auch von Akt und Potenz gekennzeichnet, woraus wiederum die Schwierigkeit resultiert, ob diese Differenzen, da sie doch als unmittelbare Einteilungsmomente des Seienden aufzufassen sind, noch durch einen einheitlichen Begriff erfasst werden können. Gerade weil es sich bei diesen Differenzmomenten um Begriffe handelt, die aufgrund ihrer unmittelbaren Entgegensetzung als Anwendungsfall des Widerspruchsprinzips zu betrachten sind, scheint die Möglichkeit ausgeschlossen, diese einem gemeinsamen, in einer einheitlichen Bedeutung auszusagenden Prädikat zuzuordnen.

Der hieraus resultierenden Infragestellung der Univokationsthese begegnet Franciscus de Mayronis durch eine exakte Differenzierung des begriffslogischen Status, der auf die disjunktiven Begriffspaare einerseits und den conceptus entis andererseits zutrifft. Die entscheidende Differenz, um die es hierbei geht, ist wiederum die, die zwischen den als innere Modi zu interpretierenden Disjunktionsbegriffen auf der einen Seite und dem in seinem formalen Gehalt hiervon zu unterscheidenden Begriff des Seienden auf der anderen Seite besteht. Entscheidend für die Wahrung der Univokationsthese ist die Annahme, dass die modalen Bestimmungen grundsätzlich keine Veränderung der formalen Begriffe implizieren, denen sie als nähere Kennzeichnungen zukommen. Aus diesem Grund wird der einheitliche Begriff des ens inquantum ens durch die hinzutretenden und als modale Kennzeichnungen zu verstehenden Disjunktionen nicht aufgehoben.

Im Ergebnis gelingt es Mayronis, hinsichtlich der verschiedenen Teilprobleme unter Bezugnahme auf die genannten begriffslogischen Differenzierungen an der univoken Aussagbarkeit des conceptus entis als dem zentralen metaphysischen Grundbegriff festzuhalten. Fragt man wiederum nach dem fundamentalen Prinzip, das den von Mayronis herausgestellten begriffslogischen Strukturen zugrunde liegt, wird man unweigerlich auf eine Grundannahme stoßen, die man mit dem modernen Prädikat eines noetisch-noematischen Parallelismus belegen kann. Die hiermit unterstellte Isomorphie von Begriff und zu Begreifendem erlaubt Mayronis eine wechselseitige Übertragung der Strukturen des Erfassten auf das zu Erfassende und umgekehrt.

Kann der Verstand auf der einen Seite in einem Abstraktionsprozess das eine ohne das andere, etwa einen formalen Gehalt ohne die konkrete Instantiierung, erfassen, so kann man nach dem genannten Prinzip auf eine Distinktheit der jeweiligen Gehalte schließen, die nicht erst durch den Verstand bewirkt, sondern bereits in der Natur der Sache grundgelegt ist. Auf der anderen Seite wird etwas nur dann unter Aufrechterhaltung eines Wahrheitsanspruches erfasst, wenn es so erfasst wird, wie es aufgrund der zu begreifenden Natur der Sache angemessen ist. Wer den allgemeinen Begriff des Seienden nicht als distinkt gegenüber den Begriffen eines endlichen oder eines unendlichen Seienden erfasst, begreift in Wirklichkeit nicht den Begriff des Seienden als das, was er ist, nämlich als indifferent gegenüber den hinzutretenden Bestimmungen des Endlichen und des Unendlichen. Trotz der genannten Indifferenz bringt aber der Begriff des Seienden einen bestimmten Gehalt, nämlich eine ratio praecisa zum Ausdruck – wie Mayronis vor allem gegen die von Petrus Aureoli vertretene Auffassung hervorhebt –,[969] ohne deren Unterstellung die fundamentale Differenz des allein formal betrachteten Begriffs des ens inquantum ens von dem modal bestimmten Konzept nicht möglich wäre.

1.4 Die ratio entis zwischen Einheit und Differenz

Als Subjekt des ersten Prinzips spiegelt sich im Begriff des Seienden als solchen eine Grundstruktur wider, nach der Wirklichkeit im Medium des Begriffs überhaupt erfasst wird. Der Begriff des Seienden als solchen wird in der Interpretation, die ihm Franciscus de Mayronis im Prolog des *Conflatus* gibt, nicht nur zum Brennpunkt, an dem sich das für die Erkenntnis der Wirklichkeit konstitutive Zusammenspiel von Einheit und Differenz zeigt. Vielmehr konstituiert sich in diesem Begriff die fundamentale Struktur, die jedes Begreifen als ein Begreifen von etwas kennzeichnet. Eine begrifflich strukturierte Erfassung von Welt im weitesten Sinne, so das zentrale Ergebnis der Untersuchung, die Mayronis in den ersten Quaestiones seines überarbeiteten Sentenzenkommentars vorlegt, ist unter Einschluss aller Bereiche, vor allem der des unendlichen Seienden und des gedacht Seienden, nur dadurch möglich, dass Differentes auf eine vorgeordnete Einheit – das Göttliche und das Kreatürliche ebenso wie das Reale und das bloß Gedachte auf den unbestimmten Begriff des Seienden als solchen – bezogen wird.

Das Moment der Differenz kommt für Mayronis aber nicht nur aufgrund des Hinzutretens zweier distinkter und im engeren Sinne disjunkter Teilbestimmungen zu einem ursprünglich in seiner Indifferenz erfassten Begriffsgehalt in den Blick. Differenz ergibt sich nämlich auch, indem ein ursprünglicher Begriffsgehalt durch die weitere Angabe entsprechender Gradabstufungen und Vollkommenheitsebenen unterschieden wird. Auch das im

---

[969]   Vgl. Kap. 6 § 2 – 2.2.

Sinne des Gradunterschiedes Differente ist als solches nur zu erfassen auf der Grundlage eines gemeinsam geteilten Begriffs, als dessen Graduierungen dann das so Unterschiedene erfassbar wird.

Die damit verbundenen Verhältnisse spiegeln sich in entsprechenden begriffslogischen Strukturen wider. Der univok prädizierbare Begriff geht aus diesem Grund jeder analogen Aussage voraus. Jeder univoke Begriff kann aber selbst wieder zum Differenten werden, wenn ihm Begriffe gegenübergestellt werden, die sich vom ersten hinreichend unterscheiden. Das ist genau dann der Fall, wenn es sich um rationes praecisae, d.h. im strengen Sinne distinkte Sinngehalte handelt. Aber um das Distinkte auch als solches erfassen zu können, ist wiederum ein übergeordneter Begriffsgehalt anzunehmen auf den hin, sich das Distinkte unterscheidet. So sind die Begriffe des Belebten und des Unbelebten einerseits für sich betrachtet einheitlich und jeweils univok prädizierbar, untereinander sind sie andererseits distinkt. Als distinkte Bestimmungen treten sie allerdings nur in Bezug auf ein gemeinsam zu differenzierendes Moment, nämlich den übergeordneten Begriff z.B. der weder als belebt noch als unbelebt gekennzeichneten Substanz auf. Im Fall des graduell Differenten, wie es sich etwa sprachlich in der Anwendung von komparativischen und superlativischen Formulierungen ausdrückt, ist immer der einheitliche Begriff der positiven Normalform für den jeweils implizierten Vergleich der Ausgangspunkt.

Soll dieser Prozess der Verwiesenheit grundsätzlich abschließbar sein, muss notwendig ein erster Begriff angenommen werden, der als fundamentale Einheit jeder weiteren Unterscheidung zugrunde liegt. Es müssen aber auch erste Differenzmomente angenommen werden können, die ihrerseits inhaltlich nicht wieder auf die formal zu deutenden Begriffe verweisen. Die Lösung, die Mayronis für diese Problemlage in Fortführung der Lehre des Johannes Duns Scotus entwickelt, ist die, mit zwei ontologischen Grundgrößen zu operieren: den quidditativen Begriffsgehalten und den modalen Bestimmungen, wobei letztere einerseits als disjunktive Kennzeichnungen, andererseits im Sinne der Grundform einer quantitas virtutis als Gradabstufungen interpretiert werden können. Formale Begriffe und modale Bestimmungen strukturieren in einer nicht weiter zurückführbaren Weise das Denken von Einheit und Differenz.

2 Die Stellung der Metaphysik des Franciscus de Mayronis

Wie ist das Verhältnis der von Franciscus de Mayronis entworfenen Metaphysik gegenüber anderen wirkungsgeschichtlich bedeutsamen Konzeptionen zu bewerten? Nach seinem ausdrücklichen Selbstverständnis betrachtet Franciscus de Mayronis sich selbst eher als Platoniker, denn als Aristoteliker. Gerade in der von Mayronis als boshaft zurückgewiesenen Platonverurteilung hat sich Aristoteles als der schlechteste aller Metaphysiker (pessimus metaphysicus) erwiesen, wenngleich er den Titel des besten Naturphilosophen durch-

aus zu Recht trägt.[970] Insbesondere die Fehldeutung der platonischen Ideenlehre steht für Mayronis bei seiner Verurteilung des Aristoteles im Vordergrund. Gerade hinsichtlich dieser Frage lässt sich aber zeigen, dass dem ex-
pliziten Selbstverständnis des Franciscus eine Platondeutung zugrunde liegt,
die diesen im Sinne der sich herausbildenden scotistischen Schultradition
interpretiert. In dieser Linie versteht Franciscus die platonische Ideenlehre
mehr in Anlehnung an die scotistische Formalitätenlehre, als dass er sie unter
den Anspruch einer überzeitlichen und interessenlosen Platoninterpretation
zu stellen versucht.[971] Allerdings ist diese Deutung des Platon, wie Mayronis
ausdrücklich betont, durchaus angemessen und nicht ineins zu setzen mit der
groben Missdeutung, mit der Aristoteles seinem einstigen Lehrer begegnet.
Die systematische Verwandtschaft einer zumindest platonisch inspirierten
Theorie der eidetischen Gehalte und Strukturprinzipien[972] mit der von Mayronis entwickelten Formalitätenlehre gilt aus Sicht des Scotusschülers als
ausgemacht.

Gleichwohl ist der metaphysische Grundansatz des Mayronis weder mit
der aristotelischen Substanzontologie kompatibel, noch fußt er auf den
Grundannahmen einer platonischen Urbild-Abbild Struktur oder einer neu-
platonischen Emanationslehre. Auch der Versuch, die aristotelischen Grund-
elemente der Metaphysik mit den platonisch-neuplatonischen Fundamental-
prinzipien zu verbinden, wie dies Thomas von Aquin im Entwurf seiner Partizipationsmetaphysik in besonderer Weise tut, ist dem Unternehmen, das
Franciscus verfolgt, selbst fremd. Weder spielen die Prinzipien von Form und
Materie eine grundlegende Rolle, noch findet der Emanationsgedanke – bei
aller Vorliebe für einen Denker wie Dionysius Areopagita, die Mayronis
immer wieder offen bekennt, – Eingang in die metaphysische Grundstruktur
seines Denkens, noch kommt dem Partizipationsgedanken und der damit
zusammenhängenden Analogielehre eine zentrale Bedeutung zu. Der für
Thomas so zentrale Begriff des Seins schließlich findet – zumindest in der
thomanischen Deutung vom Aktualsein und damit letztlich von einem Ersten
her, das als reiner Akt zu verstehen ist, – ebenfalls keine weitergehende Anwendung in der Metaphysik des Franciscus de Mayronis. Damit scheidet

---

[970] Hierzu und zum Folgenden vgl. MÖHLE, H., Aristoteles, pessimus metaphysicus. Zu einem
Aspekt der Aristotelesrezeption im 14. Jahrhundert, in: Die Anfänge der Aristotelesre-
zeption im lateinischen Mittelalter, Aris M.-A., Dreyer M., Honnefelder L., Wood R. (Hg.),
Münster 2005, 727-774.

[971] Tunc sequitur prima conclusio quod idea et formalitas sunt penitus idem quia sic est
diffinita formalitas, ut patuit. FRANCISCUS DE MAYRONIS, Ab Oriente d. 35, a. 1, ed. H.
Möhle, in: MÖHLE, H., Aristoteles, 758-776, lin. 28-29. Hierzu vgl. FRANCISCUS DE
MAYRONIS, Conflatus, d. 47 q. 3 (Ed. Venetiis 1520), f. 134ra B - 134vb N.

[972] In diese Richtung weist etwa die Interpretation des platonischen Phaedon bei H. Wagner,
vgl. WAGNER, H., Platos Phaedo und der Beginn der Metaphysik als Wissenschaft (Phaedo
99D - 107B), in: Kritik und Metaphysik. Studien, Heinz Heimsoeth zum achtzigsten Geburtstag, Berlin 1966, 363-382, wieder abgedruckt in: WAGNER, H., Kritische Philosophie,
Bärthlein K., Flach W. (Hg.), Würzburg 1980, 175-189.

auch der Kausalitätsleitfaden als zentrales Strukturprinzip der Metaphysik weitgehend aus.

Mit Johannes Duns Scotus teilt Mayronis deshalb die Ablehnung jeden Versuchs, die Metaphysik als eine Wissenschaft zu konzipieren, deren primär bestimmender Gegenstand ein in irgendeiner Weise ausgezeichnetes Seiendes ist. Die radikale Ablehnung jedes privilegierten und übernatürlichen Erkenntniszugangs, d.h. jegliche Unterstellung eines Gottesgesichtspunktes, zusammen mit der Abkehr von jedem den Univokationsgedanken ersetzenden Partizipations- und Analogiedenken sowie der restriktiven Haltung gegenüber dem Kausalitätsprinzip als grundlegendem metaphysischen Erklärungsgrund führt Franciscus de Mayronis, wie schon eine Generation zuvor Johannes Duns Scotus, dazu, die Metaphysik von allen onto-theologischen Ansätzen zu befreien. Stattdessen steht die Metaphysik bei Franciscus unter dem Anspruch, eine Analyse der fundamentalen Prinzipien zu leisten, die die Möglichkeit der grundsätzlichen Einsehbarkeit aller dem endlichen Verstand potentiell zugänglichen Gegenstände betreffen. Metaphysik lässt sich in dieser Perspektive als erste Wissenschaft nur dadurch ausweisen, dass sich zeigen lässt, in welcher Weise sie die allgemeinsten Begriffe zum Gegenstand hat, die notwendig in jeder konkreten Bestimmung, die unser natürliches Erkenntnisvermögen von einem beliebigen Gegenstand gewinnen kann, vorausgesetzt werden.

Um dies leisten zu können, wird Metaphysik notwendigerweise Erkenntniskritik, d.h. Reflexion darauf, unter welchen Bedingungen eine natürlich beschränkte – weil dem endlichen Menschen zugehörende – Erkenntnis all desjenigen möglich ist, das als ein an sich Einsehbares (per se intelligibile) und damit potentiell Erkennbares zu gelten hat. Eine am Paradigma der natürlichen Arten orientierte Substanzontologie kann dies aufgrund der Beschränkung auf das endliche Seiende ebenso wenig leisten, wie dies eine Partizipationsmetaphysik aufgrund der Verwiesenheit auf ein ausgezeichnetes Seiendes, das in dieser Form die natürlichen Erkenntnisgrenzen übersteigt und das tatsächlich Erkennbare grundsätzlich im Modus der Uneigentlichkeit belässt, erbringen kann.

Die Grundausrichtung der Metaphysik als einer Erkenntniskritik wird aber bei Mayronis noch dadurch zugespitzt, dass nicht nur nach der Möglichkeit entsprechender Grundbegriffe gefragt wird, die sich als für jede Erkenntnis konstitutiv erweisen. Vielmehr wird darüber hinaus jede mögliche Erkenntnis nur insofern tatsächlich als Erkenntnis anerkannt, als sie auf ein einziges Grundprinzip zurückgeführt werden kann, das als notwendige Bedingung jeder Möglichkeit von Erkennen gelten kann. Diesen Schritt, der letztlich zu einem Verständnis der Metaphysik als einem streng geordneten System führt, tut Franciscus de Mayronis, indem er deutlich über die Konzeption des Johannes Duns Scotus hinausgeht. Auf diese Weise nimmt Mayronis die erkenntniskritische Grundintention des Duns Scotus auf, radikalisiert diese aber dadurch, dass er der Metaphysik die Aufgabe einer systematisch geschlossenen Reflexion der Bedingungen und der Grenzen des menschlichen Erkenntnisvermögens zuweist.

Das von Mayronis in seiner zweifachen Auslegung als Prinzip vom ausgeschlossenen Dritten und Prinzip vom auszuschließenden Widerspruch interpretierte primum principium complexum bildet die logische Tiefenstruktur einer jeden Wissenschaft. Die Metaphysik leistet die begriffliche Entfaltung dieses Prinzips, das jeder Sprach- und Erkenntnistätigkeit und damit um so mehr jeder wissenschaftsfähigen Feststellung zugrunde liegt. Handelt es sich einerseits zunächst um ein rein logisches Prinzip, so zeigt die Deutung, die Franciscus de Mayronis hiervon entfaltet, dass weder Metaphysik und Logik auseinanderfallen, noch Metaphysik in Logik aufgeht. Dieser Interpretation liegt die Grundannahme eines noetisch-noematischen Parallelismus zugrunde, den Franciscus – und hierin liegt wohl der Hauptabstoßungspunkt gegenüber jeder nominalistischen Deutung – in konsequenter Weise vertritt. Diese Isomorphie von zu begreifendem Seienden auf der einen und dem Begriffenen auf der anderen Seite lässt Metaphysik in einem eminenten Sinne Onto-Logie sein. Der metaphysische Grundansatz des Franciscus zielt also auf eine Strukturanalyse alles Seienden im weitesten Sinne, insofern es als ein möglicher Gegenstand menschlicher Erkenntnis in Frage kommt. Dieser Feststellung entspricht die Annahme, dass das menschliche Erkennen von Abstraktionsvorgängen bestimmt ist, die zu einer begrifflichen Grundstruktur führen, die prinzipiell nicht beliebig ist, sondern dem Seienden selbst korrespondiert.

Ohne dass Mayronis selbst die Möglichkeit andeutet, dass dem Erkenntnisvermögen über die genannte Isomorphie hinaus auch eine konstitutive Funktion der begrifflichen Grundstrukturen unserer Erkenntnisprozesse zukommt – wie dies später Immanuel Kant betont –, so lassen sich doch die Anknüpfungspunkte erkennen, an denen eine solche Interpretation bei Mayronis anzusetzen hätte, nämlich an der Differenz von washeitlichem Gehalt und innerem Modus sowie an der Theorie der Begriffe zweiter Stufe. Wird ein quidditativer Gehalt jeweils für sich erfasst, kommt die Erkenntnis eines vollbestimmten Inhaltes, der sowohl den quidditativen Begriff wie auch dessen modale Bestimmungen umfasst, erst im Urteil des Verstandes zustande. Dieser Prozess wird von Mayronis zwar nicht in seiner Genese beschrieben, gleichwohl werden die hierfür konstitutiven Glieder quasi auf regressive Weise als Ergebnisse eines im Einzelnen nachgezeichneten Abstraktionsvorgangs verdeutlicht und damit in ihrer für jede Konstitutionsordnung notwendigen Heterogenität erkennbar.

Der von Mayronis besonders beachtete Bereich der Intentionen zweiter Stufe, umfasst der Sache nach die Grundbegriffe und Prinzipien, die nicht unmittelbar sachbezogen sind wie die kategorialen Termini, sondern zur Strukturierung des Sachhaltigen selbst beitragen, damit es als solches im Einzelnen erfassbar wird. Dass diese Begriffe einen grundsätzlich anderen Status haben als die Begriffe erster Stufe, gilt zwar als philosophischer Gemeinplatz, gleichwohl ist die Aufwertung, die diese Klasse von Begriffen bei

Mayronis erhält, für die Metaphysik als Wissenschaft von ganz erheblicher Bedeutung. Die das Erkennen zwar nicht inhaltlich bestimmenden, aber hinsichtlich seiner formalen Konstitution strukturierenden Begriffe, sind nämlich bei Mayronis keine bloßen Gedankendinge mehr, die aus dem Bereich der Metaphysik auszuschließen sind. Vielmehr haben auch diese Begriffe jeweils einen formalen Gehalt, so dass sie als solche durchaus real sind und deshalb in den Bereich einer alles Erkennbare umfassenden Metaphysik hinein gehören.

Dass diese Begriffe real sind, bedeutet für Mayronis eben nicht mehr, dass sie extramental wirklich oder in dem Sinne real sind, dass sie einem subjektiven Vermögen, das primär als real verstanden wird, inhärieren. Vielmehr sind sie insofern real, als sie einen formalen Gehalt zum Ausdruck bringen, der zwar nicht unmittelbar auf die extramentale Wirklichkeit bezogen ist, der aber reale Strukturen beschreibt, mit denen sich der erkennende Verstand auf die Mannigfaltigkeit der äußeren Wirklichkeit bezieht. Mit dieser Deutung der intentiones secundae und ihrer Interpretation als transzendentalen Prädikaten ist eine Konsequenz innerhalb der Lehre von den Transzendentalien vollzogen, wonach die als Transzendentalwissenschaft verstandene Metaphysik nicht nur die Möglichkeit des kategorialen Sprechens überschreitet, sondern gerade die Begriffe und Prinzipien zum Gegenstand der Untersuchung macht, die für jedes Erkennen als solches, unabhängig vom konkreten Erkenntnisobjekt, konstitutiv sind. Damit ist der Weg für ein Metaphysikverständnis bereitet, das die Kluft zwischen mittelalterlicher und neuzeitlicher Transzendentalwissenschaft weitgehend schließt.

Literaturverzeichnis

Handschriften

Assisi, Conv. 149

Florian St., cod. XI 138

Koblenz, Landeshauptarchiv, Abt. 701 Nr. 228

Krakau, Jagell. cod. 1306

Kues, Hosp. Cues Nr. 67

Mailand, Ambrosiana, I 148 INF

Marseille, bibl. mun. 256

München, Bayerischen Staatsbibliothek Clm 26309

München, Bayerischen Staatsbibliothek Clm 8717

München, Bayerischen Staatsbibliothek Clm 8854

Neapel, bibl. naz. VIII-F-17

Oxford, Magdalen, lat. 80

Oxford, Merton College, MS 61

Padua, Bibl. Univers. MS 1258

Paris, bibl. nat. 15871

Rom, Vat. lat. 4385

Rom, Vat. lat. 894

Rom, Vat. lat. 896

Rom, Vat. lat. Borgh. 123

Troyes, bibl. mun. 995

Wien, Staatsbibliothek, cod. 1494

QUELLEN

ALBERTUS MAGNUS, De quinque universalibus (Ed. Colon. 1.1), ed. M. Santos Noya, Münster 2004

- Metaphysica (Ed. Colon. 16.1-2), ed. B. Geyer, Münster 1960-1964

- Peri hermeneias (Ed. Borgnet I), Paris 1890

- Summa Theologiae (Ed. Colon. 34.1), ed. D. Siedler, Münster 1978

ALEXANDER VON ALESSANDRIA, Utrum in una et eadem re simplici possint includi diversae formalitates sive diversa esse quidditativa (Ed. Jansen), ed. B. Jansen, in: JANSEN, B., Beiträge zur geschichtlichen Entwicklung der distinctio formalis, in: Zeitschrift für katholische Theologie 53 (1929), 317-344, 517-544, 538-543

ANFREDUS GONTERI, I Sent. d. 34 q. 3 (Ed. Doucet), ed. V. Doucet, in: DOUCET, V., Der unbekannte Skotist des Vaticanus lat. 1113 Fr. Anfredus Gonteri O.F.M. (1325), in: Franziskanische Studien 25 (1938), 201-240, 227-239

ANSELM VON CANTERBURY, Monologion (Opera omnia I), ed. F. S. Schmitt, Stuttgart-Bad Cannstadt 1968

- Proslogion (Opera omnia I), ed. F. S. Schmitt, Stuttgart-Bad Cannstadt 1968

ANTONIUS ANDREAE, Quaestiones subtilissimae super duodecim libros metaphysicae Aristotelis (Ed. Venetiis 1481), Vendig 1481 (ohne Foliozählung)

- Quaestiones subtilissimae super duodecim libros metaphysicae Aristotelis (Ed. Venetiis 1487 sive 1495), Vendig 1487 od. 1495 (ohne Foliozählung)

ARISTOTELES, De interpretatione (Arist. Lat. II 1-2), ed. L. Minio-Paluello et G. Verbeke, Brügge/Paris 1965

- Metaphysik (Opera), ed. I. Bekker, Berlin 1831

AUGUSTINUS, A., De diversis quaestionibus 83 (CCSL 44A), ed. A. Mutzenbecher, Turnhout 1975

- De Trinitate (CCSL 50-50A), ed. W. J. Mountain, Turnhout 1968

AVICENNA, Philosophia prima (Avic. Lat.), ed. S. van Riet, Leiden 1977-1980

BOETHIUS, A.M.S., Commentarium in librum Aristotelis Peri Hermeneias. Secunda editio (Ed. Meiser), ed. C. Meiser, Leipzig 1880

– De syllogismo hypothetico (PL 64), ed. J.-P. Minges, Paris 1891

BROUDIN, ANTONIUS, Armamentarium Theologicum Ad mentem Doctoris
Subtilis in quatuor Deambulacra distinctum, Prag 1676

BRULEFER STEPHAN, Tractatus formalitatum, in: Quinque illustrium auctorum Formalitatum Libelli, Venedig 1588

DESCARTES, RENÉ, Principia philosophiae (Œuvres, ed. Adam et Tannery
VIII), Paris 1905, (Nachdruck 1996)

DOVETUS, JOHANNES, Formalitatum doctoris subtilis Scoti, Ant. Sirecti,
Antonii Trombetae, et Stephani Bruliferi Monotessera. Venedig 1587

DUPASQUIER, SEBASTIAN, Summa philosophiae scholasticae et scotisticae in
quatuor partes scripta, et digesta breviter, et clare. Tomus II. Metaphysica, Patavia 1705

FRANCISCUS DE MAYRONIS, Ab Oriente d. 35, ed. H. Möhle, in: MÖHLE,
H., Aristoteles, pessimus metaphysicus. Zu einem Aspekt der Aristotelesrezeption im 14. Jahrhundert, in: Die Anfänge der Aristotelesrezeption im lateinischen Mittelalter, Aris M.-A., Dreyer M., Honnefelder
L., Wood R. (Hg.), Münster 2005, 756-774, erscheint demnächst

– Ab Oriente, (Padua, Bibl. Univers. MS 1258, Rom, Vat. lat. 896)

– Disputatio collativa, ed. J. Barbet, in: BARBET, J., François de Meyronnes – Pierre Roger, Disputatio (1320-1321) (Textes Philosophiques
du Moyen Âge 10), Paris 1961

– Flores Dionysii, Declaratio punctorum difficilium in libris Dionysii De
mystica theologia, ed. G. Alliney, in: ALLINEY, G., Francesco di Meyronnes e lo pseudo-Dionigi. I Flores Dionysii sul primo capitolo del De
Mystica theologia, in: Chemins de la Pensée Médiévale, Bakker P.
(Hg.) (Textes et Études du Moyen Âge 20), Turnhout 2002, 255-288,
279-288

– In primum Sententiarum (Ed. Venetiis 1520), Venedig 1520, (Nachdruck: Frankfurt a.M. 1966) [Conflatus]

– In quartum Sententiarum (Ed. Venetiis 1520), Venedig 1520, (Nachdruck: Frankfurt a.M. 1966) [Sent.IV]

– Quaestiones Quodlibetales (Ed. Venetiis 1520), Venedig 1520, (Nachdruck: Frankfurt a.M. 1966) [Quodl.]

– Scriptum super primum librum Sententiarum, Treviso 1476

– Tractatus de esse essentiae et existentiae, in: Lanský, M., Mašek, R.,
Novák, L., Sousedík, St., Franciscus de Mayronis OFM. Tractatus de

esse essentiae et existentiae (Studia Neoaristotelica 2), 2005, 277-322, 283-322

– Tractatus de notitia intuitiva, ed. G.J. Etzkorn, in: ETZKORN, G.J., Franciscus de Mayronis. A Newly Discovered Treatise on Intuitive and Abstractive Cognition, in: Franciscan Studies 54 (1994-1997), 15-50, 21-50

– Tractatus de summa trinitate (St. Florian, cod. XI 138, f. 52ra-78rb)

– Tractatus de Transcendentibus (Ed. Möhle), ed. H. Möhle, in: MÖHLE, H., Der Tractatus de Transcendentibus des Franciscus de Mayronis (Recherches de Théologie et Philosophie médiévales. Biblioteca 7), Leuven 2004, 105-168

– Tractatus de univocatione (Ed. Venetiis 1520), Venedig 1520, (Nachdruck: Frankfurt a.M. 1966)

– Tractatus primi principii complexi, (Ed. Venetiis 1520), Venedig 1520, (Nachdruck: Frankfurt a.M. 1966)

FRANCISCUS LYCHETUS, Commentaria in Quaestiones Quodlibetales Ioannis Duns Scoti (Ed. Viv. XXV-XXVI), Paris 1895

FRASSEN, CLAUDIUS, Philosophia academica, quam ex selectissimis Aristotelis et Doctoris Subtilis Scoti rationibus ac sententiis. Secunda pars philosophiae, quae est Metaphysica, Tolosa 1676

HEINRICH VON GENT, Quodlibeta (Ed. Badius I-II), Paris 1518, (Nachdruck: Löwen 1961)

– Summa Quaestionum Ordinariarum (Ed. Badius I-II), Paris 1520, (Nachdruck: St. Bonaventure N.Y. 1953)

HEINRICH VON HARCLAY, Utrum pater filius et spiritus sanctus sint unum principium respectu creaturae vel tria, ed. M. G. Henninger, in: HENNIGER, M.G., Henry of Harclay on the Formal Distinction in the Trinity, Franciscan Studies 41 (1981), 250-335, 280-335

HEINRICH VON WERLA, Tractatus de formalitatibus, (Ed. Clasen), in: CLASEN, S., Henrici de Werla, O.F.M. Tractatus de formalitatibus, Franciscan Studies 14 (1954), 311-322 u. 413-442, 413-442

HERINCX, GUILIELMUS, Summa Theologicae Scholasticae et Moralis in quatuor partes distributae pars prima, Antverpen 1660

HERVAEUS NATALIS, Quodlibeta (Ed. Venetiis 1513), Venedig 1513, (Nachdruck: Ridgewood 1966)

– In quatuor libros Sententiarum (Ed. Parisiis 1647), Paris 1647, (Nachdruck: Westmead 1966)

JOHANNES CANONICUS, Super octo libros Physicorum (Ed. Venetiis 1520)

JOHANNES DE BASSOLIS, In primum Sententiarum (Ed. Parisiis 1517), Paris 1517

JOHANNES DUNS SCOTUS, De primo Principio (Ed. Kluxen), ed. W. Kluxen, Darmstadt 1974

–   Lectura in librum primum Sententiarum (Ed. Vat. XVI-XVII), Rom 1960-1966 [Lect. I]

–   Ordinatio. Liber primus (Ed. Vat. II-VI), Rom 1950–1963 [Ord. I]

–   Quaestiones in librum Porphyrii Isagoge (OPh I), ed. R. Andrews, G. Etzkorn, G. Gál, R. Green, T. Noone, R. Wood, St. Bonaventure 1999 [In Porph.]

–   Quaestiones in librum quartum Sententiarum (Ed. Viv. XVI-XXI), Paris 1894 [Ord. IV]

–   Quaestiones Quodlibetales, (Ed. Wad. XII), Lyon 1639 (Nachdruck Hildesheim 1969) [Quodl.]

–   Quaestiones super libros Metaphysicorum Aristotelis (OPh III-IV), ed. R. Andrews, G. Etzkorn, G. Gál, R. Green, F. Kelly, G. Marcil, T. Noone, R. Wood, St. Bonaventure 1997 [In Met.]

–   Quaestiones super librum Elenchorum Aristotelis (OPh II), ed. R. Andrews, O. Bychkov, S. Ebbesen, G. Etzkorn, G. Gál, R. Green, T. Noone, R. Plevano, A. Traver, Washington 2004 [Super Elench.]

–   Quaestiones super Praedicamenta Aristotelis (OPh I), ed. R. Andrews, G. Etzkorn, G. Gál, R. Green, T. Noone, R. Wood, St. Bonaventure 1999 [Super Praed.]

–   Reportata Parisiensia. Liber Primus (Ed. Viv. XXII), Paris 1894 [Rep. par. I]

–   JOHANNES DUNS SCOTUS, Reportatio I A, (Oxford, Merton College MS 61) [Rep. I A]

–   Theoremata (OPh II), ed. M. Dreyer u. H. Möhle, Washington 2004 [Theor.]

JOHANNES LUTTERELL, Libellus contra doctrinam Guilelmi Occam, ed. F. Hoffmann, in: HOFFMANN, F., Die Schriften des Oxforder Kanzlers Iohannes Lutterell. Texte zur Theologie des vierzehnten Jahrhunderts, Leipzig 1959, 3-102

JOHANNES PONCIUS, Philosophiae ad mentem Scoti cursus integer (Ed. Lugduni 1659), Lyon 1659

MASTRIUS DE MELDULA, BARTHOLOMAEUS; BELLUTUS, BONAVENTURA, Philosophiae ad mentem Scoti cursus integer, Tomus quartus continens disputationes ad mentem Scoti in duodecim Aristotelis Stagiritae libros Metaphysicorum, pars prior (Ed. Venetiis 1708), Venedig 1708

– Philosophiae ad mentem Scoti cursus integer, Tomus primus continens disputationes in Aristotelis Logicam (Ed. Venetiis 1708), Venedig 1708

MAURITIUS DE PORTU, Adnotationes ad tractatum formalitatum moderniorum Sirecti, in: SYRECTUS, ANTONIUS, Tractatus Formalitatum Moderniorum de mente Doct. Subt. Scoti, in: Quinque illustrium auctorum Formalitatum Libelli, Venedig 1588

– Adnotationes marginales, in: BRULEFER STEPHAN, Tractatus formalitatum, in: Quinque illustrium auctorum Formalitatum Libelli, Venedig 1588

– Epithomata, in: Quinque illustrium auctorum Formalitatum Libelli, Venedig 1588

NICOLAUS BONETUS, Liber physicorum (Ed. Venetiis 1505) Venedig 1505

– Liber praedicamentorum (Ed. Venetiis 1505) Venedig 1505

– Metaphysica (Ed. Venetiis 1505), Venedig 1505

– Theologia naturalis (Ed. Venetiis 1505) Venedig 1505

PETRUS AUREOLI, Commentarium in primum Sententiarum d. 2 p. 1-2 (Ed. Brown 1964), ed. St. Brown, in: BROWN, ST., The Unity of the Concept of Being in Peter Aureoli's Scriptum and Commentarium, Diss., Louvain 1964, 43-143

– In primum librum Sententiarum (Ed. Romae 1596), Rom 1596

– Quodlibeta sexdecim (Ed. Romae 1605), Rom 1605

– Reportatio Parisiensis in I Sententiarum dist. 2, p. 1, qq. 1-3 et p. 2, qq. 1-2 (Ed. Brown 1995), ed. St. Brown, in: BROWN, ST., Petrus Aureoli: De unitate conceptus entis (Reportatio Parisiensis in I Sententiarum dist. 2, p. 1, qq. 1-3 et p. 2, qq. 1-2), Traditio 50 (1995), 199-248, 209-248

– Scriptum super primum Sententiarum Prol.-D. VIII (Ed. Buytaert I-II), ed. E. M. Buytaert, St. Bonaventure N.Y. 1953-1956

PETRUS HISPANUS, Tractatus (Ed. de Rijk), ed. L.M. de Rijk, Assen 1972

PETRUS THOMAE, Formalitates sive De modis distinctionis (Neapel, bibl. naz., f. 55ra-87vb; Oxford, Magdalen, lat. 80, f. 37ra-67rb; Wien, Staatsbibliothek, cod. 1494, f. 47ra-67rb)

– Quodlibet (Ed. Hooper/Buytaert), ed. M. R. Hooper et E. M. Buytaert, Löwen/Paderborn 1957

PHILIPPUS CANCELLARIUS, Summa de Bono (Ed. Wicki I-II), ed. N. Wicki, Fribourg 1985

PSEUDO-FRANCISCUS DE MAYRONIS, Tractatus Formalitatum (Ed. Nuciarellus), in: Opera varia, ed. Hieronymus Nuciarellus Venedig 1517, f. 21va-27rb

– Tractatus Formalitatum (Ed. Venetiis 1520), Venedig 1520, (Nachdruck: Frankfurt a.m. 1966)

ROBERTUS KILWARDBY, De ortu scientarum (Ed. Judy), ed. A. G. Judy, Oxford 1976

ROGER BACON, Questiones altere supra libros Prime Philosophie Aristotelis (Opera hactenus inedita XI), ed. R. Steele, Oxford 1932

SUÁREZ, FRANCISCO, Disputationes Metaphysicae (Ed. Viv. XXV-XXVI), Paris 1866 (Nachdruck: Hildesheim 1965)

SYRECTUS, ANTONIUS, Tractatus Formalitatum Moderniorum de mente Doct. Subt. Scoti, in: Quinque illustrium auctorum Formalitatum Libelli. Venedig 1588

THOMAS DE SUTTONA, Quaestiones ordinariae (Ed. Schneider), ed. J. Schneider, München 1977

THOMAS VON AQUIN, Quaestiones disputatae de veritate (Ed. Leon. XXII,1-3), Rom 1975-1976

– Scriptum super libros Sententiarum (Ed. Mandonnet), ed. R. P. Mandonnet et M. F. Moos, Paris 1929-1947

WILHELM VON ALNWICK, Determinatio 14 (Ed. Noone), ed. T. Noone, in: NOONE, T. B., Alnwick on the Origin, Nature, and Function of the Formal Distinction, in: Franciscan Studies 53 (1993), 231-261, 246-261

– Quaestiones de quodlibet (Ed. Ledoux), ed. A. Ledoux, Florenz 1937

WILHELM VON OCKHAM, Quodlibeta Septem (OTh IX), ed. J. C. Wey, St. Bonaventure 1980 [Quodl.]

– Scriptum in librum primum Sententiarum. Ordinatio (OTh I-IV), ed. G. Gál, G. Etzkorn, F. Kelly, St. Bonaventure 1967-1979 [Ord. I]

– Summa Logicae (OPh I), ed. Ph. Boehner, G. Gál, St. Brown, St. Bonaventure 1974

WILHELM VON RUBIONE, Disputationes in quatuor libros Magistri Sententiarum, Paris 1517-18

WILHELM VON VAUROUILLON, Quattuor librorum Sententiarum compendium (Ed. Basileae 1510), Basel 1510

AERTSEN, J.A., "Transcendens" im Mittelalter: Das Jenseitige und das Gemeinsame, in: Recherches de Théologie et Philosophie médiévales 73,2 (2006), 291-310

– Die Umformung der Metaphysik. Das mittelalterliche Projekt der Transzendentalien, in: Brachtendorf, J. (Hg.), Prudentia und Contemplatio. Ethik und Metaphysik im Mittelalter, Paderborn 2002, 89-106

– Medieval Philosophy and the Transcendentals. The Case of Thomas Aquinas (Studien und Texte zur Geistesgeschichte des Mittelalters 52), Leiden 1996

– The Medieval Doctrine of the Transcendentals. New Literature, in: Bulletin de Philosophie Médiévale 41 (1999), 107-121

– Transzendental II, in: Historisches Wörterbuch der Philosophie 10, Darmstadt 1998, col. 1360-1365

– „Res" as Transcendental. Its Introduction and significance, in: Frederici Vescovini G. (Hg.), Le problème des transcendantaux du XIVe au XVIIe siècle, Paris 2002, 139-156

ALLINEY, G., Francesco di Meyronnes e lo pseudo-Dionigi. I Flores Dionysii sul primo capitolo del De Mystica theologia, in: Chemins de la Pensée Médiévale, Bakker P. (Hg.) (Textes et Études du Moyen Âge 20), Turnhout 2002, 255-288

AMORÓS, L., Hugo von Novo Castro O.F.M. und sein Kommentar zum ersten Buch der Sentenzen, in: Franziskanische Studien 20 (1933), 177-222

ANDERSEN, C.A., "Darge, R., Suárez' transzendentale Seinsauslegung und die Metaphysiktradition", in: Philosophisches Jahrbuch 112,2 (2005), 441-443

BARBET, J., François de Meyronnes – Pierre Roger, Disputatio (1320-1321) (Textes Philosophiques du Moyen Âge 10), Paris 1961

– Un Témoin de la discussion entre les écoles scotiste et thomiste selon François de Meyronnes, in: De doctrina Ioannis Scoti. Acta Congressus Scotisti Internationalis Oxonii et Edinburgi 11-17 sept. 1966 celebrati. Vol. IV: Scotismus decursu saeculorum, Rom 1968, 21-33

BARTH, T., Die Grundlage der Metaphysik bei Duns Scotus: Das Sein der Synthese von Gemeinsamkeit und Verschiedenheit, in: Wissenschaft und Weisheit 27 (1964), 211-228

–   Zum Problem der Eindeutigkeit. Ein Beitrag zum Verständnis ihrer Entwicklung von Aristoteles über Porphyrius, Boethius, Thomas von Aquin nach Duns Skotus, in: Philosophisches Jahrbuch 55 (1942), 300-321

BECKMANN, J.P., Die Relationen der Identität und Gleichheit nach Johannes Duns Scotus, Bonn 1967

BERUBE, C., La première École Scotiste, in: Preuve et raisons à l'université de Paris. Logique, Ontologie et Théologie au XIVe siècle, Kaluza Z., Vignaux P. (Hg.), Paris 1981, 9-24

BOLLIGER, D., Infiniti contemplatio. Grundzüge der Scotus- und Scotismusrezeption im Werk Huldrych Zwinglis (Studies in the History of Christian Thought 107), Leiden/Boston 2003

BOS, E. P., The Tract De Unitate Minori of Petrus Thome (Recherches de Théologie et Philosophie médiévales. Biblioteca 5), Leuven 2002

–   The Theory of Ideas according to Francis of Meyronnes, in: Néoplatonisme et Philosophie Médiévale. Actes du Colloque international de Corfou 6-8 octobre 1995, organisé par la Societé Intenationale por l'Ètude de la Philosophie Médiévale, Benakis L.G. (Hg.), Turnhout 1997, 211-227

BOULNOIS, O., Être et représentation, Paris 1999

BRIDGES, G.G., Identity and Distinction in Petrus Thomae, O.F.M., Louvain/Paderborn 1959

BROWN, ST., Avicenna and the Unity of the Concept of Being. The Interpretation of Henry of Ghent, Duns Scotus, Gerard of Bologna and Peter Aureoli, in: Franciscan Studies 25 (1965), 117-150

–   L'unité du concept d'être au début du quatorzième scièle, in: John Duns Scotus. Metaphysics and Ethics, Honnefelder L., Wood R., Dreyer M. (Hg.), Leiden 1996, 327-344

–   Petrus Aureoli: De unitate conceptus entis (Reportatio Parisiensis in I Sententiarum dist. 2, p. 1, qq. 1-3 et p. 2, qq. 1-2), Traditio 50 (1995), 199-248

–   The Unity of the Concept of Being in Peter Aureoli´s Scriptum and Commentarium, Diss., Louvain 1964

CLASEN, S., Henrici de Werla, O.F.M. Tractatus de formalitatibus, Franciscan Studies 14 (1954), 311-322 u. 413-442

COURTENAY, W., The Arts Faculty at Paris in 1329, in: L'enseignement des disciplines à la Faculté des arts (Paris et Oxford, XIIIe-XVe siècles), Weijers O., Holtz L. (Hg.) (Studia Artistarum. Études sur la Faculté des Arts dans les Universités Médiévales 4), Turnhout 1997, 55-69

COURTINE, J.-F., Suarez et le système de la métaphysique, Paris 1990

COVA, L., Francesco de Meyronnes e Walter Catton nella controversia scolastica sulla „notitia intuitiva de re non existente", in: Medioevo 2 (1976), 227-251

D'ALENCON, É., Meyronnes (François de), in: Dictionnaire de Théologie Catholique 10, Paris 1929, col. 1634-1645

DARGE, R., Suárez' transzendentale Seinsauslegung und die Metaphysiktradition (Studien und Texte zur Geistesgeschichte des Mittelalters 80), Leiden/Boston 2004

DE LAGARDE-SCLAFER, J., La participation de François de Meyronnes, théologien franciscain, à la querelle de la pauvreté (1322-1324), in: Études franciscaines 10 (1960), 53-73

DE LAPPARANT, P., L'oeuvre politique de François de Meyronnes, ses rapports avec celle de Dante, in: Archives d'Histoire Doctrinale et Littéraire du Moyen Âge 15-17 (1940-1942), 5-151

DECORTE, J., Henry of Ghent on Analogy. Critical Reflections on Jean Paulus' Interpretation, in: Henry of Ghent. Proceedings of the International Colloquium on the Occasion of the 700th Anniversary of His Death (1293), (Ancient and Medieval Philosophy, De Wulf-Mansion Centre, Series 1, XV), Vanhamel W. (Hg.), Leuven 1996, 71-105

DENIFLE, H., CHATELAIN, AE., Chartularium Universitatis Parisiensis, I-III, Paris 1889-1894

DETTLOFF, W., Die Entwicklung der Akzeptations- und Verdienstlehre von Duns Scotus bis Luther mit besonderer Berücksichtigung der Franziskanertheologen (Beiträge zur Geschichte der Philosophie und Theologie des Mittelalters 40,2), Münster 1963

DOUCET, V., Commentaires sur les Sentences, Florenz 1954

– Der unbekannte Skotist des Vaticanus lat. 1113 Fr. Anfredus Gonteri O.F.M. (1325), in: Franziskanische Studien 25 (1938), 201-240

DUMONT, St.D., The Univocity of the Concept of Being in the Fourteenth Century: II. The De Ente of Peter Thomae, in: Medieval Studies 50 (1988), 186-255

ETZKORN, G. J., Franciscus de Mayronis. A Newly Discovered Treatise on Intuitive and Abstractive Cognition, in: Franciscan Studies 54 (1994-1997), 15-50

FIORENTINO, F., Francesco di Meyronnes. Libertà e contingenza nel pensiero tardo-medievale (Medioevo 12), Rom 2006

FORLIVESI, M., The Nature of Transcendental Being, in: Rem in seipsa cernere. Saggi sul pensiero filosofico di Bartolomeo Mastri (1602-1673), Forlivesi M. (Hg.) (Subsidia Mediaevalia Patavina 8), Padua 2006, 261-337

GILSON, E., Being and Some Philosophers, Toronto ²1952

–   Johannes Duns Scotus, Düsseldorf 1959

–   L'Être et l'essence, Paris 1948

GLORIEUX, P., La littérature quodlibétique de 1260 a 1320 (Bibliothéque Thomiste 5), Kain, 1925

–   La littérature quodlibétique II (Bibliothéque Thomiste 21), Paris 1935

GOODE, P.O., De esse intelligibili quiditatum creabilium in deo apud aliquos scotistas, principaliter apud Petrum Thomae (Dissertatio ad consequendum gradum Laureae in Philosophia exhibita), Rom 1962

GORIS, W., Implicit Knowledge. Being as First Known in Peter of Oriol, in: Recherches de Théologie et Philosophie médiévales 69.1 (2002), 33-65

GRAJEWSKI, M.J., The Formal Distinction of Duns Scotus. A Study in Metaphysics, Washington 1944

HAUSE, J., Francis of Meyronnes, in: Routledge Encyclopedia of Philosophy 3, London/New York 1998, 723-725

HENNIGER, M.G., Henry of Harclay on the Formal Distinction in the Trinity, Franciscan Studies 41 (1981), 250-335

HEYNCK, V., Der Skotist Hugo de Novo Castro OFM. Ein Bericht über den Stand der Forschung zu seinen Lehren und zu seinem Schrifttum, in: Franziskanische Studien 43 (1961), 244-270

HÖDL, L., Die Quodlibeta Minora des Herveus Natalis, in: Münchener Theologische Zeitschrift 6 (1955), 215-229

HOENEN, M.J.F.M, Formalitates phantasticae. Bewertungen des Skotismus im Mittelalter, in: Die Logik des Transzendentalen. Pickavé M. (Hg.), (Miscellanea Mediaevalia 30), Berlin/New York, 2003, 337-357

– Marsilius of Inghen. Divine Knowledge in Late Medieval Thought (Studies in the History of Christian Thought 50), Leiden/New York/Köln 1993

– Propter dicta Augustini, in: Recherches de Théologie et Philosophie Médiévales 64,1 (1997), 245-262

– Scotus and the Scotist School. The Tradition of Scotist Thought in the Medieval and Early Modern Period, in: John Duns Scotus (1265/6-1308). Renewal of Philosophy, Bos E. P. (Hg.), (Elementa. Schriften zur Philosophie und ihrer Problemgeschichte 72), Amsterdam 1998, 197-210

HOERES, W., Der Wille als reine Vollkommenheit nach Duns Scotus (Salzburger Studien zur Philosophie 1), München 1962

HOFFMANN, F., Die Schriften des Oxforder Kanzlers Iohannes Lutterell. Texte zur Theologie des vierzehnten Jahrhunderts, Leipzig 1959

HOFFMANN, T., Creatura intellecta. Die Ideen und Possibilien bei Duns Scotus mit Ausblick auf Franz von Mayronis, Poncius und Mastrius (Beiträge zur Geschichte der Philosophie und Theologie des Mittelalters N.F. 60), Münster 2002

HONNEFELDER, L., Der zweite Anfang der Metaphysik. Voraussetzungen, Ansätze und Folgen der Wiederbegründung der Metaphysik im 13./14. Jahrhundert, in: Philosophie im Mittelalter. Entwicklungslinien und Paradigmen, Beckmann J.P., Honnefelder L., Schrimpf G., Wieland G. (Hg.), Hamburg 1987, 165-186

– Die Lehre von der doppelten ratitudo entis und ihre Bedeutung für die Metaphysik des Johannes Duns Scotus, in: Deus et homo ad mentem I. Duns Scoti, Societas Internationalis Scotistica, Rom 1972, 661-671

– Ens inquantum ens. Der Begriff des Seienden als solchen als Gegenstand der Metaphysik nach der Lehre des Johannes Duns Scotus (Beiträge zur Geschichte der Philosophie und Theologie des Mittelalters N.F. 16), Münster [2]1989

– Scientia transcendens. Die formale Bestimmung der Seiendheit und Realität in der Metaphysik des Mittelalters und der Neuzeit (Duns Scotus – Suárez – Wolff – Kant – Peirce), Hamburg 1990

– Scotus und der Scotismus. Ein Beitrag zur Bedeutung der Schulbildung in der mittelalterlichen Philosophie, in: Philosophy and Learning. Universities in the Middle Ages, Hoenen M.J.F.M. (Hg.), Leiden/New York/Köln 1995, 249-262

HONNEFELDER, L., MÖHLE, H., Transzendental III, in: Historisches Wörterbuch der Philosophie 10, Darmstadt 1998, col. 1365-1371

HOOPER, M.R./BUYTAERT, E.M., Petrus Thomae O.F.M. Quodlibet, Introduction, Louvain/Paderborn 1957

HÜBENER, W., Die Nominalismuslegende. Über das Mißverhältnis zwischen Dichtung und Wahrheit in der Deutung der Wirkungsgeschichte des Ockhamismus, in: Spiegel und Gleichnis, Bolz N.W., Hübener W. (Hg.), Würzburg 1983, 87-111

–   Robertus Anglicus OFM und die formalistische Tradition, in: Philosophie im Mittelalter. Entwicklungslinien und Paradigmen, Beckmann J.P., Honnefelder L., Schrimpf G., Wieland G. (Hg.), Hamburg 1987, 329-353

HUSSERL, E., Ideen zu einer reinen Phänomenologie und phänomenologischen Philosophie, Halle ²1922 (Nachdruck: Tübingen 1980)

JANSEN, B., Beiträge zur geschichtlichen Entwicklung der distinctio formalis, in: Zeitschrift für katholische Theologie 53 (1929), 317-344, 517-544

JOLIVET, J., François de Meyronnes, Pierre Roger, *Disputatio* (1320-1321) in: Revue d'histoire et de philosophie religieuses 42 (1962), 353-355

KAEPPELI, TH., Scriptores Ordinis Praedicatorum Medii Aevi, I-IV, Rom 1970-1993

KANN, CH., Skepsis, Wahrheit, Illumination. Bemerkungen zur Erkenntnistheorie Heinrichs von Gent, in: Nach der Verurteilung von 1277. Aertsen J.A., Emery K., Speer A. (Hg.), (Miscellanea Mediaevalia 28), Berlin/New York, 2001, 38-58

KLUXEN, W., Analogie I, in: Historisches Wörterbuch der Philosophie 1, Darmstadt 1971, 214-227

KOBUSCH, TH., Das Seiende als transzendentaler oder supertranszendentaler Begriff. Deutungen der Univozität des Begriffs bei Scotus und den Scotisten, in: John Duns Scotus. Metaphysics and Ethics, Honnefelder L., Wood R., Dreyer M. (Hg.), Leiden 1996, 345-366

–   Sein und Sprache. Historische Grundlegung einer Ontologie der Sprache (Studien zur Problemgeschichte der antiken und mittelalterlichen Philosophie XI), Leiden/New York/Kopenhagen/Köln 1987

KOCH, J., Neue Aktenstücke zu dem gegen Wilhelm von Ockham in Avignon geführten Prozess, in: Recherches de théologie ancienne et médiévale 7 (1935), 353-380; 8 (1936), 79-93 et 168-197

KRAUS, J., Die Lehre von der realen spezifischen Einheit in der älteren Skotistenschule, in: Divus Thomas 14 (1936), 353-378

LAARMANN, M., Deus, primum cognitum. Die Lehre von Gott als dem Ersterkannten des menschlichen Intellekts bei Heinrich von Gent (†1293)

(Beiträge zur Geschichte der Philosophie und Theologie des Mittelalters N.F. 52), Münster 1999

LANGLOIS, CH.-V., François de Meyronnes, Frère Mineur, in: Histoire Littéraire de la France 36 (1927), 305-342

LAY, R., Zur Lehre von den Transzendentalien bei Petrus Aureoli O.F.M., Diss., Bonn 1964

LEFF, G., Paris and Oxford Universities in the Thirteenth and Fourteenth Centuries, New York/London/Sydney 1968

LEINSLE, U.G., Einführung in die scholastische Theologie, Paderborn 1995

–   Schwester „formalitas" oder Bruder „modus"? Mastri im Streit um modale Entitäten, in: Rem in seipsa cernere. Saggi sul pensiero filosofico di Bartolomeo Mastri (1602-1673), Forlivesi M. (Hg.) (Subsidia Mediaevalia Patavina 8), Padua 2006, 363-397

LEPPIN, V., Wilhelm von Ockham, Darmstadt 2003

MAIER, A., Ausgehendes Mittelalter. Gesammelte Aufsätze zur Geistesgeschichte des 14. Jahrhunderts I-III, Rom, 1964-1977

–   Das Problem der Evidenz in der Philosophie des 14. Jahrhunderts, in: Scholastik 38 (1963), 183-225

–   Das Quodlibet des Thomas de Wylton, in: Recherches de Théologie Ancienne et Médiévale 14 (1947), 106-110

–   Der Literarische Nachlaß des Petrus Rogerii (Clemens VI.) in der Borghesiana, in: Recherches de Théologie ancienne et médiévale 15 (1948), 332-356; 16 (1949), 72-98. Wieder abgedruckt in: MAIER, A., Ausgehendes Mittelalter. Gesammelte Aufsätze zur Geistesgeschichte des 14. Jahrhunderts I-III, Rom, 1964-1977, II (1967), 255-315

MAIERÙ, A., Le De primo principio complexo de François de Meyronnes. Logique et théologie trinitaire au début du XIVᵉ siècle, in: Logik und Theologie. Das Organon im arabischen und im lateinischen Mittelalter, Perler, D., Rudolph, U. (Hg.) (Studien und Texte zur Geistesgeschichte des Mittelalters 84), Leiden/Boston 2005, 401-428

–   Logica aristotelica e teologia trinitaria Enrico Totting da Oyta, in: Studi sul XIV secolo in memoria di Anneliese Maier, Maierù A., Paravicini Bagliani A. (Hg.), Rom 1981, 481-512

MARRONE, ST.P., Henry of Ghent and Duns Scotus on the Knowledge of Being, in: Speculum 63,1 (1988), 22-57

MAURER, A., CAIRD, A.P., The Role of Infinity in the Thought of Francis of Meyronnes, in: Mediaeval Studies 33 (1971), 201-227

– Francis of Meyronnes' Defense of Epistemological Realism, in: Being and Knowing. Studies in Thomas Aquinas and Later Medieval Philosophers (Papers in Mediaeval Studies 10), Toronto 1990, 311-331

MEIER, L., Die Barfüsserschule zu Erfurt (Beiträge zur Geschichte der Philosophie und Theologie des Mittelalters 38, 2), Münster 1958

MIETHKE, J., Ockhams Weg zur Sozialphilosophie, Berlin 1969

MÖHLE, H., Aristoteles, pessimus metaphysicus. Zu einem Aspekt der Aristotelesrezeption im 14. Jahrhundert, in: Die Anfänge der Aristotelesrezeption im lateinischen Mittelalter, Aris M.-A., Dreyer M., Honnefelder L., Wood R. (Hg.), Münster 2005, 727-774

– Der Tractatus de Transcendentibus des Franciscus de Mayronis (Recherches de Théologie et Philosophie médiévales. Biblioteca 7), Leuven 2004

– Franciscus de Mayronis und Cajetan im Streit um die Zerstörung der Metaphysik, in: Metafisica como „scientia transcendens". Metaphysik als „scientia transcendens". Il Coloquio Internacional de Filosofia da Pontificia Universidade Do Rio Grande do Sul (Porto Alegre, 15-18 de agosto de 2006), Hofmeister-Pich, R. (Hg.) (Textes et Études du Moyen Âge 43), Turnhout 2007, erscheint demnächst

– Zur Metaphysik des Johannes Duns Scotus. Ein Beitrag zur Vor- und Wirkungsgeschichte seiner Transzendentalienlehre, in: Zwischen Weisheit und Wissenschaft. Johannes Duns Scotus im Gespräch, Lackner F. (Hg.), Franziskanische Forschungen 45 (2003), 114-129

NOONE, T.B., Alnwick on the Origin, Nature, and Function of the Formal Distinction, in: Franciscan Studies 53 (1993), 231-261

– La distinction formelle dans l'école scotiste, in: Revue des sciences philosophiques et théologiques 83 (1999), 53-72

O'BRIEN, A.J., Duns Scotus' Teaching on the Distinction Between Essence and Existence, The New Scholasticism 38 (1964), 61-77

OVERGAAUW, E., Mittelalterliche Handschriften im Landeshauptarchiv Koblenz (Veröffentlichungen der Landesarchivverwaltung Rheinland-Pfalz 94), Koblenz 2002

PAULUS, J., Henri de Gand. Essai sur les tendances de sa métaphysique, Paris 1938

PELZER, A., Codices Vaticani latini, II-I, Rom 1931

PERLER, D., Peter Aureol vs. Hervaeus Natalis on Intentionality. A Text Edition with Introductory Remarks, in: Archives d'Histoire Doctrinale et Littéraire du Moyen Âge 61 (1994), 227-262

PINBORG, J., Logik und Semantik im Mittelalter. Ein Überblick, Stuttgart-Bad Cannstatt 1972

PINI, G., Una lettura scotista Metafisica di Aristotele: l'Expositio in libros Metaphysicorum di Antonio Andrea, in: Documenti e studi sulla tradizione filosofica medievale II,2 (1991), 529-586

POPPI, A., Il contributo dei formalisti Padovani al problema delle distinzioni, in: Problemi e figure della Scuola scotista del santo (Pubblicazioni della provincia Patavani dei fratri Minori conventuali 5), Padova 1966, 601-790

ROSSINI, M., Scientia dei conditionata. Francesco di Meyronnes e i futuri contingenti, in: Medioevo 19 (1993), 287-322

ROßMANN, H., „Meyronnes", in: Dictionnaire de Spiritualité 10, Paris 1980, col. 1155-1161

–   Die Hierarchie der Welt. Gestalt und System des Franz von Meyronnes OFM mit besonderer Berücksichtigung seiner Schöpfungslehre (Franziskanische Forschungen 33), Werl 1972

–   Die Quodlibeta und verschiedene sonstige Schriften des Franz von Meyronnes OFM, in: Franziskanische Studien 54, 1 (1972), 1-76

–   Die Sentenzenkommentare des Franz von Meyronnes OFM, in: Franziskanische Studien 53,2-3 (1971), 129-227

ROTH, B., Franz von Mayronis O.F.M. Sein Leben, seine Werke, seine Lehre vom Formalunterschied in Gott (Franziskanische Forschungen 3), Werl 1936

–   Franz von Mayronis und der Augustinismus seiner Zeit, in: Franziskanische Studien 22 (1935), 44-75

RUELLO, F., La notion „thomiste" de „ratio in divinis" dans la Disputatio de François de Meyronnes et de Pierre Roger (1320-1321), in: Recherches de Théologie ancienne et médiévale 32 (1965), 54-75

SCHABEL, CH., Theology at Paris, 1316-1345. Peter Auriol and the Problem of Divine Foreknowledge and Future Contingents, Aldershot/Burlington/Singapore/Sydney 2000

SCHMAUS, M., Der liber propugnatorius des Thomas Anglicus und die Lehrunterschiede zwischen Thomas von Aquin und Duns Scotus (Beiträge zur Geschichte der Philosophie und Theologie des Mittelalters 29, 1-2), Münster 1930

SCHNEIDER, J., Einleitung. Thomas von Sutton, Quaestiones ordinariae (Bayerische Akademie der Wissenschaften. Veröffentlichungen der

Kommission für die Herausgabe ungedruckter Texte aus der mittelalterlichen Geisteswelt 3), München 1977, 19*-279*

SCHNEIDER, J.H.J, Scientia sermocinalis/realis. Anmerkungen zum Wissenschaftsbegriff im Mittelalter und in der Neuzeit, in: Archiv für Begriffsgeschichte 35 (1992), 54-92

SCHRIMPF, G., Bausteine für einen historischen Begriff der scholastischen Philosophie, in: Philosophie im Mittelalter. Entwicklungslinien und Paradigmen, Beckmann J.P., Honnefelder L., Schrimpf G., Wieland G. (Hg.), Hamburg 1987, 1-25

SMEETS, U., Lineamenta bibiliographiae scotisticae, Rom 1942

STEGMÜLLER, F., Repertorium Commentariorum in Sententias Petri Lombardi I-II, Würzburg 1947

STUMP, E., The Mechanisms of Cognition, in: Cambridge Companion to Ockham, Spade P.V. (Hg.), Cambridge 1999, 168-203

TACHAU, K.H., Vision and Certitude in the Age of Ockham. Optics, Epistemology and the Foundations of Semantics 1250-1345 (Studien und Texte zur Geistegeschichte des Mittelalters 22), Leiden/New York/Kopenhagen/Köln 1988

TEETAERT, A., Pierre Auriol, in: Dictionnaire de Théologie Catholique 12, Paris 1935, col. 1810-1881

THIIJSSEN, J.M.M.H., Censure and Heresy at the University of Paris 1200-1400, Philadelphia 1998

VIGNAUX, P., De Saint Anselme a Luther, Paris 1976

–   L'être comme perfection selon François de Meyronnes, in: Études d'histoire littéraire et doctrinale 17 (1962), 259-318, wieder abgedruckt in: VIGNAUX, P., De Saint Anselme a Luther, Paris 1976, 253-312

WAGNER, H., Platos Phaedo und der Beginn der Metaphysik als Wissenschaft (Phaedo 99 D - 107 B), in: Kritik und Metaphysik. Studien, Heinz Heimsoeth zum achtzigsten Geburtstag, Berlin 1966, 363-382, wieder abgedruckt in: Hans Wagner. Kritische Philosophie, Bärthlein K., Flach W. (Hg.), Würzburg 1980, 175-189

WEIJERS, O., Le Travail Intellectuel à la Faculté des Arts de Paris: Textes et Maîtres (ca. 1200-1500) Vol. 2 (Studia Artistarum. Études sur la Faculté des Arts dans les Universités Médiévales 3), Turnhout 1996, 94-98

WEY, J. C., Introductio, WILHELM VON OCKHAM, Quodlibeta Septem (OTh IX), ed. J. C. Wey, St. Bonaventure 1980, 7*-41*

WÖLFEL, E., Seinsstruktur und Trinitätsproblem. Untersuchungen zur Grundlegung der natürlichen Theologie bei Johannes Duns Scotus

(Beiträge zur Geschichte der Philosophie und Theologie des Mittelalters 40, 5), Münster 1965

WOLTER, A.B., An Oxford Dialoge on Language and Metaphysics, in: The Review of Metaphysics 31 (1978), 615-648; 32 (1979), 323-348

– The Formal Distinction, in: John Duns Scotus, 1265-1965, Ryan J.K., Bonansea B.M. (Hg.) (Studies in Philosophy and the History of Philosophy 3), Washington 1965, 45-60

– The Transcendentals and their Function in the Metaphysics of Duns Scotus (Franciscan Institute Publications 3), St. Bonaventure N.Y. 1946

ZIMMERMANN, A., Ontologie oder Metaphysik. Diskusion über den Gegenstand der Metaphysik im 13. und 14. Jahrhundert. Texte und Untersuchungen (Recherches de Théologie et Philosophie médiévales. Biblioteca 1), Leuven ²1998

Register

Beiträge zur Geschichte der Philosophie und der Theologie des Mittelalters – Neue Folge

Aschendorff

Beiträge zur Geschichte der Philosophie und der Theologie des Mittelalters – Neue Folge

63 Andrew Traver: The Opuscula of William of Saint-Amour. The Minor Works of 1255–1256. 2003, 232 Seiten, kart. 36,– €.

64 Thomas Marschler: Auferstehung und Himmelfahrt Christi in der scholastischen Theologie bis zu Thomas von Aquin. 2003, 2 Bände, zus. 1040 Seiten, kart. 119,– €.

65 Gerhard Krieger: Subjekt und Metaphysik. Die Metaphysik des Johannes Buridan. 2003, 352 Seiten, kart. 47,– €.

66 Meik Schirpenbach: Wirklichkeit als Beziehung. Das strukturontologische Schema der Termini generales im Opus Tripartitum Meister Eckharts. 2004, 269 Seiten, kart. 37,– €.

67 Johannes Wolter: Apparitio Dei. Der Theophanische Charakter der Schöpfung nach Nikolaus von Kues. 2004, 320 Seiten, kart. 44,– €.

68 Rolf Peppermüller (Hg.): Anonymi auctoris saeculi XII. Expositio in epistolas Pauli (Ad Romanos – II Ad Corinthios 12). 2005, XX und 449 Seiten, kart. 60,– €.

69 Stefanie Frost: Nikolaus von Kues und Meister Eckart. Rezeption im Spiegel der Marginalien zum Opus tripartitum Meister Eckharts. 2006, XXX und 298 Seiten, kart. 45,– €.

Ausführliche Prospekte auf Wunsch. Verlag Aschendorff, Postanschrift: D-48135 Münster Internet: http://www.aschendorff.de/buch

Aschendorff

Bruno Niederbacher /
Gerhard Leibold (Hg.)

Theologie als Wissenschaft im Mittelalter

Texte, Übersetzungen, Kommentare.
Ein Studienbuch

Hat die Theologie Platz neben den profanen Wissenschaften und der Philosophie? Ist Theologie überhaupt eine Wissenschaft? Ist sie eine theoretische Wissenschaft oder will sie Orientierung bieten für das Leben? Wie kann man argumentieren, wenn es um religiöse Überzeugungen geht? Welche Rolle spielen dabei die Affekte? Die Theologen im 13. Jahrhundert beginnen, sich mit derartigen Fragen auseinander zu setzen. Dabei sehen sie sich einem erhöhten Selbstbewusstsein der Philosophen gegenüber und merken: Theologie, die sich an der Universität behaupten will, muss hohe wissenschaftliche Anforderungen erfüllen. Dieses Buch vereinigt eine Sammlung von lateinischen Texten, deutschen Übersetzungen und Kommentierungen, an denen man die Entwicklung der theologischen Wissenschaftslehre im 13. Jahrhundert verfolgen kann und gibt Denkanstöße zur Positionierung der Theologie unter den Wissenschaften heute.

2006, 330 Seiten, kart. 29,80 € /
sFr 52,10. ISBN 978-3-402-06558-7

ASCHENDORFF VERLAG
www.aschendorff.de/buchverlag

William Hoye
Liebgewordene theologische Denkfehler

Nachdenken über Fragen wie zum Beispiel, ob Christus der Anfang der christlichen Theologie sei, ob der Glaube aus einer freien Entscheidung bestehe, ob Theologie als Glaubenswissenschaft definiert werde solle und ob Zufriedenheit ein christliches Ideal repräsentiere, kennzeichnen dieses Buch. Daß es Gotteserfahrung und Gottesbegriffe gebe, daß Christen an die Kirche glauben, daß das Konkrete mehr Realität als das Abstrakte besitze sowie daß der Praxis der Vorrang vor der Theorie zukomme, sind Annahmen, die eine Infragestellung verdienen. Es handelt sich bei spielsweise um eine unscharfe Fokussierung, wenn Glaubenswahrheit von Glaubenswahrheiten nicht unterschieden oder wenn Gott als eine Wirklichkeit statt als die Wirklichkeit angesehen oder wenn zwischen Wahrheit und Wahrheiten nicht differenziert wird. Die in der Umgangssprache versteckte Theologie hat manchmal den besseren Durchblick. Ein neuer Gedanke in der Theologie ist häufig ein Mißverständnis. Ihre Hauptarbeit besteht in der Bereinigung solcher Sichtbehinderungen. In diesem Buch richtet der Fensterputzer sein Augenmerk auf kaum bemerkte theologische Denkfehler, die zur Zeit im Ansehen stehen.

William J. Hoye

Liebgewordene
theologische

DENKFEHLER

2006, 192 Seiten, Klappenbroschur, 14,80 € / sFr 26,60
ISBN 978-3-402-00220-9

ASCHENDORFF VERLAG
www.aschendorff.de/buchverlag